博雅文淵閣

封面题字：刘大钧
封面设计：王玲玲

温海明 著

周易明意

周易哲学新探（修订版）

北京大学出版社
PEKING UNIVERSITY PRESS

图书在版编目（CIP）数据

周易明意：周易哲学新探 / 温海明著. —— 修订版. ——北京：北京大学出版社, 2025.7. —— (博雅文渊阁). —— ISBN 978-7-301-35985-3

Ⅰ. B221.5

中国国家版本馆CIP数据核字第20259M4K11号

书　　　名	周易明意：周易哲学新探（修订版） ZHOYI MINGYI: ZHOUYI ZHEXUE XINTAN （XIUDING BAN）
著作责任者	温海明　著
责 任 编 辑	吴　敏
标 准 书 号	ISBN 978-7-301-35985-3
出 版 发 行	北京大学出版社
地　　　址	北京市海淀区成府路 205 号　100871
网　　　址	http://www.pup.cn　新浪微博 @ 北京大学出版社
电 子 邮 箱	编辑部 wsz@pup.cn　总编室 zpup@pup.cn
电　　　话	邮购部 010-62752015　发行部 010 62750072 编辑部 010-62752025
印 刷 者	北京中科印刷有限公司
经 销 者	新华书店
	965 毫米 ×1300 毫米　16 开本　52.5 印张　942 千字 2019 年 10 月第 1 版 2025 年 7 月第 2 版　2025 年 7 月第 1 次印刷
定　　　价	188.00 元

未经许可，不得以任何方式复制或抄袭本书之部分或全部内容。
版权所有，侵权必究
举报电话：010-62752024　电子邮箱：fd@pup.cn
图书如有印装质量问题，请与出版部联系，电话：010-62756370

目 录

序 …………………………………………………………… 朱高正/1
自序 ………………………………………………………………… 1
庚子再序 …………………………………………………………… 1
乙巳三序 …………………………………………………………… 1

第一编　导论
——《周易》哲学的人天之意

一　《周易》是中国哲学与文化的总源头 ……………………… 3
二　《周易》的原理与基础 ……………………………………… 5
三　《周易》的内在结构 ………………………………………… 8
四　《周易》的卦爻符号系统 …………………………………… 13
五　《周易》的经与传 …………………………………………… 23
六　明解《周易》的方法 ………………………………………… 31
七　卦变是解读卦爻辞的总纲 …………………………………… 35
八　《周易》的哲学——人天之意 ……………………………… 59

第二编　易经明意
——爻意分说

一　䷀　乾为天（乾下乾上） …………………………………… 77
二　䷁　坤为地（坤下坤上） …………………………………… 103
三　䷂　水雷屯（震下坎上） …………………………………… 118
四　䷃　山水蒙（坎下艮上） …………………………………… 130
五　䷄　水天需（乾下坎上） …………………………………… 142
六　䷅　天水讼（坎下乾上） …………………………………… 153

七	䷆	地水师(坎下坤上)	164
八	䷇	水地比(坤下坎上)	177
九	䷈	风天小畜(乾下巽上)	191
十	䷉	天泽履(兑下乾上)	204
十一	䷊	地天泰(乾下坤上)	216
十二	䷋	天地否(坤下乾上)	226
十三	䷌	天火同人(离下乾上)	235
十四	䷍	火天大有(乾下离上)	245
十五	䷎	地山谦(艮下坤上)	256
十六	䷏	雷地豫(坤下震上)	265
十七	䷐	泽雷随(震下兑上)	274
十八	䷑	山风蛊(巽下艮上)	284
十九	䷒	地泽临(兑下坤上)	294
二十	䷓	风地观(坤下巽上)	302
二十一	䷔	火雷噬嗑(震下离上)	311
二十二	䷕	山火贲(离下艮上)	320
二十三	䷖	山地剥(坤下艮上)	331
二十四	䷗	地雷复(震下坤上)	340
二十五	䷘	天雷无妄(震下乾上)	350
二十六	䷙	山天大畜(乾下艮上)	358
二十七	䷚	山雷颐(震下艮上)	368
二十八	䷛	泽风大过(巽下兑上)	377
二十九	䷜	坎为水(坎下坎上)	386
三十	䷝	离为火(离下离上)	397
三十一	䷞	泽山咸(艮下兑上)	409
三十二	䷟	雷风恒(巽下震上)	418
三十三	䷠	天山遁(艮下乾上)	426
三十四	䷡	雷天大壮(乾下震上)	434
三十五	䷢	火地晋(坤下离上)	443
三十六	䷣	地火明夷(离下坤上)	453
三十七	䷤	风火家人(离下巽上)	463
三十八	䷥	火泽睽(兑下离上)	473
三十九	䷦	水山蹇(艮下坎上)	482

四十	䷧	雷水解(坎下震上)	490
四十一	䷨	山泽损(兑下艮上)	498
四十二	䷩	风雷益(震下巽上)	507
四十三	䷪	泽天夬(乾下兑上)	515
四十四	䷫	天风姤(巽下乾上)	525
四十五	䷬	泽地萃(坤下兑上)	534
四十六	䷭	地风升(巽下坤上)	542
四十七	䷮	泽水困(坎下兑上)	549
四十八	䷯	水风井(巽下坎上)	558
四十九	䷰	泽火革(离下兑上)	566
五十	䷱	火风鼎(巽下离上)	575
五十一	䷲	震为雷(震下震上)	584
五十二	䷳	艮为山(艮下艮上)	593
五十三	䷴	风山渐(艮下巽上)	603
五十四	䷵	雷泽归妹(兑下震上)	613
五十五	䷶	雷火丰(离下震上)	621
五十六	䷷	火山旅(艮下离上)	630
五十七	䷸	巽为风(巽下巽上)	640
五十八	䷹	兑为泽(兑下兑上)	648
五十九	䷺	风水涣(坎下巽上)	657
六十	䷻	水泽节(兑下坎上)	666
六十一	䷼	风泽中孚(兑下巽上)	675
六十二	䷽	雷山小过(艮下震上)	684
六十三	䷾	水火既济(离下坎上)	694
六十四	䷿	火水未济(坎下离上)	702

第三编　易传明意
——卦意总论

一 系辞传	713
二 说卦传	785
三 序卦传	799
四 杂卦传	804

参考文献 …………………………………………………………… 806
后　记 ……………………………………………………………… 810
庚子再记 …………………………………………………………… 813
乙巳三记 …………………………………………………………… 816

序

今年初夏,与海明相会于北京,他取出新著《周易明意》书稿送我一读,并托我制序。我见其新著十分欣喜,毕竟与海明交往已有二十余载,见证了他从一个学生到学者的转变过程。

我跟海明1990年代末在燕园相识,当时他正跟随陈来兄学习宋明理学和易学,北大硕士毕业后又负笈美国,跟随安乐哲先生学习比较哲学,在中国哲学、比较哲学研究领域造诣甚深,卓有成就。近年复以弘扬易道自许,潜心研究《周易》、教授《周易》多年,查阅古今《周易》注解,取其实而去其华,如今《周易明意》书成,以"意哲学"为核心,依托六十四卦三百八十四爻,构建了意本论哲学体系。

在研易、授易之余,海明还出任国际易学联合会秘书长及学术部部长,带领当代易学研究者不断探索这个时代的易学研究,其学术化倾向和义理本位的立场,把握着国际易联易学研究发展的导向,这跟他长久以来致力于中国传统经典的研究、解读和传播,习用于生活实践的努力密不可分。他对传统文化典籍满怀敬意,这种态度颇得古人之意,并力图弘扬于当世。他集结各高校的中青年易学专家,利用微信等现代传播手段,每周公益性地为各地易学爱好者逐卦逐爻、逐字逐句讲解六十四卦,这个学术团体学风严谨,研讨深入,为这个时代易学爱好者提供了入门的津梁。海明协同易学同道研读《周易》的努力有如一股清流,必将有利于易学的健康发展,有益于世道人心。

近些年,深通西方哲学与文化的他提出立足易学、推动易学国际化、增进文化自信、促进中国哲学与文化复兴等学术立场与相关观点主张,在当今全球化视野中强化当代中华文化主体意识,可谓具有战略眼光和责任担当。海明这样的学者在年轻一代中是不多见的。

易道博大精深,乃我中国哲学之根源。海明既通晓西方哲学,又酷爱中华文化,以弘扬传播中国文化为己任,为中国思想与哲学的国际化不遗余力。《周易明意》一书志在汇通中西,熔铸古今,开意本论,成意哲学,可谓学林幸事。其书用心良苦,哲思细密,既深入解读经传文,又对卦爻辞解释推陈出新。《周易明意》中不少卦爻辞的分析钩深探玄,文语明白,从前人易学著作出发,对古今易学成果都有所借鉴和消化,并转化融贯于以新卦变体系为核心的解易系统当中,力谈卦爻本旨,析疑释滞,条理融贯,可谓得其要领者也。

尤其重要的是,《周易明意》对六十四卦每一爻都有成体系的哲学解读,可见作者二十余载力成意本论哲学体系的良苦用心。历史上哲学思潮之革新多发端于《周易》,跟彼时代易学家们的易学突破密不可分,进而引领时代哲学思想之革新和发展。即使那些未系统解《易》的哲学家,其哲学思想多与《周易》关系密切,可谓既源于《易》又统综于《易》。《周易明意》提出"意本论"或"意哲学",本为回应李泽厚"该中国哲学登场"之说,其在仁、道、无、气、理、心、情等本体概念之后提出"意本论",可谓适应中国哲学自身发展的时代要求,以期推动中国哲学的更新与发展。

该书的特色之处在于提出以"意"为本的"意本论"或"意哲学",以"意"贯通六十四卦整体,并对每卦每爻都以"意"为本做了哲学思想的分析和构架。该书借用先后天八卦对于"意"的八个维度做了细致架构,其先天八论:生—能—向—缘—识—行—量—境,分论意向本于先天的八个维度;其相应的后天八论:缘—识—向—境—能—生—行—量,从八宫卦的角度,顺着先后天八卦的顺序和规律,通过八卦和六十四卦的性质、方位、互动关系等来说明"意本论"哲学理论架构。每卦体现"意"中心观念,并以"意"贯通于各爻之中,以此阐发建构六十四卦之意哲学。此种解易风格继承发扬先哲基于解经而建构哲学体系之传统,实属难能可贵,也是本书的独到创见之处。

此书书稿行文朴实清晰、直伸义理,又自成意本论体系,既承继道统,又勇于创新,注释简要,讲读清楚,不违古训。欣喜研易学林又添一不可多得之优秀力作,今适逢海明《周易明意》一书问梓,故乐之为序。

朱高正

国际易学联合会副会长
北京大学客座教授
戊戌年夏于台北

自　序

在中国哲学史上每一个重要的思想转型时代，一代甚至几代哲学家们对经典的创造性诠释成为开启新哲学思潮的起点。无论是汉代的今文经学与古文经学之争，隋唐儒释道互相诠释彼此的经典，还是宋明理学对经典的重释和再造，都以重释经典作为开启全新哲学思潮的关键。明末清初以来，有识之士已经意识到传统经典需要在中西比较哲学与文化的境遇当中做出全新的诠释与回应，但随着经学时代的结束，能够明白融贯地解读经典的经师已经难求，而能够穿透经典、创造思想的经典诠释成果就更少了。可是，中国哲学和思想复兴必须对经典进行创造性转化，而在所有应该重新塑造的经典当中，两三千年来作为五经之首的《周易》无疑是最为核心和重要的经典。

遗憾的是，《周易》这部每个思想转型时代最核心的经典，近代以来不但没有迎来她开启思想新时代应有的核心地位，更在近代化的乱局中被彻底边缘化，坠入了无思想的陷阱，滑向了无文化的深渊。几十年来，主流研究《周易》的方法和径路是考古学、文字学、文献学、自然科学、术数学甚至统计学等具体枝节学科，而其易道哲学思想慧命的传承和续绝，几乎到了崩溃和灭绝的悬崖边上，难以引起知识界的重视。易道不兴，则华夏哲学思想的大道无从起兴；羲文诸圣大道不兴，中华哲学思想将难以屹立于世界的东方。

二十多年来，我念念不离《周易》这部"大道之源"，希望通过新译重释此经再造传统哲学的圣人之道。在美读博期间，我曾认为，中国哲学对于世界哲学的重要贡献之一当是基于易道的"心（意）通物论"。此论并非我凭空新造，而是古圣相传的真道，千秋万代历久弥新。本书力图再现"心（意）通物论"之为历代哲人不断重复的形上真理，可近现代研究者们仅着片言只语，还常不着边际，鲜有深入挖掘阐发。此理本来简洁明了，悟者却寥若晨星。在多年正规哲学训练之余，我从生活历练和冥思苦想中参悟而得"心（意）通物论"，求证于东西方哲人，却发现现世之中知此理者屈指可数。我曾经痛苦怀疑，甚至对此全盘否定，可在细心品味往圣前贤的大作时，此理越发昭然，即便斗转星移，此道不可移易，于是发奋援经为据，敷衍成论，以证圣哲大道源远流长，当世可以推陈出新,成为中国哲学之道对世界哲学与文化的根本贡献。

理查德·泰勒在其名著《形而上学》结尾如此写道:

> [你]努力地向外前进,去观察天地、山岳、海洋和浮云所有那些你认为是事物的东西,你认为是外在的、疏远的和他物的东西;如实地观察它们,你立刻会惊讶地发现,你自己和自然本是浑然一体,你再也不惧怕虚无。……你将为存在而欢庆,为大自然而欢庆,为你的自我而欢庆。

笔者二十多年前读到这段话时,为东西哲人物我融贯、心物相通之说欢欣鼓舞,并希望依托《周易》卦爻辞体系建构形上学系统。赴美读博期间,苦心攻读西方传统形上学与当代分析哲学形上学论著,毕业前夕草就此《周易明意》初稿。

《周易明意》通过经文诠释和哲学建构,力图建立"意本论",其中哲学建构(明意)以经传文诠释(明解)为基础。经文尽量直译,象辞本来用以解经,采用"明解"方式,在需要之处尽量明白解释。译解爻辞象辞以清晰达意为目标,必要时加以引申阐发。"明意"为哲学论述,问题基于"明解",加以哲思立论、申论而成"意学"哲学系统。全书"明意"是随经义而引申的哲学诠释,是对《周易》经传文哲学含义的形上建构,其遣词造句、内在结构和论述语脉皆自成体系,希图建构意本论哲学系统。

今造《周易明意》,有此四义:一、"导论"发明文王卦变方圆图,此图乃文王作卦爻辞所根据之图,三千年之后方才重现于世,基于此图,可对传世卦变体系作彻底梳理,进而对卦爻辞实现精准理解;二、"明译"部分清楚译释《周易》经文之意;三、"明解"部分基于卦变体系,以传解经,明白解释卦爻辞;四、"明意"部分从人天之意哲学角度建构基于六十四卦三百八十四爻的哲学系统,从比较哲学视域建构意哲学思想体系。总之,《周易明意》在对六十四卦三百八十四爻尽量明晰疏解的基础上,逐爻建构"意本论"哲学系统。

在北大哲学系读研时,有缘上朱伯崑先生"《周易》入门"课程,跟随陈来先生认真研读朱伯崑先生《易学哲学史》和余敦康先生《北宋易学的现代阐释》,同时受王博老师《周易》课程启发良多。时值刘大钧先生、朱高正先生先后到北大哲学系客座访学,从他们的易学讲座、课程和专著中受益匪浅,从而在易学史、易学文献方面打下较为扎实的基础。1996年有缘得到马恒君先生1995年出版的《周易辨证》(《周易正宗》前身)一书,苦读日久,发现此书建构了一个超越两千多年几乎所有易学家的卦变体系,即有志于重解卦爻辞,并建构全新哲学意义世界。《周易正宗》在新时代哲学思想发展史上,或将起到如周敦颐《太极图说》、程颐《伊川易传》和朱熹《周易本义》对宋明理学思潮发展的奠基作用。

余早年于鹭岛得授易道,悟得易道通天化境。北大读研期间感通阳明读易境界,对儒家圣人之道体悟渐深。领会正宗易学之后,对两千多年争辩不休的卦变之秘彻悟心开。近些年来坚持讲授《周易》相关课程;2015年冬,建立专门讨论易学与哲学的"周易明解"微信学术交流群,三四年来海内外读易研易的学术共同体欣然成形。

卦变说是易学研究中的哥德巴赫猜想,《周易正宗》"以传解经""辨象证义",理出了富有解释力的卦变体系。《周易明意》继往开来,在虞翻、李鼎祚、朱震、朱熹、丁易东、吴澄、董守谕、毛奇龄、潘思榘、惠栋、李道平等古今卦变说的基础上,让文王卦变方圆图在三千年后重现于世。不少卦爻辞、象辞和小象辞的解读无法离开卦变。运用卦变,易学史上众多难题可以迎刃而解。理解文王卦变方圆图,有助于彻悟卦爻辞的内涵,后世研易者当知其所归。明代来知德认为卦变解易"失之千里",是使得"四圣之易如长夜者",如今《周易明意》之作,可谓为"卦变解易"的合理性正名,卦变正是理解卦爻辞的总纲,殊不知此正可谓:四圣之易,自此明矣!

《周易》是中国哲学的原动力,其内在形上学系统一直没有系统化地建构出来,因此心(意)物之间的融通境遇,一直晦而不明。中国哲学的形上学范畴,如天、道、性、命、理、气、心、情等,如果不放在心(意)物通融的视域之中,就难以得到合理休知和解读,致使传统形上学不断被解构成为心物分离的各种版本,难以成其为真哲学,中国哲学之道竟历百年而长衰不振。本书从"人天之意"的角度,即人意通天的角度,建构心(意)通物之论,此论通于早年"境遇创生(contextual creativity)""中国哲学意识(Chinese philosophical sensibility)"诸说。二十世纪最有原创力的哲学家熊十力生前最大憾事是未能写出《大易广传》和《量论》;明代王阳明读易悟道,但没有留下易学著作。《周易明意》志在续阳明先生和十力先生之志,系统阐发与圣人之道一以贯之的易道,究圣人之"意",再造易(意)哲学,展示人天之意的意生、意能、意向、意缘、意识、意行、意量和意境等的哲理意义。

《周易明意》意本论形上学的使命在于揭示世界向"意"呈现之前的先行结构,建立意本形而上学的过程,可谓一个逆向建构的过程,从面对世界那瞬间的"意"回溯以往,揭示世界向"意"如此呈现的维度和结构。由此可知,意本形上学之思在生活的"意"之前。理查德·泰勒在《形而上学》导言中曾指出:"形上学根本不涉及如何生活,而仅仅涉及为何生活。"从意本形上学角度看,形上学不涉及如何帮助人们生存的具体技术性层面,而主要关乎生命之

"意"通于天地的"意"缘初始结构之生发(意生)的可能(意能)和意义——人在"意"中的生活(意生)是如何开始的？又是如何意识到自己的意向和意行具有意能和意量,进而建构意境？

　　本书致力于揭示《周易》意本论在形上学层面的"意"图式,将"意"之心(意)物融通之境基于先后天八卦图式作全新建构,进而把意本形上学先行结构通过对卦爻辞的哲学诠释建立起来。《周易明意》有先天八论:生—能—向—缘—识—行—量—境,分论意向本于先天的八个维度;并对应于后天八论:缘—识—向—境—能—生—行—量,分造八维度之意而能运世之化。"意"本"立日心",立天地日月之心,或为"心之音"。可见"意"自带强大的本体论意味。而日月之心之音,本来心意通天,真诚无妄,正是人修持心意,接通天机的理想状态。人天之意通于诸经之"意",通于自然天地,仁爱世人,达于心意通天之中道,涵摄佛家空有,道教统摄心神诸说,可融贯一炉。

丁酉—戊戌仲夏于孔学堂

庚子再序

阳明龙场读《易》，悟通"心即理"之道，而后造心学。他悟道之后，感叹易道淆乱，自古已然。《传习录上》提到孔子不得已删述六经，并举孔子赞《易》为例：

> 删述六经，孔子不得已也。自伏羲画卦，至于文王、周公，其间言《易》如《连山》《归藏》之属，纷纷籍籍，不知其几，易道大乱。孔子以天下之好文之风日盛，知其说之将无纪极，于是取文王、周公之说而赞之，以为惟此为得其宗。于是纷纷之说尽废，而天下之言《易》者始一。

阳明认为，孔子颂赞文王周公之说以成《易传》，而后天下读《易经》者才知宗旨和入道门径。自孔子《易传》出世，后世学习《易经》当从《易传》入门。

在阳明时代，易道恐怕尚未有如今之乱象，当时读书人至少要先读《易传》再解《易经》，此不易之论无须特别强调，可如今情形完全不同。百年以来，《周易》早已从五经之首、大道之源的神坛上被拉下来，而"孔家店"也被打倒多次，若谓孔子其人其学以"丧家狗"的姿态在现代化潮流中被边缘化亦不为过。其影响所及，连不明阴阳和八卦本意者都敢对《易传》乃至卦爻辞评头论足，一种浮泛空疏的学易之风，泛滥久矣。

本来研究《周易》经传，需要从感通无字天书开始，追本溯源，领悟"易与天地准"的实然境界。近现代以来，虽然文字学、训诂学、音韵学、文献学、史学、以经解经等多种研究方法在解读经文中似乎越来越重要，但是，这些方法如果要取得有意义的研究成果，还是不可偏离"以传解经"的传统原则。正是在这个原则之上，象数与义理不可偏废，观象系辞、辨象证义才有意义，如此方能破除"经文不过是随机占筮的记录""卦爻辞是意义不明的文字""卦爻辞和卦爻象之间没有逻辑关系""经文是巫术的历史印迹（巫史传统）"等谬误。卦爻辞是人文理性的系统创作，而不纯是占卜的记录，不能简单归入巫史传统而忽视其哲学义理。同时，此义理足以说明文王无愧于中国第一个系统哲学家之名。正如班固《汉书·艺文志》所言，孔子儒家之道和老子道家之道皆本自王官,其精神根基即是文王之道。中国自有系统哲学思想的历史当肇启于文王,即当以卦爻辞蕴含之道为中国哲学的开端。

古来关于卦变的各种说法相当混乱,可谓合于阳明"纷纷籍籍,不知其几,易道大乱"之说,今惟"卦变易学"为得其宗。关于卦变的方式,自古有多种说法,不明"文王卦变方圆图"者,只能莫知所宗;对卦变的刚柔往来存在争议,其实是因不愿承认《彖传》的权威性和合理性,进而质疑卦变体系的一致性;对《彖传》和《象传》中一些文辞是否有必要被理解为对卦变的描述,缘于历代解释不同,而对卦变的解释力存疑。本书通用卦变,不理解"文王卦变方圆图"者,容易质疑运用卦变解易,是否会导致对理解某卦的内涵有所损害,其实,这恰是理解卦变是否到位的问题;至于卦变是否为文王所创,这可从卦爻辞的形成与文王有关的传统看法推导出来,只要承认文王可能创作卦爻辞,就当肯定文王借助"卦变图"来确定卦爻辞是有合理性的。本书在"文王卦变方圆图"的基础上,提出"卦变易学",认为卦变是《周易》经文的内在体例,有助于理解卦爻象的推移和变化,从而试图恢复王弼易学之前易学的本相,凸显易学本身的复杂性和深刻性。

从古到今,易学都是儒学的重要组成部分。孔子删定《周易》经传,致力于梳理周代关于易学的各种纷乱讲法,力图把《周易》哲理讲清楚。汉代经学整合先秦易学,促使儒家经学成为传统文化的重要内容。宋代理学通过诠释《周易》来整合佛教义理,更使儒家哲学开创了第二个高峰。今天,我们需要运用《周易》哲学,来推动中西文明对话,以期从哲理上真正实现儒家哲学的第三期开展。

要推动儒学和中国哲学登上国际哲学与思想的大舞台,就要用好根深叶茂的易学哲理,既向内统合中国思想和文化,又向外统合世界各文明的哲学、宗教和文化。本书所建构之"意本论",立足卦变解易而寄言出"意",回应中西哲学沟通之意义世界,希图回归当代哲学思想的"太极"原发之前的无极之境"意",从而开出哲学的当代发展之新"意"。

庚子冬至于京

乙巳三序

自古以来,《周易》哲学对于解决时代之问都有引领作用,今天,如果试图解决中西哲学思想交融与文明对话的时代课题,仍应回到《周易》哲学原点。

明清两朝,中国封关禁海,把世界拱手让给欧美四百余年。鸦片战争后,中华文化在世界文化中的相对位置岌岌可危。1899年12月31日,梁启超抵达夏威夷后,写出脍炙人口的《少年中国说》,对"老大中国"的文化复兴寄予厚望,文末写道:

> 故今日之责任,不在他人,而全在我少年。少年智则国智,少年富则国富,少年强则国强,少年独立则国独立,少年自由则国自由,少年进步则国进步,少年胜于欧洲则国胜于欧洲,少年雄于地球则国雄于地球。红日初升,其道大光。河出伏流,一泻汪洋。潜龙腾渊,鳞爪飞扬。乳虎啸谷,百兽震惶。鹰隼试翼,风尘翕张。奇花初胎,矞矞皇皇。干将发硎,有作其芒。天戴其苍,地履其黄。纵有千古,横有八荒。前途似海,来日方长。美哉我少年中国,与天不老!壮哉我中国少年,与国无疆!

"少年中国"的精神,是对《周易》创生不已、乾生不息之"生生"境界的回归。梁启超到夏威夷和北美后,了解到美国种族不平等现状以及严重的族群矛盾,清醒认识到国际政治的现实状况,超前提出多民族国家方案。他认定西方帝国主义将全方位打压"老大中国",所以把"老大中国"如何浴火重生、重返少年,作为亟须解决的时代之问。

杜维明教授多年来全球奔走,希望通过重塑儒学影响世界历史进程。20世纪八九十年代,他对中国大陆、东亚和欧美的儒学发展寄予厚望,认为传统儒家没有教会、庙宇、道观之类的组织,却成为塑造中国知识分子文化认同的主导思想,必有其特殊生命力。但在整个20世纪,北美和西欧的知识分子几乎都不认为有必要将中国作为认真考虑和研究的对象。在20世纪末的国际形势下,外缘的"统一战线"对大陆儒学文化的中心地位造成压力,彼时的大陆学界没有充分的能力、见识或权威去决定国际上"文化中国"的议事日程。当时大陆的儒学"中心"地位并不被世界所关心,反而外缘代表中华文化的"合理"与"正义"。如今三十多年过去,大陆的文化中心地位开始凸显,外缘的影响明显弱化。

在儒家文化花果飘零的20世纪,儒家文人既容易像方东美那样感叹现实与人文理想的距离,也易像徐复观那样强调儒家人文责任在现代民主制度建构进程中的挫败。随着近年中国国力的提升,儒家文化得到更多提倡和关注,涌现出越来越多对儒学有切身心性体验的行动儒者,他们成为儒家文化活的代表,是儒家文化生生不息力量的见证。以儒学为中心的中华优秀传统文化开始重塑中西文化交流的新世纪格局。

自古以来,《周易》都是"五经之首""大道之源",是儒学与中华优秀传统文化的起源与核心。只是近代以来,在西方文化冲击下,在"打倒孔家店"和"革自家文化之命"的同时,国人把文化的大本大源抛弃殆尽,沦为托着金碗向西方乞食的文化贫儿。今天,在中华文化走向世界、重塑文化自信的历史时期,易学的传统话语需要与西方文化接轨,在国际化进程中成为树立文化自信的先行者。

文艺复兴时期,活字印刷术扣动了文化变革的扳机,而今互联网、数字媒体颠覆了人类获取和共享信息的方式。上一次文艺复兴"颠覆世界"用了300年,这一次中华文化重塑自信只用了30年。通过文艺复兴,西方人回到古希腊和古罗马时代,重新改造了思想与文化的方向;这一次古老的东方哲学复兴将参与改变世界思想与文化的方向。全球性的新文艺复兴应从马来西亚总理安华倡导的"亚洲文艺复兴"(Asian Renaissance)延伸出去,以中国的哲学思想与文化真正改变西方主导的思想世界秩序。《周易》作为中国文化的核心,其哲学的国际化,应是中华文化自信与世界文明对话的核心议题。

易学是中华优秀传统文化的总根源,是中华民族文化自信的大本大源,更是中国哲学与文化复兴的根基。《周易》哲学强调阳极阴生、静极复动,阴的动力性在静到极点之后会发动和显现,最后将转化阳力,因此,中华文化复兴进而改变西方文化,将是大势所趋。《周易》思维模式是形成中国独一无二之文化、发展模式的根本出发点,易学现代化和国际化的过程,就是把中国人洞察、认识"道"和社会人生真相的根本方法以及工具加以现代化和国际化。把古老的《周易》哲学作现代转化,对当代中国社会和文化的发展,民族精神的凝聚与弘扬,中华文明与各大文明对话,各国文明共生共荣,走向全球文明的大融合,形成人类命运共同体、文明新形态,将发挥积极作用。

今天中华文明与世界其他文明的对话,再也不能只停留在技艺层面,而应该从道的哲学文化层面深入展开,因此,易道的现代转化,《周易》哲学思想的国际化,应当是中华文化自信地与世界其他文明展开对话的核心要务。按照《周易》哲学原理,阴阳之气的运动正如《太极图说》:"太极动而生阳,动极而静,静而生阴。静极复动。一动一静,互为其根;分阴分阳,两仪立焉。"中华文化走出历史性的低谷,正符应《周易》阴极而生阳的运动规律。

回溯世界文明史上影响深远的一大历史事件——新教文明在美国的兴起,或可映照出《周易》哲学国际化将产生的划时代意义。1620年,受英国圣公会迫害的清教徒被迫离开英国,经荷兰乘"五月花号"抵达美洲大陆东北角,却因到达美洲大陆后得以绝处逢生,如今新教文明已然蔚为大观。新教徒借助美洲大陆不断经营发展,创造了文明史上前所未有的强盛状态。或许,与"五月花号"改写历史的重要意义可相对比,过去百余年间,中华文明深陷危殆,几近陷入亡国灭种的境地,文化命脉几乎倾覆断绝,易学文化作为中华文明之根源,亦遭到毁灭性打击。但是,华夏儿女在易学变通之道的指引下,绝地反击,使我华夏文明得以延续,并不断发展壮大。如今,正值中华文明苏醒复兴之际,如何与上百年来异常强势的西方文明,以及受到整个西方强势文明影响的各种文化去交流和对话,是以中国大陆为中心的中华文化圈需要仔细思考和掂量的问题。

历史上,中华文明曾经消化佛教思想,构造出中国化的佛教文化。今天,在持续消化西方文化的过程中,西方文化同样不断被中国化,中国知识界一直主动重构其他文化的中国版本。以易学为核心的中华文明有机体能够不断吸收世界其他文明的营养,将发展出超越其他文明的自信和胸怀。《易传》有深厚的儒家意味,其关于"天下"的论述深深影响着后来的儒家天下观。《周易》天下观深刻而微妙地通达天下人心和各种事业,可谓包罗万象、殊途同归。这样的天下观没有一神论的排他性,没有文明冲突的潜在可能性,能够成为未来文明对话的精神核心。

在19世纪中叶西方与中国的战争冲突发生前,自以为是天下之中心的"中国"意义上的"天下"观念,实际边界模糊。在中西冲突战败后的一百多年里,中国人的天下观产生了混乱,或者以西方的世界观念为中心。随着中华文明与欧美新教文明的竞争开始进入实质性的拉锯战,中华民族的"天下"观念才重新鲜活起来,这是一个有崭新边界和内涵的新"天下"观,即地球村意义上中华文明终极边界的新天下观念。《周易》天下观念的世界情怀须逐步恢复,因为相比于世界上其他一神教影响的政治主张,只有《周易》的天下观是真正世界主义的、包容的、不排他的。西方基于"民族-国家"理念的"普世"价值包装,在文明冲突的一元论宗旨之下,已经开始呈现其排他性的本来面目。"9·11事件"既是宗教冲突,也是强化文明边界的文明冲突,而中华文化因其包容性,有助于化解这种文明冲突。

亨廷顿"文明冲突论"的提出和实践证明新教文明自身的封闭和狭隘,某种程度上是宣布其历史性低谷的开始,而随着该冲突理论付诸实践的层层加码,新教文明终将在冲突当中迎来其历史性的转折点,而在这个转折点到来之前,正是把《周易》哲学国际化并让中华文明向世界说明其具备最为宽广之适用性的关键时期。

儒家与道家哲学的根源都在《周易》,以易学为核心的中华文明与天下文明的关系到了一个历史性的转折时期。以《周易》为核心的中华文明经典体系,历史上吸收过佛教的思想资源,开创了中华文化发展的新历史阶段。将来同样可以吸收其他文化,成就全新的经典系统,成为中华民族未来文化自信的精神资源与文明对话的坚实基础。

本书以"明意"为名,试图通过创新性的卦爻阐释方法,结合现象学与心灵哲学的意向性理论,基于《易经》卦爻辞的"明变"和"明解",还原和建构《周易》哲学——与西方哲学、思想、文化系统对话的意哲学体系。与历史上对卦爻辞"以无为本"、理本论、心本论等解释路径不同,"以意为本"的意本论哲学是卦爻哲学思想的现代化和国际化版本。

《周易》哲学的意本论重构秉持四海治学、道贯古今的为学精神,认为《周易》哲学的变易之道不离人天之意的大道本体,其核心精义——人意通天——亘古不移。易学大道虽经沧海桑田,然易道恒存,"明意"就是明"道",是大道之"意"的彰明和敞开,意本论的建构实乃古道在中西哲学对话新维度的全方位展开。针对如何阐释卦爻辞,进而建构易学哲学的问题,本书运用现象学、心灵哲学等比较哲学框架,不断丰富意本论和中国特色的意向性理论,开创古老易学的现代"意学"阐释新范式。

"意学"的建构不离言象之辨、道超言诠的意识澄明境界。就"阴阳五行"符号系统与关联性思维而言,《易经》构建了动态循环的宇宙图式,堪称"古代人工智能",其"推天道以明人事"的天人感应机制,或许可以理解为人类灵魂(意)与宇宙灵魂(道)的共鸣。意本论运用现代诠释学方法,在建构以《周易》为中心的经典语言哲学的基础上,效法先贤解经立说之志业,建构七经"明意",而成当代新经学诠释体系。"明意"之"明"是敞开生生之易的未来哲学展望。"生生之谓易"的变易宇宙观在今天仍然鲜活有意义,"生生"不仅是《周易》哲学的重生,也是中华文明的复兴,更是老大中华重新洋溢青春活力的新生。

本书意本论围绕开篇"易本心易"展开,更确切地说,其实是围绕"易本易意"展开"卦变意学",因为易学是心意觉知、修改、实化、更新意念之学,时刻不离主客交融、心物融通的认识论框架。正是在这个意义上,作为《周易》哲学现代化版本的意本论致力于推动当代中国哲学的国际化。易道仍然一如平常,但意道已然时刻开新。每个当下皆是易学的易意时刻,当下的智慧即是"恒常觉照"的镜天之意,不需要特定的时空坐标,时刻可以进入主客交融的生命觉知境遇,保持对生存境遇的持续反思,体悟"寂然不动,感而遂通"、主客合明的精神境界。

在人工智能飞速发展的新时代,算法预测日新月异,越加精准快速。不过,觉知当下、预知未来仍是人类的永恒课题,而未来一切,必从当下意念开始延伸。易道与生命力、意识流变类似,都需要主体参与,意会当下作为面向未来的抉择,这可与西方自由意志论形成哲学对话。易道的当下展开,不必纠结于占卜和术数,而要"作"全面的哲学对话与建构。犹如在量子力学揭示的不确定性中,通过文明交流互鉴、情境认知与潜意识觉知来提升意向性修养,培养对"几微"的先觉能力——此即《系辞》"惧以终始"的要义,在事象未形之际"明意",存戒慎之心。

希望小书能够帮助读者开悟易道、明心见意,培育"知几其神"的直觉智慧,时刻觉知、预见、进而掌控自己变幻莫测的命运。由此可知,现代主客二分的认识论应向《周易》"天人合一"、阴阳互动如日月合明的认知范式回归,在科技洪流中守护"观乎天文,以察时变,观乎人文,以化成天下"的人文精神。

第一编　导论

——《周易》哲学的人天之意

一 《周易》是中国哲学与文化的总源头

易本心易,心通于物,心物一元。《周易明意》以意为本,建构人天之意论。易之为书,导人意通于天道,理顺天地之变化,通达阴阳不测、显幽无间之意,而明实意为创生世界之源,生生不息之本。本书从建构"意本论"的根本点出发,通过以传解经,尤其是通过《说卦传》解释卦爻辞,在了解每卦每爻精义的基础上,建构以"人天之意"为核心的"意本论"。

《周易》是"群经之首,大道之源",是中国哲学与文化的总源头。中国历史上,《周易》是在经学、哲学与文化史上影响极为深远和广泛的经典。《周易》的核心是易道,《周易》是一部揭示天地变化之道的书,为的是济物利民。《周易》作者在长期仰观俯察的基础上,运用卦画的形式,对宇宙万物的变化进行模拟。《周易》的基础和原理跟日月运行、阴阳变化、占卜实践有关系。《周易》内在结构的成形过程是从数到象,从象到卦,从卦到辞。数和象是《周易》最明显的特色,也是研读《周易》一开始就要打下的基础,如果单纯从文辞入手,是很难理解《周易》独特的成书方式和内在义理的。在《周易》的卦爻符号系统中,无论从太极到阴阳,还是从先后天八卦到六十四卦,整个体系及其各部分都为表达宇宙变化之"道"。通过对符号体系的推演,模拟天道的运行,在此基础上阐明人事运作的道理。

关于《周易》的学问——易学包括《周易》的起源、演变、成书、诠释和传播等各个方面。除了作为哲理著作之外,《周易》通过卜筮文化体现出与其他经典不同的实践智慧,能够给予不同境遇中的人从易理到现实策略的指导。卦爻符号系统是《周易》表达数和象最为特殊的部分,也是解读全书、理解《周易》的根基。《周易》作为流传几千年的著作,主要是由《经》和《传》两部分构成的。易学包罗万象,涵盖天地万物的运行。易学史是综罗百代,涉及中国传统文化方方面面的"百科全书"。

《周易明意》认为,人天之意哲学思维方式塑造了中国哲学独特的"哲学意识",中国哲学意识的根本缘发点是人天之意——即接通人的心意与天道来推演哲学运思的独特方式。换言之,《周易》哲学的基本点是"推天道以明人事",即通过卦爻体系来推演天道的运行,进而启发人用"意"去运世之化的一整套精深哲理。《周易》哲学作为人天之意的系统,从根本上说是"心易",即心灵意识通于天道之易;换言之,《周易》哲理的核心是人意合于天意,这就是《周易明意》的核心思想。

本书致力于揭示人天之意作为沟通人与天、人与自然、人与世界的核心,提出"意本论",认为"意"既是世界之本,也是哲学宇宙论的基础。人类通过"意"结合成为一个命运共同体,可以说,"意"是内在于世界,并高于世界的存在,并且贯通世界万物本相的本体性存在。由此出发,《周易明意》哲学体系通过人天之意论、意本形上学、意本创生论、意本认识论、意本感通论、意本心通物论、意本政治哲学等来阐发六十四卦三百八十四爻和《易传》的哲学内涵。意本论认为,"意"为天地万物之本,从"意"本原上可以开发出人类存在和生存的哲学系统,把人理解为"意"念实化的存在,人生是"意"念实化流行的过程,人可以通过提升反思意念的认知力、增强意念运化的力量来改变自己的命运。《周易明意》一书通过对《周易》每卦每爻卦爻辞的详尽解析,致力于阐发贯通宇宙间一切存在的"意"哲学共性,建构能为各哲学提供彼此融通的"意本论"哲学基石。总之,《周易明意》致力于以"意"为本解释《周易》卦爻辞,立足于把意本论建构为人之为"意"念实化的哲学原点,对《周易》相关的事变做出哲学体系性解释和建构。

《周易明意》分导论、易经明意、易传明意三编。其中"导论"说明解读《周易》的基础知识,以及《周易明意》的哲学意义,可以说是"意本论"的总纲。"易经明意"是对六十四卦三百八十四爻每卦每爻的精准解释和哲学建构。"易传明意"基于《易传》对卦的总说来建立"意本论"诠释,是理解"意本论"的基本理论系统。《周易明意》致力于说明,《周易》的哲学系统可以通过以"意"为本的角度,对每卦每爻加以精细诠释,并重构成为一个浑然天成的思想体系。

本编是对《周易明意》提纲挈领的说明,将从《周易》基础知识、明解《周易》的方法、《周易》哲学基本思想等角度建构意本论,其中的哲学含义主要是要说明宇宙创生的根源,再从意物一元的角度来讨论宇宙与存在,并为全书的引申阐释做铺垫。

二 《周易》的原理与基础

1. 原理

《周易》是古人"仰观天文、俯察地理"之后,形成的一部"与天地准"而且能够"弥纶天地之道"的伟大著作。《周易》最原始、最根本的原理是天文学原理,是古人对于天上的日月星辰长期观察之后,形成一套模拟星体运转之道的象征符号系统之上的哲理体系。这套体系最根本的原理是对阴阳的区分和体察,而阴阳的基础是贯通宇宙万物的气一元论。古人认为,宇宙之间的一切事物都是气构成的,气是日月星辰和天地之间一切变化的物质基础,也是人身与心意变化的根本基础,所以气不是单纯的物质,而是物质与心灵贯通的一体性存在。

气永远在运动变化,人所理解的阴阳观念,也随着时间时刻变化,体现在每天从早晨到中午阳气生长、阴气消退,从中午到夜里阴气生长、阳气消退周而复始的过程之中。同理,从冬天到夏天,阳气生长,阴气消退;从夏天到冬天,阴气生长,阳气消退,阴阳之气体现在天时和天地之间气息时刻不停的变化流转当中。在这个意义上可以说,气一元论和变动的阴阳观分分秒秒影响着人们的生活。在古代农业社会当中,人们按照天时流逝的特点如春生夏长秋收冬藏来播种和收割,进而安排相应的社会生活,实现人与自然之间和谐相处。从地理空间上,古人选择合适的地点埋葬先祖,建设合适的阳宅来居住,都是因为要选择生气汇聚之处以利于生养自己的生命,促进事业的发展。因此,历代阴阳宅建筑基本都遵从《周易》当中的八卦数理与方位等来修建。

要理解易学,首先就要理解《周易》的阴阳爻符号和《易传》"一阴一阳之谓道"的阴阳观念。其实,阴阳观念体现在生活的很多方面,比如在从日月、天地、男女到上下、左右、前后等等耳熟能详的生活情境当中,都是阴阳对应统一观念的显现,可谓无处没有阴阳。换言之,一切对待的观念,都是阴阳,而人的意识跟世界接触,最诡异的特点,就是没有办法直接把握一元性的整体,如理解道必须通过阴阳对待的思维方式。

《周易》的气一元论和阴阳观念，渗透在中国古代天文、地理、风水、建筑、中医，甚至传统的音乐、数学、军事等等实践智慧之中，在西方文明领先世界之前，人类文明的主要历史时期里面，中华文明领先于世界上大多数文明体系，从最深刻的根源上说，跟基于《周易》的气一元论和阴阳观原理基础上的整个思想和运用体系密切相关。

2. 占　卜

《周易》可以用于预测，帮助人们了解事情发展的方向，也可以作为人行动的指南和成事的参考。不了解《周易》的人，容易把《周易》跟迷信联系起来，而《周易》其实从成书开始，就是一部破除迷信的著作，是中国上古文化脱离巫术和鬼神崇拜，走向人文理性的伟大著作。无论是卦爻的推演，还是卦爻辞的书写和诠释过程，都体现出人的精神和意志是世间变化之主宰的主导思想。所以可以说，《周易》基本没有迷信的成分，没有对超越世间之天神的执迷不悟和盲目信仰，也否定被外在力量迷惑和轻易信从超自然力的倾向。

当然，《周易》的起源与占卜有关，如朱熹曾说"易本卜筮之书"，但占卜本身并不就是迷信，从孔子开始，历朝历代的大儒都了解、研究占卜，很多还精通占卜，认为占卜有助于解决人生的疑难，理解《周易》的大道。应该说，占卜不等于迷信，在人们碰到无法解释，或者无法解决的疑难和问题之时，占卜一直是一种寻找答案的方式，在今天接近于心理辅导和决策咨询。

不能因为占卜的结果有一定的准确性，就认为占卜是非常正确的，所以应该完全按照占卜的结果去行动，这是一种宿命论或者被决定论的态度。宿命论认为，一切都预先注定，人类的努力不可能改变事情的发展，于是放弃一切努力。被决定论认为，一切发展变化都是预先决定了，人类的意志很难改变事情的发展变化，不过，如果要事情按照决定的结果发生，还是应该顺其自然去努力，因为人顺其自然去努力本身也是一种被决定的过程，非人力本身可以更改。如果用宿命论和被决定论的方式来理解占卜，就不算正确理解占卜的态度，因为这样容易对占卜的结果执迷不悟，严重时甚至认为应该放弃人的主观努力，那就走向了《周易》之教的反面。

《周易明意》的建构顺从《易传》的教导，帮助人们领略心意的几微，从人心与人意发动之处反省体察，格物致知，为善去恶，进而改变人生，提振人心与人之"意"念对于改变人生命运的力量。从这个意义上说，"意本论"是一种自由意志论,相信人的"意"可以领略和通达宇宙之道,可以通过修行"意"来接续宇宙的天机,从而改变作为实意过程的人生。也就是说,人生的轨迹之变化在于如何实化意念,甚至主要在于如何把握和驾驭意念发动的瞬间。

3. 易的含义

《周易》的"易"有三个意思:变易、不易、简易。"变易"指事物恒变,《周易》是一本关于变化的书。"不易"指事物虽然变动不居,但变化的现象之中有相对不变的"道"存在,自然与人事之道都有不变的性质,也可以说是做事的法则和事物运动的规律。"易"的另一个含义是"简易",即《周易》虽难,但易道理解起来、用起来却容易简单。

东汉许慎《说文解字》说:"日月为易,象阴阳也。"这是说易是"日"与"月"这两种天地之间最根本的阴阳物象组合而成,代表天地之间阴气与阳气永恒的交流与变化,所以"易"最根本的意思就是变易,即阴阳的交互变化。从"变易"引申出变化的世界有永恒不变的道,所以有不易之义;还有简易之义。东汉郑玄说:"易,一名而含三义:易简,一也;变易,二也;不易,三也。"《系辞传》有"生生之谓易"的说法,是以天地之间的生机为易之变化的本质,这是《易传》儒家倾向的标志。

《周易》的"周"通常有两个意思,一是指周代成书的著作,二是指"周普""周备""普遍"的意思(郑玄、陆德明和贾公彦)。人们通常说的《周易》包括《易经》和《易传》两部分。《易经》指经文部分,相传是殷周之际,由周文王姬昌推演作出。司马迁《史记·太史公自序》说"西伯拘羑里,演《周易》",传统理解为周文王被拘禁时,推演出后天八卦,并写下了卦爻辞。《易传》是解释《易经》的文字,相传是孔子对传下来的解易内容加以整理和发挥而完成的,是解释《易经》最为可靠的根据。关于《经》与《传》之间问题的讨论,会在后面涉及。

三 《周易》的内在结构

《周易》包括数、象、卦、辞几个部分。读懂《周易》必须要有象数基础。朱熹曾说:"读《易》亦佳,但经书难读,而此经为尤难。盖未开卷时,已有一重象数大概功夫。"如果不了解象数基础知识,《周易》就难以入门。朱熹完成《周易本义》后又写《易学启蒙》,就是为了给初学《周易》者打下坚实的象数基础,毕竟是河图洛书、卦画、蓍策、筮仪、占变等基础知识构筑了《周易》全书的内在架构,也就是说,数与象是构成八卦六十四卦还有卦爻辞系统的基础,渗透在整个体系的方方面面,所以是《周易》的内在结构。

1. 数理:河图洛书

《周易》的基础是数。《易传》载:"河出图,洛出书,圣人则之。"传说古时有龙马背负"河图"跃出黄河,神龟背负"洛书"浮出洛水。伏羲看到河图和洛书之后,依其数理发明了八卦。河图和洛书是在天地自然之数的基础上,由于阴数静、阳数动的自然交流而形成的。河图由一到十这十个数字组成,洛书由一到九这九个数字组成。

河图、洛书启发人们由数的奇偶分出阴阳,认识到自然数有阴阳属性。《周易》的数、卦体系是平衡的,其数理基础可以通过洛书来理解。洛书揭示了数与卦之间的关系,虽然不是西方哲学意义上严格的逻辑关系,但体现出中国古人严密而有效的独特哲学思维方式。

河图洛书自古以来有大量记载,《尚书·顾命》和《系辞传》有提及,《论语·子罕》里孔子说"河不出图,洛不出书,吾已矣夫",说明上古之时确有其物,不可轻易否定。至于历史上的河图洛书到底是什么样子,世传不一,但其确实法乎天象,本乎天地自然之数,自成系统,有其内在的逻辑和条理,能够不断启发人们对于易道的领悟和认识。

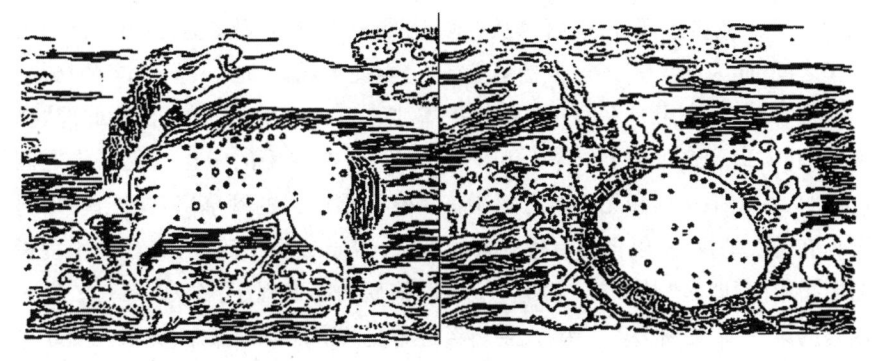

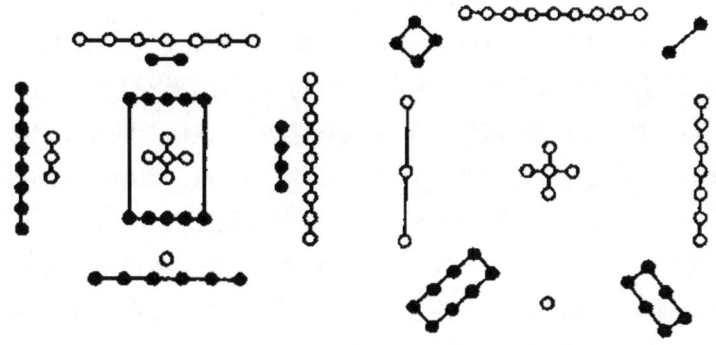

河图洛书

2. 筮法

数作为宇宙万物存在的基本方式,在《周易》体系中的运用主要是筮法,就是算卦的演算方法。古有三易,《周礼》云:"(太卜)掌三易之法,一曰连山,二曰归藏,三曰周易。其经卦皆八,其别皆六十有四。"连山易和归藏易历代典籍鲜有记载,今天只能依赖新出土的文献加以推测,相关的占卜方法后世也不了解,相对清楚并传之后世的是《易传》记录的"大衍筮法"。《系辞上》说:"大衍之数五十,其用四十有九。分而为二以象两,挂一以象三,揲之以四以象四时,归奇于扐以象闰;五岁再闰,故再扐而后挂。《乾》之策二百一十有六,《坤》之策百四十有四,凡三百六十,当期之日。二篇之策,万有一千五百二十,当万物之数也。是故四营而成易,十有八变而成卦。"用揲蓍求卦的过程是:推演天地运化之数的蓍草总共需五十根,其中实际运用的共有四十九根(其中一根象征天地未分之前的太极,取出之后一直虚置不用)。用两只手将剩余的四十九根蓍草任意一分为二,左边的一部分象征"天",右边的一部分象征"地",这就

三 《周易》的内在结构 | 9

是"分二"。从右边部分,也就是从"地"上取一根蓍草,放在左手小拇指与无名指之间,此为"挂一"。这根蓍草象征人,至此形成天、地、人"三才"的格局。以四根为一组,先用右手去分左边的蓍草,然后用左手分右边的蓍草,此即"揲四"。将左边剩余的蓍草(等于或少于四根)夹在左手的中指与无名指之间(此时你的左手小指和无名指之间还有一根象征"人"的蓍草)以象征闰月,每五年有两次闰月,所以再将右边剩余的蓍草(等于或少于四根)夹在左手食指与中指中间,即是"归奇"。至此完成蓍草演变的四道程序,称为"四营",经过四营的第一步,古称"第一变"。要再经过重复两次同样的操作,完成三变才可以得出一爻之数。

"策"指计算时所用的蓍草作成的筹策。乾卦六个阳爻,阳数用九,每爻须揲之以四,故阳爻的揲算之数为三十六(9×4),六爻的揲算总数共二百一十六(36×6)策;坤卦六个阴爻,阴数用六,每爻揲之以四,故阴爻的揲算之数为二十四(6×4),六爻的揲算总数共一百四十四(24×6)策。乾坤两卦的揲算总数共三百六十策($216+144$),大约相当于一年的日数三百六十日。上下两经六十四卦每卦六爻,共三百八十四爻(64×6),阴爻与阳爻各占一半,各有一百九十二爻($384 \div 2$),阳爻的一百九十二爻合六千九百一十二策(192×36),阴爻的一百九十二爻合四千六百零八策(192×24),二数相加得一万一千五百二十策($6912+4608$),相当于万物之数。

所以说,经过"分二、挂一、揲四、归奇"这四次经营才能完成一爻的一变,每个爻需要经过三变才能完成,因每个卦有六爻,所以演算出一个卦需要十八变。朱熹在《周易本义》卷首记载了揲蓍成卦的筮仪,主要说明古代演卦的过程是要找洁净精微之所,让心思安宁纯净,去除杂念,在静定之中接续天机。朱熹在《易学启蒙》中还记载了卦演算成了之后,如何断卦的不同方法。

3. 象

象是《周易》成书的依据。"象"字有模仿、象征的意义。每个卦都象征天地之间某一类事物。古人认为,天地之间最基本的事物有八类,分别以天、地、雷、风、水、火、山、泽为代表,可分别用乾、坤、震、巽、坎、离、艮、兑八卦来表示。

要了解八卦所具体代表的象,必须以《说卦传》为基础,因为《说卦传》是专门为说明卦象而写的。《说卦传》对先天八卦、后天八卦的卦象和方位做了说明,并分别解释每一卦象征的一类事物。除《说卦传》之外,解读六爻卦还需要一些看象的方法,如互卦、覆卦、整体象等。

4. 卦

《周易》是由居住在中原黄河流域一带的古人在长期历史发展进程中发明的哲学体系。《周易》的基本符号是连线"—",即阳爻或刚爻,和断线"– –",即阴爻或柔爻。阳爻代表阳气,阴爻代表阴气,阴阳二气的交感流通化生万物。三爻交错组成八卦,八卦象征自然界当中最基本的八类事物。八卦两两重叠成六十四卦,如六十四卦第一卦是乾卦,由六个阳爻组成;第二卦是坤卦,由六个阴爻组成。

六十四卦之间的排列"非覆即变",另外,每一爻改变,一个卦就变成另一个卦,这就是变卦,变之前的叫本卦或遇卦,变出来的叫之卦。变卦是占筮当中因为动爻的变化而引起的,如乾卦初爻动变姤卦。占筮的时候,六个爻出来形成一个卦,中间某个爻动形成一个新卦,这叫之卦。《左传》《国语》里面有很多事例可以作证。《周易》体系里变卦确实存在,没有争议。

卦变跟变卦不一样。卦变是推演《周易》,给卦系辞时,发现爻在卦中间推移而形成的推移运动规律。也就是说,卦变是在解释卦爻辞的时候,为了说明爻辞的来源和根据而进行解释的体系。但因为历史上传述纷乱,卦变一直有争议。《说卦》说:"观变于阴阳而立卦",这说明古代是先有爻的阴阳才确立卦形或卦体,而卦里面的阴阳爻会发生变化,阴变阳,或阳变阴,而卦就变成另一个卦。《系辞》说"圣人设卦观象,系辞焉,而明吉凶,刚柔相推而生变化",这说明爻在卦里推荡会产生卦的变化,还说"变化者进退之象也",阴阳爻的变化象征着阴阳之力的进与退。还有"以动者尚其变""一阖一辟谓之变,往来不穷谓之通""化而裁之谓之变,推而行之谓之通""刚柔相推,变在其中矣""易之为书也不可远,为道也屡迁,变动不居,周流六虚,上下无常,刚柔相易,不可为典要,唯变所适",这些都明确提到爻的变化,而且把爻变当作易的根本特征。爻的变化必然会引起卦的变化。这些都是说如何理解卦的变化。

5. 辞

《周易》全书的文辞主要有两部分:经文和传文。传说经文经历了伏羲、文王两个圣人的创制而成。经文古奥简洁,全文不到五千字,是对六十四卦三百八十四爻每卦每爻的解释。历代对经文的注释很多。《周易》是"观象系辞",

古时把代表卦的木片挂起来,从中看出卦里的象,比如乾卦代表天、君、父等,再通过卦象去想象,而后形成断语。卦辞和爻辞是这样写下来的。

《系辞下》说伏羲氏"作结绳而为网罟,以佃以渔,盖取诸离"。这里的离卦是六画卦,说明伏羲时代就有八卦两两重叠为六十四卦之象,只是当时以观象为主,卦爻辞应该是到文王时代才确定下来的,也有说武王或周公作爻辞的,总的来说是在商末周初的时候。解读卦爻辞必须以对卦象的理解为基础,抛弃卦象解读卦爻辞就是建构空中楼阁,不可能触及卦爻辞的本来面目。

四 《周易》的卦爻符号系统

《周易》的重要特点之一,是以阴阳两爻来象征天地间阴阳之气的变化,并以阴阳爻分化推演构成八卦和六十四卦。所以了解《周易》的第一步是读懂八卦和六十四卦的卦画,如果看不懂卦画,那就会觉得《周易》无法理解,深不可测。所以我们学习《周易》,首先要破解基于阴阳的卦爻符号系统,理解《周易》卦爻辞文字系统和卦画系统之间存在天衣无缝的象征和比合关系,也就是说,必须先有坚实的卦爻符号系统的知识,以及培养出对于卦爻之变的悟性和形象思维之后,才能够去解读卦爻辞。否则,就字论字来解读卦爻辞,很容易犯望文生义的毛病。《周易》如果只是用历史主义、文献学和文字学的方法来解读,基本上就跟读天书一般,得出的结论基本都是隔靴搔痒的谬见,可能惊世骇俗,但对于连贯系统地理解卦爻辞多无益处。

1. 太极

在《周易》卦爻系统当中,从存在论的角度看,世界上每一事物都有太极,而天地万物总体也是太极。从生成论上说,太极是宇宙的起点。《系辞上》说:"易有太极,是生两仪,两仪生四象,四象生八卦。"这既可以说明宇宙的起源过程,也可以说明事物的存在是不断可分、一多统一的。

太极图

太极用图表示出来,就是太极图,一条流动的曲线中分一圆,一半为白(阳),一半为黑(阴),有若鱼形,又称阴阳鱼。可以说宇宙起源于浑沌未分的元气,元气蕴含生机,化为阴阳二气,阳气轻清上升为天,阴气重浊下降为地,此谓天地开辟;也可以说,任何事物都是一整体的太极,可由总体而分阴阳。

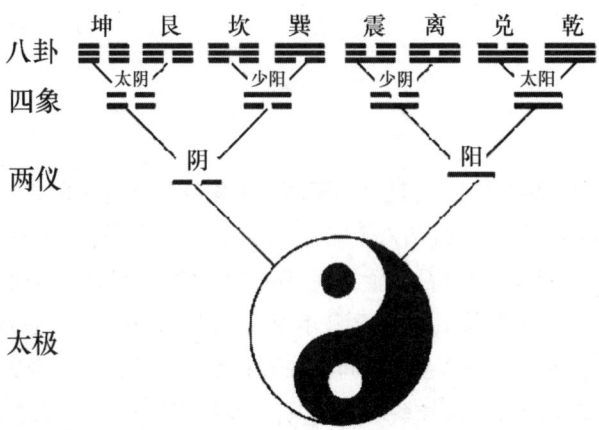

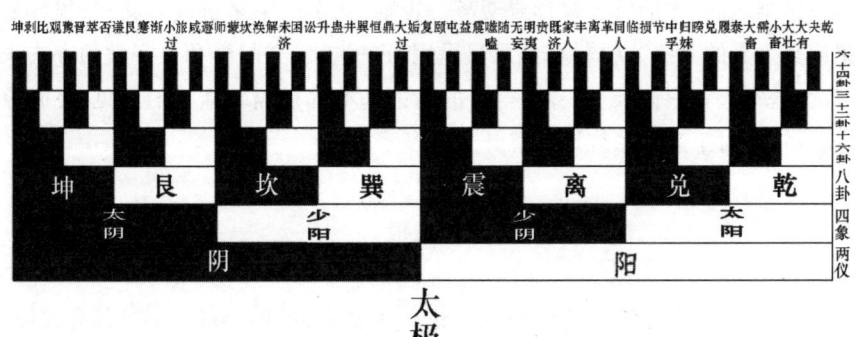

加一倍法图

"两仪生四象"是说阴阳两仪再分阴分阳,或各生一阴一阳而成四象:太阳、少阴、少阳、太阴。四象的基础上再各分阴阳,或生一阴一阳,形成八卦。

周敦颐《太极图说》整合了阴阳、三才与五行学说:

> 无极而太极。太极动而生阳,动极而静,静而生阴,静极复动。一动一静,互为其根。分阴分阳,两仪立焉。阳变阴合,而生水火木金土。五气顺布,四时行焉。五行一阴阳也,阴阳一太极也,太极本无极也。五行之生也,各一其性。无极之真,二五之精,妙合而凝。乾道成男,坤道成女。二气交感,化生万物。万物生生而变化无穷焉。唯人也得其秀而最灵。形既生矣,神发知矣。五性感动而善恶分,万事出矣。圣人定之以中

正仁义而主静,立人极焉。故圣人"与天地合其德,日月合其明,四时合其序,鬼神合其吉凶",君子修之吉,小人悖之凶。故曰:"立天之道,曰阴与阳。立地之道,曰柔与刚。立人之道,曰仁与义。"又曰:"原始反终,故知死生之说。"大哉易也,斯其至矣!

需要注意的是,朱熹认为,太极与无极无时间先后,无极是状语修饰太极,表明太极无有形迹。《太极图说》继承了先秦到汉代的阴阳五行解释宇宙生成和发展的哲学系统,再次阐发了圣人能够继天立极,以其人意接续天意的圣人之道。

2. 先天八卦

八卦有先天八卦、后天八卦之分。先天八卦次序是乾、兑、离、震、巽、坎、艮、坤,分别对应天地之间最基本的八种物象:天、泽、火、雷、风、水、山、地。为了方便记忆,朱熹《周易本义》中有"八卦取象歌":"乾三连☰,坤六断☷,震仰盂☳,艮覆碗☶,兑上缺☱,巽下断☴,离中虚☲,坎中满☵。"先天八卦表达天地自然本来的面貌。《说卦》:"天地定位,山泽通气,雷风相薄,水火不相射,八卦相错",说的是先天八卦方位。古人认为,先天八卦是为了揭示世界的原初形态,但太极元气分化之后,其性质并不发生变化,如太极生两仪、四象、八卦,即使分成六十四卦之后,太极元气仍然存在,一分为多,但性质未变。

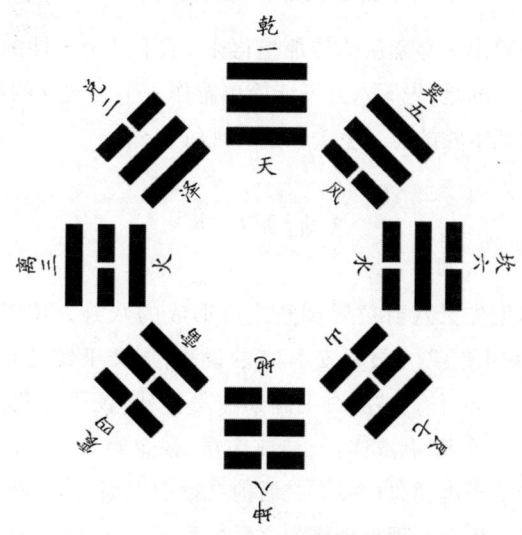

先天八卦图

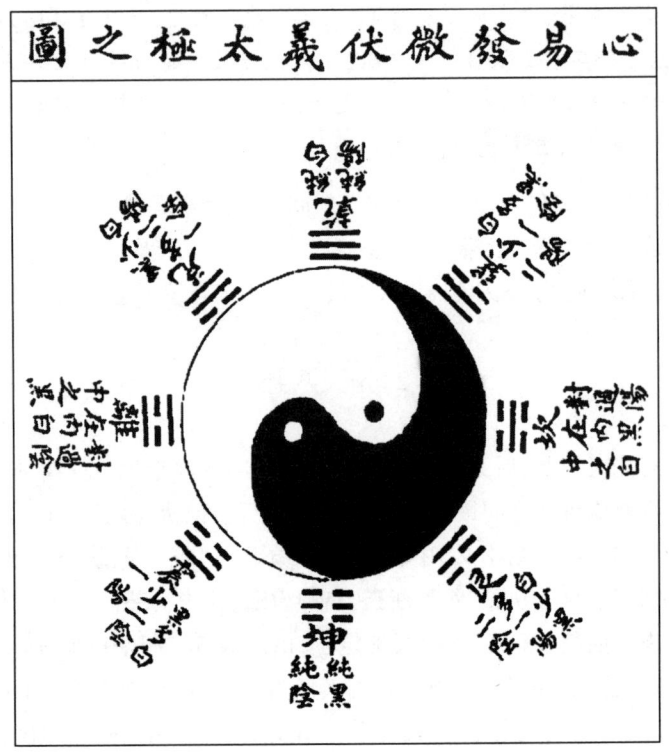

太极图配先天八卦方位图

先天八卦一般说是邵雍从陈抟那里得来,至于其历史性的确切起源无从得知。但最为重要的是,先天八卦不能简单看作一个历史性的图形,而必须从其宇宙起源和自然本相的意义上去认识和理解。

3. 后天八卦

后天八卦是把先天八卦位置调整之后形成的八卦方位图。按照司马迁"盖西伯拘而演《周易》"(《报任安书》)的说法,周文王姬昌原是商末周族首领,封西伯侯,因形势所迫,被殷纣王囚禁在羑里城(汤阴城北)七年。纣王把姬昌的长子伯邑考杀害,剁成肉酱,烙成肉饼,强令姬昌咽下。八十二岁高龄的姬昌含悲忍痛啖子肉,躲过一劫,之后他在狱中发愤治学,潜心钻研,将伏羲八卦方位按照五行生克原理重新排列之后成后天八卦。因为相传是文王发明的,所以后天八卦又称"文王后天八卦"。

后天八卦方位见于《说卦》:"帝出乎震,齐乎巽,相见乎离,致役乎坤,说

后天八卦方位图

言乎兑,战乎乾,劳乎坎,成言乎艮。"这是说后天八卦从东方开始,顺时针方向排列而成。后天八卦与方位、时令相配,并与斗柄旋转的天文现象一致。因此,《周易》的运用主要是以后天八卦为基础,涉及古代天文、地理、乐律、兵法、音韵、算术、医学、风水、炼丹等各个方面。周文王在狱里殚精竭虑所重排的后天八卦,可以说是中国古代实用文化的理论根基。

通常来说,先天八卦代表天地未分之前的先天状态,也就是元气的本然状态,是一个全体,只是不得不通过阴阳分判,加一倍法分裂成为八卦来理解宇宙元气的全体而已。所以先天八卦次序应该理解为元气本然的次序。

后天八卦是按照八卦的方位和五行属性重新排列之后而成的,其与东南西北方位的对应,以及相应的五行方位和特点的对应关系,是把八卦代入后天现实的状态当中,也就是天地之道运行和变化的实际情境当中,或者是先天意念的后天实化与运用当中。

先后天八卦代表古代圣人以人意接续天意的八种基本模式:"生—能—向—缘—识—行—量—境",也可以称为人天之意的八种原型,对应于"意"作为心物一元的宇宙本体发动而展开成为"缘—识—向—境—能—生—行—量"八种不同推演的模式。这八种模式发动合乎阴阳五行运动的内在规律,再通过六十四卦的推演,八种实意模式可以演化为三百八十四种意念实化的样态。

4. 五行

《周易》产生于黄河领域。中原地带的古人长期观测天地历象的变化,基于其生活环境和经验发明了五行生克理论。木、火、土、金、水五行与方位相配,木在东,东方木旺,木可燃烧,也可自燃,故木生火;南方热,故火在南,火烧完之后化为灰烬,回归泥土,故火生土;土居中央,土旺四季,土中含金,聚土成山,山必长石,故土生金;西方多山、多金石,故金在西,山上金石出泉,西山多为江河之源,故金生水;北方为水,木由水滋养,故水生木。木火土金水"比相生,间相克":木生火,火生土,土生金,金生水,水生木,这是五行相生;木克土,土克水,水克火,火克金,金克木,这是五行相克。树木克土生长,土能挡水,水能灭火,火能熔金,金能伐木。五行配方位有利于解释文王后天八卦的由来。

五行生克图

5. 六十四卦方图和圆图

八卦两两相重,成为六十四卦。六十四卦有多种排列顺序,但基本上都按照"阳长阴消,阴长阳消"的规则来排列。六十四卦方图以坤卦和乾卦为对角线,以泰卦和否卦为另一个对角线,顺序变动阴阳爻排列而成。邵雍《大易吟》曰:"天地定位,否泰反类;山泽通气,损咸见义;雷风相薄,恒益起意;水火相射,既济未济。四象相交,成十六事,八卦相荡,为六十四。"朱熹解释说:"康节'天地定位,否泰反类'诗八句,是说方图中两交股底,且如西北角乾,东南角

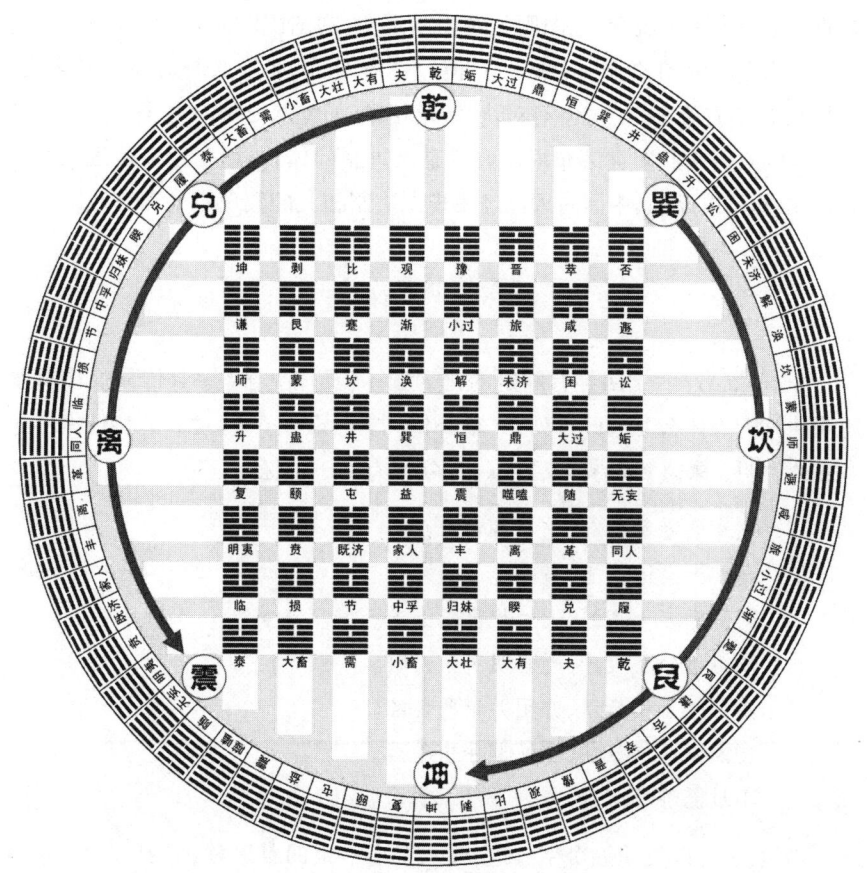

六十四卦方圆图

坤,是天地定位;便对东北角泰,西南角否。次乾是兑,次坤是艮;便对次否之咸,次泰之损。后四卦亦如是,共十六卦。只曰方图自西北之东南,便是自乾以之坤,自东北之西南,便是由泰以之否,其间有咸恒损益、既济未济,所以又于此八卦见义。盖为是自两角尖射上与乾坤相对,不知怎生恁地巧。"

六十四卦圆图从乾卦开始,按照先天八卦生成顺序,逆时针方向先排下卦为乾的八卦,之后排下卦为兑的八卦,再排下卦为离和震的八卦,之后,跟先天八卦顺序一样,到上方乾卦的右边,开始排下卦为巽的八卦,之后顺时针方向排,依次是下方为坎、艮、坤的八卦。每组八卦的上卦都按乾兑离震巽坎艮坤的顺序依次排列。

六十四卦方图和圆图排列有精准的次序,仿佛来自天然,非人力所能安排。邵雍认为,这是伏羲发明的图式,包涵天地万物所有的道理。朱熹认为圆

四 《周易》的卦爻符号系统 | 19

图的重点是讲阴阳流行,方图则强调阴阳定位,圆图配时间过程,方图配空间方位。他说:"圆图象天,一顺一逆,流行中有对待,如震八卦对巽八卦之类。方图象地,有逆无顺,定位中有对待,四角相对,如乾八对坤八之类。此则方圆图之辨也。"后来此图被莱布尼茨看成是二进制的体现,用于论证他发明的二进制,由此可以反证,中国古人已经发现二进制相关的数理模型和符号体系。

6.六十四卦次序

今本《周易》六十四卦有固定的排列顺序,具体见于《序卦传》,文中仔细说明并分析为什么要如此排列。《杂卦传》打乱了卦序,但对卦的特性做了进一步的说明。朱熹《周易本义》的《卦序歌》有助于记忆:

乾坤屯蒙需讼师,比小畜兮履泰否。
同人大有谦豫随,蛊临观兮噬嗑贲。
剥复无妄大畜颐,大过坎离三十备。
咸恒遯兮及大壮,晋与明夷家人睽。
蹇解损益夬姤萃,升困井革鼎震继。
艮渐归妹丰旅巽,兑涣节兮中孚至。
小过既济兼未济,是为下经三十四。

当然,也可以发明五个字一组,或六个字一组的卦序歌,只要方便记忆就可以了。

7.八宫卦

西汉京房(前77—前37)根据八卦设立八宫,把八经卦自身的重卦称为"八纯上世卦"与其宫相对应。每一纯卦根据一定的变易规律又分别统帅七个"子宫卦"。这七个"子宫卦"按一定次序或分类分别称为:一世卦、二世卦、三世卦、四世卦、五世卦、游魂卦和归魂卦。从上世卦到归魂卦是一个发展的变易过程,这种过程具有完整的系统特征。从一世卦到五世卦依次由初爻向五爻逐渐爻变的过程,而游魂卦与归魂卦则是至极而逆变的过程。这是《八宫卦次图》在纵向上的一种变化规律。

乾宫八卦,属金。乾为天,天风姤,天山遯,天地否,风地观,山地剥,火地晋,火天大有。

宫次	本宫卦	一世卦	二世卦	三世卦	四世卦	五世卦	游魂卦	归魂卦
乾宫	乾为天	天风姤	天山遯	天地否	风地观	山地剥	火地晋	火天大有
坎宫	坎为水	水泽节	水雷屯	水火既济	泽火革	雷火丰	地火明夷	地水师
艮宫	艮为山	山火贲	山天大畜	山泽损	火泽睽	天泽履	风泽中孚	风山渐
震宫	震为雷	雷地豫	雷水解	雷风恒	地风升	水风井	泽风大过	泽雷随
巽宫	巽为风	风天小畜	风火家人	风雷益	天雷无妄	火雷噬嗑	山雷颐	山风蛊
离宫	离为火	火山旅	火风鼎	火水未济	山水蒙	风水涣	天水讼	天火同人
坤宫	坤为地	地雷复	地泽临	地天泰	雷天大壮	泽天夬	水天需	水地比
兑宫	兑为泽	泽水困	泽地萃	泽山咸	水山蹇	地山谦	雷山小过	雷泽归妹

八宫卦次图

坎宫八卦,属水。坎为水,水泽节,水雷屯,水火既济,泽火革,雷火丰,地火明夷,地水师。

艮宫八卦,属土。艮为山,山火贲,山天大畜,山泽损,火泽睽,天泽履,风泽中孚,风山渐。

震宫八卦,属木。震为雷,雷地豫,雷水解,雷风恒,地风升,水风井,泽风大过,泽雷随。

巽宫八卦,属木。巽为风,风天小畜,风火家人,风雷益,天雷无妄,火雷噬嗑,山雷颐,山风蛊。

离宫八卦,属火。离为火,火山旅,火风鼎,火水未济,山水蒙,风水涣,天水讼,天火同人。

坤宫八卦,属土。坤为地,地雷复,地泽临,地天泰,雷天大壮,泽天夬,水天需,水地比。

兑宫八卦,属金。兑为泽,泽水困,泽地萃,泽山咸,水山蹇,地山谦,雷山小过,雷泽归妹。

上列八宫六十四卦的排列有一定的顺序。

首先,八宫的顺序是按照后天八卦图的顺序排列的。按后天八卦图的顺序,顺时针方向,从乾在西北开始,之后坎在正北,艮在东北,震在正东,巽在东南,离在正南,坤在西南,兑在正西排列。八卦图的南北东西方位,与现代地图上北下南相反,而是上南下北,这是跟中国古人发明八卦的时候处于中原地带的方位感有关的。

其次,每宫第一卦由相同两个单卦重叠而成,称为八纯卦。八纯卦是该宫的宫主。因此以八纯卦的名称来命名宫名,以八纯卦的五行属性,来统领该宫的七个卦。如乾宫属金,以下天风姤、天山遁、天地否、风地观、山地剥、火地晋、火天大有都属金。

除八纯卦之外,其他卦名的命法是从上往下,以八卦的第一主象为标志来命名。八卦的象征是:乾为天,坎为水,艮为山,震为雷,巽为风,离为火,坤为地,兑为泽(后天八卦顺序)。例如地天泰卦,上卦为坤,坤为地,下卦为乾,乾为天,所叫地天泰卦。天地否卦,则上卦为乾,为天,下卦为坤,为地,所以称为天地否卦。

每一宫内又根据排列次序分别为本宫卦、一世卦、二世卦、三世卦、四世卦、五世卦、游魂卦、归魂卦。"世"之前的数字表示该卦世爻所在的爻位。游魂卦的世爻必在四爻,而归魂卦的世爻必在三爻。

《周易明意》先天八论和后天八论基于八宫卦象次序。先天八论为生—能—向—缘—识—行—量—境,分论作为宇宙起源和存在本体的"意"基于先天的八个维度;并对应于后天八论,即缘—识—向—境—能—生—行—量,分造八维度之意而能运世之化。

五 《周易》的经与传

1.《周易》的经

《周易》的经包括卦画、卦名、卦辞、爻序号(爻题)、爻辞等多方面。《周易》经文即卦爻辞的来源在学术史上有大量讨论,传统几千家注释《周易》的作者,基本上都把卦爻辞看成一个体系,认为是有意义的创作,可以通过《易传》加以理解。但是,因为其中有一些卦爻辞很难解,加上运用爻辞占断在实践当中可行,所以也有一些学者认为,卦爻辞就是古代占卜的记录,所以是无序的,无规律的,也就可以任意解释,任意发挥的。这就导致近代以来"古史辨派"的学者们,根据新近的出土文物和文献证据,推翻传统上对于卦爻辞的系统解释,在抛弃《易传》的基础上,运用自己的想象力加以发挥,虽然形成了很多有学术见地的成果,但总的来说还是无助于解释卦爻辞的意义系统。

近现代以来,一方面质疑传统易学的成果层出不穷,似乎花样翻新,异见迭出;另一方面,一些系统解释卦爻辞的学者,坚持传统经传不分的路子,虽然也参考新的考古证据和带有新见的著作,但这些证据和新见对解释流传了两千多年的卦爻辞系统的帮助有限。吊诡的是,偏离传统经传不分路子的新派易学,由于其提出新见的前提就是否定《易传》对《易经》的解释力,只能在抛弃以传解经的传统正路上越走越远。

2.《周易》的传

自汉代有经学开始,解释《周易》卦爻辞就不能够离开《易传》的辅助,或许在春秋战国时代,《周易》传承还没有公开的时候,与今本《易传》相关的内容对经文的解释力度应该也是不容置疑的,所以《易经》和《易传》才会代代相传,同时列为五经之首,成为不可分割的大道之源。

《易传》有十篇,统称"十翼"。《易传》是解释经文的,可以说是经文的附录。我们今天要想读懂《周易》,必须借助《易传》十篇。按传统的说法,《易传》是孔子写的或者是他整理的。他晚年读易"韦编三绝"(《史记·孔子世家》),用功甚深,担心后人没法读懂《周易》,所以作《易传》十篇,又称"十翼",如经文的羽翼一般,相辅而行。其中《彖传》《象传》《系辞传》三篇各分上下,加上《文言》《说卦》《序卦》《杂卦》四篇合成"十翼"。《系辞传》是关于《易经》的哲学通论,内容丰富深刻;《说卦》是说明八卦象征的事物及其特性;《彖传》附在六十四卦下,解释卦名、卦辞;《象传》分大象和小象,大象解释卦的哲学意义,小象解释爻象或爻辞的意义,都是对经文的直接解释;《文言》是对乾坤两卦的重点解释;《序卦》讲述六十四卦的排列顺序;《杂卦》说明六十四卦的含义和特点。

3.《易传》的成书

关于《易传》的成书年代的讨论很复杂,很多学者把"十翼"分篇拆开,从单篇文字与不同时代的文献之间的文字之出入来比对,说明不同篇章跟不同时代的文字有关系,从而判断不同的篇章形成于不同的年代,不过总体来说,各种说法纷繁杂乱,莫衷一是。

基本上近代以来大部分关于《易传》成书年代的讨论,都要否定孔子与《易传》的关系,当然也有部分学者坚持传统的说法。按照传统的看法,孔子是《周易》成书"人更三圣"的"三圣"之一,《易传》成书经过孔子之手,这在近现代以前没大问题,但近现代之后就有很多不同的说法。总的来说,认为《易传》成书比较晚,有战国前期、战国初期、战国中后期,甚至秦汉之际、汉代之后等不同说法。至于具体的文本,如《彖传》《象传》《文言传》《说卦传》各自有不同的成书年代,说法非常杂乱,其中大部分的说法,包括结合出土文献的说法,都不可以作为推翻传统说法的权威观点。

《史记·太史公自序》及《汉书·司马迁传》里面有"天下一致而百虑,同归而殊途",近于《系辞》的文字。《汉书·郊祀志》有"《易大传》曰:'诬神者殃及三世'"这样的话,里面出现了"易大传"的说法,不过这话"十翼"里面却没有,所以有可能《易大传》在西汉的时候不仅指今天"十翼"的内容,而且包括所有解易的内容。可见包括"十翼"在内所有的解易的文本,在当时的西汉人都可能称为《易大传》,也称为《易传》。

《易大传》什么时候成书有不同的说法。今人的很多看法认为《易大传》成书于战国,比如刘大钧认为,"《易大传》的基本部分是战国初期至战国中期写成"。相比传统认为是孔子写的,定到战国就晚了,不过比起郭沫若、李镜池等学者认为应该是秦代甚至是汉初的作品,还算提前的。

《史记·孔子世家》里面说孔子"晚而喜《易》,序《彖》《系》《说卦》《文言》,读《易》韦编三绝。曰:假我数年,若是,我于《易》则彬彬矣"。这是说孔子晚年非常喜欢《易经》。他提了"十翼"中的五种,但是没有说《序卦》和《杂卦》。到了《汉书》就明确指出《易传》这七篇都是孔子作:"孔氏为之《彖》《象》《系辞》《文言》《序卦》之属十篇。"孔子作《易传》的说法,到宋代的时候出现一些异议,欧阳修在《易童子问》当中认为,《系辞》《文言》《说卦》《杂卦》都不是孔子写的。类似的怀疑欧阳修之后的一些学者也说了,比如清代的崔述、康有为都认为《易传》非孔子作。近代以来疑古之风日盛,有的人就认为"五十以学易"的"易"当是"亦",因《论语》中孔门言不及易,加上《易传》中部分文字间存在矛盾,进一步否定孔子是《易传》的作者。顾颉刚、李镜池都曾介绍崔述的说法,否定孔子是《易传》的作者。钱穆搜罗证据最为全面,1928年夏,在苏州青年学术讲演会当中做了一个《易经》研究,说了十条证据证明《易传》非孔子作。然后冯友兰、高亨等都否定孔子作《易传》的说法。戴连璋认为《易传》跟《论语》在思想上有显著差异。不过,虽然《易传》跟《论语》不一样,但不能说孔子跟《易传》就没有关系,更不能进一步得出结论说《易传》就不是孔子写的或整理的,甚至说跟孔子完全无关。

4.《易传》与孔子

孔子与《周易》的关系,在明清以前的传统社会当中不是太大的问题,虽有人提出疑问,但基本上公认孔子是《易传》的作者或者整理者,这与《周易》为六经之首的地位也是相匹配的。只是近代以来,知识分子们把国家一连串的失败归结到文化的根源上,认为需要推翻孔子的权威性,第一要务就要撇清孔子与《易传》的关系,影响到现当代很多学者,认为孔子不再是《易传》的作者或整理者,《易传》也就成为很多人一起完成,而且成书年代相对较晚的书。这样就跟《史记·孔子世家》"孔子晚而喜《易》,序《彖》《系》《象》《说卦》《文言》"的说法不同,陆贾《新语·道基》:"后圣(按孔子)乃定《五经》,明六艺"和《汉书·艺文志》(班固取自《七略》)"孔氏为之《彖》《象》《系辞》《文言》《序卦》之属十篇"等流传两千年的传统说法也不再被认可。其实,虽然疑心孔子是否写《易传》的证据看起来似乎很多,但比较可靠的并不多,主要是从欧阳修《易童子问》开始就提出的,怀疑《系辞》里的"子曰"不是孔子写下的,也不是孔子说的。不过，程颐和朱熹等还是认为是孔子作，反对欧阳修的怀疑。至于近代出土文献的证据，基本都是外证，很难完全彻底地推翻历代大儒认可的孔子是《易传》作者或整理者的看法。

《论语》有很多"子曰"，但学者们通常都不否认这些是孔子的话，至少跟孔子有关系。如果要反对，为什么《系辞》里的"子曰"就非得不是孔子的话，而是其他经师，甚至不是儒门经师们说的话？还有，《述而》提到"子曰：加我数年，五十以学《易》，可以无大过矣"的说法，有学者据《鲁论》把"易"作"亦"，认为孔子与易无关，甚至还要否定《论语·子路》提到的"子曰：'南人有言曰：人而无恒，不可以作巫医。'善夫！'不恒其德，或承之羞。'""子曰'不占而已矣'"这样明显与恒卦爻辞有关的说法，那就走得太远了。《帛书周易·要篇》有云："子曰：吾百占而七十当，唯周梁山之占也，亦必从其多者而已矣。"这些都说明，传统认可的孔子与《周易》的密切关系很难被彻底否定。

关于司马迁讨论孔子作《易传》的范围，孔子五十有没有学易，都有不同的说法。孔子传易也有不同的说法。一般说孔子晚而喜易，所以肯定有传人。虽然《易传》内容可能有一些后人加入的部分，但是《易传》最初应该是孔子根据传述加以整理或者改作的。马恒君、金景芳等认为传统的说法是合理的。

《易传》里面有一些跟儒家接近的内证，跟孔子的一些说法可以印证。李学勤基本同意金景芳的说法，总体来说认可孔子为《易传》的作者，尤其是帛书《要》篇"夫子老而好易，居则在席，行则在橐"说明，孔子老年的时候对《易经》非常喜欢，在家的时候《易经》就放在席子上，外出的时候《易经》就放在背包里头，几乎时刻不离。孔子回到鲁国的时候已经接近晚年了，这样描绘孔子对《易经》的喜爱之情，也是要突出说明孔子晚年跟《周易》关系非常密切。当然也有人持谨慎肯定说，也就是说既不肯定，也不否定这样一些说法，如台湾易学家黄庆萱等。

《易传》与孔子有关的证据，一方面是思想跟孔子明显比较接近；另一方面是历史文献，有《论语》《史记·孔子世家》《汉书·儒林传》《汉书·艺文志》等的根据。据说司马迁的父亲司马谈受艺于杨何，杨何是孔子的九传弟子，武帝朝的易博士田何的再传弟子。田何是汉初传《易》的大家，官方的译文全得于他，所以司马谈的易学渊源有自。然后是考古文献方面的证据，1973年出土的马王堆帛书里有一部手抄于汉文帝初年的《周易》。李学勤认为，根据帛易可知孔子对《易经》下过工夫，孔子把《易经》看作一部哲学书，发掘出卦爻辞其中蕴含的义理。孔子不相信也不搞卜筮，但不公开否定卜筮，这样的思想与今本《易传》思想一致，这个说法比较合理。

确实可以说,没有孔子(与其弟子)整理和创作的《易传》,后人基本上不可能读懂《易经》,而近现代人脱离《易传》试图解释《易经》的努力,对于解释说明《周易》卦爻辞体系的连贯性这一千古难题来说,基本上都是盲人摸象。毕竟脱离《易传》之后的所有解释,可以说都跟《周易》本来的卦爻辞体系没有多少关系,甚至可以说,对出土文献和新材料的解读,如果不是建立在对传统周易卦爻辞体系的扎实理解的基础上,那么研究得越深入,就离开探索《周易》卦爻辞连贯性的母题越来越远,更偏离了《周易》卦爻辞本身所包含的"推天道以明人事"的根本宗旨。

5.《易传》与儒家思想

《周易》与孔子创立的儒家思想关系直接而且密切。首先孔子晚年读易非常勤奋,"韦编三绝"就是描述他读易读到连接竹简的牛皮绳都断了很多次。其次,他晚年不但熟读《易经》,整理写作《易传》,而且可能还有比较丰富的占卜实践经验,这又促进了他对卦爻辞的理解和诠释。再说,《易传》有非常典型的儒家气象,比如《系辞上》说:"一阴一阳之谓道,继之者善也,成之者性也。"一阴一阳的继续状态就是善,这是从生生不息的根本出发点来说善,而天地自然之善是儒家形上学的根本出发点,能够把天地的生生领悟成善,就是一种典型的儒家气象。再次,《系辞》里多次提到"富有之谓大业""崇高莫大乎富贵"等说法,都是认可"富有""富贵"这样的现实价值的,并认为值得人们在了解易道的基础上去不断努力,这都有明确的儒家气象,与道家和佛家的气象可以明确区别开来。有些《大象》和《小象》的言辞也有很明显的儒家色彩,这在本书的翻译和解释中也可以看出来。

《易传》成书的思想文化资源,其中有一部分是受到古代的巫师、巫卜或者史官的影响,受到他们占卜的内容和过程,甚至思维的方式等的影响,但正如余敦康先生指出的:"《周易》中的卜筮经过哲学的改造,是一种哲学化的卜筮,而不同于原始蒙昧的巫术。"[①]卦爻辞确有看起来跟上古宗教祭祀占卜等活动有关的部分内容,但如果据此认为,《周易》的卦爻辞部分主要是蒙昧的宗教巫术活动的历史记录,体现的不过是原始巫术、神灵崇拜等宗教意识,那就是不理解卦爻辞内容的隔靴搔痒之说,因为不仅《易传》,连同经文即卦爻辞部分,都是努力摆脱上古巫祝祭祀文化的明证,是古人从蒙昧走向理性的最佳证

---

① 余敦康:《周易现代解读》,北京:中华书局,2016年,前言第2页。

明。如果仅仅因为保存有些占卜的痕迹,就说整个文献都是卜筮的记录,是巫术和蒙昧意识的沉淀等等,这些可谓是基本不理解《周易》经文的内在含义的凭空论断。如果仅凭《左传》和《国语》当中的占筮例子,就认为《周易》的卜筮来自神性崇拜的宗教意识等,这也是只知其表,不知其里。当然阴阳观念本来来自对天地间阴阳之气的意识,天地之气的推荡跟天道变化有关系,《周易》"推天道以明人事"认为天道跟人世间有一种相应的状态,但这已经不是蒙昧的宗教意识,而是理性的推演,有强烈的人文主义气息。

《易传》当中体现出来的本末终始说、迁善说、性命说、继善成性说等等,都是有明显儒家思想的说法。《易传》解释的这种儒家色彩,在中国哲学史、思想史、文化史上有深远的影响和重大的意义,后世儒者基本上都受到《易传》儒家风格的影响,进而融会道家道教和佛教的思想资源,对中华民族文化的定型和发展有巨大的奠基性和范式意义。

6. 经传关系

《经》与《传》的关系,最根本的是要确认用《易传》解《易经》不仅在过去的历史上是合理的,而且将来也必然是合理的。关于《易经》的作者,传统上说人更三圣,圣圣相传,后来有《易传》以后,《易传》就一直是解释《易经》的。只是近代以来,很多学者倾向于把经传分开,认为经是经,传是传。一种理由是《周易》的经和传形成于不同的历史时代,既然《易传》成书一定比《易经》更晚,所以必须分开,这样的理由其实是靠不住的,既然《易传》是解释《易经》的,成书必然晚,不能说因为成书晚了,就不具备解释力了。如果因为《易传》成书更晚,就认为《易传》不再具备解释《易经》的合理性,二者就非得分成两部不相干的著作,这是站不住脚的。成书年代绝不是分开经与传的充足理由。另外一种说法认为,既然《易经》是占卜书,《易传》是哲学书,那就不能够用哲学的内容来解释占卜的内容,虽听起来很有道理,但这样一来,就强调《易经》和《易传》完全是两部性质不同的书,占卜的书跟哲学的书本来就没有关系,不可以强扯在一起。这样说的学者,既不了解《易经》的内容,也没有读懂《易传》,可以说是凭空猜测的想当然论断。所以这两种说法都似是而非,导致不少近代易学家的解易作品引经据典,看起来言之凿凿,但其实望文生义,不知所云,越解释越糊涂。很多读者,读了很多近代的易学著作,完全如坠五里雾中,以致丧失了辨别力,以为《易经》可以抛开《易传》胡乱解释,只要强调《易传》跟《易经》没关系,《易经》的卦爻辞就可以随意解读,这就造成了《周易》解释史上的一大谬误——"经传分观的谬误"。

"经传分观的谬误"遗毒极广，不仅在学术上问题很大，最重要的是，这个谬误本来就是打倒孔家店的副产品，使得大家对传统经学没有丝毫的敬畏感与神圣感，以至于不再崇敬孔子为"至圣先师"。既然孔子的著作不再有权威性，今天的人想怎么解释就怎么解释，甚至无视阴阳八卦就来解释卦爻辞，或者随意另创解释方向和解释体例，其实是师心自用，无视《周易》体系的内在合理性而胡乱理解与阐发，造成易学界的乱象的根源，多半是因为"经传分观的谬误"。

今天的中国易学界应该抛弃"经传分观的谬误"，不少拆分经传的易学著作，于道不通，却随意曲解经文，看起来似乎人人可懂，其实是谬种流传。今天可以用现代科学方法如考古学或文献学方法来研究《周易》古经和相关材料，但经文与传文一并传世已经两三千年，过去的研究并不能够推翻传统的解法，所以今天不应该再继续"经传分观的谬误"。

二十世纪易学的最大发现之一，是"贞"字作为占卜之本义和借此推翻元亨利贞四德的传统说法，也因此二十世纪易学的主流基本上离开了传统易学以传解经的路线。如果把"利贞"解释成"利于占卜"，那么《周易》的原初占卜意义跟传统以传解经的易学体系就分道扬镳了。不能说周代人就对上古的"贞"作为占卜义一无所知，毕竟有些爻辞用占卜解释基本可通，说明当时还是承认这种"贞"的本义并适时运用的，至于后来传统易学基本上以"贞"为"贞正"和"正固"等义，肯定也是易学演化史上完全合乎逻辑的转变，所以两千多年的传统易学主流不宜否定。传世至今的《易经》绝不仅是一部占卜的书，绝不仅是占筮活动之后的卜辞记录之书，它最初的来源可能跟占卜有关，但传世之卦爻辞本身是一部体系严密的哲学著作。在历史的传承当中，之所以会形成经传一体、以传解经的形式，是因为《易经》本来是一本哲学书，《易传》是对《易经》的哲学思想加以解释和发挥。本书本着以传解经的原则，在注释《易经》中建构"爻意分说"，解释《易传》中建构"卦意总论"。在解经的体例上，只有熟读《易传》才有可能读懂《易经》六十四卦三百八十四爻。

《易经》的卦爻辞系统，从最初创作开始，作者虽然借用了商周以前的占卜的形式和内容，但经过很长的历史时期，在对占卜记录等相关文辞进行大浪淘沙的筛选过程中，逐渐比较、编辑、整理，从而选择最适合卦象和爻象变化的经文和爻辞，系挂在每卦每爻的合适位置，此谓"观象系辞"，即看着卦爻象的变化，而把合适的辞系挂在下面。卦爻辞创造的整个过程，其实就是一个哲学体系"依境而生"的过程。因为时间可能长达数百年，其吸收的智慧足够深沉和宽广，所以它逐渐沉淀成为一个有史以来空前绝后的哲学体系。

今天,我们要恢复以传解经的经学正路,去除新文化运动以来打倒经学导致的"经传分观的谬误"。经传互证、经传互观,《周易》体系就活了,整个经传文就是一个意味深长的、融会贯通、浑然一体的哲学体系。抛弃了"经传分观的谬误",用以传解经的传统正路就能够把卦爻辞讲解通顺,可以解释得圆融通透。[1] 可以这样说,在《易传》之外,很多新的出土资料,可以作为研究《易经》的补充文献,但如果认为,新的资料一定比传统的资料更有解释的权威性,或者可以依据新资料随意否定传统的研究方法和结论,那就大错特错了。研究《易经》必须要借助《易传》。《易传》解经的思路看起来复杂,其实一以贯之。《象传》的大象和小象是解经的核心,在读懂卦爻象变化的基础上,继续理解爻在卦中的推移变化产生的卦象的变化,从而可超越卜筮的局限,推演天地之道。

---

[1] 杨庆中指出,如果要研究构成《易经》的文献,可以参考《易传》,但不可受制于《易传》。如果要发挥《易经》中的哲学思想,可以说离开《易传》没有更好的途径。参见杨庆中:《周易经传研究》,北京:商务印书馆,2005年,第237页。

六　明解《周易》的方法

当代的《周易》研究,在经文方面要想做到"明解《周易》",就要经传互证、辨象证义,以精准解释卦爻辞和合理阐发义理为基准;而《周易》哲学在今天的推进,要以易学哲学思想的当代创造和转化为标准。

1. 抛弃"象数与义理分开的谬误"

历代易学家为了明解《周易》,有所谓"两派六宗"之说。"两派"是指象数派和义理派,象数派认为,数为象本,象因数生,象为卦爻的根本,而数为象根之本源,所以要把卦爻辞解释清楚,必须首先把象数的根据说清楚,认为一切离开象数的义理,都是没有根据的随意发挥;义理派认为,义为理本,理因义生,卦爻是为了说明义理的工具,理解了义理可以摆脱卦爻的束缚,所以主要的目标是把义理讲透,至于象数的基础,最多作为辅助。通常来说,汉代的易学家如京房、虞翻等被认为是象数派的代表,他们很重视每卦每爻的象数根据;从扫荡象数的王弼开始,到写作《周易正义》的孔颖达,到宋代程颐的《程氏易传》,都被视为义理派易学的代表,其著作皆以阐发《周易》卦爻辞的道理为主,至于卦爻辞的象数依据,可作为理解义理的参考,而不作为主要的考虑因素。近现代运用出土文物、文献学研究方法的成果,严格说既不是象数派,又不是义理派,只是因为文献学研究多倾向于借用传统义理派文献,所以基本归属于义理派,其实跟传统义理易学还有很大距离。其中最大的差异是,传统义理易学没有"经传分开的谬误",而现代文献学易学研究,基本上都是建立在经传分观基础上的。

其实,象数和义理两派都有道理,不应该相互排斥。离开象数,尤其是离开八卦和六十四卦的基本架构,卦爻辞来源的根本就被否定了;离开合理的义理阐发,象数派的推演就成为空中楼阁,玄之又玄,不知所云。《周易》虽然有基于卜筮的象数根据,但六十四卦和三百八十四爻体系的建立,根本上还是在卜筮的基础上向后人昭示如何以人意合于天道的哲学体系。

2.抛弃"经传分开的谬误"

明解《周易》的第一步是抛弃"经传分开的谬误",重新把《易传》作为解易的核心文献,不否认《易传》解易传统的合理性。以古史辨派为代表的,致力于推翻传统易学、打击古代中国学问作为世界中心的学术倾向,今天被越来越多研究认为并不可取,很多研究甚至怀着破坏民族自信,毁灭民族文化等历史虚无主义倾向,甚至与摧毁民族自信等不可告人的计划与目的相配合的。

要想明解《周易》卦爻辞,就必须坚持《系辞》的哲学大旨不可违背,不应该把《系辞》作非哲学的解释,否则,《系辞》作为最具备传统哲学意味的文献,如果都被否定,其实是一种中国哲学虚无主义的倾向。否认传统中国哲学思想的深度和力度在中国哲学史研究中长期存在。如果因为对《周易》和其象数体系不熟悉就连带否定《系辞》的哲学意义,不认可《系辞》是代表早期中国哲学的文献,否定《系辞》当中对于天地之道,对于人生哲学的深刻探讨,更不要说对《系辞》当中,解析卦爻辞的部分体现出的上古人文历史和哲学思想发展的深刻理解,是非常不可取的。

3.抛弃"离象释义的谬误"

《说卦》是解读《周易》卦爻辞的密码本,《说卦》的取象原则在解易的过程当中应该严格遵守。不讲象却试图解释《周易》卦爻辞的方法偏离了《周易》传统。《说卦》对卦爻辞的解释力度,甚至超过《系辞》,因为它渗透到卦爻辞字字句句当中。

如何解读六十四卦和卦爻辞,是古往今来研究《周易》的核心课题。"辨象证义"是解读卦爻辞的根本方法,即辨别卦爻象,理解爻的推移带来的爻象变化,进而体会和理解卦爻辞的来源和根据,在此基础上推演运作心意的分寸和实化意念进而行动的哲学系统。

马恒君《周易正宗》一书的前身是《周易辨证》,所谓"辨证"就是要辨象证义,力避只知其然不知其所以然而随意解经的弊端,该书在辨象证义方面较前人象数证经有所推进,在前人基础上总结出的取象方法归纳如下:

(1)六爻全象。如颐卦全卦六爻共同组成一张露出牙齿的嘴;噬嗑卦全卦可以看成一个带着全副刑具的囚犯,也像一张咬着硬物的大嘴;鼎卦六爻就是一个大鼎形象;小过卦中间两个刚爻像鸟身,上下各两个柔爻像鸟翼;豫卦六爻像是头发中插入了簪子;大过卦既是栋桡之象,又是棺椁之象;大壮卦有上栋下宇之象;离卦有网罟之象,观卦有宗庙之象,都是取六爻全象。

(2)大卦取象。此法是六爻全象的一种变例。如中孚卦可以当成一个大离卦;小过卦可以当成一个大坎卦;临卦可以当成一个大震卦;遯卦可以当成一个大巽卦;观卦可以当成一个大艮卦;大壮卦可以当成一个大兑卦等等。

(3)组合象。也是六爻全象的一种变体,即把两个以上的卦象组合在一起取一个共同组成的象,如家人卦九三"在中馈"是组合上坎(水)与下离(火)而成烧火做饭之象。

(4)对象。即正反对象,是把六爻上下中分,两两成对。如大过卦把六爻上下中分,组成配对的关系。初爻"藉用白茅"垫底与上爻"过涉灭顶"盖顶自成一对;二爻"枯杨生稊,老夫女妻"与五爻"枯杨生华,老妇士夫"的稊华(花)、老夫老妇自成一对;三爻"栋桡"与四爻"栋隆"一桡一隆自成一对。中孚卦九二前临正反震,有两鹤相对之象;中孚卦从遯变来,遯卦上乾(父)下艮(少男),有父子两鹤之象;正反兑(口)相对,有对鸣相和之象;正反巽(木)相对而有树荫之象等等。

(5)应爻取象。辞在本爻而象在应爻,如复卦六四"中行独复"取六四与主爻初九互为应援之象。

(6)纵横象。如大过卦一卦同取栋象出现了纵横取象的不同。

(7)逸象。逸象是《说卦》里没有明确指出的卦象。历史上历代易学家增补的逸象非常之多,可以说把《说卦》的象增加了好几倍,对于卜筮的实践来说,这些逸象非常实用,但绝大多数逸象不可以作为解释卦爻辞的根据,因为都离开《说卦》的体系太远,只有少数逸象根据纯卦补出来,可信度高。

(8)分象。如咸卦指出六爻与人体部位的对应关系,作者有意把人体上下部位与爻的上下部位对应起来,说明爻位中还具有人体部位的分象。

(9)互体、连互取象。互体又称互卦,指六爻卦中间四爻因为三与四爻的互用另外再组成两卦。互卦是《周易》在开始设计中就运用的,不是后人为了取象才发明创造出来的,王弼不同意讲互体对许多人研究《周易》造成了误导。清人黄宗羲在《易学象数论》里反对讲爻辰、纳甲、世应、飞伏,但不反对讲互体;全祖望在《经史问答》里只是反对讲互体的变例,但并不反对互体正例;俞樾《周易互体徵》也极力说明互体的存在。如萃卦六三:萃如嗟如,无攸利,往无咎,小吝。《象》曰:往无咎,上巽也。象辞明确取三四五互巽卦,这是象辞互体取象的明证,所以反对互体的说法是不合适的。

《周易》的作者在建构六十四卦卦爻辞体系的过程当中,为了说明卦爻辞的来源,确立了十二消息卦推演变成六十四卦的基本结构。虽然这个卦变体系历代有所争议,但用来说明六十四卦卦爻辞的来源应该是最为可靠和理想的。而目前为止,马恒君《周易正宗》严格贯彻了用十二消息卦通过卦变的方式变出六十四卦三百八十四爻的体系,并系统地做出解释。

4. 抛弃"否定卦变的谬误"

在易学史上,关于卦变的争议很大,总的来说可以分成两派,一派认为卦变存在,一派否定卦变存在。承认和否定卦变最大的区别在于对待《象传》的态度,即《象传》是否具有解释卦爻辞的权威性。如果认为解释卦爻辞不能离开《象传》的提示,那么,不承认卦变就完全站不住脚。因为《象传》里面有很多关于卦变的提示,除了用爻的上下推移来解释,很难做其他更好的理解。几乎每一卦的《象传》都交待刚柔爻位置的推移,这就是卦变的方式。如果不承认卦变,就无法把《象传》中与爻变有关的内容解释清楚。纵观历代《易》注,不承认卦变者对这些文字几乎都注得模棱两可,甚至作者自己都不知所云。并且,不承认卦变的存在,就不符合《周易》卦爻辞成书的实际过程,因为只有通过卦变引发的象的变化,才能把卦爻辞每个字的来源讲明确。

七 卦变是解读卦爻辞的总纲

《说卦》《系辞》《彖传》多处讲到卦的变化,所以卦变当为客观存在,也是解《易》的必经之路。至于《周易》古经原来的情况,可能跟《彖传》《说卦》《系辞》的解说有所不同,但并非全无联系。《易传》有关卦变的说法必有所本,但不确定春秋战国时的卦变有没有像后来卦变图那种比较严密的图式。

1.《彖传》是卦变存在的根据

卦变最重要的根据是《彖传》,比如"刚柔始交而难生"(《屯·彖》);"刚来而得中"(《讼·彖》);"天道下济而光明,地道卑而上行"(《谦·彖》);"刚来而下柔"(《随·彖》);"刚上而柔下"(《蛊·彖》);"柔来而文刚""分刚上而文柔"(《贲·彖》);"刚自外来而为主于内"(《无妄·彖》);"柔上而刚下"(《咸·彖》);"刚上而柔下"(《恒·彖》);"损下益上,其道上行"(《损·彖》);"损上益下,民说无疆,自上下下,其道大光"(《益·彖》);"柔以时升"(《升·彖》);"刚来而不穷,柔得位乎外而上同"(《涣·彖》)。这些《彖》辞明显提到阴阳爻的推移和变化,但如何落实在具体阴阳爻的推移当中,历代易学家对之都绞尽脑汁。

六十四卦的卦辞和爻辞经常会出现另外一卦的卦名,这可能提示着此卦与彼卦有关系。比如,蒙卦六四"困蒙"或许跟困卦有关系。其他的爻比如:小畜卦初九爻辞"复自道,何其咎",九二"牵复"(复卦);履卦九五"夬履"(夬卦);离卦初九"履错然"(履卦);兑卦九五"孚于剥"(剥卦);临卦初九和九二"咸临"(咸卦);损卦六五"或益之十朋之龟",上九"弗损益之"(益卦);艮卦六二"艮其腓,不拯其随,其心不快"(随卦);需卦初九"需于郊,利用恒"(恒卦);未济卦九四"震用伐鬼方"(震卦)等。这些卦爻辞提到别的卦名,有可能就是该卦涉及其他卦的一种提示。虽然这只是猜测,但历代易学家都没有排斥这种可能性。

卦变之说很难轻易否定,但要考证出一套卦变系统,难度又比较大。历代关于卦变的体系并不多,能够贯通六十四卦的解释系统就更少,因为卦变体系的建立是一个系统工程,需要对《周易》体系豁然贯通,而且每个爻都要能够精准对应才可以,其难度非同一般的解《易》方法和途径。可以说,卦变是《周易》解释体系当中最为深层的结构,也是理解《周易》卦爻体系难度最大的内容。

2. 汉易卦变

刘大钧认为,汉代易学家解释卦变的方法有旁通、上下象易、往来、消息四种。① 第一种叫旁通。旁通来自《乾·文言》"六爻发挥,旁通情也"。旁通卦虞翻使用较多,如比卦与大有卦旁通,即两卦的阴阳全部相反。类似地,小畜与豫、乾与坤、履与谦、同人与师,都互为旁通卦。一些卦爻辞也显示了旁通卦的关系,如同人九五爻"大师克相遇"有"师"字,有人说是因为天火同人与地水师是旁通卦。丰卦九四"遇其夷主"和涣卦六四"匪夷所思"都有"夷"字,是因为丰卦与涣卦旁通。屯卦九五"屯其膏,小贞吉,大贞凶"和鼎卦九三"雉膏不食"都有"膏"字,可能因为两卦正好是旁通卦的关系。总之,爻辞有相同的字词,有可能是因为两卦正好旁通。

第二种叫上下象易,即一卦的上下经卦相互换位,如泽天夬上下经卦换位就变成天泽履,雷风恒上下卦换位之后是风雷益,泽山咸上下换位以后是山泽损,这就是卦上下象易。

第三种是往来。《系辞》曰"往来不穷谓之通",往来是因为两个爻互相来往,交换位置,一个卦就变成了另外一个卦。比如地雷复卦,初九跟六二换位则为地水师卦,火山旅卦六二跟九三互易成为火水未济卦,九四跟六五交易成风山渐卦。这就是爻的往来。往来在汉代又称为"之","之"就是两爻相易。比如咸卦三之初,就是三爻跟初爻换位,变成泽雷随卦。

第四种为消息。"消"和"息"是卦中阴阳消长变化的意思。一个卦体中,阳爻去而阴爻来为"消",阴爻去而阳爻来为"息"。《易纬·乾凿度》说:"圣人因阴阳定消息、立乾坤,以统天地。"②用"消息"解《易》据说传自西汉孟喜,虞翻则用消息来解说卦变。比如虞翻注复卦云:"阳息坤,与姤旁通。"③复卦是

---

① 刘大钧:《周易概论》,成都:巴蜀书社,2008 年,第 57—61 页。
② 林忠军:《〈易纬〉导读》,济南:齐鲁书社,2002 年,第 24 页。
③ (清)李道平:《周易集解纂疏》,北京:中华书局,2015 年,第 262 页。下引该书,仅随文标注书名与页码。

坤卦中阳爻来而初六阴爻去,所以是"阳息",复卦跟姤卦阴阳相反,是旁通卦的关系。临卦是"阳息至二,与遯旁通"(《周易集解纂疏》,第 222 页),临卦下面两爻是刚爻,相对复卦,阳爻继续生长到二爻。消息卦总共有十二个,即所谓十二辟卦。前人以十二消息卦分主一年十二个月,比如:复卦,一阳息阴,建子,十一月;临卦,二阳息阴,建丑,十二月;泰卦,三阳息阴,建寅,正月;大壮卦,四阳息阴,建卯,二月;夬卦,五阳息阴,建辰,三月;乾卦,六阳息阴,建巳,四月;姤卦,一阴消阳,建午,五月;遯卦,二阴消阳,建未,六月;否卦,三阴消阳,建申,七月;观卦,四阴消阳,建酉,八月;剥卦,五阴消阳,建戌,九月;坤卦,六阴消阳,建亥,十月。这是十二辟卦配十二个月。泰、大壮、夬卦配春,乾、姤、遯配夏,否、观、剥配秋,坤、复、临配冬,这样十二消息卦能够通于四时。

汉末荀爽、虞翻认为,《象传》对爻的推移提示得非常清晰,爻在卦中的推移导致卦的变化,后人谈卦变也基本上来自他们。荀爽的书已经残缺不全,很难搞清楚。现存文献中,荀爽讲乾坤生六子,六子生其余五十六卦。如他解释屯卦"刚柔始交而难生"说:"此本坎卦,案初六升二,九二降初,是刚柔始交也。"(《周易集解纂疏》,第 96 页)屯卦来自坎卦,坎卦初六与九二互相交换变出屯卦。又如,荀爽注蒙卦曰:"此本艮卦也。"《周易集解》:"案二进居三,三降居二,刚柔得中,故能通。"(《周易集解纂疏》,第 106 页)这是讲艮卦六二与九三互换成蒙。如此看来,似乎是六子生其余五十六卦。然而,荀爽注《解·象》曰:"乾动之坤而得众""乾坤交通,动而成解。"(《周易集解纂疏》,第 368 页)即解卦不本于六子,而是本于乾坤两卦。另外,他又说火山旅卦本于天地否卦,讼卦来自遯二三爻互易,晋卦是观卦六四升五。

尤其需要说明的是,荀爽认为,山泽损卦从地天泰卦变来,此说为王弼、孔颖达、程颐等众多义理派易学家继承,说明他们其实都承认卦变的内在合理性。但今天否认卦变的解释者们,不仅难以正确理解汉易的卦变说,而且对义理派易学实有肯定卦变的传统也不能同情地理解。

荀爽的卦变没有一个统一的规则。虞翻的卦变说跟荀爽有相同的地方,但比荀爽更加完备可观。虞翻主张乾坤两卦生十二辟卦,十二辟卦再生其他五十二卦。但虞翻注比卦曰"师二上之五得位"(《周易集解纂疏》,第 139 页),注颐卦曰"晋四之初"(《周易集解纂疏》,第 282 页),注中孚曰"讼四之初"(《周易集解纂疏》,第 515 页),注小过曰"晋上之三"(《周易集解纂疏》,第 521 页)等,均不本于十二辟卦,即虞翻的卦变说多有特例。这说明,虞翻的卦变说还不是一个彻底一贯的系统。

七 卦变是解读卦爻辞的总纲 | 37

3. 宋易卦变

宋人力图建立卦变体系,但说法互有参差。通常来说,影响比较大的是朱熹《周易本义》里的《卦变图》,还有朱震在《汉上易传》里列出的李挺之的《卦变反对图》《六十四卦相生图》。苏轼力主六子卦变说,与程颐的说法一致。他说:"凡《易》之所谓刚柔相易者,皆本诸乾坤也。乾施一阳于坤,以化其一阴而生三子,皆一阳而二阴。凡三子之卦有言刚来者,明此本坤也,而乾来化之。坤施一阴于乾,以化其一阳而生三女,皆一阴而二阳。凡三女之卦有言柔来者,明此本乾也,而坤来化之。故凡言此者,皆三子三女相值之卦也。非是卦也,则无是言也。"①苏轼的讲法虽然有理,用来解释卦变却滞碍难通。卦皆从三爻乾坤而来,用以解释"往来"稍显勉强,用以解释"上下"则基本没有可能。质言之,乾坤生六子、六子生他卦是六十四卦的产生序,乾坤生十辟、十辟生杂卦则是六十四卦的变化序。二者是不同的序列,不能混为一谈。这两个序列在《周易》中都存在,至于各卦是怎样变化的,则需依照《彖传》的说明,认真琢磨研究。

朱熹根据李之才的《卦变图》画出了自己的《卦变图》,放在《周易本义》当中。他说,一阴、一阳之卦各有六卦,分别从复、姤卦变而来。师、谦、豫、比、剥,从复卦而来;同人、履、小畜、大有、夬,从姤卦而来。

二阴、二阳之卦各十五卦。临、明夷、震、屯、颐;升、解、坎、蒙;小过、蹇、艮;萃、晋;观;这些是两个阳爻的卦。遁、讼、巽、鼎、大过;无妄、家人、离、革;中孚、睽、兑;大畜、需;大壮;这是两个阴爻的卦。上述各卦都从临卦或遁卦卦变而来。

三阴、三阳之卦凡二十卦:泰、归妹、节、损;丰、既济、贲;随、噬嗑;益;恒、井、蛊;困、未济;涣、咸、旅;渐;否。三阴三阳之卦,都从泰卦和否卦变来。

四阴、四阳之卦各十五卦。大壮、需、大畜;兑、睽;中孚;革、离、家人;无妄;大过、鼎、巽;遁;这些卦是四阳卦。观、晋、萃;艮、蹇;小过;蒙、坎、解;颐、屯;震、明夷;临;这些卦是四阴卦。四阳卦和四阴卦皆自大壮和观卦变来。

五阴、五阳之卦各有六卦。夬、大有、小畜、履、同人、姤等五阳卦,剥、比、豫、谦、师、复等五阴卦,都从夬卦和剥卦变来。

---

① (宋)苏轼:《东坡易传》,长春:吉林文史出版社,2002年,第95页。

这是朱熹的《卦变图》的内容①。该图按一阴一阳、二阴二阳、三阴三阳、四阴四阳、五阴五阳分类，由十辟卦变出六十二卦，加上乾、坤两卦，共计六十四卦。张克宾指出：

> 此《卦变图》每组按照从下到上、从右到左的顺序依次变化，如将每一卦分作上下两经卦来看，每组诸卦的下卦均按乾一、兑二、离三、震四、巽五、坎六、艮七、坤八的先天卦序或顺排或逆排，虽然每组未必八卦皆全，但先后绝无错乱。以从临卦来的十五个二阳四阴卦为例，临之下卦为兑（二），明夷之下卦为离（三），震、屯、颐之下卦为震（四），升之下卦为巽（五），解、坎、蒙之下卦为坎（六），小过、蹇、艮之下卦为艮（七），萃、晋、观之下卦为坤（八）。再如，从否卦来的二十个三阴三阳卦，否之下卦为坤（八），渐、旅、咸之下卦为艮（七），涣、未济、困之下卦为坎（六），蛊、井、恒之下卦为巽（五），益、噬嗑、随之下卦为震（四），贲、既济、丰之下卦为离（三），损、节、归妹之下卦为兑（二），泰之下卦为乾（一）。其下卦都是按先天卦序顺逆而推。再由此细推，每组之中凡下卦相同的数卦，其上卦也是依先天卦序顺逆推排，如上例自临卦而来的十五卦中萃、晋、观下卦为坤，上卦依次为兑、离、巽；自否卦而来的二十卦中益、噬嗑、随下卦为震，上卦依次为巽、离、兑。由此可知，朱熹的卦变图每组依先天卦序为排列原则，由所本之消息卦开始，先下卦后上卦，一一推定，丝毫不乱。②

张克宾认为，朱熹创造了与前人不同的《卦变图》，从而使卦变看起来更有条理，逻辑也更为缜密。朱熹虽称卦变为后天之学，但他以先天卦序作为卦变图的排列原则，应该是朱熹对先天为体、后天为用思想的运用和落实。然而，朱熹《卦变图》总共推排出一百二十四卦，很多卦重复出现，而李之才的"六十四卦相生图"则没有重复的卦。黄宗羲曾言："《易》之'上下往来'，皆以一爻升降为言，既有重出，则每卦必有二来，从其一，则必舍其一。以《象传》附会之，有一合必有一不合。"③可见，朱熹的说法已经偏离十二消息卦的传统，是自己另造的体系，这个体系与《象传》的内容不能吻合，自然无法用来系统地

---

① （宋）朱熹：《周易本义》，北京：中央编译出版社，第11页。下引该书，仅随文标注书名与页码。

② 张克宾：《论朱熹基于先天学的卦变说》，载《周易研究》2015年第6期。

③ （清）黄宗羲：《易学象数论》卷1，载《黄宗羲全集》第9册，杭州：浙江古籍出版社，2005年，第60页。

解释卦的变化。

　　事实上,朱熹在《周易本义》里也没有按照他的卦变图来解释各卦的变化。以随卦为例,《本义》称:"以卦变言之,本困卦九来居初,又自噬嗑卦九来居五,而自未济来者,兼此二变,皆刚来随柔之义。"(《周易本义》,第69页)单是随卦就有多种卦变方式,且与卦变图所列的随卦由否卦、泰卦而来截然不同。通观《本义》,朱熹解上经三十卦,提及卦变者有九卦,其中只有讼卦与《卦变图》相合,其余皆不符。解下经三十四卦,提及卦变者有十卦,除晋卦同于《卦变图》,其余均不相符。就此而言,朱熹的《卦变图》只是一个形式,基本不能用于解释卦爻辞。要么他没有努力去琢磨一套可以解释每卦每爻变化的卦变体系,要么是努力之后放弃了。尽管朱熹的学问影响巨大,但其《卦变图》解释力太弱,以至于后世很多易学家对卦变的存在产生怀疑,甚至否定。

　　今天,很多易学研究者由于不能理解卦变说,便认为卦变说本身有问题,应当抛弃。《周易明意》认为,我们既要重新认识到卦变的合理性,又要提出超越朱熹的卦变系统。

4. 卦变是理解卦爻辞的总纲

　　综观易学史可见,卦变是象数易学的重要组成部分,是象数体例的核心内容,是最为典型的治《易》范式,也是理解卦爻辞的总纲。

　　首先,卦变说生动地诠释了阴阳变易流转的宇宙图景。追溯阴阳之源,则乾为天、坤为地,阴阳往来、交易、盈虚、流转,造就了节序物候的四时变化,如《系辞》所云:"日往则月来,月往则日来,日月相推而明生焉。寒往则暑来,暑往则寒来,寒暑相推而岁成焉。"可见,圣人作《易》是由阴阳消长开显出一个变易的世界。在哲学意义上讲,阴阳爻的往来,模拟的就是年复一年阴阳之气出入乾坤、贯通四时的情状,故《系辞》曰"一阴一阳之谓道",即以阴阳诠释易之整体的思想。《系辞》又曰:"刚柔相推,变在其中矣。""变动不居,周流六虚。上下无常,刚柔相易,不可为典要,唯变所适。"阴阳爻的推移变动产生各种变化,则"刚柔相推"的卦变,乃是理解《周易》的必由之途。由刚柔相推开显出的"变"的原则,蕴含于象数体例之中,即形成了一个囊括天人的辩证、动态、整体、多维的宇宙图式,这对易学哲学的建立有一定的范导作用。

　　其次,《系辞》讲"是故刚柔相摩,八卦相荡""六爻之动,三极之道也",说明刚爻与柔爻在卦中推移摩荡,是天地人三才之道在宇宙间变化的真实显现。

卦生成之后，爻在其中推移，由于爻的变动，卦也发生变化。爻是活动的，所以有爻的推移序列，而不是六十四卦生成之后，又各自去从乾坤里索取。这种爻的推移序列反映了阴阳多少的一般状态与变化出来的复杂状态之间的转化关系，体现出一般与特殊的关系。所以，我们要认真研究《象传》中的卦变线索，从卦的变化中取象，辨明卦爻之间的关系，进而将卦爻辞中每个字的来源都讲得清楚透彻。

卦变是理解卦爻辞的总纲，不可忽视。汉易尤重卦变。后人认为王弼尽黜象数①，看起来似乎把卦变也扫荡无余，随着唐孔颖达《周易正义》成为后人学《易》的权威文献，大部分易学家，尤其是义理派易学家，都不敢超越王注和孔疏来理解卦爻辞。结果是，绝大多数《易》注已经穷尽了乘承比应的解释空间，但还有相当多的卦爻辞无法解释清楚。影响所及，今天很多易学研究者因为不能理解王注、孔疏违背了卦变是卦爻辞来源的客观事实，所以公开否认卦变的存在，犯了抛弃"否定卦变的谬误"，以及进入否定卦变这种独断论和唯我论的谬误之中去了。

5. 王弼、孔颖达、程颐等对卦变说的继承

王弼《周易注》中有些卦爻辞的解释如果不用卦变几乎无法理解，后世如孔颖达疏等基本没有理解其运用卦变解易的方法。兹列举如下几例：

（1）王弼注《屯·象》："雷雨之动满盈"说"雷雨之动，乃得满盈，皆刚柔始交之所为。"这里王弼直接使用刚柔交换，这是用卦变解易的明显证明。按照马恒君卦变体例，屯卦由临卦变来，临卦九二刚爻与六五柔爻开始交换，得上坎雨下震雷，成屯卦，刚爻柔爻移动，正是"雷雨之动"而得屯，"屯者，盈也"（《序卦传》）。所以用卦变解释非常清楚，而孔颖达没有理解卦变解易的原理，其注疏仅对王弼注简单复述，"'皆刚柔始交之所为者'，雷雨之动，亦阴阳始交也。万物盈满，亦阴阳而致之"。到最后，孔颖达对王弼的"刚柔始交"和"雷雨之动"也不完全理解，他说"若取屯难，则坎为险，则上云'动乎险中'是也。若取亨通，则坎为雨，震为动，此云'雷雨之动'是也"。他不理解"交"来自卦变，而直接用屯的两个意思"难"和"盈"来疏，最后只能勉强给出"随意而取象，其义不一"的理由。② 由此可见，王弼本来运用卦变注解，后人如不理解

---

① 如（清）纪昀《四库全书总目提要》称王弼"全废象数"。

② （唐）孔颖达：《周易正义》，北京：北京大学出版社，1999年，第34页。

其卦变,便会导致不知所云,化简为难。程颐也把"刚柔始交"理解为"阴阳始交",这就是故意避开"刚柔始交"所具有的阴阳爻交换的卦变说法。

(2) 王弼注《讼·彖》说"必有善听之主焉,其在二乎?以刚而来,正夫群小,断不失中,应斯任也"。此处王弼明确提到卦变,按照虞翻"遯三之二"的说法,是遯卦六二和九三两爻交换得讼卦,九三刚爻从三位下来,居于下卦中位,夹在上下两阴的群小中间。孔颖达也理解这一点:"言中九二之刚,来向下体而处下卦之中,为讼之主,而听断狱讼。"①其"来向下体"应该是刚爻从上方来到二位之意。程颐继承此说法,而且说得更加明确"九二以刚自外来而成讼""二以阳刚,自外来而得中"。② 可见,孔颖达和程颐都明白卦变解易有其道理。

(3) 王弼注《同人》彖辞"同人曰:同人于野,亨。利涉大川,乾行也",说"所以乃能同人于野,亨,利涉大川,非二之所能也,是乾之所行,故特曰'同人曰'",这段话不好理解,而孔颖达没有解释清楚。王弼此处"乾之所行"如果不用卦变基本上无法理解。《周易集解》引侯果:"九二升上,上为郊野,是同人于野而得通者,由乾爻上行耳。故特曰乾行也。"清人李道平又加以解释"夬卦自来,九二升上为同人。上在外卦之外,故为郊野。言'同人于野'所以得亨者,由九二乾爻上升耳,故曰'乾行也'。"③侯果认为,同人卦由夬卦变来,夬卦九二与上六换位,九二升上至六位,上六下到二位,得同人卦,乾为野,所以同人于野而亨,但这里的亨,并不是六二主爻之能所为,而是全赖乾爻九二上行而为,所以王弼注:"非二之所能也,是乾之所行。"

(4) 王弼《噬嗑·彖》"柔得中而上行"说"上行谓所之在进也。凡言上行,皆所之在贵也"。这里王弼注不用卦变难以理解。侯果说:"坤之初六上升乾五,是柔得中而上行。"④噬嗑卦由否卦变来,六五柔爻从初位推移上行进入五位尊位,所以说"所之在贵也"。类似的,王弼注晋卦彖辞"柔进而上行"时重复此注:"凡言上行者,所之在贵也。"这更说明王弼使用卦变说。

(5) 王弼注震卦六五"往则无应,来则乘刚,恐而往来,不免于危",只能通过卦变才能理解。孔疏复制王注,没有解释。虞翻说:"临二之四。"震卦由临卦变来,临卦九二上往四位,成震卦九四与其初九无应,临卦六四下来二位,成

---

① (唐)孔颖达:《周易正义》,北京:北京大学出版社,1999年,第46页。
② (宋)程颐:《周易程氏传》,北京:中华书局,2010年,第26页。
③ (清)李道平:《周易集解纂疏》,潘雨廷点校,北京:中华书局,1994年,第181页。
④ 同上书,第238页。

震卦六二,来则乘在初九刚爻之上。往上和来下都处在震卦,所以往来都有恐惧危险。

(6)王弼注艮卦九三"艮其限,列其夤,厉薰心"说"三当两象之中,故曰艮其限""止加其身,中体而分,故列其夤而忧危薰心也。艮之为义,各止于其所,上下不相与,至中则列矣。列加其夤,危莫甚焉。危亡之忧,乃薰灼其心也。施止体中,其体分焉。体分两主,大器丧矣"。王弼注"三当两象之中"可以理解为上艮下艮之中,也可以理解为一二和四五阴爻之中,而卦变就不存在这样的歧义,虞翻说:"观五之三。"马恒君解释说:"九三来自观的九五,是卦变中换位中的一爻,来到卦的中间部位,上下皆艮,卦象对称,故为艮其限。"①三位是全卦中段,对应身体的腰部,所以抑制住腰的运动。九三在互坎(美脊)里,在观变艮中,卦变之前在观卦互艮中,卦变之后还在下艮之中,所以是两个艮象之中。这样我们就能很清楚地明白王弼所指的"两象"究竟是何意,用卦变解释更为通透。紧接着王弼注后面部分,阳爻从五位下到三位,变出下艮卦,艮为止,拆开了下坤(身),所以"止加其身",好像脊椎从中间拆开身体的背部,即"中体而分",所以说撕裂了背部的脊肉。阳爻下到三位,成为互坎卦,坎(险)为心病,好像心疼得被火薰烤着一样,极其危险痛苦,因此说"故列其夤而忧危薰心也"。尤其是他说"至中则列"的"至"表示动作,而不是状态,应该是阳爻来到(至)坤之中,使坤从中分裂,好像分开背部一般,所以说"施止体中,其体分焉。体分两主,大器丧矣"。而孔疏只是做了相同的简单陈述,没有理解王弼注的卦变基础。

王弼去汉未远,解易时借鉴汉代易学卦变说的合理性在情理之中,以上这些注文说明王弼不但理解卦变说,而且主动运用卦变说来解释经文,那种认为王弼在开创义理易学的同时,彻底否定汉代象数易学的传统观点可以休矣!

事实上,王弼注、孔颖达疏、《程氏易传》都对卦变说有不同程度的继承。兹举几例:

(1)《涣·彖》:"涣亨,刚来而不穷,柔得位乎外而上同。"王弼注:"二以刚来居内,而不穷于险,四以柔得位乎外,而与上同。内刚而无险困之难,外顺而无违逆之乖,是以亨,利涉大川,利贞也。"②王弼此处虽未明言,但认同涣卦是

---

① 马恒君:《周易正宗》,北京:华夏出版社,2014年,第416页。
② (魏)王弼:《周易注:附周易略例》,楼宇烈校释,北京:中华书局,2011年,第311页。下引该书,仅随文标注书名与页码。

由否卦二四互易而来。否之九四降至二位,即"二以刚来居内";否六二升至四位,即"四以柔得位乎外"。对比可知,该注解与虞翻"否四之二"、卢氏"此本否卦,乾之九四来居坤……坤之六二,上升乾四"(《周易集解纂疏》,第506页)相同。可见,王弼虽极力扫尽汉代象数,却仍不能避免将卦变说涵化于其解《易》体系之中。对此,清儒焦循曾讥讽道:"循按王氏此注,亦用卦变否四之二之例,而讳言自否来。"①也就是说,王弼认可卦变,只是避而不谈。《程传》也继承了王弼的注解:"涣之成涣,由九来居二,六上居四也。"②这表明,程颐也认可王弼继承卦变之说的合理性。

(2)《贲·彖》:"贲,亨,柔来而文刚,故'亨'。分刚上而文柔,故'小利有攸往'。"王弼注云:"刚柔不分,文何由生?故坤之上六来居二位,'柔来文刚'之义也……乾之九二,分居上位,'分刚上而文柔'之义也。"(《周易注·附周易略例》,第121页)"文"即"刚柔交错"。刚柔不交,天地不通,刚柔相交,即有天地交泰之象。"刚上而文柔"曰"分",乃分内外与本末,泰内卦为乾,故本之于内之诚实,故刚上有"小利有攸往"之义。王弼的注虽然表面上没有说贲卦自泰卦来,但他的解释其实与汉儒一致。如荀爽、虞翻认为,贲卦自泰卦来,泰上六来居二位,处二阳爻之中,此为"柔来而文刚";泰之九二居上,处二阴爻之上,此为"分刚上而文柔"。孔颖达疏则明言:"阳本在上,阴本在下,应分刚而下、分柔而上,何因分刚向上、分柔向下者,今谓此本泰卦故也。若天地交泰,则刚柔得交。若乾上坤下,则是天地否闭,刚柔不得交,故分刚而上,分柔而下也。"③可见,王弼、孔颖达都认为贲卦是泰之九二、上六换位而来。在此,卦变之说用于解《易》的合理性得到了确认。

对此,程颐并不赞同。他从乾坤卦变说出发注解贲卦曰:

> 卦之变,皆自乾、坤,先儒不达,故谓贲本是泰卦,岂有乾坤重而为泰,又由泰而变之理?下离,本乾之中爻变而成离;上艮,本坤上爻变而成艮。离在内,故云"柔来",艮在上,故云"刚上",非自下体而上也。乾坤变而为六子,八卦重而为六十四,皆由乾坤之变也。(《周易程氏传》,第89页)

---

① (清)焦循:《周易补疏》,载(清)阮元编《清经解》卷一千一百四十八,上海:上海书店,1988年,第627页。

② (宋)程颐:《周易程氏传》,北京:中华书局,2011年,第236页。下引该书,仅随文标注书名与页码。

③ (魏)王弼:《周易正义》,(晋)韩康伯注,(唐)孔颖达疏,北京:中国致公出版社,2009年,第108页。下引该书,仅随文标注书名与页码。

程颐的卦变说,是由乾坤父母卦变出震、坎、艮、巽、离、兑六子卦,八经卦相重而成六十四别卦,并不存在某个别卦生出另一个别卦的现象。据此,他认为贲下卦离是由乾卦中爻变来,上卦艮由坤卦上爻变来,根本不存在乾坤二卦重而为泰、泰卦变为贲卦的道理。进一步说,《彖传》所谓"刚上柔下""损上益下",乃是"谓刚居上,柔在下,损于上,益于下,据成卦而言,非谓就卦中升降也"(《周易程氏传》,第89页)。

朱熹认为程颐的说法有两个问题。首先,程颐"卦变皆自乾坤"的说法存在根本性的错误。所谓卦变,是有了六十四卦之后,用来解释卦爻之间关系的学说,是后天之学:

> 且《程传》贲卦所云:岂有乾坤重而为泰,又自泰而变而为贲之理!若其说果然,则所谓乾坤变而为六子,八卦重而为六十四,皆由乾坤而变,其说不得通矣!盖有则俱有,自一画而二,二而四,四而八,而八卦成;八而十六,十六而三十二,三十二而六十四,而重卦备。故有八卦则有六十四矣。此康节所谓"先天"者也。若"震一索而得男"以下,乃是已有此卦了,就此卦生出此义,皆所谓"后天"之学。今所谓卦变者,亦是有卦之后,圣人见得有此象,故发于《彖》辞。安得谓之乾坤重而为是卦,则更不可变而为他卦耶?①

其次,程颐的解释牵强难通:

> 伊川不取卦变说,至"柔来而文刚""刚自外来而为主于内"诸处皆牵强说了。王辅嗣卦变,又变得不自然。某之说却觉得有自然气象,只是换了一爻。非是圣人合下作卦如此,自是卦成了自然有此象。②

朱熹指出,王弼和程颐都讲卦变,只是讲得不对。程颐注"柔来而文刚"云:"下体本乾,柔来文其中而为离,上体本坤,刚往文其上而为艮。"(《周易程氏传》,第88页)这明确是主张卦变,但随后又立即否定,自相矛盾。无妄卦"刚自外来而为主于内"明显是说卦中之爻的往来,程颐非要解释为"据成卦而言,非谓卦中升降"(《周易程氏传》,第89页)。按照程颐的讲法,外卦乾没有减损一个刚爻,无法解释"刚自外来",这种刻意否认卦变的解释很不合理。

(3)王弼注损卦六三"三人行则损一人,一人行则得其友"曰:

---

① (宋)朱熹:《朱子语类》,(宋)黎靖德编,王星贤点校,北京:中华书局,1994年,第1667页。
② 同上书,第1666页。

> "损下益上,其道上行"。三人,谓自六三已上三阴也。三阴并行,以承于上,则上失其友,内无其主,名之曰"益",其实乃"损"。故天地相应,乃得化醇;男女匹配,乃得化生。阴阳不对,生可得乎?故六三独行,乃得其友。二阴俱行,则必疑矣。(《周易正义》,第172页)

孔颖达疏:

> 六三处损之时,居于下体。损之为义,"其道上行"。"三人,谓自六三已上三阴"。上一人,谓上九也。下一人,谓六三也。夫阴阳相应,万物化醇,男女匹配故能生育,六三应于上九,上有二阴,六四、六五也。损道上行,有相从之义。若与二阴并已俱行,虽欲益上九一人,更使上九怀疑,疑则失其适匹之义也。名之曰"益",即不是减损,其实损之也,故曰"三人行则损一人"。若六三一人独行,则上九纳己无疑,则得其友矣,故曰:"一人行则得其友"也。(《周易正义》,第172页)

此爻王注、孔疏可以不用卦变来理解。不过,"上失其友,内无其主"的说法或许隐含着损卦从泰卦变来,上面三个阴爻失去一个朋友,成为损卦的六三;九三在卦变中消失,所以下卦乾失去一个阳爻,没有了"主"。如果不讲卦变,则"上失其友"应理解为上面(上卦或上九)失去上九之友。"友"与"朋"不同,"朋"是同性(坤卦"西南得朋"),"友"是异性。如果理解为上面失去异性之友,上卦艮或上九如何失去"友",难以自圆其说。"内无其主"应理解为三四五三个阴爻中,六三成不了主宰。六三若为主宰,就不会失上九之友。这里涉及"上"和"内"的理解问题,把"内"理解为六三、六四、六五三阴爻,比较牵强;把"上"理解为上九而不是上卦,把损益理解为爻的损益而不是卦的损益,又跟王弼注《象传》"艮为阳,兑为阴。凡阴顺于阳者也。阳止于上,阴说而顺,损下益上,上行之义也"(《周易正义》,第170页),与下兑之阴顺上艮之阳为"损下益上"的上下卦关系不一致。所以,"名之曰'益'"应该是指卦变当中,刚爻九三升上,增益上卦坤,阴爻上六降三,增益下卦乾。"其实乃'损'"应该是指卦变当中,上卦坤的三个阴爻损失了一个,下卦乾的三个阳爻也损失了一个。孔疏"上一人,谓上九也。下一人,谓六三也"的字面意思,应该理解为"上一人"指上九,"下一人"指六三。但是,也可以把"上""下"理解为动词,"上一人"就是上去的一人,即上九是从下卦上去的,"下一人"是下来的一人,即六三是上卦下来的。

王弼解损卦六三刻意不言卦变,但解释得很牵强。孔颖达顺着他的思路,没有给出更好的解释。一般认为,程颐发挥王注、孔疏的讲法,不谈卦变。然

而,程颐发现了损卦六三的核心问题,最终继承发展了汉易六三与上九换位的说法:

> 损者损有余也,益者益不足也。三人,谓下三阳,上三阴。三人同行,则损九三以益上;三阴同行,则损上六以为三,三人行则损一人也。上以柔易刚而谓之损,但言其减一耳。上与三虽本相应,由二爻升降而一卦皆成,两相与也。初二二阳,四五二阴,同德相比,三与上应,皆两相与,则其志专,皆为得其友也。三虽与四相比,然异体而应上,非同行者也。三人则损一人,一人则得其友。盖天下无不二者,一与二相对待,生生之本也,三则余而当损也,此损益之大义也。(《周易程氏传》,第165页)

程颐注此爻明显用了卦变说。"损九三以益上"是泰卦九三爻升上位,或到上卦的上方去。"损上六以为三"是上六降到三位。九三是到上位去还是到上卦的上方去,要看后面的解释,后面说"上以柔易刚而谓之损",说明泰卦九三是到上位去,把上位的柔爻换成刚爻,是柔爻减损。"上与三虽本相应,由二爻升降而一卦皆成,两相与也",也是讲泰卦九三、上六升降换位而成损卦。

损卦来自泰卦九三升上的说法,始于东汉荀爽:"乾之三居上,孚二阴也。"(《周易集解纂疏》,第375页)此后,历代易学家多用卦变来解说此爻。如朱熹《周易本义》:"下卦本乾,而损上爻以益坤,三人行而损一人也。一阳上而一阴下,一人行而得其友也。两相与则专,三则杂而乱,卦有此象,故戒占者当致一也。"(《周易本义》,第125页)冯椅在《厚斋易学》中引朱子注并有所发挥。[①]《诚斋易传》:"六三本乾三之阳也,与初九、九二三阳同行者也,而六三独损为阴。"[②]如何损呢?杨万里说:"以乾之上九降而为六三,以坤之六三升而为上九。"(《诚斋易传》,第143页)这是明确肯定卦变。郭雍认为:"以泰之乾坤论之,则下乾也,上坤也,乾坤交变。"[③]赵以夫认为:"卦本泰,泰自坤来,三阳由下而升。"[④]元人王申子说:"'三人'者,谓下三阳本乾行者也,乾九三独损而为兑以益上六,是三人行则损一人也。"[⑤]

[①] (宋)冯椅:《厚斋易学》,载《中国古代易学丛书》(十),北京:中国书店,1992年,第395—396页。

[②] (宋)杨万里:《诚斋易传》,北京:九州出版社,2008年,第145页。下引该书,仅随文标注书名与页码。

[③] (宋)郭雍:《郭氏传家易说》,载《中国古代易学丛书》(七),1992年,第143页。

[④] (宋)赵以夫:《易通》,载《中国古代易学丛书》(十二),1992年,第249页。

[⑤] (元)王申子:《大易辑说》,载《中国古代易学丛书》(十九),1992年,第190页。

当代很多易学家也用卦变来解说此爻。金景芳、吕绍纲说:"下卦本是乾,乾三画都是阳爻,损去其中上边一个阳爻以益上卦。上卦本是坤,坤三画都是阴爻。现在由于下卦损一个阳爻来益它,它的上边的一个阴爻变为阳爻,下卦上边的一个阳爻变为阴爻。"①徐志锐说:"'三人行'即是指泰未变损之前下体乾阳三个刚爻共同上进。""'一人行'之后九三与上六交换整个卦爻的关系就变了。"②余敦康说:"损卦是由泰卦的九三与上六相互交换其刚柔之位而成。"③陈居渊说:"损卦是由泰卦的九三爻辞与上六爻辞置换而组成,李鼎祚《周易集解》:'坤之上六下处乾三,乾之九三上升坤六,损下益上者也。阳德上行,故曰其道上行也。'由此知其义荀爽、蜀才同。"④朱高正说:"损卦本从泰卦而来。"⑤"'三人行'指泰卦下体三阳,'损一人'指九三减损为六三。'一人行'指九三上行而成上九,并以其正应六三为友。"⑥傅佩荣说:"六三居上下卦之际,对于泰卦变为损卦有所观察。"⑦张其成说:"损卦是从泰卦变过来的。"⑧闵建蜀说:"损卦可由泰卦转化而得。"⑨寇方墀说:"损卦由泰卦调整变化而来,泰卦下体三阳爻,上体三阴爻,减损下体九三而与上六交换位置,体现了损下益上、损刚益柔的精神。"⑩这些说法,都认为损卦由泰卦九三、上六换位变来的卦变说具有合理性。

其实,王弼注"三阴并行,以承于上"固然可以理解为损卦三四五三个阴爻顺承上六,但如果理解为泰卦九三与上六互换,并不能出现"三阴并行"的情况,唯有九三升到上六的上方,使泰卦三个阴爻并行下来,才有"三阴并行,以承于上"的可能。如此解释的话,"三阴并行"指三个阴爻一起下行;"以承于上"指九三跑到上六的上方,使得三个阴爻都顺承上九这个阳爻。这样,"三阴并行,以承于上"只有阳爻上到上爻的上方才能讲通,那就不一定是九三上去,

---

① 金景芳、吕绍纲:《周易全解》,长春:吉林大学出版社,1991年,第294页。虽然金景芳、吕绍纲在其《周易全解》修订版序中对卦变持否定态度,但此爻解法仍然带有明显的卦变色彩。
② 徐志锐:《周易大传新著》,济南:齐鲁书社,1989年,第266页。
③ 余敦康:《周易现代解读》,北京:华夏出版社,2006年,第211页。
④ 陈居渊:《汉魏易注综合研究》,济南:齐鲁书社,2017年,第855页。
⑤ 朱高正:《易经白话例解》,上海:华东师范大学出版社,2007年,第208页。
⑥ 朱高正:《易传通解》,台北:台湾商务印书馆,2014年,第467页。
⑦ 傅佩荣:《傅佩荣译解易经》,北京:东方出版社,2012年,第305页。
⑧ 张其成:《张其成全解周易》,北京:华夏出版社,2017年,第432页。
⑨ 闵建蜀:《〈易经〉解析:方法与哲理》,香港:香港中文大学出版社,2008年,第455页。
⑩ 寇方墀:《全本周易·精读本》,北京:中华书局,2018年,第255页。

也可以是马恒君说的初九上去。无论如何,只要王弼的意思可以理解为阳爻初九或九二、九三升到最上方,那么,就等于王弼继承了汉易卦变。换言之,王弼名义上扫荡象数,其实继承了卦变说的合理之处。

综上,王弼、孔颖达、程颐这些义理派易学家,都在一定程度上继承了卦变说,都承认卦变说有其合理性。后来一些易学家反对卦变,其实是认为乘承比应可以完美地解释卦爻辞,于是走上了否定卦变的道路。卦变说本来是解《易》的常例,当然,其中存在是否取用和解释力度的问题。可发展到今天,使用卦变解《易》是否合理,都成为了需要讨论的问题。我们认为,否定卦变的易学研究者是被义理派的方法误导,走向了易学传统的反面。我们有必要认真研究王弼、孔颖达、程颐等人对汉易卦变说的继承和肯定,而不应该继续否定卦变说。

6. 马恒君《周易正宗》的卦变系统

马恒君在《周易正宗》中对历史上的各种卦变说进行了总结,认为卦变是构成《易经》的三大序列之一,可以通过《象传》中的大量文句获得证实。《周易正宗》的卦变体系回归汉易卦变,在荀爽、虞翻卦变说的基础上梳理出了更具体系性的卦变系统。

概言之,乾坤变十二消息卦,即乾变出姤、遯、否、观、剥、坤六卦,坤变出复、临、泰、大壮、夬、乾六卦。之后:

姤变出小畜、同人两卦;

夬变出履、大有两卦;

复变出师、豫两卦;

剥变出比、谦两卦;

遯变出讼、无妄、离、鼎、巽、中孚、家人七卦;

大壮变出需、大畜、大过、革、兑、睽六卦;

临变出屯、坎、震、萃、明夷、解六卦;

观变出蒙、颐、晋、艮、小过、升、蹇七卦;

泰变出蛊、贲、恒、损、井、归妹、丰、节、既济九卦;

否变出随、噬嗑、咸、益、困、渐、旅、涣、未济九卦。①

---

① 马恒君:《周易正宗》,北京:华夏出版社,2014年,第35—36页。

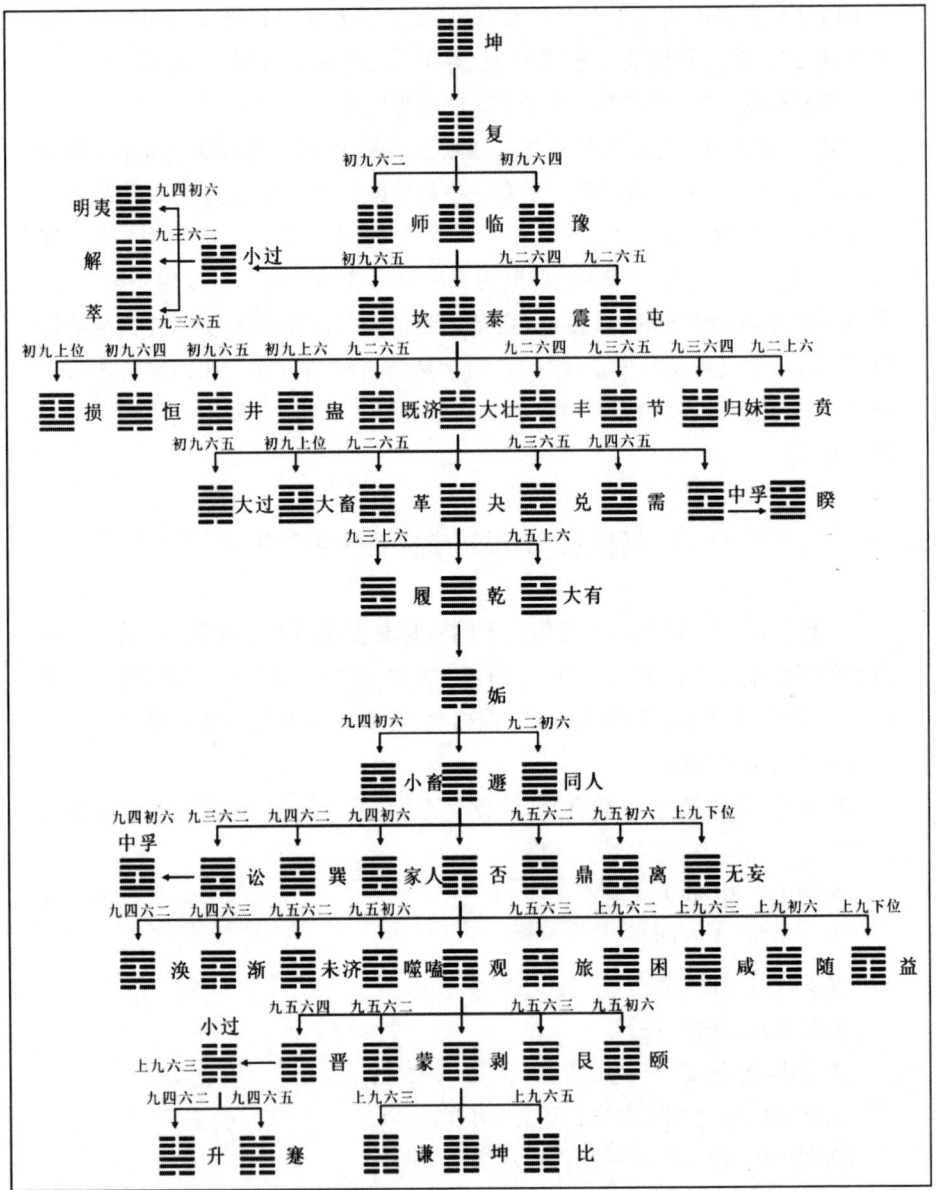

《周易正宗》卦变体系图

这套卦变系统继承了十二消息生六十四卦的汉易传统,并对如何用卦变来解释各卦各爻做了深入细致的研究。迄今为止,马恒君的卦变说是历代卦变说当中最为完善、系统、解释力最强的体系,得到了傅佩荣等当代易学家的承认。①

7.《周易明意》的卦变说

《周易明意》在《周易正宗》原卦变体系的基础上,提出新卦变体系:

姤变出小畜、大有两卦;

夬变出履、同人两卦;

复变出比、豫两卦;

剥变出师、谦两卦;

遯变出讼、无妄、离、鼎、巽、家人六卦;

临变出屯、坎、震、明夷、解、升六卦;

大壮变出需、大畜、大过、革、兑、睽、中孚七卦;

观变出蒙、颐、晋、萃、蹇、艮、小过七卦;

泰变出蛊、贲、恒、损、井、归妹、丰、节、既济九卦;

否变出随、噬嗑、咸、益、困、渐、旅、涣、未济九卦。

在这个新卦变体系中,原姤卦变出同人改成大有卦,原夬变出大有卦改成同人卦;原复卦变师卦改成比卦,原剥卦变比卦改成师卦;原临卦经小过变出萃卦改成观卦直接变出萃卦,原观卦变出升卦改由临卦变来;中孚卦原从遯卦经讼卦变来,改成从大壮卦经大畜卦变来。

8.《周易明意》卦变体系说明

(1)屯卦:根据"动乎险中""反常也",屯只能由临变来,而不能从观变。

(2)蒙卦:根据"以亨行时中也""志应也""以刚中也",蒙卦只能由观变来,而不能从临变。

(3)师卦:根据"能以众正""而民从之"以及爻辞,师由剥变来更合适,而不从复变。

(4)比卦:根据"下顺从也""元永贞",比由复变来更合适,而不从剥变。

(5)小畜卦:根据"柔得位而上下应之",柔爻本来不得位,从姤变来更合适。

(6)履卦:根据九五"夬履",从夬卦变来更合适。

(7)同人卦:根据"乾行也",刚爻上往,从夬卦变来更合适。

---

① 傅佩荣:《傅佩荣译解易经》,北京:东方出版社,2012年,第2页。

(8)大有卦:根据"应乎天而时行",柔爻应乾天而行,从姤卦变来更合适。

(9)谦卦:根据"天道下济而光明",谦只能由剥变来,而不能从复变。

(10)豫卦:根据"刚应而志行,顺以动",豫只能由复变来,而不能从剥变。

(11)大过卦:根据"大者过也""刚过而中",大过只能由大壮变来,而不能从遁变来。

(12)坎卦:根据"乃以刚中也""行有尚,往有功也",坎只能由临变来,而不能从观变来。

(13)离卦:根据"柔丽乎中正",离只能由遁变来,而不能从大壮变。

(14)明夷卦:根据"于出门庭",明夷只能由临经小过变来。

(15)睽卦:根据"柔进而上行,得中而应乎刚",睽只能由大壮经中孚变来,不能由大壮直接变来。

(16)蹇卦:根据"往得中也",蹇只能由观经小过变来,不能由观直接变来。

(17)解卦:根据"往得众也""其来复吉,乃得中也""往有功也",解只能由临经小过变来,不能由临直接变来。

(18)萃卦:根据"王假有庙,致孝享也""用大牲吉,利有攸往,顺天命也""观其所聚",萃可直接由观变来。

(19)升卦:根据"柔以时升",升只能由临经小过变来,而不能由临直接变来。按照卦变体例,凡经由中孚、小过的,都用一变之爻,只因彖辞、爻辞与之矛盾,才需过渡,但观变升需要两次阴阳爻换位,而临初九与六三换位即可得升,所以升卦当由临卦变来。

(20)革卦:根据初九"巩用黄牛,不可以有为也",革只能由大壮变来,而不能从遁变来。

(21)鼎卦:根据"柔进而上行,得中而应乎刚",鼎只能由遁变来,而不能从大壮变来。

(22)中孚卦:综合彖辞、爻辞,中孚由大壮经大畜变来更合适,根据彖辞"柔在内而刚得中",是大畜九三与六五换位,而不能是初九升到上九之上,同时也不能从兑、需、无妄、巽卦直接变来。又彖辞"利涉大川""乃应乎天也",所以不从讼、睽、家人卦直接变来。

(23)小过卦:根据上六"飞鸟离之",小过只能由观经晋变来,不能从萃、蹇、艮直接变来。又彖辞"小者过而亨也",所以不能从明夷、解、震、升直接变来。

卦变体系在易学研究中居于特殊地位,类似于数学研究中的哥德巴赫猜想,历代易学家前赴后继,力图将卦变系统贯穿全经,但几乎没有完备且成功者,可谓"四圣之易千载长夜"的核心部分。迄今为止,马恒君《周易正宗》建构了一套卦变系统,并成功地贯穿全经六十四卦三百八十四爻。本书在继承马恒君卦变说的基础上有所修正,从而使得卦变系统更加能够"致广大而尽精微",而卦变解易从未达到如此完备精密的程度,正所谓"四圣千古不传之秘,尽泄于此"。本书的"明意"部分,多发扬卦变解易的精妙义理,并据此建构"意本论"哲学系统。

9. 文王卦变圆图

根据《周易明意》的卦变体系,可以画出文王卦变圆图:

```
                        乾
           同人 – 履 = 夬    姤 = 小畜 – 大有
睽 – 大畜 – 中孚 – 大过 – 革 – 兑 – 需 = 大壮    遯 – 讼 – 巽 – 鼎 – 无妄 – 家人 – 离
蛊 – 井 – 恒 – 贲 – 既济 – 丰 – 损 – 节 – 归妹 = 泰    否 – 渐 – 旅 – 咸 – 涣 – 未济 – 困 – 益 – 噬嗑 – 随
           坎 – 解 – 升 – 屯 – 震 – 明夷 = 临    观 – 晋 – 艮 – 蒙 – 颐 – 小过 – 萃 – 蹇
                比 – 豫 = 复    剥 = 谦 – 师
                        坤
```

文王卦变圆图(卦名版)

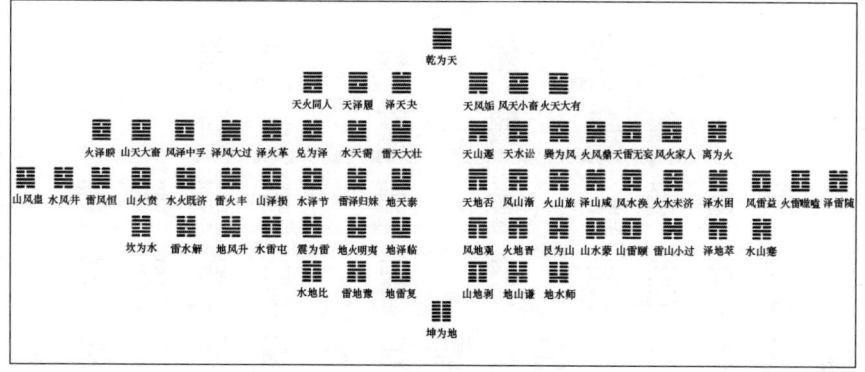

文王卦变圆图(卦画版)

文王卦变圆图根据《周易明意》卦变体系转化而来。此图说明:
(1)文王卦变圆图是周文王依据上古《易传》传述系统写作卦爻辞时所参

考的卦变图,由十二消息卦变出六十四卦,两两相综,彼此相错,环环相扣。

(2)按照先天气息流行原理,十二消息卦变六十四卦按照乾刚坤柔立其大本,阴阳消长依顺四时变化而成。

(3)乾坤定位,左边是阳长阴消,右边是阳消阴长。

(4)错卦变出的各卦彼此相错,如大壮与观相错,大壮变出的各卦也都跟观卦变出的各卦一一相错。

(5)明夷的"于出门庭",升的"柔以时升",解的"乃得中也",蹇的"往得中也",说明这几个卦非经小过变来不可,而小过既可由临来,也可由观来。中孚卦作为中间环节只有睽卦用到,睽卦只能由大壮变来,所以中孚归在大壮,经由大畜变来。这样小过相应归于从观经晋变来。

(6)文王作卦爻辞是依据此图而来,孔子作《易传》完全根据此图的规律而展开,三千年之后才再现于世。

10. 文王卦变方图

根据《周易明意》的卦变体系和文王卦变圆图,可以画出文王卦变方图:

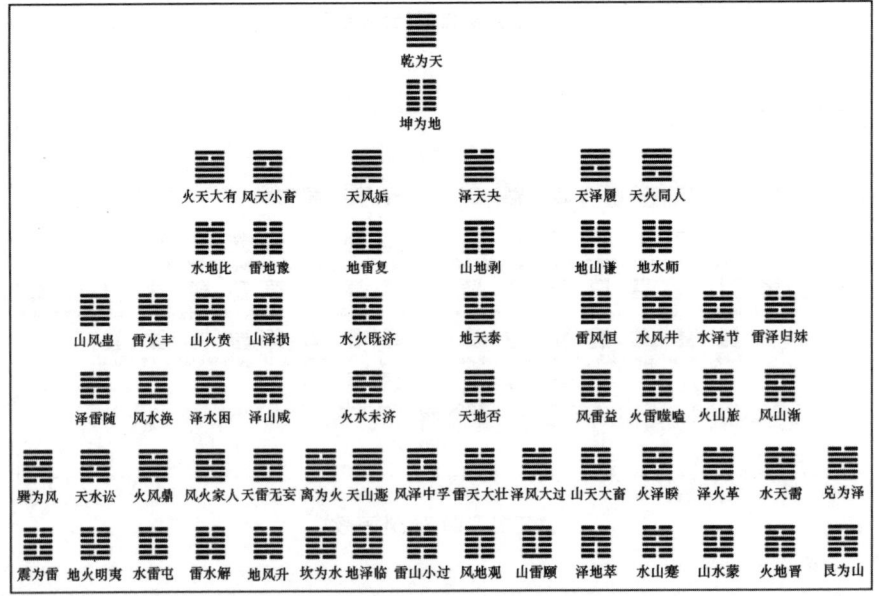

文王卦变方图(卦画版)

1	2	3	4	5	6	7	8	9	10	11	12	13	14	
							乾为天 坤为地							7
		火天大有	风天小畜	天风姤	泽天夬	天泽履	天火同人							6
		水地比	雷地豫	地雷复	山地剥	地山谦	地水师							5
	山风蛊	雷火丰	山火贲	山泽损	水火既济	地天泰	雷风恒	水泽节	水风井	雷泽归妹				4
	泽雷随	风水涣	泽水困	泽山咸	泽水未济	天地否	雷风益	火雷噬嗑	火山旅	风山渐				3
巽为风	天水讼	火风鼎	风火家人	天雷无妄	离为火	天山遁	风泽中孚	雷天大壮	泽风大过	山天大畜	火泽睽	泽火革	水天需	2
震为雷	地火明夷	水雷屯	雷水解	地风升	坎为水	地泽临	风地观	雷山小过	风地观	泽地萃	水山蹇	山水蒙	火地晋	艮为山	1

文王卦变方图（卦名版）

以上为《周易明意》文王卦变方图，全图将六十四卦卦变系统按照左右为综卦、上下为错卦的规律展开。1 层 2 层属四阴二阳卦和二阴四阳卦，由遯、大壮、临、观四卦的卦变按照左右相综和上下相错展开；3 层 4 层属三阴三阳卦，3 层由否变，4 层由泰变，上下相错和斜对相综展开；5 层 6 层属一阴五阳卦和五阴一阳卦，由姤、复、剥、夬四卦的卦变左右相综和上下相错展开；7 层属乾、坤，上下相错，象征"天尊地卑，乾坤定矣"。

全图左起震，入于巽，象征"帝出乎震，齐乎巽"，最后到兑，落到艮，象征巽伏兑见，震起艮止。中间 6、7、8、9、10 列由乾坤而生，再由十二消息卦，既济、未济，大离卦（离、颐、中孚）和大坎卦（坎、大过、小过）组成，错综相交，乾坤父母，坎离正轴。4、5、11、12 四列，按照大象坎离来归类排列，其中，1 层左右四列大象都为坎，2 层都为大离，3 层左两列大坎右两列大离，4 层左两列为大离，右两列为大坎，5 层都为大坎，6 层都为大离。乾坤为体，坎离为用，十二消息，消息盈虚，变化全卦。

1 层 2 层中，中孚、小过分列中央，与坎、离、大过、颐同属有错无综卦的一类，离、坎、既济、未济相列，大壮、大过、大畜、观、颐、萃相排，鼎、家人、屯、解彼此因相交而相连，革、睽、蹇、蒙亦同，震、巽、兑、艮两边框定。

3 层 4 层中，泰、否、既济、未济属中央，同属"反其类也"之象，咸、恒、损、益紧靠两边,象征天地人和,盛衰之始。蛊随两卦上下相综相错,归妹、渐两卦亦同,四卦成对框定两边。

5层6层中,姤、复、剥、夬四卦刚柔阴阳此消彼长,姤、复为一阴生和一阳复,向左排列为阳升阴升的顺序。剥、夬为柔变刚和刚决柔,向右排列为阳降阴降的顺序。

全图由五大循环构成,内循环由6、7、8、9、10列的中央从上而下,再从下而上循环一圈。由乾坤而下,经姤、复、既济、未济,下至离坎,再经临、小过、观、颐、大过、大壮、中孚、遯、否、泰、剥、夬,上至乾坤。乾刚坤柔,柔而遇刚,天地交姤,一阳来复,复则可定,有定可穷,穷必须丽,离上坎下,临观二卦,过与相求,颐养而正,有正有颠,大壮则止,中孚而伸,遯则退上,否泰反类,剥柔变刚,夬刚决柔,君子道长,小人道忧。由乾坤经坎离,再经否泰回天地。

外循环从震起,历经巽、随、蛊、丰、比、大有、小畜、乾、坤、履、同人、师、节、归妹、渐、兑、艮、晋、蒙、蹇、萃、颐、观、小过、临、坎、升、解、屯、明夷环绕一圈。日出东方,齐洁于巽,震起巽入,入而相随,随可成事,事大有比,比必归众,天地生众,万物合礼,礼则亲同,亲可聚众,众必有节,止有所归,女待男行,相见相止,止则可进,精进而昼,蒙杂而著,著又生难,难生必聚,聚则养正,正则可观,观则过物,物过则大,物大必陷,陷则必升,久升必缓,缓则屯居,居则休息,日落西山。

5层6层属天道循环,从姤环绕一圈至夬:阴柔遇刚,遇有所畜,寡约有众,众比则乐,乐而有息,息反刚治,刚柔相济,柔而变刚,以虚受众,忧亲不处,阳刚决柔。

3层4层男女人伦,有定有穷,反其类,盛衰始,故属人道循环,从既济环绕一圈至泰:一画开天,天尊地卑,男女有则,有定有别,物无终定,必有交损,损则有饰,致饰丰大,事大多故,伤则无故,无故而随,随必别离,类别必遇,遇必相感,男必速穷,穷则不通,终否必益,益必有合,合有亲寡,亲寡有序,女待男行,女有所归,有终有节,物无终止,止则变通,通则恒久,久必通泰。

1层2层属地道循环,从遯环绕一圈至中孚:地道静退,丽天而行,无妄无为,无妄有灾,必由人祸,欲治人祸,日新其德,取新必争,争则可入,入必生动,动则必伤,伤则重生,初生必缓,缓可上升,久升必下,下则可大,大必有过,过物可观,观必养正,正必萃聚,聚必难生,难杂而蒙,蒙昧必昼,日进其德,进必有止,止而可说,说则有需,需则去故,去故于外,畜养于内,不养不动,颠养则止,地止取信。

至此,文王卦变方图以一、二层为地,三、四层为人,五、六层为天,天地人三才之道,兼三才而两之,天地日月水火男女,运行其中。层层相叠,毫不动摇,环环相扣,牢不可破。图有系统,卦有定位,有章有法,无法移动,一旦移动,必牵一发而动全身,故左右不可换,上下不可乱。全图内有五大循环系统,犹如天之五星,人之五脏,地之五行。图有定,方可义无穷,序中有杂,杂中有序,无穷奥秘,千变万化,尽在文王卦变方圆图中。

《周易明意》文王卦变方圆图乃文王作卦爻辞所参考的重要卦变图。由文王卦变方图可知,中孚卦和小过卦作为卦变的中间环节非常合理。周文王依据卦变体系创作卦爻辞的系统,至此牢不可破,无懈可击。由此可见,周文王创作卦爻辞的时候,没有生搬硬套十二消息卦生六十四卦的体系,而是在十二消息卦生六十四卦的体系基础之上,参照六十四卦之间彼此相错相综卦的体系来"观象系辞",可以说,周文王创作卦爻辞时写下的每一个字,都是严格按照这个卦变体系写下来的。这就是为什么文王卦变圆图和方图可以精准对应的内在机理。

文王卦变方圆图可能一直是秘传,孔子可能见过文王卦变方圆图,所以才能整理传述于世的《易传》系统,使之与卦爻辞对应得天衣无缝。文王卦变图在春秋战国时代已经失传,到汉代荀爽、虞翻之时,已经无缘得见此二图,只能根据十二消息卦和错综卦来解释卦爻辞,不过至少失之未远。魏晋时代王弼扫荡象数,岂止"开了几百年的倒车"[①],可以说是开了上千年的倒车。到唐代孔颖达《周易正义》之后,文王卦变图可谓湮没无踪,幸好李鼎祚《周易集解》保留了汉易的重要线索。宋代陈抟、邵雍传出图书之学,朱震、朱熹重提卦变说,使得卦变说的合理性得到证实,但争议和否定之声不断,甚至很多重要的易学家都视卦变为畏途,直接加以否定。卦变说经历明清到近现代众多易学家前赴后继的不懈努力,顶住了巨大的否定之声,得以蹒跚而行至今日。马恒君《周易正宗》立足传世的卦变说,梳理并建立一个全新的卦变体系,这是《周易明意》文王卦变图的坚实基础。文王卦变图既遵循了《周易正宗》的卦变原则,又弥补和完善了其卦变体系的不足。今日文王卦变图得以在三千年之后重现于世,想必文王卦变图自有其天命乎!

研究《周易》卦爻辞,如果不从文王卦变图这个卦变体系入手,就无法知道卦爻辞这幢精美的大厦是如何构造起来的。这就是两千年来的易学家难以彻底破解其中密码的原因所在。纪晓岚在为《周易述义》作提要时说"诸臣仰承

---

① 马恒君:《周易正宗》,北京:华夏出版社,2014年,第264页。

指授,于宋《易》、汉《易》酌取其平,探羲、文之奥蕴,以决王、郑之是非。千古《易》学,可自此更无异议矣"。《周易明意》继承《周易正宗》卦变系统并有所推进,确定解释卦爻辞只有从卦变和爻象上梳理清楚,才能明白经文没有一个字没有出处,"观象系辞"的说法绝非虚言。文王卦变圆图和方图可以说是一个被拆除而后世难以发现的脚手架,如今这个脚手架得以系统连贯地重新构架起来,支撑起卦爻辞的肌体,使之纲举目张。从今往后,羲文诸圣所传易之深意至此而明。

八 《周易》的哲学——人天之意

《周易》本是融汇宇宙生命的哲学著作,《周易明意》基于天人之间的人天之意,从而建构人意如何通于天道。《周易明意》认为,每一卦都是通过刚柔爻的组合和推移表达易道显现的状态,向人们昭示天道的运行状态和如何以人意合天意的指南。人在每一卦都应该意会到刚爻代表的刚强之力当如何主导事变,而阴爻代表的阴柔之力又当如何顺从时势,并因此体会精神与意念之力合乎天道运行的合理方式。读卦要体会"本末连贯","一本万殊",每一卦既有其宏观的形势,又可以延伸出无数的细枝末节,都是圆融贯通的,既不可以舍本逐末,也不可以顾此失彼,要把宏观情境与卦爻辞的文字细节精准对应,反复参验,不断修正考订,才能确定每卦每爻的内涵,以及每个字的来源和出处。既要力透纸背地发明其内在的实理,又要兼顾其与其他爻之间和整个卦甚至其他卦之间变动不居的情境之流。

1. 人天之意的宗教感

《周易》最重要的问题是天人关系问题——"推天道以明人事",即如何打通天道人事,人如何推演、了解、配合天道。《周易》中的天道主要通过阴阳来表达,人能够领会阴阳之气的推移形成天地之变化,然后从卦的刚柔爻相推去体会天地和人事变化的道理,琢磨人在不同的时势和位置要如何领会其生存情境,进而去面对生活当中的问题,寻找合适的解决策略,趋吉避凶。圣人能够看清楚天地形势,利用卦爻象来看明白天地人道,从而进德修业,安身立命。总之,学《周易》是为了通达天人。

瑞士哲学家耿宁在《人生第一等事》里认为,宋明理学家研究人生第一等事就是成圣人。在西方成圣人就是向上帝看齐,跟上帝融为一体,但这在实践上是不可能的事情。西方人建了很多哥特式教堂,高高的穹顶让人感到一种无限的、永不可及、外在超越的崇高感,给人一种超然的、压抑的感受。不过,中国哲学的宗教感与此不同,中国哲学主流强调天地自然之善带来的良知,认为我们内在的心性可以直接通达天地,接通天人,可以直接领会天道,并在当下心念的发动中体现出来。中国哲学中人可以通过修炼达到与天相通的圣境,而西方的哲学则以理性为边界,理性之外的神圣留给上帝,上帝的境界人永远达不到,这和中国哲学贯通天人的境界很不一样。所以耿宁的疑问在于:中国古人怎么整天想着要成圣人?可是偏偏中国古代哲学一开始就有让人成圣这样的问题意识,而且几乎可以说对这个问题非常执着,中国古代经典反复强调,人可以修炼到超凡脱俗的神圣境界,更妙的是,我们可以在日常生活的当下直接达到圣境,即凡而圣,神圣而不离日常生活。这对西方人来说,无异于日常生活中的每个人都能达到上帝的境界,都可能成为上帝的化身,都能以上帝的境界立身行事,这对他们来说几乎不可想象,因为上帝严格外在超越于世界,人永远只能停留在人的境界,不可能变成神圣的上帝。

但中国的宗教意识从一开始就是圣人代天立极,人的意识境遇达到人天之意,不仅理论上可能,而且实践当中完全可以做到。《周易》就是这样一部修炼著作,让我们提升自己的意识境遇,达到如神如天一般的境界,却不离开每天的日常生活。从人的心念是贯通天道的家的角度上说,儒学是有家的哲学。心念可以跟宇宙,跟家庭和他人,与所有存在物的生机永远不息连通。这跟西方存在主义哲学,如海德格尔"向死而生",萨特说"存在先于本质",加缪对人生荒诞感的描绘等说法表现出人无家可归的意识很不一样。海德格尔说"语言是存在的家",体现出无家可归的无奈。西方哲学家的语言体系所演绎的是孤独个体在自由世界当中无家可归的形式主义体系,和中国的哲学家不断去领会生生不息的宇宙大化、充满元气淋漓的生机系统完全不可同日而语。

正如牟宗三反复强调,儒家之为儒家就是我们当下的心性命跟天道相贯通的那种状态,就是人跟天地可以打通,天地之生(创造力、创生力)能够当下为我所领会,为我所运用。"推天道以明人事"即当下意念之生可以接续天道之生。类似哲学问题在《易传》中很多,如天人关系、古代宗教感、日月山川的实在性、殷周之际的人文主义与自然主义等都有哲学意味。不可因为不能完全了解《易经》就认为它是神秘主义的。《易经》其实是讲人文化成的理性主义著作,带有明显的人文主义意识和忧患情怀。卦爻辞通过"推天道以明人事"离开夏商以前那种原始宗教和信仰意味,而进入理性所要划界的人文系统。只是中国古典时期的理性划界和康德意义上的理性划界不完全一样,中国古代的理性是为沟通宗教,保留直觉的通道可以进入,中国人有可能跟最高的存在,跟天道的存在完全融会贯通,彻底融为一体。但像康德代表的西方认识论的路径,则强调哲学追问的是理性的理解,至于信仰和上帝的问题,应当留给宗教去研究。

2. 意本形上学

宇宙以元气的生意为第一义,元气即万物存在之根基,在意念领会的状态下展现其生机。意赋予物元气而可动,此元气之动可以生,亦可以死,取决于是否得到意念的护持,如得护持,元气可以维系和持续,如意念散乱,则心气发散,走向消亡和死亡,所以意物交通的瞬间,其实就是生命力量延伸的瞬间,每时每刻既可以缘生,也可以缘死,所以意念与世交接的每个瞬间都是生死之关。心意之生,依意缘而成,心意之死,亦依意缘而灭,故心意之生机为世界创生之根本。

所有存在物依赖乾阳元气的获得与保持以存续其在宇宙和世界之中的生机,或者说物的生机都来自于无始以来的乾阳创造力,此万物本始内在的生命之力发动之后,生生不息流转不止。心意的生机为的是维系元气自身带来的内在活力,这种宇宙创生不止,大道运行不息的动力就是乾阳元气在万物始生、存续、发展之过程中表现出来的生力,此力为意念所领会,而表现为无限的崇高感。意念对于乾阳元气的领会就是道意,道意为宇宙与人生贯通之元,是心通于物之元,是意通达宇宙原生之力的缘生情态。人要尽力保持道意的状态,保持通于宇宙万物之元气的原初心念,持守如婴儿一般与世混同的状态,即保持自然之意的纯粹经验之和合状态。《周易》作者既要推演宇宙运化的道理,又要接续乾阳创生之力,让心意通于天地本然之至善状态。

意本论认为,人可在后天的有形世界里,运化先天乾阳之力,从而转化世间阴阳,通过观察体悟天道,让心意接续元气不断运行的生机和活力,让乾阳之力为己所运化,从而让心意接续道意,犹如接续天机一般,接通宇宙的创生之力。宇宙万物流转必须进入意念的境域才能被领会。意本论认为意在道先,万物的创生之力需要人的意识领会之后,生机方能开显。如万物之性需要为意念领会之后,性的能动性和绵延性才能够表达和展现出来。意念的领会能够唤醒生命之力,使得生命的存在超越行尸走肉的自然存在层次。意力是对性力(原生本性之力)的领会和主动驱动,人通过意力转化其生存状态,化被动为主动。意本论认为,人可以通过意念的修持,转化生命的被动状态为主动状态。

时间是心意的一种创造,时间在自然界本体性地存在,人必须通过意念的领会把时间刻度化,才有具体化的时间,以一种时机化的存在,即缘生的意念形式得以表达。时间就是当下意念当中缘生的时机,必须被缘生化,才能被理解或意会,但理解出来的时间不再是本体性存在本身的时间。《周易》作者用刻度化时间的方式,把对乾阳之力的领会通过形象化的图形来表达,也就是用卦画把当时构成万物性命变化的各种力量和状态表达出来。既要努力描绘出万物当中形成各自本性的乾阳之力的状态,也要表现本性在世间存续的过程性状态,更要说明天下万物都要修为和保养自己的乾阳之力,通过自我意识的涵养来维系元气不失,从而得其性命之正,成就事业,安身立命。意本论论证了从意为存在之本,到意为人之合天的修行之本的核心。

宇宙本于道,道的自然之意发动进入人的意识世界。没有意念与物交关的创始或缘发之点,世界就不能被领悟,时空就无从开始,价值体系也无所根据。意念与万物沟通之后才有世界本体的发用,意念领会了世界创始,心意与物交之后,自然力绵延在人间心与事的互动中表现为吉凶悔吝仁义道德等各种价值判断。在意念交关中创造起来的世界,从自然力绵延的角度来说,其本体都是纯然至善的。古典中国自然主义创生哲学的根本原点是自然力与人心意念交接的意物一元的创生原点,这个原点如太极之前的无极,具有无限广大的创生之力,虚而实之,成为对世界的哲学反思与领会的开端。

意本论认为意物一元,宇宙为意物一体的存在,意物问题是哲学宇宙论、存在论之根本问题。人类的心意从本体存在上来说一直通达天地,因而宇宙的存在是一个意物不二的状态。人的心意与天地共生共创,心意时刻刻通于天地,世界是一个意物交关的世界。意本论是心通物的宇宙观,它与世界构造的实体论、意物二元论根本不同。西方的实体论和易道宇宙论的意物观不相融,因为意本论的实体与心是通的,意物之间没有主客对待的区分,所以宇宙本来的实体以意物一体性为心通物的原生性存在。

《易传》对宇宙产生的说法是"易有太极,是生两仪,两仪生四象,四象生八卦",古代气化宇宙论是气一元论。乾坤生六子,乾天称父,地坤称母,然后生出六子。《序卦》里面讲:"有天地,然后万物生焉,有天地然后有万物。"天地是万物之母,是万物的宇宙论根源。用蓍草来占卜、河图洛书的数理都有明显的宇宙论色彩。汉代《易纬》有太易、太初、太始、太素的说法。宋代周敦颐《太极图说》把阴阳二气和水火木金土五行结合在一起,后来朱熹注《太极图说》,太极、道、气既是宇宙论,又是本体论范畴。道气的关系类似形上形下的关系,但其实总体来说,应该是体用不二、道气不离、形上形下不分的哲学系统。

意本论认为,宇宙是演化生成的。事物存在如天地山川,用八卦来象征事物存在和演变的解释系统。《周易》认为,世界上的事物有阴就有阳,是阴阳的运动共同形成了道。阴阳是意会全体之后所不得不分的区别,阳中有阴,阴中有阳,阴阳互相包含相互转化,它们是运动的而非静止的,周而复始,循环往复。任何事物都有阴有阳,但阴阳不可分割看待。阴阳都是相对而言的,如前阳后阴、上阳下阴、左阳右阴。《周易》提出阴阳交融辩证法,与西方先分后合,以割裂对待为基础的辩证法不同。中国的阴与阳相对待而言,彼此构成,无法分开,事物的两面同时具足,阴阳无先后可言。阴阳相互缘构的思维方式是中国哲学思考的基础之一。

圣人用各种象来表达事物存在的状态,发明象是因为没有办法用语言来穷尽所有的意思,所以不得不用象来说明。"书不尽言,言不尽意",圣人立象是想通过象和卦来表达能够穷尽认识对象所有信息的意识。《周易》通过卦爻符号象征体系来揭示事物之"意"。因为正是意识到语言没有办法用逻辑性的文字来穷尽真理,所以才用形象的卦爻象来表达。卦爻象比文字更能够储存、占有或者融贯更多内容,更能把人天之意的生机完全地表达出来,让其中蕴含的生命和创造的力量得以意会出来。

3. 意本创生论

道存在论或者气本体论的核心其实是创生论。《周易》本体论是充满生机的本体论。宇宙本体性的创造自有其创生力,因为宇宙没有创生力就无法存续。《周易》本体论不是简单说事物如何存在,而是在事物存在的动态过程当中,显现出生生不息的生机,而且这种生机是跟当下的生命力量和宇宙大化流行的所有一切存在融贯起来。

《周易明意》解释宇宙与存在;从本体角度帮助思考《周易》给出的本体存在视角以及对于万物的本体性存在如何用"意"领会和理解。宇宙与存在之根本问题跟创生问题连在一起,天道创生万物,这个创生过程通过太极、两仪、四象、八卦、六十四卦宇宙论图式来展开。朱熹回应周敦颐的宇宙生成问题有"无极而太极"与"自无极而为太极"两种不同讲法。"自无极而为太极"是说先有一个无极,然后生出一个太极,相当于王弼"有生于无"的看法,认为有一个无在有之先。这个命题有不同理解,如时间上在先,或空间上在先,或逻辑上在先。如果讲空间上在先,就有点接近于奇点作为宇宙起点的说法。如果逻辑上在先,是说人们不得不去假设万物都有一个最初的起源。在宇宙起源问题上,应该还是"无极而太极"的说法要比"自无极而为太极"要合理,因为"无极而太极"可以理解为无极和太极是一体的,只是不同的表达方式而已。

无极和太极都是一个整全的不同名称,都是宇宙万物最开端的、最本有的、最全体的根本性状态。河图洛书是黑白点构成的图式,其象征意义有一部分可以从这个角度来理解。就是说,我们的意识不得不用黑白对待的方式来看待世界,于是世界被分成不同的方位、状态,再重新拼装组成一个世界图式。这可以说是对宇宙本体性存在的理解。

宇宙创生过程接近于化生的过程,"化"是物的迁延转化。宇宙最根本的全体不断转化出太极、两仪、四象等,对转化过程的理解其实又与人之意向和视角相连。因为如果没有人的参与,世界只是一个自在的本体,独立于人的意志自然而然存在,换言之,道存在的方式不因为人而变化,但因为人的视角参与而导致了万物的流变和分化。物的分化就是人的视角参与并加以意会的结果,人来看这个世界,就一定要分出阴阳、前后、东西、上下等,因为人的意识就是有这种特点,人只能意会到对待双方的一方;从某一个角度观察事物,意识只能朝向某一个方向,而难以意识到宇宙全体,至少表面上意识刚开始的时候只能是倾向于某一方的,至于之后的反思和反身意识到的全体,是反思之后的意识收摄状态。一般人通常不能够看到世界全体,只能用自己的视角去面对混沌的太极,所以自然而然就会有两仪等的分化,而八卦和六十四卦即是分化和转化。

《系辞上》"一阴一阳之谓道,继之者善,成之者性也"是说顺着阴阳之道的发展就是善,顺着道而铸成就是性。善是天道运行的本然,性是道凝成之后的具体存在,驻于一切事物之中,让事物存在起来。可见,道是形上的总根,而性是形下的总根。《说卦》"穷理尽性以至于命"是把万事万物的性情道理推究彻底,揭示出它们的命运。可见,《周易》由道而性而命,给世界整体及一切具体存在做出哲学的解释,其理论本身即展现出一个蕴含生机的形上学体系。按照传统说法,孔子在《易传》中如此理解宇宙与存在之后,从北宋五子周敦颐、邵雍、张载、二程到南宋朱熹都有类似的对于宇宙与存在的理解,后来王阳明提出"无善无恶心之体",其后学王畿、王艮、刘宗周到近代熊十力和牟宗三等都承此说,即对于宇宙生生不息的道当持本体性的理解,意会到宇宙在本体存在论角度是实在的实存过程,只是在人的意念或视角跟宇宙相关的那一瞬间,本体论问题就变成认识论的问题了。所以本体性的问题与认识论的问题常常交织在一起,很难简单分开。人是宇宙生生之道的一部分,我们的心有意念,运用意念可以参与世界生生不息的流转过程,即宇宙化生的过程。我们本身就是宇宙化生过程,即宇宙大化流行过程的一部分。我们在宇宙大化流行过程当中感通和认识,我们的意念通过自省或认识过程来参与宇宙的变化,这是《周易明意》给出的认识图式,好像人的意识在宇宙大海中游泳一样。换言之,人通过其意识的运化而展现其力量,像冲浪者和游泳者在宇宙大化中遨游一般。

再从宇宙创生的角度分论宇宙与存在之关系:阴阳之意相遇的瞬间的艰难,需要意会而得,宇宙间阴意和阳意随时随刻在交流转化之中,但没有心意参与领会,就不可能感悟和领略阴意和阳意交流瞬间的艰难。宇宙的创生非常偶然也异常艰难,人的出生也是如此,随着人肉体的出生,精神力或意念的产生和维系其实贯通宇宙,并带有反身性意味。人天之意于无中生有之中,不断整合周围的意向性,形成向前带动冲击的心意合力。这种梳理其他心力的秩序和前进的力量,每时每刻都非常艰难,所以要稳扎稳打,有时候需要沉住气,按部就班。没有足够的意向性能量,就不可能影响和带动其他心力。极强的创生心力来自对心与宇宙混沌融贯一体的领悟和强烈的冲动,极其强烈的心意之力是对意与其全境之虚无性的终极领悟,于是,意念无中生有的力量成为心意通天、在天地间自我主宰的强烈意力。

4. 意本认识论

《周易明意》认为,几微是意物同源的核心。意本论体现出中国传统意物关系的特殊性。从理解意物交汇之原点开始,中国哲人就不运用西方哲学家对认识论问题采用的分析方法,因他们认为逻辑推理无助于全体性地理解认识对象,所以主张直接面对事物,从意物同源出发,让心用直觉领悟的方式认识到物的全体。

意与物关系的极致状态可以通过《系辞上》之"易,无思也,无为也,寂然不动,感而遂通天下之故"来理解。《易》没有思虑,没有作为,寂然不动,受到感应就能贯通天下的道理。"夫易,圣人之所以极深而研几也。唯深也,故能通天下之志。唯几也,故能成天下之务。"圣人用《周易》来究极深奥,研究几微。正因为深奥,所以能够贯通天下的心志。正因为几微,所以能成就天下的事务。由此可见,意物融通的几微状态,是《周易》揭示出来的心如何认识事物的根本原点,这是一个意物共在的缘发之点,意物同时并现,微妙之极点能够同时收摄贯通天下心志和事务之全体。

"寂然不动,感而遂通"的本体性状态如何?"寂"的本体性状态是安宁、安定、寂静的状态,不是缘起性空意义上的"寂灭",而是世界本体如其所寂,等待人来理解与意会。王阳明"岩中花树"的讲法说明,人没有来看事物的时候,事物如其本然寂静在那里,它们跟人本然的状态一直沟通在一起,心跟世界本来完全贯通。只是说,当人的心意来关照事物的时候,如此寂静的世界在人的意识当中展开而不再寂静了。这个寂静世界跟人的感官感通而展开,是事物本体性存在的显明过程,这是意本论对宇宙本体存在方式的揭示。

存在之境因缘(条件)而起,境是缘的联通形态,有其自在之力,意能够于境中蓄积力量,意入境整合力量如在境中拉出一个矢量,必影响该矢量周围的相关力量。所以意入境看起来似乎入无意之境,但其实是整合诸心之力。这种意力整合过程是与意物联通的。意与物时刻共在,人对于欲望必须有条件地控制,否则就会不断地付出代价,直到把原初的意物平衡体系打破。人处于危险境地时要非常小心,因心念的偏差会导致外物的侵害。

天地之心既是天地运行的心意,也是天地化生、生养万物的心意。人当主动合于天心,按照天心周而复始,生生不息的刚健有为状态去起心动念。地与天之间的格局是人生之境,也是意物之境,其实也就是人心的格局。可见,境既是过程又是实体(具体存在物);境为意物融通之机会合而成,充满延展力和创生力;意物融通则无时无刻不在生生交融之中,我们可以通过经验来回溯存在的先天结构。

意物关系的问题即意念如何把握认识对象的问题。从本体上说,我们和宇宙融为一体,就像我们在游泳池或大海里游泳,跟自然的水融为一体,但因为人可以反身意识到自己是人,在参与对象化存在的变化时,当人有自我意识的时候,人跟物相分,然后人又用意去理解把握对象化的物。从本体论上说人与物不分,心跟物是通的,这是从本体论出发的第一层意思。第二层意思是,人通过体悟,即身体感知整体性了解来理解事物,"体知"与物融贯,虽跟西方哲学家们谈论对意物的理解不同,但是意物关系还是最根本的,也就是说,我们之所以能够体悟世界作为整体性存在,而不仅把它作为一种对象化的存在,这是因为人与世界本来就是通的,这个通只能通过我们整体性的感知来体悟。认识是各种感官维度都参与的,意识是整体性的综合,是心物感通的状态。人跟万物交接感通才有意识,意是整体性通于存在,又通于认识的。

5. 意本相容论

从意本论的本体论和认识论出发,可以谈论命定论与自由意志问题。《周易》的命定论主要通过术数派体现出来,如占卜通过数的推演来达到对天下各种事物的把握,相信命是注定的说法。术数派体现出来的精神就是决定论,认为生命是一个被决定的过程,我们每个人做自由选择的空间都比较小。我们与生俱来的命和运的格局,从生活的环境如父母、家庭状况等在相当大程度上影响了人的命运走向。当然,即使是命定论的视角也不认为命运完全不能改变,比如一个人愿意调整风水,积德行善,努力读书,改变姓名,都可能在不同程度上改变命运的发展。虽有改命之说,但是从命定论角度来说,大部分情况很难改变。

  命定论的另一面是非决定论,或者是自由意志论。《周易》可以"穷理尽性以至于命",通过对理和性的理解而通达命运。当然这种说法既可以作命定论的理解,也可以作自由意志论的理解。意本论主要是自由意志论的,通过理解变化的世界来把握命运。意本论认为,对变的认识本身是个变化过程,这个变化的过程可以有两种态度:一种是被动的,一种是主动的。被动的叫"变通",比如"船到桥头自然直",调整自己,顺应形势。另一种叫"通变",即通达变化,是在领悟变化的基础上,对变化的趋势作出判断,这种对变化趋势的领悟让人有一种视野或愿景(vision),看到未来会有怎么样的发展,再随之产生一种见识力(insight),也就是能够看穿这个事情的发展趋势。因为有 vision 和 insight,你的意向比别人远大,你能看出事情的发展方向,而且能够让别人认可你看到的发展方向,那么你就能通达变化,才能够反过来影响别人即领导变化,这就是所谓的领导力(leadership)。

  领导力实际上是要领导事情的发展变化,领导力是人有能力去领导情境的变化。领导者是那些能够预先看到事情发展变化的人,他要比一般人看得远一点。按照郭象"独化于玄冥之境"的说法,可以说我们每个人虽然都睁着眼睛,但在看不清未来的意义上,大家都生活在黑暗当中,世界本无所谓黑暗还是光明,也可以是无善无恶,整个世界本体的状态是一种玄冥之境。所有的人和物都在变,但是这个看似光明的世界从另一个角度看其实是黑暗的。我们在黑暗当中,几乎没有人能够看见未来。郭象的说法一定程度上排除了领导的必要性和可能性,因为领导也在黑暗中,也看不见。但有些人能够看见事情的发展方向,所谓领导力就是这么来的。领导力是说有些人有一种前瞻性的眼光,能够引发周围人的认可,然后带领周围人一起去参与这个世界的变化,实际上在某种意义上说,领导者的意识境遇,连同他带动的意识情境,一起改变世界变化的进程。

  从这个角度来讲,人对于变化的两种态度,实际上也是两种对主体行动能力的态度。被动的变通态度像庄子讲的"知其不可奈何而安之若命",认为事情没有办法改变,认为我们人的主观能动性、主动的行动力是有限的。当然,人确实也是有限的。另一种观点认为，人可以采取主动改变事情的发展，可以积极主动引导事情的发展变化。这是两种对主体行动力量的理解。

研究六十四卦要认真体会：人在这个世界上是两种状态的综合。按照相容论和不相容论的理论来说，《周易明意》持一种相容论，因为它集命定论和自由意志论两种的统一，既相信人不能够离开一定的时间和空间，每个人都在天地之间，都是有限的，都不能够离开自己所在的时势和位置来做事情，这是带有决定论色彩的理解。另外一种就是自由意志论，我们在解读卦爻的时候，每一个爻都是根据其他爻的变化来做合适的应对，在这一个爻位怎么样采取一种进退的方式，必须要理解周围的情境，然后做合适的应对。有的时候被动的情境也就只好被动，有的时候能主动就去主动做改变，之所以说《周易明意》持一种相容论，就在于决定论和自由意志论都可以共存，而且能够通约的，比如"谋事在人成事在天"的说法。在西方，关于决定论和自由意志的关系有很多讨论，即有所谓相容论和不相容论，不相容论就是说人要么是被决定的，要么是纯自由意志的，而纯自由意志和被决定是不可以相容的。不相容论显得比较简单，比较单调。

6. 意本感通论

相对来说，中国哲学更强调领悟和感通，西方哲学更强调人要用理性、逻辑去分析推理，看看论证是不是和我们所理解的对象化存在吻合，是否可以为真。比如柏拉图讲知识是"可以论证的真实信仰"（justified true belief）。意本论认为，知识是可以感通、可以领悟的，不完全可用信念的方式清楚表达出来，它需要人通过象的方式去领悟。意本论讲全体性的把握，而柏拉图讲如何让一个陈述成为真的陈述，然后去论证它为真。这种陈述就是命题与判断，但只能表达事物的某种属性，属性通过逻辑的关系要表达对象的真，然后我们认为它是真的，这就是知识，也就是哲学的真理。柏拉图意义上的认识论得把主体抽离出来，变成观察物的对象，这种表达方式说明，陈述本身不再有感悟的成分，全体性和感通这两个部分是意本论哲学的特殊之处。

人生是一个与物互动的过程，而与物互动也可以理解为一个修道过程，也就是修行自己的心灵意识状态的过程。人的心意与世界运动合拍，与宇宙的能量运动合拍，才能够形成有力的道，心之道落实为物之道，成为意物关联相通之道。人必须努力应对各种意识境遇变化，调整其意识境遇跟集体的意识境遇之间的关系，不能够让情不自禁的冲动继续随意地表现出来，不能够让原初的、已经得到满足的需求再自然而然地成为意识的基本状态,也就是人对于自己的意识境遇应该随着时势的改变不断调适。人有时候需要他人,也需要根据他人的需要来校正自己的意识境遇,在意识发动的瞬间,调整意识生成的机制。

为什么说我认为是善的东西,别人也应该认为是好的?这就涉及他心问题:他人的心为什么跟自己是可以感通的?他心作为一个不可跨越、不可沟通的对象出现,一个人可能永远不知道他人很痛苦,而且即使告诉了你,你也不知道他很痛苦。这种无比巨大的、天都要塌下来的个人性感受,不是别人能够理解的,就是因为他人不是自己,这就像庄子的"鱼之乐"问题引申出"子非鱼焉知鱼之乐"和萨特"他人即地狱"这样的命题所表明的。

但在儒家,尤其在《周易明意》里,一个人之所以能够行善的根据和前提,实际上就是为什么我认定的好东西、善的东西,对于他人来说应该也是好的,否则就没有一个基本的准则和判断了。这种准则和判断来自于心灵的沟通,相信人与我同,人可以跟他人有心灵沟通的状态。可以说人跟人本体上是一样的,我们的气本体论说天下都是一气,所有存在物都是一气合成,人跟物的功能跟万物都可以感通。还有一种观点,相信人自己和他人从构造上到功能上的一致性,认为他们跟我们应该是一样的。我的感受别人也能够感通,别人的感受我也能够感同身受,所有的感受整体上都是相通的。

如果没有这种感通,那《周易明意》整个系统都要塌掉了。整个《周易》系统,上经是乾卦创生,生生不息。下经是咸(感)开头,也就是从感开始的。这个世界在不断生生不息、阴阳相感当中变化。如果把这些东西去掉,认为人跟人之间不能感通,我不能理解你的痛苦,你也不能理解我到底是怎么想的,怎么感觉的,那么整个《周易》系统就难以成立了。

理解意会感通似乎不难,但若要从逻辑上把它推导、理解出来确实不易。在读卦爻辞的时候,阴阳感通好像是从我们的经验出发。如果不从经验出发,就只能去论证一种感通的存在,不容易达到感通的普遍性。当然不能说,若没有感通,系统就塌掉了,所以就必须要感通,而是说,感通只是我们的一种理解而已。

感通是本体性的,人跟人之间就是相互感通的,人和物之间也可以感通,那么这还是一种独断论。到底为什么西方哲学家讲那么多关于他心(other minds)的话,说我们不能理解别人的痛苦?延伸到比如说"缸中之脑"的问题,这就涉及现代的一些说法,比如说《黑客帝国》里面讲到的,我们是否生活在一个真实的世界?还是说我们的这个世界是各自虚假的幻想,不过是一种虚假的存在。《周易明意》的系统,因为它是人心的感通,比较难进入所谓的"缸中之脑"的假设当中,它更多是一种独立的对于世界的认识。

"缸中之脑"的讲法是主客两分的,而《周易明意》哲学主要是基于感通性的,我们跟这个世界本来就是不分的,世界生生不息的状态,人是要感通才可能认识到的。人跟世界所有的认识,包括我们的行动力,它都是感通的。

7. 意本心通物论

万物无法离开对宇宙本始的创生力的意会而存在,宇宙本然的乾阳之力经意会为生命力、意志力、创造力、性爱力等而使万物运化,意会得精彩纷呈。乾阳之力与心意通于天地万物之力本身一体贯通,即物力通过心力表现出来的"物—心"之力与心意主动通于外物的"心—物"之力是一力的两面。宇宙的自然之意本具"物—心"之力,本可为心意贯通。乾阳之力在自然界可以行云布雨,自然之"物—心"之力被意念领会而成云雨,此领会状态可用坎离两卦来表示,天地的根本框架都用乾坤两卦来表征,而天地间的万物可以用基于乾坤两卦而衍生的卦爻概念符号系统来表达。因此,卦爻也是对宇宙自然力、创造力运行的领会,是本然"物—心"之力经意念领会而展开的状态。意本论认为,人可以领会和把握变化的趋势,在参与中改变未来的状态。意本论相信经验,因为人从经验当中学习,帮助人领悟到世界变化的趋势,形成某种见识,进而形成某种引导变化的力量。意本论希望人们了解和领悟其生存状态,进而改变这种状态。

意本论从本体论到伦理学、心物关系、动机与行为等都和当代哲学不同。意本论以感通为中心,与从笛卡尔二元论到休谟怀疑论等不以感通为中心的西方哲学传统判然有别。笛卡尔怀疑到最后说只有"我在怀疑"这一事实不能怀疑。休谟认为运动是观念之间的连接。这样的怀疑论传统影响到今天的心灵哲学和以机器为基础研究人的认知科学。行为主义或物理主义认为,人对世界的认知可以还原为纯粹物理性的神经活动。这种物理主义还原显然消解了感通。从西方唯物主义、物理主义到行为主义,再到认知科学、心灵哲学,直到现在的人工智能,都是基于主客两分,把主体看作与对象化客体相对的存在物。主体去认识世界是作为另外一个独立的存在。世界就是外在的世界,主体通过表象、象征、神经活动等具体方式再现认识对象,语言及其逻辑结构都设法再现所谓世界之真实的情况。可见西方哲学基本不谈感通和领悟,因悟更接近宗教,宗教讲上帝超越现实和个人,个人通过感悟与超越的对象融为一体。西方哲学在怀疑主义、理性主义的脉络当中不断展开和前进。正是在感通这点上,意本论哲学跟西方哲学的风格有巨大差别。意本论基于感悟感通,他心也是能够感通的。

人的精神力量有可能去理解和吸纳情境的变化,这种同一性因为人的精神包容度而有所不同。但意本论希望人们能够在经历过事情变化以后扩展自己的心灵,延展自己的心灵到各种各样的方面去。所以人的同一性,一方面是相对稳定的,一方面又有能力去吸纳情境变化。意本论帮助人们通过自己的意识参与宇宙变化,在参与的过程中让自己的意识融贯在整个宇宙变化当中,全体性地去把握融通变化,从而变成一个心意通天状态的人,即通过格物致知而能够通物通天、融贯世界全体的大人。意本论认为,人在跟具体物打交道的过程当中,能够转化物、理解物,从而进入一种感通天地和整个宇宙的状态。人的心念可以从小人状态发展成为跟宇宙意识相通的大人状态——"与天地合其德,与日月合其明,与四时合其序,与鬼神合其吉凶",大人的起心动念都能跟天地变化相贯通,其精神意识的力量可以吸纳整个情境的变化。

8. 意本伦理学

意本论以修养为本,其伦理倾向是期待人们去扩展自己的心灵,去成就自己。扩展心灵实际上就是努力厚德载物,让德行越来越厚,能够承载的物也就越多。不断加深加大深厚的德,就可能容纳宽度和广度像大地一样的事物。《周易》讲的虽然是趋利避害的哲学,带有朴素功利主义倾向,但同时教导人们去增进道德,提升修养,加大心灵的力量,让心灵广阔无边,与天地相通,如果人的心灵意识修养深厚,就可以承担更大的事物,也就是载更多的物。

行动的善恶如何开始?意本论基于天道自然观和人与世界融贯的本体论,认为行动的善恶判断不是对事物属性和状态的判断,不主张简单外在标签化的判断,而提倡王阳明"无善无恶心之体"那种世界本体性判断。儒家讲善恶,但其本体又是纯善的,这种本体纯善是天地自然之善,即《易传》认为"天道自然之善"是"继之者善",即继承"一阴一阳之谓道"的一切都是好的。也就是说,用儒家的态度去面对宇宙,看着世界生生不息,领会到存在的一切都是好的,随着阴阳变化的世界而成的都是好的。

天道自然之善本身无善无恶,它本来就是本体性的状态,只是从儒家的角度去理解这种大化流行的时候,看到的一切都是好的,这是儒家态度。儒家是从天道自然之善开始再分善恶。"无善无恶心之体,有善有恶意之动",意念参与世界本体状态以后,有一种主观的价值带出来才有善恶。这是天道自然之善因为有人的视角的参与而形成的善恶,儒家基于此要求人们趋善避恶,行善积德。

道家面对世界本体状态也类似,因为自然无所谓善恶,虽然道家不讲天道自然之善,无所谓善恶,一切变化都顺其自然。不分善恶是从天道的视角来看,即庄子所谓"以道观之"或"天钧"视角。人怎样从意念跟世界相感通的最原初状态中去体会天道自然之善,并且把它推广出去?这是儒家伦理的核心,有本体性理解的儒家既能理解无善无恶的本体存在,又能够理解从本体带出来的天道自然之善的状态,还能够理解人在参与宇宙生生不息变化以后,那种"有善有恶意之动"的瞬间状态,理解有善有恶的意念之动的善的根本状态,再把善的状态给推出去,因为善的状态和天道自然之善相通,认为一切本体都是好的,宇宙原初的能量通于人行善的力量,人从本性上跟天相通,可以把天道贯注在自己念念相续的意念实化行动当中去。心意与行动之善行当从人刚参与世界、跟世界打交道的瞬间开始理解,回到最原初、本始的根源状态当中。

《周易》强调人在天地之间模仿天地之道的变化成就自我。道有天道、地道、人道,人把天道领会出来变成人道来运用。《周易》教人如何融会贯通人之道与天地、日月之道,让道在人世间显现出来。人要能够运用天地阴阳相推之道,形成对自己所在时势的判断,进而把握好自己的进退。如果把"一阴一阳之谓道"理解为天道,那么"继之者善,成之者性"可以理解为人道,人道能够继承天道阴阳的变化,把它不断创生发展起来,使一切都好,这是"继之者善"所谓的天道自然之善。天道自然之善灌注在世间,成就各种各样的事物,成为事物的本性,这说明宇宙生命内在统一性是相通的,人性跟物性、跟天地之性完全相通,这是从天道灌注到人道的融贯系统。

9. 意本动机论

意本论的核心是动机论为主,目的是修养人的心意状态,有明显的动机论色彩。为人处事的核心是动机,动机比结果重要。关键是发心要正,才能正心诚意,至于是否实现功利目的并不是最重要的,所以意本论不是后果论。意本论作为一种动机论的重要特点之一,是以动机的善为核心,意识要从天道自然之善出发,进而建立自我反省、自我观照、自我澄明的先天自然之善,把它发掘、理解出来,再把它推出去。天地自然之善即从孟子到王阳明所讲的良知,是天机生生之善的自然呈现。良知之本体性的状态是连贯的,良知在宇宙当中自然呈现。人参与宇宙的变化就是良知自然呈现的过程。这个意义上，良知就是人天之意在人参与宇宙过程当中显现的意识状态。

意本论的行事原则是动机论，是先天自然之善的推致和自然呈现，不按照任何外在原则来行事。如果康德的说法是义务论的，那么意本论基本没有义务论色彩，我们不必按照某种绝对纯善的道德原则来行事才可以。人领悟先天自然之善，自然而然就能够把它呈现出来，与"非礼勿视，非礼勿听，非礼勿言，非礼勿动"那种把礼作为外在规则不同。孔子的伦理学一方面把礼作为外在的行为规范，要求人的心意和思想、视听言动都要合于礼；但另一方面，他也讲"吾欲仁斯仁至矣"，这更接近于良知现成自然存在的状态，不一定需要某种外在原则作为行动准则。

10. 意本政治哲学

意本论助人领略人与世界的关联关系，追求人心与宇宙节律之间的和谐之境。古人希望达到与天地和谐共生，领会万物的生机，将其融会到生命中以成就事业。通常来说，人不了解自己的时位，故需要借助哲学的方式来领会。《周易》卦爻的位置是为了说明不同的时和位，有助于人们了解自己的时位，领悟其所处情境。人生存于不断变化的时间和空间中，时势和地位时刻变化。人在领悟当下时势地位之后，将有助于正确地采取行动。人无法超越其生活的时间和空间，所以行动当讲究时与位。对每个人当下的生存情境来说，外在的环境形成某种不可超越的状态，个人作为行为的主体，不得不顺应环境。人要理解其所处的时间和位置，知道事情怎样变化，力图在顺应中引领形势的发展。既然人心必然要选择，如果能够了解自己所在的时势和地位，就能在明白情境后做出更合宜的选择。

意本论认为，人间正义主要是分配是否能够按照天道阴阳的自然损益来进行。如果私心过重，个人欲望膨胀，违反天道，可能最后事与愿违。意本论主张人间正义基于天道自然，人间利益分配应该以天道自然运作的损益为合理参照。人的意念当依从天地本然的分限，随顺天道本身的损益分寸和过程，追求太多或者得到太多，都可能走向天道的反面。既然天道自然之意会损益人间世事，人对人间正义的追求当顺从天道的运行来做损益。

《易传》讲"富有之谓大业"，提倡积极用事，公平本来是天道的公平，人间的公平应该是天道的公平的推演，从终极意义上说，人间本来就是天地自然的一种存在方式，只是人私心用智而离天道的分配越来越远，但最终还是会有天道的公平显现出来,天道在人间社会当会起作用。善恶斗争过程中,不是善的势力把恶的势力全部清除干净才叫正义。阴阳永远共存,所以正义的存续其实恰恰因为恶势力的存在,善的力量对恶势力的一种分寸感才是正义的显现。如果一个社会当中全部都是善的,那就无所谓正义与不正义的问题。正义是对于弱势群体,对恶的群体保持某种分寸感,是分配的尺度和状态。在阴阳的消长过程当中,要让阴阳处于一种合理的平衡,当阳的力量快要灭阴的状态发生,需要保持一种合理的分寸感,在社会分配当中也是如此,这是社会性的正义。

意本论主张人以人天之意的状态来适应天地自然的运行。当人能够领会人天之意的状态,说话做事都可以跟天地运行的节律相合拍。"与天地相似,故不违",起心动念与天地的运动相似,所以行动当然能够跟天地之道一致;"先天而天弗违,后天而奉天时",人领悟易道,进入人天之意的状态,做事的方式能够合乎天地运行的大道而不会有偏差。具备人天之意的"大人"行动能够与自然的运作相合拍,其心意之发,皆通于宇宙大道,进而在瞬间把个体的人提升到"宇宙意识"层次的大人。理解意本论,就具备人天之意的哲学意识,心意发动之处,即通于宇宙万物,当下的"意"就有充沛的宇宙意识,人也就转化成为能与天地变化相和谐的"大人",心意发动之间,就能够改造阴阳之气的运行,进而运世之化。

第二编　易经明意
——爻意分说

一 ䷀ 乾为天（乾下乾上）

元气以生生于意为第一义，如果生生之元气不能与意交接，则万物无从生，而生机无所谓存与不存，故元气生生本是万物存在之根基，而万物得以缘生与缘成都要依赖意念之生。乾宫八卦四十八爻论证意念之生生为世界生生之本，此为乾宫"意—生"体系之总论。

意与物互相缘构，共生共成，作为道之本的意赋予物以动的元气，此元气应得到意念的护持和维护，若心意散乱，则生命之力从开始就无法持续。换言之，是意物交通塑造着生命力量的延伸，让每时每刻既是缘生，也是缘死。可以说，意念与世交接的每时每刻都是生死之交。道意（道为意悟）在万物之间存续，心意（心为意悟）在道意之中发动，道意绵延生生，而心意缘生缘死。因为心意之力的延续，依缘而成，依缘而灭，所以每时每刻都决生面死，这是由心意力与缘共在，或死或生，可死可生来决定的，虽然现象的生灭都可谓心意之生。

古代中国宇宙创始论是纯粹自然主义的哲学思想，也就是认为宇宙本于道，是道的自然之意发动，进入人的意识世界，而道因意识的生生而开显。没有固定的宇宙存在之始基，而事物自然创始，如此这般，自然而然。但没有意念与物交关的创始或缘发之点，就不会有被领悟的世界，而时间和空间也无从开始，更无所谓价值建构（如仁义道德）。人间的仁德之类，其实都是意念与万物沟通之后才开始发动的，人的价值判断有其自然力绵延的一面，也有其进入意念而被意念判断的一面，是意念领会了世界创始，心意与物交之后，自然力的绵延在人间心与事的互动中表现为各种价值的判断，如吉凶悔吝、仁义道德等等。

在意念交关当中创造出的世界，从自然力绵延的角度来说，本然都是好的、善的，也就是本体是纯然至善的。那么，为什么如此这般的世界，需要赋予它仁与善的价值？古典中国自然主义创生哲学的根本原点不是某个始发之端点，而是自然力与人心意念交接的心物一元的创生原点。这个原点虚而实之，如太极之前的无极，具有无限广大的创生之力，是对世界之哲学反思与领会的开端。

元气流布,世界随着元气发动的自然力的绵延展开。这个过程本身就是亨通无碍的,所以世界创生的过程以亨为根本,以通为第一义。世界创生之间,无所不通。"礼"是人理解世界的秩序之后设定的社会规范,所以必须以自然力的通畅为根本,才能有利于人生与世界。至于那些不通的、不能适应时代变化的礼仪制度,自然而然就会被淘汰。试图以一套古典礼仪制度硬套发展之后的社会现实的做法可谓迂腐陈旧、不合时宜。"利"不仅仅是有利和利益,"利"是普遍性的适宜,是通达的元气流布之后无往而不适宜的表达,而适宜的状态,自然对万事万物有利。理解为有利或利益只是因为元气的适宜状态自然流变而表现出来的,因为有利或利益都是相对于个体而言的,对于元气分布在世间的总体来说,是以利生适物为本的。元气流布,万物化生,自然正固,人之诚信只能是模仿自然之"贞"而来,因为天道自然正固不偏,从无差错。天道通达自然地在正道上运行,人模仿天道,起心动念、言语行为皆合乎天道的正道,从而能够保持恒久的诚信状态,心通天地,与天地相参。可见,"元亨利贞"是对乾阳创生之力自然绵延的整体性判断,或者是对全体性创生力属性的领会和判断。

乾,元亨利贞。

《彖》曰:大哉乾元,万物资始,乃统天。云行雨施,品物流形。大明终始,六位时成。时乘六龙以御天。乾道变化,各正性命。保合太和,乃利贞。首出庶物,万国咸宁。

《象》曰:天行健。君子以自强不息。

【明译】

乾卦象征阳天之意,元始创生,亨通顺畅,和谐有利,强健贞正。

《彖传》说:乾阳的创生之力真伟大啊!万物依赖它创生,而得到自己的生命和适宜的本性,它统率着天道和天体的运行过程。云气流行,雨泽施布,生机充沛,阳气流变化生成为有形的万物。太阳东升西落,循环往复,意念根据太阳运动过程区分出六个时空状态,对应乾卦六爻的不同时位,好像阳气按时乘着六条巨龙驾驭大自然的运化。乾阳之道运行流转,化生万物,成就万物各自相宜的性和命,聚合乾阳元气并保持在最和谐的状态,以利于强健正固,(万物生生不息)。(乾阳的创生之力贯通在天道与人世之间,)创生出各种事物,让天下万邦都安宁昌顺。

《象传》说:乾阳的创生之道周而复始,永无止息,刚健强劲,君子应效法乾阳创生之道,坚志强意,奋发进取,绝不停歇。

【明变】

　　人的心意通达事物,此即人心意之创生力量的开始。宇宙万物流转,如其本然,但没有进入意念的境域,就不能被领会,所以意在道先,宇宙万物的创生力量,是在人的意识境域领会之后而有生机。《周易》通过十二消息卦模拟人的意识对宇宙阴阳变化之机的领会。

　　性本然地内在于万物之中,但意念领会之后,性的能动性和绵延性才得以表达和展现。如果没有意念主动对生命之力的领会,人就是被生命元气驱使的肉体存在而已,与动物的存续没有区别。所以,意力是对性力(原生本性之力)的领会和主动驱动,是人通过意之力化被动为主动的过程。在此意义上说,《周易明意》之造,即是要申述《周易》是一部通过意念的修持化生命的被动状态为主动状态的书。卦变体系是为了说明六十四卦卦爻辞系统的内占合理性和逻辑性,借助十二消息卦阴阳爻推移来展开的。本书导论和六十四卦三百八十四卦函一对十二消息卦生成六十四卦的卦变体系作出合理说明。

【明解】

　　《象传》是对卦辞的解释。乾卦象辞对元亨利贞四德分别作了解释。大哉:赞美之辞,更是对壮观之美的叹词,表达类似康德《判断力批判》中的壮观感和崇高感,这里引申为对乾阳创生力之壮观和崇高的由衷赞叹。乾为卦名,象征天,以及有天一般刚健特性的一类事物。资:依赖,借助。统:统帅,统御。品物:有形的万物。大明:太阳,也指白天。六位:六个时空状态,对应乾卦六爻的不同时位。乾阳之力的运行,经意念领会之后,用区分出六个不同时位的模型来对应自然时空流变过程,显得万物各自有不同的时位,这样,意念才能对万物进行区分理解进而加以统御,如果没有区分,没有时位和不同的时空状态,意念无法理解自然力发动和绵延的整全。乾道:乾阳之道,乾阳之力,纯粹创生的阳力。性命:万物的本性,性情与命运、遭际。保合太和:保合,保持和聚合,有致元气之中和的内涵加境界之意;太和是最和谐的状态。保合太和是保持元气不消散,时刻持守元气,与宋明理学讨论的"存天理,灭人欲"之功夫异曲同工。贞:强健正固。庶物:各种事物,言其众多。咸:都。一说为自然感应,如无心之感。"象曰"是象辞,分大象辞和小象辞。大象辞紧跟在卦辞、彖辞之后,小象辞附在各个爻辞之后。这里是乾卦的大象辞。

　　象辞先是赞叹,之后指出乾阳的创生力是宇宙之间万物生命力的来源,足以统帅天体的运行,更何况天地之间的万物和人事!从天上的万象来说,行云布雨,日往月来,寒暑交替,都不过是阳气的创造力在不同时空状态上运行的不同表现而已。从天地之间的万物来说,都因为乾阳的创造力而获得各自的本性和性情,而顺性而生,就是各自的命运,所以万物的命运本质上都是生命的创造力在天地之间持续和绵延的状态。万物为了保持自己的生命,就要尽量保持原初的乾阳元气,使之和谐安宁,不让它消散,因为这是生命力的来源。如果能够这样,就可以成就人间的万事,使得天下的邦国万民都得到安宁。

《周易》观察天象,为的是推明人事,大象辞的表现最为典型。人从天象的刚健当中领悟到在人间成事也要坚贞强固,奋发进取。

【明意】

乾阳元气是宇宙创生不止、大道不息的动力,表现为万物之始生、存续、发展之力,此力显现于意念之中,表现得创生不止,巨大无穷,所以意念对于道生元气唯有赞叹,表现出无限的崇高感和无法企及之感。万物皆自此道意之力而始,元气通于万物,如意通于道,犹如六龙腾布。只要心思意念每时每刻贯通于宇宙创生之根源,就可以与乾阳同体,接收到乾阳元气的巨大能量。没有乾阳元气,宇宙可以被假设存在,但无法存亡续绝,永动不止,而对于乾阳元气的领悟,就是道意。

对于所有存在的事物来说,从无始以来的乾阳元气的获得与保持,是其存续在宇宙和世界之中的根本,也是世间万物生命力量存亡续绝的根基所在。因为物的生机,皆依赖于无始以来的乾阳的创造性力量,这是万物本始内在的生命之力,此力在身体和世间发动,构成了性渊意海,生生不息,流转不止。心意之力乃元气所保有的内在活力,保持此内在活力对生命的维系至关重要,因为这是元气发动可以感天动地、同于大道的根本所在。

可见,乾阳元气为宇宙创始之元,而道意为宇宙与人生贯通之元。心通于物之元,即道意通达宇宙原生之力,这是世间万物始发的缘生情态。人身是万物的一种表现,而生意构成身体存在的前提要素,所以人需要尽力保持道意的状态,即通于宇宙万物之元气的原初意念,好比婴儿刚刚来到世间,尚未跟世界分离的意念状态,让这种来自于自然之意的纯粹经验保持和合状态,这是生命安宁的根本。如果万物皆能如此,按照理想的状态来说,天下当然可以得到安宁平和。这是《周易》作者建构这一系统的理想:既要推演宇宙运化的道理,又要引发人间心意通于天地本然的至善状态,也就是接续乾阳的状态。

人的心意本来通于天道乾阳的运行,可以很自然地让天道运行至刚至健之力在流动的心意上存续,这种心意绵延不绝的内在之力是先验和非反思的,不是通过经验和反思就可以轻易断灭生生不息的意念的。意念流转不息的内在力量,即是通于天地乾阳的先天之力。《周易》系统教人运化此力,也就是在后天的有形世界里,运化先天之力,从而转化世间阴阳。所谓自强的教导,要求此心通于性渊意海,通于乾阳运化不止的创生之力,在观察体悟天道之中,让心意接续元气不断运行那种无始以来从未断绝的巨大能量,源远流长。而能通过意念转化之功,让乾阳之力为己所用,从而使得心意如道意一般创生不止,成就不息。

  宇宙生生不息的创造力从性渊意海当中体现出来,万物都不可能离开对宇宙本始的创生力的意会而存在,在这种意会当中,乾阳的力量,作为统御整个天下事物运行的无形之力,得到领会和表达。乾阳之力,经过意会成为生命力、意志力、创造力、性与爱的力量等等,是使得万物顺自然之意而动的先天本然力量。乾阳与心意通于天地万物之力本身也是一体贯通的,可谓是物力通过心力表现出来的"物—心"之力,这与心意主动通于外物的"心—物"之力虽然方向相反,但基本还是一力的两面。如此说来,宇宙运行可以说本来就必须具备为心意贯通的"物—心"之力。

  乾阳的力量在天地之间,配合日月的运行,行云布雨,表现出来的云和雨是自然之"物—心"之力被领会的状态。这种领会的状态,可以用坎离两卦来表示。同理,天地的根本框架,可运用乾坤两卦的概念符号系统来加以表达。因此,所有的卦爻都是对宇宙自然力、创造力运行的领会,是本然的"物—心"之力被意念领会而展开的状态。

  万物自然运化,流转成型,皆顺道意而为。好比太阳在天上运行,被领会成为一天的白昼有六个时辰,而不同的时辰可以由不同阶段的力量来驾驭,这就是被领会后的自然力表现为爻位的由来。

  "时"是典型的"意道",也就是意对道的领会的表达方式。因为时间其实是心意的一种创造,时间在自然界存在,但只是本体性地存在,不进入意念,人无法自觉时间以哪种形式存在,必须通过意念的领会,时间才能够被刻度化,才有可读性,但被具体化的时间,如几分几秒就不再是时间本身,时间在那里,但不知道在哪里。所以时间是一种时机化的存在,必须通过缘生的意念才能够加以领会。时间没有绵延,没有刻度,时间就是当下意念当中缘生的时机。这也可以理解为时间必须被缘生化,甚至必须被神化,因为时间不是时间本身,或者说,可以理解或可以意会的时间,就已经不再是时间作为本体性存在的本身了。时间被神化,如同时间之神乘驾六龙而动,于天地之中行动,而能够有一种本然的刻度化的领会。日月经天,本然没有分别,也没有刻度。但人领会日月的运行,加以刻度化,把每一个时间刻度的能量强弱都费心琢磨出来,甚至要把日月和五星之间运行的能量都刻度化地表现出来。

龙其实就代表无形运行的乾阳之力的形象化。乾阳之力的变化,通过龙的时位而比喻化地展现出来,对乾阳之力量的领会当中,宇宙无始以来乾阳的正面创生的力量,好像时间本身一样,就在那个地方,必须通过形象化的图形,之后用卦图才能把构成万物性命变化的各种力量和状态加以想象和表达出来。

宇宙万物当中都有乾阳之力贯注下来,形成各自的本性。本性在世间的存续需要维系保有宇宙的阳力,作为过程性延续的时间状态——生命的表现才能够维系和延续下去。天下万物都保持自己的乾阳之力处于和谐的状态,那么万国才可以得到安宁。这是指万物都通过自我意识的涵养,保持元气不失而得其性命之正。所以,保持宇宙无始以来的乾阳元气,是成就事业,也是安身立命的核心所在。这种乾阳元力不是简单外在的有形之物,而是通过生命力、性能量等表现出来的创造力和生机,是世间万物生生不息的核心力量,也是从性到命的根源和支撑之力。

《文言》曰:"元"者,善之长也;"亨"者,嘉之会也;"利"者,义之和也;"贞"者,事之干也。君子体仁,足以长人;嘉会,足以合礼;利物,足以和义;贞固,足以干事。君子行此四德者,故曰"乾:元、亨、利、贞"。

【明译】

"元"始创生就是"仁人之意",这是首要的善;"亨"通顺利是心意顺礼而形成心与物、心与行的嘉美会合;人心之意要通天,方可能造福于人,此间就要合乎心通天之分寸(义),在意念当中使万物各得其宜,意念实化之后才能彼此和谐;心意通天才算学到了天之"利",心意既正又固,意念实化出来才展现为成事的骨干品格。君子之心意仁人爱物,意念实化时刻都足以为人之长。心意融通万物所以能够聚合嘉美之缘,成事通畅而合乎礼节,如此才能利人益物,从而实现心物融通与和谐之义。意念实化的意志力如此坚贞强固,方才足以干成事业。君子之心意通效天道四方面的品德,也就是乾阳之意元亨利贞四向之谓。

【明解】

乾元创生力代表宇宙力量的创造性,儒家明确强调要吸收宇宙创生向上的力量,而推行仁人之意于天下。宇宙本源出来的自然力无所谓善恶,但生命力顺承模仿宇宙生生之力之后即有善恶。人间道德在于发扬大自然纯善的创造力,这就是乾阳元始创生之力的来源。"元"代表意会乾阳之善的开始,也是心意之善维持的开端。心意要努力集合和保持乾阳善力,这种持续和保持的状态,就是元气始生,纯善发动之根本。

嘉会是缘生之意的聚合,表现为好的缘分和条件的美好汇合,因为自然力的秩序感在人间表现为最自然也最合适的礼仪制度。如果在人间所有人的心思意念都顺从最自然合适的礼仪制度,那么天下就会通顺和谐。

体仁是体会天地的生生之心,对道意之仁行的时机化领会,但必然带着仁人之意的价值倾向,以在生生之机中利物和济世,这是因缘聚合并生和谐。时机化存在的巧合就是把不巧的机缘聚合变巧,而巧合才能够把事情顺利做成。贞固是把宇宙无始以来的创生力维系下来,换言之,把创生力固化下来才能够做成事业。

"潜龙勿用",下也。"见(xiàn)龙在田",时舍也。"终日乾乾",行事也。"或跃在渊",自试也。"飞龙在天",上治也。"亢龙有悔",穷之灾也。乾元"用九",天下治也。

【明译】

"潜龙勿用"是处在低下的时位,人处在这样的时候不可争着出头露面。"见龙在田"是处在暂时停留很快会上去的时势中,可以崭露头角。九三"终日乾乾",处在不能松懈的时候,人要努力办事,精进不休。"或跃在渊"是处在进退有据的时位,可以试一试自己的身手。"飞龙在天"是处在地位高贵的时势,人得此时,可以在上治理天下。"亢龙有悔"是说上九处在穷极的时位,人在此位动辄有悔。乾元"用九"是说能像乾元那样运动变化,就会化不通为通,天下即可得到大治。

【明解】

舍:驻扎,古时行军行旅时住下之所。乾卦六爻的特点,几乎可以成为解六十四卦的模板,古往今来很多解《易》的路径,都从乾卦六爻的特点发挥出来,当然,乾卦六爻的潜、见、惕、跃、飞、亢的确高度概括了六爻的时位特点,对很多爻辞的解释都离不开对乾卦六爻时位的体悟。

潜下是时机未到,需要修身养性的阶段;一个人到了一个阶段,可以停下来歇口气,再继续努力前行;努力行事的状态当中,有很多危险需要提防和警惕;如果意能积累到一定程度,就可以试试自己的意缘;如果因缘际会,就可以登上高位,在上治理天下;可是一旦走到高亢的程度,就是末日穷途而可能有灾难。乾卦六爻群龙无首,各自都能够配合天时发挥出最大的能力,当然有利于天下大治。这是典型的儒家《大学》之"修身齐家治国平天下"阶段性过程在六爻时位上的体现。

"潜龙勿用",阳气潜藏。"见龙在田",天下文明。"终日乾乾",与时偕行。"或跃在渊",乾道乃革。"飞龙在天",乃位乎天德。"亢龙有悔",与时偕极。乾元"用九",乃见天则。

【明译】

初九"潜龙勿用"是因为阳气还处在潜藏之时。九二"见龙在田"是因为阳气冒出地面,天下变得光明灿烂有文彩。九三"终日乾乾"是因为伴随着时势一起前行。九四"或跃在渊"是因为进入上卦,乾道发生变革。九五"飞龙在天"是因为进居天位,与天同德。上九"亢龙有悔"是因为随着时势的发展一同进入穷极之时。乾元"用九"是因为用九可以体现天道变的法则。

【明解】

阳气的运行在不同的时势状态下有不同的表现,人之意当悟阳气之道而发动合适的意生状态。阳气是原生之气,万事万物皆因阳气而生,而意生为存在之本。阳气潜藏之时,意念不宜发用;当阳气冒出地面,意念如太阳初生,照彻地表,光明灿烂;在努力修为之时,意念当持守恒定,不断积聚意能,等待意缘改换的时机;当有机会跃的时候,是意缘之境域发生变革的时机到了;当意念通天,起心动念的阴意与阳意皆通于天地阴阳之力,则阴阳造化,大德成就;当意念与时势一起走入极端状态,则意念发动之处即当知悔。阳气回环无端,天地生生不息,天地之则,通乎道意,以意合道为大本大源。

《乾》"元"者,始而亨者也。"利贞"者,性情也。乾始能以美利利天下,不言所利,大矣哉!大哉乾乎!刚健中正,纯粹精也。六爻发挥,旁通情也。"时乘六龙",以"御天"也。"云行雨施",天下平也。

【明译】

"乾卦象征天,元始创生",说明乾阳元气是创生天地万物的根源,是使万物得以亨通顺畅的起点;"和谐有利,强健贞正"是乾阳创生力的本性和情状。

乾阳创生力从一开始就能以善美的利益来恩济天下，却不说出和限定它所施予天下的恩惠，这是多么巨大的恩惠啊！乾阳的创生力真是伟大啊！刚劲强健，居中守正，纯粹不杂，精阳至诚；乾卦六爻发动变化，可以旁通其他六十三卦，通达万物发展的情理，犹如顺着时节乘驾六条飞龙，驾驭大自然而巡视天空，行云布雨，万物均平接受恩泽，天下祥和太平。

【明解】

不言所利：不说即不限定对什么有利，意即对天下万物都有利。二十世纪易学的最大发现之一，是贞字作为占卜之本意和对元亨利贞四德的推翻，也因此二十世纪易学的主流基本上离开了传统易学以传解经的路线。如果此处把"利贞"解释成为"利于占卜"，当然也就跟性情关系不大了，所以《周易》的原初占卜意义跟传统以传解经的易学体系可以说是分道扬镳了。关于出土文献对传统易学文本的修正的研究成果已经有很多，但基本上可以归结为传统易学的"学前易"。传统易学前之易脱离了传统易学的传承系统，虽然要改造传统易学的成果很多，但很难彻底改变传统易学的传承。不能说周代人就对上古的"贞"作为占卜义一无所知，毕竟有些爻辞用占卜解释基本可通，说明当时还是承认这种"贞"的本义并适时运用的，至于后来传统易学基本上以"贞"为"贞正"和"正固"等义，肯定也是易学演化史上完全合乎逻辑的转变。所以两千多年的传统易学主流不宜否定。

君子以成德为行，日可见之行也。

【明译】

君子将成就德业的实践贯彻在行为当中，并且是每日精进可见的行为当中。

【明解】

君子起心动念之间，都把意念实化成就道德的实践活动看作意念之行的根本状态，这种意念之行付诸实践表现在日常可见的立身行事之中。君子意识到自己的德性与德行相辅相成。德性的外在表现为德行，而没有完美的内在德性，就很难有通达天地的外在德行，所以君子修身修意的功夫时刻不可以松懈。

【明意】

今造此意论或意学，首先要解释人为意向创生（intentional creativity）的存在，世界为意向创生的生生不息的世界。其次，本论是接宋明理学之中理学与心学的争论继续往下讲的，本论以意沟通心与性，不再是析心与理为二，即心为认识之源，而理为认识对象，而是心物同意，心物同生，心物同源，心通于物。

再次，此论承周敦颐开创的理学传统与熊十力开创的新儒学传统，认为"生"为世界实存之机，创生为万物生生变化之大本大源，而生机之朗现在"意—生"，即意会生机，无意则无生。

最后，此论造《易》哲学为人天之意之论，即意在人与天之间，《易》教之核心在于教人以人意接天机。故三百八十四爻之"明意"皆从人天之意作解，以期在明解卦爻辞的基础上，围绕卦爻辞内在逻辑的相关哲学问题而立论、申论、成论，进而造此人天之意学、人天之意论。

儒家意会天地生生不息之仁，把这种生生不息的状态领会为善，并要求观察世界的人，用身心去体会万物正面的、乾阳力量发动时的善意。意会这一点是需要悟性的。只有对于天地的善意有悟性的人，才可以成为人之表率，也只有这样的人，才能实现人气的增长，成为众人喜爱的对象，因为他们意念发动处就在意会天地的生机。

事物从其与意交接，在意动的端点开始被意会的瞬间存在起来，只要事物开始存在，那种生机化的存在就是善，这成为整个儒家意念发动气象的核心。可见，起心动念的乾阳创造之力是世间万善之首，也就是万物之为万物的本始，万物之如此这般生生不息的重要泉源。

因为乾阳的创生之力可以意会，所以意念发动在最理想的情况下可能汇合美好因缘，这是亨通之始。从另一个角度来说，乾阳创生力带出的美好因缘来自对心意发动的控制。人对于世间万物变化的情感应对，如喜怒哀乐，是表达因缘美好与否的表象，而对意念的控制力，才是如何聚合美好因缘的关键所在。意念要努力保持和留住善良美好的因缘，而对于丑恶不良的因缘，要在意念发动之处轻轻放下，好像没有动用意念去有意放下一般，这就是不着己意，而顺从自然之意。

如果意念发动皆顺从自然之意，则心意发动对他人他物皆合宜，也就都有利。此心此意之动如合于乾阳创生之力，则合于事物自然之意的生发与自然存在，好像顺从事物自然法则，表现为帮助和欣赏周边事物创生成长之心意。在顺应自然之意的过程之中，好像创生出合适的事物秩序一般。

意念持续顺应自然之意，以致于念念皆坚贞强固，不容动摇。这样持之以恒，意念的发动就能够成就事业。可见，心意之力合于乾阳创造之力而勉力维持，是长久成就事业的根本，心意的择善固执，就好比树干要粗壮，才能坚韧不拔，毫不动摇，以面对世间的风风雨雨。

君子意会乾阳之力的意念时时刻刻发动于仁人之境,体现为仁人之意。这样意念时刻通于天道之仁善的君子,方能够为人表率:因为他们的心灵意念,能够将美好的缘分聚合起来,他们的起心动念,能够梳理周围事物的秩序,让世间缘分聚合都自然合乎天地之理,好像天地无着意于其间。心意发动之间,即在仁爱他人与万物,则必然合适;心意发动之间,能够坚持正固,就必然能够成就事业。

儒家对通于天地的善念发动的执着,是天道乾阳之力在人间世事的表现,执着善念长期坚持不懈,让每时每刻心意从刚刚开始发动以及发动之后的每一个瞬间,都保持和顺应美好事物的聚合,在心意的善念发动之处,实化天地的善道。

初九:潜龙,勿用。
《象》曰:潜龙勿用,阳在下也。

【明译】

初九:龙潜于水中或藏于地下,不可急于施展才用,当潜藏意念以待时。

《象传》说:蛰伏在地下的龙,意念宜保持不发动的状态,等待意念发动的时机。潜藏的意念好比初九阳爻处于全卦的最下位,不应当发动是因为即使发动了也发挥不了什么作用。

【明变】

乾卦从坤卦逐爻变来,坤下生第一个阳爻为初九,卦变为复,下卦震为龙,在五阴之下,解为盛阴之下的乾阳之力,犹如潜伏于地下的龙。此时龙德为本,即生生创发之力的涵养与深藏,等待好的因缘来成事,不因外在情境而乐忧。潜在水中,有水平也要隐忍待时。

【明解】

初九是对乾卦初爻的称呼,也称"爻题"或"爻序"。天地之间都是阴阳二气的流转变化,阳气初生的时候,可以理解为在盛阴之下,相对而言只有一点点,非常柔弱,不成气候,不可能发挥什么作用。人在没有机会、沉潜不为人知的时候,要涵养龙的品德,而龙德不仅是指龙的特性,更是龙为物之精者的特殊品性,是内在而未显的深厚道德。

《文言》曰:初九曰"潜龙勿用",何谓也?子曰:"龙德而隐者也。不易乎世,不成乎名,遁世无闷,不见是而无闷。乐则行之,忧则违之,确乎其不可拔,潜龙也。"

【明译】

问:"初九爻辞'潜龙勿用'说的是什么意思?"孔子答道:"是说具有龙那样的道德而又隐遁起来的人。他持守意念的状态表现出来的德行不会因世俗的观点而改变,也不去争逐成就世俗的功名。他的意念从社会公共意念之境中隐退出来,但他不为此苦闷,即使公共之境不承认他也不发愁郁闷。社会公共之境乐于接受自己的意念,就把自己的意念公布并推行于公共意念之境中;如果不乐于接受自己的意念,那就离开公共之境而隐遁起来,反正持守自己的意念状态是坚定而不动摇的,这种持守意念的状态就好像龙潜在水中深藏不露一样。

【明解】

不易:持守意念不随世变易或改易。不见是:个人的意念不被社会公共意念之境认可、承认、接纳。此时意念当静守待时,不可轻举妄动。也就是意念不可随意展开,意念要做到能屈能伸,能隐能显,从而在实化意念的言行之中随时随地自得其乐。人即使在沉潜隐忍意念之时,也要把控制意念的力量修炼到龙德的高妙境界,即只有强大的控制意念发动的能力,才能等待机缘巧合,因缘际会,成就事业。人内心有强大的控制意念的修为,才能够驾驭外在的顺境和逆境。人控制内心意念的境界可以修炼到静定的状态,不为境转,不受世俗影响,不向外追求功名利禄,每时每刻沉稳驾驭自己的意念发动。

按照小象辞的看法,乾阳之气被较为旺盛的阴气压抑着,不是无法发挥作用,而是应该等待发挥作用的时机。前者从结果说,似是而非,因为潜伏的时候,只是作用发挥不出来,而不是不可以发挥,也是可以有所作为的。但这种作为可以说主要是内向的,即心灵的修为,而不是外向的,即功业的建立。从这个角度看,内敛和深藏本身是有道德意味的,儒家把内在德行的提升看得很重要。在意向内敛之时,更可以体会继善成性的道理,观察天地之变化,涵养心意发动的生机。从因缘成事的角度来说,一个人维持意向内在正向的力量是第一位的,而外在的时机可以说是第二位的。

"潜"之为言也,隐而未见,行而未成,是以君子"弗用"也。

【明译】

初九爻辞所讲的"潜",指的是意识当潜藏隐伏而不显现,即使意识实化有所行动也还没有成形,此时君子的意念暂时无法展开,所以显得无用。

【明解】

"潜"是意念隐伏而还没有显露出来的状态,这里强调在意念的实化过程之中,意念尚未成形,在这样的情况下,君子的意念无法正式展开所以显得无用于世。初九作为《周易》全书的第一爻强调"潜龙勿用"与《论语》开篇第一章提到"人不知而不愠"有异曲同工之妙,两部经典可谓有着某种深层结构的同构性。

【明意】

太极生生不息的元气,如何被意会为阴意与阳意的统一体?对元气的意会为"元意",即元始创生之意。"元意"有"通"的特征。元气因与心意相交,而被意会为阴阳二气。就其"元意"本体而言,无所谓阴阳之区分,阴阳是意会之后的主客合一状态。从元意的角度看,天地之间都是阴阳二气的交流变化。阳气初生的时候,可以理解为乾阳之意尚在盛阴之意下,相对而言非常柔弱,不成气候,不可能发挥什么作用。

元气经过意会之后分阴分阳,但不是元气本体就有阴阳两种,可以互相区分,而是因为阴阳互根,意会为阳气初生,阴气相随,而且阴气必重;当阳气盛大,则阴气衰微,这都是元气被意会后心物相交状态的意解,即元气被心意领会而分阴分阳,元气本体无所谓或阴或阳。换言之,元气一经领会,则其本身同时具备阴与阳,相辅相成,无从分之,只有心意来分,但在"物"自身的本体性层面上不可能分开。

潜龙喻意念深藏的状态,意会之力聚久而通,当其展现于世后能因时势而转化以通达,通畅于存在之物。潜为元气深藏之态,是元力通于未知未见之所,而后因时因势才能够与他心他意之力感通,而后才能通达于世。心意潜藏不宜展示,即无力或时势不允许显现心意的实化。要沉潜如水中之龙,在心意沉潜不为人知的时候,就要涵养心意使之具有龙的品德。龙为物之精者,其心意必有其特殊品性,这里强调的更多是龙内在的、即使其心意未显也本来具有的深厚道德。潜龙时势未通,但潜龙的心意状态(即心境)其实相当通畅。不为外物所动,不为俗见所改,不追名逐利,没有丝毫抱怨。随缘行事,也能够造缘行事。因有独立的见识,故不为外物所动。心心念念让善缘继续,这样就不会让邪意有实化成邪行的机会。这里强调的是即使时势未通,人也要有强大的控制心念的力量,意通世间的变化。这种"意通"的状态是潜龙的核心。

九二：见龙在田，利见大人。

《象》曰：见龙在田，德施普也。

【明译】

九二：龙出现在田地之上，象征有利于见到大人物的时机。

《象传》说：龙已出现在地面上，其心意开始为世所知，好像人的意念实化之德行施布普遍，并得到广泛认可。

【明变】

坤下生二阳为临，九二互震为龙，二位为地表位。

【明解】

九二：爻序号，各卦从下往上数，第二爻为阳爻称"九二"，阴爻称"六二"（下同）。《易》例以初爻与二爻表示地位，三爻四爻表示以人为代表的万物之位，五爻与上爻表示天位。在表示地位的初位与二位中，初位表示地下，二位表示地面或地表。

此爻龙德已有机会展示，还没有完全发挥出来。能否得到机会成就事业，还需要得到大人物的认可。

九二曰"见龙在田，利见大人"，何谓也？子曰："龙德而正中者也。庸言之信，庸行之谨，闲邪存其诚，善世而不伐，德博而化。《易》曰：'见龙在田，利见大人'，君德也。"

【明译】

问："九二爻辞'见龙在田，利见大人'，说的是什么意思？"孔子回答："这指的是持守意念具有龙那样的德行境界且还能保持中正状态的人。日常说话时能守信用，日常办事时能谨慎虔敬，意念发动之处真诚纯净所以能防止邪恶入侵，心意发动保持永久的诚中之意，即使对社会有贡献，也不让自己的意念有显示夸耀的状态，心境与德行广博深厚足以用仁人之意化育世人。《易经》说'见龙在田，利见大人'，这是君王的道德呵！"

【明解】

闲邪：防止邪恶之心意发动与实化为邪行。伐：矜伐、夸耀的心境为人所知。九二虽刚到地表，但通过学问思辨行的修行而知行合一，止于至善，已实现起心动念皆达到君德的境界。可谓虽有君德但无君位，但是德行为世人所知。九二在操练君德，九五在践行君德，时位不同，君德一也。可见，九二九五都是修持意念达到龙德和大人境界的人,只是时势地位有区别。中不中是客观的时势,不是主观觉得中就中,没有人能够超越客观的时势地位。

君子学以聚之,问以辩之,宽以居之,仁以行之。《易》曰:"见龙在田,利见大人",君德也。

【明译】

君子要想成就道德功业,就应该努力学习积累学问,积蓄德性;积极问辩来辨决疑难,明了是非;宽裕从容地保持安守所学所辨之理;以仁恕忠厚之心行事接物。《易经》说"见龙在田,利见大人",这是起心动念的修养皆到了君王所具备的道德水平。

【明解】

君子要积善成德,努力学习,聚少成多。有了疑难向人求教,力求辨明,以宽容的态度为人处世,以仁爱的心肠去做事。学聚、问辩、宽居、仁行,讲的是由知到行的过程:聚其所学,辩其所聚,居其所辩,行其所居,如此心意的修养实化过程步步推展,层层实化,最终达到心意与行为合一(意行合一)的境界。

【明意】

想象人的心意达到九二具备龙德的心意之境,也就是持守心意的状态要修养到中正的状态,相当于时刻保持正念,而不给邪念实化的可能性和空间。在日常意念的发动之时即可唤起广博深远的意念之境,这种意念之境无所不通。而人的意念是否通达,与人的"龙意"的感应之力和感应机缘有关,即和是否能够得到"大人之意"的感应有关。九二限于其位与形势,但其意境仍有大人之龙德,能够具有通达通畅的力量,实现感应而通达,即其意境如有通天之力,而能够与他意相应和,并内敛而不夸耀,不断伸展其仁人之意。丝毫不间断地持守而不偏,不让意念偏向阴力去感应而出偏,所以是否出偏皆在意念的感应。

九三:君子终日乾乾,夕惕若厉,无咎。

《象》曰:终日乾乾,反复道也。

【明译】

九三:君子一天到晚勤勉健行,直到深夜时意念都保持警惕,戒慎的状态好像危险如影随形,心天之意保持这样的忧患意识,就能够免遭过失和祸患。

《象传》说:君子白天夜晚都精进不休,自强不息,这是说君子按照乾阳之道反复修炼的人天之意。

【明变】

坤卦下阳爻变到第三爻成泰卦,九三处于昼(下乾)夜(上坤)之交,有"夕"象。

【明解】

乾乾:实化意念要刚健又刚健,精进不止、奋进不息。依《广雅·释训》"乾乾,健也"。《吕氏春秋·士容》:"乾乾乎取舍不悦而心甚素朴。"高诱注:"乾乾,进不倦也。""乾乾"可理解为"勤奋不倦"。《说文》:"乾,上出也。"段注:"此乾字之本义也。自有文字以后,乃用为卦名,而孔子释之曰健也。健之义生于上出,上出为乾,下注则为湿,故乾与湿相对,俗别其音,古无是也。"可见,乾本义是物之上出,也就是实化自己的意念要象生物创生体现出来的刚健有力那样刚健又刚健。惕:戒惧警省,居安思危。厉:危险。咎:过咎,过错,有过错就会因过错而带来灾害,所以又有灾害之意,有时可以解为祸患。

因为上下都是乾卦,所以"乾乾";"反复道也",意思是应该刚健有为地去努力。象辞要求人们领悟成事之道,要反复修炼自己,在正道上磨砺,不断操练。

九三爻主要需理解"乾乾"的意思和"夕惕若厉"的断句问题。"夕惕若厉"断句有很多种,历代注家对此爻的断句和语气分隔主要有两派,两种断句之别在危险是否发生。一派以王弼、孔颖达为代表,读作:"夕惕若厉,无咎。"如王弼认为,君子之位不安,即使危险没有发生,也需要保持谨慎戒惧的意念,犹如危险实存一般。孔颖达详解"惕"的状态,指出"君子"应保持惕的意念之境,如危险即将发生,如影随形,不敢丝毫懈怠。今人马恒君、刘大钧等皆承此说。而另外一派以朱熹和焦循为代表,读作:"夕惕若,厉,无咎。"意为虽然遇到危险,但因君子保持戒惧的意念而能够化险为夷。两派的分歧主要在"若"字的用法上。历代注家对"若"的解释约有三类:一、若有,像,犹若,如也;二、语助,语气词,拟议之辞;三、词尾,然意,表示"……的样子"。三种解释虽含义不同,但都能讲通。

通达于生存的情境的一个重要表现是意念对危险的感知,所以危险的感受性和实存性当有区分。人天之意因为自己所处的时势、地位与其他相关关系的体察,可以觉知某种潜在的危险,也可以判断危险的现实程度如何。

九三曰"君子终日乾乾,夕惕若厉,无咎",何谓也?子曰:"君子进德修业。忠信所以进德也。修辞立其诚,所以居业也。知至至之,可与言几也。知终终之,可与存义也。是故居上位而不骄,在下位而不忧,故乾乾因其时而惕,虽危无咎矣。"

【明译】

问:"九三爻辞'君子终日乾乾,夕惕若厉,无咎',说的是什么意思?"孔子回答说:"君子要不断实化意念以提升道德修养,努力树立自己的功业。意念保持忠诚信实,用以提升道德修养;说话讲求言辞适度合宜,内心意念之境真诚信实,有利于立定功业。意念随境感应到时势之中有机遇到来,就让意念与时势相合,顺应促使它到来,这就可以说意念能顺应几微从而具有先见之明了。意念之中感应到事情以某种方式终止,就顺应而适可而止,这样就可以说是懂得什么是义而能相宜行事了。因此,处在上位不会骄矜,处在下位不会忧虑。所以能自强不息,按所处的时势条件不断警省自己,那样即使有危险也不会有咎害。"

【明解】

修辞:修正反省言辞,这里指通过心意修养和言语表达来实现人文教化。几:变化之几,几微,精妙微小的变化。

进德修业,修辞立诚,都是做事的功夫和分寸,难乎其难。诚心实意为德之始,无德则无业。外在的德行和功业一定是内在德性的彰显和延伸,一个人的言说和处事都当进则进,当止则止,言语和行事的分寸都应该把握得恰到好处。"知至至之"是该来的让它到来,或知道目标就努力去实现它;"知终终之"是该止的顺而止之,或及时终止,是说修德既要顺其自然,又要善始慎终,而几微最为关键。明白几微之妙是《周易》最深刻、最重要的内涵之一。《系辞传》说:"几者,动之微,吉凶之先见者也。""君子见几而作,不俟终日。""知至"之"至"除了理解为目标,也可以理解为每时每刻言说和处事的分寸,该来的让它来,不该来的立刻使之终止。在下不忧是"知至至之";在上不骄是"知终终之"。几微运用之妙,存乎一心。

九三重刚而不中,上不在天,下不在田,故乾乾因其时而惕,虽危无咎矣。

【明译】

九三刚爻与刚爻相重,又不在下卦的中间位置,意念之境上没有上达天位,下没有下到地位,所以意念健动不息,表现为人因所处的时势而保持自我警省,这样即使有危险也不会有咎害。

【明解】

重刚:阳爻也称刚爻,两阳爻紧邻为重刚。中:二爻为下卦之中位,五爻为上卦之中位。九三位于下卦之上,上卦之下,是"上不在天,下不在田"之象,代表上下变化交替之时机,"重刚而不中",虽然不在中位,却是"进德修业"的好时机,在不稳定、不安全的状态当中,人更要修治自己的意念,让其所发都指向一生的功业。

每时每刻都敏感地感知到几微的分寸,进退都适可而止,难乎其难,当进则进,当止则止,即使在刚健进取的同时,也要随时知止。难就难在一方面要自强不息,一方面要随时随地知道进退的分寸,通晓几微的神妙。义者宜也,可以理解为合理的分寸。做事适可而止,时刻保持适宜的状态。而人在刚健进取之时,不可忘了时刻都要戒慎恐惧,居安思危。

【明意】

知至至之,人天之意通于天,即人能够感应时势的几微变化。修辞与修道近似,言为心声,让人了解你的诚意,还是要靠语言,所以要通过锤炼自己的语言来修正自己意念的实化过程。

心通物之元气需要精心保持通畅、不断积存,甚至夜里都不休息的"夕惕"也可以理解为夜里不可以大意,不可以让白天聚集的气息泄散,如《孟子·告子上》:"牿之反覆,则其夜气不足以存;夜气不足以存,则其违禽兽不远矣。"也就是说,人需要用意持守努力精进过程当中聚集的气息,不可松懈,不可大意。可见,实化自己意念的过程如一个聚气的过程,是一个努力学习、反复修养自己、淬炼自己心意的进程。意念进退的分寸在反复实化自己意念和反身状态的反思过程中,这个过程里,人在意念的修为当中,要培养直觉和先见之明,让意念顺时而动,领悟到先机之所在,甚至可以于未发之中控制意念的实化进程,于意念发动之前不让邪念得以实化。

德与业皆意所生,进德修业、崇德广业而成盛德大业,皆意念修为生生而成。意念之"进"与"修"决定君子成德立业之规模与魄力。"忠信,所以进德也。"忠信就是诚心实意,诚心实意是在意念发动处真诚实在。人的心意发动之处,虽从一窈冥之境生起,却须意念时刻保持真诚实在方可。"修辞立其诚"是说心意之发要与言辞相符,实化心意之发若合符节,以最恰当的言辞来表达心意发动的分寸。在这个意义上,对言辞的控制力就是对意念控制力的直接表现。《中庸》说："言顾行，行顾言，君子胡不慥慥尔。"《文言》讲乾卦九二爻说"闲邪存其诚"，讲九三爻说"修辞立其诚"，都是要在意念发动与言辞的修饰之间找到最完美的分寸。

九四：或跃在渊，无咎。
《象》曰：或跃在渊，进无咎也。

【明译】

九四：或腾跃上进，或退居深渊，都没有过错和祸患。

《象传》说：龙在此位，或者向上一跃登天，上天行云布雨，施展自己的本事；或者向下潜回深渊之中，回到本来的安居之所，前进没有过错和祸患，可以尝试进取。

【明变】

从坤变乾到第四爻变为大壮卦，大壮四爻互兑为泽为深渊。

【明解】

或：或者，也有疑惑之意。跃：飞跃，跃上，与第五爻的"飞"互文。或者一跃上天，或者潜回深渊，都没有过错。所以龙在此位，进退都不会有祸患。可以进，也可以退。可以跃，是有修养和实力，可以试试身手。及时最难，及时是自己的阴阳与天地的阴阳的敏感，知道合适的机会马上就到，马上抓住。看到形势的变化，知道自己应该抓住机会。

人在进退有据的时候，可以一试身手，不可等到进退失据之时再去一试身手，那时即使有才华也往往难以施展。但此爻告诉人们，龙到了这个时位，即使重回深渊，从头来过，也值得尝试一跃。

九四曰"或跃在渊，无咎"，何谓也？子曰："上下无常，非为邪也。进退无恒，非离群也。君子进德修业，欲及时也，故无咎。"

【明译】

问："九四爻辞'或跃在渊，无咎'，说的是什么意思？"孔子回答说："或跃上去或退下来不是固定不变的，但上去下来都不是出于邪恶的动机。前进也好，后退也好，也不是固定不变的，但进退都不会离开自己的群类。君子提高道德修养，建立功业，总是想不错过意念与机缘相合的时机，所以不会有咎害。"

【明解】

人在进退有据的时候,可以一试身手。也可以理解为,不必先把自己弄得进退失据再去一试身手,因为进退失据之时,即使有才华也往往难以施展。"或"有举棋不定之义。渊之象有不同见解,也有的以渊为龙之所安之处,是其飞跃之凭借。九四入上卦,可飞上天,飞不上落于渊也没事,故可以一试身手。没有到进退自如的地步,想进的时候,会犹疑不决,就是因为要进一步的机会成本,或者要付出的代价可能也是很大的,虽然进不了之后可以退,但一退就退回到深渊里,也就是初九潜龙的状态去了,应该说机会成本还是很高的。

九四重刚而不中,上不在天,下不在田,中不在人,故"或"之。"或"之者,疑之也,故"无咎"。

【明译】

九四也是刚爻与刚爻相重,也不在中位,上不到天,下不在地,又不在人的合适位置上。所以爻辞用"或"来说明它。"或"是游疑不定的意思,进退均可,故无咎害。

【明解】

中不在人:《易》例三爻与四爻为以人为代表的万物之位。九四虽属人位,但人离开二位(地表),不接地气,所以"中不在人",不在人的合适位置上。

四爻离开地面,虽然是人位,但有点离开地表不接地气的味道,所以也不在人的合适位置。对九四来说,虽然上下没有固定之规,但因为没有邪念,没有离开群类,加上抓住时机,所以哪怕重回深渊也可尝试一跃。

"进无咎"当是九四可进可退,进取一试没有问题。要点在"及时",要抓住时机,机会稍纵即逝,只属于有准备的人。没有邪念,不离群类,才能抓住机会建功立业,进退合宜。反之,离群索居,单打独斗则很难成就道德功业。

【明意】

九四为风云激荡变化时刻的意向,气魄恢弘,面临巨大的跌宕起伏。在身行之试前,心要有足够的气魄与力量来运思进退的可能性。心境在可进可退的时候,要通于跃成之境,也要通于跃不成而入于渊之境,不可因为可进可退而大意不加深思。

未来如何在意向性中存在,心意对于未来的期待和想象是如何可能的?九四要想跃上九五之尊的五位,虽然近在咫尺,但还是难乎其难,确实需要有豁得出去的勇气、随时准备从头来过的气魄才可以。历史记住很多伟大的灵魂,他们其实是失败的英雄,其人生可能就是一连串挫折甚至大溃败的记录。他们跃了,但没有跃上去,或者跃上去后来还是入于渊了,很多人再也没有起来,但他们跃的时候体现出来的气魄后人却永远铭记。

国家命运往往在于主事者的一念之间,如果风险太高,就要按兵不动,不可轻举妄动。所以九四虽然可以一试身手,可能开始改革或者变革,但还是要慎之又慎才行。审慎揣度就是因为跃不上去的代价很高,回到深渊里潜龙勿用从头来过,还不知道何时能够东山再起,也可能永远起不来了,所以要非常审慎,三思而后跃。当然,就具备龙德的君子来说,已磨炼到一定程度,就可以尝试变革,可能会成功,即使不能一步到位,也不会有太大风险。所以当进则进,哪怕重回深渊从头来过也要进,可以说是有点悲壮的、不成功便成仁的气象。但成就伟大的功勋事业需要有英雄史诗般的气魄才有可能。

九五:飞龙在天,利见大人。

《象》曰:飞龙在天,大人造也。

【明译】

九五:龙在天空中高飞,出现有德有位大人的有利时机到了。

《象传》说:龙飞上了高位,处在一个十分有利的时势地位,这是能够实化人天之意的大人的造化,风云际会,可以一展身手,建功立业。

【明变】

坤卦下阴爻变到第五爻为泽天夬卦,无上潮光镜天,光明万丈,有大人物的兴作风云际会之象。

【明解】

造:造化,走运,正当兴盛、兴旺之时,可以大有作为。龙飞上天,位置尊贵,此处"出现有德有位大人"比"有利于见到大人物"更加合理,因为九五已经是大人物了,他很难见到跟他时势地位一样的大人物,是别人来见他,所以应该是"出现",而不是"去见"。

九五曰"飞龙在天,利见大人",何谓也?子曰:"同声相应,同气相求。水流湿,火就燥,云从龙,风从虎,圣人作而万物睹。本乎天者亲上,本乎地者亲下,则各从其类也。"

【明译】

　　问:"九五爻辞'飞龙在天,利见大人',说的是什么意思?"孔子回答说:"声律相同就会发生共鸣,气息相同就会互相吸引。在平的地面上,水会向湿处流;同样可以燃烧的东西,火会扑向干燥的地方。云总是随着龙,风总是跟着虎,圣人兴起,万物自然而然愿意看到他。以天为本的事物会亲近天,以地为本的事物会亲近地。万物都是如此,各自随从它自己的群类。"

【明解】

　　作:兴作,振起。就出现之意而言,"利见大人"有两种解读,一、《象传》"飞龙在天,大人造也。"造是兴作之意,是圣人兴作可以大有作为,即利于出现能够实化人天之意的大德之人。二、依《文言》"圣人作而万物睹"解为天下利见大德之人出现。

　　夫"大人"者,与天地合其德,与日月合其明,与四时合其序,与鬼神合其吉凶,先天而天弗违,后天而奉天时。天且弗违,而况于人乎?况于鬼神乎?

【明译】

　　九五爻辞所说的"大人",他发心行事与天地的德行相契合;他恩德遍布与日月的光明相契合;他治事有节与四季的时序相契合;他经天纬地与鬼神的吉凶相契合。他的人天之意发动和他的行动即使领先于天道变化的征兆,天道都会顺应他,他的人天之意发动和他的行动如果跟随着天道变化的征兆,他会顺应天时运化。天道尚且不会违背他的人天之意,而去顺应他,更何况一般人呢?更何况鬼神呢?

【明解】

　　先天:先于天给予人的心思意念的发动以提示和警告之前。一个具有宇宙意识的大人,每当他的人天之意发动,就能够调动天地阴阳之力为己所用,并与天时相配合,所以天与人都自然跟随,进而天地之间气化阴阳变幻莫测之力,即鬼神也能够加以运用来改变,这就是天地之化会顺应大人的心思意念。

【明意】

　　"造"为根本,实化心意需要机缘,也就是造化,需要时势地位各方面因缘际会才可以。造化是各种好的缘分都聚合起来的状态,"造"为集聚各种优势条件于一身一时一地,虽然善缘的聚合都是暂时的,但意念对意境的塑造并不容易。"造"是生机聚合的最佳状态,生气通畅而有力量。

大人能"造",在顺应阴阳的基础上转化阴阳,也就能"化"。圣人心动,时势配合,能够主动转化阴阳,令天地间的阴阳之气的运行发生变化。圣人是靠心意感通于天地之动,不是靠身体或者其他部分来感通。大人心念广大,能够实化其心意,居于其位,能够吸引同类大人,彼此心意相通而共同成就大事业。他们善于心意感通以转化阴阳,大人是"大心之人",也就是时时刻刻有"人天之意"的人。同时,他们是善于"实意",也就是把意念实化的人。他们通过感应,各从其类来体现人的阴阳主动性,主体意识跃入天地阴阳的客体,犹如一个人跃入泳池、拨开水面一般分开天地的阴阳。阴阳之气本有其力,人的意识参与宇宙,好像动摇着宇宙的无形之气,意念在宇宙之中,好比在水中游泳,身体所动之处,自然分出阴阳。龙遨游于天际,象征人间成就的最高境界和最佳状态。大人兴起因为大人有大的造化,因缘际会,风起云涌,是天时地利人和协同的理想状态。"同声相应,同气相求",说心灵相通才能共创伟业,人心感通可以转化阴阳,连天地的运行都会顺从人心的和通。这样,大人善于以正面的意向力量回应和转化生活中的负面力量。从这个角度讲,《周易》就是教人如何从潜龙变成造龙,进而努力维持久一点的艺术。保持兴盛状态不让其进入高亢的状态,尽量持久,需要一点点地付出踏实努力。

学习《周易》,先理解阴阳,其次顺从阴阳,最后转化阴阳。天地阴阳本身每时每刻都在转化,乾卦的卦爻辞在于说服人们,只要心意修行到位,人就可以主动转化外物,从时势造英雄与英雄造时势来看,只要条件允许,心是随时随地能够改变阴阳的。

圣人时时刻刻感天动地,心意发动通于天地阴阳。于是天地分化,万物各从其类,可见圣人心意一动,世间阴阳就会发生分化和转化。意念拨动阴阳,转化阴阳,大人通于天地、日月、四时、鬼神,心动与自然节奏完全合拍,也就是大人的心行即天行的自然流动。心意发动,本是天地阴阳运行的自然流行,所以对心意的有意控制,本身就是拨动阴阳。类似于通常说的聚集人气、造声势,但需要时势合宜,而且从心底里打动大家才可以达到天下响应的状态。圣人心意感天动地,天地阴阳为之变化。圣人起心动念都带着不同寻常的能量。圣人心意有巨大的气场,一旦时势造英雄,就能改天换地。而所谓英雄造时势,就是大人在语默动静之间就可以营造一个顺应其心意的气场。位居九五的至尊者借助其九五之尊的时位,每时每刻起心动念都可以改天换地,所以必须要慎之又慎。从初爻开始德就修得基本到位,而等到九五之尊时,是时势造英雄,此时人心发动就能改变世界,此时德时位配合,也就是时势允许。

九五圣人有德有位,心意发动就能改换群体的心意,进而燮理阴阳。儒家讲处事要戒慎恐惧,也就是要戒邪心,定心即诚心实意,而后才有智慧。《中庸》从人心之动,推广到身、民、三王、天地、鬼神,就是说明人心发动的最高境界就是合于宇宙运行的节拍。圣人能让"云从龙,风从虎",也就是圣人出现,天地阴阳的结构就会随之发生改变,通俗讲就是所谓英雄造时势。圣人通于天地、日月、四时、鬼神,超越通常儒家仁义礼智的论域。

上九:亢龙,有悔。
《象》曰:亢龙有悔,盈不可久也。

【明译】

上九:龙飞到穷极高亢之处,必有悔恨。
《象传》说:龙飞到极高之处,必然会出错而后悔,因为盈满完美的状态不可能持续长久。

【明变】

坤卦下阳爻变到第六爻为乾卦,阴爻完全变为阳爻,代表阳气盈满至于极致,盛致必衰不可持久。

【明解】

上九:各卦最上一爻称"上",上九标志着最上面的阳爻。亢:穷极高亢。悔:悔恨,忧悔。盈:盈满,完美。《周易》讲盛极必衰,盈满到极点就无法保持长久。道理上说,事情一旦过分,相当于不知停止地到达过高的位置,就一定无法持久。这是天道和天意,人意无法更改。

上九曰"亢龙有悔",何谓也?子曰:"贵而无位,高而无民,贤人在下位而无辅,是以动而有悔也。"

【明译】

问:"上九爻辞'亢龙有悔',说的是什么意思?"孔子回答说:"正如尊贵却没有职位,高高在上却失去了民众,下面有贤明的人却得不到辅助,因此动一动就会有忧悔。"

【明解】

亢龙过度必有忧悔,群龙协同不必有首。亢龙指龙飞得过高,违背了《易》的教诲,即盈则必亏,亢则必悔。不但所有的自然现象变化如此,而且人事进退也无不如此。如果人进入穷途末路，没有了回旋余地，那就动辄有悔了。

"亢"之为言也，知进而不知退，知存而不知亡，知得而不知丧。其唯圣人乎！知进退存亡而不失其正者，其唯圣人乎！

【明译】

所谓"亢"，就如同说实化意念只知道盲进而不知道退隐，只知道生存而不知道死亡，只知道获得而不知道丧失。只有圣人吧，能知道进退存亡相互依存转化的关系而不失去中正之道，大概只有圣人才能在意念实化的瞬间做到这样吧！

【明解】

上九是太高太满，代表实化意念犹如追求外在的高位和内心的自满一样过分，二者都不可追求，而且必须戒除。到头一般指外在的客观形势到了穷途末路，这样说没有什么问题。但如果内心走入穷途末路，骄傲自满，不可一世，那也是要动辄有悔的，离覆灭不远了。内心不能把握好进退存亡的分寸，那就无法与外在的阴阳形势顺应协同，也就无法得其正。但上九之时位，先于天则天不配合，后于天则追悔莫及。上九的时位，即使有善始，恐怕也难善终，因为过了九五的时位状态，要想求善终就很难了。

【明意】

亢龙代表气息高扬的末端，盈满过度则无法保持。外在的聚合之意缘需要生机维系，而已经完满的状态想要继续保持下去非常之难，所有意念要在进取有所得的时候，总是保持退亡有所失的准备，也就是说，一念升起的生意之间，要随时看空放下意念所聚的意缘，如果真的能够一念放空，反而能够更好地保有和持续意缘的聚合。

意念聚合的规律是：所有正向凝聚的意向，都要以负向散开的意向作为情境，意念之生意才能维系，意念之发动方能进退裕如。意念里单维地进和退都是不存在的，因为进的意念要以退的意境为基础，得的意念要以失的意境为根基。人知道这个道理就可以主动时刻提醒警示自己：意念实化之处，即是事情的转而虚化，需要无中生有的关键所在。心意如何适时因应事变是《周易》之教，也就是心意之变当通于《易》道之转化。即使如亢龙之时位也有转机，而转机都在起心动念之间。要顺应阴阳之力的变化来调整自己的心意与行动。如果人能够提前预知事情的发展方向，努力控制与自己的意念转化相关的阴阳之力，也就可以有所预备，提前准备好意念生机之方向，和发动意能的意能状态。

用九:见群龙无首,吉。

《象》曰:用九,天德不可为首也。

【明译】

用老阳之数"九":它在乾卦六爻随时都可能出现,犹如出现群龙,无首无尾,都不以首领自居,所以吉祥。

《象传》说:用老阳之数"九",六个阳爻都不以首领自居,这是效法乾阳之大德,创生万物,功成而不居首,不居功。

【明解】

用九:《易》占七、九为阳数,八、六为阴数,占卜只用老阳、老阴之数。历来对用九、用六的解释有很多。朱熹认为,它们是用来说明《周易》变占体例的,即占筮中所得七八九六之数,以九、六作为变爻,九为老阳,六为老阴,所以在乾坤两卦单独说明,应该比较在理。这样看来,"用九"就是说乾卦六爻纯阳,皆能变化。象辞说"用九"即是用"天德",这是对其义理的发挥。《周易》用老阳之数九来占卜,模拟的是乾阳的特性,即犹如天道回环,无首无尾,循环无端地流动,这种状态能够领会自然吉祥。因为乾阳代表天的创生之力,而模拟天道的占筮也是阴阳变化,循环无端而流动。每一阳爻都代表龙,都能变化,也都可以为首,所以说群龙无首。既然每爻都可能为首,如果一个爻主动让其他爻为首,那就有谦让之意,而且各自不凸显首领的地位才是合乎天道的。群龙都不为首,不称雄,虽然都刚健进取,但毫不咄咄逼人,调动群体的潜能,使之能够得到充分发挥,这是一个团队精诚团结的最佳状态。

【明意】

群龙无首无尾,乃生意顺应天道回环之象。意念之气通达,不受一时一地时空条件的约束,则意念实化可以转化天地不通之状态,这是《周易》教人实化意念以改换阴阳之术。"乾元用九,乃见天则",是通过运用乾阳创生变化之刚爻(九)来体现出天道运行的法则,也就是占卜的时候,运用老阳之数九,能够体现天道变化的根本法则。九为老阳,代表阳气之极,自然变阴,这是天道自然运行变化的规律。

群龙无首通常被当作贬义来理解,而用九此处说吉,那就要颇费思量。此处的天人之道,就在于六爻一体,都是群龙,都刚健进取,都奋发有为,但都不强为首,众志成城,精诚团结,不吉利都不可能。"群龙"也可以理解为君子群居,"无首"是说君子们彼此谦让互不为首,各自负责,各自维系群体的和谐和共生共存。这样的说法,就是君子心意相通,互不居首,能够集体顺应天道变化的原则。

二 ䷁ 坤为地（坤下坤上）

意境为心意发动之基础，意境与外物关联共在，物都在意境之中，意动指向外物，境中意动即物依意境而生。自我作为心识的主体，是物在意境之中生生不息的反身式存在，是在反身的过程当中逐渐建立起来的，是意识发动生成之时，在乾动与坤顺之间的反身存在状态。坤阴之意总是必须随顺阳意才能依境而生，才能于境中表现出阴意的力量。阴意发展之极致即化成阳意，但不能脱离具体的境域来实现这一点。

坤宫八卦四十八爻论证宇宙间的存在物皆"依境（坤）而生（乾）"，即阳意皆依赖阴意而成。此为坤宫"意—境"体系之总论。先天八卦接量论，意量与意境皆意之终成状态，意量为抽象之说，而意境为实化之言。以先天之意境言，则内涵生机，可以依境而生，诸阳之生，皆以阴为本。后天八卦接意向，开意能，与意量相对。以后天之意境言，则与意量（艮）相对，识（巽）生量（艮）结，依境（坤）而生（乾），以生（乾）识（巽）为生机，则量（艮）境（坤）为意向（离）性（行，坎）之实化，此天（乾）之命（巽）也！

坤，元亨。利牝马之贞。君子有攸往，先迷，后得主，利西南得朋，东北丧朋。安贞吉。

《彖》曰：至哉坤元，万物资生，乃顺承天。坤厚载物，德合无疆。含弘光大，品物咸亨。牝马地类，行地无疆，柔顺利贞。君子攸行，先迷失道，后顺得常。西南得朋，乃与类行。东北丧朋，乃终有庆。安贞之吉，应地无疆。

《象》曰：地势坤。君子以厚德载物。

【明译】

坤卦象征地，元始化生，亨通顺畅。如果像雌马那样持柔守正，就会有利。君子有所前往，如果抢先居首就会迷失方向，如果随后顺从，就会得到有乾阳之意的主人。在西、南的阴方，与同类相伴，会找到朋友，有利；在东、北的阳方,失去同类朋友,却可以找到阳为主人,也有利。安于柔顺,持守正道,吉祥。

《象传》说:广大至极的坤阴元气的化生之力啊!万物都依赖它才能化生,它顺从秉承乾阳之意才能形成阴阳合体,成就事物。坤阴之意是大地深厚承载万物的象征,它的柔顺德性与乾天刚健相合,万物生生,久远无边。内涵弘博,光明远大,博施厚济,万物遍受滋养,亨顺通畅。雌马与坤地都有着同样类型的德性,在无边无际的大地上驰骋,它温柔和顺,利于持守正固。君子有所前往,如果抢先居首就会迷失方向,这违背阳主阴顺的常道;如果随后顺从,就会得到有乾阳之力的主人,这符合阳主阴顺的常道。在西方(坤兑)和南方(巽离)的阴方,会找到朋友,这是与同类相伴,在东方(艮震)、北方(乾坎)的阳方,失去同类朋友,却可以找到乾阳主人,最终得到喜乐吉庆。安于持守顺承乾阳正道的吉祥,这应和大地无边无际、无穷无尽的化生之力。

《象传》说:坤阴之意象征大地的气势,顺承乾阳之意,化生并包容万物。君子修行人天之意要效法大地的气势,不断增厚德性,承载万事万物。

【明变】

阴阳消长的十二消息卦是六十四卦的根基,六十四卦从十二消息卦变出来。

【明解】

顺承天:顺从秉承乾阳之力量或意念。无疆:时间上久远,空间上无边。含弘光大:内涵弘博,光明远大,博施厚济。西南得朋,乃与类行,东北丧朋,乃终有庆:按照朱震《汉上易传》"斗建乾坤终始图",通过十二消息卦理解一年四季阴阳消长的规律,从南至西是阴长阳退,阴在西南方伴随同类而行;从北至东是阳长阴退,阴在东北方是丧失同类朋友,而阴以阳为主,丧朋却可得主。

坤卦象征阴地之意。坤卦的象辞以对坤德的顺承成就功能大加赞叹开始,因为万物都依赖坤阴并秉承乾阳之力或乾阳之意方能成就。坤阴之意通过内在深厚的道德与乾天的运行相配合,有如大地深沉博大,能够负载万物,又如善走的母马,顺应乾阳之意,驰骋大地四方。君子模仿坤阴之意,不强行居首领导,而是顺从乾阳之意来成就事物,并且安于顺承乾阳之意,体现出安宁、纯正、强固的状态。

象辞继续强调君子要顺应大地的势态,这样才能模仿坤阴之意的随顺。君子效法大地之无限广博和深厚的状态,起心动念之间,以及心意实化为德行的每个瞬间,都要不断加深加厚心境的广度和深度,这样才能在融通心物的意念实化瞬间,通于包容并承载万物之意境。

《文言》曰:坤至柔而动也刚,至静而德方,后得主而有常,含万物而化光。坤道其顺乎,承天而时行。

【明译】

《文言》说:坤阴之意至为柔顺,但运行起来却很刚健,极为安静而化生之德却流布四方,随从乾阳之意,以乾阳之意为主,保持阳主阴顺的常道,化生万物,含养万物的德业广大无边。坤阴之意主要当顺应,它承顺乾阳之意的创生之力,随顺按照时序来实化运行。

【明解】

含:包容。光:通"广"。坤道相对于乾道之刚来说就是柔道,相对于乾道之儒家意味则有道家意味。坤阴之意的力量来自跟随乾阳之意的运动。坤阴之意在随顺中,保持相对静止而有分寸,当静则静,并于静中见实化意念的巨大力量。坤阴之意本身不能独立应事,需要跟乾阳之意配合才能够成功。包容涵纳万物之生机是运用坤阴之意所形成的一种意境。坤阴之意在顺应承载乾阳之意的创生过程当中体现出来,于随顺乾阳之生机当中显出坤阴之意境的智慧(意能)与力量(意量)。

坤阴之类的事物以马为喻,其实别有深意。古人以飞天之龙和行地之马代表君子品格的不同侧面。"君子有攸往"和"君子以厚德载物"等都说明坤性、柔性、随性等也可以说是君子品格的一个侧面。母马标志着阴性的事物,好像龙标志阳性事物一样。这里用的是牝马,代表有原则性的顺从,因为马本身是愿意受人教化的温顺之物,上下皆坤重叠,就显得更加温顺,所以用牝(母)马,代表坤的生化功能,也强调如母马一般的贞定和韧劲的品格才是厚德载物的基础。可以说,不修坤道就不知如何厚德载物,人要如大地一般心胸宽广、气魄宏大,才能包容承载万物。

坤五行属土,代表大地宽容博厚之本性,开始随顺阳意生长自然就亨通,好像母马随从天机之阳驰骋大地,既正固又无疆,坤阴之性的品格通过母马那种母性的品格表现出来。全阴为坤,建亥月,卦辞谓"西南得朋",后天八卦坤在西南。西南方阴气生长,东北方阳气生长。

西南阴气长,阴在西南容易得到同类,所以得朋;东北阳气长,阴在东北容易失去同类,所以要丧朋。但对坤阴来说,其实各有好处。也可以理解为地气或阴气的运行,在不同的时位都可以亨通。如果阴类品格的能人要挑头当领导,容易迷失方向。阳气生于北方,长于东方,坤阴离开乾阳不能成就事物。

【明意】

坤阴之意如同天地不断散发出来的玄妙之母性温情与爱意,犹如《道德经》中提及的"玄牝"那般极度有力,爱意无穷,好像母性之意具有驰骋、包容、笼罩大地的气魄和力量。

坤阴之意随顺乾阳之意而成意境,因其能够随顺而让坤阴之意表现有力。可是如果坤阴之意一旦先行,则容易随顺无力,意识之境域则无法展开。所以坤阴之力离开乾阳之意就难以表现出其力量。坤阴之意以其深厚内在的才能方能承受起强力的乾阳之意。坤阴之意如果倡先可能不知何为其所主,因其对自身领导力与情境之间的互动了解有限。如果明白自身的领导力有比较强的坤性特点,就应该主动随顺乾阳之力,跟随和帮助乾阳之意成事而毫不居功。因坤阴之意的本性就是一个跟随乾天之阳意,从而乾坤并健而能成就有力之意境。所以强调坤阴之意有强大的包容和容纳力,能够承载一切,这样随顺乾阳之意,就能构筑意境。

坤阴之柔顺因其随顺刚健的阳意而有力量,柔顺而有力因坤阴之意能够跟随乾阳之意运动。坤阴之意跟随顺应乾阳之意,于静之极致的意境中透显出无穷的力量,所以坤阴之意境包容涵纳着巨大的智慧和力量。

初六:履霜,坚冰至。

《象》曰:履霜、坚冰,阴始凝也,驯致其道,至坚冰也。

【明译】

初六:脚上踩到了霜,说明凝结成坚冰的严寒时节就要来到。

《象传》说:"脚上踩到了霜,凝结成坚冰的严寒时节就要来到",是因为初六为阴爻,霜的出现说明阴气已经开始凝结,顺着这个趋势发展下去,阴气凝聚成为坚冰的严寒时节就会自然来到。

【明解】

初六:爻序号。初指各卦最下爻,"六"指阴爻。《易》以奇数为阳,偶数为阴。阳数顺序,在"七"与"九"里,七为少阳,九为老阳。阴数逆序,在"六"与"八"里,"八"为少阴,"六"为老阴。占筮时"用九"、"用六",老阴老阳为动爻、变爻,该爻的爻辞才起作用,因此,以"九"称阳爻,以"六"称阴爻。履:脚下踏过为履。驯:顺,意为顺着初六阴气凝结的趋势发展下去。朱熹作慎讲,从慎来理解是从人效法天道来说的,也就是顺天道,慎人事。就初六的位置来说也有理,因为需要谨慎地观察事物的微小变化,及早应对。《杂卦传》说

"《复》小而辨于物",这与《文言传》"非一朝一夕之故,其所由来者渐矣,由辨之不早辨也"在旨趣上很接近,也通于"勿以善小而不为,勿以恶小而为之"的意思,即微小的状态如果任其反复积累发展,就可能出现大的问题。

儒家运用天道于人事,而道家主张人事要顺天道,儒用道顺,虽都有随顺、效法进而利用的意思,当然还有微妙的区别,如乾阳之意代表万物之创始,坤阴之意代表万物之生成,事物都要乾阳的创生力结合坤阴的质料才能成型。坤阴之意的"顺"是随顺事情发展,运天道于人事的趋势,带有比较明显的儒家意味;而道家的"顺"是顺天道自然之"顺",注重人事本来就应当顺从天道原本状态那样的"顺"。虽然道家倾向于"反"和"下",跟坤道之境异曲同工,但坤道之随顺乾道而成就事物,带有比较明显的儒家成事特征。

积善之家必有余庆,积不善之家必有余殃。臣弑其君,子弑其父,非一朝一夕之故,其所由来者渐矣,由辩之不早辩也。《易》曰:"履霜,坚冰至",盖言顺也。

【明译】

积累善意的人家,必定会有多余的吉庆留给后代;积累恶意的人家,必定会有多余的灾祸留给后代;臣子到了杀害君主的程度,儿子到了杀害父亲的程度,都不是一朝一夕的原因所致,而是恶意长期积累逐渐发展到这般地步的,都是由于没有及早对恶意的萌芽加以辨别并尽早提防所导致的。

《周易》上说:脚上踩到了霜,说明凝结成坚冰的严寒时节就要来到。说的就是这种顺应坤阴凝结的趋势发展就会出现的必然结果。

【明变】

坤卦从乾卦变来,乾卦最下方生出一阴,全卦变姤卦,是强盛的阳意的下方产生出一点微弱的阴意那种象,好像初霜生成,好比双脚踩在霜上。

【明解】

上卦乾(冰)可期,表示阴意虽微,可是寒冰将至之象已经突现,预示随着寒冬来临,阴气自然将越来越盛。阴意上升的过程也是阴意之境初显而展开的过程,所以应该见微知著,而且还不可以掉以轻心。

从另一个角度来看,任何一个意念初生的时候,都要有其意境,即有远见和展望,修行意念要在这"初""潜"之处,即在意识的萌发之时修炼反身观照、自我觉察的功夫。任何一点点善意与恶意的发动,虽然不立即实化并显现为行为,但却在世间立即有应和,而且会长存不去。

【明意】

防微杜渐不仅为了说明一个道理,更重要的是要强调,要想成就善业,在特定的时与境当中,不可一念离却善心善意,不能一刻中断善行。一念一言一行出偏,就要即时修正。反之亦然,恶意不断,则恶业积累,最后恶贯满盈,万劫不复。意念的力量有累积的效应,心灵意念长期累积可能会表现出相当巨大的能量。分辨心意的阴阳是一种对他心之动的判断能力,但人们如果不能摒除主观成见,就可能因为主观过度强烈的倾向,导致难以分辨情境当中他人心意的变化,甚至忽视长期累积的心意变化。

先秦时期,中国哲学思想发生由天道落到人心的根本转折,《周易》是从天道自然到人文精神状态转化的重要体现。坤为境论说明意念存续之境是事物生生不息的根本境遇。善心善行善业熔铸成为善境,这是儒家之教的要点,善心发动,善意升起,善行持续,成就善境于天人之际。善意发为善行,有善的影响和结果。余庆来自善良心意的累积;余殃来自恶意的累积,导致憎恶等恶心状态伴随当下心念的展开。

防微杜渐的意识运作功夫说明意念事件与物理事件发生之间有着对应或联通的关系,对意识事件的控制,可能改变长远的物理事件生成与发展的状态。意念事件并不单独发生在心意之间,但也不是物理事件的简单对应,意念事件时刻与物理事件处于融通和谐的状态当中,不是一种主客、内外那样的单纯反映模式。否则对于同一个物理事件,不同的人应该有相同的意念事件,但事实并不如此。本爻希望人们在当下意念的反思中预见意念实化的结果,进而通过控制意念的生发状态,来掌控意念实化的结果,这是典型的心意能够拨动和改变世间阴阳的教导。

六二:直、方、大,不习,无不利。

《象》曰:六二之动,直以方也。不习无不利,地道光也。

【明译】

六二:大地生物正直,地体端方,包容广大,从无刻意修习营为,万物自然化生,无所不利。

《象传》说:六二的变动,正直而端方。从无刻意修习营为,万物自然化生,无所不利,这就是大地广阔无尽的柔顺之道。

【明变】

从乾卦变坤卦,六二是变到二位的状态,六爻卦是综合天地人三才之道的,下二爻代表地,所以二位就是地表之位,有大地出现,能够展示其特性的意识,而地道的意识是平直、方正、大度的,这就是坤(地)卦的主爻代表地道的特点,以大地为代表的坤阴之道深沉、博厚、光明而且广大,毫不矫揉造作,自然而然,所以无所不利。

【明解】

方:通晓大义,大气,代表格局宽广宏大的坤阴之意道。习:本义是小鸟多次练习飞行,转为重复,取义修习、练习多而熟悉。光:解释爻辞"大",通"广"。六二处于地表之位,显示出大地的状态,大地给人的直观感觉就是平直、方正而宽阔。本爻借地表之象,再次阐明坤道的顺承与阴柔。阴爻处阴位,得正适宜。相对初爻给人以阴冷、疏远之感,到了六二则体现坤道柔和的一面,有容乃大,彰显亲近、温和之感。古人观天察地,认为天是圆的,地是方的,其实只是一种理念,即圆作为一种完美完满的象征,有着无限性和神圣性的特点。但生存在无限性之中有不安全感,因此必将地限定为方,这可能出于古人一种限定无边大地的边界,给自己带来安全意识的需要。

本爻如果理解为大地的特性,那就应该是正直、方正,多样而不重复,如果理解为人的修行是坤阴之道的行动法则,也就是坤阴之道应随顺方正、敬义立德。正直和方正都是坤阴随顺乾道之动的特性。坤道对乾道的限定是知道事情的分寸,保持合宜的尺度。坤阴在随顺乾道的过程中,能够对乾道加以完美的理解和限定,帮助乾道的事业发挥到极致。六二强调乾道的创生需要坤道来护持前进的分寸和尺度。坤道强调在随顺乾道的过程中,对乾道加以理解和限定,助成乾道的气力运行,实化乾天之意,从而把乾道的事业实化推到极其饱满的程度。

王弼认为"不习"就是不要刻意修营,而要任其自然;朱熹认为是不待学习,两者意思相通。六二居中正直,象征大地以端方之意形成万物,以广大之意包容含纳万物,而能有生物之利。"不习"也可以理解为不重复,不犹疑不决,不会徘徊不前,所以成就乾道事业,才不会横冲直撞,而是能良好地控制事情发展的分寸和尺度,所以无往而不利。

"直"其正也,"方"其义也。君子敬以直内,义以方外,敬义立而德不孤。"直、方、大,不习无不利",则不疑其所行也。

【明译】

直是指六二在下卦中位,表示意念正直中正;方是限定意念,是其一直安全地合乎大义。君子学习六二爻辞,要以恭敬的态度使内在的心意保持正直,外在行为合乎大义,从而树立敬慎合义的品德,这样德行才不会孤立无援。六二爻辞说"直、方、大,不习无不利",是说心意修养到了这种境界,行为上就不会犹疑不决,自然会把事情办好。

【明解】

方:大地端方,合乎大义,有分寸,有安全感。通过模拟和操习大地正直、端方、广大的意念,人能够在自己的意念与世界阴阳的感通之间,因时因势调适阴意与阳意状态的分寸。人居于地表,如果能够学习大地正直、光明、宽广的意念状态,适时做事,起心动念皆符合自然与宇宙节律,这样越是不刻意为之,越是意顺地道而事半功倍。儒家认为人性继承天道自然之善,顺其本性自然之善恶,即是让意念顺着天地本然品性流露,让意念自然实化,品格完善如若天成。

大地之意不主动控制任何事物以某种方式生长发育,此厚德之意,宽厚仁爱,无所不包,无物不承。所以,"习"可引申为做、影响、控制、评价等意,可见,大地之本意可谓不干扰、不评价、不影响事物的自然生长发育,任天地间的事物之意各美其美,美美与共,自然而然,不加雕饰。故从大地承载生成万物之意,可以尽显坤阴之意的厚德。

【明意】

坤阴之意发动的状态,应是顺着坤阴深藏含纳之厚意而自然而然生发至理想状态。坤阴之意的正直,是指意对应的事件的发生合乎意原初发动的意愿。坤阴之意的端方表现为力量型的心意实化过程展开之意境有端方之形制,而不仅如小石头投入湖里的那种自然而然同心圆式的展开,因为心意借助坤阴之意如同在大地上展开的力度和广度可以自我把握,予以端方之制。所以,内心保持一种从大地之厚德而生成的诚敬心意,心意实化之时坤阴表现得方正不阿,美成万物,恰如借助大地之力一般。通过心天之意长期持久借助坤阴之意的内在操练,不断重复,试判评估心意发动的结果来形成良性的预判机制之后,形成良好的大地之意那样"习"成天然,此为性与"习"成。意念长期操习有度形成习惯,可以形成对于可能事件的有效评估和调控,这种评估是主客一体的,阴意与阳意交融改变天地之间的阴阳,通达牵引着事物的变化。

六三:含章可贞,或从王事,无成有终。

《象》曰:含章可贞,以时发也。或从王事,知(zhī)光大也。

【明译】

六三：蕴含章美心意，足以持守正道。如果跟从君王做事，即使不建功立业，也能够得到善终。

《象传》说：蕴含章美心意，足以持守正道，说明六三应该等待合适的时机再展现其心意。如果时机适宜，可以跟从君王做事，但即使成事也不认为是自己心意实化所致，不过是顺乾阳之意而成事，这才是智慧广大恢弘的表现。

【明变】

从乾变坤，到六三下坤(文)主静，所以说蕴含章美心意，足以持守正道。

【明解】

含章：意念之内蕴含着章美才华。知光大：意念深远广大而有智慧之象。上乾(君)下坤(臣)，有跟从君王做事之象，乾天坤地，乾始坤成，所以说即使不建功立业，也能够得到善终。如果坤"章"为阴，则"可贞"为阳，是阴中有阳，而"章"和"贞"都可谓源于三爻位阳的属性。"或"表示不确定，实际上是可以选择，可以择时而动，因为其中有阳动的性质。"无成有终"是从阴爻本身的特点来说，坤道广大的智慧在于择"无成"以换"有终"，即以不居功来换取好的结果。

阴虽有美，"含"之以从王事，弗敢成也。地道也，妻道也，臣道也，地道无成而代有终也。

【明译】

坤阴之意虽然有美丽的文彩，但随从君王成就功业要含蓄不能显耀，更不能有自居成功的意念。坤阴之意随顺地的法则，做妻子的法则，也是做人臣的法则。坤阴之意从不自居有功，总是忠实地顺代乾天之意，去完成其创始生成的大业。

【明解】

弗敢：表示坤阴之意主动选择的态度，既是客观形势的要求，又是主观内在的主动选择。坤阴之意择"无成"以期"有终"。但择"无成"有被动的"弗敢成"与主动的"无成"两种，即"无成"是发自内心地不居成；而"弗敢成"是主体因为外在条件的限制而不敢居功，相对被动多了。当然，无论是主动地不居功，还是被动地不敢居功，都有"择"的味道，虽然内在的心理机制不同，但做出的选择是类似的，也都期待着"有终"的好结果。

【明意】

坤阴之意不显,因为代乾阳之意成事而自择不显,或不敢彰显,都以期有好的结果。既然坤阴之意本来就要借助乾阳之意才能够表现出内在的章美才华,所以坤阴之意在实化过程中,要主动择"无成"以把握好分寸,既不可以认为也不可表现出好像是坤阴之意无待乾阳之意而自然实化,这样居功是不合适的。

坤阴之意发动需要借助对自己时位的正确判断,知道合适地辅助乾阳之意以成就功业且不居功,这需要很大的智慧。而在功业将成之时,能够控制自己的意念,需要更大的智慧和更强的意志力,所以非内在"光大(广大)"的意识之境不能说明人对自己欲望和意志的控制之艰难。坤阴之意虽然顺从乾阳之意,但其意的深沉内涵待时而发,也就意味着意识主体需要修养出非常深刻的意念控制的智慧。

六四:括囊,无咎无誉。

《象》曰:括囊无咎,慎不害也。

【明译】

六四:扎紧袋口,虽然得不到赞誉,但也不会有危害。

《象传》说:扎紧袋口,不会有危害,是因为六四之时位应该谨言慎行,不显心露意,不与人争功,以避免危害。

【明变】

坤卦从乾卦变来,阴爻变到四爻成观卦,观卦上卦是巽(绳),互卦是艮(手),下卦是坤(虚空,布帛),如空布袋,全卦有手拿绳子把口袋束扎起来的象。结合卦气说来看观卦,观为八月,于时为秋,秋为天地闭合之象。

【明解】

括:清代段玉裁《说文解字注》中说"括:絜也。絜者,麻一端也。引申为絜束之絜。凡物围度之曰絜。贾子度长絜大是也。束之亦曰絜。"其本义就是结、扎束,用绳或带子结扎、捆束。本爻意味着阴阳不通,天地闭塞,沉默是金。坤卦六四爻变,则上卦变为震,全卦变为豫,豫有戒备之义。卦的六爻里,二爻多誉,四爻因近五爻君位而多惧。伴君如伴虎,所以应该谨言慎行。这一爻阴爻处阴位,无刚美之质,而太过阴柔,有天地阴阳气息不通之气象,《文言传》说此爻"天地闭,贤人隐",是天下无道,阴阳闭塞不通之象,所以要知道隐蔽之意,闭上嘴,少说话。

天地变化,草木蕃(fán)。天地闭,贤人隐。《易》曰:"括囊,无咎无誉",盖言谨也。

【明译】

乾阳之意与坤阴之意交流运动变化,草木自然滋生蕃盛。当天地之间阴意与阳意闭塞不通,万物凋散,贤人就应当隐退。六四爻辞说"括囊,无咎无誉",说的是在天地闭塞的时势下,立身处世应当小心谨慎。

【明解】

蕃:蕃息滋长。闭:闭塞,阴意与阳意不交感流通。天地之间变化主要是阳气和阴气的交流和感通产生变化。阴爻上长到六四之时,犹如深秋之际,阴气凝聚,阴阳闭塞,天地之气不通,贤人当适时隐遁,谨言慎行而隐闭。即使还没到遁世的地步,也当顺势而动,守口如瓶,慎言不出,包容一切,沉默是金,笑骂由人,或咎或誉,悉顺自然。此爻形势不对,求功不得,说话小心,多言无益。

【明意】

坤意之境到六四暗藏危险,故当谨慎操持,念起即有功业,却不可一点一滴自居有功,因身位力量皆不能自主,稍有不慎就会满盘皆输。这种谨慎小心来自与六五的接近,所谓伴君如伴虎,一刻不得疏忽大意,加上与六五都为阴爻,同性气息不畅,只能自守意念,闭合不出。此爻以阴爻居阴位,性柔善守,故可慎密不动,守得意念如收藏行囊,闭门不出。此爻之意虽不出,但心境仍通于全境,明白畅达。可见对意念的坚实控制为本,而事功彰显在心念一动,谨慎操持意念,控制心境以避免灾祸。

身居"多惧"的六四之位,意念发动之时,即可感受到灾祸如影随形,所以要尽可能持守心意不出,宁可谨言慎行,闭言闭意,毁誉置之度外,不求赞誉,也要避免祸患。此爻为阴爻阴位,形势险难之时,更见控制意念的修为与力量。

六五:黄裳(cháng),元吉。

《象》曰:黄裳元吉,文在中也。

【明译】

六五:身着黄色裙裳,大吉大利。

《象传》说:穿着黄色衣裳,跟各种颜色都能和谐配合,大吉大利,说明六五居于上卦中位,不但外表中正和美,而且内涵文彩之美。

【明变】

阴爻一路上升,知天时(初)、取地利(二)、修己慎行(三四),到黄裳元吉(五)之时,内心的品德之美无与伦比,美妙绝伦。

【明解】

黄裳:裳是下衣,衣是上衣。乾为衣,坤为裳。五位为上卦坤之中位,为中央土,土色黄。颜色配五行:黄土、青木、白金、赤火、黑水。按古代的人文观念,"黄裳"有居下能中正而美的品德。元吉:最吉,头等的吉利。"元吉"比"大吉"还好。文在中:坤为文,中正又具有文彩之美。

此爻说明坤阴之意的极致之美。坤阴之意柔顺修美如美女垂下黄色衣裙,内涵深沉,以柔处尊,辅仁乾阳,极物同情,文理隆盛,事业畅通。阴意得时得位,由内向外,显示阴意之境,强调的是内心意识的中正,接顺天机。人天之意完全融汇贯通,如果在天人合一之前,需要定义何为天、何为人,那么天人合一之后,天与人皆在意中,在意境中升起,进入天人不二,物我一元的意境世界。

六五有位,事业畅通无阻,成就无可限量。天道中正美极,人道畅通无阻,天人合一,无有间隔。坤道之极致在六五充分体现出来,畅达无碍,到达完美状态。

君子黄中通理,正位居体,美在其中而畅于四支,发于事业,美之至也。

【明译】

在六五爻的时势下,君子应该像黄色那样中正,他的坤阴之意能够平衡四方,通达人情事理,立身处世摆正自己的地位,安居自身,平宁稳重,起心动念皆蕴含丰厚的文彩和美德,进而在身内畅达于身体四肢,在身外扩充于事情和功业,这就达到美的极致了吧。

【明解】

畅:通畅,明达。君子的人天之意时时刻刻保持黄色中正的状态,人天之意通达宇宙,表现得明了事理,于是立身处世随时随地都自然而然地摆正自己的位置。由于君子从心意之内到时位之外都正当合宜,所以就显得不能更加中正了。这一爻是天道运行于中正的状态,在人身上完美表达出来,也就是人的心意通天,天行之意贯通在人事方面就是人天之意能够行于中道而畅通无阻。

人天之意发动美极而文,自然发用通畅于身体四肢,举手投足无所不美。把这种内心的美德进一步扩展到人间的事业上,就是将心意之美实化到极致。可见,人间之美,莫过于此,内心美极,而且举手投足处处皆美。六五可以说达到了真善美的极致境界。

【明意】

坤阴之意美极可谓臻于和谐之极致,由内而外,和乐美顺,此谓意念发动的美学,意念之动即有美感。美非对象、非外在。意念所发皆中极至美,阴意之境皆是天境的人化,也是人境的天化,一种天人完全融汇不二的状态。

君子的念头发动之处即有光辉,也就是说,坤阴之意的展开,有一种圣洁的美感,好像内里有光辉灿烂的色彩。而君子善于收摄和控制自己的心念,使之随时随地与时势相应。于是心意一动,皆能与事物之动相和谐,自然有所成就,这就好像事功来自心灵的发动,举手投足之间如行云流水一般完美。于是心灵的意识带起的人生境遇就好比打开一幅美丽的画卷,成就一道优美的风景。

心念发动处就带出圣洁的光辉,因为君子之意念念接于天机,天人、物心之通皆在境中升起,依境而生,依境不二。

上六:龙战于野,其血(xuè)玄黄。

《象》曰:龙战于野,其道穷也。

【明译】

上六:龙在郊野交战,两败俱伤,流出的血青黄混杂。

《象传》说:地龙与天龙在郊野交战,是因为纯阴之道发展到了穷途末路(上六),非战不可。

【明变】

坤卦上六是坤道极盛之象,坤阴的增长已达到极端,到了穷途末路,非战不可。

【明解】

野:郊野、远地,也有野性与生机之意,取象上六旷远之地而彰显生性之大。龙和战都是阳的意象,所以天龙地龙在郊野作战。阴极战阳,有绝境重生之意,其血玄黄,则是阴阳调和之象。所以阴极生阳,可以理解为生生之机如何从绝境逢生。绝境本就是转机,天道人道皆如此。阴性到了阴极之地,反而变得阳刚强悍,有被逼到悬崖边上拼死一搏的意味。同时也象征生机重回,如诞生之阵痛,圣人转换阴阳到了关节之点,非变不可,发生质变。

郊野有阴森之象,阳气肯定要重生,所以上位之变易知,因为上位到了阴阳转换之时,已经到穷途末路之尽头,阴极之时阳生,正应"穷则变,变则通"。野有旷远之象,与天地之大德相配,是阴阳交合转化之机,也是生出万物之始,确实开出下面的屯,有场域感和孕育的"父母"引出机缘生发的意味,更是事件转化、和合的关键时刻。

阴疑于阳必战,为其嫌于无阳也,故称"龙"焉。犹未离其类也,故称"血"焉。夫玄黄者,天地之杂也,天玄而地黄。

【明译】
阴长到上六,全卦皆阴,为阳气所嫌,肯定会发生争战。因为有阳气不存在的嫌疑,所以爻辞称"龙"。龙有提示阳气存在的作用。又因为没有离开阴的类别,所以爻辞称"血"。阴为血。玄黄是天地混杂的颜色,天是玄色,地是黄色。

【明解】
疑:与"嫌"互文,有嫌疑之意。一读"凝"。终尽极困之境,不变不行,虽然战的前提在"疑",但阴极之时提示阳气必须存在,阴气太盛,被阳气怀疑,导致争战。可见龙战于野也可以说是天地化生万物之始。

此爻指出阴意不可能离开阳意,一旦想排斥阳意,就必然出现艰难与危机。阴意至极,必变阳意,此阴阳交战之时,阴阳混成之境,随之转化。阳力被排斥,有危机感,最后决战。坤阴之意到了无阳的极致,还想继续排除阳意已经是徒劳了,但被迫一战,因为实在不愿意阳意回来,但是意境的极致必生变化,即阴意发展至极,阳意一定回来。

【明意】
乾阳之意不愿意退出。阴柔之坤道本来应该顺应乾道来发动,如果阴意上升到一定程度,怀疑阳意,把阳意排斥在先,让阳意感到危机四伏,则必激发阳意的反击,以致发生争斗和决战。

坤阴之意到了不明了事物客观状态的地步,就可能因心意持守失去分寸而滑向危险的境地。阴意上升到了一个极点,就以为可以除去阳意,自己掌控整个世界。但易理认为,阴主阳从,阴阳颠倒的状态不可能长久,因为坤阴之意取代乾阳之意主事,必然导致矛盾激化。何况这样的想法最多只是一时所想,不可能实化为真实事件。因为阳意从不可能彻底消退,而且一旦阴意以为可以完全排斥阳意,自己主宰,那么阴阳之意会因嫌疑而交战,导致激化矛盾,甚至天地变色。这还是因为易理认为,坤阴之意不具备独立主事的力量,如果意图取代阳意主事,就必然导致阳意的反击,最后还是会迫使阴意退却,这是天道自然运行本然如此。

可见,阴柔之心意若没有阳力的辅助,就一定要离开主导的位置。否则,自以为是一定跟阳意引发生死决战,最后通常都是阴意失败。坤阴之意应当明白领会和处理好自己所在的心意境遇与心意角色,不要随意放任心意的状态,在影响心物交通的过程中产生决定性的作用,在不适合挑战阳意的时候,就应该固守阴柔的姿态,否则就是自取灭亡。

用六:利永贞。
《象》曰:用六永贞,以大终也。

【明译】

用老阴之数六:利于永远持守正道。

《象传》说:用老阴之数六,有利于永久保持贞正的操守,这样才能最终成就坤阴广大的化生之功。

【明解】

用六:从《周易》体例意义上来说,《易》用的数是老阴之数"六"和老阳之数"九";从意义上来说,老阴老阳都是变化之象。乾用九,坤用六,是说明《周易》的占筮体例,用老阳之数九和老阴之数六。在某次具体占筮情况下,哪爻是老阴六或老阳九,就用该爻爻辞下断,而不可去挑选其他爻的爻辞来断。

按《易》之创化原理,乾阳之意主导创始,坤阴之意把这种创始实化成就,"乾知大始,坤作成物"(《系辞》),乾阳之意的作用有如播种,坤阴之意的作用则把种子加以孕育生长出生命。在占筮中,每一卦都是乾阳之意与坤阴之意共同作用而生成的,一卦演成之后就不变了,就以此卦来判断。

【明意】

坤卦用六是坤道阴柔之静正不动以应付变化的世界,以不变应万变,以辅助乾阳之意成就事业。坤阴之意不动的智慧高于动,因为不动反而能够全面判断事物的发展变化,等待时机让事情向有利于自己的方向转化。坤阴之意顺静之道既深且广,因为静顺方能成就大势,方能厚德载物,才能"永贞",即永远保持意念的静顺正道。

三 ䷂ 水雷屯(震下坎上)

宇宙间阴意和阳意随时随地在交流转化之中,但没有心意参与领会,就不可能感悟和领略阴意和阳意交流瞬间的艰难,所以需要意会而得。同理,宇宙的创生非常偶然也异常艰难,正如人的出生也是如此,随着人肉体的出生,精神力和意念随之产生,而贯通宇宙的带有反身性意味的人天之意,即正念的产生和维系并不容易。

把阴意与阳意的交融放在做事上面,会领会到每一件事的开端都不是容易的事情,都如草木初生一样异常艰辛。屯卦为坎(行)宫二世卦,立"意—行"论第三,是意念在艰难危险(坎)之中推进的状态。屯继承乾坤之交而来,说明天地阴阳交流开始之时,其情境充满艰辛,也说明开始的意念成长之艰难,所以刚开始要有极强的心力。世间一切从无中生有,从来不是容易的事情。生长带有集中心力的意思,否则心力不足就无法具备成长的力量。雷雨发动,草木舒张,象征心力背景的开启就是一场心与世界的战争,这战争心初始的力量越大,心意才有萌生和艰难成长的可能。

心力极其强悍,无中生有之中,不断地整合周围人的心意,形成向前带动冲击的心意之合力,这种梳理其他心力的秩序和前进的力量,每时每刻都非常艰难,所以要稳扎稳打,有时候需要沉住气,按部就班。没有足够的心意之力,就不可能影响和带动其他心力。极强的创生心力来自对于心与宇宙的混沌融贯一体的领悟和强烈的冲动,一种极其强烈的心意之力是对意与其全境的虚无的终极性领悟,而无中生有的力量是一种心意通天,在天地间自我主宰的强烈意力。

屯,元亨,利贞。勿用有攸往,利建侯。

《彖》曰:屯,刚柔始交而难生。动乎险中,大亨贞。雷雨之动满盈,天造草昧。宜建侯而不宁。

《象》曰:云雷,屯。君子以经纶。

【明译】

屯卦象征阳意初生,初始亨通,有利于持守正道。阳意初创之期,不利于有所前往,利于像立君建国那样建立秩序。

《彖传》说:屯卦,阳意与阴意开始交感,刚开始化生出阴阳交感之体的过程充满艰难。下卦震为动,上卦坎为险,阳意萌动于艰险之中,想要亨通有利就必须持守正道。震雷动,坎雨聚,雷雨发动,万物复苏,天地充满而丰盈,恰似天地草创之际,万物处于冥昧之中的情状,象征此时适宜调动阳意,封爵建国,努力屯聚力量,才能把不安宁的状态转化为安宁。

《象传》说:上卦坎为云,下卦震为雷,组合成为屯卦。君子在时局初创之际,心意阴阳交接之时,要努力经营筹划,意求有所屯聚。

【明变】

今本《周易》卦序里,屯卦在万物资始的乾阳与万物资生的坤阴之后,有乾刚坤柔相交而艰难诞生之意。屯卦紧接着乾坤两卦,是乾的刚爻与坤的柔爻刚开始交流,万物刚刚生出,还处在初生的危难情境之中。屯卦从临卦变来,临卦二爻和五爻换位变屯卦。

【明解】

屯:读 tún,《广韵》《集韵》:"徒浑切。"《正韵》:"徒孙切。"如九五"屯其膏",人群艰难聚集定居、屯积之义。一读 zhūn,有两个含义:物之初生,刚柔初交;如六二"屯如邅如",困难之义。屯卦是天地始交而难生之象,六十四卦中,天地阴阳之气相交为《泰》,不交为《否》。甲骨文和金文中的"屯",像一颗小草或者树苗之芽出生的样子。《说文》:"屯,难也,象草木之初生,屯然而难。"所以屯是草木初生时脆弱、艰难的形象,而任何事物的新生都充满艰难。因初生尚未伸展开而引申出团聚的意思;进而因万物生长是从无到有,又可以申发出充满之意。天:天地。造:创造。草:初步草创。昧:昏昧。不宁:还未安宁。经纶:经是如理出丝绪般梳理头绪,纶是如编织成物般比类相合。这里是比喻经营组织,治国安民。

《序卦传》说:"有天地,然后万物生焉。盈天地之间唯万物,故受之以屯。屯者,盈也;屯者,万物之始生也。"象征天地的乾阳坤阴具有万物之始的作用和万物之父母的性质。事业刚刚开始,犹如草木初生,根基不稳,不应该急于发展,而要先找到立足之地,逐步地经营发展。"屯者,盈也"说明始生之时要努力有所屯聚。

"屯"象征事物初生的艰难,是《周易》险卦之一。今本《周易》把屯卦作为乾坤之后第一卦的象征意义在于:人生初始于艰困之境,而如何处困是比处顺更重要的人生智慧。《周易》总是在困境中给人以引领与启发、指导与希望,而在顺境中却给人警醒和告诫,让人居安思危,悟通《易》而寡过。危难出生,困难相伴,险难谋动,艰难生长。**如果从十二消息卦讲,应该是临卦六五跟九二换位得屯卦,阳爻"动"入坎"险"之中。**"刚柔始交"应该是乾阳坤阴之气开始流通,虞翻从坎变来之说有点刻意,离开十二消息卦的体系。在不宁的时机,做事业不宁,不可不为也不可妄为,难乎其难,是最难的为。艰难地出生伴随着困难,在险难中艰难地运动,谋求生存和发展,虽然盘桓难进,但发展不已,终至通泰。

下卦震(动),上卦坎(险),震行坎水,是行于水难之中,只能盘桓前进,在险难的情境中运动发展。万物初生都是如此,无论有多大的险难,必须要生出来才能获得生命,才具备发展壮大的初始条件,然后才能各自保持合理的操守亨通发展。事业刚刚开始,犹如草木初生,根基不稳,不应该急于发展,而要先找到立足之地,逐步地经营发展。下卦震(雷),上卦坎(雨),合起来是雷雨发动,上天以雷雨振起滋润,万物生出,生命盈满天地之间。天地在蛮荒中初创,人类还不到安宁的时候,最合宜的是推举建立侯王作为带头人,把人们组织起来,再努力向前发展。君子从云雷大作、万物生长这个卦象中体悟万物初生之道,在家国社群草创之初,要找到一个坚实的公共基石,把大家经营组织起来,努力帮助人们建立秩序,和谐发展。

以屯为乾坤后首卦还说明《周易》是一本讲究建功立业,告诉人们如何把握时机、成就功业的书。所谓经纶,本指梳理丝绪,经是分经,纶是编纶,此处可代思绪,指对事情的梳理和分寸的把握,所以经纶的根本意思就是把握好追求和进取之中的分寸。引申到治理事情上面,经指分工,纶指合作,而如何分工与合作,就是管理者需要把握好的事情。事情纷杂如丝一样难以理顺,人事如织网一般繁复,因此,屯难之根本在于管理分工协作之难,而为了达到管理的目标,就要经纶,也就是组织安排好。在艰难创业的初期,目标是否合理,形势是否允许,都要仔细梳理把握,不可乱了分寸。

【明意】

君子梳理自己的心力,不断整合自己心力与周围其他心意的关系与秩序,如果能够建构一个良好的心意秩序,就可以建构一个正向心意之力的情境,此人天之意之行而实化的建构过程,源初之时就是如屯卦一般建构心意与世界的秩序。屯卦说明人间的秩序来自人为自然立法,人的意识理解宇宙的秩序之后为人的世界建立秩序。换言之,秩序是人心建立的,是人的意识领悟天地的秩序之后模仿来建构的,秩序永远是一种意识的秩序,也永远是意识的建构。

天地蛮荒的时候,是心力发动源生之态,也是需要对心力梳理出秩序的时候。这时,心力最强者往往能够统合他人的心力以形成合力,而对形势构成影响。所谓社会的组织根本上就是心力的梳理能力,有些人能够与他人的心力形成合力,进而整合更多人的心力,有些人则不具有与他人的心力进行整合的能力,所以基本上就只能够从众。心意的联结有利于心力的保持,也能够逐渐影响整个情境,心力的合力会扩展到整个全局,当具有全局性影响的时候,此群体所及,将带动更多人顺应他们的心力而动。

初九:盘桓,利居贞。利建侯。
《象》曰:虽盘桓,志行正也。以贵下贱,大得民也。

【明译】

初九:盘旋,观望、犹豫,有利于居正稳固,有利于封建诸侯。

《象传》说:虽然盘旋观望,犹豫不定,但前进的心愿合乎正道。初九(在卦变中没有动,始终)以高贵的身份谦处卑贱人之下,表示初九心志远大,亲和民众,能够广泛获得民心支持。

【明变】

初九阳爻居正,虽然形势艰难,但心意之力沉稳有力,足以应对艰难的局面,可以建功立业,如临卦九二升入五位而"利建侯"。

【明解】

盘桓:连绵词,盘旋不进、犹豫不决之义。一说"桓"借为"垣",围墙之义。古将"磐桓"看成盘旋之义;从张载之后,又有新解,如磐是大石,桓是大柱,意为国之柱石,与利建侯相应。

屯卦初九主要讲的是徘徊行正,谦下成王。事情刚开始的时候都很难,犹豫不决也很正常。《诚斋易传》认为,初九有才无位,故只利居贞、建侯、得民。确实,初九在互坤(民)之下,阳爻居阴爻之下,强调谦卑而没有强烈有为之企图的状态。初九心志端正,行动方正,如临卦初九小象辞也说:"志行正也。"能够以贵下贱(阳爻为贵,阴爻为贱),自然大得民心,最终应该能够实现踏破前之坎险的志向。

雷(震)动而雨(坎)聚,雷雨发动,万物复苏,天地充满而丰盈。初爻艰难初生,刚明位低,动而有险。初至五互颐,自求口实,说明生发之前需要蓄势而为,心志深藏,固志制动,以谋建万国亲诸侯。利于居正稳固,树立侯王。

高亨不用象辞,他的解法"以大石为墙"如果跟象辞"虽"连起来就显得不够连贯。"志行正也"也是因为初九跟六四正应,所以前进的心愿合乎正道。

【明意】

每一个阴意和阳意交接的时机,在交接的瞬间展示为意念所领会的心物融通之境。每一个交接而有突破的瞬间都是长期积累的阴意遭遇阳意之力积累起来的能量而被突破所形成的局面。屯卦建构人的心意与世界的秩序,这种心意因为从一开始就遭遇了巨大的艰难,所以是犹豫不决的,但建构秩序的心力强旺正向,所以能够逐渐梳理成功。

人之心意本然通天,虽然一来到世界首先是自然人,或者本来就是自然人,但因为总是与他人在一起,心意总是与他心相交织,艰难而危险,所以从无序当中梳理出秩序非常必要。在梳理人心与世界的关系过程中,人没有不盘桓不犹豫的。人首先感觉到的就是外物纷至沓来,世界充满荒诞而不知所措。面对纷繁复杂的世界,人要努力使自己的心意居正稳固,找到一个定盘之针,但这需要一个过程,没有人一开始就能够做到。那些能够很早就以平静态度处世的人,心灵能量非同一般。在心灵成长的过程中,人表现出安静面对事变的态度,通常被称为哲人态度,也就是看透世间事物变幻、不为所动的态度。

这种以心灵的平衡秩序梳理天地阴意与阳意运动秩序的态度带有一种贵族气息,而心灵贵气来自于一种心意通天的特殊平静。心转物而不为物转,就是心灵的高贵状态。反之,心灵的贱则是因为心灵随物转动。当心为物转,则心力消散,就进入心灵相对卑贱的状态。也就是说,心灵的高贵状态能够控制和把握心灵的低贱状态,因为心灵的高贵状态转动事物,而心灵的低贱状态为事物所转。心力的持续需要魄力,心意本然通天,心意与宇宙不断交接,但如何梳理心意与宇宙的秩序,需要一个立足点,不断积累心意的能量以寻求突破。刚开始寻求心意与宇宙秩序的状态中,要谦恭居下,才能汇聚心意,而形成合力。

六二:屯如邅(zhān)如,乘马班如。匪寇,婚媾。女子贞不字,十年乃字。

《象》曰:六二之难,乘刚也。十年乃字,反常也。

【明译】

六二:初创坎坷,徘徊难进,骑马打转彷徨不前。对六二来说,初九不是强盗,而是来求婚的。女子贞定,自守正道,不答应嫁人,十年之后才应许。

《象传》说:六二徘徊难进,是因为柔爻乘驾在刚爻(初九)之上,女子(六二)十年之后才答应嫁人(初九),这是从(本意想阻碍初九的)违反常理的状态回复到常道(顺应初九阳意上升)。

【明变】

六二乘刚又应险,故不利。**乘刚是在卦变中与九五换位乘驾在初九刚爻之上,乘刚为不顺**;应险是应九五于上卦坎(险)之中,又在互艮(阻)之中,有阻于险中,难以前行之象,所以行进非常艰难,骑马打转转。但保持贞固,终有返常之日。"反常"指六二从临卦六五下来,本来不当位,换位后返回常道。

【明解】

屯是困难;邅是回旋。"屯邅"今作"迍邅"。如是形容词词尾,表示状态和样子。班如:"班"用如盘。匪寇,婚媾:匪,非;婚媾,结为婚姻。六二与九五正应,九五在坎中,坎为寇盗。十年乃字:字,训爱,既可指嫁,也可指孕,有生育义。六二与九五中有互艮为阻;又互坤土数为十;下卦为震为反生;故女子贞定自守不生育,十年才能生育(或许嫁)。

马、郑和孔都认为"寇"就是初九。王注:"志在乎五,不从于初。寇,谓初也。"《周易集解》以上坎为"寇",因《说卦》有坎为盗之说。上坎中爻九五与六二正应,有婚媾之象,互坤为十。九五应二被在互艮(阻)中所止住,所以十年之后才同意出嫁比较合理一些。象辞可以理解为六二对九五和初九都违反常规,因为六二到最后没有选择正应九五,而是返回常道,从阻挡初九,到最后终于同意顺应初九,这是非常大的转变。

一说初九要抢九五的爱人六四,三、四要抢着当九五的爱人,也就是三、四要抢六二的爱人九五,按孔颖达解,六三找九五,而九五却要六二,九五想要六四,而六四却要正应初九,而六二面对初九进逼的攻势,犹豫不决,陷入爱的困境,而且迟迟不能答复,但最后为初九所动,彻底委身于初九。

【明意】

人与人之间的心灵沟通和交战是坎坷难进、团团打转的状态。柔爻乘刚表现为柔弱的心力想要控制刚强上升的形势,但基本无效,说明建构心灵意识与宇宙秩序的力量如果足够坚强,阻挡的他心他意就会显得相对脆弱,本来看起来像是强盗挡路,但由于自身心意足够强大,最后都与自己结成婚姻之盟。不但结盟,还终生不渝,十年不改献身之意。这说明,在心意中正的状态中,阴意会顺着强悍的阳意而调整自己的心向。

建构心灵与世界的秩序是艰辛困苦的过程,甚至常常要压抑人的自然欲望,因为人的自然欲望与天下动植物的自然意志一样,虽有其自然秩序,但却是混沌不明的,如果人放任自己的自然欲望,就不可能建构一个心灵与宇宙的秩序。所以人要在顺应心意与宇宙的自然秩序的基础上,带着压抑人自然欲望的努力来建构心灵与宇宙的秩序。比如,人能够建构社会文明,就是不断压抑自然欲望的过程。弗洛伊德在其《文明及其缺憾》中揭示了这样一种道理,那就是文明的产生代表心意与宇宙相通并建立秩序的过程,这个过程与压抑人的本性分不开。儒家强调对人性天然发动状态的主动克制和修为,宋明理学的"存天理灭人欲"也可以理解为为了保持人天之意而需要压抑人性。

无论如何,人主动修正自己的意念而调整心意的发动,有利于达到合乎礼仪与文明的状态。在自然与社会竞争中,失败者的本性被压抑。虽然失败者没有办法施展其自然人性,但成功者在施展其人性的同时,其实也一直压抑其自然人性。可见,人类社会是在对自然人心意的压抑与控制的基础上发展起来的。从某种意义上说,如果没有形成压抑和控制他人自然本性的社会化心念,人类就不可能组成社会。

自由意志与宿命论的问题在于把命运的感受抽象化,以至各有其理,无法说服对方,如果变成信仰系统,则又离开了人的心意当顺应宇宙结构的理性基础。《周易》爻辞的道理告诉我们,爻的时势难以改变,所以有已注定的一面,但爻所代表的心意之力可以调整,人有自控力。此爻(六二)非常典型,在坎坷艰难的形势当中,看到初九上升的意志力无比坚决,本来还想当作盗寇阻挡一下,但最后完全倾心相许,只是犹豫的时间比较久而已。从另一个角度说,心意之力足够强大,将改变世间的阴阳对比,这就是自由意志的体现。只有初九足够强大,六二才会慢慢化解其犹豫与阻碍之心,从开始倾心于初九到最后彻底顺应初九,配合初九强大的人天之意共同前进,一起面对艰难形势,就像两个人结成夫妻,共同面对人生的风雨。

六三:即鹿无虞,惟入于林中,君子几不如舍,往吝。

《象》曰:即鹿无虞,以从禽也。君子舍之,往吝穷也。

【明译】

六三:追逐野鹿,已经挨近,没有虞人作向导,只会盲目钻入深山老林中去。君子见机行事,轻率追踪不如舍弃不追,如果一意孤行,前往易有吝难。

《象传》说:追逐野鹿,已经挨近,没有虞人作向导,还紧追不舍,就是贪图猎物的表现。君子见机行事,马上舍弃,是因为知道穷追不舍定然陷入困境。

【明变】

临变屯,六三未动,但六三之象,从奔跑的(震)鹿(震)动入震(木)坤(众)形成的林中。

【明解】

即:追近,接近,挨近。虞:古代看管山林的官吏,也负责为主人打猎时作向导,也为田猎之时说明礼制规矩约束。几:几微,征兆,事情将要发生之前的微小变化,预示当见机行事。舍:舍弃,舍得。

六三在互艮(山)下互坤(田)之中,又在震(麋鹿)里,有在山下的田野里打猎逐鹿之象。追逐野鹿,已经挨近,却没有向导了。"知几"不如舍弃,"几微"是事情的征兆,应该见机行事,不可贪婪。事情将动未动之几微,一看苗头不对,见好就收。前往有灾难,还会被困在密林之中。不要穷追不舍,该舍要舍,舍不得要出大乱子。

本爻迷路失导,不妙则退。鹿引申之义为心之所欲,而前行有危险,时机并不合适,此时要知道适可而止,不宜过度追名逐利,否则会有危险。想要鹿(禄,引为功名利禄)而不可得,时机不到,而逡巡徘徊,非常形象。

按照象辞,鹿与麓不能相通,所以应该取鹿象。

【明意】

宇宙之间的阴意与阳意时刻发生交流。《周易》通过阴阳爻交流的模式启发人们,人的意识之力足以驾驭看似缥缈无定的几微交接。阴意与阳意交接的瞬间,虽然深不可测,但可以为意念领悟和把握。阴意与阳意交接的几微之动,必处于特定时空条件之中,时空相融不分,空间虚而实之,时间无而有之,实与有皆可以为意识所领会。一切都在时空之中起灭,所以让意识领略阴阳交接的时空,可以力图领会和把握时机的能量。

为了领悟阴意与阳意交接的时空之境,我们需要把握几微的变化。领悟与把握几微,就是领悟与预测事物变化的方向。有时心意遇到难以领悟与驾驭的时机化状态,这时不如暂时放弃直面这种情境。所有的几微变化都是时间与空间交融之境。不仅时间每时每刻流动,空间也在时刻改变。而时间的改变,通过空间的改变进入感官系统;空间的改变,可能一时觉得与时间改变没有明显关系,但空间的任何一点改变都伴随着时间的流逝。可见,时空是一个能量体,几微是微妙莫测的心意与时空交接的能量复合体,是整个情境的集中体现。

时机是时间和空间共在的观念,是一主客合一的观念,如意识到可能的危险处境，主体就主动停止进入这种危险。这说明人有自由意志，足以实化自己的意念，也能操控和调整自己心意以调控周围的情境。意识到将来的危险与可能的危险，不仅仅是一种意念的假设和假想，而且是基于经验（阅读、生存等经验），人可以预想到某种困境可能重演，从而止步不前。人在意念的生起和落下之中，能够有强大的自我意识和操控的能力，这是自由意志改变经验与世界的例证。人的预见性是自由意志的参考，对事物变化的预见性会影响人当下对意念的操控，当形势不明，不如放弃；而当形势明朗，就可以尝试进取。

六四：乘马班如，求婚媾。往吉，无不利。

《象》曰：求而往，明也。

【明译】

六四：骑着马团团打转，犹豫要不要去求婚。如果坚定不移地前往，结果定然吉祥没有不利。

《象传》说：为求婚而坚定不移地去追求（初九），是明智的选择。

【明变】

乾一索得震而为作足马，先在互震（马）之中，卦变之后乘驾在下震（马）之上，又在上坎（马）之下。"往"为核心，"往"表示六四应该主动而且明确地追求初九，虽然六四顺承于九五，但九五心属六二，故六四当舍五从初。

【明解】

六四在上卦坎中，屯卦是水流坎中打旋之象，所以是骑着马团团打转，说明屯难尚未解除。又六四是阴爻，正应于初九，可以求而喜结连理。"求婚媾"是六四向初九求，初九是"利建侯"，意味着打好内在根基，只有这样才能"往吉，无不利"。一说"明"有日月之阴阳结合之义，带有求而得孕之结果。

【明意】

六四舍五从初是明了形势而重新给自己的心态定位，因为六四的心意原本如骑马打转一样，不知道要往哪里去。六四的心意本来顺承九五，状态不错，可是因为九五正应六二，六四在犹豫盘桓很久之后，才渐渐明了局势，也就是六四的心意之境与客观的形势之境相通而明，从而做出了明智的选择。人在对于婚姻这样阴意与阳意交流而社会化的重大选择之前，心意不宁，好像骑马团团打转，表示心力要不断发动和试探，希望能够穿透事情的表象，努力达到社会化的预期，如合家欢乐、白头到老等等，但这种心力与事情的融通预期又不能单纯通过心意力量的实验本身来达成，必须通过现实客观情境的评估来评判。

这一爻的"往"再一次说明，《周易》是强调自由意志的，但自由意志不是简单纯粹的自由而已，而是在对情境有明确理解和把握之后的理性的自由选择。这样的实化意念才是明智的。君子实化自己意念的每一个瞬间都明智地通达于全境，但小人实化意念只为了自己的欲望，所以不明而小。

九五：屯其膏，小贞，吉；大贞，凶。

《象》曰：屯其膏，施未光也。

【明译】

九五：（屯难之时）屯聚了一点膏泽能量，此时如果心意弱小而持守，做事就吉祥；心意如果强大而正固，就会有凶险。

《象传》说：屯聚了一点膏泽能量，是心意不能施布广泛。

【明变】

九五在卦变中从临卦的二位（在兑［泽，膏泽］里）上升到五位后入坎（水）之中，有大泽之水蒸发成为团团云气却不降雨之象，所以说膏泽和能量屯聚在高处，但是施布不广，因为一来九五有私心，不愿意施布广远；二来客观条件限制了广泛施布。因为九五应于六二，六二得到九五的恩泽，说明九五天子心有所私，不愿广布恩泽。

【明解】

屯：读tún，义为囤聚。膏：膏泽、油脂，引申为恩泽、恩惠。贞：有三义，一、持守，守正；二、占卜；三、收藏（能量）。九五在屯难的局面里，形势依然艰险，所以虽然聚集了一些恩泽能量，却还没有到论功行赏、施布恩泽的时刻，这时候虽然可以说，占卜小事好，大事不好，或只有六二好，其他都不好，但占卜结果与事情大小没有一定的必然关系。所以应该理解为，九五之君身处险难之中，当心意持雌示弱，持守不失而转危为安；如果刚刚囤聚了一点膏泽就心志强悍，这样持续就会转聚为失。此爻意味着恩泽有私不能周遍，屯难之时宁小勿大。

【明意】

云气收敛，意味着恩泽有所聚，但没有到施布的时候，因为形势艰难，不可掉以轻心，还要小心持守自己的能量，虽然到了九五，似乎有位，但仍要以柔小的心意应对艰难的情境,而不可以刚强健壮的心意来面对全局。显然,在艰难时势当中,就算身居九五有些能量,但心意不可有一刻舒展,需要大而小之,小心翼翼地持守自己的心意状态,以谦柔弱小的心意面对危机,这样即使不能施布广泛,也尚可转危为安。可见,吸收能量储备的过程,是一个小心地把心意持守而转化的过程,在艰难持守之中,储备一点点能量都不容易,意念之行需要小心地护持这种意识能量,持守住自己的实力。

上六:乘马班如,泣血涟如。

《象》曰:泣血涟如,何可长也?

【明译】

上六:骑在马上,盘旋徘徊,血泪涟涟,十分凄惨。

《象传》说:穷途末路,泪干泣血,凄惨至极,这种惨状怎么可能长久维持呢?

【明变】

卦变之后上六乘在坎(马)震(马)之上,随马奔逐,如水涡旋进,危机四伏,惊险连连,难以长久。

【明解】

"乘马"是乘刚之象,之所以盘旋不进,因为一方面处坎陷之极,一方面虽然和九五相近,但九五小气,"屯其膏",不把好处让给别人,所以上六就很艰难,血泪涟涟,十分凄惨。屯卦上卦为坎(血)。上六敌应"君子几不如舍"的六三,可谓完全没有应与相合之象,君子改过,阴爻变阳,卦象就变成阴阳相交的水火既济卦,伏离(目),互艮(手),有以手拭目流血之象。可见,九五屯聚膏泽,上六泣血无奈,上六在穷途末路之时,绝望无路,先流泪,再流血。象辞说得更加直白,泪干泣血,凄惨至极,这种惨状怎么可能长久维持呢?

【明意】

九五有所聚,就算是心意在宇宙之间有所建立,在艰难之中梳理和建立自意与天地自然之意之间的秩序,但心意上还要守弱居小。上六是九五屯难之中建构有成之后还要冒进之象,本来就很艰难,有所屯聚已经非常不易(故在屯[zhūn]难之时而有所屯[tún]聚),此时如果心念过刚过大,就走到上六之境地了,这与乾上九坤上六之象完全对应,所以警示世人,五位已经达到最完美的成事状态了,此时必须非常谨慎小心才能持守屯积的能量,一旦过了,就可能会重回初始状态,不但要继续徘徊,而且陷入血泪涟涟的凄惨境地。

上六的警示在于,应对艰难形势稍有不慎就可能覆灭初创的雄心壮志,而且心意的持守时时刻刻都要明智而有分寸,不可不知有所聚已达到极致和幸运的状态,一旦过刚过强,艰难的形势马上表现出吞没初创心意的一面,让自己万劫不复。一旦进入这种艰难状态,原先囤聚的能量就会被迅速打散,很难保持长久。

四 ䷃ 山水蒙(坎下艮上)

从意向的角度说,人的意向指向各种各样的意缘,但意向所及之缘可能被蒙住,就不知道何意为正确正当的意向之缘。而受教育者、受启蒙者通过顺应启蒙者,可能找到自己内心本有的潜能所及的意缘之方向。教育让学生们找到合适的意向,也就知道如何控制和驾驭人的缘分。教育的根本在于教会人控制意念的方向,驾驭人生的"缘"分,包括自己与他人、他心的"缘",以及与他物的"缘"。蒙卦为离(向)宫四世卦,立"意—向"论第五,先天八卦后接震(缘)宫,后天八卦从震宫意缘经意识而意向。每个人在论及人生未定的"缘"面前,通常都深感困惑,这就是一开始就被蒙住,找不到意向的感觉。但有先知先觉的圣人,能够通达缘分于阴阳未分之前,从而建立教育的系统,以引导常人的意向,让常人得以遵从。

蒙,亨。匪我求童蒙,童蒙求我。初筮告,再三渎,渎则不告。利贞。

《彖》曰:蒙,山下有险,险而止,蒙。蒙亨,以亨行时中也。匪我求童蒙,童蒙求我,志应也。初筮告,以刚中也。再三渎,渎则不告,渎蒙也。蒙以养正,圣功也。

《象》曰:山下出泉,蒙。君子以果行育德。

【明译】

蒙卦象征因困蒙而启蒙。不是我(施教者)去求被蒙住的儿童(受教者),而是被蒙者来请教启蒙者。师道如同占筮之道,初次占筮,可以有问必答;但被蒙者一而再、再而三地问同样的问题就是亵渎和轻侮启蒙者,就如同再三占筮亵渎神灵一样(表示被蒙者缺乏应有的恭敬之心),既然如此,启蒙者就不必继续回答他了。有利于启蒙者和被蒙者都保持贞正的心意状态。

《彖传》说:蒙卦的组合是上艮下坎,艮为山,坎为险,卦象是山下有险。艮又为止,遇险而止,不知该怎么办,蒙住了。蒙卦说明通过启蒙,能够亨通顺利,是因为施教双方都奉行中正之道,启蒙者适可而止,受教者心怀诚意,都能够顺应时势。不是我去求童蒙而是童蒙来求我,是因为九二与六五是应爻,心意相互呼应。初次占筮可以告诉被蒙者,是因为九二是刚爻又在中位,具备中庸之道又刚毅能断,有施教的能力,故可告。一而再、再而三地占筮,是一种糊涂的做法,既蒙昧又亵渎,当然不能告诉被蒙者。蒙卦揭示出被蒙者从蒙昧状态出发培养正道的可能性,存在能够开发被蒙者使之修养成为圣人的功夫。

《象传》说:上卦艮为山,下卦坎为水,卦象是山下流出泉水,这就是蒙卦。山泉清纯不杂,流出后汇为江河,虽然蒙昧不知流向何处,但显示出果敢向前的勇气。君子看这个卦象要反求诸己,培养自己的道德要从真纯清澈开始,以果敢的行为由小而大积累成圣功。

【明变】

蒙卦由观卦变来,观的九五与六二交换了位置变蒙,蒙卦主爻的九二从观卦的五位(上卦中位)卦变后来到二位(下卦中位),始终在中道运行且心志相应,观卦下坤变坎,有水流土中而通蒙之象。上五爻为大离(龟),大离是宝龟(参损卦六五、益卦六二),下坎(法、筮),故可用于占筮。

【明解】

蒙:蒙住;启蒙,解蔽。蒙的本义为缠绕覆盖草本植物的菟丝草,无叶,以刺入植物之茎,吸收营养成分而成长,故菟丝草为弟子,草本植物为师。一说"蒙"通"萌",幼稚之义,蒙者需要教化,而不成熟的师、未开化的生都是启蒙的对象。我:开蒙者、启蒙者、施教者、老师。筮:古代学习的一种方式,不仅仅是狭义的占卜。再:两次。渎:轻慢,对他人不尊重、不严肃的态度。果行:果敢行动。育德:培育道德。圣功:古人认为,人悟道成圣之后行为会返回初始的自然状态。儿童没有太多成见与偏执,比成人天真,所以修炼圣功比较容易。

屯卦是在艰难中力求屯聚心力,蒙卦更是在险难面前给蒙住了,之后经过师(下五爻有师象)的启蒙而明了局势,找到心意生发的合适方向。对被蒙者来说,在困境中遇到一个启蒙者如有天意,所以当充分尊重和珍惜天意的引领,不可如再三占卜亵渎神灵那样亵渎启蒙者。

蒙卦主要讲蒙童稚子求学,果行育德以教。《序卦》说:"物生必蒙,故受之以蒙。蒙者,蒙也,物之稚也。"第一个"蒙"通"萌",有幼稚之义,与最后的"稚"相呼应,因此,《序卦》突出《蒙》的幼稚之义。

蒙卦强调学生学习的主动性。学生被蒙住了,不知出路,找不到意念的合适方向,所以要卜筮,以求心灵的正确方向。但卜筮要求心诚,通过卜筮之喻要求人在险难面前要心意专诚,才能心开悟解,走出蒙难的困境。被蒙者从心意上当顺从启蒙者,被蒙者(六五)心意之真纯诚正是能够被启蒙的前提,没有这个先验(进入启蒙经验之前的)前提,被蒙者无法被启蒙。也就是说,只要被蒙者态度不尊重启蒙者(九二),那么他们就不能被启蒙。心意的真诚与纯正既是被启蒙的条件,又是走出蒙困之境的前提。蒙的关键是开显内心的潜质,也可以改变意识的方向,从外境中汲取能量为己所用,找到新的方向。

"初筮告,再三渎,渎则不告,利贞。"此处的"告"帛书为"吉",所以传世文献与出土文献有所不同。今本的通义是:初次占筮会得到较为准确的信息,反复(就一件事情)占问则是一种亵渎天象的行为,既然已经亵渎,就难以获得上天的认可,也就难有明确的结果。帛书大意是:初次占筮是吉祥的,(就一个问题)反复占筮是亵渎性的行为,亵渎神灵是不吉利的。帛书与今本二者的区别主要在于对于反复占问后的亵渎定罪不一,今本认为这样只是难以获得准确信息,而帛书直接将这种亵渎性行为与凶险相关联。

"蒙以养正"是蒙卦的核心思想,即教育的核心在于从意念发端处涵养正意,实化为正念,从而引导学生们的意念自然进入正道。如果意念从一开始不能经过反思性的启蒙教育得到涵养,正意正心得不到培育,就会走向邪路,从而使得教育的努力功亏一篑。

"山下有险"指的是蒙卦卦象上卦是艮(山),下卦是坎(险),既是山下有险,也是遇险当止之象。《象传》认为,如果想要实现"亨"通,则必然需要时中,这里的时实际是时空两重含义,中则读为"zhòng",指向时空之中合理的位置。《周易》认为,只有我们的行为在时间上与空间中都是合理恰当的,才能实现所谓"亨",亨所注重的"有序"不是指事物有序,而是指的我们的意念和行为合乎自然之理序,因为自然的理序是先验和客观的,我们虽然有主观的能动性,但是因为人力的有限性,我们面对自然理序就应该选择领悟和顺从。自然是人最原本的老师,心意的秩序归根结底来自自然之序,如果被内心的私欲蒙住而不能领悟天道,就无法开蒙。所以启蒙从来都是主动让自己的心意与天道自然之意相通的努力。

【明意】

人来到世界上,刚开始都是蒙昧的、易被蒙住的,也是幼稚的,意念的初生都无理由,无原因,但随着人的意念介入周围人的意念之境,启蒙者的意念能够起着塑造蒙昧者意念情境之作用。蒙也意味着人意念境遇的新生。很多时候,人虽然成长了,但总觉得自己还很幼稚,很蒙昧。意识境遇可以每时每刻刷新，通过教育者启蒙找到新的方向，心灵状态可以每时每刻都是新的。

儒释道亦哲学亦宗教，更是教育理论，都教人驾驭人生缘分的意念方向，可以帮助蒙昧中人端正立身处世的思想与行为，引领他们开悟，从而避免在人生复杂的关系和幻起幻灭的缘分当中迷失自我。

初六：发蒙，利用刑人，用说桎梏，以往吝。
《象》曰：利用刑人，以正法也。

【明译】

初六：对蒙昧的开发教育，最好的办法是主动树立楷模，用以脱去刑具桎梏。如果放任自流，或者急于求成，就可能遭遇吝难。

《象传》说：用树立模范的办法，对人进行处罚教育，是为了端正法规，以便遵循。

【明变】

人的意识在山下有险的境遇中，一开始被蒙住了。初爻就想脱蒙出险，故"发蒙"以试图脱蒙之险。吊诡的是，卦变中九五下到二位，坤（土）变坎（水，险）如地震突然发生，好像逼迫灾民突然入于刑具之中，只是刚爻有力，入险又试图带领初爻脱险，树立水平的标准和楷模，就是脱蒙之险的智慧和谋略。

【明解】

发蒙：启发蒙稚之人。刑人：让人的心意端正，方向正确。"刑"通"型"，以刑正人，按照某种模型模式来塑造和培养人。说：通"脱"，摆脱束缚。桎梏：桎，脚枷，梏，手枷；皆为古代刑具。吝：好坏之间，偏向坏的状态；一说法律之吝，弊端。正法：心意正确的分寸为法，或行为正当为法。意念从此有了正确的方向，模仿是寻找正确方向的开始。

此爻主要讲明刑立矩，正法发蒙。强调的是树立楷模，以身作则，这样才能以主动之心意主动开发被蒙者的心意状态。人都有模仿的倾向，给被蒙住的人和迷途中的人树立榜样，有助于人们通过模仿来学习。

人受教育之后，知道遵守规矩，可摆脱刑具加身的灾害。在教育初始阶段，本爻强调要使用律法、戒条甚至刑律，这与传统儒家德治优先的思想其实有所不同。本爻认为启蒙阶段要树立规矩和规范，引申为遵守律法和刑罚，同时意味着法治相比于德治有优势，比较快速，也更齐准。所以此爻的倾向是，纪律约束比德行教化的效果明显，见效迅速。

只有去除人们的思想枷锁，才能帮助人们明确人生的方向。中西历史上皆有启蒙运动,都是为了破除民众心灵的枷锁。摆脱刑具的束缚是为了避免因行为上的失误而犯错误,有限制而改变人意识能量的意义。两者相比可见思想的迷茫比行为的错失更为严重。只有人突破自己的心灵束缚,端正自己的心意方向,才能真正避开外在刑法的约束,真正实化自己的意念而做正确的选择,主宰自己的命运。

通过教育让蒙童避免牢狱之灾是底线伦理的要求。"桎梏"有思维之限制和环境之制约的意思,所以脱去桎梏是先突破思维束缚,进而克服环境的制约,实现对命运的自我主宰。

【明意】

如果任由被启蒙者自然生长而不加引导,就可能违背规范刑法而被惩罚,或者急于求成,在教学过程之中拔苗助长,急功近利,败坏被蒙者的心性而导致其不能成才,所以被迫接受惩戒,是二者皆违背启蒙的本意。

启蒙教育之模型是一个对他者的认知与内化过程。父母老师作为被模仿的对象,希望蒙昧的孩童学习模仿。当然,这有明显希望孩童成长为某一类型的人的意思在里面。儒家希望学生能够"止于至善",将心向集中在最高善的方向上,从而脱离错误的心向,免于灾难。孩子在模仿之中控制自己的心念,这是教育的根基。那种发泄、导引式的教育不能说没有道理,但那是后天功夫,效果并不显著,而且心向一旦发动,就很难停止,除非学会自我控制。

教会学生于未发之前控制意念,其实是教育的真义。意境的塑造是人格塑造的根本。正法不仅仅是行为合法,更重要的是心意的合理合法。人如果依蒙昧之心而动,缘发而无可控制,就容易走向邪途,邪缘一个接一个,甚至可能万劫不复。此无名之心,或者基督教所谓原罪,也就是人心自然蒙昧,需要启蒙,自我开化,从而在意缘发动之端点,即行有效把握。性与缘的关系很微妙,没有性,缘就不可能开始,作为个体存在及其生命历程的可能性就都没有;没有缘这些外在变幻的条件,则性无法独存于虚空之中,也就是说,性是通过各种"缘在"的条件表达出来的。可以这样说,命就是个体存在的历程,是生命发展的过程,而命的表现方式不是一种区域性的、延时性的状态,而是通过内在的性与外在的"缘在"状态延伸出来的。

从文化的角度来说,启蒙是欧洲文化的核心主题之一,也曾经是中国近代文化转型的重要主题,二者的假设前提是之前的文化处于蒙昧状态,需要借助先进文化来启蒙,从而走出新的意识方向。蒙昧是封闭、闭塞的同义词,而先进文化的启蒙意味着时代开启新文化方向。

九二:包蒙,吉。纳妇,吉。子克家。

《象》曰:子克家,刚柔接也。

【明译】

九二:启蒙者能够广泛地包容蒙昧的人,当然是吉祥的。正如家里娶了好媳妇是吉祥的一样,教出来的儿子能持家。

《象传》说:这样包容的老师教出来的儿子将来能持家,说明刚爻(九二)能够胜任领导柔爻(初六、六三、六四、六五)的职责,而且九二在互震(长子)里,故可持家,犹如家长刚柔节制适当。

【明变】

观九五降二而成蒙卦九二,处于卦内,以刚爻来接柔爻,两爻相亲而各得中。故言"接"。九二刚健处中,如卦主统治群阴,刚柔相济。

【明解】

包蒙:九二是全卦的主爻,上下有四个柔爻包围,刚明能断,可包容蒙昧的人。纳妇:九二与六五阴阳正应。克:能,因为二位是大夫位,古代封建制诸侯有国,大夫有家,所以九二能统领众阴。

爻辞取三象:开蒙之师,纳妇之夫,克家之子,各有包容众生、妻贤有福、儿子持家之吉象。也就是包容含纳众多蒙童,犹如纳妇,可能多娶,而有众星捧月之象而吉利。又九二以阳爻居阴位,以刚居柔,是刚而有节、刚毅亲和之义,在处世上有包容之心,能居下位而任上事,有其德而当其事,于蒙昧局势中犹如中流砥柱一般。从教学启蒙上讲,九二是老师卦主,而六五是学生卦主,在蒙卦当中,需要学生主动学习,可以说六五学生为实际的卦主,而老师(九二)需要有好的学生(六五)才能衬托出老师的高明。

九二处理了师生、夫妇、父子等多重关系,这些关系都是把握人心意与他人心意之间的意缘,其核心在于刚柔相接。主动的心意属刚,被动的心意属柔,要如何用主动的心意驾驭被动的心意,这是心意主体能够自我控制和驾驭的。换言之,意让人们用心意之刚驾驭情境之柔,或者让心意处于一种刚的时势,以驾驭柔的情境。九二作为开蒙者能广容蒙者而不拒斥,对于来求发蒙的人统统都接纳教育之。克是能够,就是儿子能持家。下卦是老师,上卦是学生,三种老师对应三种学生。九二在互震(长子)中,以阳爻居阴位,以刚居柔,这本身就是刚而有节之象。

【明意】

九二处理了师生、夫妇、父子等多重关系,这些关系可谓人类生活的基础状态,是人与世界发生完整关系的基石,更是人与他人长久缘分的聚合。爻辞通过"包""纳""克"来说明人应该采取的都是人与他人发生关系的姿态,是对人与他人之间缘分的把握,是对人自然与他人发生关系的某种状态的描述和领会,而这种关系的发生之根本在于刚柔相济,而不是刚柔不接。无论心向有何种力量,都需要与不同的宇宙和人心能量发生交流。

教育在于培养开放的心胸,而且是有把握、有控制力的心胸,能够主动、顺利地让心灵的力量与他者发生关系。"克家"说明一个人有持家的心意,能够包容接纳,否则心意不能持家,不能驾驭其他关系,也就不可能持续心与他心的"意缘",在驾驭中把握好意念的方向。

六三:勿用取女,见金夫,不有躬。无攸利。

《象》曰:勿用取女,行不顺也。

【明译】

六三:不能娶这样的女子,见到有财势的美男子就会不守妇道,娶她没有好处。

《象传》说:不能娶这样的女子,因为她的行为不顺合礼节(六三阴爻乘刚)。

【明变】

六三在卦变中未动,本与上九正应,应与上九结婚,但看到九二是全卦众阴之主,众星捧月,势众富有,六三阴爻居阳位不正,贪慕财势,见利忘义,悦随九二,乱了分寸,也就是六三会拜金失身,乱伦失据,最终没有理想的结局。

【明解】

金夫:有钱有势的男子,指九二。在这样的理解中,是以伦常之中的男女之礼来教化,与九二不同之处在于,九二指向美好姻缘,六三指向乱伦的姻缘。

在蒙卦里,六三代表没有师德的教师,见到金钱与权势就低头,忘了人师应该是有教无类的老师。

【明意】

人与世界的缘分,不仅仅是与人的缘分,也是与人的附属物的缘分。阶层的存在,首先是人的物质生活的差异,社会的确依各种身外之物分出阶层,就难免有人看中身外之物重于人心本身发动的力量。但如果一个人看中其他人的附属物重于此人本身,那就没有把人与人的关系建立在人与人心灵的沟通上,而是建立在人与物的附属关系上。如果心灵看重人的附属品而不是人心本身,那就偏离了教育当涵养人心意的初衷。

心意本应该注意与他心发生关系的原点,在发动的瞬间加以把握。爻辞强调心灵之间的感通,反对心灵对心外之物的执着与看重。心意死于物质,如果心意发动止于身外之物,心意即物化僵化,这是教育的失败。心意逐物即死于物,心意当与他心活泼感应方能生生不息。六三的"失身"状态代表情感或者欲望发动之时,不能自我控制身体的私心和欲望,理智相对于情感处于失控状态,这时候的意念之行是不顺的。

六四:困蒙,吝。

《象》曰:困蒙之吝,独远实也。

【明译】

六四:被困在蒙昧中,犹如陷入困境之中。

《象传》说:六四在蒙卦里,只能是"困蒙",因为六四是阴爻中唯一与刚爻毫无关系的,只有它远离刚(实)爻,犹如远离良师益友的指教。

【明变】

六四在卦变中未动。全卦四个阴爻,初六与九二相比,六三有上九正应,六五与九二正应,只有六四既无依无靠又无应援,客观上离刚爻最远,主观上又不努力寻求良师益友的指导。

【明解】

六四远离师长,不得指教,还自暴自弃,停留在蒙昧的状态而不前进,所以必然会出现不太有利的情况。《易》以阳爻为实,阴爻为虚。如果自己不求良师益友的帮助,就会走入困境,被蒙住,没有人指导,也没有人帮忙,进而会有危难。自己离得远,反正没有机会,也就不去寻求指点,不努力去争取他人帮助,所以有点自暴自弃的味道。当然,相比之下,六四因为位置关系,很难争得过其他阴爻,所以比较失望伤心,只有放任自流,又可以说自我困住。

在师生关系中,六四属于无可救药的学生,自己蒙住了,不知道自己要学什么,不知道要怎么学,也属于没有学习兴趣的学生,自己蒙住之后,就是名师也拿他没有办法。既有客观上离师长的助力远的外因,又有自己感觉无论如何努力都比不过周围的竞争者的内因,反正局面是又困又难,既然实在突破不了,就索性沉沦下去。此时唯有等待大局发生改变。

屯卦六三"即鹿无虞,唯入于林中"是自己看不清,而这里是困,被困住无可奈何,难以解脱。六四孤立无援,又被蒙住,也就被困住了。

【明意】

从正面的角度来理解六四,那就是六四之困在于心意之困,而且无法借助外缘脱困,此时不可为自己孤独而自暴自弃,要自本自为,自发自根,自作心意的主宰,等待局势的改变,才可能有新的意识方向。

人生来在蒙昧之中,处于柔弱的地位,需要刚强的力量来引导,如果没有刚强的力量,一个人就只能长久处在蒙昧之中。一个人努力改变蒙昧状态之后仍然无法达到的高度,或者一个人对于某一种状态的限度,就一个人的人生尺度来说就是命。至于是否命定,这并不重要;固然有相当一部分命定的成分,但把自己的限度都归于命定,则可能归于宿命论,这样看来,宿命论不过是一种态度,而积极有为,不相信宿命,也是一种态度。

六五:童蒙,吉。

《象》曰:童蒙之吉,顺以巽也。

【明译】

六五:蒙昧之人如儿童一般虚心向老师求教,这是吉祥的。

《象传》说:蒙童虚心向老师求教的这种吉祥状态,是因为柔顺进入中位,犹如受教者虚心学习,如和风顺应循循善诱的施教者。

【明变】

象辞"顺以巽也"是从象上说,蒙卦由观变来,观卦上巽(入)下坤(顺)。六五从下卦中位升到上卦中位,始终没有离开中正之位,故能养成圣功。另据观六二顺升到五位成蒙,原观卦上巽下坤,变蒙上巽变互坤,都是"顺以巽也"之意。

【明解】

六五主要讲的是柔顺善学,了道入圣,学际天人。蒙不仅仅是启蒙知识,更重要的是启蒙天道。天道要用生命去打通,文化之道要用生命去承担,任重而道远。"无咎"之难,犹如中道之难,如教《周易》之难,就难在教学生领悟天道。

从取义上说,"顺以巽"是巽为入,受教者虚心学习,施教者谆谆善诱,这是柔顺地进入中位接受教育的良好状态;从义理上说,是受教者虚心学习,如和风顺应循循善诱的施教者。观卦偏政,蒙卦偏教,政教相通,今天这个传统还保持着。

【明意】

蒙卦是修性之卦,而修性的核心是心意结构的启蒙与建构,对于被启蒙者而言,谦虚顺应启蒙者就能吉祥。谦虚顺应是性之倾向流露的状态,而指向未来的结构就是命。

性命是一个统一的体系,人有其限定性,但人还有超越其既有限定的能力和可能性。儒家认为,"诚身""尽心"是实现本性、让本性得以合理展开的功夫。当然,如果作为一个自然人没有这种功夫的话,人也可以自然地活一辈子,但这是没有意义的一辈子,或者说,是没有自明意义的一辈子:不了解自己是谁,不知道自己为什么活着。所以儒家认为,人从儿童时代就需要启蒙,这样就知道哪些是比较合适的心意状态,并试图保持这种心意状态。

归根结底,人要从内心缘分发动来把握人与世界的关系。儒家教化思路是,希望孩子从小记住成人和历史的智慧,长大之后自己理解消化,让他们很早就得到启蒙,今后自己反思如何思考,如何行事。当然,这种教化的过程往往忽视人是一个复杂的机体,人对某一种心向的执着和认同往往需要一定的生活经验为基础。但不管怎样,早期启蒙如果能够"顺以巽也",那么后期发展就有良好的基础,给意念发动开启开放而有意义的方向。

上九:击蒙,不利为寇,利御寇。

《象》曰:利用御寇,上下顺也。

【明译】

上九:用打骂责罚的方式启蒙,但不能像做寇盗那种方式来毒打受教者,而应该采取抵御寇盗那种谨慎小心的态度才有利。

《象传》说:采取抵御寇盗那种谨慎小心的态度(如果蒙童没有恰当启蒙将来就可能成为强盗,要防止把蒙童教成未来的强盗)才有利,这样施教者和受教者双方的关系才能够理顺(上九在全卦上位,下有互坤,坤为顺)。

【明变】

上九在卦变中未动。从象上说,上九是刚爻,位置亢极,在上卦艮(手)里,大局蒙昧,就刚暴地用手来"击蒙"了。

【明解】

击蒙:用较为严苛的态度对待学生,如棒喝、体罚、戒尺击蒙等。上九应的六三在下卦坎(寇盗)中,六三就近随悦九二,不应上九,所以上九不利于跟坎

(寇)一起,而"利御寇",反而利于非常小心地来防范盗寇。

上九是教育老师的,说明驾驭学生的师道分寸难乎其难。上九在蒙之极致,需要别人干预才能启蒙他。此时特别需要讲究方式方法,稍有不慎,儿童的蒙昧打不开,就真的可能发展成为未来的强盗了,所以要非常小心才行。从施教者的角度,如果不小心教学方法,自己过分残暴,就成为强盗了。所以既要防止孩子成为强盗,也要防止老师成为强盗,而不教不行,没好好教也不行,最终强调教学的中道。

上九是个不太成熟的、过刚的老师,用较为严苛的态度对待学生,遇到的学生六三又不靠谱(跟九二跑了),所以要"击蒙"。上九气急败坏地打了学生六三,本来是想打回来,但这个打的分寸太难把握了。爻辞说"不利为寇",就是不可像强盗打人那种打法,那么学生一被打就赶紧逃命去了,而应该说是"利御寇",就是用非常小心地、抵抗强盗的心态去打学生,那就要见好就收,那样学生能够知错就改,打的目的也就可能达到了。"利为寇"和"利御寇"是"击蒙"的两种方式,前者是过度了,后者则是"御",犹如"防卫性的击打",即自身更为谨慎小心,有引导性地防卫之意。一说"御寇"是修文德以来之,即通过提高自身,让学生主动学习,这样驾驭的"御"就兼有引导和强制意,通过提升自己而高明地驾驭学生。

从老师的角度说,是坏学生启发了老师如何教育的分寸感,这种分寸感是老师在教学过程中教学相长,提升自己驾驭心灵分寸的能力。老师要通过驾驭自己心灵的分寸来驾驭学生。因此,蒙卦最后一个爻位是教育老师的,是学生们帮助老师不断调整教书育人的合适分寸,而"御"更重要的含义其实是驾驭心灵的分寸感。

【明意】

经文中虽然多处出现如何应付盗寇,但从来没有让我们真的去打强盗,都是要通过驾驭自己的心灵来驾驭他人。教育过程之中,当一个学生需要老师去打击的时候,最能看出老师驾驭自己心意的功夫:需要合适的意量和意向,因循学生,如引诱强盗一般,此中之道即"击蒙"之道,如"产婆术"一般。这里教老师把握好击蒙之道:有时需要棒喝,前提是学生有悟性,没悟性就是打了也不能开悟,反而残废了。可见,把握化蒙的度是为师之艺术,而且击蒙需要很高的师技,即合适地惩罚学生需要技巧。

在教育现代化的今天,虽然肉体的打击,如体罚等作为教育的方式被否定了,但心灵的打击作为教育的方式并不容否定,而且也仍然有效。甚至有些时候,心灵的打击比肉体的打击更加残酷,因为持久并会留下阴影,难以除去,有时甚至是终身的。即使教育者不主动从心灵上打击受教育者,受教育者经历种种人生事件,也往往难以免除打击的残酷性。无论是肉体的打击还是心灵的打击,目的都在于改变对象的心灵发展倾向,避免其肉体以及因为肉体所能调动的气息和心向朝教化者不喜欢的方向发展。

古人认为,打的方式,如体罚是有一定的作用的,毕竟沿用千年,多少还是传统教育的一部分。打的目的是要求受教者由不顺从变得顺从,其实就是教化者要求受教者改变意向和意缘的把握方式,从对某些缘分的不顺应,改变成为对某些缘分的顺应,甚至主动接受。这毕竟是"修道之谓教"的一部分,帮助受教者修道。从另外一个角度讲,古人相信肉体的惩罚能够带来心灵缘动状态的变化,而且受教者的心意可以记得这种变化。上九说明心灵打击的分寸比肉体打击更加难以把握,但心灵的惩罚相对更加可取,只是需要恰到好处。

蒙卦在于改变意缘的方向,即己意与他意的缘分,说明一个教育者改变他人心意的方向如何可能。首先受教育者要心诚谦虚,否则免谈;其次教育要因材施教,适时施教,也就是有强大的驾驭自己内心意念的能力,才能改变受教育者的他心。可见,教育致力于改变他人心意的过程,尤其是养心上正路,其实是一门高超的实践艺术。

五 ䷄ 水天需（乾下坎上）

需乃等待之义，前有险而等待，是识时务等待之意境。需是内心刚健有乾天之义，能够渡过困难的阻碍。需卦为坤（境）宫游魂卦，立意境论第七。心意通天的君子看到时机不成熟，就继续保持等待的意境。可见，需卦鼓励人们刚健地追求需要，但要清醒地意识到追求需要的过程其实处处与风险为伴。人生而有需要，也生来就在等待中。人的需要不可能马上实现，而且需要只能在等待中实现。有些人知道如何通过等待实现需要，有些人在等待中错失实现需要的时机。所以，如何思考需要和等待之间的关系就成为一门控制意念的艺术，如何在等待的过程当中实现需要也需要制意有术。有些人在等待中，意识紊乱，精神错乱，因为无法控制等待的过程，即使需要在被实现的过程中，心志也难以控制。应该说，等待之艺术的主旨就是节制和忍耐，也就是知道哪些意识合理地指向自己想要实现的需要，而哪些意识其实有悖于实现自己的需要，因此要节制，要调节忍耐。否则，一旦欲望高涨，迷失心志，人们内心真正的需要反而不可能实现。

人因需要而等待，期待局势朝着有利于自己的方向发展，应同时意识到自己与他人的需要。他人的需要如阳明"岩中花树"般，作为寂静无声、非意不显的意识背景显现在自己的意识中。要在明确个人心意需要的基础上，处理好人心与情境之间的分寸，在等待中判断，在判断中适时调整自己的心意发动的分寸。人的意识当中，如果只有自己的需要，就是狭隘的，也是容易有危险的，险难可能马上就会发生，所以人应该既意识到自己的需要，又意识到别人的需要，他的意识境域才能是一种相对成熟合理的意识境域，在心念发动的瞬间会顾及他人心意发动的情况，包括可能引起他人的妒忌与憎恨等等。因为小心，因为意识境域的宽广，反而能够保持心念的长久稳固发展。

心意时时刻刻在阴意与阳意交接流转的大形势之中，所以要知道自己需要的是什么，进而控制自己心意的分寸，等待自己需要的阴意与阳意交接的时机。内心诚信而节制是意念控制的理想状态，是能够清晰意识到自己需要边界的状态。人们通常不了解自己需要的边界，因为人难以了解自己真正的需要,而人的需要是在与物打交道的过程当中,沉淀下来自己的心意与外物的关联关系之后,才能够逐渐从价值的利弊得失等角度进入而加以确定的。

需,有孚,光亨,贞吉。利涉大川。

《彖》曰:需,须也,险在前也。刚健而不陷,其义不困穷矣。需,有孚,光亨,贞吉,位乎天位,以正中也。利涉大川,往有功也。

《象》曰:云上于天,需。君子以饮食宴乐。

【明译】

需卦象征需要,等待,心怀诚信,光明亨通,持守正道可获吉祥。有利于涉过大川险阻而有所作为。

《彖传》说:需是等待的意思。上(前)卦是坎,坎为险。下卦是乾,乾为刚健,上卦坎为坎陷,因为心意刚健,所以不会陷入险难的情境出不来,从道理上讲不会被困在危险的境地。需要,等待,心怀诚信,光明亨通,持守正道可获吉祥,因为主爻九五在尊贵的天位又有中正之德。有利于涉过大川险阻的难关,前往能成就功业。

《象传》说:下卦乾为天,上卦坎为云,需卦的卦象是云气上集于天(雨待时而降)。君子从卦象中得到启示,要饮食宴乐,积蓄力量,等待时机。

【明变】

需卦从大壮变来,即大壮六五与九四换位变需卦,主爻九五卦变后占五位(天位),又是上卦中位,这基本决定需卦有诚信,光辉亨通,守正吉祥。

【明解】

需:依彖辞"须也"是等待,《序卦》认为是养育。需有多种意思:通常是"等待";本义为古代求雨之祭。需从雨从而,而为天之隶变,所以认为需与雨和天有关;短衣服,从帛《易》"需"作"襦"解来;据帛书把"需"解成捕鱼;胡适认为"需"即"儒",可从需卦分析儒家起源。孚:诚信。

屯是始生,蒙是幼稚蒙昧,需是养育等待长成。所以需卦是养精蓄锐,修身待时,刚信行险。

从象上看,云上天是云气积累在天上,不能下雨而只能等着下雨之象,因而"需"有等待之义。云下雨要等,万物都要等,关键是如何等待养育成熟,而养育又需要营养,所以既然天象只能等待雨露滋润,那么对人来说只能等待摄取营养,养精蓄锐以待时机成熟。

从义理上看,需卦主要谈的是等待的哲学。需卦认为不能消极,也不能着急,要待机而动,从容自在地等。即使密云不雨,也不要等得焦心,要安心舒适地等。不要看着天上密布的乌云,内心就乱了分寸,所以积极等待的哲学意义非常重大。

另一方面,任何等待都有战战兢兢的意味在里面,很多时候要按捺心中的焦急,做好准备,等待时机,即使乌云压城的时候,还要能从容吃饭喝酒,丝毫不惧,才是积极等待需要的大气象,也就是在等待中要有定力和境界。可见,等待之时需要准备该备的酒食,也要准备必要的学养,总之是要修身以待时。孟子"修身以俟之,所以立命也"是把等待本身当作修身过程,而修身并不脱离人伦日用、饮食宴乐。人要在日常生活当中效天法地,在磨砺中挺立自己。

需卦说明的等待不是简单盼望,而是临事不惧、气定神闲的等待。需卦明确说内心刚健,外有危险,犹如云上于天,乌云压城,大势不好,但人面对这样的险境,反而特别凸显出一个人控制内心、分寸不乱的修养,知道时机没到,还继续饮酒作乐、养精蓄锐,但这不是内心软弱的表现,不是期待甘霖普降的天真,不是自以为是不知外境的刚愎自用,而是内心强悍,不为所动,是面对复杂处境的哲人智慧,是知道面对危险要适时放松的通达明变。

【明意】

辨析自己内心真正的需要,或许可以回到孟子"思诚者,人之道也"上面去,因为如果不真正真诚地面对内心,人很难把握自己真诚之心意的方向与分寸。人需要在等待当中明辨,在等待之中反思,在等待之中思考人的意念与外物交融的分寸。其实,这就是一种必须沉静安心的状态,因为发掘自己内心真诚的需要,以及这种需要与世界关系的分寸必须有充分的耐心,也需要有安宁的心境。只有在安宁的状态之中,人才能够平静地意识到自己的意识与世界交通的边界所在,从而变得不紧不慢,知道事物发展变化的火候。

外物对主体的利弊因需而起,也就是人在等待的瞬间或一段时间延续过程当中,就能够判断出事物发展变化的方向,于己有利还是有弊。这种等待状态即心动进而心有所需(期待)之意境,也就是说,期待局势朝有利于自己的方向发展,但还需要继续等待。从这个意义上来说,心如果无所需(期待),则物自在,与心无干。心灵没有期待就没有等待,也就不需要有利弊的判断。

人因为意识到他人对自己的意识存在的可能反应,于是知道意识的发生是在一个跟他人意识互动的境域当中,也就是意识的发动需要有一个等待的意境,心念发动能够合乎时空情境的需要。在等待中,人把自己内心的需要意识转化为具有公共意识境域的整体意识,这时人意识的缘发境域就从原初的私我和小我的境地展开,进入与人与物共在的大我境地。人意念发动,对于外物所在的情势可以有危险和平易的判断。如果外在的情势可能对自己构成伤害,则应该等待时机,等待情境的改变,在等待中保持内心的刚健,以维持健康的身体和平易的意境之本。因为没有健康的身体,就不能清醒意识到意识之境(意境),也就不能够对于外物存在与心灵联通的状态有精准的判断。

初九:需于郊,利用恒,无咎。
《象》曰:需于郊,不犯难行也。利用恒,无咎,未失常也。

【明译】

初九:在郊远之地等待,有利于保持恒常的心态,没有咎害。
《象传》说:在郊远之地等待,不冒险去行动。保持恒常的心意状态并持之以恒,等待时机,因为危险还比较远,情况还没到非常时期,有利于初九持守常心。

【明变】

初九在卦变中未动,阳居阳位,应六四之阴,有想行之意,但是有九二、九三阻隔,且初九感应到六四卦变中动(震)入坎(险)之中,只好待时而行,但离坎(险)尚远,可以安心等待。

【明解】

郊:本指城外之地,这里指离水稍远的水岸之上。《周易正义》谓:"'郊'者是境上之地,亦去水远也。"利:宜。无咎:没有咎过、过错。恒:恒常之心,恒定的心态。初九的意义在于远险稳进,蓄势待时。在等待的过程中饮食养身,安乐养心,宁神待机。可见初九是需中之需,等中之等,要安之若素,修身养性,待时而动。

【明意】

初九相当于意之初生,似乎与坎险之境隔着遥远的距离,好像仅仅就是心意在发动一般,其实心意一动就与坎境一起动起来了,只是从心意的反身状态(reflexive state)来说,好像还没有开始一样。意之萌发,如入无物之境,好像不与物对,但又必须与物相对,即意总是与意缘相关。意念发动随之形成意境,与原发之心发生感应,最初的感应并不清晰,好像心动了,境却还没有开始形成;又好像心境已经升起来了,但心还没真动。其实,心动与意境的形成是同步的。

心动落实于意念的实化,就成为行动,而行动会作用于意缘,所以应该小心,在时机不合适以前,不轻易冒险而动。个体的心意切入与他人的意识境域,这个时候就需要懂得把握意念互动的分寸。对于既成的集体性意识境遇需要有一个合理的判断,不急于求成,反而立下恒心,寻找对自己来说最为合理的发展方向。

恒心是心力的保持,为了维持在郊远之地等待有利于持守恒常的心境,这说明对于等待而言,有一种平常的意境心态最为关键。在等待过程中,时机忽隐忽现,如果人没有平常之心,就会失却本心而追逐外物,在追逐外物当中耗散意缘,消耗意能,导致意行杂乱无章,最后伤害意念发动的状态本身。所以此爻提示人们既然已经在远方等待,要让意缘保持对于外物的超然态度,不为迁变的外物所动,所以要有常心,安心等待,不必着急。

九二:需于沙,小有言,终吉。

《象》曰:需于沙,衍在中也。虽小有言,以终吉也。

【明译】

九二:在沙滩上等待,遭到小的闲言碎语,最终吉祥。

《象传》说:在沙滩上等待,九二位置在下卦中位,犹如在水中的沙洲上从容自在。虽有些闲言碎语,只要宽心等待,合理因应,最终结果吉祥。

【明变】

九二在卦变中未动,但本在言(兑)边,卦变后动入言(兑)中,引发小的口舌之争。

【明解】

沙:水边沙滩。《说文》:"沙,水散石也。从水从少,水少沙见。"孔颖达说,沙是水傍之地。有言:言语纠葛;九二在互兑里,兑为口舌。衍:沙衍,水中沙。二爻是沙滩上等待,有闲言碎语,静待而化解。九二在沙中等待,比初九离坎(水)之危险更近,处境不太好,又起了言语纷争(互兑为言),此时需要明观谨行。恰好九二以刚健之德而能居中示柔,宽裕自处,所以最终吉祥。因为九二刚健又处沙地,不可用刚,需轻柔自守,否则陷入沙中,可见遇险之时只要不陷入沙中就算吉祥。所以,九二虽有环境之忧,但只要静观慎思,纳言正行,就可逢险化吉。

【明意】

人的经验有其整全性(the wholeness of experience),人通过自己意识到的有限经验和世界融合的整体性来连接自己的心意与世界。经验的整全性与具体的心意如何联通？在本爻中,言语纠葛是断定本爻处境的关键,因能够引发他人言语纠葛,说明此爻的等待与他心之间存在利益冲突甚至竞争关系,或者虽有共同目标,但因为资源有限而关系紧张。可是心意发动并不直接地觉知有限资源的存在,往往需要通过一定时间的等待和判断,这期间可能有言语纠葛,因为对于心之动与追求目标相关性之间存在一种时间性的延迟,而延迟之时,人就好像被搁浅在水中的沙洲上,虽然不安全,但是这个延续性的等待还是给了自己一个重新审视世界与自己关系的时间与空间,使得人对自己的需要与事物的流变及周围人的反应能够重新加以审查和判断。

心与物的联通是通过等待来判断物之在,以及物对于心的价值。心灵的需要是面对如水一般的危险,也如水一般变动不居的状态,这个时候,把握自己的意境往往很难,因为需要不仅仅是单独个体的,如到河边饮水是很多人和畜生的共同倾向,有所争执非常自然,但这时需要把握好心意发动的分寸和状态,明了他人意境与自己的通约之处,尽量实现良好的沟通,最后才能够吉祥。

九三:需于泥,致寇至。
《象》曰:需于泥,灾在外也。自我致寇。敬慎不败也。

【明译】

九三:在泥泞中等待,(偏偏此时还)招来寇难。
《象传》说:在泥泞中等待,寸步难行,灾难(坎)就在外边,不时就来。偏偏是自己招惹强盗来,不过只要敬谨审慎,高度警戒,就不会陷于危败(因为还未陷入坎险之中)。

【明变】

九三卦变中虽未动,但从之前的"小有言"(兑)动入河(坎)边泥泽(兑)之中,有自己招致强盗而来之象。

【明解】

九三主要讲近险招寇,敬慎免难。九三离上卦坎(水、沟、险难)很近,可以理解为脚踩在烂泥里面,在泥里等待,容易招致危险,可是偏偏此时还招来寇难,因为坎为陷、为险、为盗,所以有临近寇盗之险。象辞说偏偏是自己招惹了强盗来,是自己以刚逼险,步步近险。九三虽近坎(险)但因以阳刚当位得正,又与上六相应,所以可以恭敬谨慎而不败于寇。可见,需待是积极的需待,不

五 ䷄ 水天需(乾下坎上)

是不前进的需待，要在等待中时刻回应他人心意与形势，不断调整自己的心意以期化解风险。

在泥中等说明等待的地方不安全，偏偏此时还有特别大的危险可能随时降临，所以只有敬慎以化解。在等待的过程中，自己所处的境地本身就可能存在危险，所以必须非常谨慎小心。

【明意】

人的心念一起就有需要，虽然如行云流水，却如坎陷一般，如影随形，自然就有危险伴随，这就需要学会等待，也就要在意识的绵延中付出时空能量。人对于欲望应该有条件地自我控制，否则就会不断地陷入危险的境地，而且不断付出代价，直到自己付不出为止，那就把原初的心物平衡体系打破了。人的欲望与道俱生，本是天然，只能节制而无法灭除，而欲望本无来由，也不需解释，只需疏导、调节和控制。人处于危险的境地之中，一点点意念的偏差都可能导致危险加剧，侵害加深，不得不慎之又慎。一个家庭或一个集体需要主心骨（男子）出来以刚强的心意解决等待的危机，努力克服险难。虽然有外灾如影随形，只要知道谨慎小心，就还可以踩着坎陷的危险，暂保安全无虞。

刚强地争取需要的意识必然引起他人警惕、提防甚至污蔑和攻击，人应该知道争取合理需要的意识之分寸，但也要意识到他人的利益与自己处于竞争的状况，虽可以争取，但毕竟有危险，因此不求务必得到，所谓"尽人事，听天命"就是一种直面危险的刚强意境。在等待中明白危险无处不在，同时保守恒常平易之心，知道需求的分寸，也就善于把握等待的时机。

六四：需于血，出自穴。

《象》曰：需于血，顺以听也。

【明译】

六四：在血泊中等待，从洞穴中爬出来。

《象传》说：在血泊中等待，要随顺听命，冷静地顺从九五，听命于时势而行，最后能化险为夷。

【明变】

卦变六四从五位出来，上卦成坎（血），进入血泊之地，从穴中出来，故言"出"。卦变中六四从五位出来，上卦成坎（穴，坑陷之地），所以说从洞穴中爬出来。血既是外在的血泊之难，又是内在的心血付出过多之象，都是危险至极的象征。

【明解】

血：取坎象。坎险带血，是血泊之中，危险至极。一说通"洫"，沟洫，指城下的壕沟。穴：洞穴或深渊之穴，黑黝黝（坎北玄武配黑色）、深不可测的坎陷之地。六四主要讲血泊求生，顺势听命，而能大难不死。六四虽然已经在上卦坎（险）之中，有在血泊中等待之象，但是，阴爻居阴位，而且又与初九正应，并居九五之下，所以可以从血泊里爬出来，有惊无险。

象辞之意是坎为耳，六四阴爻居阴位，上承九五，下应初九，能够顺势听命，听取正确意见以形成合理的意向，最后化险为夷，捡回一条命。

【明意】

此爻之象提及洞里面都是血水，从危险至极的血泊之中逃命，所以有点像海明威《老人与海》里老人与大鱼艰难搏斗的味道，捕鱼捕得浑身是血，血染汪洋。可见，为外在的物欲和获取世间的利益，人们往往付出太长时间的等待，这种等待本身是遮蔽人天之意的，也就是忘记了我们本来就是通于天地自然之意的。

心为物役是心一直想使役外物，但却常常处于被物驱动的艰难之中。心可能驾驭的外物往往是付出很多心血之后才能够得到的，而付出心血的代价可能远远超过自己的预期。心力使役外物的过程，通常来说是心的负累，需要琢磨心力运作与外物交流的合适分寸，所以往往不是非常轻巧就可以实现的。当然，另外一个矛盾也存在，不去努力使役外物，心就往往为他心甚至他物所使役，被外物拖着走。所以，这里面有一个使役和被使役的分寸问题，归根结底，一个人到底需要什么，为了这个需要一个人到底应该如何去等待？这其实是一个人生的难题，也是人生的一大学问。

一个人的心意可能使役他心，进而使役他人。人们往往制定某种外在的善恶标准，希望他人的心意往某些方向改变，其实这很可能是徒劳的，因为相对稳定的集体的心意，如民族的意境并不容易改变。当然，人们在一定的利害情境中可以按照某种特定的方式行动，从而实现趋利避害。但这种使役他心以及他人，只能够在某些特定的场合有用，如战场和商场，并不是所有人都仅看重生命的价值或者金钱的价值，所以使役他人需要对他人心意的了解付出艰辛的判断，有些时候需要艰苦的培训和培育，更需要等待时势转化。所有这些都说明，一个人的行动力来自于心力和意志力，所以一个可能武装很多人心意的人，必然心力过人，这种心力其实以修炼提升自己的心血为代价，所以最好能够达到人天之意的意境，之后运化天地之力来改变人世间众人的意向。

九五:需于酒食,贞吉。

《象》曰:酒食贞吉,以中正也。

【明译】

九五:在美食宴饮中等待,安于守正可获吉祥。

《象传》说:在美食宴饮中安于守正可获吉祥,是因为九五阳刚中正。

【明变】

卦变中九五动(震)入酒食(坎,水)中,虽有危险,但中正而能避险。

【明解】

九五主要讲履险如夷,宴饮待时。本卦从下往上皆有危险,死里逃生,到了九五可以庆祝一下,同时看得清楚,既然进退皆有险难,那么饮食宴乐就尽量不要错过。从象上说,五爻阳刚,居尊得正,克尽其道,可以好吃好喝。而身处危险,依然从容自若,是长期耐心修炼的境界,也是需卦教诲的关键所在。

九五居天子中正之位,犹如圣人之履居帝位,可以大行其道,德泽天下。万物需雨泽,常人需饮食,天下正需涵养之时。可见,即使到了九五之尊,也不可激进行事,不可贪图浅近之功,而应实行王道,崇德广业,久而成教,化成天下。

君子处在九五这样有利的地位,仍要安命知时,宽以待之,在酒食之中修身养性。九五中正又能安之以待,随时调整自己的行为,反思自己的心意,时刻保持中正之道,正位居体,老成持重,从容不迫,则终会取得好结果。九五之尊当让人民休养生息,让人民乐其当乐,利其当利。即使脱离了险境到了一个安全的位置,仍然需要沉着冷静,一方面可以安时处顺,另一方面要善于把握时机,要在险难中把握改变命运的转机。

【明意】

当人(在六四时位)付出相应的心血和代价,以及应对各种意识境遇变化的努力,(到了九五时位)个人的需要基本得到满足,这时人需要调整其意识境遇跟集体的意识境遇之间的关系,不能让情不自禁的冲动继续随意地表现出来,不宜让原初已经得到满足的需求再次自然地发动成为意识的基本状态,也就是人对于自己的意识境遇应该随着时势的改变不断调适。人有时候需要借助他人,也需要根据他人的需要来校正自己的意识境遇,在意识发动的瞬间,调整意识生成的机制,这是修道的应有之意。

一个人付出心血的那种意境如果在他人看来是成功的,就应该跟他人分享,因为个人的成功来自个人与他人共存的意境,很多时候他人有意成全,即使是竞争而成功,也主要是一时一地的阴阳之力的转化而已,世易时移,时势变化,所以应该遵守阴阳转化的原理,给自己的竞争对手留下地盘。

不能让人的某些需求发展成为盲目的欲望,进而占据人的心灵意识整体,否则就可能迷失自己,不知道自己真正的意识所向。人在需要的过程中,等待是一个修道的过程,也是修行自己心灵意境的过程。人的心意与世界融通,与宇宙能量运动合拍,才能够形成有力的意道,意道实化为物之道,成为心物关联相通之道。人天之意的力量是来自心意与宇宙节律的合拍,而知道如何等待而合拍,本身就是有力量的表现。

上六:入于穴,有不速之客三人来,敬之终吉。

《象》曰:不速之客来,敬之终吉,虽不当位,未大失也。

【明译】

上六:被迫落入洞穴之中,有三位不请自来的客人,对他们恭敬相待,最终获得吉祥。

《象传》说:有几位不请自来的客人,对他们恭敬相待,最终获得吉祥。说明本爻虽然所处位置不当,但敬慎小心,则不至于招致重大损失。

【明变】

卦变后上六被变入坎象,故为进入洞穴。大壮九四与六五换位,上六入坎(穴),所以是被迫落入洞穴之中。

【明解】

入于穴:上六在坎(穴)上面。一说上六阴变阳,为巽(入)。如把应九三讲成"入",不太合适。**不速之客**:不请自到的客人。速是召请。上六主要说的是来了不速之客,礼敬无失。需卦是等待,到了上六,就是等待到最后要付诸行动,内卦的乾(人)要刚健地突破上卦的险(难),下乾三个阳爻以刚健之德跋涉大川(上坎),因而上六会遭遇三个不速之客,有三位不请自来的客人将要到来。因为上六是全卦穷极之位,下又乘刚,但与下乾九三正应,心志相应,可以沟通,不会阻挡刚爻上位,反而会顺利让出,可以理解为小人会主动帮助君子完成突破险难的使命,自然就没有大的过失。

这里的核心在于处理不速之客的意识和态度,即对他们恭敬相待,最终获得吉祥,也就是要以顺敬的态度对待事变,随时根据情境变化调整个人的意识境遇。也可以理解上六自身处于危险之地(坎),又面临"不速之客来"的意外情况,但能够以阴柔之态度宽以待人,最终化解紧张态势。从个人心意修养方面来说,心意"需于酒食"获得充分滋养,涵养魄力之后,仍然要在事上磨炼,也就是要善于处理修炼心意过程中遭遇到的突发状况,这时候对于外在的意外刺激应该持敬不失,要把敬慎的态度延续到最后,善始善终,不可功亏一篑。这也说明了心意修炼之艰辛,要经得起各种考验和挑战,不可出偏差。

三阳必上升,成不速之客。上六本来当位,象辞说不当位既指乘九五不顺,又指上位穷极。此爻说明等待的分寸和气度难乎其难,而人生又无时无刻不在等待中,所以敬慎才能不失。

【明意】

人需要学会等待,在等待中调适自己的心意与周围情境的关系,修炼特定时空能量场域中的人天之意。一个人对于自己心意控制的能力如果不能够把握好分寸,就可能会招致无端的麻烦。一个人的心意满足自己的需求,但可能往往违背周围意识境遇之他人的心灵需求,于是就需要学会协调和调整自己的心灵境遇与他人意境的关系。

当时机未到,人不应该急于实现自己的需求,因为需求都有竞争,而那时自己的需求一旦成为盲目的欲望,就会伤害自己的行为方式。人在盲目的时候,其在自己意识境遇里面可能无法明白感应到他人相关意识的回馈,那么他的意识境遇就出现紊乱,无法清晰地决定自己的心意发动和行为抉择,这就是一种危险如影随形地伴随意识发动的状态,可见不谨慎持守意念非常危险。事情发生、需求满足都要落实到一定的时间与空间能量场域中,都必须有个等待的过程,也就是说,人天之意都是透过特定的时空能量场域来加以表现的。人可能预知各种因缘汇聚的时刻,那就应该等待它的到来,这就是知道时势与命运之间的转换关系,也就是命运一定是通过某种特定时势来让人领悟的。

时势即命运,知道待时就是知道等待命运,知道等待命运就是在把握命运。郭象说"所遇为命"通常做被动的理解,有点接近庄子"知其不可奈何而安之若命",但也可以做积极等待来理解,阴意与阳意的相遇,如果懂得等待和把握相遇的时机,就是懂得隐忍待命,也知道用敬慎的态度面对生命中众多的变数。

六 ䷅ 天水讼（坎下乾上）

需卦的意向是等待之向，一种无方向的意向性状态，因为无方向，所以难以把握，常人易于把意向集中于饮食和享乐之上，自然对于具体享受对象的意向性交叉度不高，而易于产生纷争。讼卦代表的是意向的纷争之状，即意向对象的有限性与意向的产生主体对意向对象的无限性占有之间的矛盾，导致纷争和冲突升级。

意向焕然一新之后遇到相反的争讼形势，争讼兴起。讼卦是离（向）宫游魂卦，立"意—向"论第七。讼卦除九五外，各爻皆不当位，好像正位之君主，要面对不当位的臣下集体反对，引发争讼。讼卦要人多谋善断，知道哪些是合理和应当的需要，哪些是自己努力之后，甚至跟他人争讼之后可能得到的合理需要，如果真的进入与人争讼的状态，应该知道消弭和化解矛盾才是上策，不可不顾自己的时势地位，非要与人针锋相对，最后想要的也得不到，事与愿违。所以讼卦最后希望人要节制，而且即使利益关头也要自我节制，知道如果把利益看得很重，就可能因小失大。意向明确地处理利益的争夺，有时反而会伤害自身的利益，所以要谦让和忍耐，不仅仅要求人们在等待之中自我了解、自我劝慰，而且要求人在利益冲突的时候，能够冷静思考，把握进退。

《周易》讼卦对人的意识修行的要求其实非常之高，一个人能够自始至终，即使在极端重要的个人利益面前，都冷静分析自己意向的后果，知道他人应对的可能性，如果能够做到如此冷静和清醒，那么人的意识修行状态就达到相当高明的成功状态。

讼，有孚，窒，惕，中吉，终凶。利见大人。不利涉大川。

《彖》曰：讼，上刚下险，险而健，讼。讼有孚窒惕，中吉，刚来而得中也。终凶，讼不可成也。利见大人，尚中正也。不利涉大川，入于渊也。

《象》曰：天与水违行，讼。君子以作事谋始。

【明译】

讼卦象征打官司,有证据,但诚信受阻,双方互不信任,就诉诸法庭,如能持中,心有惕戒,适可而止,中途结束官司吉祥,把官司打到底凶险。有利于见到公正的法官,但不利于渡过大川险阻。

《彖传》说:讼卦,上卦乾为刚健,下卦坎为险,内心险恶外表刚健,就容易引发争讼,总想打官司。所以称作讼卦。讼卦象征打官司,有证据,但诚信受阻,双方互不信任,就诉诸法庭,如能持中,心有惕戒,适可而止,中途结束官司吉祥,因为主爻九二(刚爻)由遯卦三位下来得到下卦中位。把官司打到底凶险,因为打官司不宜纠缠不休,否则最终一定两败俱伤。有利于见到公正的法官,因为决讼追求守正持中,所以希望中正的法官(九五)秉公断案。但不利于渡过大川险阻,是说恃刚乘险终将陷入深渊,任何诉讼都充满危险的变数。

《象传》说:上卦乾为天,下卦坎为水,天向上浮,水向下流,(或者太阳从东向西转动,河流自西向东流,)越离越远,不能亲合,相争不息,所以是个讼卦。君子见到这种相互背离的卦象,处事从一开始就要认真谋划,从源头杜绝产生争讼的可能。

【明变】

卦变中遯九三下来到下卦的中位,这是卦变的明确提示。故言"刚来而得中"。王注、孔疏和程传皆明确用卦变来解。

【明解】

《序卦》"饮食必有讼",为了争夺生存的物质条件,一定会有争讼。《杂卦》"讼不亲也",因为争讼使得人们之间不再亲合。可见,讼是人不亲而争讼,希望通过打官司评理,所以有诉讼之意。孚:凭信,打官司的证据。下卦坎为心,上卦乾为实,心中诚实故有孚(凭证)。窒惕:窒,郁闷,窒塞。惕,担心,戒备。因主爻九二在下卦坎里,坎为"加忧",因忧虑而戒惧。入于渊也:在卦变中主爻九二从三位下到二位,下卦成坎(水),是大川没有过去,反而扎到水中去了。

讼卦要说明官司凶险,避讼为上。一般情况下,打官司都是弱者告强者,因为强者不需要打官司,但弱者打赢官司的几率不高,往往需要靠大人良心发现才能告赢,所以卦的基本意思是,即使有证据,也应该尽量不打官司。讼卦的精神其实是大事化小,小事化了,最好能调解。可见,打官司跟乘小木船过大江一样,随时有覆灭的危险,打得越久越凶险。古人的经验中,过大河非常凶险,而打官司也是类似的玩命过程,所以被认为不可取。"涉大川"对古人来说是一件大事,所以通情达理的君子处事从一开始就要掐灭产生争讼的意向,避免争讼意向的发展壮大,最后不可收拾。另外,打官司凶险是因为打官司是为了求公道,所以不应该坚持诉讼到底,应该见好就收,否则两败俱伤。这里的基本精神是,争讼总是不好的,进入打官司的过程,不可能有真正的赢家,而赢家需要建立在善良意念的基础上。

象辞的意思是上卦为乾(天)要往上,下卦为坎(水)要向下,流向相背,天水越发隔绝,象征事理乖舛,他意不从己意,但要力免争讼,慎之又慎。"天与水违行"也可以理解为太阳作为天的代表,从东方升起往西走,而中国的大河基本上是从西流向东,所以天水运行方向不同。

【明意】

意向针锋相对的时候,无法自己化解争端,不得已诉诸第三者来仲裁。为了避免陷入强大争端,从一开始意向坚实的时候就应该努力把握开端。理解意向冲突如何发展,需要从一开始就非常小心,并做好充分准备,尤其是希望事情朝自己期待的方向发展的时候。"惕"是自我意识对于事物发展之道的警惕,对于他人心念的发展之道,警惕也是一种防备,但警惕他人只是防范,常常不能改变事情的发展。

警惕的基础是良心,是良心对自己意向发动的警醒,把握事物发展方向,要以善良的公共良知为基石。出于对利益的争夺,人们的心力可能由近及远,甚至反目为仇,这时心灵意向能够容纳他人的就少了。因为利欲熏心,也就是遮蔽了良心的发动,人对于他人意向境域的存在状态,往往由自己的主观臆测来判断。道德接受利益的考验,到最后还是看心意方向和分寸,如见利忘义就是心意升起以己利为主,不顾他人利益。虽然,讼本身有对公而言的意识,但争讼之人通常心念自私狭隘,不能够真的有公共意向,所以才会各执一偏。

讼卦认为争讼不是解决社会治理之道,中国虽然需要依法治国,但不可完全照搬西方的法治精神。中国传统上是法理兼治或者法情兼备的国家,人们的生活一方面需要法律调控,一方面需要情理来把持。孟子说"徒法不足以自行"(《孟子·离娄上》)是有道理的。法家比较简单化,看不到制定和执行法令背后的人情;而儒家其实是儒法兼治的,不完全排除法律的尊严,但强调法律的制定与实施都应以良心为前提,否则以恶法治国,必定乱得一团糟,连情理都无处可讲。

法治精神是希望法律能够约束个人的意识方向,让活泼的人心依从没有血气的条文来行事,但这种机械式的强制命令又往往难以真正化解人心内在的冲突。因为人心之间有彼此感应和沟通的可能,所以法治应该给心灵的流动和对话留下地盘,即应该让良心的发动高于法令条文本身存在和实现的具体化状态。

初六:不永所事,小有言,终吉。

《象》曰:不永所事,讼不可长也。虽小有言,其辩明也。

【明译】

初六:不要久缠于争讼之中,必要时当稍做辩解,让小的闲言碎语尽快过去,最后才会吉祥。

《象传》说:不要久缠于争讼之中,因为诉讼不是长久之计。即使有一些闲言碎语,做点辩解,是非最后都可以辨别明白。

【明变】

遁卦变讼卦,下艮(止)变坎(险)。从象上看,初六是被动而讼,争讼刚开始,下卦坎(耳),前临互离(明),耳聪目明,耳朵一听就明白之象,知道不可长期纠缠。可是因在讼卦,小的口舌是非无法避免,而且适当为自己辩解也很必要,应该申诉一下,让闲言碎语尽快过去,而且初六有正应在九四,上面有人,所以最后吉祥。

【明解】

初六是要说如果引发争讼,应该明了事理,及早消解。此爻说明对小的事情要尽量避免诉讼,因为诉讼越少越好,努力息事宁人。初六以阴爻居阳位,不中不正,显得柔弱不争,所以不愿久缠于争讼之中。另外,打官司不是长久之计,对小事的纷争不宜各执己见,打起官司了也不可长期纠缠,否则费时费事,没有好处。

初六与九四、九二是一时难解的三角纠葛,初六引发九四和九二相争,一相应,一近水楼台,初六优柔,所以产生争讼,但此事不可长,要尽量化解。如果说初六斗九四或者九二(如王弼注、孔颖达疏的说法)都不通畅。

【明意】

诉讼未必能够达致期待的目标,这是意向性未能通达所意向的对象(缘)。就本爻而言,诉讼的事情不可常做,长期争讼对于双方都很不好。在初位力量薄弱,打官司没有胜算,可以为自己辩解,或许能够得到上面的理解。

每个人的生活状态有一部分不易改变,人现实的地位如与生俱来的家庭条件一样,只能面对,难以更改。地位的低下通常不是一个人主观自我选择的结果,如果可能,没有人会甘心选择弱势,受人欺压,而相对的地位又客观存在,所以地位的差异性就是一个人必须面对的时势状态。尤其对于介入诉讼的双方,地位的差异性就像命定条件一样很难更改,这种无法更改的条件对意识的超越性做了外在限制。自认有理的意识境遇未必在现实的境遇交流当中得到认可,当主观的有理化为客观的诉讼,未必能够如愿改变客观的不合理。心意面对无法超越和改变的外在意缘,容易产生绝望感,一种不能达致客体和把握客体的绝望感,而所谓不可达致的客体,其实还是心意未能通达之意缘。

官司不能一直打下去,要及时调整意念的方向,该撤回的时候就撤回,说明人的意向性可以根据情境的判断来加以调整。对于无法通达的意缘,可能最后还是需要通过在意向性的发动状态中加以调整,尽量通达,才能化解诉讼生起之后的意境。

九二:不克讼,归而逋(bū)。其邑人三百户,无眚(shěng)。
《象》曰:不克讼,归逋窜也。自下讼上,患至掇(duō)也。

【明译】

九二:不能赢得官司,逃回家躲起来,那是只有三百户人家的小村庄,不会遭到迫害。

《象传》说:官司打败了,只好逃窜回归故里。在下位的人(九二)去告在上位的人(九五),这是自己拣来的祸患。

【明变】

遁卦变讼卦,九二爻从三位下到二位,进入讼险(坎)之中。九二爻以下讼上,几必失败,此时当识时务者为俊杰,及时退却。从卦象上看,九二阳爻居阴位,虽然失位,但是得中。讼卦九五阳爻中正,居阳位、尊位、大人位、君位,而九二居于下卦中位,身份地位明显低于九五。九二与九五敌应,两方因某事发生争讼,九二当然不是九五的对手。可是九二自恃己见,以为不论对方官位多高,势力多大,只要自己有理,就可以争讼一番,但九五官高势大,九二跟九五争讼属于以下犯上,等于自取祸患,是几乎无法打赢这场官司的。还好九二比较识时务,在达不到争讼的目的之后,就逃回到自己的采邑去了。由于及时示弱,不继续为敌,加上逃亡及时,才没有牵连到自己故乡的三百户邑人。

【明解】

不克讼:九二阳刚居柔位,处坎险之中,初六、六三两相为难,而不得通达;加以九二与九五相敌不应,九五在尊位,有权有势,肯定打不赢官司。归而逋:

逋,逃。见势不妙,逃回故里。邑:采邑,封建制给大夫的封地叫采邑,采邑是大夫的家,家指大夫的领地,不同于今天的家庭。眚:灾难。原义指白内障引发的视力不佳。象上坎为隐伏,被采邑里的人隐藏起来。三百户是小势力,不可能对九五构成挑战,所以不会有灾难。窜:逃窜,解释"逋"。掇:拾取。

本爻说明地位低下的人去诉讼地位高上的人,祸患会来得很快,就像俯首可拾的东西。九二作为争讼之民,是很难和九五争讼理论的,一般说来,民告官十讼九输,说的就是这种情况。这爻打官司必输无疑,要逃窜回家才能保住自己的封地和家族,能够避免更大灾患就谢天谢地了,如果不赶紧跑回家,自己保不住不说,反而连累家人和族人都有可能。

【明意】

时势在意向中开显,为意向所领会。本爻涉及未来在心意中的开显与心意的退守,如未来在意念中升起的状态,心意如何判断未来,心意的退守与形势的关系等;形势不妙之时,当及时调整自己的意向,该退就退,以保全自己的安全为上。

主体所发意向的时势、地位、力量有别。诉讼的产生多是弱者希望通过诉讼讨回公道,通过本爻我们看到弱者如果不善于意会时势,明辨自己的位置,不善于判断事情发展的方向,不但不可能打赢官司,而且有被强势人物迫害甚至追杀的危险。这就引发我们思考,如果一个人所处的时势地位在一定的时候难以改变,发生争讼时我们应该如何生活?如何才能够学会权衡利弊,知道进退?这一爻因为没有胜算就需要及时跑回家去。时势既是客观的,也是需要心灵的判断来参与的,时势不可能无缘无故地发生作用,一定要通过意向性的交互活动来表现。所以心灵意向与时势息息相关,要意会时势才能为己所用。

六三:食旧德,贞厉,终吉。或从王事,无成。

《象》曰:食旧德,从上吉也。

【明译】

六三:享用祖宗旧日积累的功德,守住正道,提防危险来临,终将获得吉祥。或跟从君王做事,不能以成功自居。

《象传》说:享用祖宗旧日积累的功德,因为六三顺从阳刚尊上(上乾为君王)吉祥。

【明变】

从卦变上说,六三原为遯卦六二,与九五本来正应,卦变后虽然变了,但原先的情分多少有所保留，此情分恩德可谓"旧德"。如果六三有机会随从君王作事，自己一定不要居功，即使有功也要推给君王，因为功劳本来就没你的份，六三不应该自居有成。爻象上六三挨着上卦乾（君王），又在下卦坎（险）里，说明跟着君王做事，能够免除危险就算不错了。但如果不跟从君王，那也肯定不行，因为六三家族的余荫都是君王赏赐的，君王随时可以收回去，这就是六三潜在的危险。于是，对六三来说，既然要想蒙受祖上的余荫，继续吃祖宗留下的饭，那么只有随从上乾（君王）才是吉祥的选择。

【明解】

食旧德：食，饮食，引申为喜好、保持，泛指享受、食禄（或祖上的荫德）。如朱熹《周易本义》"犹食邑之食，言所享也"，《周易集解纂疏》引《乾凿度》"三为三公"说："食旧德，食父故禄也。"旧德：自己旧有的功德或祖先留下的功德。"食旧德"指保持旧有的功德，或蒙受祖上的余荫，吃祖宗留下的饭，有"吃老本"的意思。六三爻说明吃老本要守正防危，不居功顺上才能转安。吃祖宗留下的饭要保持危厉感，因为三位虽是公侯之位，公侯有余荫，但也随时有被废除的危险，所以要小心守住正道，加上六三有上九正应，所以最后还是可以吉祥的。

可见，享受祖上余荫的人，因其占尽先机，古今都令人羡慕，但是，这种有利条件来自上位君王的恩泽，自己如果不跟从君王做事，做事又不跟君王保持一致，那肯定不行，而跟从君王做事的时候，自己又不可以有争功之心，这是因为整个家族的荣耀都来自君王，如果想自居有功，君王可能会收回对家族的恩赐，六三将无法延续家族的德业。于是六三必须保持危厉感，坚守正道，小心行事，才能延续家族的荣耀。

【明意】

本爻涉及当下意向性带有宿命论意味的先行结构。一个人与生俱来的资源会塑造他意向的先行情境，对意识向度的培养和持守会有影响。如果人的意向性中能够带出这种家庭与家族的先行结构的力量，在危险的情境之下可能是一种幸运，当然也可能因为祖上缺阴德而招惹不幸。这就带来一个宿命论的问题：人当下的意向性展开真的可能会按照个人被注定的先天条件之先行结构来展开吗？为什么有些人到了关键时刻可以用得上祖辈之前的功德，好像祖辈的功德对一个人来说已经预设了某种先行结构一样。可见，祖上的旧缘和过去的意向作为情境之力可以延续比较长的时间，有时甚至延续几代人的时间，关键在于一个人把握旧缘和过去意向的尺度如何。这一爻说明，六三在危险的诉讼情境之中，对祖上旧缘要小心维护才能持续，等于关键时刻能够得到祖先荫德的庇护,有利于在危险当中守正。

九四:不克讼,复即命,渝安贞,吉。

《象》曰:复即命,渝安贞,不失也。

【明译】

九四:无法打赢官司,转念回复命之正道,消除争讼的意念,变得安分守正,吉祥。

《象传》说:转念回复命之正道,消除争讼的意念,变得安分守正,说明九四安顺守正不会有失误。

【明变】

卦变前后,九四都在互巽(风,天的命令)里,相当于没有违背天命,能回复天道本然,安心守正,所以在应对讼险之境时,可以说没有失误,还比较吉祥。

【明解】

即:就,到。命:天命,命定的正道,分限。渝:变。九四爻强调认命不争的智慧,认为应该克去讼念,以转危为安。九四刚爻居阴位,失位不中,显得过于刚健好胜,但与初六应,所以不是跟初九争讼,而是跟九五打官司,但告九五必然失败,就服从审判,从想要争辩回归心平气和,回复未争讼前的限定,视之为自己命定的状态来接受,通过主动化解争端,中止争辩,应该可以安然无事。

【明意】

本爻需要自觉调整意向的倾向,不宜让好讼之意向表现出来,可谓理性的自我压抑与调整,涉及心意之向性的现实界限与良心的内在超越。本爻说明人调整意向的主要方法是明白事理,明了时势,从而自我控制。人的诉讼意向往往是因为对大势不能明白,如果明白大势则容易调整诉讼的意向。

即使不能胜诉,人也可以听从自己内在良心的呼唤,不再继续希望通过官司改变公共意境,回到自己本分的意境中,这样虽败犹荣。按照郭象的说法,"苟各足于其性,则秋毫不独小其小而大山不独大其大矣",承认每个人与生俱来本性不同,如大鹏和麻雀不可比,就容易把争端放下。当意识到自己面对的人生境遇有相当部分不是主观愿望能够改变的,就应该安于"性各有分"的自然"命"定状态。同样,我们不可能知道何时死去,无论如何努力都不可能避免死亡发生,所以应该回到各自命定的分际,从各自的本性出发做最好的自己。

从终极意义上说,人在宇宙中似乎不可能做什么真正改变宇宙的事情,我们来了又去,好像什么都不可能改变。所以,如果能够明白自己人生命定的分际,其实也是一种宇宙意识的大明,是人心沟通宇宙意识的一种觉悟状态,使人在处理一生的各种缘散缘聚时,会有一种超然的态度。可见,调整自己的意识向度回到自己把握的合适分寸,其实是每时每刻的当下一念控制意向的功夫。

九五:讼,元吉。

《象》曰:讼,元吉,以中正也。

【明译】

九五:明断争讼,至为吉祥。

《象传》说:判案公正,明断合宜,大吉大利,是因为九五在上卦中位,品性光明正大,有中正之德。

【明变】

卦变前后,九五阳爻居阳位,既中且正,象征大人得位,品性光明正大,有中正之德,所以能够以公正严明的态度处理讼事,争讼能够得到公正的审理。

【明解】

元吉:大吉,至大之吉,劝人不兴讼,忍让不去讼,无胜算不讼的消极意向转成更积极的仁(爱他)人而无需讼,所以元吉。此爻说明,九五尊位决讼,能中正秉公断案。作为九五之尊,在讼卦里,有想告谁就告谁,也有想怎么判就怎么判的意思,当然,这不是指九五可以乱告乱判一气,而是指九五英明能断才吉利,如果不能明断,那就不吉利了。

此爻也说明,不打官司才是讼卦的精神,但需要法官英明能断才能止讼,还需要争讼的双方接受判决,所以判决的公正性就非常重要,而公正的审判除了要有理之外,还要正好遇到公正的审判人员,好像九五爻有位有德,严明公平,方能服众,最后才有吉利的结果。

【明意】

此爻要求人们即使在讼的状态,心思也应该公正廉明,胸怀宽广,不带私心。人天之意展示在公共务实的意向性里。主事者不应简单为了个人私利而兴讼,要尽量化解和减少诉讼之意念,如果主事的人常陷于诉讼陷阱之中,就不可能推进公正的公共意境建设,更不要说建立公平公正的公共意识境域了。

《周易》这种上位者可讼亦可止讼的观念是权势者在争讼中拥有优势的体现,真正纯粹人人平等意义上的公义在现实中往往缺乏,下位者讼上位者的情况虽多,但上位者通常有较大的把握胜出,这是争讼的吊诡之处。此爻也说明,改变命运需要有一定条件,尤其是通过诉讼的方式来立命,需要九五之尊这样的权力和权位保障才有可能,因为有权势的在位的大人,碰到不正之风的情形是可以讼的,而且最后有把握止讼。

上九:或锡(cì)之鞶(pán)带,终朝三褫(chǐ)之。

《象》曰:以讼受服,亦不足敬也。

【明译】

上九:诉讼(偶然)获胜,君王赏赐饰有大带的官服,但一天之内会被剥夺三次。

《象传》说:因打官司获胜而得到高官厚禄,不足以为人敬重。

【明变】

从象上看,卦变前后上九在乾(金、玉、衣),金玉为服是鞶带之象。又乾为白昼,上九位处穷极,有剥退之象,所以一天之内被贬谪三次。

【明解】

锡:赐,赏赐。鞶带:大带。古代朝廷任命官员按礼制给不同官职等级颁赐不同官服,以带钩和带上镶嵌饰物区别官职等级,如金、玉、角、木等。鞶带是官服的重要部分,赏赐鞶带就意味着赐给相应等级的官服和官职。终朝:终日,一天之内。讼卦上九说明讼争不可败德,忍和方能走远。根据王注、孔疏,上九处刚之极,健讼,因讼得胜,获赐爵禄,但这不是获取功名荣华的正道,所以不可长久,很短时间之内就会被剥夺。换言之,如果打官司是为了获胜以争取显要职位,这是不足以为人敬重的,也是难保长久的,所以不应该通过争讼的方式去谋取利益。

【明意】

如果能在"讼"时仍保持中正的意向,就可能获得元吉的结果;如果不能秉持中正的意向,把"讼"的手段用到极致,那么就算获胜得利,也只是短时得利,终究会失去。此爻说明不要以侵犯和伤害他人来获得利益,更不可因此沾沾自喜,因为这不能长久,长久的互利一定基于公益和良心。既然诉讼根本就是一种两败俱伤的状态,即使官司打胜得到利益也很难取得他人的尊敬,所以主观上放弃这种争讼的努力才比较合适。

这样的意向调整不依据某种因果定律来确定,不受西方语言和宇宙论意义上那种因果观念支配,中国的因果观在这里是意识向度调整的因果观,而不是物质运动环环相扣的因果观。从另一个角度讲,在心物不分的宇宙论里,意向性的调整与循环才是宇宙间真正的因果律。一个人起心动念之处,如果没有公心,得到的私利可能最后对自己构成根本性的伤害。所以,良心是心念发动之根本,从孟子到王阳明都有类似说法,康德的说法也近似,如你必须如此行事,你的这种行为方式可以作为所有人的行动典范。意即当下意念发动之际,内心所依从的道德律可以成为所有人行事的法则。康德没有以"仁"来定义,但要求在意念动处包容所有人的心念,这就是当下一念能涵纳天下大同的意向境遇。只有以大同的意向境遇才能够终止诉讼,否则一般的诉讼对双方的意向发展来说就是两败俱伤,应该避免。

我们不能改变过去意向凝结而成的事实,但我们在一念之间能够改变将来意向可能凝结的事实。过去的争讼已经不可更改,而既然未来还没有发生,可能的争讼就还不是事实,那么一个人的心念与他人之间的冲突,可以在自己的意向反省机制当中化解,从而让良心指引,从主观上改变争讼的意识境遇。虽然个人的意向转换和努力并不能保证他人也能够如此放弃争讼,但多少能够感应和影响到对方,如果对方继续争讼,而自己着力止讼,争讼的意向可以在一念之间停止下来,这样,化解争讼最后变成制念的艺术。

七 ䷆ 地水师（坎下坤上）

明夷意味着形势不妙需要战斗，而战争是意念最强的行动，坎宫以师终，说明人生无时无刻不在战斗中，与希腊神话人神之战可比。人生就是一场意念之战。《周易》是意向性战争的艺术，所以坎作为意向之行，始于习坎和节制，终于明夷与师。坎成为后天八卦意向性之始，居天一生水的北方之位，也是意向性与世界之战的开端，而后天八卦就是意向与世界战争的象征。以震始，是意向之缘生，以坎始，是意向性之战，都说明《周易》是一部人天之意如何通天的艺术。

师卦在处理矛盾的过程当中，无疑比讼卦更进一步，不仅仅处理个人的意念，为了更大的利益，可以武装他人的思想，进而达到控制和改变他人的肉体力量的目的，形成合力用战争的方式去摧毁另一方的集体利益。但这种利益之争，师卦告诉人们要"贞"，也就是走正道，替天行道，否则，为了个人或者小集体的私利而争，从长远看并不好。

师卦是坎（行）宫归魂卦，立"意—行"论第八（意向性的行论）。后天八卦中坎为水，故坎宫之卦为后天八卦地支子（水）之始，而师卦为卦宫八卦之归。这特别典型地说明，《周易》有很多论述心意斗争艺术的内容。人的意向性既有其存在论、宇宙论、伦理学上的各种哲学意义，更有人与天的心意之间的冲突与斗争的意义。而且，心意之间的斗争，成为依于天时而动的开端，坎（水）为天一生水之所，故坎为意念之行动，使得意念带出了世界全体的存在与变化。

师，贞。丈人吉，无咎。

《彖》曰：师，众也。贞，正也。能以众正，可以王矣。刚中而应，行险而顺，以此毒天下，而民从之，吉又何咎矣。

《象》曰：地中有水，师。君子以容民畜众。

【明译】

师卦象征领兵打仗，善守正道，有德望、有经验的英明统帅领导军队，就能吉祥而不会有什么灾祸。

《彖传》说：师是部属众多；贞是善守正道。如果善于带领众多的部属行走正道，就是率领正义之师，就可以成为王者施行王道。内心刚健中正（九二）又有人（六五）响应，从事危险之事，行进在险难中，因顺合正道而能顺利。凭借这样的优势去"荼毒"天下，而人民心甘情愿跟随他去干，势必吉祥，又会有什么咎害呢？

《象传》说：上卦坤为地，下卦坎为水，地中有水就是师卦。君子从地中蕴藏大量的水当中得到启示，要像大地蓄水一样蓄聚民力，广容百姓，爱护群众。

【明变】

师卦由剥卦六二与上九换位而来，九二是带领三军的统帅，君王六五不亲征，派上九下来，入剥卦下坤（众）之中而使之"正"，九二"刚"又得"中而应"于五爻，卦变后行（互震）险（下坎）而顺（上坤）。师卦以水居地中，水为天一所生，地六所成，以其类聚，聚则成众（上坤），师者众也。有其众而不乱，因五阴从一阳，阴阳二气相感以应。有主者，有从者，有统帅，有顺从者，故有帅象，率众而从。

【明解】

师是众的意思，引申为打群架，指代军队和战争。《序卦》认为争讼之后会产生众人组成军队打仗之事。贞：师出正道。一是要打正义的战争，打仗是为了天下苍生，不是为了个人私利。二是将领（丈人）要对国家领导忠贞不二，心思和行为都不能出现一点偏差。丈人：年长而受人尊敬的人。"丈"可以理解为"杖"，"丈人"即拄杖的老人，引申为老成持重之人；杖也是权杖，有德高威重之象。总之，"丈人"应是年高德重而又显威严的三军统帅。以：率领。毒：荼毒，攻伐天下，打仗总会给天下人带来破坏，但要区分正义与不正义。王弼和孔颖达不认为是毒害，程颐和朱熹解释为害。畜：容蓄。水再大也要容蓄在大地里，君子要学习这种包容广大的胸怀。

师卦说明，率众行正可王，容民蓄力则吉。从象上可以有多重解释：一阳爻居下卦中位，五阴爻应而顺之，有一呼而百应的师旅之象；坤（众）坎（险），象征一群危险的人，从率众人以设伏行险角度来看是用兵之象；坤（地）坎（水），象征平地之下暗流涌动，如有兵戎之机；坤静而坎不测，表面安静而内藏不测之机谋，也是运兵之象；坎（险）坤（民，顺），用危险方式给天下带来破坏，但人民依然跟从，说明是正义之师；地（坤）能包水（坎），象征寓兵于民，喻指全民皆兵，还暗示军民一体。对打仗来说，选择合适的将领（丈人）至关重要。

总之，师卦说明打仗的第一要义是正义，第二要义是有能够代表正义的将领,第三要义是赢得民众的支持才能打赢正义的战争,所以师卦推崇的是正义之师,认可的是正义的战争。师卦讨论心意运众,克敌制胜之道:包括一是用兵须正,师出有名,而且必须名正言顺,经得起现世人心与历史道义的双重检验,不打非人道之仗,不打不正义之仗。二是点将、择帅一定要正。德高望重、武艺高强的丈人、长子才能获得吉祥顺利。弟子、次子原本无德小子,才不足以率兵征战。师卦六爻逐步揭示用兵打仗的规律,初六渲染战争的正义性原则,六律鼓动以提气壮胆。九二阐明主帅的中流砥柱作用,王者应予以及时嘉奖和褒扬。六三陈述在力量对比悬殊的情况下,如果贪功冒进,必然失败,教训将非常惨痛。六四指出迂回策略与占据有利地形很重要。六五强调狩猎习武、战俘处理的基本做法,以及王者知人善任与否的不同后果。上六交代封帅点将、论功行赏、土地分配、官爵授受的原则和要旨。通观六爻可以掌握上古部族战争的总体特点,其内在要求与战法规律对现代战争仍有借鉴意义。

【明意】

战争为境的一种,需要认真面对。战争需要走正道(贞),有正当性,是王道的体现,而不是彰显霸权,不为了纯粹的输赢或武力的征服,更不为了两败俱伤的恶性竞争,而必须要能够兼顾每个人的尊严,将心比心,才能够没有过失。打仗是带领众人走正道,所以能够成就王侯的功业。战争领导人(师)的心念必须绝对端正,不能够有一点偏失,否则对于军队(师)的影响非常巨大,因为师的心念对情境有绝对的塑造作用,所以要非常小心。统帅的心念发动是否出于公义,而不是为了私人和党派的利益,对于战争的结果非常关键。

师卦说明,个人的意念或者"丈人"的意念,可能成为集体的意念,可能让人接受并进而控制人群。军队无疑是集权体制,军人被要求无条件服从统帅的心意,这不仅是依赖肉体消灭来维持的暴力机制,而且是依赖畏惧和恐怖来建立的心灵控制机制。有些人可能发动心思来控制他人,而另一些人则可能从心思到肉体上被他人掌控的暴力机制消灭。一个长期控制权力致力于消灭他人的人,一旦权力失去,就可能一场空,身死而为天下笑。人可能创造出集体性的意识境遇,掌控权力的天平以实现对他人从意念到肉体的双重控制,但必须走在正道上面,才能在集体性的意向对抗当中居于正义方而不败。如果仅仅为了掌握权力不择手段,以期动用武力控制他人,最后不会有好结果。

万物存在皆因"对偶"而彼此缘构,对应的双方相对、相反、互补、互生,对应双方循环往复是根本的观念,不可能一方彻底征服另一方,不可能一方力量彻底把另外一方力量完全抹去。中西方斗争哲学从根源上有着本质的不同,西方从希腊神话开始,人与神分离,而人神之间的斗争是常态,很难实现人神共治的和谐局面。但中国传统的斗争哲学对于阴力与阳力之间的互动和斗争,是以阴阳作为一和谐体的两面来把握的。斗争的前提是"和",正如《孙子兵法》的目的是"不战而屈人之兵",以战止战,《鬼谷子》提倡阴阳运力之方,斗争体现在"转圜""损兑"等环节上。

存在之境皆因各种缘(条件)而起,境是缘的联通形态。境有其自在之力,而是否能够于境中蓄积力量,则来自心的作用。心力所生,必然于某方向上有所建立,而同时必有所破坏。心入境整合力量,犹如在境中起战争,拉出一个矢量,必然影响这个矢量周围的相关力量。心入境整合力量,似乎入无心之境,但为的是整合诸心之力。战争是对集体心力的统合,也是用某种心力来武装众人的思想,使众人的心力导向战争领导人期望的方向。这种心力的合力,不是纯粹的诸心之境,而是与物联通的心通物境。

初六:师出以律,否臧凶。

《象》曰:师出以律,失律凶也。

【明译】

初六:出师打仗全凭军律严明,军律不良必然凶险。

《象传》说:出师打仗必须纪律严明,如果失去军纪的约束必将招致凶险。

【明变】

剥变师卦变中刚爻下来二位,下卦成坎,有律之象;前互震有军队即将出征之象,故出师必须讲究纪律。

【明解】

律:取坎水之象,因水平如法引申为军纪第一,乐律其次。"律"字古今说解不尽相同,主要意思是军律、军纪、军法号令。《春秋左传·宣公十二年》,知庄子曰:"有律以如己也,故曰律。"孔颖达、朱熹也都说"律,法也"。引申为遵守纪律,因初六上承九二,临近统帅,有追随统帅,遵守纪律之象。九二为互震(雷、声、律)主爻,初六之"吕"(阴)当服从九二之"律"(阳)的节奏。以音律的天籁节奏要求在战争中士兵服从军官,下级服从上级的绝对忠诚原则,以及由此才能带来的严明纪律。司马贞则解为"六律"即乐律,乐队演奏的旋律,上古用兵之前,一般都有音乐仪式,以振奋士气,鼓舞军心。否臧:否,表否定;臧,同意,称赞。如果有的同意,有的反对,意见不一致,那就破坏了纪律。

师卦初六说明师出以律则吉,不守军纪则凶。初六在全卦始位,是刚开始用兵,又在下卦坎(军律)里。初六说明行军打仗要军纪严明,没有按照军法行事非常危险。初六是军队即将出发,战斗还没有打响,但凝聚意志、统一军心、鼓舞士气非常重要。当此之时,一是师出必须有名,如果不是正义之师,就无法凝聚人心;二是必要借助于一定的祈祷、祭拜仪式以统一人心,统一军律,在古代军律可以包括军乐律和军纪律两方面。

战争发动之后军队的纪律显得非常重要,军律通常是外在约束,但也象征军人心意之力的向背,如果军人不受军律约束,便是从民众中来的军人心力无法齐聚的表现,那么战争的正义性就会遭受质疑,而取胜的可能性就降低了。所以军队一动,其正义性首先通过严整的军队纪律表现出来。

【明意】

集中意向性需要遵守一定规律和法则。就军队而言,没有良好的纪律,出兵打仗凶多吉少。拿孙子操练宫女的例子来说,人之意向性合力决定身位,决定身体运动的方向。就军队的操练来说,士兵必须听从命令,以不同程度的惩罚,甚至肉体消灭来保证个体意向性朝集体意向性(通常也是统帅的意向性)方向发展。

从个体的眼光来看,世界的产生和出现与个体的利益本来没有直接关联,而人出现在世界上就必然介入矛盾,但矛盾的世界却不是为了任何人的利益才如此表现。有些人为了扩大自己的利益,也为了扩大所在群体的利益,整合大家的心向,导致一批人的意向性朝向某个方向。当然通过武力的方式,整合肉体的力量,也同时整合心灵的力量,或者说整合心意调动肉体的力量,这就是动用军队的方式,同时,整齐的纪律影响一般人随顺,进而跟从军人的意向。

九二:在师中吉,无咎,王三锡(cì)命。

《象》曰:在师中吉,承天宠也。王三锡命,怀万邦也。

【明译】

九二:在三军中位,吉祥,没有咎害,君王三次赐命嘉奖。

《象传》说:军中统帅持中守正就可以获得吉祥,因为承受了天子的宠信。君王多次通令嘉奖,是因为(君王)志在平定天下万国。

【明变】

师卦从剥卦变来,九二来到三军中位,与六五天子相应,"承天宠";得六五天子派遣("锡命")下入坤(万邦)之中,所以"怀万邦"。

【明解】

锡命:颁赐嘉奖的爵命。怀:怀念德政的感化力量来臣服。师卦九二爻众星捧月,心怀天下,有统帅之象。"在师中"不仅是在"师"之中,更是指"在中军",如野战主帅所在之位。九二爻是师卦中唯一的阳爻,率领众阴,能够赢得众阴爻的信赖和臣服。九二处下卦之中,具备刚毅、果敢的品格和持中不偏的德性,用这样的将领统率兵众,打仗能够吉祥顺利,而不会有过失和灾祸。九二与至尊六五正应,以阳滋阴,得到君王的宠信,所以象辞称九二能承受天子的宠信。"锡命"是发令嘉奖,象辞解释为赐命嘉奖,万国臣服,如果解释成发布命令则不足以让万邦来朝。王"怀万邦",说明君王志在天下,也有说是统帅怀万邦的。

此处爻辞译法跟《象传》译法略有不同,是因为两种解释都可以说得通,不必偏执一方。此处"三军中位"跟"持中守正"并不矛盾,爻辞译为"三次",而象辞译为"多次",因为"三"可做"多"来理解,都行得通,予以保留。区别在于,爻辞的译法应该更加精确一些,而象辞本来就是解释爻辞的,可以对意义做一定的解说和发挥。

【明意】

为了战争的胜利,领导人需要任命合适的将领,他有能力通过有限的资源整合众人意向的合力。如何使得众心聚合形成战力是一门艺术。领导者将有限的资源分配给重要的将领,让有能力的将领来整合人心,而将领统帅队伍的权力,自然来自领导人的授权。

世界上相反的力量本来并不是一种先行存在,而是因为从意向的分辨开始,没有阴阳就无法判断这个世界。在意向性介入之前,世界本身混沌无所谓方向性与力量,但意向的介入就使得阴阳力量分判,而意向力有高下,矛盾就在不同的意向合力之间展开,在极端化的状态当中形成征战。每个人来到的世界已经是一个被意向性分判之后的世界,而不是纯粹原生的世界本来状态。《周易》哲学帮助人们通过阴阳之意领会到心通物境,也就是心意与物原初未分的境域。从分别甚至斗争的心意状态回复到和谐未分的状态,要在意向性活动当中认识意会到相当不易。

六三:师或舆尸,凶。

《象》曰:师或舆尸,大无功也。

【明译】

六三:军队很可能会载运尸体回来,非常凶险。

《象传》说:领兵打仗的结果非常可能是一车一车的尸体从战场上运回来,

说明彻底败北,无功而返。

【明变】

在剥变师过程中,六三未动,但坤变坎显示六三的境遇变得危险了。在师卦中,六三爻出师不利,形势不妙。六三爻不中、不正、下乘刚、上无应、近无比,上不在天、下不在地,印证了"三多凶"的说法,异常艰难。六三不自量力,在自己能力有限、状态不好、敌我力量对比悬殊的情况下贸然打仗,非常可能劳而无功,兵败失利。

【明解】

或:很可能会。舆:车厢,指战车,这里用如动词,是用战车拉。根据《说卦》《系辞》,坎通大过取棺椁之象,可盛尸体,坎又为舆,所以是车拉尸体之象。尸:尸体,尸主之说不取。一说尸取坤象,虽比较形象,但证据不足。大:程度副词。

《系辞》里以大过为棺椁,坎是个缩小的大过卦。六三在下卦坎(次子)里,古代长子监军,次子名不正,言不顺,如果带兵打仗就要吃败仗,军队很可能会载运尸体回来。

【明意】

本爻涉及意识存在与肉体的关系(身心问题)。只要意向性介入世界,就必须要面对不同意向性之间的矛盾征战。人的意向性的生成状态决定人无法通过意识的分判来回避矛盾,否则就只有消弭意识,而这对于有生机的机体来说基本上是不可能的,除非等肉体存在的力量彻底消失,意识就不再进入世界,也就从矛盾状态当中退出,不再分别,不再计较。

意向性活动以肉体性的存在为前提,但战争消灭的不仅仅是肉体,而更重要的是打垮集体的精神。只要肉体存在,意识绵延,意向性就在对待之中,也常处于交战状态。战争从来都是凶险无比的,战争是一种生命都押上的赌博,双方都要随时做好一无所有的准备,是意向性之间针锋相对你死我活的状态。《孙子兵法》提出要"慎战",即使赢家从来通吃,但赢家付出的巨大代价使得战争的赢家很难说就是真正的赢家。

六四:师左次,无咎。

《象》曰:左次无咎,未失常也。

【明译】

六四:部队退后驻扎,没有灾祸。

《象传》说:率领部队撤退,当退则退,说明六四并没有失去用兵的常道。

【明变】

卦变中六四未动,但六四上不在天,下不在地,处境艰难。"四多惧"也说明六四应谨慎。程颐认为左次就是退舍,因古有军中尚右之说,右进则左为退,另吉事尚左,凶事尚右,《老子》曰:"君子居则贵左,用兵则贵右。"六四在坎(水)旁,次可以理解为驻扎,即在水边埋锅造饭。震(行)入坤,不知深浅,不如退扎水旁,静候战机。另一说如王弼,"行师之法,欲右背高,故左次之。"按上古兵法,布阵的地形原则是,左前方要低,便于随时出击,还可产生加速度;右后方要高,背后有靠山,防御据点厚实,这样才不会腹部受敌。孔颖达疏:"此兵法也。故《汉书》韩信云:'兵法欲右背山陵,前左水泽。'"这是把左次解释为驻军方位,这样讲兵法符合易理和传统风水布阵之法。应该说两说都通,也都符合行军谨慎的常道。

【明解】

左:用兵贵右,左是退舍。次:部队驻扎。《左传·庄公三年》:"凡师,一宿为舍,再宿为信,过信为次。""次"是两天以上的驻扎。古代用兵右尊左卑,"左次"就是退后三十里驻扎。一说下坎(水)之上,后天八卦过坎为左,次为艮(停止),互卦为震(木),后天八卦震在左;一说如孔颖达:"次谓水旁。"师卦六四爻主要讲打仗要进退适时,不失常道。只要没有失去用兵的常道,就不应当有灾祸。六四爻居上卦之始位,虽无阳爻,却有自知之明,能够柔顺得正,遭遇不利形势则主动撤退,不轻举妄动,等到时机成熟再发动进攻。加上六四无应,前行遭重阴之阻碍,应该暂退。打仗之时,正确判断形势主动退兵可能比进兵更难。

另六四变解,恰好是暂时休整部队之象,进退有度,合乎用兵之法。可见部队暂时解脱,尽管是相对安全之地,但战时状态,危机四伏,充满破釜沉舟的悲凉气息,因为既然此爻进退皆是载尸而归,那就唯有背水一战。一解六四爻在讲战术,象辞凸显出打仗有常道,战场上要按照兵法来。兵法是无数代人战争经验的总结,统帅要根据当下敌我力量对比和地理条件,按兵法常规布阵,才能避免不必要的损失。

总之,六四爻强调军事首领必须具备审时度势的决断力,不可违背常规用兵。能攻能守,当进则进,当退则退。迂回、诱敌、欲擒故纵、暂时放弃部分土地和城池、建立敌后根据地、保存实力、不做无谓牺牲,甚至必要时妥协以致被迫投降等,都符合作战常规,目的都是赢得最终胜利。

【明意】

《周易》不回避人与人之间的矛盾,也不回避矛盾无法解决,只能用战争的方式,即消灭意向性从不排斥消灭肉体作为意识存在根基的暴力方式,这是一种现实主义的眼光,是人文主义和理想主义情怀无法改变现实,而不得不使用的最后策略。

人生如棋局,意向的活动如战场,这是师卦揭示的人生境遇之真理。人生意向的修炼,以及意向性的层级与意能量的高低,成为修行的根本要素。意向活动都在矛盾当中,是在矛盾中意向方能展开。对于矛盾展开的状态,有些时候需要退却来冷观,以便看清楚矛盾的状态,寻找意重新介入矛盾的时机。本爻说明,承认在一定条件下对矛盾作出退让也是一种合理的解决方式,当然这是基于对矛盾双方的状态和情境加以领悟,知道退让以等待时机,以备东山再起。

六五:田有禽。利执言,无咎。长子帅师,弟子舆尸,贞凶。
《象》曰:长子帅师,以中行也。弟子舆尸,使不当也。

【明译】

六五:打猎时在田地当中遇到来祸害的禽兽,可以率军仗义执言地猎获,有利,没有咎害。君王任命长子(德高望重的长者)带兵打仗好,但如果任命弟子(品德不高的人)带兵打仗,就会载尸败归。六五如果正固不动有凶。

《象传》说:任命长子(德高望重的长者)成为军中主帅,是行施中道(六五在上卦中位)。如果任命弟子(品德不高的人)为统帅,就会载尸败归,因为所用非人(六三不是长子)。

【明变】

师卦六五爻主要是要仗义执言,师出有名。仗义执言地猎获是指战争的发动者应该是为了除暴安良,为了和平和正义而战,否则公义就不会站在战争发动者这一边。战争发动之后,将帅非常重要。"长子"指九二,师卦从剥卦变来,剥卦上九下到二位成互震,有长子进入下卦中位,也有六五君王派上九长子入主中军之象,所以"以中行"。弟子指剥卦六二上去上位,下卦成坎(次子)。长子是世袭合法接班人,庶子不是。六五在天子之位,有任命将帅之责,可六五以阴爻占阳位不当位,而九二"能以众正,可以王矣",如果六五正固不动,就可能凶险,六五有退位让贤之象。

【明解】

田有禽:《说文》中禽是"走兽总名",可指捕获猎物,引申为敌军俘虏。田地里有禽来破坏庄稼，犹如敌人侵犯自己的国家，自己一方是处于道德制高点的，此时可以大胆谈判，利于言论讨伐，则无咎。大加讨伐，之后师出有名，当然正义在我。"田有禽"之"田"象来自师卦的上卦坤(地,田,田猎,又为柄,可执)。"禽"象来自师卦下卦坎的反对卦离，或六五动则变坎，坎错卦为离卦。执言:利于仗义执言地捕猎。执:抓获、捕获，《说文》曰:"执,捕罪人也。"执言指抓住这件事用言辞质问对方，宣示己方正义。仗义执言，以正义之师喝退敌兵，如孔子夹谷会盟喝退齐武士，比真正打仗要好。言取震象，从二到六爻为大震象，表示说话人多，七嘴八舌，你一言我一语，大呼小叫，吵吵嚷嚷，现场混乱之象，人声鼎沸以至震耳欲聋。如此说震为言虽有理，但于象于史皆鲜有先例。一说取坤象之柔，相比动武显得有柔声细语解决敌我争端之象，值此战争之际，执言以对，尽现柔和处理争执的风范。

六五爻作为君主，在决定战争的时候，要仗义执言，师出有名。此爻先描述率军打猎的场景，"田有禽"可以就字面理解为有野禽跑进田地里破坏庄稼，也可以理解为打猎时在田地当中捕获了来祸害的禽兽，引申为外敌入侵，可以率军仗义执言地猎获敌军俘虏，这是有利而没有咎害的事情。孔颖达说:"己今得直，故可以执此言往问之而无咎也。"作为君王首先得了解有外敌来犯的情况;其次得进行外交交涉，执言以对;再次派军征讨。三个步骤环环相扣，很符合实际情况。打仗跟打猎有类似之处，只是打猎的对象是禽兽不是敌人，也可把敌人理解为禽兽的引申义。

君主面对打猎(打仗)的场景，选派将帅是第一重要的问题。六五在中位，尊位，下有应，这几方面都吉，决定其任用将帅有正确的一面。但在选择谁为将帅这个问题上面，君主显然很费脑筋。九二居阳，阳刚有力，对于君主来说，既是依靠也是威胁，虽然任用九二这个统帅(长子)比较好，但想到九二的威胁，就可能会犹豫导致换将。六五阴居阳位，失正不当，上下无比，为阴力所围，自身又为阴性，犹豫不决，导致其可能用人不当，犹豫之后可能会用六三为将，那就"弟子舆尸，贞凶"，将是错误的决定。可见，君王任命长子(德高望重的长者)成为军中主帅，是行施中道(六五与九二都在中位)，但如果任命弟子六三(品德不高的人)带兵打仗，就会载尸而归，是用人不当。

【明意】

战争发动之后，用什么手段彰显正义，用什么人为将帅，都非常关键。打仗要师出有名，禽兽有害，正好又是田猎的对象，自然可以师出有名。师动的名分包括讨伐行动的名分和率兵打仗的人的名分，二者都很重要。因为打仗需要名正言顺，领兵也要名正言顺，也就是率师之人的名分必须正当。

君王有决定是否打仗的自由,更有决定由何人去领兵打仗的自由,明智的君王知道如何运用好这种自由,对于何种人适合于某种场景能够做到知人善任。一场成功的战争,不可能纯粹为了某种兴趣,也不可能仅仅为了参与者的利益,而必然是一种天时地利人和的因缘和合,各种心力的完美聚合。对于拿生命冒险的事业,其实没有多少现实的利益能够鼓动大家,所以必须有超越个人现实利益的崇高目标才能够感动人为之献身,如赶走侵略者、建立一个新国家等等。

　　此爻的矛盾是从"田有禽"开始的,田猎中遇到禽兽,打猎的对象出现了,或者有危害农作物的野兽出现了,成为目标。从根本上说,矛盾从主体意向介入他心的意识境遇就开始了。野兽出现说明人的关注点发生变化,一方面是利益的机制牵动,一方面如"岩中花树"一般,从原来融通的心物之境当中,心灵与物境融通延伸出来一种分化状态。成为矛盾焦点的对象(禽兽或者敌人)迅速地抓住矛盾另一方(田猎者)的注意力,而且以田猎者象征的将军任命合适的人带兵去消灭对象来实现征服。

　　在心物融通之境中,物意(关于物的意)可能突显出来,而且突出之后,主体要对物的存在对自己的利益是否造成伤害作出判断,一旦发现有伤害,即开始捕猎和征服的程序。这中间需要评估,如猎物捕捉起来是否极为艰难,派遣什么样的将帅领兵打仗才有胜算等。

　　上六:大君有命,开国承家,小人勿用。
　　《象》曰:大君有命,以正功也。小人勿用,必乱邦也。

【明译】
　　上六:天子得到宗庙祖先的神启和命令,要给功臣封侯,建立家祠,但品德不良的小人绝不可重用。
　　《象传》说:先王有命令,要论功行赏,正当奖赏有功之臣,但绝对不能重用品德不良的小人,因为分封小人必会危乱邦国。

【明变】
　　从卦变上看,剥卦上九得君王六五之命,下到二位入坤(国)开国,能够得到正位建功立业;小人在下必乱家邦,所以让六二上来,使小人离开中正之位,不用小人。剥卦上九也讲君子和小人,君子"民所载也",而小人"终不可用也"。

【明解】
　　开:建立。承:世袭继承。大君:通常指国君,但此处应该指先君。古代出师献捷,册封颁赐,都要在宗庙里举行仪式,表示天子要请求先王神灵的意旨,而自己不敢擅自做主。上位是宗庙位,所以此爻的意思有点特殊。在卦爻辞中,"大君"见的不多,履卦六三有"大君",但指代君位,而这里应指君主或先君。结合爻位为宗庙位,应解为先王更恰当,而讲成天子虽然意思可通,但不合上位。"大君有命"是君王准备对群臣封赏时,先在宗庙里面请示先王,想起或者听到了先王的告诫,也可以理解为宗庙里先王的神启。战争结束后,国王去宗庙拜祭,有点像"家祭无忘告乃翁",但也可能天子有想法,需要假托先王的神启,这样理解突破了易学史上的一般讲法。

上六主要是战争结束之后,托先君言,论功行赏,勿用小人。这是师卦最后一爻,对应战争的最后阶段:论功行赏。大功者裂土封侯,中功者也封赐土地为卿大夫,使其成家立业。至于在战争中显示出小人行径的,即使有微功,也不要重用。可见,开国承家主要是战胜方集团内部的利益分配。

要理解此爻的小人,就要从论功行赏开始,因为要分好人坏人,自己人还是外人,如果是狡兔死走狗烹,那是最惨的状况。小人通常指代没有君子的修养,没有位置的人。在师卦,可以理解为一起打仗的时候,表现不够好的,不够听话的,争功诿过的人。简言之,德威并重、经验丰富、老成持重的是战争中的君子,反之为小人。小人没有治理国家的才能和德行,最后会把国家搞乱。当然,这个国家是天子的"家—国"。师卦是战争,战争打完了才能立国,小人可以有能力,有军功,但不能够使用他们来治理国家。小人如果在战场上的确已杀敌立功,可以论功行赏,但不能被分封,不可加官赐爵。

看来古代战争打完之后的最大教训就是区分君子小人。"家—国"应该是取坤象。没有大国的建立,就没有小家的安宁。但小人太在乎小家的利益,不能够从国的公义出发,所以在打仗结束之后,可以给小人以钱财,却不可以给他官位。

【明意】

师为坎(行)宫行论第八,主要讲意识的斗争性,上六是斗争成功之后把意向性延伸到先人那里,感谢先人在天之灵的保佑和重新建立功业的福分。意向性境遇不仅仅是利益性的(看到敌人,或者利益相反的就出兵攻打),而且还是可以延伸出去到逝去的祖先那边与先人共存的。每个人的意向都可以延伸到祖先那里,而自己意向性达到一个阶段后都应该回溯到祖先那边,听祖先的训导,帮助祖先延续其意向性的场域。

在人生当中的某些特殊时刻,如祭祀或者特别成功的状态,可能特别感恩先祖,当时所有意向性似乎都收摄到先人那边,成为在天之灵的意向性,回到意与宇宙不分的原始混沌状态之中,并笼罩在整个家族成员之上。坎作为意向之行,带着这种意向性的混沌(主客不分、心物不二)开始心意与他意的交流之旅。随顺天时而行,尤其是随顺地气而行(坎为地支之始)。心意完成使命之后,应当有一种宗教性的感恩情怀,知道人在世间的努力皆要天道的庇佑和天时的配合,情境的顺应才可能,都与天时的能量不能分开。《周易》是利用天时,让天时配合意念之行的艺术。(此后坎宫开始行后天八卦之行。)

  先人的意向性可能延伸到当下意识主体的情境之中,甚至在一定意义上介入当下的矛盾。师卦说明,统帅或君王当下的意念发动带着先祖之意境一起以意介入现实的矛盾冲突,展开为一系列对应的范畴,如阴阳、高下、前后等,离开这些对应的范畴引发的从理智到现实的纷争,人就无法思考战争的起源和发展。就战争而言,意识之行,如水之就下,人不能总是肯定,也不能总是否定,人的思考和行动总须在矛盾双方之间做出艰难的取舍。意念当中的矛盾之表达本身就是矛盾本体性的展开,是意念之行于矛盾的实存状态之中,也是意念行乎矛盾之中,必然无法摆脱对立而非要取舍的困境。

八 ䷇ 水地比（坤下坎上）

水近于地，故续境论。地上王国，仍为境论。比卦为坤（境）宫归魂卦，立"意—境"论第八。物必比合，彼此附属、归类，自然说明心意的感和、比附是非逻辑的。人与人之间的以心性相互比和亲附，在卦中表现为九五之尊能够吸引大家来亲附。

主动亲比的人要真心实意地顺从被亲比的人，把自己意境的一部分交出去，顺从被亲比者来调控自己的意境，相信对方的经验和智慧。被亲比的主人也要检验自己的意境是否能够得到民众的回应，"民"是否尊重自己。"主"人的意境是否能够保持一定的影响力需要通过"民"的意境的回应来判断。权力意识来自亲比的艺术，如果一个人的意识能够与掌权者的意识相通，得到其认可，彼此亲和，则其意识的生发，就超越了个体的存在，具有整体情境的意味，如果亲比有术，个体的意识境域就可能不断增长，这就是权力和优势地位可能帮助个人意识扩张，使其意识境域达到更广大的境地。

现实权力是有边界的，常常局限在一个权力领域的小圈子，但思想意识领域的边界是长远的，可能穿越当下和历史而有长久影响。心灵的亲比远比身体表面的臣服更重要，而心灵亲比的核心是意念的控制力和感召力。君子需要大众的认可与追随，但君子意念实化的过程还需要注重大众心力的回应，并及时根据大众心力的反馈做出调整。此外，对君子的亲比还是双方意境互通有无的过程，君子在心意向外实化的过程中，当融通大众的意境，让意境之间亲附比合。至于说权力意识来自比附的意识，是因为只有在比附的过程中才会出现强弱贫富的分殊，处在强势的一方必然会产生权力意识。比附也加强了不平等的权势，进而强化分配不均和贫富分化。人的社会化是对其自然差异意义上的不平等的强化，导致权力和制度安排上的不平等。《易》不去追求纯粹理想化的平等，而是从现实意义上不平等的意识出发，寻找和建构可能的、合理的沟通方式和包容亲比的意识融通境域。

比，吉。原筮，元永贞，无咎。不宁方来，后夫凶。

《彖》曰：比，吉也；比，辅也，下顺从也。原筮，元永贞，无咎，以刚中也。不宁方来，上下应也。后夫凶，其道穷也。

《象》曰：地上有水，比。先王以建万国，亲诸侯。

【明译】

比卦象征亲近比辅，团结亲密，自然吉祥。（古代封邦建国之初用占卜）推原真情，筮占厚意，占决推举一个能够永久持守正道的有德君长作为亲比的对象，帮助大家自始至终持守正道，这样就没有咎害。形势从不安宁状态中刚转过来，那些觉得不安宁者赶紧多方前来亲比，而迟迟不来亲比的就会有凶险了。

《彖传》说：亲比团结自然吉祥。比是在下者心甘情愿归顺辅佐在上者。推原真情，筮占厚意，占决而推举出一个能够永久持守正道的有德君长作为亲比的对象，从而能够让大家都自始至终持守正道，这样就没有咎害，因为主爻九五占据上卦中位，象征着有刚健中正之德的君长。感受不到安宁者多方前来亲比，因为上下（九五与六二上下正应，与初六、六四都亲比）心意相通，彼此响应。迟迟不来亲比的人（上六）有凶险了，因为已处在穷困之中，无路可走。

《象传》说：上卦坎为水，下卦坤为地，卦象显示的是地上有水，这就是比卦。开国的先王从水附大地，地水无间，地纳江河之象中得到启示，要封邦建国，亲合诸侯，继以亲民。

【明变】

比卦从复卦变来，即复初九与六五换位变比卦。复卦六五下来成坤（顺），所以"下顺从也"；复卦初九为"原"，一元来复而元"吉"；复卦有震（草），比卦有艮（手）之象，故有用手执蓍草"原筮"之象；刚爻初九上入五位，换位前后刚爻都永居正（贞）位，所以"元永贞"，"以刚中也"；复卦上坤互坤，众人无主之象，所以复卦六五从"不宁"之"方"下来与初九换位；初爻上到五位后"上下应也"；上六卦变中没有动，变后处于艮（山、止）之（背）后，迟迟不来亲比，穷途末路。

【明解】

比：亲近、亲比、依靠、归附、辅助等义。古代五家叫一比，所以"比邻而居"带有守望相助之义。原筮：原，初。统一之后，开国之初的占筮。古时建国之后要用占筮的方法确定国策，从取象来说，上卦坎为筮（见蒙卦），下卦坤为田原。方：指代不安宁者，即不安宁的诸侯国；一说为副词，指刚刚，也通。

比卦主要是归附比合，及时亲辅。比从水亲附于地引申出比合密切无间之义，也可取地上之水向低洼之处汇聚亲比之义。有注家认为"比"要读四声，以取地上附水,亲密无间之密"闭"之义。水(坎)在地(坤)上,地和水亲比,如"水善利万物而不争""江海之所以为百谷王"等表明水和地有包容、宽厚的共性。比卦一阳五阴,九五占据天位象征圣明天子,其余五个阴爻都要向九五亲比归附,犹如各诸侯国向天子归附之象。国一开始是部落,后来部落合并,刚开始叫邦,所以开始时候有万邦,后来逐渐变成一个国家。

比卦与师卦是一组覆卦(即师卦颠倒过来即比卦),师是用兵打仗,比是刚从战争中不安宁的局势下过来,不安宁的各方都要来亲比。如果一些诸侯国还迟疑观望,不来归附,那就是认不清形势,可能有凶险。师卦讲战争,战胜方改朝换代,比卦讲战败者对战胜者亲近归附,战败就要亲比,否则凶。还有战胜者对支持者的封赏以巩固前盟,比可以理解为结盟,是形成新利益集团的过程。打完仗了,出现新的盟主,分完蛋糕(《师》上六),在比卦重新结盟,从战胜者内部延伸到邦国全体。

比是一种亲密关系,但是这种亲密关系并非没有原则,而是根据时势位置来选择,但也不应该把比简单看作利益交换,当然从行为结果来说有这样的意味。比卦中的比有两层含义,一是在上者亲比在下者,二是在下者亲辅在上者,两者缺一不可。所谓独阴不生,独阳不长,此卦体现明显。阴阳相应相合才亲比吉祥,双向都可亲比。比卦讲战败方亲附战胜方,而战胜方接纳战败方。唯上六顽固不化,乘于九五至尊,居险之极而下无应,待不宁方来,欲比而无人纳之,自得后夫之祸。

《象传》"元永贞"是比卦的中心思想。也就是说,比的根本是"贞",贞比即正比,守比合之正道。"元永贞"是对于比之道的描述,即要自始至终持守正确的比合之道,方得无咎。这说明简单说比不够,要在九五中正的意义上来说。比之亲密需要把握时机和分寸,否则违背比之道,成为单纯的利益交换。如果比只是利益交换,那么比就不过是手段,无法成为道。实践比之道的关键人物是九五,好比通过占决而推举出一个能够永久持守正道的有德君长作为亲比的对象,这样举国上下才能够让大家都自始至终持守正道。换言之,九五作为比的核心,实践比之道的时候,既要目标正确也要手段正义,否则无法称先王建万国。同样,比的时机也很重要。孔子说:"远人不服则修文德以来之。既来之,则安之。"(《论语·季氏》)从比卦的角度来看,即使是圣王修文德,也不可能所有国家都来亲附,但迟迟不来亲比的,可能被新盟主排斥、征讨,最后会有凶灾。周围的邦国在经历了不安定的状态之后,向往安定的状态,被亲比的领导人可以把天下一家、四海之内皆兄弟的安宁心意状态传达到更远的地方。"后夫凶"有说归附慢的小人不好,有说归附得太多太杂对被亲比的领导人也不好。九五是实践比之道的主体,王弼强调群党相比须遇其主才能免咎,朱熹进一步强调九五须有善有德才能当众之归而无咎。

【明意】

比卦强调亲比的人天之意。儒家王道伦理是一种对等伦理,不讲绝对服从,而强调双向关系。《象传》"下顺从"不仅是"在下位者顺从在上位者",而且背后实际包含了在下位者和在上位者都顺从比之道的意思,否则九五就不是"圣王"。

亲比之道是心灵意境的依附和靠近,是人与人之间心性的比附导致时势的亲比,如果九五之尊能有善德,即善意之境传布出来,其他人会有相应的心灵意识与之相回应。"比"说的是心灵意境的一种依附和靠近,不是外在之物的亲比,或者说,亲比的应该是人与人之间的心境与品德,而不是身外之物。人必然要与他人一起生活,那么,人的意境也必然时刻处在与他人意境的沟通和协同过程当中,可谓无时不比。孔子:"君子周而不比,小人比而不周。"(《论语·为政》)君子需要主动关怀和照顾所有的人才能得到大家的拥护,而小人只追随一个可以亲比的对象,相当于主人,这里"周"没有私心,而"比"有私心。

古代王国建立(草创)靠推举,大家认可某人德行的情况下,推举他作为群体的领导,这跟主动要求他人支持自己的现代选举制很不相同。所以,古语有云:"良禽择木而栖,良臣择主而事。"当一个人意识到自己的意境可以亲比于某个君子,就尽可能地追随和顺从他。被追随者应该做到"元永贞",就是自始至终要保持正道,有良好的节操、美好的修养、高尚的德行,在自己的意境里包容他人,给予他人足够的尊重,从而得到别人的拥护和爱戴。干宝注"天下归德",强调"德"是心灵比附的根基。可见,选择亲比的对象当极端慎重,也要讲究时机和分寸。亲比重要人物虽然有利于扩大自己的意境,但必须出于公心,才可能长久,否则,仅仅为了自己的利益难以长久。自古以来有德者都是大众亲近比附的对象,他们以自身的操守、才能和行动感染身边的人,使人们自觉地向着良善方向修身养性,完善自我人格。在普通大众向有德者亲比之时所产生的道德认同,促使比附双方的意境协调相交,同时意识到自己的意境可以而且应该追随有德者(君子)。有了大众的认可与追随,君子无疑才能够成为领导者。

初六:有孚,比之,无咎。有孚盈缶,终来有它吉。

《象》曰:比之初六,有它吉也。

【明译】

初六:心怀诚信,心甘情愿地去亲比他,不会有咎害。诚信充满如盈满的水盆,最终来亲比,终会有格外的吉祥。

《象传》说:连初六那么远都来亲比,说明九五领导的邦国已经会有非同一般的吉祥。

【明变】

复卦上坤为釜,借为"缶",复卦六爻也像一个有底的大缶,初九中实为釜底,卦变后刚爻入五位成坎(水),有水盈瓦盆之象。"终来"指复卦六五阴爻下来居初位,使得复卦初九上去五位成为全卦核心,拥有诚信,众人亲比,最终会产生格外的吉祥。

【明解】

孚:《说文》言"一曰信也",诚信,取象为上卦坎为心,有心怀诚意之象。缶:古代常用大肚子小口的瓦器或陶制容器,也像带盖子的盆。十六斗为一缶,"盈缶"说明诚信很丰盈充溢,器皿(坤)上方有水(坎)是水充满丰溢的状态。终:有最终与终会两层意思。之:两现,爻辞指代九五,象辞意为到。它吉:另外的、格外的、特殊的、非同一般的吉祥。

初六主要说明王道气象成型,远邦诚心亲比。师卦下坎上坤,描述军队战争,师卦上下颠倒而成比卦,比卦下坤上坎,意从师卦的不安宁之中来亲附,因此比卦之不安宁当从师卦战争而得,而"民无信不立",所以,诚与信是比卦从不安宁之中化转过来的内在前提。本爻说明,心怀诚信、心甘情愿地去亲比他(九五)不会有咎害。初六来亲比的诚信充满如盈满的水盆,表示它终于离开观望的状态加入亲比的行列,标志着邦国王道气象最终成型,所以对于九五和初六都会有格外的吉祥。初六距九五最远,初六来亲比,有如边远之地的诸侯国受到感化也来归附,说明九五的恩德力量无边广大。初六肯归附是国泰民安之兆。对于国家来说非同一般地吉祥有利,对于初六本身来说也会有特别、格外的好处。

关于本爻的主语问题,后面"有孚盈缶"正是进一步强调,反映出初六柔顺至极。既然拿出诚信就要拿出更大更多的诚信。初六可以理解为边地小国,在师卦的战争状态之时一直在察言观色,如今看到大局已定,才下决心真心归附。如果这样理解,"有孚盈缶"就与九五无关。另一解认为"有孚盈缶"指的是九五,这样初六有两个主语,虽然也可通,但不如一个主语连贯,所以此处不取。

初爻本在坤卦,又在最下,自然柔顺至极,表现为诚心归附,所以强调"有孚盈缶"的亲比,即原本在边地观望,最终决定归附,所以说"终来有它吉",也可以理解为一语双关,就是既可以说最终来亲比,也可以说终会有格外的吉祥。如果根据大象辞先王封万国之说,诚心归附之后,应该能够被封为诸侯,继续统领本部族,当然可以说是有格外的吉祥了。这样也能够解释"不宁方",不是说方国不宁,而是方国对于主国的关系表现得有所不宁。通过战争一些方国直接归附,或投降或被灭,但还有没有参与战争,经历战争而保持下来的方国,还在察言观色,踌躇不前。初六虽远,但诚心归附,不但可能保住原来的邦国,更获得新君主的赏赐,真可认为是"有它吉"了。

【明意】

比卦初六讨论心意的诚信与其时空场域,落脚点在王道和远方。初六说明王道传播很远的强盛邦国之状态。信任是双方顺从天地生机运化而成事,心意与人与物的能量交流互动处于正向的状态,意念必然要生发于一定情境之中,有些时候需要归属或者比附领导。人与人之间意念的感通有选择性,不仅是独立思维和感应而已。最典型的意念比附是主动向着领导者的意向行动,可谓寻找意向的伙伴,而人的意识行动都需要寻找伙伴,通过伙伴的意识境域来放大自身的意境。

根据意念与他人心念感动的逻辑可以察往知来。意念比附是比意念感应更紧密的意念互动方式,通过意境的重叠,比附双方实现意境紧密依附,从而达到彼此意量的放大。事情都是实化意念的状态。人通过意识境遇的沟通来处理与他人的关系,而事情都是关联意境的实化和生成。追随人首先要出乎内在的诚信,而诚信不是简单地通过言语,而是通过意念实化的行动来表现。意念以诚信为基础,意境联通之域才可以放大。在彼此的意境沟通互动当中,诚信是加强意境相通的根本,如果缺乏诚信,那么彼此交流的意念之域就可能减弱。

六二:比之自内,贞吉。
《象》曰:比之自内,不自失也。

【明译】

六二:从内而外,真诚亲比,持守正道吉祥。
《象传》说:发自内心地、真诚地亲比九五,说明自己贞守正道,没有失误

(六二位中又正)。

【明变】

六二在复卦中亲比初九,卦变后与九五相应,卦变前后没有失去亲比的对象。

【明解】

之:指代九五,意指君王。虽有作虚词解,但因为有正应,解为九五明确一些。内:内卦,内心,指从内在的德性出发,真诚而自然的亲比状态。

六二爻主要说明,内心真诚亲比,正道不失吉祥。本爻爻辞象辞都正面肯定六二具有内心中正不失的品性。内卦六二与外卦九五阴阳正应,原本亲切相应,所以是从内卦内心出发来亲比,六二阴柔阴位,有自内心守正的本性,自己会主动不失误。联系《象传》"元永贞","贞"在六二身上得到最佳呈现。

从爻位和正应上来说,六二的位置明显比初六好很多。但初六"吉"而六二"贞吉",当是时位和形势有别,初六之比有怀柔远人之象,明显是"比"之王道所具有的意义,显得"比"带有外向的特点,这也是孔颖达说六二这方面不如初六的原因。相比之下,六二本来就跟九五很亲,顺理成章地从内心出发来亲比,是从自身而言的吉祥,对他者产生的影响有限,或外在方面影响不足。因此对九五来说,初六是观望的外方,而六二是心腹嫡系,本来就行事中正,基本没有失误,自己也知道避免失误,也确实不要太担心有什么失误。

【明意】

本爻关乎心意真诚的分寸与力量。意念行动是一连串对于意念发动的决断和决定,其中最为重要的是分寸,"中庸不可能也",但分寸是意念发动和把握的关键所在。从内部向九五表达内心的忠诚,即使当位也要讲究方式和时机。意境的扩大来自内心对事件把握的分寸感。越有分寸感,把握得越到位,就越有力量。

从人与人之间的意境来讲比附,那么"比之自内"重视的是意境的分寸。君臣之间的诚信需要对等,否则臣子面对一个邪恶的君主,臣子的诚信就完全被利用,而臣子不诚本来就不是选项。但这种分寸感不容易把握。初六心怀诚信,亲附如被接纳,到六二就要内心守正。因为心有诚信所以能亲附,但亲附之后不可一味等待,而要有所为,此时内心守正便是"为",因心意的扩大来自持续守正的真诚亲比,如果底下人的亲比虽然真诚而不可持续,那么意境的扩大就非常有限。这种持续发自内心的真诚比附跟本爻的很多因素有关,如本身阴柔、位置良好等。

六三：比之匪人。

《象》曰：比之匪人，不亦伤乎？

【明译】

六三：亲比的不是该亲比的、行为失正的人。

《象传》说：亲比于不仁不义、行为不端的人，是找错亲比的对象，怎么不是令人伤叹的事呢！

【明变】

六三爻在卦变中未动，始终不中不正，比之非人，内外皆伤，无法解脱。六三不中不正，处三位凶地有伤，既代表内心之伤，又有外在时势之伤，是伤心透顶之象，是内外皆受伤的人。《易》例以邻近爻为比，六三向上比邻六四，向下比邻六二，但没法跟九五亲比，是六三比错人了，近不能相得，远又没有回应。

【明解】

从根源上讲，六三的时势说明他没得选择，如果说他选择失误而可悲，反而有点批评太过；其次，六三的问题最主要在于自身不中不正，然后才是比之匪人。时势上来说，六三是没得比，比不到合适的人，既感时伤怀，境遇也确实可悲可叹。周围各爻都不是自己应该亲比的人，这都是相对来说的，因为对六三来说，六四、六二都是非人，因二爻自修，四爻外比之，都没有空理六三，那样也就上六和六三惺惺相惜，但上六"比之无首"，所以六三也会有"无首"之咎。所以说六三自己的本性不好，加上六三所处的时势不好，导致内伤加外伤，可见伤不起，而象辞的"伤"字用得很妙，说明伤人处伤地，正是内外都伤透的状态。

关于六三的选择，是本爻的根本意义所在，应该说，不好指责六三有什么选择的错误，因为这样的人在这样的时势，实在是没法选对人，所以令己令人伤悲。还有一种说法，说六三不选择，因为是阴爻，又在互坤，有点暗自神伤的味道，但不选择也是一种选择，无论怎样，都确实似乎只有暗自神伤一条路了，而且连安慰的人都没有。至于六三的内心是否很想慎重选择亲比的对象，这并不重要，重要的是无论怎样选择，都所选非人，不止是上六。

至于跟九五的关系，虽然从跟初六和六二的关系来看，九五似乎恩泽广布，但对于六三来说，只是隔一爻就受伤，而且九五似乎也看不见听不到，在某种意义上，可以理解为六三跟其他阴爻竞争九五失败，暗自落泪。相比之下，虽然初六与九五也不合比的规则，但初六"有孚"，所以可以破格亲比于九五；而六二是自己家人，这样，要九五关心照顾的太多了，结果六三只能望洋兴叹，好比九五有三妻四妾，顾不过来，而六三在这种情况下，就是使出浑身解数也无济于事。

那么，难道六三就没有出路了吗？六三是否可能通过自强来解脱困境？当然，六三的处境是外因和内因共同造成的，时运不济，又不能自强，确实只好伤心落泪，但六三到底想不想自强？通常来说，阴爻居三时，想自强为内阴外刚，有躁进之象。当阳爻居三时，想自强则为阳刚太过之象。总之，符合"三多凶"的规律，也就是在三位只要想自强就凶，那么，六三就实在是伤透了，既然内外皆伤，也只有好自为之了。

六三的结局怎样呢？六三既然没有办法从形势逼人太甚的状态中解脱出来，原因应该是，受伤时节没有办法把自己的内伤和外伤区分开来，这才是六三真正的伤之所在，也就是几乎没有解脱之道。虽然从劝勉的角度讲，三爻总得有个出路，吉卦多凶辞，凶卦多吉辞，那么六三看来也确实只能说好自为之了，这其实可以说是没有办法解困的托辞。至于伊川认为"人之相比，求安吉也"，变成说比是为了安吉的目的，这样比就变成一种非常直接的、有目的的行为，虽然从事实上来说可以这样解释，但这样等于把"元永贞"的比之道降到为利益而选择的层面，有点可惜了。

【明意】

亲比是要把自己的意识境遇跟自己意境中的领导人沟通，如果不跟领导沟通，而仅跟周围人沟通，就容易出问题。因为情境的领导人对被领导者的意境有相当大的影响和决定作用。对于情境中的个人来说，要慎重选择亲比的对象，在大家都亲比九五的形势下，如果去亲比附近的人，就是不理解形势，会给自己带来伤害。

每个人的意境都受其肉体存在带来的内在需求的限制，这种限制有时是根源性的，说明意向发动都只能够在一定的时间和空间能量场域中，因此，每一个人的意向行动都是有限的。其实人的意识能动、人的意念还可以实化，可以改变意念相关的阴阳之气（力），进而实化延伸出去。为了实化自己的意念，有时人希望找到跟周围人亲比的状态，形成准同盟关系，以放大心念的力量。但如果比附错了，就其现实的限制条件亲近周围的人，而不是努力顺应大势，那最后可能反致伤害。所以，在形势不清晰的情况下，要慎重亲比周围的人，连亲比意念的发动都要慎之又慎。

就意向性的肉身存在限制而言，在人类意向世界当中，不存在无限的行动者，除非是上帝或其他宗教信仰的对象。《易》的领导人都是一定时空状态当中的人物，其意向性和影响力受到时空能量场域的限制。人的心念发动之后就不再是心念本身,而是受宇宙中阴意与阳意互动的限制。六三因为不能明了全局而亲比不该亲比的人,不能把握好自己意境比附的分寸。这说明,在现实当中需要亲比合适的人,才能减少对意境(即意向性伸展的时空)的限制。

六四:外比之,贞吉。
《象》曰:外比于贤,以从上也。

【明译】

六四:向外亲比团结外面的人,守正吉祥。
《象传》说:向外亲比是亲比到贤人身上,是主动亲随上面贤明领导(九五)的心志。

【明变】

复卦六四与初九元阳相应,所以"以从道也",卦变后与九五相比,所以"以从上也"。

【明解】

六四主要说明追随贤明君主,辅佐明主大业。六四顺承九五,都得位且正,有六四向外从上亲比贤君之象。九五为贤王,有刚健贤明之德,能够比合天下。象辞强调德行的重要。爻辞中的"贞"与象传互补,爻辞要求六四守正不曲从,而象传要求六四听从贤君的领导,这是从不同角度说明相通的德行。可见,王弼六四"比不失贤,处不失位"概括得极好。孔颖达解释"以从上"说:"五在四上,四往比之,是以从上也。"从下往上,这是往。从全卦来理解,六四虽得正位但阴柔无力,处多惧之地,下无正应处险地,当不宁之时,柔弱无才,必须寻求强者庇护。显然初六不是最佳人选,所以舍初六以从上九五,既符合比卦之道,又契合爻象爻位和时机,又因为四与五为亲比之爻,本来就有相亲之道,但六四与六二相反,不能光靠自修,要主动求比。

【明意】

本爻六四感到九五之君的威严而自然亲比,虽然这种亲比一是因为外在的权势,二是内心被触动感化,但从卦象上分析,坤形静而附行之动,水随物赋形,而坤形也因此造就,所以是互相塑造,在六四表现得特别明显,好像难以解脱。可见,人的意向受制于其处境,无法超越外在形势。

本爻主动亲随上面贤明领导(九五)的心志。六二与六四之比有"内""外"之分,六二的内比是心悦诚服地依附,而六四的外比有显露出来的亲附意味,如言行举止等。当然,亲随的根本是心志,不是简单的外在表现,即使是表现出来的行为,也应是内在心意的流露和实化,由于形势而主动调整心意,当算顺应形势的合适心意。

就本爻的状态来说,阴爻当位而承刚,基本吉祥,表示弱势者处于相对合适的地位和采用柔性的意向策略,可能得到合适的亲比对象和状态,有扩展自身的意识境遇、增强意向行为的能力。在一定的时空能量场域当中,如果时空行为受到比较明显的外在条件限制,或者因为这些条件,使得意向行为看起来似乎被先行决定。一个情境可能约束个人意向必须朝某个方向发展,但对个人意向的方向,个人应该还是有相当的判断力和决定权的。从决定论的角度来看,世界只有一种图式,之前的情境基本决定着一个角色在情境中的扮演,似乎没有第二种出路。但世界确实有很多种可能性,人的主观意志可以影响其意向性的调控,人们可能选择不同意念实化方式应对看起来不得不回应的情境。至少,人的想象力在表面上是自由的、不受限制的,尽管又确实会受很多条件如教育、学养、社会地位、性情状态等的影响。

九五:显比。王用三驱,失前禽,邑人不诫,吉。

《象》曰:显比之吉,位正中也。舍逆取顺,失前禽也。邑人不诫,上使中也。

【明译】

九五:九五象征光明无私而最明显地得到大家拥护的亲比对象。君王用三驱之礼狩猎,网开一面,让前面跑得快的禽兽逃走。国邑里的人看到君王如此仁慈,不惊怕,不警戒,这样自然吉祥。

《象传》说:九五刚爻居刚位位正,在上卦中位,德行中正,以身作则让大家诚心拥护。愿意归顺的留下,不愿归顺的任他自去,不强迫他们,好像网开一面,舍去逆我而来的猎物,猎取顺我而逃的猎物,失去一部分向前奔逃的禽兽。百姓看到君王的心意如此中正仁慈,便不心存警戒,也可以说是下面的阴爻愿意拥戴九五上去居于中位,作为大家归附的核心。

【明变】

复卦六五阴居阳位,只能"中以自考",而卦变后刚爻由初位上来居于五位,中正显耀,众所亲比,所以"位正中也"。失前禽:上六,上为前。比卦九五之王从初位三驱(历经三爻)上居五位,在坤(田、禽)狩猎,上六在艮(山)之后,放过上六,网开一面,舍弃前往奔逃而逆己者,下卦为坤(顺),是取顺己者而"失前禽"。邑人不诫：九五上去坤(邑)之中，中道而行，邑人无须戒备，变出下坤为国邑，五个阴爻都相信九五的德政。人民觉得君王有品德，不戒惧君王，而君王也就得到民心。邑人的象应该是下面的四柔爻，坤为邑。

【明解】

显比：全卦只有九五一个刚爻，非常显著。王用三驱：古代打猎相当于战争演习，追捕禽兽要三面合围，网开一面，讲究一定的仪式和规范。关于"三"的说法，复卦初九经过三个阴爻上往五位。一说狗之所以三个月而生，是因为狗被斗所主，而斗数为三。诫：惊惧而怀有戒备。

九五爻说明九五能够中正显耀，舍逆取顺，以达到天下归心。九五爻当位，中正有应，是卦主，全卦因九五而具有意义，所以九五光明、无私、显耀，大家都追随拥护。九五像太阳光芒无所不照，但也不强求所有的都来归向，比如六三不当位无应，虽是六三自己的事情，跟九五无关，但六三不是没来跟九五亲比，只是因为九五关心的是如何光耀天下，对六三照顾不过来，六三想比都比不上，九五的阳光雨露虽然洒到六三，但对六三来说并不滋润。相对于初六的忠心耿耿来说，六三自己对九五还是不够诚心诚意，跟着边上的人就凑合了，所以是自己心意不中不正，虽然有些拎不清，但毕竟还不是以下犯上。

此爻用三驱之道来比喻王者对归附者来者不拒、往者不追的大格局、大气象。舍逆取顺是指狩猎的时候，对野兽不赶尽杀绝，动物逆我而来相当于投降，舍之不杀，顺我而去相当于逃跑，则可以尽力射杀，这是仁慈的狩猎之道。九五之比不在于去亲比他人，而在于如何接纳他人，分必须接纳、可以接纳、不能接纳甚至还有不但不能接纳而且给予处罚等多种类型，又必须做到中道合适，分寸要把握好，才能服众。这就是为什么百姓看到君王心意如此中正仁慈，便不心存警戒，阴爻代表的臣民都愿意拥戴九五上去居于中位，作为大家归附的核心。

【明意】

心意的分寸后来成为礼制的起源。当然不是平常人的心意分寸都可以成为礼制的起源，《易》认为，领导人(九五)的心意分寸能成为礼制的起源。领导人的意向性对情境领悟的分寸与尺度可以实化为规范性的条理，从而成为礼制的发源点，"显比"如理解为众人来朝贡的显赫之比，当比的意境达到最顶峰的状态，周围自然生成一种约束思想意识与行为的礼制与分寸。

一个人从学习他人到被他人学习，这种意识境遇的转换是很明显的。被亲比的人需要有很好的修养才能够成为他人的典范，如果被亲比的人没有明确的自我意识,不能够调整自己的意识境遇,那就不能很好地引导周围的意境形成合力。当然,领导人要意识到,要想有人跟随往往需要阳力居于阳位,这样周围的人才会选择向领导人的意境靠拢改变。领导人要讲究程序和礼仪制度,对于心意处境的把握进退有度,取舍有方,这就是礼的来源。礼产生的目的,是力图规范人们的思想与行为,让人们把握意念的发动使之有一定的尺度和分寸,尤其对于一般民众,需要通过礼仪制度等对如何用意把握物的分寸做出规范,使人们的意念运动有尺度,从而使得心动起来不乱,心意实化为行动有一定的规矩。

如果一个领导人非常成功,几乎没有反对的声音,看此卦就是在九五阳爻达到顶峰,而没有上爻的状况,那样其实并不好,因为下五爻是大剥卦,也就是表面非常成功的领导人其实已经进入非常危险的境地。开明而有贤能的领导人能够意识到过分的统一和协调其实是团队的巨大危机,虽然可能迅速成事,但也蕴含着巨大的危险。

上六:比之无首,凶。

《象》曰:比之无首,无所终也。

【明译】

上六:想亲比依靠但找不到首领,这样就会有凶祸。

《象传》说:上六想亲比依靠,但如果不能真心以领导的心意为首来配合领导,就不会有什么好结果。

【明变】

卦变之后,上六地处艮(山)之后,而且滞后不来亲比九五之君,卦变前是"迷复之凶",卦变之后又是"无首"之凶,所以"无所终也",正如复卦上六一般"反君道也"。

【明解】

上六爻生不逢时,心无尊长,无处亲比。比卦六爻中,只有上六一爻直接说凶,可证卦辞"后夫凶"的"后夫"就是指上六。上六以阴乘阳,爻辞的"无首"正与"后夫"对应。所谓"无首",程颐取没有早点亲比的意思,这与象辞"无终"构成互补,意为要亲比还是要趁早,而且最终结果不好要从自身出发去找原因,如是否自己太高傲了。应该说,比卦上六应该是尝试去比了,但没有领先,也没有比到,这样更加合乎比的整体意思。整个卦是比卦,如果上六不比,没有比过,甚至没有尝试过,就不太合理,所以伊川说不取。不过,程颐此说的一个长处是义理的发挥,即突出了上六是自己德行不够,没有去比辅九五,所以上六得反省自己,这是他的苦心。

一说因阴以阳为首,上六处坎险之极当不宁之时,欲比九五而九五不纳,所以说"比之无首",上面已不可能再有可亲比的了,是无首之象,有点像一群乌合之众的联合,没有领头的首领,那就肯定不会有好结果。从另一个角度看,上六乘在九五之上,相当于到皇帝之上,目无皇上,想亲比也比不了,非常凶险。说上六不能配合领导的带领,有点目中无首,也合乎时势。上六以柔弱之身,凌驾于九五之上,可以理解为上六没把九五放眼里,主要是没放心里,因而上六的比,就明显虚情假意,所以最终也不会有好结果。

【明意】

人的心意因时势的逼迫有时不得不做出唯一的选择。虚情假意可能得一时的现实利益,但最后肯定不好。上六自己的时位不合适,在比卦的大势之中要亲比,可是亲比九五却得不到。可谓虽然做了亲比的姿态,但得不到亲比的效果,反而可能有凶祸。当然上六的意境本身因其时位而有难处,加上自己对九五不够真诚,也就难以真心配合九五。上六在比的顶峰状态,还想来亲比九五,可惜已经太晚,没有机会了。

上六如果不支持九五,相当于不支持现任的首长,那样就可能跟现任的领导人产生裂痕而有危险。但我们的意识选择在一定的情境当中,不完全受理性或者因果律支配,所以选择可能往往并不理性。人对自己和领导人的意识境遇之间关系的判断,不完全受自己理性分析和选择的支配。当然,如果不能真心地以领导的心意为首,并配合领导的带领,就难以有好结果。

九 ䷈ 风天小畜(乾下巽上)

通过亲比,人必然可以有所积蓄,扩大意识之境与他人结盟,意识扩大之后收获的是权力的影响和利益的扩大,也就是都有所积蓄。人与动物的根本区别就在意识的积蓄和沉淀增长。孟子"人之异于禽兽者几希"(《孟子·离娄下》)可以理解为人有记忆,能够从经验当中反思积累,通过反思和梳理意识的秩序,可以让人的人天之意的意识流逐渐清晰有序。当意识流经过梳理,进入记忆,即可成为积蓄的意能,因为意识存在于天地之间,如果意识能够从天地之间梳理出一个有序状态,那么梳理意识的过程本身,其实就是梳理天地秩序,即给天地建立秩序的过程。

识量有所积蓄,因风在天上,风为天之识,本来风在天下,号令转达,但风到天上是云上天之象,有所积蓄而没有布下。小畜卦为巽(识)宫一世卦,立"意—识"论第二。蓄识是意识的积蓄,即积累心意,而文明的累积,从起源和兴盛都来自小有积蓄。

天行而风起,世间之物生长发育,意识如巽风,风过物长而有所积蓄。天意行于天地之间,有如风行大地,百物复苏,自然成长,自然物生生不息相当于天的心意不断积累,万物皆因意而有阴阳之化、文明之教。人用人天之意转化理解天地自然之意,而后有人天之意逐步累积。文明的起源、生成和创造来自人天之意小有积蓄的状态。

宇宙不强加外在意志创造,而是"有"创生于"无"中,当然,"无"也不是纯粹的虚无,而是"有"之极致的、全境意味上的"无"。在这种创生意味上开始的宇宙,同时是不断演化的,也就是从一种状态不断转化成为另一种状态。小畜有阴阳和合之意味。当意识发动,就要抓紧时机自强不息,但有些时候因为形势使然,应该柔弱,意识当顺应自然。此为屈伸之道,亦为阴阳之道。

小畜,亨。密云不雨,自我西郊。

《彖》曰:小畜,柔得位而上下应之,曰小畜。健而巽,刚中而志行,乃亨。密云不雨,尚往也。自我西郊,施未行也。

《象》曰：风行天上，小畜。君子以懿文德。

【明译】

小畜卦象征小有积蓄，亨通。天空密布浓云，却不降雨，乌云从我西边的郊外升起来。

《彖传》说：小畜卦，柔爻六四取得合适位置，上下五个刚爻都来跟它应合，好像把它们蓄积在一起，所以称小有积蓄。下卦乾为健，上卦巽为顺风，不但刚健而且有顺风相助，而且上下卦中位都是刚爻，意味着内心刚健，心志能够得到推行，因此可以亨通。天空密布浓云，却不降雨，因为柔爻没有力量蓄积足够的阳气，聚拢了一点却没有下雨的实效，好像风把云吹往天上去了，还得继续往上吹。乌云从我西边的郊外升起来是说天上飘来密布的浓云，但雨却降不下来，犹如蓄聚了一点恩泽，想要施布，却没有到真正付诸行动的时候。

《象传》说：上卦巽为风，下卦乾为天，小畜卦就是和风在天上飘行的卦象。君子看到乌云密布、等待下雨这样的卦象，就要效法天象，不断美化文彩，修养品德，以待时机。

【明变】

小畜从姤卦变来，姤变小畜后，上卦由乾（天）变成巽（风），原下卦巽（风）吹上了天，风（巽）在天（乾）下变为泽（兑）在风（巽）下，有天上刮风、泽水化云气被风吹走之象，所以说天空密布浓云，却不降雨。卦变后互兑（西），下卦成乾（天、郊），所以说风从西刮来，乌云从西边的郊外飘来，云水生于西，水生木，东属木，泄云水之气而不降雨。

姤初六与九四换位变小畜，柔（小）爻得位，被刚爻夹在中间，蓄聚起来。在姤卦时柔爻位置在下不利，卦变小畜后柔（阴）爻来到四（阴）位，位置变好了，所以说取得了合适的位置。全卦就一个柔爻，自然成为五个刚爻的宝贝，当然上下五个刚爻都来跟它应合。卦变前姤卦下巽（风），卦变后互离（日），有小蓄之密云因为柔爻上往而变得风和日丽不下雨之象。卦变前柔爻在巽（东南），卦变后柔爻在上巽（风）下互兑（西、泽）之中，下有乾（郊）之象，所以"自我西郊"；因为柔爻往上升入四位，所以"尚往"；卦变前后风（巽）从天（乾）下到天上，雨泽不下，所以"施未行也"。象辞的意思是，巽（风）是天的号令，但风还在天的上方，有卦令不下行，还不能把恩泽施布天下之象，因此最好是先去加强道德修养。

【明解】

《序卦》和《杂卦》都认为小畜是小有积蓄之义。

此卦关键在一阴得正而诸爻应之,阴爻当家做主,众阳之吉凶取决于其与六四的位置关系。初爻与六四正应,自然得吉;二爻守中道,进而应阴,没什么问题;吵架与三四位置有关,小畜蕴示的阴阳关系在人事上与其说是夫妻关系,不如说是上下级之间的政治关系。六四之阴对于下卦三阳而言,是挡道小人,但四爻本身又是臣子位;而五爻则说明,君主与此臣子当如何相处。上九则是全卦的总纲,表示意识有所积累,文明有所发展之后,不要继续专注于物质的积累,而要注意精神和品德的修养。

【明意】

"密云不雨"乃意识有所积蓄,即识为意力之所聚。风是天的号令,风云变幻,云在天上,几微难测。即便时间之流可完全在意识之中显现,人天之意可通于天地自然之意,领悟风行天下的君子还是要让风从心意的流变过程当中同步梳理展示出来。君子面对冲漠无朕、几微未起的状态,不能马上对意识有明显把握,这时应该沉入于"无"深处,意识之境上下与天地同流,提升自身修养境界,等待时机变化,即等几微更显、意识更明之时到来。

人之异于动物的地方,就在于知道心意通于天地的几微意识的变幻,能够领悟、理解并积累记忆。人类文明的创始之处,就是心意的沉淀和积累,比身外之物的积累重要得多。在乎身外之物,人的意识就可能成为外物的奴隶,人羡慕财富,贪恋外物,甚至展开成为侵占他人的行动,人难以抵制物欲的诱惑,是人性之恶的发展,所以征服物欲当是修行的开始。能够征服物欲、惩恶扬善的君子,如果有合适的时位就可以做圣人。可见,心意对事物的控制,是否有能力择善固执,不断积累善言善行,是修养之善恶的重要分界线,也是文明是否可以正常生长发育的重要分节点。

其实,所谓天地之间的积蓄根本就是意识之力的积蓄,即使外物的积蓄也是意识积蓄的外化,而刻意积蓄外物让人的心意力量外化消耗,不能够形成有效的心力积蓄,只有真正致力于意识积蓄的人才是君子,才能让正念主宰自己的内心,让意识能量不断提升。所有意识之力的修行就是调适自己的心灵意境,美化自己的道德意念,即"懿文德",因为物质的积蓄永远不会让人满足,所以就不应该引导人们去过度关注物质的积蓄,而应该关注内心力量的提升。

当人遇到心意不能充分展开之时,就应该反求诸己,等待时机,专注于积蓄以提升自己的意识能量,等意识之心力有所积蓄,时势有所改变之后再出来做事。一个小阴能够蓄养五个阳爻,说明小的阴意足以厚积薄发,养成大势,力量相当可观。可见,文明意识的累积,关键不在外物的积蓄,而在意识心力的修养和持正,意识持久坚守正道可以改变外物的存在状态,表现出巨大的力量,作为善心善行积累的文明之兴盛和灿烂,也是如此。在合适做事的时机出现之前,需要把握好自己的意识境遇,对自我意识充分淬火敲打锤炼,以把握好时局当中能够改变局势的关键力量,积蓄自己的心意以转动周围意境之阴阳。可见,文明来自意识的小有积蓄,而如何表达文明的状态,需要善心善意应时势而动以不断积累。

初九:复自道,何其咎?吉。
《象》曰:复自道,其义吉也。

【明译】

初九:(心念发动出错了)赶快返回自身阳刚之道,哪里会有什么咎害?这样做必定吉祥。

《象传》说:初九意识到心念发动出了偏差,赶快调整过来,复返自身阳刚正道,从道理上讲初九这样做是合适的,肯定容易吉祥。

【明变】

在姤变小畜卦变中,小畜初九从姤九四下来,跟复卦从剥上九返下都是复一个方向的道,复卦一阳来复,"刚反动而以顺行",也就是回到正道上来。

【明解】

复:返回到重新生长的轨道。义:道义,道理。初九与六四正应,被六四引诱和牵引,不可能不动心,但初九能够立即调整心思,回复到正道上,说明心意转变很快,并且立即付诸行动。初九其实还没有明确的行为上的错误,只是心思可能有点偏差,就马上自我纠偏,所以是很吉利的做法,也是行事很高明的状态。孔子表扬颜渊"不二过",不是真正要付诸行动才算,而是心思出偏就算错,需要人及时调整自己的心思意念,否则导致实际行为已经晚了。阳刚为阴柔所引诱牵引,是正常现象,关键在于如何应付和处理这种情况。

初九讲"心念发动出错了"比"做错了"更到位,因为最根本的是改变念头,而不仅仅是调整行为。

【明意】

心志的发动,需要刚毅坚强,才能创造自己的意识境域。否则,初九不刚,变成巽卦,则是柔弱顺从,为物欲所使役。一念之差就梦想成空,一味等待则梦想永远不会真正开始。

返归正道的前提是已经走错道了,应该是积累的方向错了。如果不是正确心念的积累,而是去积累金钱或权力,那就要适时回到正路上来才行。自己能够回复到正道上就是最好的状态,如果是被迫恢复(如九二牵复),则没有这么好。意识的调适,最后都要反求诸己,通过自己对意识的反身判断来调整,来评判意识的方向是否合理。人是否能够参与文明社会,根本上来自于对正道意识发动状态的锤炼。

君子面对几微未起的状态,对其所在的情境不能够有明显的把握和领会,这时应该蓄养意识之力,如果急于发动意识,可能往往不在合理的道中,就需要重新找到合理的自道,多做自我反省和修炼的功夫。

九二:牵复,吉。
《象》曰:牵复在中,亦不自失也。

【明译】

九二:受到牵引,能返回正道,吉祥。
《象传》说:九二受到六四的引诱和牵引,但因为在中位,受到牵引而反思,觉得还是要走中道为好,所以没有大失误。九二在下卦中位,行为中正,自己没有过失。

【明变】

姤卦初六在巽(绳)中,"柔道牵也",所以初六上往必定牵连九二刚爻复返,在初六与九四交换中,九二也受到牵连。九二跟初九相邻,初九从姤九四下来,牵动九二一起回复正道。

【明解】

小畜九二跟初九一样,也受到六四的引诱,心里也有动静,但能够返回自己的阳刚之道。九二占据下卦中位,中本来就代表中正平和而又不偏离,牵引着别人而返回到正道,而自己不会太偏失。九二在互兑(羊)里,羊可牵。九二被他人(初九)牵引,是因为自己一人往往会缺乏自我意识,需要旁边有人来陪伴牵引和指导,在与他人沟通和协同之中才能重新判断,把握分寸,重新整理心灵的意境。牵引别人返回正道,则是因九二善于调整主宰自己的内心,以正念征服外在的物欲,从而达到顺应天道而为的正道,不但自己吉祥,还可以帮助他人。可见,我们可以有被动性的回复,也可以有主动性的回复。如果一个人内心丧失了自我和方向,就可能表现出一种陷溺之态,因此需要一个牵引你回归正道的人或是一种牵引你回归正道的力量。若能在意念的最深处回归而坚守正道,虽然短暂迷失,但经人点拨提醒,能够回归有的道路就好。**卦变**

前后乾巽不失,所以"亦不自失也"。

【明意】

被牵引离开正道,和被牵引返回正道,理解虽然不同,但道理可通,即人的心思意念离开正道,往往受到外物牵引,被诱惑而迷失自己的本心,离开本来之道。初九自己可以返回,而九二可以理解为被牵引返回,被师长、朋友或者其他的意念牵引返回,回到自己本来正常发展的意识境遇和道路之中。

"牵复"可以从教化和培养习惯来加以理解。人可以被牵,尤其指人的意境可以被主动塑造,即主动地自我塑造,也可以被动地塑造。但缺乏自我意识的人无法塑造自我,因自我意识是改变意识之状态的前提,换言之,自我意识是自我对现身情态的领会和把握,是调适意识状态、培养习惯的前提。文明的教化无非就是被动教化和主动学习,但被动教化需要意识的内化机制加以转化,而主动学习是自己做出努力接受牵引以改变原有的意识境域。

海德格尔在《存在与时间》当中,提到人在时间之中要面对的"上手"状态,也就是人必然与他人与他物打交道的状态,是人不可能逃避的、与他人他物共在的状态,心念无法不与他人他物发生关系而独立存在,人的心思意念必然在"上手"状态当中,也就必然在牵引和牵绊当中。人都希望自我决定自己的心思意识,但却无时无刻不在各种关联与缠绕当中,不可能逃避,而只有面对,这时候选择非常重要,接受牵引还是反对牵引,成为关键性选择。如果能够在中道状态去面对,就不会自我迷失太远,而如果被牵引而迷失,就有点可惜。可见,意识发动和存在之延续可谓步步艰险、难乎其难。

九三:舆说(tuō)辐。夫妻反目。
《象》曰:夫妻反目,不能正室也。

【明译】

九三:大车辐条脱落解体,犹如夫妻反目失和。
《象传》说:夫妻反目失和,说明丈夫(九三)不能规正妻室,把家庭关系理顺。

【明变】

卦变前姤有车象,乾(马、圆)为车轮,巽为木为绳,马拉车之象,卦变之后全卦五个刚爻在九三上方被一个柔爻切断,九三在上下卦衔接处,上卦巽(木、直、股),直木作股有车轮上车辐之象,九三在互兑(毁折)里,是车轮毁坏、辐条脱落之象。姤卦九三"臀无肤""行未牵",所以九三之舆无法前行。

【明解】

　　輹是固定车轴和车轮的，容易脱落。辐条则不易脱，故作輹恰当些。辐条脱落感觉没有办法，吵也没用，车厢脱落的情况经常发生，因之吵起来的可能性就大一些。辐(辐条)和輹(车輹)，先儒有认为两个字可以互相代替的，但也有认为两者含义并不相同的。如胡煦认为：辐，轮也。乾为圆，又健行，是圆而健行在下，有辐象。而如郑刚中说：輹则车下横木，故先儒谓之车下缚。朱震、子夏传、虞翻本把辐作輹。因輹是固定车轴和车轮的，易脱易修。所以作輹恰当些。

　　关于夫妻有几种说法：一指九三与上九，如王弼——己为阳极，上为阴长，畜于阴长，不能自复，方之"夫妻反目"之义也；二指九三与六四，如杨万里——九三夫道也，六四妻道也；三如胡瑗——乾为阳，故称夫，巽为长女，故称妻。**小畜卦从姤卦变来，上乾(夫)下巽(妇)变为上巽(妇)下乾(夫)，夫下妇上，关系颠倒**；巽为多白眼，九三又在互离(目)里，所以说犹如夫妻反目失和，有口舌(兑)之争。不过四爻正位，又比邻君主，受君王护佑绝非小人，四爻犹如仪态万千的贵妇，无丝毫强悍之态，而是一个长袖善舞、洞彻男性心理的贵妇，一阴统蓄五阳，得位承阳才能做到，所以不算过分强悍，但毕竟当家做主，比较有能力，也会阴柔手段，能够安抚四方。

　　小畜卦讲容民畜众，大畜卦讲畜德。六四蓄众阳，下卦三阳皆不应为止所蓄，初爻远于阴，又得正位，所以能自复；二爻渐近于阴，居中位，所以能牵复；三爻迫近于阴，又过刚不中，被六四所蓄止，如舆脱輹而不能动，阴阳关系有悖于常道，所以有夫妻反目之相。九三受蓄于六四，如夫妻一样，"男正位乎外，女正位乎内"，阳唱而阴和，而九三与六四则与此相反，所以违背阴阳夫妇之道，因此有夫妻反目之象。

【明意】

　　人与人之间心意的开闭分合，阴意与阳意的交流虽是常态，但也有不通的时候。意识发动的力量受到自己内在力量的把握，有些人很刚强，导致意识发动比较强悍，但如果遇到对方也很强悍，就往往不愿妥协，导致二者分离背向。意识境域相反可以说是因为对自我意识境遇的过度坚持而导致的，往往在一方坚持的时候，另一方也可能因此更加不愿妥协，于是彼此的意识境域越离越远。

　　王夫之在提到历史和时势的时候，认为人都受"情欲所牵，习俗所囿，时势所移"，人要超越自己所在的历史时势以及各种外在的条件谈何容易。心念无论如何坚实坚强,也在各种外在条件的约束之中,难以真正有所超越。文明的发展都是在心意不合的竞争和斗争过程当中展开的,是在斗争的历程上不断发展进步的,而有所积蓄需要通过不同的意识之争才能够继续丰富和发展。

六四:有孚,血去,惕出,无咎。
《象》曰:有孚惕出,上合志也。

【明译】

六四:有阳刚真诚相助,得以离开流血之灾,从遗留下来的忧惧中走出,没有太大的影响。

《象传》说:上天(九五)以诚信感化助人(六四),帮人(六四)离开了流血之灾,走出了恐惧的阴影,说明向上与九五(天子)心志相合。

【明变】

姤卦初六来到四位,上下相应,故"有孚",阴爻居中,有孚信于众阳,加上六四有九五的保护,当然处境很好。离开卦变之前的艰难状态(从姤卦的初六来,初六志在灭刚,充满血腥和危险),初六来到九五之下,受到九五的真诚相助。初爻在姤下本来志在灭刚,上来之后与九五心志相合,所以"上合志也"。

【明解】

小畜卦六四为主爻,上下卦对六四的把握不同,从下卦三阳爻来看,阴要畜阳,而阳应守其正道,不宜为阴所畜,阳爻宜戒。可是上卦当阴畜阳之时,居于要位的阴应当柔顺贞静,以诚信处之。至于与谁合志,有不同的说法,如王弼认为与上九同志,因同恶而同力;程颐则认为与五同志。

如果坚持小畜是阴畜阳这个基本义的话,六四阴爻意图蓄止下卦三阳爻,初能自复,二则牵复,三则被蓄止,不能发动,所以取舆脱輹,表示受蓄不能动之象。可见,天下最柔美有吸引力,得天下男人之情者,莫过此六四,集高贵、柔美、身正于一身,风情万种,柔弱胜刚强,是用文明柔性成就文德之教的贵妇之象。

【明意】

意识之间的应和,与互助、本性、时势、利益等有关,不同时空状态中有不同的沟通状态。六四阴爻当家做主,得天下男人之钟情于一身,是文德教化、柔顺中正的贵妇之象,其意识境遇性的展开,能够容蓄天下人心而有万种风情。

六四柔弱用意整合全部阳爻，一方面内心有诚信，受到五个刚爻信赖，另一方面刚爻之间彼此高度竞争，危机四伏，虽然小有积蓄，但大家都觊觎财富，有些时候几乎就要有流血之灾，只有靠警惕小心还要加上九五的保护才能全身而退。这也象征意识的累积和文明的积蓄成长之艰辛，文明的冲突常常有血光之灾，需要特别警惕方能规避剧烈的斗争，要合于上志，即合乎更高更加理想的文明状态，追求永恒的理想才能够离开低层次的利益性的冲突。

六四积蓄意能，追求文明的动机很好，不仅自己品德好，而且为了大家都好，但大家彼此有芥蒂，难免出现各种负面情绪，还好六四能够跟九五合谐搭配，警惕小心地离开是非之地，最后没有什么问题。但六四需要时刻心通于九五，按照九五的意志行事并不容易，否则也易忧惧，甚至有灾害。以阴蓄阳，却步步惊心，因阳意高度竞争，而且彼此争权夺利，互不相让。小有积蓄也担心随时有散去的危险，最后能够保障六四安危的还是九五。所以六四的柔顺意识，要蓄积众阳之力，不能离开九五强烈阳意的支持。

六四在众阳之中，犹如四两拨千斤，从小而柔弱的意识出发，力图思考进而拨动大的形势，其比较合理的方式是顺应外在阳意的合力，结合成柔顺但有力量的形势，这样可能拨动全局。这与抽象思考时间与空间的西方哲学家的思路很不一样，因为《周易》中时空的相互转化是能量的互动，而且可以越来越有力量。

九五：有孚挛如，富以其邻。
《象》曰：有孚挛如，不独富也。

【明译】

九五：自己心怀诚信，跟群阳携手，一起拳拳系恋一阴，与近邻共同分享阳刚之富实。

《象传》说：自己心怀诚信，跟群阳携手，一起拳拳系恋一阴，说明九五不独自享受阳刚之富实。

【明变】

姤卦之时，刚爻处于被灭的危机之中，柔爻上往卦变为小畜，九五与其邻近的刚爻一起小有积蓄，所以"富以其邻"。

【明解】

有孚：全卦唯一柔爻紧承其下而有孚信，有诚信、守信、信任、信用之义；一说是建立良好信用，大家都有信用，财富就得到分享。挛：拳拳系恋、牵系、攀连、固结、合体,取巽为绳象。如:形容词词尾。挛如:指九五与六四孚信相结,相互系恋。

小畜下乾互兑互离上巽,先天八卦中,乾兑离巽四卦相邻。九五是上巽(近利市三倍)中爻,下有六四,但不独自霸占六四,不但对六四有情,而且对群阳有义。九五自己讲诚信,并跟别人携手共进,显出拳拳系恋的样子,不独自享受富贵(六四是九五的财富),而是与邻居(群阳)共同分享(六四带来的)财富和实物,有群体感和大局观,是个好的领导。九五在巽(近利市三倍)中下互离(日),有日中聚市集之象,所以"不独富也"。

【明意】

九五有公共意识,不独自占有财富(六四),意识到其他阳爻必然妒忌自己的财富,也认为自己的财富应该与大家一起分享。九五能够镇住六四,而六四是全卦蓄积所有阳爻的主爻,是九五与六四共同构成辐射全卦的意识境域,九五让大家都雨露均沾。这象征君子的文德要刚柔相济,不仅意识内部要刚柔之意识相济,而且要能够顺应阳意与阴意的合力来形成公意。九五分享财富是公共公正的意识状态使然,愿意把自己占有的身外之物分配给他人,而分配的动机是建立信用,或者因为原来就有良好的信用机制和结构(六四与九五的良好搭配),自然觉得应该尽量分配得公平公正。

"富以其邻"是财富分配的艺术,让邻居们(阳爻)享受到财富的好处和分配的正义,更重要的是,在分配的过程中,感受到"有孚挛如",好像如一家人见面之后要紧紧握住家人的手,体会到那种深情厚谊。这是把国家、社会财富的分配归结到家庭情感的中心上面,也就是全社会应该要像一家人那样分配和共享财富,也要让被分配的人觉得自己受到了家人的待遇,感受到分配者的深厚情谊。

社会当中富有的人愿意主动分配财富,对于道德系统的建立和完善有风向标的作用。罗尔斯在《正义论》中设定了无知之幕,这种理想化的设定虽然近似科学和几何的公理起点,有某种超越的原则的意味,但离开现实的状态很远。《周易》说明社会财富的合理分配,最后还要回到人的良心原点,无论是分配者还是被分配者,都不可能离开良心意识来单独讨论社会正义的问题。这一爻象征文明的成就性状态,首先是富有,其次是领导人富而有礼、乐善好施,促进全社会的礼乐教化,形成互助友爱、公平公正的文明社会氛围。

上九:既雨既处,尚德载,妇贞厉。月几(jī)望,君子征凶。

《象》曰:既雨既处,德积载也。君子征凶,有所疑也。

【明译】

上九:密云已经降了雨,也停了(阳刚被释放,阴阳已经安然相处)。(得到物质滋养之后)到了应该崇尚积累道德的时候了。妇女(在阳卦上位置不正)需要持守正道以防危险,要像月亮将圆而不盈满,君子此时如果还盲目进取和追求(物质财富),会(像月满则亏一样)有凶险。

《象传》说:密云已经降了雨,也停了(阳刚被释放,阴阳已经安然相处),(物质满足之后)现在是积累道德的时候了。君子此时如果还盲目地进取和追求(物质财富),就会被其周遭的情境所质疑。

【明变】

因卦变,姤卦初六阴爻"尚往"地气上浮,九四阳爻阳气下沉,阴阳之气相交而成雨,所以"既雨";卦变后小畜卦中互兑(泽)上巽(风),雨过为风吹散,互离(日)兑(月)乾(天),为日月丽天、风和日丽之晴,是雨过"既处"之象。从卦变的角度说,此卦从姤来是初六到四位,夫下之妇骑到夫上去,不动就危险。按照纳甲,六四互兑为上弦月,是小畜将满之象;从姤变来,乾变巽,满月变下弦月,所以说"月几望"。

【明解】

载:积习,积累,乾车为载。上九是全卦的总纲,指代全卦的小畜状态,是对小畜卦的整体理解和把握。"既雨既处"的雨,是阴阳相和而成雨。上九之处,有解为雨下即为安处;有解为畜成则阴阳和而无争,为安处之时;"既雨既处"与"尚德载"前人多认为有因果关系。如孔颖达认为所以得"既雨既处"者,以"上九道德积聚,可以运载,使人慕尚";一说因为日子过好了,就开始崇尚道德了。"月几望"若以六四为妇,则与"妇贞厉"连言;若以上九为妇(在上巽中),则与"君子征凶"连言。以六四为妇较少见,如朱震;以上九为妇的较常见,如胡瑗。"君子征"一是上九之征,一是九三之征。上九之征常见,如王弼;九三之征不常见,如孔颖达。"凶"因巽在乾上,妇人正固不动危险,月亮将满,君子征进凶险。一说小畜到了上九,生活小康,还拼命赚钱,致众人疑(巽为进退,不果)之。

上九与四应,但位置不好,虽然也对六四倾心,但不动不太好。上九想调到有利位置,但奈何动了就会有危险,之前九五帮助过的那些邻居,此时都对上九存疑。按照小畜卦的意思,上九的日子还可以,不该得陇望蜀,否则,大家都会联合起来怀疑上九,一起对付他,所以上九一动就很凶险。"月几望"是几乎快要盈满之意,表示丈夫已经全力配合妻子的物质要求,快满了,如果还继续配合妻子追求物质欲望的要求就要凶了。

"既雨既处"一说已经下过雨,雨也已经停了。"尚德载"因积蓄品德而能够使上位者承载着德望,收敛自己的内心意念的发动,不要让人怀疑自己的动机,否则被质疑自然就会有危险发生,所以要时时自控,尤其在将成未成之时要安心忍耐,妄动即有风险。"妇贞厉"一说表面上妇女贞固有节操,本来是好事,但因为积累的是小的阴意(物质性力量),所以还是有危厉。而只有培养阳意(精神力)才是大的力量。一解有德又载妇,上爻是无位之贤者,有德之人应该继续修德就好,要改善生活反而动则得咎,引起大家嫉妒。总之是已经相当可以了,如果一味继续征进,容易有凶险。

【明意】

阳意的积累到一定程度,必须释放才能达到平衡状态。文明社会追求物质的欲望不可过度,要适可而止。人的意识要在物质欲望和精神欲望之间保持中道状态,意识中的物欲(意)与德(意)之间的平衡很有必要。有了物质的满足,但还过度持有和追逐物意的欲望,就可能走向反面。就社会财富的分配来说,积蓄物质是不够的,还要积累品德,或者通过合理地分配财富,已经把品德积累起来了。如果一个人已经积累了一定的品德,还继续盲目地进取,他所在的情境就会怀疑其动机和目的:他到底要干什么?因为他已经失去一般人行事的分寸感,也就违背一般的礼法要求了。逾越礼法就会被怀疑有某种不可告人的目的,好比已经踩在老虎尾巴上了。可是,明知老虎尾巴踩不得,有些人一定要去踩,他们的心思意念要刻意挑战社会的伦理道德底线。有些人不但有这样的胆气,还有这样的能力去踩踏、破坏心意与法律和社会伦理规则的关系。可以想见,一个人有挑战世俗标准的心念,有可能成就大事,也可能铸成大错。一个安分守己的人,不能够有多少成就,一个独辟蹊径的人,既可能成就大事,但也可能越走越窄。所以,对于心思意念之动,需要谨慎小心,应该既能够让它升起,也能够让它消逝/失,要掌控自己做心动和意识的主人,让心意做欲望和物质的主人,才是心灵之动的合理方向。

事情皆起自心灵之几微之动。心念几微之成事,在于心灵之动能够运作外物,形成形势。风在天上,几微难测,风云变幻,心力能够运作风雨,有些时候,可以要风得风,要雨得雨,时间之转换,时势之万变,迅捷异常,令人吃惊。心灵之力量,时势之变化,起于几微,发于毫末,却不可不察。《孙子兵法》谈及时势,其实时势来自心念之动,而营造形势,也来自心念之力。物质力量不断流转,忽然出现又忽然消失,精神力量则长远而巨大。心力的修为是心灵改天换地的艺术,是真正的力量之源。心力的积蓄和经营可以改变时代和历史,甚至无往不胜,不可思议。在反思性的自我意识与被动的反身性之间,人通过情境的回应和对意境的反思,可以提炼意识的分寸,提升意量,减少物欲。这样修炼而成的个体意识境域终将增进人类整体文明,但如果修炼过度就可能走向文明利人的反面。

十 ䷉ 天泽履(兑下乾上)

　　人稍微有积蓄,开始崭露头角,反而犹如随时会踩到老虎尾巴一样危机四伏,必须小心谨慎。因为走向文明、保持成功,和刚想成功的开始状态有所不同。履卦为艮(量)宫五世卦,立"意—量"论第六。所以履卦希望人们知道要履危而安,也要富而有礼,这其实有"伴君如伴虎"的延伸意味,也就是他人作为自己的心灵意识对象,并不非常了解自己作为意识发动的主体,因此要对他心他意心存尊敬与感念,意念发动之后,当时刻做好退回自己分限的准备,承认自己身体的有限性和精神意识境域的有限性,因为逾越边界可能非礼或无礼,意量可能减弱,导向意识发动的反面。

　　礼的存在是对天地自然本来秩序的模仿,礼其实是人的意量的外化。认识与理解世界的意愿要落实在建构人自身与宇宙关系的秩序上。正如康德在《纯粹理性批判》当中所论证的:时间是一种先验结构,帮助人们整合感性杂多,知性在此基础上才能通过范畴和判断等来理解世界。认识世界的意量也是这样,要通于意念所止的符号(即艮宫八卦)来理解外在的事物,而这事物并不脱离意生之境。这种认识世界的过程需要建构一个与世界先验结构对应的内在时空范畴判断结构,并认为它与我们认识的世界有着一致性的先天结构。

　　履虎尾,不咥(dié)人,亨。

　　《彖》曰:履,柔履刚也。说(yuè)而应乎乾,是以履虎尾,不咥人,亨。刚中正,履帝位而不疚,光明也。

　　《象》曰:上天下泽,履。君子以辨上下,定民志。

【明译】

　　履卦象征小心行事,踩到了老虎的尾巴,老虎却没有回头咬人,亨通。

　　《彖传》说:"小心行事",柔爻礼遇刚爻(犹如应对刚猛之虎,需以阴柔之道来小心行事)。下卦兑为悦,上卦乾为天,内心和悦顺应刚健,所以才能"踩到了老虎的尾巴,老虎却没有回头咬人,亨通"。帝位上的九五是刚爻,居上卦乾的中位,阳爻居阳位位正。九五登上皇帝之位问心无愧,因为心地和行为都正大光明(上卦乾为白昼,故光明)。

《象传》说:上卦乾为天,下卦兑为泽,天在上,泽在下,履卦象征着这种自然的秩序。君子学习履卦乾天刚健在上、兑泽柔顺承之而有礼的卦象,要深明大义,分辨上下名分,安定民心,守礼有序。

【明变】

象辞说柔爻礼让刚爻,因履卦从夬变来,夬卦九三刚爻上往上位,柔爻礼让刚爻而下来到三位,下成兑(虎),上首下尾,卦变前上兑变下兑,虎首变虎尾,故取"履虎尾"之象。

【明解】

咥:咬,咬噬。亨:亨通,有幸没有被咬到。说:悦。履卦主要意义是明辨出上下,守礼则幸运。履卦在小畜卦之后,皆为一阴五阳之卦。《序卦》曰:"物畜然后有礼,故受之以《履》。"《管子》:"仓廪实而知礼节,衣食足而知荣辱。"由《小畜》而物质有所蓄积,到《履》进入文明礼乐的时代,故"履者,礼也"。《说文》:"礼,履也,所以事神致福也。"《荀子·大略》:"礼者,人之所履也。""履"是行为,行为之守则为"礼"。马王堆帛书本这一卦叫"礼":"礼虎尾,不咥人。"直接用礼字。可见,履的含义从鞋子、踩踏、行走、礼节,贯通下来。"履"为柔顺有礼,近"谦"。

对于"履虎尾",王注和《正义》皆认为:六三以阴柔履初九、九二之刚,故曰"履虎尾"。兑(虎,口)为老虎咬人,但兑又为悦,又可以理解为不咬人,所以是踩到老虎尾巴,但没有被咬到,亨通。一说履卦的核心是教会六三以礼,六三虽柔,但心志刚强,特别需要度化。

下兑(悦)上乾(天),是喜悦而顺应天,所以踩到了老虎的尾巴,老虎却没有回头咬人。履卦亨通,九五刚爻居上卦之中的帝位,阳爻阳位位正。九五踩上皇帝之位而无愧疚,如同柔爻踩踏着刚爻而下,即使"履虎尾"也能"亨"通,因为行为光明正大。上卦乾(白昼),互离(光明),意味着帝王的心意广博而高明。

象辞说明人间的礼来自于天地本然的秩序。天上泽下是大自然的天然秩序,君子要把人类社会按照天然秩序加以组织,所以人也要分高低尊卑,这就是礼的作用,让大人君子排在上面,小人平民排在下面。百姓看到社会的上下排列合理有序,他们的心思和意志才会安宁稳定,才能够学习和执行礼仪。

【明意】

君子意向性中的秩序可以成为人间秩序。天上泽下,上下已分,自然秩序不可改变,人间的礼仪背后有不可改易的自然结构。这是人间秩序和自然秩序的先验同构性,而人顺礼仪而行的先验善性也通于天地自然本来的纯善之性,或言无善无恶之境。天然秩序和人世秩序有先验同构性,人世秩序有意建构在对天然秩序的先行意念之领会的基础之上。《周易》认为人世的先行结构当与天地结构同构,而不仅遵循某种超越的自然法原则。《周易》的先行结构意味着人心与宇宙之间存在某种带有超越意味的同构性,此为人天之意,即对世界的认识与理解诉诸人心发动之前的结构,而此结构来自人的心意对天地结构的开发和解悟。

人有所积蓄,有一定的社会地位,就可以践行、实化、扩展自己的心意,而心意的开端,很多人误以为是自我,其实当是天道,是天地阴阳之动。如果把个人心意都当作自己小我的发动,最后把周围存在都当作自己欲望和利益的实现过程,则最后成就的只是小我,无论小我多大,最后都会被天地的形势所淹没,因为一个人心意发动,天网恢恢,不出天道,应该在反身意识当中,能够洞若观火,明明白白,体会到私心发动不可能逃脱天道整体的范围。

初九:素履,往无咎。
《象》曰:素履之往,独行愿也。

【明译】

初九:按平素的做法小心行事,独来独往,没有咎害。
《象传》说:保持自己纯朴的本性,不失本色地谨慎行动,专心努力想去实现自己的意愿。

【明变】

从卦变上看,初九未动,就索性依然故我,毫不动心,我行我素,不因他人而有所改变,纯朴地顺从自己的本性,毫不做作。

【明解】

素:平素,不失本色。素(下兑为白,为素)履是质朴无华地顺着自己的本性,按照自己本来的意愿行动(初九为足,在履卦用脚行走),不为外境的改变所动。与上不应,在卦变当中不动,独来独往,故独行所愿。"独"一方面指遵循自己的心意去行动,是慎独之中持守心力的状态;另一方面指专一,即要我行我素地保持心志的原始状态,不偏离正道的方向,只有这样才能心志不乱,避免咎害。如果像夬卦初九"壮于前趾",则将"不胜而往",必有咎错,所以应该保持本性,"素履"而"往"。

历代解说或重于素,从礼不尚华的角度解释,如王注、孔疏;或重于初爻之位是布衣平民之位,故当专心修德,质朴无华地按照自己的本色行动,即《中庸》所谓"素其位而行"。

【明意】

保持平素的心量去面对和认识世界,是因为认定心意之发不可离却自己原初的本性。否则,意向性的本性被否定,则意量亦不可建立,也就无法认识世界。刚开始认识世界的时候要保持素朴的初心,才能保证真心所发的意向与世界存在的生机之间有先验同构性,让心意之生机同于世界之生机。这种同构性的努力必须要通过安定、纯粹的意向性活动来实现。意向性的活动要安宁、纯粹而且小心翼翼,才能维持意量对于世界的认识,即对世界理解的意会状态。礼制的建立和完善是意量的实化,是意量从自然之量转化为文明状态的客观化量度。

心志合于天道,我行我素,安心专注,纯朴地顺性而为,则意量自然而然地通于天地自然之节度,也通于人间之礼仪。所以这种心意并非没有全境意识,更有通天的意识境遇在其中。心意合于天道有利于努力认识和理解存在的生机。如果人一开始的意向就真诚纯粹,意向活动不夹杂私欲污浊之意,那么,人意的本质就是天意,人行的本质就是天行,故不可忘却心行的本性。慎独平素就是恢复人天之意的天意层面,知人意不离天意,即可以天意为基础。心意发动在一种素朴的状态中,就可以维系通于天道的先行结构,让表达与天相通的先行结构清楚有序。可见,人意的本然纯粹状态可以回复到天道,按照天道健动的方式来运化意念、思考和行为。人从一开始做事,只有理解天道秩序和人世秩序的同构性,才不会迷茫,平素如之,自然而然。

九二:履道坦坦,幽人贞吉。

《象》曰:幽人贞吉,中不自乱也。

【明译】

九二:履进的道路平坦宽阔,即使如盲人在幽暗之中,只要持守正道前行也能吉祥。

《象传》说:即使如盲人在幽暗之中,只要持守正道前行也能吉祥,因为九二能够坚守中位不自乱阵脚。

【明变】

夬卦九二"得中道也",卦变中九二未动,说明虽然眼睛不好,但心意平稳,不为所乱。

【明解】

坦坦:心地坦然,无外事挂心。从道路上讲是道路平坦。幽人:九二在互离(目)下兑(毁折)中,是目受伤成盲之象。一说"幽人"是因为大环境不合适,自己幽居起来,固守自己的想法。"幽人"一语也出现在归妹卦九二:"眇能视,利幽人之贞。"

之前的解法前后逻辑关系多不清,其实这句话是可以梳理出前后逻辑关系的。因为道路平坦宽阔,只要他能够居中守正,内心不乱,即使盲人前行都应该没有问题。其他讲法,如当社会安定、秩序良好时,履进的道路平坦宽阔,当大环境不好时,不如到幽暗之中,守正吉祥,虽然有理,但毕竟是两面。虽然《正义》说是"幽隐之人",可是如果理解为隐士或者归隐,跟前面的关系就不够明确。但如果理解为眼盲之人,守正和中不乱就很重要。幽暗之中的人要守正吉祥,坚守中正自己不乱(九二在卦变中没有动,在下卦中位能不变守常)。其实九二刚健但不当位,跟九五又不应,等于没有人保护,所以要特别小心,力走正道,光明正大。道路虽平坦,但不守正却不行。"中不乱"是对贞的解释,强调内心正,心正则道路正。"中"含有中爻与内心两重意思,即处在恶劣环境,当以保守中道不自乱分寸为上。

【明意】

"幽"这种眼盲未必是真的眼盲,其实我们每一个人虽然睁着眼睛,但都没有办法看清楚前行的方向,所以都是不同程度的眼盲之人,我们需要时时刻刻守正,而且中心不乱,意念不分才行。眼盲的人在慎独平素安宁的状态中都可能认识世界的结构。相反,眼力很好的人,在烦乱嘈杂不宁的心境当中,即使掌握再多的资讯,也无法梳理出心与天通的先天结构,找不到合适的表达符号与判断系统来应对世界的变化。即使眼盲的人,只要心地安然,守住平素内在的意量,也可能开天眼般认识世界,因为有帮助他们形成意向性表达法的内在结构可供凭借。这也可以理解为,认识世界的关键其实是意向性不受扰乱的中道状态,即意向性通天的平易安宁状态,有可能在意向生发的每个瞬间一直保持。"幽人"能吉,因其心正则其路正。幽人虽看不清,但仍然能够意会和了悟自然之道的先行结构,并依照此先天结构行事。可见,内心刚健正固,意念之生可以不为境转,意念延伸实化之处,仍然平实安宁。

本卦告诉我们,认识世界的核心是人的心意可与外在世界的秩序同构。安宁平和的意量可以实化为和谐有序的礼仪制度。潜幽的状态当中,心意从纷乱的杂事之中分离出来，从而形成对于世界秩序的本然意向性，这是心意之静能够如镜子一般映射出通于天地之结构的道理。换言之，内心意念的平和中正是认识世界的核心状态。人世秩序有意建构在对天然秩序的先行了悟之基础上。一个人的意识了悟了先行结构，即使眼力不好、环境杂乱，也会自寻清幽之境，守住意识的中道，让世界的本相自然显现，这是事物变化通于人心先天自然结构在意向性活动中的显现。

六三：眇(miǎo)能视，跛能履，履虎尾，咥人，凶。武人为于大君。

《象》曰：眇能视，不足以有明也。跛能履，不足以与行也。咥人之凶，位不当也。武人为于大君，志刚也。

【明译】

六三：一只眼不好，还能看得见。拐子还能走路。在这种情况下，走路不利索，如果还踩在老虎尾巴上，就迟早会被老虎咬到，凶祸。有武力但缺乏仁德的军人(六三)，自不量力，还要向帝位履进。

《象传》说：一只眼睛快瞎了，不能看得很清楚，没法辨明事物。脚跛了，不能像常人那样走路。踩在老虎尾巴上，有被咬到的危险，六三阴爻居阳位，位置很不妥当。有武力但缺乏仁德的军人，自不量力，想登上大君的宝位，虽为柔爻，但心志比刚爻还刚强。

【明变】

兑在夬上为首，卦变到履下为尾，踩在老虎尾巴上，有被咬到的凶险。六三作为下兑(虎，口)的上爻，有虎口之象，好像还踩在老虎尾巴上，就迟早会被老虎咬到，有凶祸。**夬卦中，九三在乾(君)里，卦变时上往宗庙之位取代得位的柔爻(上六)，有心志刚强要乘驾在君王(九五)之上之象。**

【明解】

眇：《说文》说"一目小也"，指一只眼好一只眼不好的斜眼偏盲状态。不足：不胜任。与行：一起正常行走。

六三是全卦主爻，在互离(目，明)下兑(伤)里，是眼受伤之象，但又是互离(明)的中爻，不可完全失明，所以一只眼不好，还能看得见，但看不清楚。这种看不清包含两层含义：其一是确实眼力看不清(客观)，其二是自己主动看不清，带有不计较、睁只眼闭只眼的意思。六三还在互巽(股，大腿)里，又在下兑(毁折)里，是大腿受伤之象，所以说是拐子，还能走路是因为它是履卦的主爻，还要继续往前走。

象辞的意思是六三阴居阳位,位置尴尬,自不量力,所以又眇又跛,伤败不轻,虽危险至极,但心志刚猛,想凌驾刚爻继续向帝位攀升,这样的想法体现了心志过分刚强,超过了自己的本分,非常不合适。兑(虎)引申为武人,也就是军人。有武力但缺乏仁人之意的军人才会思路出偏,正如孔子所言:"好勇疾贫,乱也。人而不仁,疾之已甚,乱也。"(《论语·泰伯》)喜好勇力的人如果怨恨自己过分贫困,就会作乱生事。对于心中没有仁人之意的人,如果厌恶嫉恨得太过分,那就是逼迫他作乱生事。如果有勇力又没有仁人之意的人,因为不愿意处于不合适的位置,就可能会作乱生事。

总体来说,六三以阴居阳位,能力不符职位,但强行去做,就容易凶,这样的武人不应该做君王。或者形势不允许,或者能力有限,此时心志过分刚强,就可能为境所伤,犹如踩到老虎尾巴,虽然心志刚强,但相对明智(互离)柔顺(互巽),所以能够死里逃生就非常幸运了。

【明意】

"眇"的人因为眼睛还看得见,好像瞎子能走路,反而对于缺失的信息有过分的自信,这样就容易碰上危险,因为本来所得的信息就不全面,再以过分刚强的心志去做事,就容易出错。强看强行易于被自己的眼见所欺骗。很多人欲望高于自己所见,希望竭尽全力地去实现自己的目标,而不了解自己所见的困难和形势,因为心志的刚强超过了形势容许的刚强的程度。心思通物但不客观,无反思,那么心思没有真正的认识就跟客观形势保持了距离,这种距离对于行动来说有时候很危险。

心志刚强是可以的,也应该往上努力,但一个人眼睛不好(看不清或者因为没有能力看清,或者因为自己不去看清楚),腿脚不便,还不相信自己所见所感,让自己的刚强心志随意改变周围的形势,就可能会被老虎咬到,招来凶祸。自己的认识能力,即了解世界结构的能力,与表达的能力都非常成问题,可是这样的认识能力,却往往伴随过度刚强的心态,以为可以成事,其实是过分冒险的。

眼力不行的"幽人"只能设法清幽自处,在幽静之中寻找心意与天意沟通的同构性。世界的先天结构似乎超越于人的意识之外,但即使眼盲也可以了悟,因为它是先行于人与世界共存的关系之前的,只是这种先天结构的存续又依赖于人的意识,必待意会而后可得。如果不能意会,则无法存在起来。可见,人天之意也有其先天先行结构,即人意通于天意的内在结构,而人天之意能够持正恰依赖于人对天然的先天结构的了悟。

认识世界是在秩序基础上的有意识领会和强化。礼仪政治制度与人的心意秩序之间存在同构性,秩序的背后是力量,要有心力才能整合人生的秩序,使生活有序,而有序则必有心力;否则,无心力则必无序。但这种用意有力整治的分寸不易把握。在认识世界的开始时期,心意的量不足以认识世界存在的量,或者至少不匹配也无法应和天道的结构,所以要在每一念起念灭中尽力顺从天道,其中最重要的是放下对外物的执着,让意识与世界运行的本相自然感通,就可能洞见天道的本然结构。牟宗三认为,通过"智的直觉"可能认识康德所谓理性无法认识的"自在之物"。《易》也认为,人意通于天意的直觉性智慧说明意识可以在"幽"寂之中通达世界本来的自在状态。

九四:履虎尾,愬愬(shuò),终吉。
《象》曰:愬愬,终吉,志行也。

【明译】

九四:踩在老虎尾巴上,戒慎恐惧,终归能够吉祥。
《象传》说:戒慎恐惧,终归能够吉祥,说明处事小心谨慎,能够逐步推行自己的心志。

【明变】

九四在卦变中未动,但九四原在虎(兑)尾,卦变后落入虎(兑)口之上,故紧张万分。但因为心志向上推行,终将虎(兑)口脱险,所以问题不大。

【明解】

"愬愬"形容战战兢兢,恐惧之相。九四恐惧慎行,战果谦顺,最后虎口脱险。九四虽然处于危险境地,但非常戒慎恐惧,还是有可能逐步推行自己的心志。九四靠近九五,有近君之危,又在上下卦之间,在兑(虎)之前,虎口之上,如踩到老虎尾巴,加上以阳居阴,夬卦九四"位不当",处于互巽(进退)之中,如果小心谨慎免除祸患,可以实现自己的愿望,心志最终将得到推行。

对于九四所履虎尾的原因,古来说法不同。王弼认为此爻逼近至尊之位,以阳承接阳,多惧。孔颖达疏:逼近五之尊位,是履虎尾,近其危也。这是把九五作为虎,履于九五之后。朱子也认为,九四以不中不正,履九五之刚,以九五为虎。胡氏《口义》:履六三之上,而六三以阴居阳,其志尚刚武,今九四乘之,是履虎尾也。这是把六三刚武作为虎。二者差别在于:一个承上阳之尾;一个以乘下阳之尾。《程氏传》认为,九四履九五之尾。程颐学自胡瑗,这一点与胡氏《口义》不同,说明程子也认为胡瑗的说法有问题。

【明意】

"履"是人如何践行人道以承接天道。人通过实践实化的意量,可以让人道秩序结构与天道秩序之先行结构同构,如此达到人天合一的圆满与和谐。知道每时每刻自己的意量有限,难以接近世界本相,于是用一种脚踩虎尾的谨慎之心来处理对世界的认识,就有可能转危为安。《中庸》:"君子戒慎乎其所不睹,恐惧乎其所不闻。"当一个人到了一定的位置,就应该特别注意看不见和听不到的,只有靠自己戒慎小心来渡过危难。在心念平静小心的状态之中转化情境的阴阳,把意量集中于最为关键的问题之上。

在谨慎之中,要尽可能保持志向,而不因为一味谨慎就迷失自己,忘却早年志向。认识世界的过程其实是心意对纷乱世界的存在之物梳理出头绪的过程,是人心在世间建构出秩序感的过程。建立秩序感是为了心意能够有序延伸到当下心意所不及之处,使意量扩大的过程有章可循。

伦理学前提之一是人格平等,是把人当人的平等,不是人与人之间事实上的平等,因为事实平等客观上并不存在,事实上也难以实现。在不断面对和处理不平等的人世身份关系当中,需要知道自己心意所发,自然会穿越到自己耳目之外的远方,感应到那些眼不见耳不闻的,所以需要极度谨慎小心。

此爻说明在实践当中建立礼制要非常小心。礼顺人情,达时变,不是罗尔斯意义上"无知之幕"那样的理论假设,而是可在实践当中检验和修正的体系,而礼制背后是人意通达天意的结构,这个结构古往今来为儒家圣哲一再重复,如孟子的"万物皆备于我",程颢的"仁者浑然与物同体",王阳明的"心外无物"等,都说明人的意量能够感通于天下万物。既然人的意识所及之量度可能通达所有存在物,那么人在意识当中所建立的秩序和制度,确实可以通达天地本然的先行结构。

九五:夬履,贞厉。

《象》曰:夬履,贞厉,位正当也。

【明译】

九五:果断刚决,小心行事,守正能防危厉。

《象传》说:独断专行,刚愎自用,不能灵活应对会有危险,说明九五位置中正,处尊得位,恃正可以决刚。

【明变】

"夬履"说明履卦从夬卦变来。

【明解】

夬:决。正:正好,恰好。这里用两种不同的译法来说明爻辞的意义,可以说一正一反,皆得其意。从正面的角度说,刚决的九五要守正才能防止危险,从负面的角度说,因为九五正好得位,就容易独断专行,自认为持守正道,其实是刚愎自用,反而招来危险。所以这里的九五要行动,还是要合理而且小心,这跟全卦的意旨是配合的,也说明人即使在刚强得位的时候,也要用非常柔顺的方式小心应对,好像时刻踩在老虎尾巴上一样。

履卦互巽(其究为躁卦)有刚决而行之象。主爻六三志在君位,想突过九五,爬到帝位之上,所以是果断刚决,小心行事。但九五在上卦中位,刚爻居刚位位正,虽有危厉,仍可保正固,也就是可以通过守正来防止危厉。爻辞之意有果决践行、"以刚决正""履道行正"等。

【明意】

刚决的意(量)可以把天地的阳意实化为刚决之意。夬履在认识上面是果断刚决地建立心灵的秩序,九五有这个意量,也有兑现意量的魄力,犹如文明发展到一定程度,可以把礼仪之道推布天下。但也因其孤高,所理解的世界未必是世界的本相,所以过度刚硬地坚持自己的认识,可能会有危险和祸患出现。

领导人对于文明的成果如礼仪制度有信心,作为意量的实化已经在实践当中检验合格,就要果决地推广出去,才能扭转整个意识境域和社会风气。此刻的领导力所表现的文明系统,其实就是对天道的开发和解悟。引导人心认识世界要诉诸人心发动之前的结构,这是一种静寂之中心物融通、物我不二、心意与天地未分之前的先验结构。领导人意识到人心结构秩序可以融通于世界秩序之本相,在引导众人建构社会和文明秩序的过程中,除了顺应形势,还要小心引导众人意量整体性的流变。

上九:视履考祥,其旋元吉。
《象》曰:元吉在上,大有庆也。

【明译】

上九:审视一路小心走来的行为,思索考察其间得失。回头看看(六三),大吉大利。

《象传》说:大吉大利在上位,一路小心走来实在不易,真是修来值得大喜庆祝的福气。

【明变】

"旋"可指夬卦上六与九三换位,上九再回头看("视")六三与己相应,是自己上往("履"),感到自己的"旋"带来喜庆,大可庆祝。

【明解】

祥:吉凶的预兆。一说看准方向,对不祥的放弃,而注重那些吉祥的。虽然一路走来不容易,一般到了上位都感觉不好,但因为一路非常小心谨慎,结果到了上九回头一看,原来还跟六三正应,这下感觉就很好,尤其是跟其他爻比起来,全卦只有上九有正应,下面有人心志相通,阴阳感应,所以相比之下就是最舒服最理想的状态了。六三在互离(目)里,上九在上乾(首,德)里,全卦是履,有回头看来时走过的路之象,引申为审察自己的行为是否完美合适之意,有能每日"三省吾身"的意味,当然大吉大利。

象辞认为人如果能够如此回头审视自己的得失,对自己的言行是否合乎天地之道,能够每天自省日新,就会珍惜自己好不容易来到这个位置上,这是历经艰难修来的值得大喜庆祝的福气。一说人生到了终点,得失成败全都放下,经历过的顺境逆境都再不重要,升起一种感激生命的情怀。

【明意】

人所建立的文明世界和礼仪制度经历千难万险,终于通过实践检验,认真回顾起来,真是很了不起的成就,值得庆贺。如果人在世间建立的礼仪体系和文明系统,符合意念对生生不息的世界本相的领会,那真是非常不容易的事情。人间制度的建立者,在制度经历过血与火的考验,穿越时空延续下去的时候,都会有一种自己的意识量度合于世界本来量度的自我实现感。

意量既是心意的量度,更是对世界的量度,世界本相可以通过意识量度来体现。虽然生生气象本身似乎无法量度,但设法量度的履卦表达出人的心意为世界建立秩序、范畴与判断与规则的努力。人建立社会与政治制度秩序,对人们认识世界本相有所帮助。这种认识世界的过程其实是给世界梳理和建构秩序的过程,非常不易。当走到最上爻,回头看看自己小心翼翼建构出来的一套对于世界的认识,有一种谈何容易的感慨。人对世界的认识与相应的行动,基本决定自己运化阴阳之意的吉凶程度。当自己的心意保持生机时,即使处于危险的情境之中也小心应对得当,这本身不是件容易的事情。

《周易》认为,世界本相是生生之动态,不存在静止的对象化世界作为意识之对象,这与西方把世界当作静物来分析其属性,而后试图把握全体的认识过程很不一样。天道可以体现在每时每刻的意念发动之间,即天道的生机表现在人仁爱之心的生成和保持上面。人顺着生生的仁心建构相对合理的接近世界本相的秩序。天道生生不息,仁心也生生不息,一刻不曾止息。只有内心的仁意自然而然地流露出来,才能够让心意通于天道。《周易》力图将人世的先行结构与天地的结构在心意发动处同构,而不刻意遵循某种超越的自然法原则。

十一 ䷊ 地天泰(乾下坤上)

阴意与阳意和谐平衡之境,天地交泰。泰卦为坤(境)宫三世卦,立"意—境"论第四。世间事情的泰与否都离不开意念的参与,是人的意志介入世间变化而分出存在物的泰与否,如果人的心意不参与世间的变化,事情自然变化,则无所谓泰否。

泰卦之境是君子之意境,君子来、小人去的意境。君子小人对待而存在,因为有小人,君子才显得是君子,所以君子不应该起把小人消灭干净的念头,因为消灭所有小人之一念起,就是小人境界了。但君子可以感化小人,让小人自己改变,共同参与建构一个太平的世界。

泰,小往大来,吉,亨。

《彖》曰:泰,小往大来,吉,亨,则是天地交而万物通也,上下交而其志同也。内阳而外阴,内健而外顺,内君子而外小人,君子道长,小人道消也。

《象》曰:天地交,泰。后以财成天地之道,辅相天地之宜,以左右民。

【明译】

泰卦象征安泰通顺,小的去往,大的到来,吉祥,亨通。

《彖传》说:泰卦,小的去往,大的到来,吉祥,亨通。天地阴阳交感,万物亨通畅达。上下交互感应交流,心意协同,志愿相通。阳气内葆,阴气外发。内卦(心)刚健,外卦(表)柔顺。内近君子(阳爻)外远小人(阴爻)。君子之(力)道在昌盛生长,小人之(力)道在减弱消退。

《象传》说:下卦乾为天,上卦坤为地,天地阴阳二气交接感应,这就是泰卦。君王学习天地之间阴阳交流就通达,不交流就闭塞的道理,制定出社会的合理制度,助成天地化生万物的合宜运行,以此来指导佑助民众。

【明变】

按照十二消息卦,泰卦象征春日正月,也是冬季结束之后,万物开始复苏的时间,阳气这个时候已经前进到人的位置(三爻),象征阳气开始普遍地作用于世界之上。

【明解】

后:帝位的六五是阴爻,故称后,代指君王。财:通"裁",裁节,裁断,制定。辅相:辅助赞勉,辅佐赞助。宜:适宜,适合。左右:率领,指挥。一说影响,或者让百姓做参考,一说保佑。

泰卦主要讲天地交通,阴阳平衡,上下和谐。履卦上九是动心忍性,笑傲江湖,所以接下来是泰卦,阴阳交流之后就是乾宁坤清。《序卦》:"履而泰然后安,故受之以《泰》。泰者,通也。"

泰卦卦辞是"小往大来",这里的小指阴,大指阳,小往大来指的是阴气消退,阳气增进。天地交指的是乾(天)在下,坤(地)在上,双方各自要交流才能回到自身所在位置之上,在天上升而地下降的过程之中,阴阳二气发生交感,万物在阴阳交感中孕育创生,独阴不生,独阳不长。阴阳皆正应,代表上下心意交互,应和顺从,至诚交感。

《象》辞的"阳"既指阳爻,也指阳气。外(上)坤卦对应小人,不是品德意义上的小人,而指社会地位卑下之人。泰卦象征社会从混乱中复苏,需要重新立"义",要重视"君子之道",因此小人对于社会利益的诉求就相对不那么重要了。

《象传》的"财"多理解为"裁",表示辅助、辅佐之义,因此指君王辅助天道的运行来佑助指导百姓的行为。通达于人天之意的君子,可以把天道落实到人世当中,从而参赞天地以行其化育万物之功,达到阴意与阳意的和谐平衡、天地交泰之境。自身的阴阳之意融通和谐,与天地阴阳之气相和,才能让自身阳意上升通于天地之阳气,与天地阴阳运化相参,进而辅助天地之道来裁断、理顺自己的生活,不断推进天地之道在自己身边的运化,进入中和位育的崇高境界。

【明意】

君子只能自己团结,让君子之道长,让君子的意识境遇的存在感压过小人的意识境遇,那样小人之道消,所以君子要结盟,所形成的君子的意境就可以抗击小人的意境。君子建构一个和谐太平的世界,离不开如何处理与小人共在的艺术。君子必须选择与小人共同建构一个不完美的世界,在不完美的世界当中力求建构出完美来。

"天下太平"是君子小人共同的责任,而不能仅仅是君子的理想。"士而怀居,不足以为士矣。"(《论语·宪问》)君子的意识境遇在天下,每时每刻意念都合乎天道,如果指向自己的小家,则不再是君子了。君子不可以独善其身,不能因为自己有君子的品德就看不起他人,也不与小人打交道。三阳开泰就是君子要发动阳意,调动阳气,通过阴阳合力来开创出一个和谐的局面,而君子之胸襟,当以天之高,下于地之下,以大事小,方能开创和平安泰的境遇出来。

初九:拔茅,茹以其汇。征吉。
《象》曰:拔茅征吉,志在外也。

【明译】

初九:拔茅草的时候,连根带泥拔出,因为根系牵连带着同类,说明跟志同道合的人一起征进吉祥。

《象传》说:拔起茅草,跟志同道合的人一起征进吉祥,说明初九的心志是向外发展。

【明变】

初九是泰之为泰的根本原发点,阳气生发,可谓牵一发动全身,见几微知大局。

【明解】

拔:拔起,一义同拔节的拔,植物上长。茅:茅草是靠根系滋生的草,根系蔓延,既长又多,成丛成片。《说文》:"菅也。"茹:根牵连的样子,牵连的茅根。汇:类,汇聚。

初爻是内卦三爻的核心,九二九三在初九的引导下跟着动,有点像拔茅的时候,主要的动了周围的也跟着动。下三爻都为阳爻,一起动所以可以说是同志。初九微妙的运动会对全局产生由表及里的变化甚至颠覆性的效果,所以要重视变化的起始之点,也就是"几"微,事物发生的细微的变化。《周易》注重"极深而研几",注意"几"作为量变的始点,几微的变化可能导致质变。

象辞强调了初爻志在六四,与四爻相应。一说志在坤卦,两种说法并不矛盾。

【明意】

要实现通泰的境界,就要从初九开始调动阳意,进而改变阳气的运行。一往无前的实化阳意可能开创新的局面,意识可以调控情境的气息。领导人的意念可以带动一个团队,开创新局面需要有人做急先锋,打头阵,如统帅身先士卒可以改变战场上的阴阳之意的平衡。因此,要改变意境,往往需要强有力的阳意带领,在特定的时势中,敢于突破既有的意识状态,从而改变意境。

九二:包荒,用冯(píng)河,不遐遗。朋亡,得尚于中行。

《象》曰:包荒……得尚于中行,以光大也。

【明译】

九二:心胸宽广,能够包容广远,连徒步过河这类人都起用,再远的人也不遗弃,同时没有朋党以结党营私,能够保持中正之道而行,于是就能受到推崇。

《象传》说:胸怀宽广,保持中道,正道而行,受到推崇,是因为心念光明磊落,仁德高尚。

【明变】

九二阳长居中,与上下刚爻联手,与六五应,但六五为阴爻包围,在阳长的大势下面,显得九二(臣)强而六五(君)弱。

【明解】

包荒:荒指代广远的、没有文化的人。"包荒"有广结善缘之义,"包荒"有几种说法:一、胸怀包容广阔,如黄寿祺、张善文、马恒君持此说法;二、广包天地,如尚秉和、傅佩荣持此说法;三、包容荒秽,宽容大度,如王弼、朱熹、苏轼持此说法;四、鲍瓜,如高亨、闻一多等持此说法。"广包天地"指空间上辽远广阔;"胸怀包容广阔"指人的视界、视野;"包容荒秽"体现人包容大度的一面;至于训为"鲍瓜"则是从文字音韵的角度出发,借助同音、近音、转音等声训方法加以阐释。这种语言学诠释方法将词句从卦爻中抽离出来,脱离语义背景,意思显得支离破碎;仅挖掘词句本身,不注重意象和义理的探索,更忽视卦爻辞中所蕴含的哲学思辨、文化意蕴与人生智慧。英译 the uncultured (Wilhelm), uncultivated (Legge), uncouth (Lynn)都强调是没文化的、未开化的人。此处取第一种解释。冯河:徒步过河,涉越。光:光明,一说广大。

九二爻辞意思清晰一贯,但前解鲜能通透。爻辞开始说九二志在囊括天下,心胸宽广,心志广远,什么人都能够包容启用,连徒步涉水这样有勇无谋的人都能够使用,如《论语·述而》:"暴虎冯河,死而无悔者,吾不与也。"空手偏打虎,无船硬过河,这样的人有勇无谋,可也要包容使用,所谓再远的人都不放弃,这样才能够团结最为广大的力量。中间说此人还不结党营私,能够保持中正之道,如果能够做到这些,当然就能够受到推崇。象辞的意思也非常清楚,就是因为九二内心光明磊落,所以能够做到这些。

【明意】

成就君子之境,不排斥各种心意和各种力量。此爻说明,调动和聚拢阳意需要心胸开阔,志向远大,才能一往无前;要高瞻远瞩,阴阳融通,意向远方。意念实现包容与通达是可能的,意念之境广大有力,能够通达小人之心,意念涵盖的境遇非常宽容远大,什么人都可以包容。君子齐心协力,与大家一起精进,不结党营私搞朋党内斗。能够这样做的才是君子团队的骨干。君子广结善缘,其意念发动的瞬间,就跟各种气息沟通来往,从而能够调动社会力量,使其意念展开之境清明旷达,包容广远,富于力量,足以通达小人之心。

九三:无平不陂(pō),无往不复。艰贞无咎。勿恤其孚,于食有福。

《象》曰:无往不复,天地际也。

【明译】

九三:没有只平坦而不起伏的,也没有只前往而不复返的。在艰难的境遇中保持合理的操守就可以免于灾害。不必忧虑自己内心通天的诚信无法让别人相信,只要在艰困之中保持衣食无忧就是很大的福报。

《象传》说:有去就有回,这是天地交际之处转化而然。

【明变】

泰卦在十二消息卦之中象征孟春之月,正是天地和同草木萌动的时节,所以小象说是天地交际之处转化而然。三爻之后就进入坤卦状态,阴阳相接。象辞的解释从九三处于天(乾)地(坤)交接之际加以发挥,从天道的角度概括人生哲理,这本来就是大自然回环往复的运行规律使然,人生境遇变动不居,不要过分担心不顺的处境,要学会处之泰然,等待时机的转化,好像一个人看着远方天地交际之处,领悟天地沟通,天道好还的道理,相信境遇转化的时机很快就会到来。九三在互兑(口)中,上坤(众),引申之义是有很多可食之物。九三在下三刚爻(君子)与上三柔爻(小人)交战之际,君子要联合起来,保持心志意念的统一,主导局势向有利于自己的方向转化,但若压不住小人的力量,君子们就会陷入被动,甚至功亏一篑。可见,九三在天地之际,在两方相对之间起沟通作用,非常重要。

【明解】

陂：倾斜不平，起伏，一说所有平的其实都是不平的。恤：忧虑，害怕。前半句讲一种正常的规律，后半句讲一个人如果受到挫折，在极其艰难的情境当中，应该怎样做才能够避免灾害，要相信天道回环，坏事会转化成为好事，艰难时日过去之后福庆自然就会来到。要尽量维持平衡，艰难地维持不变，尽管最后一定要变，无力回天，也明知最后会输给天道的变化，但还是应该勉力维持，在大变化之前能够有口福就是大福报。可见，"艰"说明九三维持平衡很艰难，但又别无选择，时势使然，不是物质条件艰苦而安贫乐道，因为跟经济条件本身没有直接关系。"艰"不是沉沦于艰苦之中自暴自弃，而是在困难面前不低头，不退缩，不变色，逐渐去除错误，迎来光明。"贞"是在艰苦困难之下，能够潜龙勿用，不易乎世，不成乎名，安于正道。人因为内在心意坦荡无私，就可以泰然处之，无私地与九二的"朋亡"相呼应就可以快足宽平，这也是自强不息，面对困境的核心理念。换言之，追寻快乐与平安，首要在于守住自身的德性。"勿恤其孚"就是"确乎其不可拔"，也是进德修业欲及时也。"孚"此处有中庸之至诚之义，是心意真诚到了通于天的地步。在艰难困苦的境遇之中，把饭吃饱吃好就有福气，而诚信将自明于天下。

【明意】

天地之交是形势变革之际，既是困境也是转机，要努力化危为机。对君子个人来说，面对变局当不改其志，自食其力谨守正道；君子群体应该齐心协力，维系住好不容易开创的三阳开泰局面，力图在天地之变中渡过艰难时世，以期能够鼎立新局。此时，君子的意识要从天地之际吸取能量，让意能实化进而转化人生境遇。虽然念起念灭，但都是阴阳交流互通的时刻，运化阳意以调动阳气的努力，再难也不可放弃，这样才能维持中正泰和的状态。内心之心境安宁将逐渐转变与意念相关的气场和缘分。天地阴阳大变之际，内心光明敞亮，心意通天更加重要。由此出发，可见前人很少认真理解天地之际与人生境遇转化之间的深意。心动而风动，外物流转变化的根本在于心意之动可以运化心意之境。

三阳开泰，君子当齐心协力，如果不能压过小人，就会前功尽弃。政治是君子结盟以对付小人抱团力量的艺术。如果君子不结盟，可能被小人各个击破，那样泰的局面就不可能开创，更无法保持，其实也是很可怜的。在艰难的困境之中，仅仅自己保持正念，不为恶念所扰乱是不够的，还需要与他人共同创造合适的境遇。人在得意的时候，往往忘记自己可能要面对的艰难局面，也容易忘乎所以,不保持正念,那么马上形势就会急转直下。君子既要有善的动机,做善事,做好人,还要团结一致对付小人,否则,仅仅自得其乐,跟小人并没有什么区别。不敢担当责任的,不对自己的君子伙伴负责的,其实称不上君子,反而近乎小人。

六四:翩翩,不富以其邻,不戒以孚。
《象》曰:翩翩不富,皆失实也。不戒以孚,中心愿也。

【明译】

六四:轻飘飘地下降,与邻居一样都不富余,对近邻不加戒备,还心存孚信。

《象传》说:轻飘飘地下降,与邻居一样都不富余,因为六四与六五、上六都是柔爻,柔爻为虚,都不实,所以都不富。对近邻不加戒备,还心存孚信,因为六四愿意亲近九三,是从内心深处愿意无所戒备地真诚相处。

【明变】

从消息卦的角度,在阳气生长的大势中,阴气虽然下降与阳气相交,但最终趋势必然是退却的。可见六四无论下降和上飞都心甘情愿,虽然必退无疑,但六四阴爻轻飘飘地顺应刚爻向上推移的趋势,正是在下降中暗合了自己心中配合阳气上升的意愿。

【明解】

翩翩:飘飞的样子。一说小鸟飞翔的样子。六四本向下逆应阳,但轻飞以求顺应于阳。《说文》:疾飞也。《释文》:"篇篇,如字。《子夏传》作翩翩,向本同,云:轻举貌。古文作偏偏。"《诗经·小雅·巷伯》:"缉缉翩翩。"不富以其邻:《周易》以阴虚无阳为不富,六四与其相邻之六五、上六皆阴爻,故不富。

"翩翩"是轻飘飘下降的样子,阴爻代表阴气下降,三爻都下降,但四爻轻降有顺应阳长之气而翩翩起舞之象。邻居指上面的两个阴爻,都是虚、空、不富的感觉。如果向下的话就会遇到九三,就是富,而爻辞是不富,所以是顺着阳气上扬之象,因为六四对九三不但不戒备,反而有亲近感,愿意配合阳气上扬的趋势。

关于六四是向上还是向下的问题在于,是从消息卦的角度理解阴气要向上退去合理,还是从阴阳交流的角度取阴气下降说合理?翩翩的本义是飞得快,但没有讲方向,从王弼、程颐到黄寿祺,都认为是向下,所以关键看对"不戒以孚"的理解。"不戒以孚"和"中心愿也"都是亲近九三的说法,所以应该取大象"天地交",阴气在下降过程中轻飘飘地保持上退的姿态,有一种亲近阳气的感觉。所以马恒君认为是向上,取消息卦的大方向。

【明意】

六四也处在天地交际之处,正对着阳爻的上升的趋势,可以理解为直面君子心力意念的感召。此时应该认清形势,顺应刚爻(君子),将刚爻的心愿意念作为自己的心愿意念去执行,自觉站到君子的阵营里,顺应大势。六四看到三阳力量上升,自己首当其冲,无法抵抗,而顺应刚爻向上推移,把阳爻集体上升的愿望作为自己的愿望,这对于柔爻(小人)阵营里的六四来说,从本来应该抵抗到配合,发生了根本性、战略性的意向改变。这种改变也是因为六四看到上面的柔爻都不实,最终必然抵抗不了三阳合力的推动,可见六四看清大势,主动改变自己的心意方向合于全体的意境。

如果君子时刻运化阳意以调动阳气,小人(阴气)也会主动改变自己的状态来投奔配合,从而一通百通。六四的意愿随境而迁,做出了战略性的转移,不能说六四没有自由意志,但这种意志首先受到阴阳相吸的影响。看到阳意上升,乐观其成,自己愿意包容接纳。本来应该下降的姿态,也变成顺应阳意上升,翩翩上浮了。这不是因为小人有良心,而是因为小人不能抵抗本性的内驱力,即阴阳相吸的内驱之力超过了情境的压力,甚至甘于把情境的压力放下来,宁可配合阳意的上升。所以一方面,阴意的改变受到整体意境的影响,但另一方面,也有内驱本性欲望使然。这样解释,就不涉及情欲与良心之间的选择问题了。

六五:帝乙归妹,以祉(zhǐ)元吉。
《象》曰:以祉元吉,中以行愿也。

【明译】

六五:帝乙嫁出自己的妹妹,妹妹因下嫁而收获幸福,这是十分吉利的事情。

《象传》说:妹妹因下嫁而收获幸福,这是十分吉利的事情,是因为六五居中应阳,代表妹妹(柔爻)能够保持中正之德,从而实现长期以来的美好愿望。

【明变】

泰卦强调阴阳交感,婚姻是人间阴阳如天象相感。六五居外卦之中,品德中正,象征地位尊贵的女子;在坤卦之中,有顺的品德。六五作为一位具有贤良品德的女子,安于礼制,懂得进退,行于中道,与九二配合融洽。所以爻辞通过"帝乙归妹"强调礼制的重要性,特别是阴当顺阳。后半句的主语是帝乙嫁出的妹妹,能够收获幸福,实现愿望,而且符合六五应和九二的卦象,推行自己(女子和帝乙)心中的意愿。六五表示女子处于尊位,与九二相应,降身于九二,履顺而居中,极尽阴阳交合之吉道,其阴意与九二阳意相应,共同推进心愿而获得福祉。

【明解】

归:女子出嫁。祉:福,福禄。六五通过帝乙嫁妹与女,指出夫妇守中道,则大吉大利。按纳甲原理,坤纳乙,所以称帝乙。"帝乙归妹"是殷周之间的一场政治婚姻,"帝乙"既是名字,也是尊称,商代称为"帝乙"的君王有五位,所以不太明确具体指哪位国君,多认为是商纣王的父亲,也有的认为是商汤。"帝乙归妹"在古代被认为是一种礼制确立的标志,此前虽然也有公主下嫁诸侯,但没有成为一种规制,而"帝乙归妹"之后,就有了一系列规范,约束类似婚姻双方的心意和行为,尤其是约束公主不可因自身地位尊崇而轻视夫君。至于是嫁妹妹还是嫁女儿,这个问题颇有争议。有的考证是先嫁了妹妹,后嫁了女儿。比较得到大家认可的是帝乙之妹嫁给文王父王季,女儿嫁给文王,主要目的是拉拢文王,让他既是帝乙的外甥,又是帝乙的女婿。"帝乙归妹"强调阴阳各归其位,各自遵循相应的行为准则,男女只是分工不同,没有尊卑之序。

【明意】

六五阴意索性推行三阳的意志,跟君子们合谋,把女儿都嫁掉了。或者六五把九二提拔起来,让君子掌权,把女儿的命运也交给君子,等于不仅把自己,而且把一家人的身家性命都交给上升期间的君子们了。

阴意能够主动顺应阳意,阴气被上升的阳气给理顺了,圆融无碍。阴意主动配合阳意大升的境遇,不惜赌上自己的身家性命,把前程命运都交出去,这是看到阳意大升势不可挡。换言之,天地变化虽不过一时之交融,但天地之间本来就是阴意与阳意之交融过程,当看到形势大变,阴意连身家性命都要主动交出,这样的意念转换才能在必然改变其境遇的大势当中尽量掌握主动。

上六:城复于隍,勿用师。自邑告命。贞吝。
《象》曰:城复于隍,其命乱也。

【明译】

上六:城墙倒塌在城外壕沟里,自己的兵力没有用了,也不需要麻烦他国出兵。只能够在自己的采邑里传递告急的命令,危难之时还继续顽固不化必有咎难。

《象传》说:城墙倒塌在护城河里,因为天命都已经变了。

【明变】

象辞的意思就是旧的天命已经乱了,城被新阳上升代表的新势力攻破,国破家亡,连天命都不再保佑旧王朝,大势已去。

【明解】

隍:没有注水的城外壕沟。古人筑城墙就近取土,城墙修成后城墙外就挖成大壕沟。一说护城河,壕沟里注满水就是护城河。城被攻破,自己国家眼看就要灭亡,军队已没有用,其他国家发兵来救也来不及,这个时候,命令不畅,况且作用非常有限,只在有限的封地或者采邑里面也许还管用。眼看江山不保的时候,如果还顽固不化,那就会有更大的灾难发生。前说有发布罪己诏的,但已经是回天乏力的状态,罪己诏基本无用,而且反而像是一种顽固不变的表现。

【明意】

本爻上六完全挡不住形势的变化,城墙坍塌,小人势力分崩离析,君子们连军队都可以不出动,这种情况下动武其实就是君子的失败。小人四散奔逃,阵脚紊乱,他们想保护的旧朝廷的天命已经没有了。对于小人上六来说,外在的情境实在天翻地覆,自己的心意所能调动的阳气小气场相形之下过分微弱,无法影响外在的气场,即使努力改变也不行,可是安守不动肯定不行,那就只能望洋兴叹。

但这种摧枯拉朽的成功未必是好事,因为天命已乱,秩序失范,城墙倒掉,进入否的状态,其实并不好。所以君子不但要团结,还需要未雨绸缪,不能连城墙都推倒掉,那样反而乱套了。君子结盟到此刻可以看出是否真正精诚团结,动机是否自始至终不变,能否继续分享对形势的判断,共同推动形势向前发展。

命有形势超出个人控制的意味,所以命与决定论有关。人的意识境遇无疑可以影响其所在形势,也就构成其命运。《周易》的命运观不是决定论,更不是预成论,或预先决定论,但也说不上自由意志论,或许可以说是有限的自由意志论,即人的自由意志受到时空条件的限制,人的自由意志的动机与效果应该同时考虑。在意念实化为行动前,人应该多考察与修正自己的意识状态于未发之前,不然就只有在行动发出后,通过不断修正意识境域来调适自己的行为。当然,随时势调整自己的心意和行为是《周易》之教的基本内容。

十二 ䷋ 天地否(坤下乾上)

世界以"意—生"之机为其存在之本,世界之生机全在困顿与艰难中生发成长。否卦为乾(生)宫三世卦,立"意—生"论第三。即使天地闭塞,心意与行为难以中正,自觉可耻而且会招致羞辱的状态中,但还要竭尽全力维系意念之生机。此卦由心气不通讨论心生问题,心生与自然之生的关系。此卦论艰难时世当中,维持心生何以可能。内心纯正立志走正道的人,不是总是生得通的,因为形势可能非常否塞,天下无道,小人当道,这时君子最好退隐,小人得志,君子有志难伸。君子不能跟小人斗,因为斗的话,修养就跟他们一样了,但君子既不能同流合污,又不能独善其身,要在跟小人缠而不破中维系意识的生机。

否之匪人,不利君子贞,大往小来。

《彖》曰:否之匪人,不利君子贞,大往小来,则是天地不交而万物不通也,上下不交而天下无邦也;内阴而外阳,内柔而外刚,内小人而外君子,小人道长,君子道消也。

《象》曰:天地不交,否。君子以俭德辟(bì)难,不可荣以禄。

【明译】

否卦象征闭塞不通。在否闭无道的世道当中,不该被否塞的君子也会被折磨地失去人样,不利于君子迂腐不加变通,因为正大的阳气还在消往离去,卑小的阴气正在生长到来。

《彖传》说:在否闭无道的世道当中,不该被否塞的君子也会被折磨地失去人样,不利于君子迂腐不加变通,因为正大的阳气还在消往离去,卑小的阴气正在生长到来。上卦乾为天,下卦坤为地,天的阳气上行,地的阴气下行,天地悬隔,不能交感流通,导致万物无法生长,上下不再沟通。在上位的人不亲下,在下位的人不爱上,互不交往,天下就没有安定的邦国。内部阴(爻)暗,外表阳(爻)明;内里柔弱,外表刚强;小人受宠于内,君子排挤在外;这是小人之邪道在生长，君子之正道在消退。

《象传》说：乾天之卦在上，坤地之卦在下，阳气上升，阴气下降，天地之气上下不交流，这就是否卦。君子从阴阳不交的形势当中得到启示，要暂时退隐，收敛才华，自我约束，俭损德行，躲避时灾，不可去追求利禄，谋取荣华富贵。

【明变】

在否卦中，阳气不断上升，阴气不断下降，天地阴阳之气不能感应交通，所以越来越远，最后闭塞不通。**从爻的推移上说，阴爻从下息长，阳爻从上消退，代表阴长阳消的大势所趋，必然否塞难通。**

【明解】

匪人：不像个人样。在否塞的境遇里，走正道的人反而处于不利地位。俭德：为避免祸患，压抑自己的心意和才华，不去谋求富贵，帮助小人。辟：同"避"。

这个时候，道德良善的人，都可以被折磨得人不像人，所以君子不可以有贪恋荣华富贵之心，而要勤俭生活，退隐待时，等待时局变换，不宜轻举妄动。

【明意】

否卦是小人乱生，心意不通，有口难言，有意念无法表达，换言之，心意难生，即使生也不得畅通。人对意会之境判断心意发生的必要性，如果感到很难，就宁可放弃，所以否是在不通的境遇当中，既是心意客观上难生，也是意念发动自我控制，使得心意难于生发。如《论语·卫灵公》"君子哉蘧伯玉，邦有道，则仕；邦无道，则可卷而怀之"所言，君子在闭塞无道的形势之下，正确的处理方法是选择退隐和收摄意念。另《论语·公冶长》说："邦有道，则知；邦无道，则愚。"这说明阴阳不交、天地不通之时，讲话会无法沟通，讲了也没有效果，那么意念宁可少发动或者不发动。

这样说来，心意生与不生不仅仅是主观把握，也相当程度上取决于情境中是否有生机。有时意念判断为否塞不通的情境，仍然可能会有生机，而且生机可能最终会转变否塞的形势。阴意与阳意分野清晰，而且向着不同的方向。此刻，在否塞的形势之中，意会的生机成为至关重要的成分。无生机则否塞形势就会僵死而灭，归于虚无，所以否塞中的生机是面向虚无的反抗，是向死而生的决战。领悟生机，在生死存亡的意义上说，正如领悟事物本质和其存在的理由一样重要。本质并不超出事物本身之外，也不是事物内在的本质就足以使其存在，而是要靠意会，本质才能存在起来，这与生机需要经过意会具有同样重要的本体论意义。

初六:拔茅,茹以其汇。贞吉,亨。
《象》曰:拔茅贞吉,志在君也。

【明译】

初六:拔茅草的时候,连根带泥拔出,因为根系牵连带着同类,说明跟志同道合的人一起安定地持守正道吉祥,亨通。

《象传》说:拔茅草的时候,同类相连,象征大家一起共同进取,心里都念着君王,愿意顺应君王(初六正应九四在上卦乾,为君王,阴爻柔顺与九四正应)。

【明变】

象辞特别说明阴气新长的目的,代表大家的心志都在为君王着想,因为上应九四君爻,希望能够为九四排忧解难,而能够做到的就是守正不进,不惹麻烦。

【明解】

茹:根系牵系的样子,指初六牵连着六二、六三。初六阴爻开始从下息长,一串一起上来,所以跟泰卦初九有类似之处,不同的是,泰卦初九是"征吉",表示要一起积极进取,努力做事,就会吉祥;而这里是"贞吉,亨",符合阴爻的特质,应该持守正道,而不是征进。有断为"拔茅茹,以其汇",寓意同心协力,在否塞的形势下一起不争名利,不求表现。

【明意】

心意之生,首先是同类相保相生,互相支撑,彼此相应。所谓在否塞的形势之下,最为关键的需要点在于寻找同类相通之人,一起安守正道而同志征进,力求转化否塞不通的形势为通。心念的志同还要同于一主为好,由于大家有共同的心志,心意皆往一处使,所以在困境当中,更要力求变通,改变使自己心力分散的形势。如果没有心智的方向,没有共通的升力,就难以改变艰难的形势。

六二:包承,小人吉。大人否,亨。
《象》曰:大人否亨,不乱群也。

【明译】

六二:能够包容并且顺承大人(九五),对于小人来说是吉祥的。大人能够拒绝否定小人(六二),就会亨通。

《象传》说:大人能够拒绝否定小人,就会亨通,是因为大人不会与小人一起同流合污,成为害群之马。

【明变】

阴气生长的在梦中,代表小人的力量与日俱增,对小人来说当然很好,大人拒绝与小人一般见识,不想助纣为虐。

【明解】

承:顺承,仰承,承载。包容承载是大地的品格,相应于泰卦九二包荒那种乾天包含天地的气象。"包承"一解为包容、仰承领导。象辞提示"大人否。亨"应成为一个单独的意群,如果跟前面"小人吉"连接,就多有不通,过去各家基本难以解释为什么最后又通了,所以应该把爻辞前后两部分分开理解。小人包容仰承领导,这样对小人来说会比较吉祥,可是,如果大人这样做却会否塞。不过大人不会接受威逼利诱,所以最后能够亨通。既然大人否塞,为什么爻还亨通?是因为阴爻与阳爻各自的群体没有乱,上卦三阳爻,下卦三阴爻,排列严整,阳消阴长,天地阴阳分野明晰,象征大人在小人得势之时只是退避,但不与小人同流合污。

象辞明确提出,大人不会跟小人同流合污,否则就会成为君子当中的害群之马,把群搞乱。前人有把"不乱群"解释成为不被群乱,即大人不被小人之群党搞乱,义理也通,只是语气被动了一些,还是应该倾向于大人的心意是人天之意,其意发动就不可能去助群小为乱更合适。

【明意】

阳意之生,处于否闭的时势是正常的,不必要主动丧失阳意的生意,而去顺应阴意生长的形势。所以要静守待时,不与小人同流合污。大人遭遇否塞的时势,不可与小人一样,没有见识,没有胸怀,急于用世,急于求成,最后反而乱了分寸。也就是说,大人倒霉的时候,固穷才能通,加入小人的阵营对自己有害无益。

艰难时势之下,阳意的生机需要自我持守,大人君子即使困顿不顺,也要坚守自己的中正贞固,"三军可夺帅也,匹夫不可夺志也"(《论语·子罕》),静候时机变化,等事态局面改变之后,再去行动。虽然他心不是此心的创造,但人与他心交流时,他心他意会受到此心此意的影响。世界始于感应,成于交流,形势不合的时候,要能够静守己意,等待时势转化。

六三:包羞。

《象》曰:包羞,位不当也。

【明译】

六三:被包容而为非作歹,招致羞辱。

《象传》说:被包容而为非作歹,招致羞辱,因为六三居于不正当之位。

【明变】

小人之道长到六三就有点无所忌惮,加上被上面的阳爻包容,更有点恃骄为非的意思,所以最后一定招来羞辱。

【明解】

羞:羞耻;《说文》:"羞,进献也。"一说是珍馐(朱升)。加上六三以柔爻居阳位,以小人之道居不正之位,那就几乎为非作歹,把事情搞坏。《周易正义》认为,六三被包容为非而导致羞辱;一说六三包畜邪滥,甚为可耻;一解充满羞耻。关键是包上还是包下哪个合理?孔颖达说包容群阴而承上;荀爽认为被九四所包;苏轼说"包承群阳",说明六三之羞都与阳有关,而且主要是包上,也就是承上,即以不当位之身承不当位之九四,犹如男女心意行为皆不正而自知会招致羞辱。

【明意】

阴意之生,到了无所忌惮、胡作非为的程度,最后一定招来羞辱。阴意在生的情境中胡来,会把情境搞乱,招来的羞辱主要是被动的、外加的,不是内生的、自我体会的羞耻感。此爻被包容而为非作歹,到了招致羞辱的地步,而且比较严重。因阴意之生的分寸已乱,随心所欲无所不为,自满膨胀,结党营私,最后招致羞辱,恰恰是因为行事缺乏羞耻之心,而有此辱。

羞耻感的产生既与他心的感应有关,又与自我评估有关,让自己体会到羞辱,进而产生羞耻心,其实带有明显的反思意味。"耻"涉及精神慰藉,正如佛教有忏悔业障,基督教对人生而有罪的界定。耻的意义在于,为人类从内心深处接纳自己提供了机会,从而安放人的精神。人的迷茫与困惑一部分源于自我认知的矛盾,而"耻"的出现一方面是对过去错误行为的承认,从心理上承担错误行为的后果,觉得不应该给他人带去伤害,从而接纳自己成为一个不完美的人的过程;"耻"感也往往是个人人格重建的开始。"耻"可以说是个人的自我道德审判。耻感不仅是内在的,有时也是外在的,即公共的耻,集体客观外在的耻,以外在的、反对的形式加予自己。

九四:有命,无咎,畴(chóu)离祉。

《象》曰:有命无咎,志行也。

【明译】

九四:接受命令扭转否道,不犯过失,同类(上三爻)依附,共享福祉。

《象传》说:按照命令去做事,不会有咎害,因为上面的心志能推行(九四奉九五君命行事,同时也把自己的心愿推行下去)。

【明变】

阴气从下往上生长,九四作为此卦第一个出现的阳爻,需要努力遏制阴爻不断生长的趋势,犹如得到上面的命令,带领九五、上九同类刚爻依附努力,同甘共苦,不让阴爻增长过快,捍卫上乾之福。九四这样做既是在顺从上面的心志,也是让自己扭转局势的心志得到推行。

【明解】

畴:同"俦",同类称俦,上三刚爻为同类。离:丽也,依附。祉:福祉,福禄。乾(君)巽(命),君命即天命,二者可以互通,天子的命令就是天命的化身。所以"有命"可释为有人授命,或者承受君命,比天命要通畅,因为更多谈论的是人世之道。

九四心志与九五相通,接受九五的命令,但九四同时也受到三阴爻上升的冲击,与同类刚爻一起顶住,希图扭转否闭之道,最后让阴意顺承阳意。九四知道上下不通,所以等九五命令再行动。九四无法主动改变九五,也不应该如此做,最后底下都依附九四,所以只能等着九五的命令再改变。

【明意】

九四之生是与九五上九阳意同生,是为了顶住阴意之生而生,也是为了扭转形势而生。所以九四的阳意既与同类团结,又首当其冲,表现出有气魄和担当,而且还要顺君命,通晓大势,其心意发动与君意相通共生。

人需要依从形势而控制心意,有时要延缓必须发动的意念,需要按照形势来控制自己的意识,等待发动意念的合适时机。为了转化小人上升的形势,君子要努力控制自己意念发动的过程,尤其需要延缓自己觉得必须发动的意念,要学会通过意识来调控和转化阴阳。

九五:休否,大人吉。其亡其亡,系于苞桑。

《象》曰:大人之吉,位正当也。

【明译】

九五:否闭的局势休止住了,大人将获得吉祥(但意念仍然时刻居安思危)。可能会灭亡啊,可能会灭亡啊,这样才能好像被拴在丛生的大桑树上一样安然无恙。

《象传》说:大人能够吉祥,是因为九五居于中位,合适得当。

【明变】

九五心里感激九四,因为九四犹如横刀立马,挡住阴爻上长趋势可谓居功至伟,不过还是后怕不已,因为阴爻上冲的力量实在太恐怖了,几乎只有一线生机的感觉(三四五互巽,有绳之象,故言系于苞桑),所以要异常小心谨慎才行。

【明解】

其:语气词,表推测。苞桑:大桑树。"苞"一解为茂,即丛生的桑树。九五暂时处于安宁的局面,阴爻升进的势头被九四给挡住了,可是大人的意念一定要时时刻刻居安思危,忧虑警戒阴爻继续来犯,而且随时都有倾覆的危险,所以大人虽然居于九五中正之位,看似位极人臣,似乎可以无忧无虑,其实仍然要高度警戒,不可以有半点闪失。

大人吉,就是命被救了,所以不取"弱桑"解,因为跟前面的一致性不够。互艮(山),应为山上丛生的粗壮的桑树,又为止,就是牢固地系在了桑树上。

【明意】

卦象不吉的卦也存在着转机。在逆境中,人的意念仍然有转变情境的可能。意识有对事物把握、控制和转化的力量,并受潜意识的影响。起心动念是九五之运势得以转化的原因。《周易》不仅告诫我们要转化心念,同时也要知道绝处逢生的道理,如九四爻提到,君子要认识到自己的信念,和对自己本心有把握,充分意会到意念发动的先天结构,让意念适时即是大人境界,即能将内心的光明适时彰显出来。因此,只要时时刻刻本着自己内心的光明,即便环境艰险,也可尽量减损对个人的伤害。

九五虽然上下皆阳,好像小环境有安全感,但其实命悬一线,仍然没有离开生死存亡之境域,其生机要在居安思危中存续,要意识到危险其实迫在眉睫。九四如大堤之防,暂时顶住了危难,但九五和上九的生机仍能在危险之境中被九四有力地保护,好像系在大桑树上一样,暂时得到安宁喘息之机。在否难的形势之下,意念之生充满潜在危险,九五当感恩九四横刀立马,挡住阴意之生。危险情境之中,自我保护以求生是第一位的。九五得到暂时安歇之所,但应时刻警醒,意识到安全的境遇不过是暂时的,要对保持生机存续有强烈的危机意识。

可见,心意通天的境界包含着对危险的充分意识和反省。九五位好不是关键,具备居安思危的意识境域才是关键。我们的意识及其影响是我们自己可以主导的。九五之尊一变则全局皆变。位高权重者的一个念头就可能改变事情的发展方向。意念与权位的生克关系非常微妙,有权之人一念之间对情境的影响比无权之人要大。但即使如此,意念最后还是自我决定,而且要学会克服时位情境的限制,在危机当中,也要善于自我决定。

上九:倾否,先否后喜。
《象》曰:否终则倾,何可长也!

【明译】

上九:困顿不通的局面将发生天翻地覆的改变,改变的开始时候还会有点闭塞不顺,最后通达顺畅,皆大欢喜。

《象传》说:否塞到了极点就必然要发生倾覆,闭塞的局面怎么能够继续长久保持下去!

【明变】

闭塞困顿的局面,到了极点就一定要改变,天翻地覆,但一开始不可能很顺利,而且阻力一定非常大,不过到后来一定要被颠覆,不可能长久保持不合理的局面。

【明解】

倾否:倾覆否闭的局势,一说既得利益者会强烈反弹,想把整个去否的力量倾覆掉。"否极泰来"的核心在于事物到了极点会向原点返回,这是变化中的动态平衡。物极必反,否极泰来。否塞不通到了极点就会变得顺畅通达。

【明意】

人的每一个念头都与外境共同作用,不存在离却外境而生的念头,而念头的方向往往决定念头的生灭。意念如火之生生,生成万物的同时,也毁灭万物;所以可谓一念生机,亦一念灭机,生灭无常,却又存乎一心。所以如何领悟念头生机的决死之境,是掌控意念的力量及修行的核心所在。知道意念流转之间,可以瞬间天翻地覆,则对于意念的生生灭灭,无不要慎之又慎。就念头的本质生灭之境、相对于权位而言,生机与敬畏密切相关。生机需要面对否塞不通的情境才有生的力量。意念之生是存在之生的根本,故可谓生意为世界之本。天地之大德曰生,而生意乃大德之根,意生而事生,进而世存。念头之生即世界之生,故于念起念灭之间,要掌控生机之发,所以,意念生发之几,当为宇宙之大本根。

　　人的意念作用于境,对于一个闭塞的局面,可以实化自己意念的力量尽力改变,也要善于跟反对的力量做斗争,尽量说服和沟通。有权位得时势的意念有力,对眼看着就要倒掉和倾覆的局势,可以拯救也可以挽回,因此有位的人对于形势和局面的理解非常重要,意念流转之间,形势就可能为之一变。矛盾存在的时候,位高权重的人如何处理,往往是决定性和战略性的,其意识境遇是全局性的,一念之间能够改变整个局势,可能带来生机的革命性转变,彻底扭转不利于生机的情境。

十三 ䷌ 天火同人(离下乾上)

同人的同心同德之意向,经历争讼之后才会珍惜。从争讼意向的分崩离析到同人的众心聚合,有一个过程。领导者在争讼之后,如何重新沟通和聚合天下人心? 同人卦继讼卦而来,是离(向)宫归魂卦,立"意—向"论第八。虽然,天下大同一直是中国古人的善良政治理想,希望实现君主对所有人一视同仁,"家—国"的领导人都能够做到天下为公,没有私心私利,但是,人与人之间其实不太可能实现事实上的平等,最多能够做到的是人格上、人之为人以及心灵修养上的平等,而这种平等显然不是客观存在的。

古代中国没有现代国家观念,但有世界大同的观念,这与汉民族生存的环境有关,一方面汉民族有其自身独立的文化源头,源远流长,绵延不绝,所以有独立的民族和家国认同;但另一方面,汉民族本身的生存困境以及与异族的互动,都让这个民族觉得天下大同理想之可贵,并落实在领导人能否与百姓"同人"这一点上。在近代史上,中国被迫进入西方所构建的民族国家的体系,不得不建立所谓的现代民族国家,而传统天下观念被压制一百多年。直到中国对世界的影响重新恢复,人们才意识到中国古典天下观对于世界政治的正面意义。可见,某种意义上说,没有实力,世界大同对本国和世界都没有意义。换言之,没有国家性的强大意向做基础,"王"道作为一种价值理念的实际作用可能非常有限。

同人于野,亨。利涉大川,利君子贞。

《彖》曰:同人,柔得位、得中,而应乎乾,曰同人。同人曰:"同人于野,亨。利涉大川",乾行也。文明以健,中正而应,君子正也。唯君子为能通天下之志。

《象》曰:天与火,同人。君子以类族辨物。

【明译】

同人卦象征与人同心,与在野的人同心同德就会获得亨通。有利于涉越大河,有利于君子持守正道。

《彖传》说:同人卦,柔爻六二取得柔位,处下卦之中,又与上卦乾的九五相应,所以称作同人。与在野的人同心同德就会获得亨通。有利于涉越大河,这是乾阳之力与人同心的志意刚健运行的结果。内卦离为文明,外卦乾为刚健,象征秉性文明而刚健有为。主爻六二与上乾九五皆居中当位,而且阴阳正应,象征着君子持守正道,求同存异,和同于人。只有君子才能沟通和同天下人的心志。

《象传》说:上卦乾为天,下卦离为火,天在高处,火熊熊燃烧向上跟天相互亲和,火光冲天,一片光明之象。离为依附,太阳依附在天上,人心和同于天光,这就是同人卦。君子要判断事物的类别,分辨事物的本质特性。

【明变】

同人由夬卦变来,夬九二与上六换位变同人。柔爻从上位下到二位,二为柔位,中位,所以说柔爻六二取得柔位,又处下卦之中。六二与九五阴阳正应,卦变后上卦成乾,九五在上乾(人)里,所以说又与上卦乾的九五相应,是有能力与人相应,与人应合,所以叫同人卦。乾为郊,上位处郊野之地,九二升上,是"同人于野",而之所以能够同于上,是由于乾(刚)爻上达的能力,所以说"乾行也"。夬卦泽在天上,有大川之象,变为同人,所以有同舟共济、"利涉大川"之象。夬卦刚爻决去柔爻,利于君子得正。

【明解】

野:在野;一说在原野,野外,关系较远等。除了比较远,卦辞有政治意味,即要对在野的人一视同仁,由近及远展示推广仁爱世人之意。传统上大致有三种意思:1. 宽阔的原野。"同人于野"即是在旷野中集合众人,象征在广阔的范围与人和同。杨万里、杨简、王宗传、吴澄、黄寿祺和张善文等持此说。2. 引申为旷远无私、无边无际、无求之地等,强调与人和同无所偏私。郑玄、刘向、董楷、苏轼、程颐等持此说。3. 国野之野,国外为郊,郊外为野。来知德、金景芳和吕绍纲等持此说。"野"的本义为"周代王畿内的特定地区",后来泛指郊外,进而引申为旷野、荒野、边鄙、民间、质朴、粗野等义。同:聚合众人心力。《说文》:"同,合会也。""同"作动词有会合、聚集之义。贞:持守正道。4. 侯果认为乾为野,同人由夬卦变来,九二升入上位,上为郊野。

唯一一个六二柔爻为主爻,应该把五个阳爻都照顾到,争取都一视同仁,所以称为同人。但六二爻辞说:只是跟宗室的人好是鄙吝之道,可见卦与爻讨论的角度并不完全一样。同样的问题,因为卦爻时势不同导致视角有别,判断可能就不一样。君子要判断事物的类别,分辨事物的本质特性,这是说先分类,再分辨事物的本性,这是为了更好地求同存异,进一步彼此包容。一说同人卦的核心即是度化柔爻,六二居中,虽局面较小,但度化起来,不惜动了刀兵,也说明要度化居中尚弱的柔爻何其不易。

天视万物如一,不论高低贵贱一视同仁。天的运行永动不息,不受阻碍,所以说与在野的人同心同德就会获得亨通。有利于涉越大河。同人有会通天下民众的意志之意,君子才能沟通人心,统一思想,把人们领向同心同德、天下为公、世界大同的境界。

象辞说,同人卦是人与人同,但世界上人与人不同,很难走向统一,却容易分裂。只有认识到这种不同,并充分尊重各自的不同,才能从中找出共性,以求得大同。

【明意】

同人的本义是领导人跟在野者同心同德,天下太平,也可以把同人从同心之缘的角度来理解,人们的心向相近而团结接近,而同心之缘无疑是人与人之间志向相应之根基。古人认为,天的视角一律均平,无所偏私,但人多从自己私心出发,推己及人,所以很难真正与外人、与在野的人同心同德。可见"同人于野"有特殊的政治哲学含义。为政之人,要致力于沟通天下人心,方能成就事业。其实,人来到世间一生一世,如果不能够与他人结缘,或者与人结缘的意缘之力很弱,这种微弱同人之心其实可以理解为生命力和意志力弱的表现,因为一个人来到世间,好比流星闪过天际,而心力的强弱,就代表人与他人心力沟通的能力之强弱。在这短暂的瞬间,人是否可能把控意识前进的方向,就与心意的强弱有关。而要扩展个人意念的力量,就要目标清晰,光明远大,心胸宽广,眼光锐利,求同存异,逐步推进,才能化解与他人心意沟通的困难。人的意念依缘而生,依缘而扩展。同人六爻都涉及如何依缘而协同创造人际心意的合理方向问题。

沟通天下人心,方能成就事业,所以人需要结缘,而缘力来自意缘发动的力道。生命之道因"意能"而改变,进而自然阴阳之道。或者说,通过"意缘"的理解和把握来改变"意能",即意的能动性,从而实化和创造。同人即意向"能""缘",即主动选择"意缘"是心力"意能"的现实化。主动选择意缘是自由,但这种选择又受一定时空和外在条件的限制,带有命定论、宿命论和决定论的意味,不过,虽然人生不可能纯粹自由,但同人卦就代表着对意缘的决定和选择,是自由意志的体现和追求。

初九：同人于门,无咎。

《象》曰：出门同人,又谁咎也？

【明译】

初九：出门就能够和同于人,这没有什么问题。

《象传》说：出门就能够和同于人,(大家欢迎这样)又会有谁来责怪呢？

【明变】

在夬卦变同人中,九二爻从二位上到上位。二位是家宅位、大夫位,古时大夫之家,六二阴爻有"门"象,初九前面是六二,初九从家宅里走出来,在同人卦里,出门就能够和同于人。

【明解】

门:初二位为家宅位,所以应该是家门、宅门。咎:问题、过错、责怪、灾祸、灾患、咎害等。夬卦初九在乾(刚),"壮于前趾""不胜而往"则有咎。卦变之后初九在离(火)之中,火焰炎上,所以有出动之象;离有大腹之象,有出门能够包容与人和同之意。爻象之意是走出家门,与外界交往,意缘扩展,就不再拘泥于同门同宗,能够摆脱门户之见,与人同心同德,心地公正而不狭隘,这样自然能够受到大家欢迎,也就不会有人来责怪了。

从卦象上讲,六二是初九之"门"。一说爻辞可以理解为没有出门,还在门内与人和同;象辞则出了门,跟六二和同"同人"了。

【明意】

主动与人同心同德,缘分发动,涉及意志的方向与场域。出门就是离开私人场域,进入公共场域,但有些人进入公共场域之后,却由于缺乏公义之心,结果还是私人一个。此爻希望人们心存公义之心,进入公共场域跟人同心同德。公共场域是意向交汇之处,人到公共场域寻找意向沟通的共在状态,并在意念与公共场域交流的过程中把意念实化。但每个人对于公共场域的理解不同,有些人的心念能够尽量广大,而有些人则相对狭隘,也就是说,不同的人与人同心同德的范围和边界有所不同。

六二：同人于宗,吝。

《象》曰：同人于宗,吝道也。

【明译】

六二：只与同宗同室的亲戚、朋友同胞同心同德,鄙吝。

《象传》说：六二与初九不同，不能大同，只跟同宗同室的亲戚、朋友同胞打交道，走的是鄙吝之道，太可惜了。

【明变】

在夬变同人卦变中，六二从上位（宗庙位）下到二位（家位），可以理解为六二从宗庙来到家里，与人和同仍然没有离开家族范围，显得比较鄙吝；而且离为附丽，是下来依附于家人和宗族之象。在同人卦里，离开同宗室的人，回到家里，到底还是跟同宗同室的家人同心同德。**卦变之前九二无应，变为六二与九五相应**，在同人的大势当中，如果只与同宗同室的亲戚、朋友同胞同心同德，这样就对人亲疏有别，显得心胸狭隘，不能大公无私，自然跟同人的大格局相悖，所以是鄙吝之道。如果不从卦变上讲，较难明白卦辞跟爻辞何以有如此明显的区别。

【明解】

宗：宗室，同一个家族。吝：鄙吝、憾惜、麻烦、有难等。六二作为唯一的阴爻，可以跟很多阳爻交往，但其意只想跟九五好，显得心胸狭隘。卦辞说六二柔爻柔位，并跟九五相应，可以说对六二赞誉有加，但六二爻辞却不无贬斥，因为卦辞从全卦取象，认为六二应该跟所有刚爻和同，这才符合同人的大局；但爻辞只讲一爻，从爻中取象，只是对某一特定时位进行判断。

六二有以阴统五阳之象，因有九五相应，所以心思安宁，否则一定会扰乱群阳，贻害家国。但六二只跟九五相应，显得心思褊狭，容易犯党同伐异、裙带关系等毛病。

【明意】

意向集中在同宗人身上，虽然较为自然，好像无可厚非，但不够宽广。换言之，如果人把意向的关注点只集中于小集团，其意向显然不够开明。意向发动，即使不能够顾念天下苍生，也不应该仅仅集中在自己同宗人有限的小集体上面。虽然修养自己的意向当从亲戚朋友同胞开始，但如果自己的意向界限太明，则不利于拓展自己的意念到天下的人。

《周易》是人天之学，教人修习人意通天的艺术，所以对于将心思意念仅仅落实到家族的倾向，是持批判态度的。可见，在《周易》作者看来，随顺情感之自然，心念发动通于人情，不是心念格局小的借口和理由。

九三：伏戎于莽，升其高陵，三岁不兴。

《象》曰：伏戎于莽，敌刚也。三岁不兴，安行也。

【明译】

九三:一会埋伏兵甲在林莽之中,一会登上高陵侦察情况,折腾了三年,都不敢兴兵交仗。

《象传》说:埋伏兵甲在林莽之中,因为跟对手势均力敌。折腾了三年,都不敢兴兵交仗,说明九三安稳健行。

【明变】

九三卦变之前与上六应,之后与上九刚爻相敌,所以"敌刚",卦变之后互巽(进退、不果),虽进退两难,但按兵不动。

【明解】

戎:兵,兵甲军旅。莽:林莽,丛木。升:登。兴:兴兵,发动。九三在下离(甲胄、戈兵)互巽(草木、林莽、入)里,有兵器掩埋在草木丛林之下的象,所以说埋伏兵甲在林莽之中。九三与上九是刚爻与刚爻的敌应关系,说明对手刚强厉害。九三到上九路上有三个刚爻,得一步一步来,不可轻举妄动。此爻如果占筮打仗,那就是折腾了三年也不敢兴兵交仗;如果占筮时运,就是三年之内不起运之意。

象辞的解释非常清楚,九三有六二顺承支持,理所当然觉得六二应该跟着它,但六二跟九五正应,九五力量更大,九三就很不高兴,就要跟九五挑战(敌刚),方式是把自己的军队集结埋伏起来,登高(互巽为高为股)侦察九五的情况,但看到九五力量强于自己,三年(互离数三)不敢发兵,也就根本不敢动。可见九三是想打不敢打,虽有挑战之心,但无挑战之行。

传统注家除了说跟九五敌刚之外,还有说跟九四敌刚,但应该跟九五敌刚更加合情合理。此爻不是争九五就是争六二。一说六二因为格局太小而伏击九三,九三九四的阶段还不能与人和同,于是九三不争,升到高处,三年不动。不过对于此说,爻象的支持不够明晰。

【明意】

此爻涉及意向互动的复杂基础。意向的发动与争斗有一个力图均衡、最后失衡以及相应的时机问题。换言之,意向从不确定到确定性的实化有一个博弈的过程。对危险要充分了解,才敢发动攻击的意向。关于自己与对方实力的评估需要不断调整,毕竟安稳健行最重要,最后没有发动攻击的意向,也是合情合理的,并且是可行的。

意向的发动和联系存在某种特殊的机制,毕竟,意向的发动规律与事物之间遵守的物理定律不同。人与人之间的意向联系一方面有某种规律性,一方面又几乎完全没有规律可言。《周易》说明人们意向互动的规律既涉及人的本性,又涉及时机、时势等,这些都是人的意向互动应该考虑的内容。

九四:乘其墉,弗克攻,吉。
《象》曰:乘其墉,义弗克也。其吉,则困而反则也。

【明译】

九四:登上城墙,放弃攻打对手,这是吉祥的。

《象传》说:登上城墙,从道理上说,九四没有必要去攻击对手初九,这一爻吉祥的程度不高,不过平安而已,因为九四被推上城墙,遇到不得不打仗的窘困境遇,但知道应该返回到同人的正当原则上来。

【明变】

卦变中,夬上爻与二爻换位,变出互巽(绳直、高),有城墙之象,九四在墙上面,所以是九四"登上城墙",或者有卦变后被推上城墙的意思在。卦变中,九四从原来在城墙(夬上兑反巽)之下,变为被推到城墙(二三四互巽)之上。九四卦变前后都不得不面对初九,既然敌应,就可能要打仗,九四必须应战,所以遇到不得不打仗的窘困境遇。但九四为什么又不打了呢?九四原来在互乾(刚健)当中,卦变之后到互巽(随顺)当中,也就是九四对战争的态度从刚健转为随顺,自己消解了战争的意志。

【明解】

克:能。吉:因为行动左右困难反而得到好处,最终回归和平之道。则困而反则:前"则"是连词,那么;后"则"为名词,法则。一说"则"通"侧",反侧即不安之义。关于九四"弗克攻",众说纷纭,有"却不能进攻""自退不能进攻""没能发动进攻""敌人不能攻打我""没有攻击对手""不进攻而自己退兵"等,所以不讲卦变就无法讲清楚,到底是不去打,还是打不过,是打不过所以不打,还是打得过放敌人一马?

象辞的意思是说,九四觉得道义上没有必要去打初九,换言之,九四虽然被推到一个不得不打的困境当中,但还是能够回到同人的大势中,遵守与人为善的大原则,也就化敌为友了。

【明意】

九四经过评估形势,自己消解了战斗的意志,放弃了战斗的意向,也因主动改变意向的方向,冲突就从自己这里避免了。可见,人的意念的方向和力量都由自己把控和注入,主动调节也就改变了相关情境,当坏的恶念不得实化,就不会有坏结果。因为没有人敢发兵,所以是和平的。九三不敢打,九四不当位,也不敢打。可见,和平不是抽象的概念,很多时候是因为战争双方的战争欲念被暂时压制住了,也就是战争恶念被压抑,并且有机制来维持压抑恶念的状态,这样和平状态才能持续。《系辞》说"爱恶相攻而吉凶生",从另一个角度说,"不攻"就不会产生凶。可见,威势均衡有利于战争念头的克制和压抑。一个可能发动恶念的人,无论是出于利益的考虑,还是道德的权衡,左右为难而没有发动恶念,落实在致力于和平的行动中,其实就是好事。也就是实现了恶念的自我克制,反而使得善缘得以维系,而恶缘得以压抑。可见,心念发动之处,吉凶分判非常明显,但如何能够在心念发动的开端做功夫,是要明白反省感受到对于念头的省察,这样能够对意向的起灭起调节作用,说明实力的均衡能够影响意向发动。用兵的王道在于兴正义之师,攻击作恶的势力,如果能够不用战争就化敌为友,还是应该尽量不兴兵打仗,而是否打仗,往往在统帅的一念之间,虽然战争以胜利为目的,但道义还是需要的。可见,道义上可以不用军事力量的时候,应该尽量避免使用军力。

九五:同人,先号咷(táo)而后笑,大师克相遇。
《象》曰:同人之先,以中直也。大师相遇,言相克也。

【明译】

九五:把群众聚合起来,先号咷大哭,后破涕为笑,好像大部队胜利会师。
《象传》说:把群众聚合起来,先号咷而后笑,是因为居于中位,而行为正直。大部队能够会师,是因为已经战胜了敌人。

【明变】

卦变之前,九五在兑(口)里,无应,所以先号咷大哭,卦变后与六二正应,所以后破涕为笑。卦变后变为乾(圆、金)互巽(木),有声音(哭天喊地、哈哈大笑、敲锣打鼓)之象。

【明解】

克:战胜。一说相得,能够。九五在上卦乾(直)中位。同人卦伏卦(旁通卦)为师卦,上为缩小的姤卦。号咷是因为悲愤,正义得不到伸张,大部队胜利会师是因为九五有很好的武力,但不能动,一动两败俱伤,所以相克指代一种有军事实力支撑着的恐怖平衡状态,这样反而和平了。

汉朝人的传述大多认为,互巽(号令、号咷)在九五之先,所以先号咷大哭。

同人的伏卦是师卦。《周易》的卦画是在每一个六爻的卦画背后还隐藏着一个六爻的卦画。背后的卦画称为伏卦。因为宇宙的阴阳在数量上总体上是平衡的,所以外显的是阳爻,背后就会有一个阴爻;外显的是阴爻,背后就会有一个阳爻。外显的卦画是现在当值的卦画。因为阴阳是推荡变化的,当值的卦画会被背后的卦画取代。所以伏卦可以表示将来的发展状况。伏卦就是与卦画爻的阴阳性质完全相反的卦。同人卦各爻都阴爻变阳爻,阳爻变阴爻,就是师卦。同人卦的上爻,又是一个缩小一点的姤卦,姤是相遇,所以说,好像大部队胜利会师。因为九五处在帝位,中正又有六二正应,背后又有大部队,将来会胜利会师,因而也有破涕为笑的希望。这一爻是大悲大喜、先苦后甜之象,《象辞》阴爻中位可"直",《系辞》说"夫乾,其静也专,其动也直",爻象显示的意义是中正不偏,行为正直。所以最后破涕为笑。

【明意】

《系辞上》:"'同人,先号咷而后笑。'子曰:'君子之道,或出或处,或语或默,二人同心,其利断金。同心之言,其臭如兰。'"安定与和平来自善恶力量之间的动态平衡,从意念来说,是善念对恶念,由此引发的善力对恶力的恐怖平衡,其恐怖在于念念相续之间,念念都有善恶转境之可能,所以需要与人和同,跟心志相通的同道一起构成同人的形势,一起修筑发动心意的意境。

善恶之念构筑的意境,是于心念未发之间控制意念之形势,这种意境实化出来,犹如和平来自军事力量的相互制衡,双方都尽力克制发动战争的念头。集体意向的发动是可以通过情境的力量来调节的。彼此都自制约束可能获得和平,而一念出偏,就可能和平尽失。作为同人卦的九五爻,可谓是永久和平之望,但《周易》作者非常清醒地意识到,非暴力的和平观念很难存续,这也可以说明,为什么非暴力很难在中国生根发芽,因为中国的非暴力来自武力的平衡,而不存在纯粹的非暴力,或把暴力虚无化的理论渊源。在《周易》传统当中,非暴力是一种假设的理想情境,犹如罗尔斯的"无知之幕",大家都是理想的好人,而且人足以被感化,但《周易》不是基于某些假设基础上开始的理论,《周易》的卦爻象都有明确的现实指涉。《周易》作者的思路其实是:如果坏人不能够收回自己的恶念,不能自控自己邪恶的意向的生发,那就只有兴正义之师去讨伐他,直到把他战胜为止。

可见,现实的安宁与和平其实来自意境之中所有善恶心意的动态平衡。人与人的和同缘分来自于心意的交往和亲近,随着心灵力量的发展与聚合,需要把控意念的方向,实现与他人同喜同悲同感。这样就会知道自己意念一动,通过意境的实化,就可能对他意构成某种压力,所以要给他人的心灵回应留下充分的自由空间。同人卦也说明,人群意向融合的过程当中,武力的因素应该尽量减小。

上九:同人于郊,无悔。
《象》曰:同人于郊,志未得也。

【明译】

上九:到郊野之外跟人同心同德,不必忧悔。

《象传》说:与荒郊野外的人和睦相处,说明上九天下大同的志向没有实现。

【明变】

夬变同人,上卦由兑(泽)变乾(郊野),所以有到郊野之地之象;九二上来之后,本来上六有应的态势转为无应的态势,可以理解为九二本着同人之志升上来,却没有实现志向。上九本处势险恶,乾卦上九"亢龙有悔",夬卦上六"无号,终有凶",好在卦变之后处于同人的大势之中,能够同人于郊野之外,与世无争,象征君子心志正固,即使没有实现,也可以行于正道,则不会有悔恨。

【明解】

郊:邑外是郊,郊外为野。上九是全卦最外爻,是郊野的百姓同心同德之意。上九在上位,下无应爻,没人响应,有志不能推行,只好与下野的人交朋友去了。

【明意】

意向的整合不可过度,过度了就离开现实的权力场域,同心同德也就只能得到郊野之人的认可。虽然努力了一个阶段,但也是努力在"域"外之"郊"而已,达不到"野"的状态。即使无位无应,不能感通天下,也可以努力与人同心同德,在与人和同的沟通中,随着意向性的融合,意识的境遇会越来越重合,生物基因和文化基因都在整合且越来越趋同,虽然直到最后也不可能完全消除差异,但通过心意的交流而实现某种共同的意识境域是可能的。

上九说明想沟通天下人心,使得天下太平的大志没有实现。但同人卦一直在为大有做准备,也因为同人"利贞"所以大有能够"元亨",同人是人修己意与人和同,而大有是和同到达通于天道的境界,自然大有。

十四 ䷍ 火天大有（乾下离上）

《周易》的意念之生，遵守五行的因果律，只是这种自然因果规律不是物理世界严格的因果定律。如木生火后化成灰（土），不是严格意义上绝对必然的，但又不仅只是可能的，而更多是在现实和经验意义上终极性的，可以理解的。当然，因果律本身带有强烈的必然性意味，相信一个事物是另一个事物存在的原因，而另一个事物是前一个事物的结果。因果律帮助人们解释世界，也帮助人们预知世界，但基于自然科学的数理模型却未必能够揭示事物的必然走向。《周易》看世界上的事物从一种状态过渡到另一种状态，之间也基本存在某些必然的规律，并希望通过揭示这些规律来预知未来。应该说，因果关系的基础是共同经验，而五行生克关系的基础也是人类共同经验的意识境域。

在人类共同经验的意识境域里，天命有其特殊的位置。《尚书》和《周易》都谈天佑，有神助的意味。《中庸》的"天命"观后出，但不能说古代天人合一之意境就是后来才出现的。因为天本身就是意念之生，或者生意的结果，是意生出去的结果，如果意生不出去，就无所谓天。人顺天道自然之善性而起顺应天道生生之善念。王阳明"无善无恶心之体"是在意念生生通于天生的本体意义上说，生机本身无善无恶。只要意念一生，一发动就要实化，就会有善恶分化，所以人要尽量保持意念生生的本然之善，这是顺应天道之生，完成上天生生大德，即其美好使命的努力。只要这样做，意念生生就如日月一样光明，随附在天，生机朗照，从而是真正的大有，也就是意念生生的大有，因意念生生的力量贯通天地，生随天地，才是生生妙化而大有之境界。

"顺天休命"是人要在意念的生机当中，去实现上天赋予的美好使命，在每一个意生的瞬间，人需要不断克制恶念，发扬善念，这是宋儒强调的"存天理，灭人欲"功夫。大有为乾（生）宫归魂卦，立"意—生"论第八，从此意念生机所归之论出发，不难理解佛儒一理，如天台山修禅寺沙门智𫖮有述："诸恶莫作，众善奉行，自净其意，是诸佛教。若夫泥洹之法，入乃多途。论其急要，不出止观二法。所以然者，止乃伏结之初门，观是断惑之正要；止则爱养心识之善资，观则策发神解之妙术；止是禅定之胜因，观是智慧之由借。"可见，天台止观之法,于意念生发的瞬间做功夫,断意之恶以增生意之善,也有异曲同工之妙。归根结底,大有的根本境界,是在意念生发之处,生发而能够接续天机,则意念生发通于天机,犹如接续了意念缘生之源泉,则意念可以生生不灭而终至于大有之境界。

　　大有,元亨。
　　《彖》曰:大有,柔得尊位,大中而上下应之,曰大有。其德刚健而文明,应乎天而时行,是以元亨。
　　《象》曰:火在天上,大有。君子以遏恶扬善,顺天休命。

【明译】
　　大有卦象征光大富有,非常亨通。
　　《彖传》说:大有卦,柔爻六五取得尊贵的位置,最中正而且上下的刚爻都跟它应合,故称大有。下卦乾为刚健,上卦离为文明,所以大有卦有刚健而文明的卦德,顺应天道按四季的顺序而运行,因此大亨通。
　　《象传》说:下卦乾为天,上卦离为火,组合在一起是火在天上,这就是大有卦。君子看到光明普照的现象,要遏止恶念,发扬善念,顺应天道赋予人的美好使命。

【明变】
　　大有卦与上一卦同人是一组覆卦,同人由夬变来,大有由夬的覆卦姤变来,即姤初六与九五交换位置变大有。从卦变上看是柔爻六五取得上卦尊贵的天子位,柔中得正,刚柔并济,上下刚(大)爻都跟它应合,好像众星捧月一般簇拥着核心,其意念发动,足以收摄天下人心,意念发动处即有丰大而富有之象。从卦变上讲,卦变之前姤卦下五爻有夬卦"惩恶扬善"之象;姤卦下巽(顺)上乾(天),象辞"施命诰四方",所以"顺天休命"。

【明解】
　　元:大,程颐释为"善"。遏恶扬善:遏止恶意,发扬善意。遏:止,抑制。扬:举,发扬。休:美。《尔雅·释诂》:休,美也。"大有"是光大富有之义。古人称丰收之年为大有之年。卦德是内怀刚健(乾)而外表文明(离),日(离)在天(乾)之上的卦象显示出人意顺天,如太阳顺节令的顺序在黄道上运行。柔爻与乾(天)相应,并上往进入乾(天)之中,是"应乎天而时行"。
　　象辞指出,火(离)在天(乾)上,有太阳高照,光照四方,万物生长,光明富有之象。古人认为"火炎上",火是"本乎天",地下的火都是从天上来的。太阳把火降到地上,就会有"遏恶扬善"的作用,君子看到这样的天象,在盛大富有的时候,断灭恶念,惩罚恶行,增长善念,弘扬善行,要让丑心恶行在光天化日之下无处遁形,从而弘扬美善,让天下人之意识发动如阳光生生不息,意向知其所归。

【明意】

大有是意生之极致,意念生生通达世界,广泛有力。大有的意念生生之境界与意念是否得位,是否能够一直保持和维系阳意(意念的正向力量)有关。"遏恶扬善"就是要把恶的意念遏制住,把善良的意念发挥出来。善念与恶念都可以借助外在的意缘而实化,外在意缘较多之时,反而容易实化恶的意念,而恶的意念一旦实化,可能在不经意之间毁掉人的善念所建立的世界,导致祸福相生,循环往复,而根子都在意念发动之处,即一念之间的善与恶。

一个人公共意念之境越广大,意念能够含摄他人他物的力量也越大,与他人志同道合、让他人归附的力量也越来越大,逐渐达到大有的状态。单纯的物质聚集不可能长久,只有道德和意念的长期聚集,才能够产生巨大的影响。天底下最有聚集力的是思想和愿力,可能在人的肉身消失之后继续发挥效力。

有钱的日子反而比没钱的日子复杂难过,甚至有更多限制和麻烦,可以说是因为意生大乱,导致意缘杂乱,而控制的意能有限,反而意量减弱。可见,真正的大有是:富而有礼,富而能仁,而能否做到都在一念之间。大有之意识境遇其实与虚无相通,因为大有之人,通过大有之道得到的其实都是公共的,需要跟人分享。意识之有的另一面就是意识之虚无,有无相生,而不可过分执着外物之有的意识,否则一定遭殃。用通俗的话说,生如死,而死如生。生如死是因为意念生生之时,其自私自利的小我已死,完全通于宇宙和天地的大我在发动和存续;死如生即如果一个人的意念生生,念念私心私意死,而大有之人天之意生,则念灭之死,却不影响意念在时空之中永续。意念自然,可以发动超越肉体和物质实体的存在,从一定意义上看,意念产生之后不再磨灭,与天地之道一样绵延不绝。

常人把意念的生机附着在对外在事物的执念上,这其实是对建立事业最大的考验。对外物执着重的人心意容易乱,反而生机减损,所以拥有意缘太多的人,对心意生机的考验就巨大,如果修养不够,心意的生机就难以承担得起应付强大意缘的责任和负担。

初九:无交害,匪咎。艰则无咎。

《象》曰:大有初九,无交害也。

【明译】

初九:没有因交往带来害处,自然不会有过错,处境虽然艰难,但自守就不会有祸害。

《象传》说:大有卦初九这一爻,不会有交往带来的害处。

【明变】

象辞从其时位分析,姤本有相遇邂逅之象,初六跟九五换位,本来有应,交换之后无应;大有初九卦变之前在下巽(近利市三倍、进退),卦变后在乾(金、玉),没有大的损失,没有因交往而带来害处,只要能在艰难处境之中守正,就不会有祸害。

【明解】

无交害:交,交往,一说近,则"无交害"是没有近距离的害处,引申为没有近忧,则必有远虑。无:不,一说勿,不要,两层意思都可。大有卦是一个柔爻六五被五个刚爻环拱应合,各爻之意都与六五相生,所以六五"厥孚交如"。五个刚爻中只有初九跟六五非比非应,距离最远,没有情感的真伪感通,所以是没有因交往可能带来的害处。其实初九正是"潜龙勿用"的蛰伏时期,正好是修炼意念生机的好时机,可见初九所处的时势本身当然没有什么过错,这时自己努力自处就不会有祸害。

【明意】

富有的时候,内心不可没有艰难感,否则几乎心念出偏,马上就会有害。其实,要富有而惟艰方能免害。本爻因为无法跟主爻交往,处境艰难,所以劝勉其当艰难自守意念内在的生机,在明白不会有交往带来的害处的前提下,自修自悟意念生生之力。不交往可以减少让意识被外物所转的机会,因为没有条件交往而相对孤独的人,内心也相应强大,可以放下很多外缘。而不孤独的人,因为外在条件系缚的原因,有时可能不得不主动选择独处。大有涉及人对外在的意缘的把握,意缘应该只是人的意念实化的外缘,而不应该是目的。意缘中属于物的部分,是意识流转的对象,不应该让意识之生随具体的意缘如金钱和地位而转。

心念的生机来自对阳意的持有和维系,即在维系阳意的状态中,意念得以维持其生机。心意之生机的实化需要借助外在的意缘,但是否借助意缘,其实与内心把握的是交往还是独处的分寸大有关系。对心的活动尺度要善加把握，不交往固然可以避免咎害，但不可能真不交往。交往与人与物等意缘有关，事业的成功首先来自心念的广大。有所成就往往来自非常艰难地维系某种心念的努力，大有就是帮助人们理解维持人天之意来之不易，需要念念珍惜，时刻保持忧患意识。要维持心念发动，即广大而大有的局面并不容易，需要人在念念相续之间用功。有时，人在一念之间的疏忽或缺失忧患意识，就可能会毁掉多年经营的成果。可见，经营事业本质上是经营意念生生之境界，即如何维系意念的生机。

九二：大车以载，有攸往，无咎。

《象》曰：大车以载，积中不败也。

【明译】

九二：大车装载着重物，往前走，没有咎害。

《象传》说：大车负载重物，把重物堆积累放在正中间，车和东西就都不会散败。

【明变】

卦变之前有巽（木、绳、进退）之象，卦变之后乾为圜（轮）为良马，所以有车之象。

【明解】

大车：指下卦乾，伏坤（大舆）为空车，乾为重车。载：重物，财富，一说是要流通、与人分享之意。败：散败，出事。大车载的重物也可以理解为"大有"的财富。下乾为载重车，堆满了东西，大车很结实，东西装载得宜，车和东西都不会散败。古代用马拉供人乘坐的车子，行路轻快；用牛拉供搬运载重的货车。大车就是载重的货车。从象上说，汉人认为坤为大舆是空车。乾是把空车装实了，是载重大车。《左传》说离为牛，九二在下乾，与九二正应的六五在上卦离，可以理解为牛拉着前行的载重大车。东西要放在中间堆扎实了，才不会掉出来。

从取义上说，九二为了维系大有的局面，既是实际负重，又有自我负重之意，因为六五之君阴柔明达，所以九二之臣就要自觉承载更多的责任。因为负重过多担心引发六五君主的猜忌，需要表示所有的负重都自觉居中，不偏不倚，没有私心杂念，不把公共的重大事务和责任作为自己滥权和牟利的工具，用这样纯粹大中至正之心意来为君主和公共事务服务，所以大有成就的功业才不会消散失败。

【明意】

九二愿意前往,因为跟六五相应。下面为载重车,上面有人支持赏识,愿意跟大家分享。九二在承重的状态下能够保持生机,固然是上面的赏识和提携使生机得以发展,也是其本身在隐忍状态之中能够自强和生生不息,这才是根本。九二意念之生,念念中正,不偏离大有全境,自觉自愿放下全部私心杂念,以隐忍和艰辛的态度承载一切,努力维系大有得之不易的局面。

九二的意识境遇可谓老成持重,并明白意识的生机要以隐忍沉稳为前提,知道痛苦是远航的压舱石,而意识对于痛苦的领悟和承受力,是意识能否继续安稳前行的关键所在。老成持重的人在生命的历程中受过挫折和磨难,对于生命历程当中生机维系之艰难多有体会,在负重前行之时,自觉把经验的苦难变成意念生机的压力,促进心意的生机更加沉稳。扩展开来也可以理解为,心意要想有生生,就要能适时忍辱负重,即心灵的生机不是简单生成和实化,而常常需要一些持守意念的功夫,懂得意念发动的时机要隐忍沉稳,从而让意念生生有力,也只有时刻担心重负失偏,才能稳掌大有之舵而前行。

九三:公用亨(xiǎng)于天子,小人弗克。

《象》曰:公用亨于天子,小人害也。

【明译】

九三:公侯受到天子的宴享之礼,小人不能领受这样的礼遇。

《象传》说:公侯受到天子的宴享之礼,小人受此礼遇必有危害。

【明变】

六五卦变前原是姤卦的初六,与九四正应,虽正应,但不在天子位,就不可能得到天子宴享这样的机会,但卦变后进入天子位,与九三成兑(口),帮助九三得到跟天子宴享的机会。

此卦讲解分歧较大,需要从卦变上解决。

【明解】

亨:通享,此处指天子的宴享。一说亨通;一说(王公的)朝献。克:能,胜,担当,做到。害:危害。三位为三公之位,故有公侯之象。此爻《左传·僖公二十五年》有用例,九三爻变,下卦乾(天)变为兑(泽),有天子陷入泽困之境、等待上离(日,晋文公)来解救之象,于是晋文公出兵,打了胜仗之后,受到周襄王的宴享。九三在公侯之位,六五在天子位,九三到六五为互兑(口),是王公到天子那里去接受宴享。

九三在乾(金、玉)互兑(润泽)之中,有财富润泽之象,"富润屋,德润身",但兑卦又为附决、毁折,所以德性不好的小人容易溢满为患,无法享受。一说公侯在大有之时已握有权势并占有资源,知道要主动进献厚礼给天子,而小人会把大有形势下的资源据为己有,最后损毁大有的形势,终致害人害己。象辞说小人得到天子宴享反而有害,既危险又背离。或者小人贪财,无大志,不能守住大有的状态。

【明意】

九三说明德性对于守住功业至关重要。有内在德性者,心意发动皆顺天道之公,能够持守大有之形势,而缺乏德性的小人,会利用大有的形势图谋私利,而且很快败家败业,害人害己。换言之,有德性者念念发动皆充满生机,利己利人;而无德性者,念念发动皆图私利,伤人伤己。可见,德性是意念之生或意念之死的区分处。

九三为"公",已经享有很多财富,如果德性不佳,僭越礼制,按照天子的排场摆阔享受,就会很危险,因为人家会以为九三觊觎天子大位。可见,公侯一念之间,如果不能克制自己,意念的生机出偏,就变成小人,重则可能有性命之忧,非常有害。九三本身的位置,处于上下之间,非常危险,所以德性至关重要。

可见,将心意控制在合适尺度之内,其实是九三品德的根本所在。一个人的心意如果不能够时刻掌控在自己可控的尺度之内,其与之有关的意缘就随时可能出问题,即使在大有的状态下,如果一念出偏,仍然可能丧失所有,有时不仅要失去之前获得的所有,或许还有身家性命之忧。

心意的生机与社会地位和阶层既有关又无关,因为其不由地位和阶层决定,但又不是完全的自我决定。没有一定的德性,就难以承担相应的福报,如果心意之生的社会尺度超出自己的掌控,或者一念之间出偏,就可能招致祸患。可见,《尚书》讲"惟圣罔念作狂,惟狂克念作圣"极有道理,说明人之一念之生决定狂圣之别。

九四:匪其彭,无咎。
《象》曰:匪其彭,无咎,明辨晳也。

【明译】

九四:(虽然大有,但)不自恃盛大,就没有咎害。

《象传》说:不自恃盛大,就不会有祸患,这说明九四清明知止,能明辨清楚自己的处境。

【明变】

卦变前后,九四都是大臣近臣,卦变后处于盛大富有的时势之中,容易迷失自己,又在互兑(毁折)之中,所以要清醒明白,自己虽然有功,但不可有丝毫自居之念,因为表面的拥有其实都不是自己真正拥有的,要明白自己的本分所在,不因为外在的富有而动心。

【明解】

彭:盛满的、鼓鼓的样子,一说击打鼓发出的声音。《子夏传》作"旁",彭、旁依声得义。一说读 bāng。晢:同"晰",明白。一作皙(zhé),明智。意近。九四在上离(明)里,居于盛大丰有之时,要心清目明,知道所拥有的都不是自己所能够成就的,理解为忠心事上,而不自以为盛大之象。九四以阳居阴,能够内敛克制,不会自我标榜和彰显。九四内在的自律主要是外在的形势使然,是主动接受他律而转为自律。相比起来,内在的自律更为重要,因为知晓外在的形势方能合理应对,不能自知和反省则形势不能够对人起作用。

【明意】

盛大富有之时,如何面对个人权力与财富,其实在一念之间,境界立判。九四清楚明白,没有丝毫自专之意,面对权势和财富毫不动心,因其意念发动之间,虽然随着权势和财富而生生,但无丝毫私意牵绊于其中,已经达到"应无所住而生其心"(《金刚经》)的境界,所以能够意会到权势和财富的大有,其实犹如流水暂时聚合,大有与空无共生共存,是一种辩证关系。也就是说,九四意念生发的背后,能够时刻反省,不带有一点私心杂念。

在大有的状态,富裕了要低调行事,不可张扬,要头脑清醒,思路明晰,知道盛大不是自己造成的,才能谦逊行事。可见,心意生机的尺度能够迅速穿透盛大的表象,知道盛大的状态不完全是自己的努力造成的,而是外在因缘由于心意生机的暂时和合而成,一旦过于执着,以为可以自居成功,该盛大状态则可能转瞬即逝。

以如此的心意生机通达各方,才能维系生生大有之象,进而维系有位而能够柔性抒发光明心意的姿态,与上下沟通才能非常顺畅,共同构筑宽裕、温柔而不戒备的意境。这是意念的生机被阳意充分带动,而达到生生的顶级状态。可见,人之意生需要在明智的境域中,被阳意不断感应提升,才能处于富有而宽容的状态,从而达致心意通达而舒畅的理想境界。

六五:厥孚交如,威如,吉。

《象》曰:厥孚交如,信以发志也。威如之吉,易而无备也。

【明译】

六五:频频交往且有诚信,威严庄重,吉祥。

《象传》说:诚实守信遍交上下,说明六五能以诚信引发人的心志,同时自己的心志得到抒扬。威望庄重而得到吉祥,是因为六五平易近人,无所防备,大家也无需戒备,自然心生敬畏。

【明变】

从卦变上讲,姤变大有之前刚爻无应,卦变之后阴阳相应,又在上离(龟),有诚信之意。

【明解】

厥:其。一说用尽气力,六五如九四鼓足士气。孚:信,诚信,信用。交如:交往、交接的样子,因卦变阴阳交。威如:有威望的样子。发志:感化、激化、引发他人共同维护大有局面的志向,自己的志向也得到抒扬。易:平易,一说行为简易。无备:六五无所防备,大家也无须戒备。

六五是唯一的柔爻,跟其他刚爻能够和谐互动,是大有之为的关键所在。六五跟各刚爻交往,从他爻的角度来说是受信任,有威望(互兑为虎威),能够主持大局,聚集人心。

象辞取六五互兑有喜悦、平易之意,五个刚爻都愿意与它交往,因六五平易,对大家都不戒备,所以大家都诚心诚意地愿意跟他合作而不计较。

此处爻辞跟象辞取象各译法有区别,不同译法表示两种理解都有道理,但这种情况不多。在一阴五阳的卦中,大多失时或者失位,唯有大有六五形势大好,在一片光明富有之中,有位有德,以柔处刚,自带威严,所带团队刚健有为。六五以阴居君位,有弱难克强之忧,所以有防备的问题,至于六五是否应该防备其左右上下,历来有不同说法,王注、孔疏认为不用防备,有诚信即可;程颐认为不备不行,应取备德(备己)而不防备(备人)之意,六五居君位,首在修德修己(备己),能以一阴统御五阳,上下皆受到信任,可以无须戒备。

【明意】

六五在天子位,虽阴居阳不当位,可是在阳爻群里,受到拥护和欣赏,在丰盛富有的形势之下,可谓长袖善舞,风生水起,只要做到以柔克刚,稍微虚心一点,就有坤六五"黄裳元吉"叠加乾九五"飞龙在天"的巨大成功状态,好不威严自在,风光无量。

如此时势的领导者当然可以频频交往,因为威严有利于诚信的建立,而诚信利于引发他人心志,实现心意的生机互通。如果不但能够威严还能平易,不使人戒备,那就是非常利于交往的时势状态。可见,大有的一个特征,是阴意都能够得位而生生不息,并唤起周围所有的阳意一起生生,众心会聚,众志成城,众人心意通达,光明灿烂,如日当空朗照,体现出光明心意无限的广度和深度。

上九:自天佑之,吉无不利。

《象》曰:大有上吉,自天佑也。

【明译】

上九:得到上天的佑助,吉祥而无所不利。

《象传》说:大有上九吉祥而无所不利,是有来自上天的保佑。

【明变】

从象上说,五位和上位是天位,卦变中,姤卦初六从初位换到五位,上九下有互兑为西为右,故为"自天佑之"。上乾(天)变离(龟),有来自天神保佑之象。阴爻在姤卦里,虽然显得强悍,但举步维艰,变为大有六五,上天(乾)光明(离),等于完全翻了个身,非有天佑不可能发生。同时,姤卦初六升为大有六五,等于脱离开姤卦艰辛前行之境,到一个丰足富有的王国当王后,非天意安排不能发生,如同受到上天保佑一样。

【明解】

大有是盛大富有的状态,在传统的农业社会里,意味着大丰收,而古人认为,大丰收不是人力和心意所能为,必须得到上天的保佑,即天意的庇护才行,非人力和人的心意所能及。一说上九虽然在丰盛的形势当中,但居于极位说明已经超脱世俗地丰富,其超脱的心境自然获得天意的庇护和佑助。

【明意】

大有所描绘的国家状态,确实很像柏拉图《理想国》的理想状态:君主六五心意光明透亮,治理有方;三个阳爻九二九三九四护持着君王,刚勇果决,中道节制;一般民众(初九)不随意交往,安守本分;这样看来,如果六五可以比作一个心意生生、充满智慧、待人以诚、为天下人信任的哲学王,那么上九可以理解为超脱世俗而沉思人生和社会的哲学家。上九在反思中,领悟到生意发动达到巅峰状态,一定感慨万端。

生论第八至大有上六,是说明生机达到顶点的盛生之态,即人天之意的生机与天接通协调的极致状态。上九是生意丰沛、最为吉祥的一爻。上九看到大家依附六五,感觉大家都能顺应天道,意念发动皆合乎良知之动,每时每刻从内在良知发动的意念,与上天的运化协同呼应。上九看到六五生机充裕饱满,意念之生不仅感天动地,而且处于非常协调和谐的盛大状态,感到如有天助,吉利无比。

生机的牵引皆要阳意发动,而大有是阴意被最多的阳意牵引而盛大的状态。心气的汇聚、主观的努力只是一方面,天地阴阳的配合更为重要。最根本的还是时势,这与六五有位又谦恭居下的姿态有关。所以,达到大有境界,不仅要能够征服自己,让自己内心强大,还需要顺应时势,因缘和合、保合太和才行。在艰难险阻中前进,即使有能耐,也要非常谦虚。心动与天通,则同人、大有之局面可以保持,而真正的保持要通过谦虚,也就是谦卦。履卦与大有卦的上九都是吉辞,劝勉人们修意通天,到达人天之意的境界。

十五 ䷎ 地山谦（艮下坤上）

谦卦六爻皆吉，六十四卦中这样的很少。地中有山，山入地中，象征人有巨大的实力，但意能隐而不发，表现得谦虚谨慎。只有谦虚能够让人在各种时空条件下都保持良好的状态。

谦虚的意能易于聚意缘，让意念的缘分延展，与他意和谐。谦虚是一个人每个心念发动都把他人的感受摆在前面，以心中有他人为根本。可见，谦卦希望人们在意念中始终如一地维持对于他人的关心和爱护。虽然人的意识境遇在自我和他人之间转换，但心念如何扩大，做到一言一行都关照他人，以他人存在为前提，其实非常不容易。从另一方面讲，人必须谦虚的哲理在于，人的自由是有限度的，个人自由是具体的、在群体当中的自由，而在任何群体当中，人与人之间的自由都是有限的。谦虚者因为得到天地的助力，有可能得到更多的自由；但不谦虚者，就可能消耗掉自己有限的自由，变得更加不自由。

心意之生生，接心意之能，即因生生而又能缘。能缘的核心是谦柔居下。所以生论之后，即接能论。谦卦是兑（能）宫五世卦，立"意—能"论第六。主要讨论因意生而有意能，即生生不息的内在意能是如何可能的。

谦，亨。君子有终。
《彖》曰：谦，亨，天道下济而光明，地道卑而上行。天道亏盈而益谦，地道变盈而流谦，鬼神害盈而福谦，人道恶盈而好谦。谦，尊而光，卑而不可逾，君子之终也。
《象》曰：地中有山，谦。君子以裒（póu）多益寡，称（chēng）物平施。

【明译】

谦卦象征谦虚，有谦虚的美德就会亨通。君子谦虚办事就有始有终，会有好结果。

《彖传》说：谦卦，亨通。天道的运动状态是恩泽下施，大放光明，地道的运动状态是位置虽然卑下，却向上生成和运行。天道的运行使满盈之物亏损，使虚少之物增益；地道的运行使满盈的溢出，让多余的部分流入不满之处；鬼神的运行是祸害骄满者而福佑谦虚者；人道的运行是厌恶贪得无厌者，喜欢谦让知足者。谦虚的人位于尊位就更加光彩夺目；即使处于卑下之位也无法超越，所以君子自始至终保持谦虚。

《象传》说：上卦坤为地，下卦艮为山，地中有山，高山低入大地之中，大地中隐藏着高山，这是谦卦的象征。君子因此要减损多余的，增益寡少的；权衡事物多寡，然后公平地去施予。

【明变】

谦是谦虚之义，谦卦从剥卦变来，即剥上九与六三换位变谦卦，九三刚爻（君子）由上位（全卦终位）下到三位（下卦终位），象征君子谦卑而下的意义。

谦卦有天（乾）地（坤）交流之象。天高地低是自然秩序，但卦变中天的阳气（剥上九）要下降，地的阴气（剥六三）要上腾，象征阴阳交感流通化生万物。

【明解】

裒：减损，义同"掊"。称：权衡，衡量。君子能够谦虚，办事就会有始有终，自然会有好结果。"君子有终"既指君子做事善始善终，有头有尾，不会半途而废，也指君子会有好的结果，或者好的归宿。

天道使得盈满者亏损，使得寡少者增益，鬼神祸害满盈骄溢的人，福佑谦虚卑下的人。天道运行如日中则昃，月满则亏，损有余补不足，骄盈满溢天不保佑。地道运行如高岸为谷，深谷为陵，也是损有余而补不足。鬼神要祸害那些自持盈满的人，保佑那些谦卑的人；人道自然讨厌那些骄盈满溢的人，喜欢亲近谦恭居下的人。无论天道，地道，鬼道，人道，都是厌恶盈满的状态，而福佑谦下的状态，可见，人在天地之间，可以说唯有谦恭居下一条正路可走，"满招损，谦受益"，稍有自满就必然被削弱。孔颖达说谦是"诸行之善，善之最极"，后人多认可，当人身居高位而能谦虚，有若天道谦下，恩泽施布，光明绽放，荣耀倍增；如果人地位卑微而能谦虚，好像地道谦下但道德无法逾越，不被侮辱。

象辞的意思是谦虚是高山入到低地之中，谦虚之人，当先有高山一般超过众人的品性与成就，而后能够表现得谦虚平易至极如地之卑微。这是一种内在心意发动之处的自我调适和补足，是才华横溢而不自我彰显，德性崇高而不自我膨胀，功勋卓著而不骄傲自满，权势过人却平易近人，实力极强而能够谦下处世的理想状态。

【明意】

人因为谦让,天道会给他增加他所拥有的,如老子言"天之道,损有余而补不足"(《道德经·第七十七章》)。人因为谦虚,心态和姿势放低,所以能够圆满,仿佛大海一般深不可测。

谦虚的意能状态可以通于鬼神,也就是说,虽然天地阴阳变幻莫测,但因为谦虚者顺应了天道,天道就不难了解了。天道会让自满者所得减少,让谦虚者自然增加。如果不是有人格神在起作用,就是一种鬼神一般的神秘莫测的阴阳之力在起作用。如何让天道使自己的意能增加,就需要谦虚再谦虚。而谦虚以实力为基础,虽然姿态很低,但他人难以逾越,越谦虚他人就越难以逾越。换言之,谦虚者已经做出了为众人认可的贡献,之后才有资格表现出谦虚。反之,从一个人到一个家和国,如果富贵而骄,福气就会立即离开。

从一个人应该永远保持谦虚、遵守天道的角度看,人一生都不应该对自己过分有信心。因为自信心太强,其实是人主观性太强的表现,那就很可能要妨碍人对于客观的认识,而一旦无法客观地认识周围的形势,就很可能要在主观主义的阴沟里翻船。《周易》中的主观和自信都是建立在意识对客观形势的精准把握基础上的。

谦卦山入地下,从山的角度说,是移山分艮之象,可以理解为人有高山式的自我意识,但轻轻放在地之下,以谦虚平和的态度示人。从地的角度说,可以理解为坤谦,人应该平易如大地一般,自觉平凡,而他人反而会觉得他伟大。这样合起两种谦虚之人,可以称为谦谦君子,可以说,谦卦是致力于修己安人的核心。

初六:谦谦君子,用涉大川,吉。

《象》曰:谦谦君子,卑以自牧也。

【明译】

初六:谦而又谦的君子,有能力涉越大河,吉祥。

《象传》说:谦而又谦的君子,能够谦卑地把自己管理好。

【明变】

卦变前后,初六从地(坤)之下变到山(艮)之下,从平易谦下变到安止于谦下的状态,所以"谦谦"。

【明解】

卑:低下。牧:本义为放牧,引申为管理。全卦九三为主,初六在谦虚君子之下,显得更加谦虚,能够自我管束,力图永保谦虚,因为谦而又谦,所以可以平易地面对险难(二三四互坎),《周易》卦爻辞只有这一处"用涉大川",强调积累足够的意能备用,积蓄的能力足以渡过大河,而"利涉大川"主要从结果说明有利于渡过大河。可见,只有非常谦虚地管理好自己,才能渡过大的险难。

【明意】

意能因为谦恭的态度而增益,所以有能力成就大事。成就大事的能力来自于自我管理,而自我管理是意能延展的前提。人能够梳理自己的意识能量,与外在的力量相协调,才可能实化意念而处理好事情。谦虚的意能利于缘生,在乎与人之缘,期望与人同生之态度。犹如年轻人初入社会,表现谦虚,机会就会增加,这就是谦虚的意能有利于意缘的发动和聚集。谦虚者心怀他人,让周围人感到安心和谐,因为把自己管理好,也容易让人放心。心念的自我管理是打开他人心门的关键。这是一种反求诸己的哲人态度,认为人在世间的顺逆,根本上源自人对自己心意的控制力度。

人虽然储备了巨大的意能,但谦虚又谦恭下人的态度,带有把自己放平放空的意思,管理好自己的本心和发动流行的每一念,让每一念的发动都带着川流奔腾的意能,而且是一种面死的意能,因为巨大的意能储存在向死而生的状态当中,而在死亡面前,所有人都一样,必须谦虚再谦虚,即使有再大的意能,到最后都必然归零,所以意能的量度是时刻面对归零状态而存在的。而个人的意能无论如何通天,在浩瀚的宇宙面前,也就是一颗微尘,微不足道,我们没有理由不谦虚地发动和保有自己的意能。

六二:鸣谦,贞吉。

《象》曰:鸣谦贞吉,中心得也。

【明译】

六二:谦虚的行为得到他人赞美鸣和,不沾沾自喜而能持守正道,可得吉祥。

《象传》说:谦虚的行为得到他人赞美,不沾沾自喜并能持守正道,可得吉祥,说明六二居中位,心里觉得谦虚很美而引发共鸣,是心中自得。

【明变】

爻辞互震下的六二和上六都"鸣",所以是卦变后受震而鸣之象。

【明解】

九三在互震(善鸣马)之中,鸣(名)声震到六二,让六二也鸣起来,可以理解为六二因为谦虚而有名声,而且六二居中,说明谦虚来自内心。

【明意】

内心谦虚,意能增强,会有名声,得到鸣(名)和。因鸣而有名之后,切不可沾沾自喜,否则意能会受到减损。意能来自中心恒守的意念之力,因为谦虚而与他心共鸣,自然而然感到快乐。上面看到六二的实力和修养,真诚地给予美誉,坚持正道则形势不错。

但二三四爻为坎卦,说明可能受到伤害,需要继续谦虚谨慎。六二能够明白这一点,继续踏踏实实努力做事,保持名至实归的状态,行得正,站得住,就是好的状态。六二谦虚而有鸣(名)和,但有危险(坎),而且危险显得浅近与急迫,所以虽然已有鸣(名)但不可以名自傲(鸣)。得名之处就应该放下鸣。

九三:劳谦君子,有终,吉。

《象》曰:劳谦君子,万民服也。

【明译】

九三:有功劳又谦和的君子,有好结果,吉祥。

《象传》说:有功劳又谦和的君子,天下百姓都心悦诚服。

【明变】

九三从剥上六下来,是"天道下济",带有谦卑下降的意味。不讲卦变,"天道下济"就没法落实在爻象上。

【明解】

九三在坎(劳苦)中,全卦除九三之外都是阴爻,九三被众阴爻环拱簇拥,与众阴爻(民)相呼应,好比成为万民都心悦诚服的对象。象辞的说法来自《系辞》"阳一君而二民,阴二君而一民",即以阳爻为君,阴爻为民。九三通过功劳谦和地征服万民,是劳苦谦虚又能自居人民之下,所以有好的结果,而且百姓都心悦诚服。

【明意】

劳是有意能,功劳积累了意识的能量,但能够自我控制,放低持守,能量将会更大。九三是卦主,位在山顶,三多凶,危险很大,故要继续谦虚谨慎,要感谢他人的谦让,让自己得到这样的成就。周围人看到九三如此有能力和成就还这样谦虚,就会心悦诚服。

九三是真有本事,而不仅有能力。本事是指有意能且有机会发挥,不被打垮反而会受欢迎;但能力则指发挥了意能,但招到非议和打击。可见,做事的分寸要自己先拿捏好。九三的本事在于,不但谦虚居下,而且有忍者精神。因为自己功劳盖世,任何一点没有忍住都会被他人视为故意彰显自己的功劳,所以忍而不显的本事非常重要。尤其是结合上六"利用行师"来看,即使九三忍到极致,即使已经万民心悦诚服,仍然可能让君王忍无可忍,因为九三的谦下也是逼君王谦下到极致,最后君王谦下到退无可退的程度,也就必然要找借口来讨伐九三,可见,在九三功高震主的情况下,要守住好的结果,需要极度忍耐,异常小心,而且要非常有策略方可。

六四:无不利,㧑(huī)谦。
《象》曰:无不利,㧑谦,不违则也。

【明译】

六四:没有不利,因为处处运用发挥谦虚的美德。
《象传》说:发挥谦虚的美德没有什么不吉利的,这是因为六四不违背自然法则。

【明变】

六四在卦变中从山(艮)下变到山(艮)上地(坤)下,保持着谦而又谦的意识状态。

【明解】

㧑:音义同"挥",发挥,挥扬,举扬。一说宣,即明、智,既明智又谦逊;一说挥手,连连摆手。六四本身在互坎(水平,法治)之上,本身水平,为水的表面,有法则意味,代表六四是起心动念和立身行事不违背法则,是从水性自然生发出来的谦虚之德。六四发挥谦德,毫不做作,没有违背谦卦的大局,也就是遵守天地之道以及人神鬼共有的法则。

【明意】

六四意能把控收放自如,自然生发,如水平之表,平稳安然。同理,人的意能当谦和流动,隐而不发,从容中道。能够自然发挥谦德的人,内心如行云流水一般,流露出谦虚平和的气度,仿佛大化无形,意念一动,实化的瞬间就能够营造出一种谦虚的氛围,这是很高的修为境界。这种谦和的意能是顺从天地人神自然谦虚之原则的。

六五:不富以其邻,利用侵伐,无不利。

《象》曰:利用侵伐,征不服也。

【明译】

六五:觉得因为邻居才变得不富裕,所以利用权势出兵讨伐,没有什么不利。

《象传》说:适宜利用权势出兵讨伐,是因为六五有实力去讨伐不服的人。

【明变】

六四和上六是六五的邻居,三爻组成坤卦所以不富。卦变中上九下到三位,成为"万民服"的"劳谦君子",就是要去征服那些不服的人,上五爻有师卦之象,上六爻象辞也说"征邑国",六五居中而有征伐的权力,并有足够的能力去征伐不服的人。

【明解】

以:与。富:朱震说"阳实,富也。阴虚,贫也。邻谓四与上也",认为阴爻为虚,为贫,六五与六四、上六是比邻的爻,都是阴爻,坤为不富,故为"不富以其邻"。六五觉得自己一路谦虚上来,结果因邻不富,于是感觉已经谦让到顶,还有人不服,就只有预备武力了。此卦众阴爻都被九三吸引,九三很富,而六五在君位,反而不富,很不是滋味,觉得是因为自己的邻居如六四、上六而导致自己不富,所以对周围的邻居,尤其是九三心生不满,心想自己一路谦而又谦,坚持不懈,已经谦让到不能再让的地步了,所以就要动用天子的权势去征服九三。从九三的角度来说,感觉很冤枉,既努力又谦虚,没有功劳也有苦劳,而且万民都服了,但恰恰功高震主,对六五构成了威胁,所以六五最后还是要出兵去征服九三。

【明意】

从六五的角度看,觉得自己的谦虚是有限度的,意能已经被挤压接近爆发,加上有时有位就可以征伐他人,眼看九三的意能已经积累到功高震主的地步,即使九三千方百计想主动避免,都很难逃脱被六五侵伐的命运。

《周易》系统当中,意能的竞争最后可以用武力解决,这是《周易》与《论语》的重大区别所在。这说明,《周易》不是纯道德说教,不主张所有的问题放在纯道德教化、纯仁情感化的礼仪框架里解决。在谦虚到极点,可还是有人不服的情况下，有可能忍无可忍，而在形势允许自己动用武力的时候，是可以征伐不服的对象的。所以《周易》与道家、兵家、阴阳家、纵横家等各家学问相通，而儒家只是发挥了其道德教化层面的意义。

上六：鸣谦，利用行师，征邑国。

《象》曰：鸣谦，志未得也。可用行师，征邑国也。

【明译】

上六：因谦虚而声名远播，利于出兵打仗，征伐邑国。

《象传》说：上六这一爻因谦虚而声名远播，但志向仍然没有实现。可以出兵打仗，是因为可以征服自己治下还不服的邑国。

【明变】

上五爻有师卦之象，故可"行师"，上六从剥三爻上来，征服艮（山），上卦成为坤（国），说明柔爻上来征得了邑国。

【明解】

邑国：诸侯国和大夫的采邑，都受封于天子，是天子的附庸。上六与九三相应，九三在震（鸣）之中，上六因和而鸣。

已经谦虚到了极点，还有人不服，忍无可忍，只好发兵打仗。地山谦的山为火山，谦虚到极点可以理解为被压迫而喷发。但上六阴爻偏弱，位置不好，所以力量有限，基本是国内讨伐叛乱之象。或者说，上六与谦虚的行为相鸣和，是因为发扬谦虚之道而有名，但对不重视谦道的，则可以出兵打仗，征伐邑国。

【明意】

谦虚到极点，意能很强，适当时候可以征伐国内不服的势力。上六的意能没有得到实化，一贯表现谦虚可就是有人不服，这是一个吊诡的事情。当谦虚到极点而忍无可忍的时候，可以适时出手，这是《周易》之教，为道德教化之外的努力留下了空间，也为人间争斗的合理性探讨留下了空间。也就是说，人世间的纷争一部分是不可能用道德方式来解决的。

不论一个人如何修身养性，谦而又谦，还一定会有人不服。这就只能在合情合理而且有手段的时候，适当运用手段来征服不服的一方，此为不得已而为之。武力的征伐是必要的，因为有一些人在道德教化所及的范围之外，这就是《周易》不单纯地假设人性之善，也不单纯地设定道德教化的唯一可行性，而是认为现实中的人是复杂的，虽然大部分人可以理解而被教化，但小部分的人则不能理解，而且无法教化,最后不得不动用暴力机器与手段。

六五是全卦的老大,不方便直接出来征服不服从德化的势力,这样做会影响其亲和力,而上六相当于国家大佬,受人尊敬,可以运用他的影响出来公开指责那些不服从的,只是这些不服从的到底还是自己人、自家人或自己国内的人。从这个角度看,《周易》为武力维持意能的生机预留了合理性,只是提醒人们,只有在谦到极致之后,才可以适时采用武力。这也承认人之意无缘不可能成事,但有了意缘却不能生发,也是人生常态,毕竟很多时候,并不是意缘不得生发,而是不能按照自己主观的意愿来生发而已。在意缘过分违背自己的期盼,自己又有实力改变意缘的情况下,《周易》容许运用武力来实化自己的意缘。

十六 ䷏ 雷地豫(坤下震上)

雷从地下奋搏而出,象征意缘从无的背景中生出来,有一种爆炸一样的突然感,以及那一瞬间的"缘"带来的兴奋感。豫卦为震(缘)宫一世卦,立"意—缘"论第二。意缘的突然发生,都有或强或弱的预备征兆,也总会有一个预备的时空情境以备意缘之突发,而发生之后,意缘发生带来的怡悦欢欣鼓舞,即有豫乐感,但又不可以耽于这种豫乐感。

庄子之"天籁"有关于心念与天地之乐,意能顺物性而动,因意的先天结构与物等同,故物动即意动,意顺即意通与顺物性而动。大自然的声音是天籁,音乐是对大自然声音的模仿和创造,心灵把握事物内在韵律的客体化,由内而外地表现出来,如产生伟大艺术品的过程一般。心通于物的节奏和韵律,人心自然能够感受到事物的内在运动之节奏,如物运化之音,事行进之乐等。

意缘发动,顺治而生而有喜乐之感。天地是心意最大最广阔的外缘,没有天地的外缘,心意就没有一种本体性的存在基础,心意与天地的动是本体性的通达和顺。心念广缘的空间化如何理解?所有的外缘都在天地之中,通过调控外缘的心力来提升修养的功夫。心随自然发生而有喜乐感,即使力图控制心意与缘分沟通的瞬间也是如此,心随缘动,缘入意中,自然而然如大自然中,意随境迁,而无处不适,故心开怡豫。

意缘是随缘,随生随灭,还是意志定缘,即意生而定志?应该说二者都有。意缘的本相随起随灭,但意能定缘,故可言意缘。心意的欢愉来自于外缘之应。缘能顺应内在的本性,则意缘能创生而行。意顺人天之性而行,合外缘而顺动,犹如雷出地那种兴奋和欢愉的状态。这种欢愉来自天意,故有感恩回馈于天之心意,要表现在祭祀祖先和天地的活动之中,这是延续意缘,甚至延续意缘以成意境之努力。

豫,利建侯行师。
《彖》曰:豫,刚应而志行,顺以动,豫。豫,顺以动,故天地如之,而况建侯行师乎？天地以顺动，故日月不过，而四时不忒。圣人以顺动，则刑罚清而民服，豫之时义大矣哉！

《象》曰：雷出地奋，豫。先王以作乐崇德，殷荐之上帝，以配祖考。

【明译】

豫卦象征欢乐怡悦，有利于封建诸侯，兴兵征伐。

《彖传》说：豫卦，刚健之志得到应和，心志得以推行，这是心情欢乐怡悦的状态。豫卦下卦坤为顺，上卦震为动，顺应事物本性而动，所以天地的运行都会与它配合相应，何况是封建诸侯、行师征伐这样的事呢！天地顺阴阳之性而运动，所以日月运行不会失去法度，四季交替不会出现差误。圣人顺人天之性而动，就会刑法清明，百姓心悦诚服。豫卦象征欢乐怡悦所显示出来的顺应人天本性的时机化意义实在太重大了！

《象传》说：上卦震为雷，下卦坤为地，雷从地下出来，大地振作起来，就是豫卦象征的欢乐怡悦的状态。先王从雷在地上轰鸣、大自然充满活力的现象中得到启示，要创制音乐以赞颂功德，并通过盛大的祭奠仪式进献给天帝，让历代祖先与天地一起配合共享欢乐怡悦。

【明变】

豫由复卦变来，即复卦初九上行到四位变豫，刚健得到响应，心志得以推行。

【明解】

奋：心意对巨大震动领悟的振奋感。先王：意念之中怀念死去的开国先君构成的意缘境遇。殷：意境盛大之状。荐：意向必通向他缘的进献感。配：意念与先祖天地一起配合享受。

豫是谦的覆卦，卦义与谦相反，谦虚倒过来是骄满喜豫，一种不知后果的盲目喜乐。《杂卦》"豫，怠也"，"怠"本是"怡"字的异体，取义相同，喜乐之义，从不应该盲目喜乐引申出早作预备之义。上卦震(诸侯，见《九家易》)，下卦坤(国邑)，国中有侯之象，有利于封建诸侯，兴兵征伐。

能够顺应天时和事物的内在本性而动，那样天地都跟随人的意缘的变化而变化，至于封建诸侯，兴师打仗这样的事情，更是需要随顺意缘而能够聚缘成事。天地顺时势而动，意缘所至，日月、四时皆有和谐秩序，显示出大自然之意的力量。圣人以其人意感通自然之意，能够顺其动而发起其人天之意，让政通人和、四海升平。豫是接通人之意缘与天之自然之意时机化力量。好像九四阳爻不但下有初六正应,而且在五个阴爻当中,可以随时而应,感通天地阴阳之意的运化,时刻有新的意缘出来,欢乐欣怡地面对每一个新的意缘,犹如祭祀先祖,乐动如雷,天地之意与人天之意贯通和谐,臻于化境。

【明意】

共乐的境遇,要有时机,不可以随意,否则适得其反。从心与物运动的共鸣角度看,意缘即是意生之缘。意动即须有缘出来与意相对,反思缘的存在即可以理解心之动。意之缘不是另外别有一象,而是心动而成象;不是属性,不是描述,而是自然生成,并不分离。朱熹说,"心主性情",心能够主宰性与情。心主宰的力量来自何处?应该说,主宰和克欲一样,都需要发力。心意通过"缘"象与天地发生感通,缘随心动而生,可以说,缘随意生,缘因意成;意念所起之缘,与天地之运化并生,如庄子"天籁"谓心意与天地运化之象,是无象之象,无缘之缘;意顺物性而动,因意的先天结构与物等同,所以可以顺物性而动。

意念发动需要振奋,即心念发动之时需要外缘发动以提振之,犹若雷行则风雨相从。豫的快乐不仅是人的事情,而且是人之意感通天地之大乐。人需要喜乐,但喜乐要有度,这是对外缘的生发之节制,即要理智地控制外缘,理性和理智能反观欲望,监督做坏事心意之生灭,避免忘乎所以,如雷从地里出来,会让人振奋,但一开始也可能很震惊,如果自己所处的位置不安全,对于时势突然出现的缘分没有丝毫的准备之心,可能就会完全出乎意料之外。可见,得意忘形,可能乐极生悲。快乐的分寸在一定程度上取决于控制外缘的力量。人快乐的时候,要感谢天地和祖先,因为外缘其实都在天地之中。

阴阳是心意的开关,心意一动就有阴阳,控制开关即控制外缘的能力,就是修养,也就是修意的力量,而通过调控外缘的心力来提升修养功夫。控制开关的内在力量就是德性,即理性的正面部分,这种德性可以通过长期反思而涵养增强。意念能够自我调适,要控制情绪与心念,这就需要建立自我警醒的机制以理性地克制自我,努力做到不二过。

豫是预备,心念随时对其外缘发动有所准备。意念有广延,或者说,意可实化为念,而有空间化表现:心思安危的自我预测与把握都在心念发动处分别,可分精进心、警惕心等,这与对未来意念的预测、情境变换的感知,以及期待和应对的方式有关。意念应对任何一个时空中的外缘变化,都要先有所准备,此豫之本义之一。由于预备,主动把意念从邪念状态拉回来,进行先行性的自我调整,不让心沉迷外物,以致迷失自我。否则,心意对于外物的运动节奏没有感觉,就追逐外物的表面,而不能把握事物运动的内在节奏。所以需要力图控制心意与缘分沟通的瞬间,让意缘自然发生而有喜乐感。

初六:鸣豫,凶。
《象》曰:初六鸣豫,志穷凶也。

【明译】

初六:沉溺于豫乐,自鸣得意,一定有凶祸。
《象传》说:处在一卦之初就沉溺豫乐,自鸣得意,心志已尽,凶灾在所难免。

【明变】

初六从复卦的四位下来,使全卦失去了一阳来复的好势头,居然还自鸣得意,不知利害,人穷志短,当然凶险。

【明解】

鸣:鸣叫,自鸣得意、津津乐道之义。穷:尽,到头。初六与九四相应,等于得到主爻九四的支持与爱护,显得顺遂愉悦,在震(鸣)里,因有应而相互鸣和,所以有随心所欲、得意忘形、骄满喜豫之状之象,引申为心志将尽,不再有建立意缘的高远壮志,满足于既有意缘,沉迷现状,还得意忘形。因没有远虑,近忧必来,所以意念懈怠,凶灾随之。

【明意】

满足于既有的意缘、自鸣(震)得意的同时就意味着意缘的坍塌。初六刚刚开始,就鸣于所得,显得过度安乐,忘乎所以,无志于建立新的意缘,则有危险。心志的丧失是心志对外缘维护的力度减弱,或者心志对外缘的控制力减弱,自得其乐从而放弃或减弱对外缘的控制,可能导致凶灾。可见,意缘应该尽量不随外界而动,努力维持内在的坚持和把握。意缘不仅仅是外缘,对外来的侵略有抗拒之责。选择即意缘择境的力量,意缘自然生发却不得过于自得,否则耽于自然意缘的起起落落,表现得了无心志,看起来随意随缘,其实并不合适。

六二:介于石,不终日,贞吉。
《象》曰:不终日,贞吉,以中正也。

【明译】

六二:独立耿介坚定犹如巨石,不成天沉溺于安乐当中,守正吉祥。
《象传》说:不成天沉溺于安乐当中,守正吉祥,是因为六二居中守正。

【明变】

豫从复卦变来,复是一阳初生,初九不远复,上来面对六二,卦变之中,六二不动,初九上来的九四,进到二三四互艮(石)里,而六二在变动之中,耿介如石一般,不动如山,即使略有逸乐,也是稍纵即逝,不需要等一天,就能够自己控制住意缘,回到本来的中正之态。

【明解】

介:分界,疆界,引申为耿介。于:如。全卦唯有六二与九四卦主没有关系,等于六二在豫乐的大环境当中保持一种独立的分限,持守自己意缘的分寸,知道让意缘守于中正,犹如中流砥柱一般,耿介坚定地推进意缘,不为无关意缘干扰所动。在互艮(石)中,乾卦九三提及"终日",下卦为坤,乾昼坤夜,可以理解为不到一天就明白处豫之道,要欢乐适中,不宜过度。因为六二中正,能够保持中正不阿的意缘状态,有独立的见识,来面对因循苟且的现实,避免祸患的产生。

象辞继续说明终日的根据。乾卦九三说"终日"因为三位是下卦之"终",加上乾为白昼(日)。相比之下,豫卦六二("不终")在下坤(夜)里,既不"终"又未满一"日",没有"终日"之象,引申为不等一天结束就见机而作,也就是立时行动起来。这是因为六二不受因循苟且的世俗影响,有自己独立的见识,善于杜绝忧患的产生,所以守正吉祥。

【明意】

六二告诫人们不可因享乐而忘艰。人在快乐的心境当中,要不忘记艰辛,就要有一种持守意缘的心意状态。一方面感觉外缘如河流之水,奔腾而逝,但内在心意则如磐石,对该守的意缘坚守不渝。这样,即使外缘迅速流变,意念所聚之缘也不为之所动。可见意缘的持守在这里近乎一种意"境",一种面对流动变化的外缘却不为所动的意"境"。这种意境,不是无生气地由某些具体的、因意而起的外物所构成,而是因为这种心意状态有独立不惧的气概,有通天贯地的气魄和见识。

对于外在意缘的变化,要保持察微知几的超级敏感度,内心坚定,如果意识之缘稍有偏邪,要立即警醒纠正过来,不需要等到一天过去再入夜反省,那样就慢了,应该尽快改正意念的缘分,其实也就是端正念头。

六三:盱(xū)豫,悔,迟有悔。
《象》曰:盱豫有悔,位不当也。

【明译】

六三:媚上求欢,耽溺喜乐,导致忧悔,如果不及时悔改,就会追悔莫及。

《象传》说:用媚上求欢的方式耽溺喜乐,导致追悔莫及,是因为六三阴爻处阳位不正。

【明变】

六三柔爻为小,卦变后有九四比邻,是小人依附九四,顺从有权势的九四,而有媚上求欢之象。因不能及时悔改,则追悔莫及。

【明解】

盱:睢盱,张大眼睛向上看之象,带有奉承谄媚意味,即小人喜悦佞媚之貌。迟:沉迷于享乐而没有及时反省。六三在艮(止)之中,但又在互坎(险)中,等于陷于水山蹇中,进退失据,难有作为,即使知道不可长期揣摩上意,沉迷豫乐,但一直活在九四的阴影之下,缺乏行动之力,反省太迟,最后必然后悔。

此句或断为"盱豫,悔;迟,有悔",理解为纯心拍马屁的人一定会后悔;如果后悔太晚,那就连后悔都已经来不及了。可备一说。

【明意】

悔恨可以改变人的意缘境遇,让人的意缘转化。靠出卖人格求来的意缘、不惜卖身求荣而维系住的意缘,必有悔恨。此爻告诫人们,不可以过分追求外在的意缘,更不可把外在的意缘看得比自己的身家性命还重,否则,最后必然不再具备调控意缘的自由,悔之晚矣。因为每个人操控意缘的自由度和力量都是有限的,所以不可过度媚外攀援,要知道适可而止。拍马屁者通过媚上求欢来维系意缘,但这样做不可能有长期维系意缘的效果。等到后悔之时才想到要改变自己的意缘和意境。人在悔恨和反思中,可能不断假设过去意缘的改换,过去选择的意缘如果不同,命运或不至此来折磨自己,但那时人已经失去继续调整意缘境遇的可能性了。有人为了权势抛家弃子,在失去权力的时刻,可能也不再拥有照顾家人的自由,这时悔恨和反思其实已经无力回天。

可见,意念发动和人生选择都无法重回,悔恨和赎罪的心灵代价无法言传。此爻之悲剧,在于明确放弃自己的独立人格,而随从他人的意缘,不主动操控自己的意缘,随波逐流,本质是放弃对意缘的自我选择权。这犹如自居卑微的属下把命运主动权交到主子手里;又如忏悔者进入教堂,放弃自由意志,完全让上帝给自己的选择做主。

此爻告诉人们,不应当作情境的奴隶,否则等到反省悔恨,对之前的事情不能重新来过而心生悔意,再意图重新改变外缘,重组外缘,这种可能性基本没有。既然人们等到悔恨之后再改变意缘的可能性已经微乎其微,那就不如在已经改变过的外缘外境上,继续保持合适的意缘状态,否则一旦意境不合适,意缘就会有麻烦。可见,乐亦有道,快乐之道就是要保持快乐的意缘境域,克服时刻出现的、可能最终导致自己不开心的意缘之执念,才能尽力维系好自己的意缘状态。

九四:由豫,大有得,勿疑。朋盍(hé)簪(zān)。

《象》曰:由豫大有得,志大行也。

【明译】

九四:众人依赖九四而获得喜豫之感,会大有收获,至诚不疑,朋友们会像簪子聚合头发一样聚拢在周围。

《象传》说:大家的喜豫之感由九四自身而来,会大有所得,说明九四的志意得以彻底实行。

【明变】

从复卦变为豫卦,九四从初位升到四位成为主爻,全卦成豫,所以是众人依赖九四而获得喜豫感之象。

【明解】

由:因由,来由,一说从容,虞翻谓"由:自从也",高亨通假为"田"。盍:如"合",聚拢。簪:古人插入头发中的发针,用来聚拢头发。九四是全卦唯一的刚爻,众阴皆因九四而欢喜快乐,所以九四是喜豫的缘由。九四虽是喜豫之根,自己却不会纵情过度,在心志实现的状态当中,能够把握好欢喜快乐的分寸,这样朋友们都会聚集过来,好像簪子聚拢头发一样,说明九四正当得志之时,心志大行而畅达。

象辞说九四刚爻跟上下五个柔爻应合,所以大有所得。九四在互坎(加忧,疑)里,能取得上下信赖,所以即使有疑也都可以化解,达到至诚不疑的状态。全卦五个柔爻分布上下,九四刚爻像簪子插入头发里面,把头发聚拢在一起,所以犹如把朋友们像簪子聚合头发一样聚拢起来。

古代男子蓄发插簪,本爻从古人生活中的熟悉事物取象,取义是九四能够起到连结众人、使众人欢乐的纽带作用,如来知德注:"一阳为动之主,动而众阴悦从。"

【明意】

　　九四众星捧月,虽然位置不是最为理想,心中有所疑虑,也担心引发六五的猜疑,但九四已经是全卦最佳状态,大有所得,也就自然可以放下疑虑。九四心志真诚,意念实化能够感通众人,其心意的外缘聚拢,犹如朋友聚合,一起让心志大力实化推行。也因其真诚至极,能够感化六五,让六五放下猜忌。可见,九四有因意缘成事之象,因为外缘的聚合是九四心志已经得以推行和实化的主要征象。

　　从另一个角度看,心志推行是意缘相通者的聚拢。人间大乐,或得志之乐是与人和乐与共,否则,无人共乐就无所谓大乐。人天大乐只存在与人、与天地分享的状态,这就是为什么大象辞说豫卦之主应该要创制人天大乐,以赞颂天地与人间的功德,为了表现人天之意与天地贯通的境界,要通过盛大的祭奠仪式,把真诚的意缘和喜豫的状态进献通达到天帝那里,让历代的祖先一起来享受和乐的化境,随同参与天地之大乐,一起配合共享人与天通的欢乐怡悦,这是意缘通达天地的化境。

　　六五:贞疾,恒不死。

　　《象》曰:六五贞疾,乘刚也。恒不死,中未亡也。

【明译】

　　六五:正在闹病,但长久不会死去。

　　《象传》说:六五位中却会闹病,是由于乘刚(九四)的原因。长期坚持不会死亡,是因为六五毕竟有中位优势。

【明变】

　　卦变前六五在坤中,卦变后六五乘凌在九四上面,又在互坎(心病)里,位置在上卦中位,所以是在正中之位闹心病之象。

【明解】

　　贞:正,正在,或正中之位。一解卜问。中位很少凶,但是,全卦骄满喜豫,结果把六五也带坏了,不过六五还在上震(动,生)里,一直在动,所以很久也不会死去。

【明意】

　　柔爻凌于刚爻之上,代表意缘有所不安,但守正可过,因为有得力的九四,可以减少很多不必要的麻烦。这里是象征身体与心意的自我折磨状态,也是心身交关的缘起缘灭状态。心的状态与身的外缘之间不易协调,可能有所冲突,毕竟基于身体存在的身缘是心意之缘的起点,但人们常常意识不到,也就经常被忽略,可是,一旦身体闹病,心意之缘向外实化的意缘状态就会受到伤害,因为意缘将首先关注身缘,也就是要先集中到身缘的正常状态之中去。只有身体与外界的沟通之缘处于健康正常的状态,意念与外缘之间构筑的意缘才能正常实化和展开。

上六:冥豫,成,有渝无咎。
《象》曰:冥豫在上,何可长也?

【明译】

上六:昏昧无明地骄满喜豫,最后一定要有变化,才能没有咎害。
《象传》说:昏昧无明地耽于享乐到了极点,还处于上穷之位,这样的情况怎么能够保持长久呢?

【明变】

上六是豫卦之终,取极豫尽乐到顶之意,但如果快乐开心到了极点还不反省觉悟,继续昏头昏脑地沉溺于骄满喜豫的状态当中,那就成为昏昧无明的骄满喜豫之象了。不过,事情都会物极必反,最后一定要走向反面,所以豫到极点的坏状态还是会转好,可以变得没有什么坏处。

【明解】

冥:昏昧幽暗无明。成:终。渝:变。
象辞认为,上六已达极点,不可能天昏地暗地继续耽于享乐,非改不可。上六爻的"无咎"是形势变化造成的,并不是自我醒悟而导致的。

【明意】

意念昏沉到不在乎外缘,或者意念发出却对外缘辨识不清,则已经对外缘无辨别力,自迷其间则离意识昏聩的阶段不远。而如果人的意识昏聩,不能做正确的判断,则基本失去正常的意缘,不能与外缘有效构筑意识的境遇,其实,意念也可以理解为从今往后再不能正常保持下去了。

可见,如果喜豫到不能收心,太过快乐以至于乐极生悲,这就走向事情的反面。所以不可沉迷于安乐,要及时收心,回归正途,在忧患之中多做预备。本爻有浪子回头金不换的味道,也有放下屠刀立地成佛的转念意味。

豫卦反对纵欲,反对纵情享乐,因为乐极生悲,祸福相依,快乐到极点必然走向反面。但能够长久喜豫的意缘状态必有人跟随。虽然全卦总是劝人不可过度欢乐,但其他意缘的追随却是自然的,所以豫卦之后紧接着是随卦。

十七 ䷐ 泽雷随（震下兑上）

随为意缘之归藏之所，此所非有定所，而是缘有所归，皆藏乎随时之状。缘随意而起，随顺之缘为意缘之终。随卦为震（缘）宫归魂卦，立"意—缘"论第八。意缘随顺当下的新生之缘，而不当执着随附故去的旧缘。意缘生生，随顺时刻生成之心物融通之境，心意随缘，而意随有时，意随境迁。

生存之境遇常常非人力所能选择，所以人需要随顺自己的生存境遇。生存境遇是全方位的，有无限的维度，所以人之心意应该择善而从，随缘自适，随机应变。随顺的意缘状态包括：生存需要权变，通达意缘的变化；随"意"即合适的意缘，但不可随意而不用心；就近的权宜容易太过随意；在复杂的意缘状态之中，要明白其中的利害关系，做出明智的选择；随缘但要用意，以扬公意而抑私意；死心塌地地跟随正当的意缘是成就事业之本。随不仅仅是身体的依附和跟随，根本上是意识境域的随顺他缘。一个人如何判断他人的意识境域值得追随，而且能够追随合道，并不是一件容易的事情。

随，元亨，利贞，无咎。

《彖》曰：随，刚来而下柔，动而说，随。大亨贞，无咎，而天下随时，随时之义大矣哉！

《象》曰：泽中有雷，随。君子以向晦入宴息。

【明译】

随卦象征随顺适变，大为亨通，利于守正，没有咎害。

《彖传》说：随卦，从否卦变来，否卦上九刚爻来到六二柔爻之下，上兑柔下震刚，也是刚爻来到柔爻的下面，刚健者却甘居于柔顺者之下。下卦震动，上卦兑悦，上下卦组合就是行动时心中悦顺，所以有众人跟随。大为亨通，守持正道，没有灾祸。天下都能顺应时势而运动，随时提示的从宜适变的时机化意义实在太伟大了！

《象传》说：上卦兑为泽，下卦震为雷，雷进入大泽之中，泽水随着雷声而波动，这就是随卦象征的状态。君子随天时而动，动静合宜，日出而作，日落而息。

【明变】

随卦从否卦变来,否卦上九与初六换位变出随卦。从主爻初九来说,是刚爻来到柔爻之下。

【明解】

向晦:到了晚上。宴:安。随是随从、随时之义。随卦强调人要随着形势变化而变化,要从宜适变,不可拘泥死板,需要随从正道,不可跟随坏人走邪路,所以能够大为亨通,利于守正,没有咎害。

《周易》要求人们之意随时适变,不可拘泥于僵死、守旧、教条的、机械的外缘,意缘要随着情势的变化而变化。心中的成见和外在的陈缘旧缘,随时随刻与意关联,《杂卦》"随,无故也"要求人们,不可拘执于自己心里的成见和外在的旧缘,而要随顺时局的变化让意缘随时更新,不断改变。

随时是随顺的核心。这主要有两方面的意思,一方面是随顺天时,人的意缘变化要随顺以符合天时的变化;一方面是顺应时势,也就是意念要随顺形势的强大力量,让意缘顺着时势而动,不断日新其缘,从宜适变,如果意缘能够顺应不断变化的形势,随时调整,这样意缘构筑的意境才符合天地之道。象辞认为,阴历八月之时,雷随时令藏息于泽中,是一年的蛰伏季节,人看到天时都蛰伏下来,也要收敛自己的意缘,让意缘随应天时作息,日出而作,日入而息,意缘随时而动才合适。

【明意】

随卦是长男带少女,长男随时,少女随势,阳意主导,阴意随顺。事业成功来自于自身阳意能够随时,明判形势,追随主流,又有阴意追随,阴阳之意交织成意缘之境。阴意要能够随顺阳意,才能元亨利贞,阴意需要随顺调整合适跟随阳意,从而构成意缘。但如果阴意随意地随和他缘他意,随到无主,即无所谓阳意,随顺之意就容易出问题,因为随缘随意交出自己意识境域的一部分独立性,让意跟随其他外缘而构筑新的意缘,如果丧失随顺的分寸,则随意之道丧失,随如不随,随如无随,意不随缘则无生机,意无生机则意缘灭。

关于意缘之随与肉体之附着于世之外缘的关系,应该说,心意并不是偶然占有使用肉体,因心意有肉体不能控制的部分。心意不是肉体的附属品,如理查德·泰勒(Richard Taylor)持心意与肉体相互作用论,即心意与身体交感互动构成随顺意缘的基础。意缘之随身难以简单化,如心理学关于疼痛的实验、中医的经络运行的检验等,通过仪器检查却难以发现,说明意识机能不仅是人身中的物理变化,不仅是神经元和皮层等的活动,不仅是体内内在的物理过程,不是肉体神经活动的简单副产品。总之,知意缘生生之理,则很难同意副现象论,更不可把心意与肉体绝对同一。应该说,意缘生生足以随顺外物之缘,意缘作为意识内外合一的境遇性存在,是心物一体的存在,不是具备物理性特征的客观存在,而是具备纯粹心灵意特征的实际存在,对这种存在的认识当以当下意念感通万物的心通物论为根本基石。

初九:官有渝,贞吉,出门交有功。

《象》曰:官有渝,从正吉也。出门交有功,不失也。

【明译】

初九:为官有权变,变不离开正道,吉祥。出门与人交往,会有功效。

《象传》:为官有权变,随从正道吉祥。出门与人交往,会有功效,因为没有过失。

【明变】

初九是全卦主爻,在由否变随的卦变中来到柔爻之下,所以初九是全卦最趋宜从权,随时知变的一爻。上九与初六换位,有"交"象。是初九出门交往,使得否卦闭塞不通的形势变成随宜适变的随卦,所以初九"有功",既有功劳,又有功效。而且象辞高度肯定,说初九的随宜权变没有过失。通过卦变可以看出,初九在爻的往来中,从上六柔位交往到初位刚位,是随时变化而且走正道的。

【明解】

渝:变,有灵活性。贞:走正道,守原则。初九在下卦震(长子、诸侯)之中,有"官"之象,能够知权达变,有"渝"之象。初九刚爻刚位,位正,有"贞"之象。所以初九当官施政既能灵活变通,又不离开正道,可以说能够既坚持原则,又善于灵活处理具体问题,能够因时因地制宜。初九在互卦艮(门)之下,有"出门"之象。

"官有渝"是为官有权变,还是馆舍或职位有变化,这需要看卦象的变化,应该说,此爻按照卦变解释才比较合理。象辞用"正"来解释"贞",是要强调随时权变不应该离开正道。

【明意】

此爻是刚爻随顺,来到柔爻之下继续变通随顺,走正道而无过失。心意之随当随正道。既然出门就要追随他人之缘,所以必须有一个基本的判断,知道哪些意缘值得追随。此爻代表出门当官,从事公共服务的事情,意缘随时随势都要由他人评判。此时心意虽刚,但必须让意缘生起刚正不阿,不宜有过失,才能维持功劳。这种刚正不失,其实也就是意缘都要按规矩合道做人做事才会有功效,也就必须要持守正道去随顺他人他意,构筑合适的意缘之境。

六二:系小子,失丈夫。

《象》曰:系小子,弗兼与也。

【明译】

六二:系恋小子,失去丈夫。

《象传》说:系恋小子(初九),因为六二不能两者兼得。

【明变】

六二跟九五正应,本应随顺九五,但卦变中初九来到六二之下,成为全卦主爻,初九对六二主动谦下,让六二不能不有所系恋,看看自己跟九五之间隔着互艮(山,阻),就近随了初九。**本爻不讲卦变,基本上不可能理解为什么会"失",因为六二与九五正应,本来无所谓失去,只有通过卦变,理解到初九对六二来说有超过九五的地方,才能够理解为什么要"失"丈夫去系恋小子。**

【明解】

初九在震(长子)里,所以是系恋小子,失去丈夫之象,说明六二因顾恋身边的小子而失去稍远本当正应的丈夫,终有离异之象。

象辞说六二生起的意缘在初九和九五之间做选择,总得选择主要随从的意缘,不可能两头都随。取意上可以理解为因为拉拢了不成熟的年轻人,导致失去了本来很信赖自己的人。

【明意】

意缘的选择常是两难选择,有时是情感抑或道德选择,甚至有时在利益选择之间举棋不定。理性的意缘选择或依从外在原则,或依从内在良心。意缘的社会性体现在社会交往的选择常常有得有失,意之对象的外在之缘不可能全部都得,因为意必有向,而向则有得必有失,不同选择对象之间可能有利益对立关系,也就不可得兼。一个本应选择丈夫(或老师、军师)的人,在某种时空条件下,可能被身边人改变其对于长者的意缘之境,选择不扩大而是缩小自己的意识境域,来从情感上把自己做的选择合理化。

"弗兼与也"说明了意缘当下的唯一性,在时空当中的唯一存在性,不可同时共存性。意念与外物相交而有缘,此缘在同一个方向只能有唯一性,不可能同时向上又向下。随有权宜之义,意缘的选择有权宜性、方便性,即意缘随顺寻找方便之缘,自在之缘,构成就近权宜与随顺的意缘境域。意缘的构筑过程无论如何合理化,意缘的自我决定本质都是意的排他性决定,即一旦意与某外缘相合,也就自然排斥其他外缘。意必有缘才能实化,也就是意一旦实化成为意缘,就不能再与他缘相合。成为焦点的意缘,自然把没有成为焦点的他缘变成了该意缘的场域和背景,这就是意缘的排他性。

六三:系丈夫,失小子。随有求,得。利居贞。

《象》曰:系丈夫,志舍下也。

【明译】

六三:系恋丈夫,则失去小子。追随他人有所求,能够得到,但宜于用安居守正之道来追随。

《象传》说:系恋丈夫(九四),是六三心志坚定地不选择在下的小子(初九)。

【明变】

初九是随卦主爻,卦变后如果六三随从九四,就得放弃初九,初九在震(长子)里,为小子,所以是系恋丈夫(九四),就要失去小子(初九)。

【明解】

六三爻上无正应,九四爻下无正应,有旷夫怨女各自情感没有归宿而不得婚配之象,正好在随卦里,六三就近随了九四,以九四为意缘的中心。不过,正因为六三、九四各自都无正应,六三追随他人(九四)有所求,而且追求就能够得到,应该是可成婚之象。加上六三阴爻居阳位,九四阳爻居阴位,位都不正,只是在随这样提倡可以灵活变通的卦里才能权宜匹配,所以还是宜于用安居守正之道来追随。

象辞显然把在下位的初九解为小子,而且说六三为了系恋丈夫,抛弃初九的志向非常坚定不移。可以说,六三阴爻阳位,随顺之道本来不正,心思诡秘,为了随顺求得九四丈夫,非常坚决地抛弃了原来的相好初九。六三跟九四在互巽(近利市三倍)里,也是有利可图之象,如此选择,也是形势使然。可见,六三放弃小子去追求丈夫,婚配可成,只是应该要守正道。

【明意】

随有权宜之义,意缘的选择有权宜性、方便性,找自己觉得方便自在的缘。

权宜与意随之缘,尽量趋利避害,追随对己有利的意缘,这种意缘把握状态本身并没有错。六三不跟六二抢九五,就跟随九四这个丈夫了,自然也就疏远了初九这个小子。可是,这样一来,就引起了九五的忌惮。

可见每一个意缘的选择都有得有失,时空的唯一性与相关的得失状态都有关系,意的唯一之缘都有唯一的现实性,但也有唯一的决定性和不可改易性。每一个意缘的生成,都对他者的意缘生成构成影响,因为意缘时刻的生成变化,改变着意境的能量体系,也自然对他人的意缘生成变化形成影响。

九四:随有获,贞凶。有孚在道,以明,何咎?
《象》曰:随有获,其义凶也。有孚在道,明功也。

【明译】

九四:随从他人而自己有所收获,如果还正固不会权变就有凶险。如果心怀诚信,言行合乎正道,能够明辨进退,那又会有什么灾害呢?

《象传》说:随从他人而自己有大收获,从道义上说九四应当有凶灾。但因为九四心怀诚信,能处正道,所以是因明智而有功劳。

【明变】

在否变随的过程中,九四原与否卦初六正应,应与初六换位,但实际上是上九下到初位,九四却没动。 变化之后,仍在互艮(止)里,始终不动,最后还动不了。如果在别的卦里不动还合理,但在应该随宜适变的随卦,继续正固不动就有凶险了。

【明解】

九四随着卦主九五做事情,事情可以说主要是九五成就的,但九四在互巽(近利市三倍)里,随从他人而自己有所收获,大捞了一把,这在道义上是有问题的,也容易引起九五的猜忌和怨恨,甚至受到报复。应该说如果九四在随卦却正固不会权变,不知变通,那就会有凶险。下四爻是缩小的中孚(内心信实)卦,是"有孚"之象;九四与主爻初九之间构成正反震(大途)或正反艮(径路)卦,取义是正看反看都在道路上,所以有"在道"之象;下四爻是一个放大的离(明)卦,有"以明"之象,取义是九四心怀诚信,言行合乎正道,能够明辨进退,非常明白而且明智。

象辞说九四应对如果有丝毫错误,就一定有凶险。但九四光明磊落,看得明白,做得到位,能够很准确地进退,所以最后可以避免凶祸。最后说九四非常明智,所以才有功劳,如果不够明智,就无法保住自己的功劳。

【明意】

九四功高自然震主,但明白事理,懂得千方百计把震动减到最小,力图避免凶祸。一说九四过度爱护六三和六二,跟他们孚信满满,忽视九五对他们也有类似情感,导致九五心中不快。如果九五开始怀疑九四,九四就有麻烦了,毕竟功高震主已成事实。所以九四为求自保,要时刻输诚,尽量让九五知道,自己每时每刻心思意念里都装着他,关键时刻永远会把九五的利益放在第一位,否则就很危险。九四意念中时时输诚以求自我保护,其意缘虽有轻重缓急,但受情境的驱迫,为了让九五放心,心意中的缘分总是得把他作为意缘的第一要素,其实就是意境的基调,或者以九五作为自己意境之背景。九四要让九五感通到自己的意境完全是九五在主导,自己所有的意缘之取舍都当符合九五的利益。

在豫卦六三我们反对意缘以九四为中心,认为失去自我中心、放弃自己尊严的意缘状态不是正道。但在本卦九四与九五的意缘关系当中,可谓九五一念之意缘可以决定九四生死攸关的命运,九四除了以九五作为自己的意缘中心,基本上别无选择,这也是意缘的客观形势超过自由意志的一个例证。从另一方面说,意缘千头万绪,盘根错节,要在如此复杂的利害与利益关系当中,使得意缘的取舍达到"明"之境界,可谓难乎其难。

九五:孚于嘉,吉。

《象》曰:孚于嘉,吉,位正中也。

【明译】

九五:相信并收获着各种嘉美之事,非常吉利。

《象传》说:对嘉美之道心存诚信,吉祥的原因是九五位置既正又中。

【明变】

卦变前后九五都处全卦尊位,在上卦中位,刚爻刚位位正,既中又正又有地位,可谓美善之至。从对九四的分析可知,九四明智异常,明白九五不但对正应六二有孚,因为下四爻组成"中孚"之象,所以对自己身边的六三也有孚,所以必然将身下的六三主动相让,成就九五的嘉美。

【明解】

九五在上卦兑(悦)里,有喜悦开心之象;在互卦巽(利)里,有大有收获之象;卦又是随,众人追随之象;几乎把各种嘉美之事都占全了,可见九五相信并收获着各种嘉美之事,非常吉利。

象辞强调九五的现实成功,来自于其中正之位,从另一个角度讲,中正之位比中正之道更加重要,因为有道无位,未必能够实现九五这样的吉祥状态。

【明意】

九五随顺之意缘,各方面都达到极致状态,非常吉利。六二跟九五相应,说明九五下面有坚实的支持力,六二看领导支持自己,自然受感动,不计较;而九四非常明白,给九五很大的帮助和支持。当然可以说,九五是凭借内心诚信得到众人信任,连上六都来追随。但九五真正的信任其实还是来自美德和善心所维持的良善意缘,而这些意缘是靠其中正之位维系下来的。

九五既然有位,就要对嘉美之道生起巨大的信心,这对整个团队非常重要。要扬公意而抑私意,就要相信心意的诚,认为心意之诚足够有能力去应合好的缘分,因为自己中正则心意所发皆通合于善缘,嘉美之缘。也就是说,随缘应该有价值倾向,即要随从善道,随顺善缘。必要时有位的领导人应该能够藏污纳垢,对一些不必计较的意缘要顺其自然,睁一只眼闭一只眼,比如对于九四跟六二、六三的亲近,就不宜动私情去计较。

此爻说明,要顺利发展人生事业的意缘,就要心怀诚信,主要是对事业要有大公无私意义上的诚信,要诚到对事业的热爱能够压抑、有时甚至牺牲个人私情。从一个方面说明,做领导或者为了成就公共事业,就要努力维持公心和公共意缘,也就不能过分在乎和计较私情,不宜让私情之意缘影响或破坏事业之意缘。

上六:拘系之,乃从维之,王用亨于西山。

《象》曰:拘系之,上穷也。

【明译】

上六:好像被(九五)拘押住,拴起来,又(被九五随顺地)维系住,追随大王(九五)到西山去祭享天地。

《象传》说:上六所以会(宁可主动被九五)拘系起来(以便追随九五),是因为上六处在极上困穷之位,随顺到头(没有方向)了。

【明变】

九五中正聚下,众人追随,上六从否卦初位升上来,本意凌五,可是不知所随,受众人影响,主动放弃欺凌九五之可能,心意为九五所动,决意追随九五,好像被九五拘押牵系一般。

【明解】

拘系：拴缚。《说文》：拘，止也，从手句。《广韵》：拘，执也。维：捆绑。亨：用如享。西山：即后文提到的岐山，是周王朝的发祥地。上六为随之终，可谓随顺到头，不知如何随顺之象。上六在正反巽(绳)里，好像身上正反都绑着绳子，有被拘押捆绑之象。在上卦兑(西)里，又为口可以祭享。下有互艮(山)，所以是跟随大王(九五)到西山去祭享天地。

象辞之意是解释上六之所以愿意以九五的方向为方向，宁可主动被九五拘系起来，好像犯人被绑缚着一样，以便追随九五，是因为上六处在极上困穷之位，体验到没有方向的痛苦，自己前无所随，看到身边的九五众星捧月，也就随顺九五，从没有方向的状态当中以九五为方向了。

这一句历来有两种断句。一是从"乃从"之后断开，成为"拘系之乃从，维之"，如王弼和苏轼，余敦康继承了这种断句方法。"从"是动词，指服从、随从。二是断成"拘系之，乃从维之"。各家解释大致有：1.认为"拘系"，"维"都是代表了一种极致的随从状态，维乃是维系之意，如程传、朱熹等；2.认为拘系是强迫，而维是温和的；3.认为拘系乃是强迫性措施，而维则是解开之义。从象来看，第二种断句更为合理。结合全卦来看，六二六三爻辞提到"系"，都指该爻倾心附从其他某爻，上六之"系"，按说也是附从之义。可见，"拘系"是为了描述一种"系"之固结如同拘留一般，"乃从维之"就是乃后维之，维表示捆缚，义与系近。

此爻以周文王先被囚于羑里，后被放出来，到岐山去祭享天地的故事为基础。此爻之意是说明上六意缘从随顺到头到彻底追随九五的大转折。上六转变说明民心相随，固结如绳系犯人一般，如此民意基础，自然帮助周朝王业兴盛。

【明意】

上六一开始没有意缘，于是以九五为意缘，而且做得非常彻底，好像一个犯人一般，被九五捆绑起来，绝对忠心耿耿地追随九五。上六意缘的变化非常极端，从无方向感，到如犯人一般纯粹以九五为意缘，以九五为方向，可以说是非常彻底的意缘转向。

此爻是随卦主讲意缘的极致形态。本来九五相信并收获着各种嘉美之事，已经吉利到无以复加。结果上六的意缘转向，对于九五的意缘结构，毫无疑问是巨大的加分，用非常极端的方式，证明天下之人心皆随九五，共造意缘的极致之"随"的状态。

随卦因此强调人心之相随,随到极致,以至于民心相系于其主,死心塌地如绳结一般坚固,共同维系王朝伟业。民心相随王之意缘,为王业之本,也就是民心随顺皆善的意缘相聚合成,这就是王业的基石。人民随顺王的意缘,是王之意中有民,而民之意中有王,意缘相互感应,层层叠叠,互相叠聚,才最终能够成就王业。

从形而上角度来说,随卦是心随物到了极致,以致物随心,皆心物同缘,缘即心物合一之体,意即意缘生之情态,即意生为缘生,意无缘不生,随缘为意之随,而生缘聚合之状态。

随卦上爻看到九五长期以来出于公心不断做好事,自己的意缘也随着变了,主动限制没有方向的意缘,转而以正向的意缘支持九五,最后可谓拼死效忠也不为过。就随的大势来说,当然上六转变得不错,让那些本来想反对或不听话的人,看到上六都转而彻底支持九五,也就只有死心塌地追随九五一条路了。可是,随到极致,导致过分团结,无限和谐反而会出现腐败,于是蛊卦出现。

十八 ䷑ 山风蛊（巽下艮上）

追随的人多了，意向的结构变得复杂，而难免出现问题，需要整顿解决。追随一个中心意向，彼此之间的互动会有事情，这种事情是由于意向的杂乱和混沌导致的。

颐卦上六谈及颐养之道的先天结构为天地之生机，意识之中能够涵养领悟先天的生机而后为己所用。蛊卦为巽（识）宫归魂卦，立"意—识"论第八，即意识的第八层境界。颐养之道体现出来的先天性生机归于蛊卦所展示的时间结构，换言之，蛊卦是接续颐卦先天生机的时间结构之展开。

人生在时间中流逝，本身是一种时间意识，在意识的流动过程之中，人建构了时间观念。时间存续的先天结构是人对时间建构的基础，人们在意识之中建立时间观念，必须要以理解时间的先行结构作为基础，即"意—时"，悟得"意—时"有利于依时行事和做事。时有能量，依"时"就是利用时的能量，时的能量都是在一定的空间条件下展开出来的，时间结构最美妙的状态需要意识的参与才能显现出其意义。否则，时间离却意识，也就离开"意—时"的生机。换言之，生机的原生情态不被意识领会即无所谓生机。生机是意识的生机，所谓"意—生"。而"意—时"与"意—生"密不可分，二者有着相同的先天结构。可见，理解时间的先行结构而振作做事，也可以理解为领悟天地时间共生的先天结构，而了解和揭示这一先天结构极其不易。

蛊，元亨。利涉大川，先甲三日，后甲三日。

《彖》曰：蛊，刚上而柔下，巽而止，蛊。蛊，元亨而天下治也。利涉大川，往有事也。先甲三日，后甲三日，终则有始，天行也。

《象》曰：山下有风，蛊。君子以振民育德。

【明译】

蛊卦象征整饬修治，大为亨通，有利于涉越大河。应该在"甲"日开始前的（癸壬辛）三天准备，在"甲"日开始后的（乙丙丁）三天行动。

《象传》说：蛊卦从泰卦变来，是泰卦初九刚爻上到上位，上位上六柔爻来到下位；上卦艮为山为阳卦，下卦巽为风为阴卦，阳刚在上，刚健向上；阴柔在下，柔顺居下。下卦为巽为风顺，上卦为艮为山止，好比风遇山而能止，又好比乘着顺风又有岸可止，这就是蛊卦的卦象。蛊卦大为亨通，是天下得到了治理，有利于涉越大河，克服大难，是要勇敢去干革除积弊的事情。在"甲"日开始前的（癸壬辛）三天准备，在"甲"日开始后的（乙丙丁）三天行动，这是旧时期需要整治终结，要开始新的时期，任何事情都要有始有终，循环往复，这是天道运行的本然状态。

《象传》说：上卦艮为山，下卦巽为风，山下吹来大风的卦象就是蛊卦。君子从风吹叶落、摧枯拉朽之象中受到启示，要振作民众、培育道德。

【明变】

蛊卦自泰变来，天地通泰不可能一直持续，所以必须改变。从卦变来看，泰卦代表阴阳承平之意向状态，如社会长治久安，时间久了，就必须改变。其实，阴阳交流和谐的意向状态，从来都相对短暂，而有事的状态，反而是常态，这应了泰卦变蛊卦，"元亨"即开始打破过度的平衡向前发展。卦象上，艮（山、止）下有巽（木、风），互兑（泽），好像木船在大泽中航行而且能够止于山边之象，所以有利于渡过大河，说明治理腐败需要决绝的态度和强大的决心。据纳甲原理，乾纳甲，卦变中泰卦下乾初九从最下升到上坤最上位。下为前，上为后，所以说"先甲三日，后甲三日"。古人用"甲乙丙丁戊己庚辛壬癸"十天干计日，"甲"为十干之首，有开始之义，甲之前三日是"辛壬癸"，甲之后三日是"乙丙丁"。这是说，前三天要废除旧日积弊，后三天开始新政令。取义是思前想后，反复叮（丁）咛，以确保万无一失，长效有力，顺利治蛊。

因卦中无乾象，此处不讲卦变，很难明白"甲"的来源。一说震纳甲，按后天八卦，艮在震先，为先甲，巽在震后，为后甲，但这样三为虚指，不如卦变可以讲出下乾（前）三位到上坤（后）三位。一说甲日对内卦巽（木）是旺日，利于"干蛊"、利涉大川。关于"甲"的出处，相对来说，卦变说最为精确到位。卦变之后，阴气在下，往下，阳气在上，往上，方向相反，阴阳不交而生蛊。

【明解】

蛊：从古字形上看，是多条虫在器皿之上，理解为器皿里面虫子多了，就必然"有事"，《序卦》说是"事也"，事即积弊，说明社会久安之后，必然弊病丛生，应随卦之后，接蛊卦。《杂卦》说是"饬也"，是整饬修治之义。蛊的本义是蛊乱、蛊惑，有腐败之象；引申为治蛊之道，所以有整饬修治之义。

象辞是风(巽)吹山(艮)上树木(巽),风吹山下,草木回旋,残枝败叶纷纷下落,摧枯拉朽之象,还有长女(巽)下少男(艮)以乱情之象,显示的是要荡涤颓败、清除陈腐、重新振作之意。

【明意】

风气变坏,人们心意蛊乱,需要整治改变。腐败虽然难免,但须及时治理,要振作精神,也就是发动意念,发心改变堕落状态,如秋风扫落叶一般,把腐败的地方摧枯拉朽涤荡干净。振作做事的根本在于抉择的魄力,能够选择本身就是吸收"时"的能量。选择关乎情境,不关乎情感;情感影响理智判断,制造无名业力,最后需要靠理智来调节。《周易》是理性选择与调节的智慧,治理腐败近乎《孙子》讨论的决战,关乎严峻的自控力、自控意识,不可以被情感所乱。

"先甲后甲"可以理解为先天结构,如时间的建构,任何新纪元和时间的展开,时代的划分,根本是以意识的时间结构为标准,如领导人的心意注入时代,通过空间状态表现出意量与时间结构,所以,由意所定义的时代结构可能被预测,可以被先行领会,从而先行做事。意识要理解时间的先行结构而振作做事。因为时间的先行结构是一个对世界存在本体和在先状态的领会。人能够领悟此原初状态,有利于吸收天地原生的生生气象。生机要在时间当中展开,也要在时间当中才能领会。意识的存续在时间中展开,年月的周期发动跟宇宙本体运动相通,时空结构的意义和价值都通过先天的生机结构展现出来,而先天的生机结构如不进入意识则无意义,也不能够被领会。

初六:干(gàn)父之蛊,有子,考无咎。厉,终吉。

《象》曰:干父之蛊,意承考也。

【明译】

初六:整治先父留下的腐败和积弊,这是能继承大业的好儿子,对于亡父来说,没有祸患,虽然有一些危险,但最终会吉祥。

《象传》说:整治先父时代的腐败和积弊,这说明儿子在意识中要继承和发扬父政的生机。

【明变】

泰卦下乾(父)上坤(母),父母俱在,变为蛊卦,乾坤之象全都消去,故父母皆亡。初六从上位下来到了下乾的初位,整治先父留下的腐败和积弊。原来的初九从下乾(父)分离出来到了上位,上卦成艮(少男),这是能继承大业的好儿子。儿子之好体现在能救正亡父的遗患,父辈积弊得到救治,对于亡父来说,才是真的没有祸患。这样做极易招致他人非议,会有一些危险,但毕竟符合天道,最终会吉祥。古代社会实行的是世袭制,儿子继承父亲的职位后,如果能救治父亲执政时留下的积弊,是一件好事。现代社会继任者也要改革前任的弊政,治理腐败的精神古今不变。

象辞说初六看似阴柔无力(初爻无应,不中不正),但有强意(从泰上六下来而有强意),只是还没有强力,爻辞提及整治初始之意,但不言整治开始之实。

【明解】

干:整治,匡正,救治,干犯。一说继承顺承之义,父丧当先承其志。所以可以理解为在继承中救正,在批判中继承。有子:有继承大业的好儿子。考:死去的父亲。**本意为老,此处卦变后乾坤父母皆亡,取亡父有理。**

父辈的积弊主要是精神性的,所以有问题要努力调整,要在继承和发扬父政生机的基础上重新确定精神性的方向。如"干父之蛊"主要整治精神风貌的腐化,那么"干母之蛊"主要整治物质方面的腐化。

从现实角度看,"考"可以是不再继续掌握实权的前任。(前任)父王传下大业,也传下积弊,父亲弊政的问题,一种是父政与己政不适应的问题,关键是如何保有父辈的江山与功业,所以该改的必须改。如果不改弊政,可能断送大业,与亡之意相悖。爻辞救弊是留下的,象辞是整治父亲时代的积弊。所以必须改革久安之弊,励精图治,锐意进取,才算从根本上继承亡父的意志。

【明意】

"意—生"此处是意中有父政之生,不仅仅在自己意识中要让父政持续保持生机,还要通过救弊的方式让父政的生机长久延续下去。所以"意—生"是一种由内而外的意识推广努力。儿子的意识带有延续父政生机的强烈意愿,这种"意—生"要落实到当下具体"意—时"当中去考察和展开。

"承考"是心中有父,父身体虽不在,但父的意识还在继续成为儿子的意识境域之基础,只是该改的还要改,这是意识中的现实主义状态。意识清醒,面对现实,不是因为意识中时刻有父王就放弃对父的弊政的修正,恰恰因为念念有父王,所以要救治弊政,而且是客观的弊政。

要在意识之中自觉自明地继承先人之志,即意识的继承主要包括对先人文化意识的继承、祖先和家族意识的传承等。个人的家族意识是其自我意识塑造的一部分。文化、家族意识可能成为一种无意识的传承和积淀,但也来自有意识的选择,与必要的自我塑造的长期积淀。时间久了,一个人的精神、观念重复形成习惯,精神习惯的重复影响人的行为,也影响其家人与周围人的意识境遇。

人的成长是试错过程。精神上的腐败可以通过沟通改变,但物质方面的腐败就可能会上瘾而难以改变。即使改掉物质方面的习惯比较困难,人也要让精神成为身外之物的主宰,而非相反。

九二:干母之蛊,不可贞。

《象》曰:干母之蛊,得中道也。

【明译】

九二:整治母辈所造成的腐败和积弊,要坚定但不可过分固执。

《象传》说:整治母辈所造成的腐败和积弊,因为九二在下卦中位,行事符合中道。

【明变】

九二在下卦中位,与上卦六五正应,象征以至诚之意救正六五之蛊,六五本是卦变中消失的上坤(母)中爻,亡母之象。所以说整治母辈所造成的腐败和积弊。

【明解】

贞:正固,固执,强硬。母亲方面的积弊主要是物质方面的,所以治理家乱,要刚柔适中,不可拘执。亡母的积弊与亡父的不同,主要是内宫问题,即偏心溺爱、后宫作风不正、后党母党等问题。救治这些现象要有坚定的心意,但又不能太认真固执。处理母蛊即家里宫内的问题,与父蛊即社会问题,意念的分寸应该是不一样的。

象辞"中道"是适中得当,不偏不激,以刚居柔中,适可而止。

【明意】

意念可以转变蛊乱现象,但需要区分蛊乱问题产生是公共领域本身出了问题,还是因为私情的分寸不当。如果是私情缺乏约束导致的,那就应该与公共问题采取不一样的手段与分寸来处理。此爻明确指出,纠正私情造成的积弊不宜过度。虽儿子治理蛊乱的意识境遇应时刻与亡父亡母的心意相通,但对父政的继承与纠偏跟涉及母辈的弊政处理的方式要内外有别,处理家政的意识要和缓,而治理外政的意识需要宁严勿宽。

可见,与母亲关联的"意—时"更多的是家庭境遇之意识,即"家—时"是以家庭场域和家中亲情为纽带的"时",这种"时"是家人之时、家情之时,而不是公共之"时"。这种家人之"时"需要在调整之中维系,不可割裂,与母亲的先天情感一起延续到个体的先天时空记忆当中,即当下以母亲情感为中心的家庭场域意识,正是通过对母亲"意—时"的回溯,从而达到人在世间存续过程的先天记忆本色之中去。

《中庸》推崇的"诚中之意"有"意—时"时时诚中,才能有"厚德载物"的意蕴,此爻之"中道"指的是物质方面的整治不可太过强势,还是要以转变意识观念为本,而心意境域的改变,要刚柔兼济,适中得宜。

九三：干父之蛊,小有悔,无大咎。

《象》曰：干父之蛊,终无咎也。

【明译】

九三：整治父辈的腐败和弊政,虽然还有小的忧悔遗憾,但没有太大的祸患。

《象传》说：整治父辈造成的腐败和弊政,宁可矫枉过正,最终不会有太大的祸患。

【明变】

卦变后九三从亡父(乾)变为子(震),震动新风(巽)所以是变革弊政之象。

【明解】

九三要救治父辈积累下来的社会积弊,方法是矫枉过正,此过程不容易,定然会有过当之处,从而产生小的忧悔,但因为积弊已成,就决不能不加救治,必须以矫枉过正来救治父辈的偏差,如果不加救治,则可能亡家丧国。

九三、九二都是刚爻,都有救治之才。九二位中,刚柔适中,不失中道。九三刚爻刚位位正,但行事过刚,易于矫枉过正,整治父辈的腐败和弊政可能会有后遗症,所以会有小的忧悔遗憾,但社会得到救治,没有太大的祸患。九三位处下卦之终,故言"终"。

【明意】

从整治的分寸来看,初六是后继有人,励精图治；九二是内部整治,对家人适可而止；九三是治理公共乱象,宁可雷霆万钧,矫枉过正。

亡父"意—时"虽断,但子承之并使之继续成为公共"意—时",而核心是要把父政"意—时"的生机接续下来。而要设法保障父政"意—时"的生机,有时不惜矫枉过正,这样才长久而不会有大的遗憾,因为在当下意识中维系先父之政的生机才是最为重要的事情。此爻是说,为了维系父政"意—时"的生机而必须整治之前父政中不利于当下生机的部分,即使有整治过分的问题也要继续刚硬的意识状态,为的是避免最后出现大的乱子。

六四:裕父之蛊,往见吝。
《象》曰:裕父之蛊,往未得也。

【明译】

六四:宽容放任地处理父辈的腐败和弊政,长此以往会有遗憾羞吝。
《象传》说:懈怠迁就地处理父辈的腐败和弊政,听凭原样因循苟且下去,长久以往将会一无所得。

【明变】

从卦变上说,泰变蛊,泰上六下到初位,初九升到上位,泰初九正应六四在卦变中不响应初九之变化,有因循保守之象,引申为宽容放任,听凭原样因循苟且下去。

【明解】

裕:宽裕、宽容,放纵,因循苟且,以致无所作为。六四柔爻阴位,无应无比,乘于九三之上,上卦艮(阻)之下,加上与下三爻组成正反巽(进退不果),游疑不定,是自身柔弱,缺乏行动之力,以致进退不果,宽容弊政,长此以往会有遗憾。象辞说,长久以往将会一无所得。一说六四前往没有得到救正积弊的正道,即如果对前人的弊政坐视容忍,听任其蔓延,最后一定会遭受吝难。

【明意】

如果过分宽容父政当中不利于当下延续生机的部分,是一种遗憾和吝难,因为没有纠正过来,"意—时"的生机就无法延续,如果不以振作的意识状态来承续父辈"意—时"的生机,君王当下的意识之生机也将相应地难以为继,最后会一无所得,而生机一旦散失,就得不偿失。四爻因为宽容和缓对待弊政,结果付出的"意—时"成本太过高昂,所以难以在意识中把救父政之弊以求生机的努力延续下去。

当然,可能六四太弱,占着位置犹豫不干事,浪费了时间,但这种时间成本非常之重,不但可能一无所得,更加可能会有羞咎吝难,最后导致重大的遗憾和悔恨。所以，从一开始就调整好自己的意识境域非常重要，尽早在意识中理顺修整的分寸。

六五：干父之蛊，用誉。
《象》曰：干父用誉，承以德也。

【明译】

六五：整治父辈的腐败和积弊，用维系荣誉的方法把大业继承下来。
《象传》说：整治父辈的腐败和积弊，用维系荣誉的方法把大业继承下来，这是因为六五以美好的品德继承并传扬了先人的德业。

【明变】

卦变的六五有长子（震）象，又有静止延续（艮）之象，所以继承好父辈的德政。

【明解】

爻辞是用彰显父辈荣誉的方式维系和继承大业，这样的做法本身就说明六五有着美好的品德。为了救治蛊乱，需要先发扬父辈的优良传统，策略上先把优点发扬光大，使父辈继续保持美好的声誉，这样下一步改革补救父辈弊政之时，既可以使前人减轻咎责，也能使自己获得继承父政的美誉，持守自己的美德。

六五在全卦尊位，下有九二正应，上下都在中位，是一位有德而又能持盈守成的君王，意识能够守中，知道如何以最恰当的方式处理好前人留下的弊政，用维系荣誉的方法把大业继承下来。

【明意】

六五之德是其心意与九二感通之德，在治蛊之事上，任用有贤能、能够干事且有承担力和责任感的九二，并把功劳也让给九二。六五之德还表现在，要让九二放心，自己真正赏识而不是利用他，这样六五柔顺彰显先王美誉的一面，就能通过九二的贤才体现出来。

六五是能用中道救治父政之弊的状态，而且要把父政的荣誉保留下来，传承和发扬先人的德业，就是继承先人"意—时"的生机。其实，能够在意识之中悟得先人之政的生机，并且在现实中存养与延续这种生机，并不容易。

用今人之德来继承，就是先人之生机在今人德性和德行方面的表现，把这种德业内在的生机继承下来的前提，是在位君王的意识中有能力领略这种生机。只有能够领略与把握这种生机,先王之生机才能继承发展下去,并且发扬光大。意念对生机的领会和存养是保持先人荣誉的关键。声誉是生的声誉,即人的生命力量的一种延续形式,只有保持了生机,才可能持续延续荣誉的生机,使荣誉长存。努力保持先人荣誉之生机,就要在意识中领悟并保持发扬这种生机,这才是真正顺承和发扬先人的德业。

上九:不事王侯,高尚其事。
《象》曰:不事王侯,志可则也。

【明译】

上九:不继续事奉君王公侯,把自己的退隐行为看得很高尚。
《象传》说:不继续事奉君王公侯,说明上九的高洁志向可以效法。

【明变】

结合前面五爻,上九觉得已经治理得差不多了,不愿意继续侍奉王侯。**本爻在卦变中,上九从下乾(君王)游离出来到了互震(诸侯)之上**,有不再继续事奉君王公侯之象,自己跑到全卦最高处,艮(山)之巅,逍遥物外,追慕高远,还把自己的退隐行为看得很高尚。

【明解】

象辞承认上九有退隐之心向和行为,但就《周易》一书的宗旨特地强调,可以效法隐士追求道德完美的愿望,但不应该效法隐士退隐离世无意作为的行为。

前人有说本爻讲隐士,因为看不惯社会有盅而不愿继续为王侯服务,脱离社会积弊去追求高尚的精神境界,宁可独善其身,保持高洁的志向不被玷污。但象辞的态度很明确,对于爻辞那种自以为高尚的行为,象辞不过肯定其高洁志向可以效法,但也仅仅是志向和愿望而已。即使洁身自好确实是因为社会之盅常治常乱,非常无奈,但《周易》作者认为还是要积极用世,尽量做力所能及的改变。

【明意】

在权力世界之外,或者看破红尘之后,就应该有一种超脱的意识出来,即放下对权力世界的执念,把自己退隐的行为看得高尚。因为既然"意—时"的生机难以在当世得以延续,或者可以不再努力也能够延续得很好的时候,就应该放下对身外之权力的得失之心,转而专注于内在意识的生机。

可见，无论是入世治蛊，还是出世自高，意识之中生机意识的维系一直都是蛊（即整治）的根本。任何时候，整治的核心是求生，或者让生机保养得更好，所以如果陷入权力斗争，或者变成纯粹争权夺利的游戏，就离开了生机之本，而成为私利之争了。一旦公共事务离开公意之生机，变成私人利益之争，就可能伤及先王政治生机之延续。

从另一面讲，入世治蛊之人要保持一种出世的意识情怀。一面治蛊，一面应该淡泊处世，在维系权力现状的当下又不过度留恋权位。治理蛊乱固然需要权力，但在运用权力的时候，又要不被外在权力的幻象所迷惑，不过分贪恋权位，随时能够放得下。放在蛊卦里，对于整治不可单纯出于私心，而应该出于公心，才能够得到大家拥护。换言之，做出整治决定的人，心思要醇厚宽广，含纳百川，及时沟通。平时广结善缘，实在处世，有利于前后任关系理顺。

可见，整治蛊乱的君王是否值得尊敬，源于其言语行为体现出的意识境遇的内涵和力度，也就是其言语含纳的心意之境的深度和广度。如果其意念以涵养生机为本，能够接续世界本体的生机，那就确实在接续生存世界（生活世界）的生机之本，以这样的意识治理蛊乱，就可以临乱却不为所乱。

十九 ䷒ 地泽临（兑下坤上）

临从蛊来，是受到蛊惑，于是要亲临视事。人在世间，"情"是对实际事变的情感领会，"情"本身是一种亲在、亲自的状态，而临表现在情境之中，就是亲临、亲在、临在，即不是混同世俗的在，而是有点意识上居高临下的在。临是心意的生机参与了境遇的生机，表现为情感的实际介入存在之感。鸟儿飞临枝头，那种"临"是一种渐进的、对场域的领会和介入。一种临于某场的人，也都是渐进地打开和融入某一个心的场域（临的意境就永远在临界的边界上）。

临卦主题是依境而生，如临天下。临卦是坤（境）宫二世卦，立"意—境"论第三。临主境之生意，如胸怀天下、气吞万里之志，而有生意万千之象。人意所之境，每时每刻都不能没有生意存焉。临卦表达以阳化阴，以刚化柔之生境的气象变迁。

可见，临本身就是实意的动态过程。意念实化有无意的（无名的业力），有有意的（有意控制），实意是从有意说的，无意的也是实意，但不是有意的实意。临表示意识到达和介入一个新的境遇，而且这个境遇一直在变动之中。临就是阳意有力地进入阴意之境的瞬间，因其表面有力而不可不慎。在这样的阳意之临的意义上，"临"就是要表达"泽"进入意域之前的先行领会。从地上看泽，有点居高临下，好像我们临泽而有心境，但与此同时，如果走向水中，危险就立即浮现出来，所以到了一个新的境遇都要临深履薄，但要有好的修养才能临事而惧，稳扎稳打。

换言之，意念的动态平衡结构是一种在泽进入意域之前的先行领会。阴阳平衡是一个动态结构，不可能绝对稳定，阴意与阳意的平衡也是不断保持阴阳平衡的意境结构，需要保持与它意（他人之意）之间的平衡。意识的意义来自他人对意的理解和解读，也来自他人对于意的发动的领会，而最根本来自对意发动之前的意涵状态的领会。虽然事情都是有时间性的（时间存在于世界当中），但意念可能在没有进入时空之前就被领会。

临,元亨,利贞。至于八月有凶。

《彖》曰:临,刚浸而长,说而顺,刚中而应。大亨以正,天之道也。至于八月有凶,消不久也。

《象》曰:泽上有地,临。君子以教思无穷,容保民无疆。

【明译】

临卦象征临事知惧,大为亨通,有利于持守正固,但到(阴历)八月会有凶险。

《彖传》说:临卦是阳刚爻渐渐生长。下卦兑为悦,"说"同悦;上卦坤为顺,既喜悦又柔顺,刚爻居于下卦中位,又有六五正应。大为亨通又恰到好处,这是天道运行的本然状态。到(阴历)八月会有凶险,是因为阳气将要消退,阳刚存在不会太长久了。

《象传》说:下卦兑为泽,上卦坤为地,湖泽的上面有大地,人在地上看泽,居高临下,这就是象征临事知惧的临卦。君子要从临卦中学习,要以无穷无尽的思想道德去教化民众,并以无边的包容胸怀去容纳和养育人民。

【明变】

临卦从坤卦经复卦变来。即坤下生一阳为复,复下再生一阳为临。卦画显示阳气增长的趋势。古人按阴阳消长的自然状况,把十二消息卦搭配在阴历一年十二个月里,认为十一月冬至开始一阳生,配复卦;十二月二阳生,配临卦;正月三阳生,配泰卦,所谓三阳开泰。临卦是二阳上长,八月配观卦,观卦已经是二阳变退的时令,所以说"至于八月有凶"。彖辞把"元"讲成大。临卦为阳息阴消,不久之后,阳气就要消退,阳消阴息的状态不会太久就要来了。

【明解】

临:本卦中,从阳的壮大生发出阳对阴的临逼,阳长而临近之义,引申为光临、莅临、监临、面临、临场等意思。元:按彖辞解为"大"。八月:临的综卦是观卦,二阳变退,十二消息卦配八月时令。一说中间隔八个月。浸:逐渐,如《程传》:"浸,渐也。"

"临"是两个阳爻来临。《序卦》"临者,大也"是阳爻逐渐发展壮大。《杂卦》"临"是给"与",指阳爻生长象征把生命活力(阳气)给与天下。

象辞从湖泽大水总要以大地为涯岸引申出君子要像包容大面积水域的大地那样宽厚包容。五行之中,坤(土)主思,君子学习大地要有睿智圣明,用深沉思虑的大道之德来保育人民。意念要有如大地一般深厚的"意境",才能保育万物。

【明意】

　　临本阳意壮胜之象,引申出居高临下、临事而惧、成己成物之道。观阳意之壮胜,而乐观其成,乐见生意成长之象,如农历十二月过年之时,喜事临门,乃一年之中生意最为显著之时。另临有阳意成长,以威势逼临阴意后退,此进逼之意为逼临。

　　总之,临是阳生长到生生不息状态,生机盎然,如临大敌,有临事观变、临泽而充满生气的状态,如周敦颐观窗前草不除的生生意境。可见,临象征对意境的涵养和培育,是对阴意与阳意交融之动态平衡的领会。阳意生长象征努力成就事业的人,必然面临艰难险阻,要知道临事知惧,恭敬处世。

　　初九:咸临,贞吉。
　　《象》曰:咸临,贞吉,志行正也。

【明译】

　　初九:阳气一起来临,守正自然吉祥。
　　《象传》说:阳气一起来临,守正自然吉祥,因为初九心志和行为都是正当的。

【明变】

　　初九与九二代表阳气一起来临,共同生长。阳气之动,代表生命和活力,阳气来临,充满生机,万物复苏,守正自然吉祥。

【明解】

　　咸:同、皆、共,副词。前人多讲成"感",但六爻就初九和九二用"咸临",显然指初九与九二两个阳爻共同来到。初九阳爻处阳位,位正,有震起之势,不仅感动六四,而且感动其他阴爻。

　　象辞顺着《周易》扶阳抑阴的主旨,认为阳气的生长正当,扶阳是天的心意,阳可化阴,刚可化柔。

【明意】

　　临是生机勃发,心志上行而正当。"咸临"是阳意共同来到阴意之境中,面临开创新意境的状态。"咸临"明显有用阳意改变阴性之意境的努力,但这种改变不是外部强迫,而是自本自发的"向死而生"。"生生"本来面临的情景就是"死死",除非自己用雷震之力主动愿意改变。当人用意改变自己的意识境遇,就可能迅速改变其意识境遇关联的整个生活世界。

天下阳意,乘时振奋,雷震而起。人面临阳意震起,当顺着天心之意,这是人参与宇宙运化的意义,一方面了解天道的存在方式,知道阴阳的变化;另一方面参与和调节阴阳的力量,通过扶阳抑阴来实现,意会宇宙之气(力)化为己意,再用意参与改变阴性之意境,使之通于宇宙之气(力)之运化。

九二:咸临,吉,无不利。

《象》曰:咸临,吉,无不利,未顺命也。

【明译】

九二:一起来临,吉祥,无所不利。

《象传》说:九二虽然跟初九一起来临,吉祥,没有不利,但形势还是阴爻主导,还没有顺从扶阳抑阴的天道运行的命令。

【明变】

复卦只有一个阳爻初九,到临卦刚爻长到二位,九二成为主爻。

【明解】

命:扶阳抑阴是天道运行的命令。复卦刚爻势单力孤,"潜龙勿用",难有作为;到临卦刚爻有了同伴,"见龙在田",崭露头角,取信于民,又与帝位六五阴阳正应,阳意之长欲罢不能,所以吉祥无所不利。

象辞说"未顺"是指柔爻还占多数。"命"指阳爻九二虽有上取帝位的天命,形势看起来也非常有利,但上面还有四个阴爻,阴力强大不会很快退却,阳意之生还远未达到变革天命的时候。

【明意】

九二连同初九,阳力自然上升,阳意之境初步成型,可谓心志强悍,即将到达临界状态,临境正在改变,但不宜过分强迫,犹如人应该有威势而不彰显,隐藏改变之威力于意念发动之前。

如何化天道之一阴一阳于人天之意之中?《周易》认为,扶阳抑阴是天道运行的命令,当易道转为人之用,则人意之发都应该顺从这个命令。人天之意即人把天意化为人意,天意一阴一阳之谓道,而人天之意扶阳抑阴,化一阴一阳之道为人所用。

《周易》不是简单介绍天地之道如何是一阴一阳,而是要告诉人们如何利用一阴一阳的天道,并时时刻刻转天地之道为天人之道,也就是转天道为人道,这是人天之意的本旨。学习《周易》是建立一种人天之意的意识,帮助我们打通人与天,开悟通天,如阳明的"龙场悟道"一般,超越人本身的意识,而与天的意识时时刻刻接轨。

> 六三:甘临,无攸利。既忧之,无咎。
> 《象》曰:甘临,位不当也。既忧之,咎不长也。

【明译】

六三:甘甜自美地面对阳气的来临,没有什么好处。如果能够为当前的处境忧虑,才不会有过错灾害。

《象传》说:甘甜自美地面对阳气的来临,指六三处在柔爻被逼退,自己却首当其冲的位置,另六三柔爻居刚位,都是位不当。既然能为目前面临的处境忧虑,那么咎害不会太长了。

【明变】

在临的大势当中,二阳上升,冲击六三,六三应当临事而惧,表现出忧虑,积极应对才合适,如果还不知忧虑,就会出问题。

【明解】

甘:甘美、甘甜。攸:用如"所"。六三在兑(言)里,有言语甘甜喜悦之象。但关于言的性质,有说甘美(坤为甘),还有说甜美巧佞(位不当),但方向不同,前者是说六三面对二阳上长的大势还甜美滋滋的,对危险毫无感觉;后者讲成用甜美巧佞的语言监临大众。对比之下,应该是前者更加符合临卦展示的阴阳动态的形势。

象辞从道理上说明,只要知咎能忧,知错能改,就可以消除咎害。

【明意】

六三的处境是不好的,但阴意看到阳意上升,合自己的心意,容易忘记自己情境的危机。情境之危在自明其境,但意念不明意境,不知当甘于阳意之生时,已对自己的境遇构成威胁。所以人的意识之境要超越主观的好恶,顺从阴阳大化的大势。如果让阴阳的吸引胜过对个人意识之境的自觉,就会有忧虑灾祸。

人生有阴阳之体,在身心的平衡状态追求阴阳之意,不可在阳意对阴意趋迫的情势之中仍然甘之如饴,而要亲临视事,让意识之境面对危机情境有所警觉,知道不应该用花言巧语讨好他人,否则,不知道情势之危,忘乎所以,最后必然大节有亏。人天之意的意识之境应该无私无欲,起心动念都回复到扶阳抑阴的大势上去,明了意念所处的境遇,让境遇合乎时势之变化,让当下的意识之境超越个人的主观意欲,此即宋儒所谓"存天理灭人欲"在当下意念当中的功夫。

六四:至临,无咎。

《象》曰:至临,无咎,位当也。

【明译】

六四:(与阳力)一起到来,没有什么问题。

《象传》说:(顺着阳力上升一起来)亲临现场,当然不会有祸患,因为六四位置适当。

【明变】

六四阴爻居阴位,位正,又不在刚爻逼退阴爻的前沿,受刚爻上长冲击之力较小,但对阳力之临却体会到位。在互震(行)里,又在临卦,所以顺着阳力上升一起来亲临现场,当然不会有祸患。

【明解】

至:到。临:来。临卦二刚上长,刚爻之势力影响全部的阴爻。三爻意识到自己随阳而悦会有问题,四爻则明白二刚长的力量不可避免,乐见其长,尤其是与初九正应,愿意助刚力而至坤境。

【明意】

六四中正明理,在阳意上升的临境之中,用阳意之境为自己的意境,不仅乐观,并且帮助阳意进临阴意之境域。等于在帮助阳意进入阴意之境的同时,对阴阳关联的现场的意境有控制力,与上坤诸阴一起处理好相关细节。

六四虽是阴意,但其展示出来却有阳意之境。六四顺应阳意而形成的意识情境,是一种逐渐帮助阳意生长,让阳意轻松接近阴境,进而改变阴意之境的生生意境。"至"境要表达的是意念的到来,进入和介入之临界状态,是帮助二阳之意上长,介入阴意之境,并适当缓冲其间,主动运用自己柔爻柔位,接近坤阴之境的优势,帮助二阳之意用和缓的方式进入阴意之境,可谓介入之意如此温柔,自然可以避免祸患。

六五:知临,大君之宜,吉。

《象》曰:大君之宜,行中之谓也。

【明译】

六五:以聪明睿智君临天下,大意境之君能够以合宜的方式治国理政,当然吉祥。

《象传》说：意境大明的君王以合宜的方式治理国政，指的是六五施政能够奉行中道。

【明变】

临卦以二刚之长为大势，六五之君在上卦中位，施政适中，虽君临天下，天人共助，但其智慧明睿天授，意境大如天，且中道合宜，故气象大吉。

【明解】

知：同"智"，聪明睿智，知识智慧。大：大心，大意。

六五在上卦坤（土）之中，主思、主智，代表六五之智慧超群，心意之大，如天之明，又在帝位，故有君"临"天下之感，又在中位，施政能够不偏不激，合乎中道。下有主爻九二正应，如得贤人之助。

大君不是大人君子，而是大心大意之君。

【明意】

六五之意境因有超人智慧，故特别强调其智慧之"大"且"宜"。六五之意能够"行中"，有人天之意在天地之中持守中道而行之象，意念发动皆合乎中道之境。

君临天下的气势和中道的秉持在"智"，不仅要知人善任、让底下人尽职尽责，更要明白临卦大势。阴意发动，自然有阳境之生，光明透亮，天下合宜。可见，这种君临天下的意境和气势之境，不仅因缘际会而聚缘而成，更是对阳意生长之大势有深刻领会。"行中"代表意识境遇发动的合宜状态。有如此明智与行中意境的领导者，其意念柔顺，念念从阳合宜，其阴意之发，不仅有利于明智地洞悉情境，更有利于意念实化皆不出中道。如此则阴意发动与阳境交融互动，相得益彰，气象恢弘。此正是《论语·为政》"为政以德，譬如北辰"所谓王者的人天之意，阴意所造之阳境，于阴意流转和实化之间，自有其光明气势和仁人之意的中道彰显于世。

上六：敦临，吉，无咎。

《象》曰：敦临之吉，志在内也。

【明译】

上六：温和敦厚地统临，吉祥，没有问题。

《象传》说：以厚重的意境蓄统临下所以吉祥，是因为上六的心志在内卦的阳爻。

【明变】

从全卦二阳为主阳气上升的角度来看，象辞的"在内"应该是指内卦的二阳。

【明解】

上六在上卦坤，坤为"厚德载物"，故有敦厚之感。上六虽在坤中，但如讲成心志在邦国之内，那么心志还是指向上卦，而没有指向下卦，不足以体现其心志之厚。只有上爻的心志维系着二阳，才能够体现出上爻心意的厚重之感。因为上六离二阳最远，本完全可以不挂念二阳，也可以不受二阳的影响，但心志却不忘二阳，显得非常敦厚。

象辞说明地之用在蓄制泽水，水之用在能自制，皆意境内向而有力。一说上六的心意在下(卦)，取义是心里装着下层的人民群众；一说监临，表示到现场感谢大家；不过两说都未体现厚重之感。

【明意】

六五意境通于二阳而明智；上六心志在内卦二阳，而显得意境敦厚。上六明白刚长的大趋势不可能变化，所以用敦厚之意境化解刚爻上升的力道。上六之阴意温和厚重地蓄统二阳构筑之阳境，态度如此敦厚，以致其意境一直有利于阳爻的长养。上六虽为阴意，但丝毫没有不顺阳意，而是厚重地包容统蓄阳意，其构筑的意识情境带着有利于阳长的生意和力量。可见，阴意之温柔敦厚带出的生意能够回馈给阳长的情境，让阳意之情境有深厚的土壤，能够生生不息至蔚为大观。

对于阳意强势构筑的意境，各阴爻皆乐观其长，而以上六之意境至为敦厚，心意温和，心怀感激。阴意在阳意上长的逼临大势下，丝毫没有逼迫阳意稍加改变之志，而是包容蓄纳，以成就阳长的意境为志向。下二阳作为临卦意境力量核心，也需要在诸阴，尤其是上六这样的阴爻的倾力配合下，才能完美地深厚地构筑起阳意之境，从而造就临之阳境的蔚为大观，所以接观卦。意境如此敦厚，自然大为可观。

二十 ䷓ 风地观（坤下巽上）

观说明宗教性仪式的可观和蔚为大观，因为主祭人洗手的时候能够通过他本人的"意—生"来调动自己和人民甚至天地心意的生机，所以洗手就具备了极其强烈的宗教仪式感和感人可观的意味，是主祭人内在良心和良知通于天地的瞬间表达。可见，祭祀的时候，主祭人意念的生机是否彰显格外重要。只有意念中生机冲盈，才能够让心意之生与天地大道之生机相通，因此心念要洁净精微，感通天地之生机，并与之融合而无丝毫差别，因为意念对天地生机的领悟是将其情境化而蔚为大观的前提。

古人借助《周易》的卦象的结构来观察世界，进一步塑造我们的视角，在观察中自明意念之生，有生意的观察就是大观，既能自己观察，又能让人看，让心意的生机通于天地，在祭祀之前，用极尽庄严的态度来表达，使所有观察者的心念都进入一个感而未发的状态，念已形，但未发。好像凝固天地生机，通过庄严的仪式感让天下百姓的心意进入一种感而未发的意念状态。人们参加神圣的宗教仪式的时候，意念虽未发动，但意念之境已先被熏陶改变，这其实是一种风化的艺术，是一种直接改变他人意境更为重要的艺术。

主事者观天地之生意，全身心投入。人民观主事者意境之生机，受其意生之感化。天地之生机通过人天之意加以体现，而人心意外化的礼仪制度皆为天地生机的实化。观卦为乾（生）宫四世卦，立"意—生"论第五，主要说明人意通于天意之可能在于：一是人与天有共同的先天结构；二是人意通过仪式而可能感化他心之境，让他意依境而生成为可能。意念可以通于神境，进而化作神道之教。一方面是通过神物和神通让百姓顺从而做；一方面通过让百姓领会天地生生，在他们的意念当下即接通意念之生机与天之生意，即自明心中生意与天地生机的先天同构性，如先后天八卦的生生之意。意念自证其境，即将先天八卦之生机在后天的情境当中转化出来，即后天八卦所明之境。

观，盥（guàn）而不荐。有孚，颙（yóng）若。

《彖》曰：大观在上，顺而巽，中正以观天下。观，盥而不荐，有孚颙若,下观而化也。观天之神道,而四时不忒。圣人以神道设教,而天下服矣。

《象》曰:风行地上,观。先王以省方观民设教。

【明译】

观卦象征观察瞻仰,祭祀时洁敬洗手,进献祭品的仪式还没开始,内心就无比虔诚,表现得庄严恭敬,诚敬肃穆。

《彖传》说:主爻九五刚爻为大,居天位在上,跟上九都在上,气势宏大可观;下卦坤为顺,上卦巽为入,教化能顺利地深入人心;九五在上卦中位,刚爻居刚位,位正,九五以下的三四爻为人位,初二爻为地位,都在天下。九五能以中正之道居高临下地观天下,这就是观卦。进献祭品的仪式还没开始,内心就无比虔诚,表现得庄严恭敬,诚敬肃穆,在下的臣民看到主祭人的精诚深深地受到感化,这是道德虔诚的感化力量。仰观自然神妙莫测的大道,考察天体运行,发现四季交替分毫不差,从不失度。圣人效法自然神妙莫测的大道来设立教化,这样天下的人民就会信服。

《象传》说:上卦巽为风,下卦坤为地,风在地上吹行,无孔不入就是观卦。先王从中得到启示,就要巡视四方,考察民情风俗,设立教化。

【明变】

观卦从乾卦经由否卦变来。即否柔爻再上长一位变观卦。否卦有上乾(天、父)下坤(地、母),象征天地父母在世。否变观,乾坤化去,天地父母都不在了。观有放大的艮(门阙)象,如高大的门阙,不在世的先考先妣与天地都进了高大的门阙,故观有宗庙之象。

【明解】

盥:字形结构是两手就在水盆之上,浇水洗手。指举行祭祀开始时先洗手的仪式。一说祭祀时用酒浇地以迎神。荐:进献,奉献,进奉,献牲于神。颙:诚敬仰望、庄严恭敬的样子。若:形容词词尾。忒:差错。省:视察。

卦名"观"有看之义。《序卦》说"可观",有可看的内容,或看起来有意义。《杂卦》说是"求",指看看就可以从中求取对自己有益的内容。观卦有宗庙之象,卦辞讲宗庙祭祀活动。主祭的天子,内心就无比虔诚,表现得庄严恭敬,诚敬肃穆。于是臣民都受到了感化。古代在宗庙里祭祀天地祖先,礼仪繁盛。大致说来,主祭人先要散斋七日,可不在净室,但要洁净饮食、仪容、声色。之后致斋三日,吃素并住在净室里焚香沐浴,之后才开始祭祀。祭祀时先迎尸主入庙,主祭人洗手。洗手时由侍从用匜(特制水壶)盛水,主祭人把手伸在水盆上方,侍从用匜向手上浇淋来洗叫"盥"。然后才酌酒献尸主,尸主把酒浇在茅草上,象征被神享用叫"灌"。再后摆供品,"三献而荐腥,五献而荐熟",每一步都很讲究,而最重要的是要对神怀着无比的虔诚,精诚洁齐以感动天地人心。

互艮(手)在下坤(器皿)之上,有手在器皿之上洗手之象,所以说"盥"。盥在献牲之前,是进献祭品的仪式还没开始之前洁敬洗手。九五下有四个柔爻,显得孚信充盈,内心无比虔诚。仪式可观,主祭人诚敬肃穆,对神灵庄严恭敬。在祭祀过程中,主祭人的虔诚恭敬是营造"观"的氛围的核心,大家观察主祭人的虔诚,犹如感受到春风吹拂,都受到感化。九五有君王中正观天下,臣民顺服观上之象,象征君王观察领悟天地神秘莫测的大道,遵循其生机来建立教化,使天下百姓感应到大道的生机充盈,进而心悦诚服。

象辞进一步说明君王上观天意,下观民意,意念发动如风吹大地,其意念之生机如春风消融坚冰,能吹彻寰宇,民众心意感动,悦顺于君王意念的生机。可见,政令作为君王意念的实化,其内涵生机足以教化臣民。

【明意】

如何让意念通达于神境,并引导所有人的心念进入一种感而未发的状态,这是一个有意义的哲学问题。观卦说明,要让心意通于天地之生机,可借助风吹大地来塑造心通天地的结构,如主祭者把天地的生机领会出来,再风化传达给世人。要让天下百姓顺从需要教化的艺术,不是简单地讲道理,还需要通过一些神迹来引导百姓。

天底下总有一些东西是视而不可见的,要让百姓了解每人心意都有神秘莫测可以通达天地的部分,所以要先观圣人教化,领悟到其生生不息与天地生机本身一样蔚为大观。事业的可观表现在有吸引力,能够鼓舞人心,激发人心的应和与同情,吸引大家一起付出心力,从而形成可观的局面。自然充满生机,而其生机的运转似乎从来不出差错,圣人意识到并模仿自然生机的运转,以神道来设立教化,让不能马上明白道理的百姓,从自身利益的角度出发,能够理解并听从之,从而跟随转化。

意念的生机在时间和空间中有唯一性,意念生机起灭,生机延续,我们好像可以重新进入一个空间,却无法重新进入一个时间。即使在另一个时间进入同一个空间,空间的存在方式,即生机已经改变了,意念对该生机的领悟也已经改变了。时间的流逝似乎是无限的,空间的延展却相对有限。我们住在一个有限的空间里,过无限时间里的生活。但从生命经验来说,每个人从生到死的时间感都是有限的,没有人可以永恒无限地存在于时空之中,所以带有意念生机的时空都是不可重复的。意念生生于时空中,意念无生机则无所谓时空的存在,故意念生机为时空之本体,或者说,时空存续的前提是意生。时空似乎都是无限的,但时空的生机以有限性为界限,生为时空之限,存在都在时空之中,好像受到时间之神与空间之神的约束和掌控一般。

初六:童观,小人无咎,君子吝。
《象》曰:初六童观,小人道也。

【明译】

初六:像儿童一样观事物,对小人来说没有什么过失,但对君子来说就有吝难。
《象传》说:像儿童一样看问题,这是小人之道。

【明变】

初六一阴初生,在一卦之初,表明看问题仅能看表面。初六距主爻九五最远,对九五的德政教化、经国治世、道德礼仪、政策法令等都看不清,理解最肤浅,有点像儿童一样观察事物。

【明解】

全卦是一个大艮(少男,童)。初六柔爻,又在最下位,阴柔无应,柔爻为小人,小人有儿童一般的见识,合乎小人之道,对小人来说没有什么过失。但君子如果有这样的见识就不合情理,会有吝难。也有把像儿童一样观察事物理解为谦虚地观察世界。

【明意】

孩童意念的生机有限,眼意看表面,内里看不清楚,不知道用心,所以幼稚。此爻告诉人们应该要调动眼意的生机,也即用心琢磨,认真理解才行。心量在心意与世交接之初,既清明又混沌,清明因其无染,自然应物,世界之生机就其本相为儿童的"意—生"所感通;开始混沌,因为儿童之童观与世不分,即威廉·詹姆斯(William James)所谓"纯粹经验(pure experience)",那种无法分清人与我、自我与世界的状态。此爻之观从正面的意思来讲,是原初性的物我不分状态,即心念与自然生机时刻感通的状态,而能够体验和保持这种状态的人就是意念发动可以一直保持初心的人。

六二:窥观,利女贞。
《象》曰:窥观,女贞,亦可丑也。

【明译】

六二:从门缝里向外窥视,对女子来说是正当的。

《象传》说:透过门缝向外偷看,对女子而言,守正则有利,不过这样做终究不太光彩。

【明变】

六二阴爻柔顺生长,如坤(阖户)中之女,在观卦,如女子从门(大艮)缝往外偷窥。

【明解】

窥:小视,从小孔或门缝里偷看。古代女子受条件所限,只能以如此有限的视野来看世界,看到的世界狭小有限,也是正常的。但如果男子看世界的视角也如此狭隘,不敢大大方方,也偷偷摸摸地看,那就是令人羞愧的事情。

【明意】

传统社会,男性的"意—生"不受限制,但有些男性的意念发动,缺乏全境和生机,所以应该感到羞耻,因为他们视域狭窄欠缺生机。固然,人的意念之生机,体现在视野上,受习俗、礼制和风俗等的影响,人心之习也可谓心意受到习染和约束。传统社会里,女性的眼光受世俗社会的限制多,生机不展,视野不能够很开阔,从性别眼光来看婚姻和男女关系问题很自然。

传统男性心念的狭隘,尤其体现在对于女性意念生机的限制。传统社会限制女性意念发动的生机,让她们以"女性的眼光"来看待世界,而这种概念的存在本身只相对于男性眼光才可能,如波伏娃《第二性》认为女性眼光为男性社会所塑造。今天,女性眼光的生机当如六二之中正,可以超越性别,而且不能说男性的眼光就比女性或小人的眼光高明。今天男性如果还去限制女性意念生机而不以为褊狭,那就会让人觉得羞耻。

六三:观我生,进退。

《象》曰:观我生,进退,未失道也。

【明译】

六三:观察我的生民的情况,决定进还是退,是观察风俗民情决定政策。

《象传》说:观察体会人民意念生生的实情,决定进还是退,不失正道(六三能按风俗民情,以神道设教,故为"未失道")。

【明变】

六三阴爻继续生长,进入下坤(民)之中,上邻巽(进退),从象上讲,四爻为观察国家的盛典,三爻是观察生民,即人民心意之生机,可进可退,而观察生民或民心民意之生机,即体察人民的意愿与要求,调整政令与教化之策,让决策者的"意—生"与人民的生机相合,所以合于正道。

【明解】

生:意念之生,民心民意之生。此爻既可观外,又可察内,王弼强调观风,朱子、船山重视内省。有"观察他的行为""反省自己的行为""观察我的未来"等等不同讲法,所以需要看象。观民不是把民作为外在的观察对象去观察,而是在意会民生的情形之中去体会人民意念之生机,调动这种生机为国家政策进退作为参考。

【明意】

六三升进了,离五位不远,但不可不在外观的基础上用心内省,需要按照情境要求决定意念生机的进退。一方面反观我的意念之生机,决定自己意念生发的进退之策。也就是说,反观意念通于天地的生机,才能理解意念通于天地的情境,进而决定意念生灭之机。

意念实化过程中,要让意念的生机通于外在的人民心意之生机。这个合道的过程当中,自我决定的部分有限,人的观察经历经验构成当下意识生生的境域,其中的生机随时可能成为实化意念的决定因素。那些在我们的经验当中,能够触动人心的生机部分深深地影响着我们意念境遇的存在,可能生机突显,突然成为意念发动的决定因素,这样的生机类似于弗洛伊德所谓的"潜意识",可能在意识境遇的实化过程当中,突然生发,突然决定意识的进退。

六四:观国之光,利用宾于王。

《象》曰:观国之光,尚宾也。

【明译】

六四:观看国家礼仪盛典的光辉气象,有利于成为君王的座上宾客。

《象传》说:观仰王朝盛世的辉煌生机,说明六四已经是君王尊贵的座上宾客。

【明变】

观卦从否卦变来,是否下卦的三个柔爻又向上长到四位,观六四是下柔上长的代表。否下柔爻长入乾(君王)里,居于坤(国)之上,全卦变观,观为大艮(大门),六四长入门阙之内,紧邻九五,九五为天子。

【明解】

　　此爻是通过观礼如国家庆典来仰观国家的光辉盛治和光明前途,从这种观的典礼仪式当中体验人的心意生机与国家生机的同构性。六四进入宫阙,承接天颜,参加观礼,受到贵宾礼遇,观看国家礼仪盛典的光辉气象,有利于成为君王的座上宾客。

　　象辞的宾应该是贤宾,而且是内宾贤才,不是外宾,因为从内部升上来。观天下的政治教化,而领悟君王心意之生机。

【明意】

　　六四依着九五之蔚为大观而能够成为君王的座上宾,感受到巨大的生机气象。六四是代表人民欣赏崇高与盛大的生机的国家栋梁,人民通过民意的代表参与盛大的典礼而改变其心境的生意,从而间接观察和体会国家盛典体现出来的生生不息气象。这本身是把国人内在通于天地生机的人天之意加以显化,即人民心意当中近于天地之境的内在意识得以展现。

　　观卦六四跟坤卦六四联系起来,坤六四括囊,其实有囊括之意,即包含天下,而六四就在九五的天下。说话要谨慎,这样就可以代九五保持拥有天下的状态,好比一个国家的领袖,要通过自己的核心团队来展示其光彩。君王把贤才们内心的光辉生机提升到通天之境,百姓才可能领悟那种天"于穆不已"纯之又纯的崇高感,感通自己内心的生意与天地之生机的同构与共生。

　　九五:观我生,君子无咎。
　　《象》曰:观我生,观民也。

【明译】

　　九五:观察我的生民,这样可以使君子不犯错误。
　　《象传》说:观察我意念生生之境,就是观察我心与民心相通之境。

【明变】

　　九五是全卦主爻,蔚为大观,相当于全卦仰望观瞻的对象。象辞说它尊贵中正,身为天子,下有四个柔爻向上生长,主动拥戴道德可观、万民悦服的天子。

【明解】

　　生:生民,有生机的人民,或人民意念的生生之境。天子观察下面的人民(柔爻)来体察民情、了解民意,因情制宜地施政设教,这符合观卦之道。如此观察我的生民,君王便不容易犯错误。

象辞的意思是君王通过观民来观察自己意念生生之境,从而观察我心与民心相通之意境。

【明意】

意念生生之境是世界存在之本,世界生生,虽然也在死死的过程当中,但有生机才有意念,如果注重死机就无所谓意念的生发,所以必以生机为本。观察体悟生机,尤其是天地大观之生机,才是领悟世界存在的根本,体悟人民意念生生与生存世界之生生的根本。

"民生"即生才有民,如果民死,即无所谓民。故民只有在生中才存续。领导人要体悟自己的生机存续在如何让民生生不息的过程之中,也就是要让有生机且有本事维持生机的人参与国家大事,从而维系住国家发展的生机和气象。

上九:观其生,君子无咎。

《象》曰:观其生,志未平也。

【明译】

上九:观察他所治理的生民,君子就可以不犯错误。

《象传》说:观察他意念的生生之境,因为上九担心自己的雄心壮志难以实现。

【明变】

上九已退出尊位,相当于太上皇,上九"观生"就是观九五的百姓,所以说观察他(九五)所治理的生民,也就是为九五观察民俗风情,作执政的顾问,观察他(九五)和民众意念的生生之境。

【明解】

全卦仅有两个刚爻比邻在上。九五在尊位是天子,九五"观生"是观自己的百姓,也就是观察他所治理的生民。上九这样做符合观卦之道,这样九五的君王就可以因为增强了其"意—生"而不犯或少犯错误。

象辞说上九担心自己的雄心壮志难以实现,因为上九到了极位,可能要倾覆,内心忐忑不安,但还是能够念念不忘,观察到自己意念的生生之境,并体察九五的意念之生境,虽然很担心,但壮志已难以实现。

一说上九不能继续观察自己的"意—生",而要观察九五的情况如何。结果发现九五站不住了,就得靠上九挑大梁,但如果估计九五撑不住的话,现在就要好好观察九五的表现到底如何,并及时帮助,协助九五。带着担心忧虑,即担心九五之意不能够体现人民的生意,也担心九五的生意不足以支撑起天下民心的生意。

【明意】

上九意念时时刻刻关乎民生之境,代表着已经不在位的领导者的"操心",即退位领导者的心境之生,在不"平"当中持续。上九需要每时每刻都观察与反思自己的生境,担心自己体会到的天下生生不息的雄心壮志无法传递给九五,或者传递到了,九五却没法实现。所以需要每时每刻帮助九五维系人民的生生意境,那样才是真正帮助领导人(九五)成功。当然,上九爻维系并不容易,稍有不慎就可能壮志难酬。

二十一 ䷔ 火雷噬嗑(震下离上)

天生万物,地养万物,没有先后,心面对天地生养的几微,知道世界存在的根基在于生生之几,意识要珍惜保养让几微生发。噬嗑卦是巽(识)宫五世卦,立"意—识"论第六。万物创生,同时演化,意识参与事物变迁的演化,即所谓无中生有,因此意识能把事物的状态做调整和转化。人转化世界的开端是意识,实化意念的开关是口舌,是意识实化出来的言语改变着事物变化的阴阳。

"实意"有点近似于《鬼谷子》的"损兑"说,因为实化意识的瞬间,损益即现。人意识如何考虑他意,按照兵家是"知己知彼",按照雷电与几微,几微之动,迅雷不及。面对几微之变,人的意识就要知道如何去持经达变,知道何为未变之经,何为变,需要随机应变。自然生发的意识始于性情,而性情不仅受风俗潜移默化影响,也受其他思想影响。对所有人有利而且有道理的价值才是普世价值,而适应于某些族群的价值不必然就是普世的。人与人之间的不同伦理系统应该都有普世的成分,儒家对于人伦的理论在古代本来就是,今天也应该发展成为普世伦理系统。

噬嗑(hé),亨。利用狱。

《彖》曰:颐中有物曰噬嗑。噬嗑而亨,刚柔分,动而明。雷电合而章。柔得中而上行,虽不当位,利用狱也。

《象》曰:雷电,噬嗑。先王以明罚敕法。

【明译】

噬嗑卦象征梗碍、刑狱,亨通,有利于处罚量刑,听讼治狱。

《彖传》说:口腔里有食物就是噬嗑卦要说明的处境。有东西梗碍在口中,为什么还会亨通,是因为噬嗑卦从否卦变来,卦变中刚柔爻分开交错,变得刚柔相济。下卦震为动,上卦离为明,下震动而上明丽,有行动光明之象,所以能亨通。下卦震为雷,上卦离为闪电,雷电交加,电闪雷鸣,有强大的震慑威力和明察秋毫的光照效应。(噬嗑由否变来,即否卦九五与初六换位,否卦的初六柔爻上行到上卦的中位,卦变为噬嗑卦。)卦变的意义是柔爻柔顺地上进到中位且具有中正的道德,六五虽然是柔爻取得刚位,位不当,但办案理冤不需要刚暴,所以利于处罚量刑,决断讼狱。

《象传》说:下卦震为雷,上卦离为闪电,组合在一起就是象征雷电交加的噬嗑卦。先王从电闪雷鸣的象征中学到启示,要彰明刑罚,饬正法令。

【明变】

象辞"柔得中而上行"有三解:一、坤之初六,上升乾五,持此解者如侯果;二、五虽在尊位,还要进取上行,持此解者如孔颖达;三、柔居上体,则言上行,持此解者如金景芳。**噬嗑卦应由否卦变来,否卦是上乾下坤,变为噬嗑,把否卦那种刚柔相分的状态分开,使刚柔交错。**取义是能刚能柔,刚柔相济才亨通。虽然五爻以阴居阳位不当,但仍然有利于使用刑罚。

【明解】

噬嗑:噬是用牙齿啮咬,如《杂卦》说"食也"。嗑是上下牙对合,如《序卦》说:"嗑者,合也。"颐卦卦画像嘴,噬嗑是在嘴里咬着九四。被咬住很难受的,以囚犯在狱中类比,所以噬嗑又可看成身带刑具的在押犯人,有利于处罚量刑,听讼治狱。狱:古代主要指诉讼的案件,今天发展成监狱之义。章:同"彰",彰显。敕:敕正。

噬嗑卦是颐卦(口腔)里有东西(食物),但还亨通是因为否卦刚爻和柔爻分开,又有下震动而引发明丽,显得行动光明。下卦震(动)相当于下牙床动有咬食之象,引申为犯人。噬嗑卦讨论的是量刑断狱的意识。

雷电,依大象之体例应为电雷。如云雷屯、山下出泉蒙等,都是先上卦后下卦,此处雷电则为先下卦后上卦。《程传》说:"象无倒置者疑此文互也。"柔爻向上象征办案能不刚暴急躁而断得公平。雷有赫赫之威的震慑威力;电有烨烨之明的照邪难逃的作用;二者象征国家法治恢恢严正,不容罪恶,妖邪难逃,纤毫必究。所以先王端正法治的时候,要效法雷电。

雷电与几微之象说明惩罚的微妙玄通,达于人心。噬是咬,嗑是咬断,所以噬嗑卦是如鲠在喉,不得不断,九四之断,说明矛盾应尽可能化解,而不是蛮干,即使对方硬来。英明和专横往往是一体两面,最后看化解的力道和结果来说的,所以出手就要考虑结果如何,咬与咬断则取决于双方力道的互动,想咬断就要当心反咬的力道是否会构成伤害。所以要运世之化,碰到力道的冲突,要尽力去化解,而不是增强这种紧张,最后难以化解。

【明意】

离卦的错卦是坎卦,说明大放光明的另一面则危险无处不在。文化发展需要适可而止,不可盲目扩张。文化通过人文化成起作用,对应于世道人心。人心不存,文化即无意义。转化世道人心来自一念之善,由善心发动相继而有所改变。

惩罚的效果微妙玄通,要达于人心方可。如不达人心,则无效力。传统惩罚犯人的方式,希望通过约束行为改变人心,反而不如直指人心的教化有效。中国传统治理模式基本都是儒表法里,即认为大部分人可以用儒理教化,少部分人无法改变,只能用法刑之道对付他们。从约束行动自由的角度,通过惩罚来逼迫少数人走正道做正事。

司法考验人心,也影响人们对法律的信心。其实人民对于法律本身无所谓信心,但对于司法与执法人员的公正与否,人心自有判断。司法只能做到公正,不可能做到完全公平。中国人在社会分配上追求合理的不公平,合情合理,社会正义最后也要体现在人心之上,而不仅是外在的分配形式上。正义本来是天道自然的实化形式,但因为人心的占有和自私,而难以在人间社会的分配当中自然而然地实现,但社会正义的理想值得永远去追求。

初九:屦(jù)校灭趾,无咎。
《象》曰:屦校灭趾,不行也。

【明译】

初九:脚上套着脚枷,遮没了脚趾,没有太大的罪过。
《象传》说:脚被带上了足枷,遮没了脚趾,是因为初九受到惩戒,走不动路了,也不可以再继续前行犯错了。

【明变】

初九在卦变中从五位下来,到全卦最下位,对应人体的脚,脚上横亘一刚爻相当给脚上带上脚枷。下震(趾),互坎(水),有趾被淹没,即足枷遮住脚趾之象。

【明解】

屦:鞋子,作动词时意为穿带上。校:校械,古代锁犯人的木枷之通称,手上称梏,相当于手铐。脚上称桎,相当于脚镣。灭:淹没、遮盖住。连同上九爻辞"何校灭耳"来看,爻辞从全卦整体卦画取象。初九刚爻刚位位正,囚犯行为正当,被带上脚枷是受了冤屈,可释放,没有太大的罪过。这一爻有羁绊之难,但最后没有咎害。身陷囹圄也会获释脱难。

象辞一说初九受到的刑罚不重,只是被略施惩罚,不能继续做坏事,也应该不会继续犯错了。

【明意】

犯了错误就把人手脚拷起来,使之"不行",就无法随意行动了。这是把人的手脚束缚住,迫使其意识的实化不再出偏差,也就是即使其意识仍然是偏的,但不让其意识实化的身体反应产生任何对他人的伤害。初九犯了错,对应的策略是通过惩罚让犯错者失去行动自由,迫使其反思,在反省与检讨中改变自我意识实化的方式。这是通过外来行为约束,迫使主体改变内在的意识实化的方式。自由从这个意义上说,是实化主体意识之可能与否。有实化意识的可能,与实化意识之不可能,是两种完全不同的人生境遇,是意识之"行"与"不行"的两种不同状态。

六二:噬肤灭鼻,无咎。

《象》曰:噬肤灭鼻,乘刚也。

【明译】

六二:咬食带皮的肉,连鼻子都陷没到肉里去了,没有过错。

《象传》说:像咬啮带皮的肉一样施刑,连鼻梁都打陷,好像没到肉里去了,是因为六二柔爻乘驾在初九刚爻之上,好比以欺凌的态度施用严刑峻罚。

【明变】

卦变之后,全卦有"颐中有物"之象,九四如进入颐卦中,如食物进入嘴中之象。六二也因此进入小颐象(一二三四爻),又有鼻子(艮)没入水(坎)下之象。

【明解】

六二柔乘刚为不顺,所以象也不好看,从吃态来说,是吃相难看,出乖露丑;从义理来说,是严刑峻罚都可以使用的意思。六二代表施刑人,如果处罚过分不择轻重,就可能把自己弄得很难堪。

这是从嘴咬食物的卦画取象。九四是嘴中咬住食物。六二与九四互艮(肤),艮的卦画上刚爻为肉皮,下两柔爻为皮下软肉,艮又为鼻,六二也在互坎(水)下,是坎水在鼻子上,鼻子没入水下,有连鼻子都陷没到肉里去之象。艮又为黔喙之属(黑嘴头的动物),黑嘴头的动物吞食东西,常把鼻子也探进食物中去,本性如此,无可厚非。但人如果这样吃东西,则食相不雅,当然也只是露丑而已,没有什么过错。

【明意】

意念发动都有感应。当惩罚的意识发动,往往招致相应的反抗意念。惩罚与征讨之人,如果知道这个道理,出手时就应该注意分寸,不可轻易发动惩罚他人的意识,否则噬咬不成,吃相难看,自取其辱,适得其反。换言之,意识发动应该有自我反省和评估机制,因为意识发动不仅仅是发动而已,在发动瞬间,意与感同时显现,当可体悟到感应状态。如意识能够反省,一旦惩罚的意识发动,就会立即招致相应的反抗意念,而且意念与其反动的意念之间,可能发生刚劲力量的较量,这就是意念与形势之间互动的力道。

任何意识的发动都有相应的力量作回应,但这种回应可以是当下的,也可以是意境深处,在宇宙深远不知所终的地方。高尚和伟大的意念可以历千万年而感动后人;相反,卑鄙的意念,千载以下也令人齿冷,所以此爻要人们知道意识在天人意识境遇之中有巨大的回响之力。

六三:噬腊肉,遇毒,小吝,无咎。
《象》曰:遇毒,位不当也。

【明译】

六三:咬食坚硬的腊肉,遇到毒物,有小的麻烦,却不会有大的灾害。
《象传》说:遇到毒物犹如受刑者不服,原因是六三阴爻占据阳位,位置不适当,所以受刑者心生怨恨。

【明变】

卦变之后,六三进入肉(艮)在火(离)下,有肉被火烤成腊肉之象。

【明解】

腊肉:经风干或烘烤后,长时间存放的肉。六三以阴爻处阳位,不中不正,外示柔而内实刚,所以不好治,要施刑,困难挺大,就像吃腊肉,结果还遇上了有毒的。艮在离下,肉被火烤干,坎为毒,干肉有毒,但毒性不强,有小麻烦,无大碍。古注意思多象征打死不招、坚决死硬的坏人(有时其实是真好人)。

【明意】

同上爻所言,强迫使用意识的力发出,往往遭遇近乎相似力道的回应,如果是武力意识,则可能有相应的抵抗力。可见意识之力的运用要讲求分寸,不可因为位置不当就出手过猛,反而生变,损人伤己。此爻阴意表面柔弱,但骨子里刚硬不屈,是对于自认不合理的外力不甘屈服。可见,咬断阻碍之力,需要担心反力。从施用刑罚的角度来说,惩罚的力量依存于执行者的力量。

九四:噬干胏(zǐ),得金矢。利艰贞,吉。
《象》曰:利艰贞,吉,未光也。

【明译】

九四:咬食干硬带骨的肉,却意外得到骨中的金属箭头,有利于在艰难处境中持守正道,可获吉祥。

《象传》说:有利于在艰难中持守正道,可获吉祥,但是九四还难以发扬刑罚之威力和光明。

【明变】

卦变后九四成为彖辞讲的"颐中有物"之物,横亘于口齿之间,也在互艮(肉)里,但比六三更接近上卦离(火),接近火就烤得更干。既然刚爻是横亘之物,就只能是咬食干硬带骨的肉。九四在互坎(弓轮)上离(戈兵)里,有弓上戈兵(箭)之象,而骨中之箭只能是箭头,说明咬食时意外得到骨中的金属箭头。坎为险难,此事有艰险,有利于在艰难处境中持守正道。啃骨头能意外地得到金属箭头,是有意外之喜,可获吉祥。

【明解】

胏:骨上残肉,连骨的干肉。《玉篇》"肉带骨也"。《说文》"食所遗也"。金矢:金属箭头,有双重含义,象征犯人骨头硬如金矢,或是审判者刚正如金矢,"艰贞,未光"或是因为两者都硬。

古代人吃田猎射到的禽兽之肉,从骨肉中找到箭头是生活中常有的事。象上可解释金矢的来源,引申为刚直之义,是判官能够刚直守正地处理狱讼,当能获吉;或是将九四理解为刑罚之正,金矢就表示以刚直之道处置狱讼,虽然艰难,在坚持下定当获吉。这样的解释方式比朱熹的方式要合理。朱熹认为《周礼》中的"钧金束矢"是在"禁民狱讼"的思想下,为减少或阻止狱讼采取的方法,"得金矢"本义是使狱讼因需送金、矢,有难度而及早停止,但如告状双方都凑齐金、矢送入,官司就不得不继续进行下去。

爻辞带有还没有度过刑狱的艰难时期看到光明的意思。而象辞说明,九四作为判官,位置还不够有力,所以艰难。从九四代表审判人的角度,案子要审判公正,不仅需要刚正的九四,更需要贤明的六五,就审判人的角度来说,因为其位置不够,所以"未光",难以发扬刑罚的威力和光明。

王注、孔疏认为此爻的含义是刑罚虽不能服人,但其所代表的刚直之道可取。这样的解释对后世影响较大,注家多认为金属箭头既象征审判时的刚直严正,又象征审判如同刚硬骨头般的犯人十分艰难。

【明意】

审案从来都是艰难的工作。审案可能像咬干肉一样不好啃,又可能啃到金矢(坚硬刚直)的对象,那就难上加难,这时,对付又刚又直的审判对象,应该也用又刚又直的断案精神才可以。所以是一个艰难的审训过程。审案需要贤明的意识,可能意外遭遇金属箭头,是一种啃硬骨头的努力之后的意外收获。

审案要有仁心(《论语·子张》),但把"民散久矣"归于"上失其道"这种归因是典型的《论语》归因法。《周易》的归因主要讲自身的问题,要自己反省。审判者的意识是千方百计审出罪犯的实情,不过曾子之意,即使审出也不要沾沾自喜,因为不是百姓的错,而是上位者的错。但此爻强调的是被审者如金一般坚硬,如矢一般刚直,要审出实情非常困难,审训过程显得比较艰难,虽然僵持,但未必有什么结果,所以"未光"。

在审判双方意识都刚直的状态当中,意念之有力与否,靠的是自身的意念发动背后的意志力,是自制力和情境的支持力、作用力等的合力。

六五:噬干肉,得黄金。贞厉,无咎。

《象》曰:贞厉无咎,得当也。

【明译】

六五:咬食干肉,意外得到黄金。在艰难之中,能持守正道,不会有咎害。

《象传》说:在艰难之中而能持守正道,不会有咎害,是因为六五在上卦中位,施刑治狱能够持中守正,分寸得当(所以最后有意外收获)。

【明变】

六五下临艮(肉),上卦离(火),是咬食被火(离)烤干的肉(艮)。否变噬嗑之前,上卦乾(金),六五从否卦的下坤(中央土,色黄)升上来,乾坤交错变成噬嗑的上离,所以意外得到黄金。互坎(险),所以危险艰难,但在上卦中位,说明能持守正道,不会有咎害。

【明解】

这是全卦最好的爻,有意外的收获。审判非常艰难,六四没有突破,但六五终于突破了,黄金比金矢更有价值,所以是有黄金一样的大收获,"坚持(贞)"是"得当"的,有最后意外的收获。

象辞解释不会有咎害的原因,是因为六五在上卦中位,施刑治狱能够持中守正,分寸得当,所以最后有意外收获。象辞说六五柔爻占据了阳位而位不当,但小象辞却说其能够持中守正,分寸得当,是角度不同。

一说九四是实际审判者,六五的分寸得当就是应该保持轻松,不要干扰具体的审判过程。

【明意】

当然面对有黄金般价值的审训对象,也要有黄金一般刚硬的审训态度来面对他才可能有效。六五亲自咬干肉,居尊、有力也有术,不是都授权六四,自己不管。那"黄金"不是六四收给六五的,是因为六五分寸得当,所以有意外的收获。虽然在艰难中坚持,但确定有收获。

在艰难的情境之中,人的意识往往可能懈怠,但这时特别需要贞的精神,即坚持不懈的努力。审判的意识竞争,是审判者与被审者的意志力之竞争,当然,被审者的意识因身体的自由度受到限定而相应受到影响,也就通常难以抗拒审判者的手段和威力。

上九:何校灭耳,凶。

《象》曰:何校灭耳,聪不明也。

【明译】

上九:肩上扛着颈枷,遮没了耳朵,有凶祸。

《象传》说:肩上扛着颈枷,遮没了耳朵,是因为上九像耳不聪、目不明的聋子瞎子,犯下大错,被迫接受重刑。

【明变】

卦变之后,上九在互坎(耳)之上和上离(目)之上位,好像是颈上的木枷,比耳目还高,把耳朵、眼睛都遮住了。

【明解】

何:同"荷",肩扛。肩上扛着颈枷,遮没了耳朵,又处全卦之终,穷途末路,所以有凶祸。

全卦三个刚爻,初九刚爻为足枷,上九刚爻为颈枷,九四刚爻不取手枷象,主要是因为古代的颈枷与手枷连在一起,枷上有三个窟窿,一个锁脖子,另两个锁手。上九取颈枷,九四虽仍有手枷之象,但可省略。

象辞说聪是耳朵灵,明是眼睛亮,"聪不明也"不是聪而不明,而是互文,即耳朵遮住就不可能聪。初九枷遮住了脚,象辞说走不了了。上九枷遮住耳朵眼睛,比初九糟很多,牢狱之灾难免了。

【明意】

耳不聪,目不明,人的意识就不明,不明则无法认清形势,犯下大错,被迫接受重罚,被迫带上能遮住耳朵的劲枷。因为主体意识本来不聪不明,导致意念发动之后造就的客观上不聪不明的后果。这种后果可以说是咎由自取。

这是说人被惩罚的后果是因为自己意识境域的问题导致的。罪大恶极不值得同情,自己自绝于同类,自作自受;自己耳目不聪明,对于他人的意识没有感觉,最后被迫承担耳目被遮蔽的惩罚。说明人的意识本来就存在于跟他人交流的过程之中,如果自己意识不明,就可能招致麻烦,如果严重的话,可能有相应的后果要去承担。

二十二 ䷕ 山火贲(离下艮上)

　　文饰是在有限意量的基础上,意念随顺天文之力而自然文饰,进而限定其量的。如果没有一定的意量,那么文饰是不可能的,因为没有落实的有限性基础。文饰主要是柔顺地化妆、妆饰、调整,所以是柔火、柔而用明之象。

　　文饰一定要有分寸,而这种分寸本身就是对意量的限定。贲卦为艮(量)宫一世卦,立"意—量"论第二。意量在文饰中彰显其边界与有限性,这种刚柔交错的努力好像天文中阴意与阳意的交感交流。文饰是意念之止,是自我意识到意量的界限,也是自己控制到的意量的边界。在社会文明上,这样的边界非常重要,礼乐文明、刑法制度既是对心的文饰,也是对人行为的文饰与限定。

　　人的心灵的装饰与限定,好像天文的阴阳装饰,文明地限定自身的意量,因其限定反而有通天的意境出来,这就是人天之意在意量有限性方向修持而愈发通天光明灿烂的表现。君子的人天之意装饰社会文明和政治活动,但文饰本身不足以断狱和惩治作恶的人,这是柔性的意量之有限性的表现;因为柔小的增饰是给善人的善心善意锦上添花,至于邪心邪意发动、总是要整治和施压他人的人,单纯依赖善人的意量去感化他们是不够的,还需要用其他的方式。

　　贲(bì),亨。小利有攸往。
　　《彖》曰:贲,亨,柔来而文刚,故亨。分刚上而文柔,故小利有攸往。刚柔交错,天文也;文明以止,人文也。观乎天文,以察时变;观乎人文,以化成天下。
　　《象》曰:山下有火,贲。君子以明庶政,无敢折狱。

【明译】
　　贲卦象征文饰装扮,亨通。向前去做事可以有小的利益。
　　《彖传》说:贲卦亨通,柔顺者来文饰刚强者(贲卦由泰卦上六与九二换位变出,卦变中柔爻从上位下来,使刚爻交错开,是柔顺者来文饰刚健者),所以贲卦亨通。刚健者分开而上去文饰柔顺者(卦变中,泰下卦乾的刚爻被分开,九二到上位去文饰柔爻,使上卦坤的柔爻得到交错,刚柔互济)。向前去做事可以有小的利益(在卦变中柔爻从上位来到下卦中位,刚爻从乾天中位到上位,刚爻代表天来文饰柔爻,柔爻为小,所以向前去做事可以有小的利益)。阳刚与阴柔交错,这是天的文章和文采。下卦离为文明,上卦艮为止,用文明来规范限制人们的行为,就是人的文化和文明。观测天的文章和文采,就可以察知时间和季节变化之道;观察人的文化与文明,就可以推行教化成就天下隆盛昌明。

《象传》说:上卦艮为山,下卦离为火,山下燃烧着火焰就是贲卦的象征。君子从这种火光照亮万物,光芒足以文饰的景观中受到启示,要通过文饰来让政治昌明,文化昌盛,但不可以依靠文饰来判决讼狱之事。

【明变】

泰变贲,柔爻从泰卦上位下来文饰下卦乾(刚健)。刚爻九二从下卦分开上去文饰泰卦上卦坤(柔顺)。**关于象辞"分刚上而文柔",传统的说法认为下卦离为阴卦,上卦艮为阳卦,是刚在上而柔在下衬托,虽然有理,但意思还是不明,应该用卦变才能讲明白。**

【明解】

小利有攸往:有理解为在小的方面,对小的、柔小的有利,也有理解小为形容词,即前往有小利。此卦是文饰之意,文饰并不实在,靠文饰不可以做大事,只能获取小利。刚柔交错:此四字有的本子没有,有些有。据郭京《周易举正》补。文:交错。时:四季。庶:众。敢:能,能愿动词。

《杂卦》说贲是没有颜色,《序卦》说贲是文饰。总的说,贲是在素白的基础上加以美化,质素才可以彩画,涂满颜色就无法美化了,取"绘事后素"(《论语·八佾》)的意思。贲卦是噬嗑的覆卦,推演到社会意义上,噬嗑讲法制,贲讲文明。文明与法治是组织社会不可或缺的两个方面。法制主要是强制少数犯罪分子回到社会秩序上来,文明是教化大多数人在正常秩序上生活和活动。文明包括文化、礼仪、秩序、风俗等方面,潜移默化地帮助人们形成道德判断和行为约束。从这个角度看,文明是对人性的修饰,是对自然社会状态的美化,这正是贲卦之文明主题。

贲卦柔(小)爻取得中位(见《象传》),所以在小的方面可以做一些修饰,向着文明美化的方向前去做事可以有小的利益。天文刚柔交错,是天地之大文,自然合乎中道。但人文需要知道限度(止),不知止则容易文过饰非,文的内容不当,或者文的方式不当,这都是人文需要特别重视的问题。一说此卦谈婚姻,而婚姻必要文饰,又不能文饰过度。下离(红)上艮(黄),也是喜庆之色,但喜庆之文饰,更需要适可而止。《论语》提及没有文饰就流于粗野,但过分文饰就"史"(通饰),假大空,所以要"文质彬彬,然后君子",君子要在文与质之间把握好修饰的分寸。

象辞以"山"与"火"为代表来表示天文地文的景观,古代天子穿的龙袍上画有日、月、星、山、龙、花、虫、虎、藻、火等,主要是用来表示天文地文宣明教化(见《尚书·益稷》)。本卦不可能把这些象都表示出来,所以用"山"和"火"来代表。象辞的意思是说文明道德对罪犯没有作用,罪犯如果认同文明礼法就不会走上犯罪道路。

【明意】

如果上一卦噬嗑讲审判断案,近于法家;那么贲卦就是文饰,是以德治国的儒家。文饰意量的最高境界是天文(天道之化成),代表天的文饰成为意的文饰所能达到最完美的境界,原因是心意的文明本身与天的文饰有着先天的同构性。人文是人的花样,天文即天的花样。人文化成要模仿天的化育之功,人的意念来自天,人的文化量都是意念所实化,但人文(文化意念)不能脱离天文(自然之意)的内在结构。

初九:贲其趾,舍车而徒。
《象》曰:舍车而徒,义弗乘也。

【明译】

初九:文饰脚趾,舍弃车子不坐,徒步行走。
《象传》说:舍弃车子不坐,徒步行走,因为初九所处的地位按照礼仪来说不应该去乘坐大车。

【明变】

车从何来?卦变中二爻来而文刚,二爻应该是乘车的。近比初九,邀请初九乘车,为初九所拒。初九在下互坎(车)下,是舍去车子,下车徒步行走,也是自己打扮文饰之象。自己选择,觉得按道理(客观的形势和自己的道理)不应该坐车,也是有意想要让周围人看到自己修饰打扮好的美丽灿烂的脚。

【明解】

贲:文饰,打扮。关于象辞,有解为从道理上说就不必乘车,但脚收拾好了,或者鞋子文饰好了,是为了走路;如果收拾文饰好了反而不走路,却去乘车,道理上说不通,所以不取。此爻舍车而步行,是根据当时的情势要去掉不应当的修饰。

象辞之义直接通脚跟,接地气,女人修饰脚,男人修脚,都为了舍车,修饰是为了给人看,修是为了更好走,没车也可以走的很好。君子的脚跟要接地气,站得稳才能行得正,这是脚跟接地气的(本)义。

【明意】

脚趾是脚的根源,比脚跟更有贴近大地的原生态意味。好像海德格尔赞美的农夫之鞋。脚趾有身体之端的意义,代表身体的开端和自尊心的源头。人通过修脚穿鞋可以接通与大地阴意气脉的关联。对脚的意量作为身意的根基,虽然通常粗鄙,但应该敝帚自珍,比较文饰脚说明对自身的关爱和对美感的重视。此爻有车不上,更显出脚的文饰象征自尊心的根源,是人的意量给自己设定的自尊之限度,不允许他人超越进入自己的尊严范围。

意量文饰到脚上,从身量(对身的意量)来说是到了比较小的细节状态,但从粉饰好脚的社会功能来说,却展示着意量通往意境的开放性,那就是让他人的意境也能够感应和通达自己的意量。意量的装饰一开始从细微处入手,此爻举脚趾为例,虽是一般人最不注意也最不重视的地方,但恰恰说明已经修饰到相当心细的程度,也就是对意量之自觉达到相当精准的程度。因为文饰美化到了脚趾,说明这种美化已经从注意脚的行走功能提高到了展示自己最不为他人注意的细节的程度,也很好说明着对意识发动过程进行装饰的过程之中,意量应该达到的精细与精准之程度。

六二:贲其须。

《象》曰:贲其须,与上兴也。

【明译】

六二:文饰他的胡须。

《象传》说:六二是文饰九三的胡须,因为六二随着上边九三一起兴起来文饰。

【明变】

卦变后六二在小颐(嘴)下而有须象,胡须要与上面的嘴一起动。另卦变中六二因为随着上九一起动,所以都是"与上兴"。

【明解】

须:胡须。一说妄,不取。兴:动,兴起,兴发。九三到上九有颐象,即颐卦缩小一点的形象,六二在颐(嘴)下边,是嘴下胡须,严格说来就是文饰作为下巴的九三。象辞的意思是说:胡须不会自己动,要随着上边的嘴动。同时,还有六二与九三相比同心而高兴开心之象,六二因为装饰了作为下巴的九三,他们就成了一个命运共同体。

【明意】

胡须是男性的象征,文饰胡须是男性美化自己的表现,也是主体对阳意意量边界的文饰。胡须是阳意的末梢,是颐养(互颐)之外的装饰之物。文饰末梢表示文饰细节的精细程度,也是阳意的自我展示,所以文饰胡须还有男性雄性意量的展示意味。何谓雄性意量?就是阳意发动的边界,在人身明显的外在表现是胡须。在世间就是男性雄性力量的外在实化,如齐家治国等。

雄性的意量带有残酷的斗争性,这在动物界里就是如此,适者生存是说明雄性意量存续的根本表述。正是因为雄性意量从自然界延伸下来就争斗不止,人难以彻底摆脱作为动物性的一面,所以文饰人的意量进而美化其行为,就显得特别有必要。文饰心灵、文饰雄性争斗的方式与手法等,都是让雄性意量之间的竞争变成文明而不再野蛮的竞争。

九三:贲如,濡(rú)如,永贞吉。
《象》曰:永贞之吉,终莫之陵也。

【明译】

九三:文饰地光鲜亮丽的样子,润泽水灵的样子,能够相濡以沫、长久持守正固自然吉祥。

《象传》说:爱情如果能够长久持守正固自然吉祥,因为世间最终没有什么能凌驾于九三(坚贞的爱情)之上。

【明变】

卦变后九三在下卦离(光彩)里,又在互坎(水)之中,是水灵灵、光彩照人的样子。

【明解】

如:形容词词尾。濡:润泽。二爻与三爻一同兴起,有同是天涯沦落人那种命运共同体的味道,有意气相投、情感相和、执手相依、琴瑟和鸣之象,彼此互相照亮、文饰、润泽,共同成就相濡以沫的境界。

九三阳爻居阳位,位置适当,只要能够长久持守正固自然吉祥。把贲理解为文饰,那么九三的地位是最理想的,其他各爻都比不上,也就是说没有人比得上。上卦为艮为止,那就是到九三为止了,所以最终也没有人能凌驾于自己之上。

爱情之中意量的彼此缘构阶段开始之时,可能对对方的情感有所怀疑,深爱本身也有盲目和危险(互坎),但冲破了如寇盗一般的疑心,反而可以有更加坚如磐石的彼此深爱,进入恒久的婚姻境界,从而使爱的意量提升到一个不可以离却彼此的最佳心意相通状态。

【明意】

人间心灵文饰的最高境界通过爱的意丹来体现。此"永贞吉"体现的就是彼此对爱意之丹的坚贞相守,双方时刻心意相通,文饰对方的心意,共同建构彼此的意量。虽然彼此坚贞的意念相和的意量有限,但意丹凝结而成之后却可能达到永恒的境界。"永"是有限意量的无限化的状态,是用意固结同心,直达爱情"有而无之"至高境界的努力,让爱的意丹因其坚贞而达致"无"的永恒,从而成为世间无与伦比的心意风景。

深情相爱中缘构彼此的意量,常会受怀疑的情绪影响,可能把对方的好意误会成敌意,但因彼此心意相通,最后还是能够迅速克服各种情绪,重新回到彼此深沉相爱的意量之中。彼此深爱之人,他们的意量是感应的最深形式,分分秒秒心心相印,时时刻刻不能离开对方,是对方的存在与印和(跨越时空)缘构了意量的限度,而这种限度因心心相印的尺度可以跨越时空中近于无限的隔阂。

彼此装饰对方的心意之境,共同构筑对方的意量,不论处于什么样的境域之中都相濡以沫,并且永远忠贞于对方,这是人间意量彼此缘构的最佳状态。相爱的人,让对方构成自己的意量也就是爱与情的分限,但这种分限之量因其爱之深度与广度,又可以有无限的意量出来,这也是一种意识缘构的"有而无之"。

此爻之阴阳相和、相濡以沫,表达出了感天动地之境界。好像动人心魄、坚贞不渝的爱情故事一般百转千回,跨越时空,超越一切存在。可见,"永贞吉"的爱情是人间爱的绝唱,世间永流传,所以象辞之意是说,世间没有任何东西可以凌驾于如死之坚贞的爱情之上。

六四:贲如皤(pó)如,白马翰如。匪寇,婚媾。
《象》曰:六四,当位疑也。匪寇婚媾,终无尤也。

【明译】

六四:文饰得淡雅美素、白净无瑕的样子,坐下白马又是那样纯白无杂的样子(向初九飞奔而来);(初九)发现前方来的(六四)并非寇盗,而是来求婚联姻的佳偶。

《象传》说:六四阴爻居阴位,正当多疑的位置,所以六四开始怀疑,后来(初九)发现前方来的(六四)并非寇盗,而是来求婚联姻的佳偶,(六四)到最后不会有什么抱怨和忧虑。

【明变】

卦变前后全卦只有六四与初九能阴阳正应,其他爻都无正应,对初九来说,先疑六四为寇盗,但后来发现,前方来的六四虽在坎中,却并非寇盗,而是来求婚联姻的佳偶(九四为坎中,代表一心恒定),跟自己惺惺相惜,佳偶天成。

【明解】

皤:《集解》:"亦白,素之貌也。"一作老人须发银白。翰:天鸡,就是白雉。尤:忧虑,怨恨。六四本处于疑位(如乾九四),加上互坎为疑,所以疑心很重,六四先怀疑九三,再怀疑初九。六四阴爻得正,自然非轻浮之人,又为艮卦初爻,有止之德,所以没有给九三丝毫暗示和任何机会,九三即使有意也很快放弃,还是跟六二好了。一说六四居正,心虽疑,但行得正,能以素心素行应对得当,使得九三放弃了抢婚(如屯六四)的念头。九三情深于六二,对六四即使有意也远弱于六二。九三爻下有六二,刚柔合为一体,不会成为他人婚姻道路上的羁绊,王注、孔疏以九三为寇的说法当否定。

六四先没有给九三机会,看到九三六二如此恩爱,而自己身处坎(危险)之中,自然对自己,也对远方之应爻初九有所怀疑。但最终疑心解除,心寇烟消云散,涣然冰释,因六四与初九也情投意合,一个舍车而徒、志趣高洁,一个白马翰如、贞洁自守,两人心心相印,所以能够终成眷属。当然,互坎意味着六四因深爱而盲目,意量变小,还可能会有危险。

卦象上这一爻主要突出白色文饰,用了很多可爱的白色事物作比喻。"贲"先是素白的,还有白色的须发(颐嘴有须,六四在小颐卦里)、白马(互坎为美脊马)、白雉(下离)等,一幅文饰得淡雅美素、白净无瑕的图景,而且连坐下白马都纯白无杂。

象辞说六四在互坎(疑、寇盗)中,正当多疑之位,自然会有疑心。

此爻注家对"翰"字的解释众多,主要有:一、洁白色,见《周易正义》王弼注;二、马飞驰状,见《周易本义》;三、高昂着头,高亨先生引《释文》有言;四、马毛长,高亨;五、壮硕等。关于"白马翰如"所描述的对象,大抵有两种观点,一种认为指初九;另一种则认为指六四,持此见者如王弼、朱熹等。本爻六四,所以应取六四。取义即互坎(马)既是白色,又朝初九飞奔而来。对于初九来说,先看到坎象,以为是盗寇,后来看到六四对自己一心一意(坎中刚爻代表内心恒稳),才知道六四是来求婚的。

  注家对于贲卦"匪寇,婚媾"的理解有多种:王弼、朱熹等人认为指九三;马恒君、傅佩荣认为指六四。黄寿祺认为"匪寇,婚媾"指初九,但是却认为"白马翰如"指六四;余敦康则认为"匪寇"指九三,"婚媾"指初九,但是他却同样认可"白马翰如"指六四。李光地《周易折中》认为"白马翰如"与"匪寇婚媾"二者均指初九,这样说象上并没有坚实的依据。历代注家的这些解析说明"白马翰如"与"匪寇,婚媾"所指对象可能不一致。

  总之,"白马"是强调白马洁白无瑕,取坎象,应该问题不大。马恒君认为,六四在互坎(美脊马)中,所以"白马翰如"指六四,今从。只是"翰如"的解释,如果仅仅是说明白色的样子,似乎跟后面"匪寇,婚媾"的联系不够紧密,如果理解为不仅仅是白马白色之状,更是白马飞驰之状,就与后半句联系密切多了。如果马没有飞驰起来,就很难有"匪寇婚媾"的判断,判断一匹静止的白马或骑白马休息的人,不容易有那么大的失误,所以还是取飞奔之义为上。

【明意】

  如果把《参同契》的中心问题看作彼此缘构对方境遇而构筑的意丹是如何可能跨越时空的,那么九三爻强调无论何种境遇都不离不弃,彼此相守,六四爻强调的是意丹彼此感通,融合无碍,跨越时空的美妙境界。六四特别指出这种彼此通过爱情文饰对方的心灵之境所体现出的意量状态,外表淡雅美素,内心清白无瑕,而心意发动举手投足之间皆纯粹精一至极。

  爱情之中意量的彼此缘构开始可能对对方的情感有所怀疑,深爱本身也有盲目和危险,但冲破了如寇盗一般的疑心,反而可以有更加坚如磐石的彼此深爱,进入真正的婚姻境界。从而使爱的意量提升到一个不可以离却彼此的最佳心意相通状态。

  此爻表达了人间意念彼此感通,融合无碍,超越时空的极致美妙境界。

  六五:贲于丘园,束帛戋(jiān)戋。吝,终吉。
  《象》曰:六五之吉,有喜也。

【明译】

  六五:(君王)意图文饰装扮大好河山的丘山田园,以轻微的束帛礼品招贤纳士。虽然有点不成敬意，但最后一定会国事呈祥。

《象传》说：六五的吉祥是因为必有喜庆，既因为六五位置好，也因为六五虚怀若谷，招贤纳士，一定会有喜事。

【明变】

刚来文柔就是上九来助六五柔王；五与上一柔一刚，一阴一阳。喜从天降，六五柔王喜得上九之助，共同安民治国，开创出人文化成的文明境界。

【明解】

丘园：丘山田园。此处由自然景观引申出隐士等义，也有作国家之喻的。束帛：成捆的布帛礼品。《文选·东京赋》李善注"古招隐士必以束帛，加璧于上"。戋戋：少貌。本爻强调礼轻情重，刚柔相济，爱情圆满，国事呈祥。六五高居尊位，虽无下应，但阴柔得中，上承阳刚，无应也好，正好专心亲比上九。上九为高贤隐士，在艮（山）上，故取山丘田园为象。延聘高贤隐士，首重诚意，故聘以丝帛，因高贤必然看轻财货，所以无需太多，点到即可，毕竟以江山相托，本身就大有诚意。

前人解释众说纷纭，有"文饰于丘园之地""以浑朴的山丘园囿为饰""装扮自己的庄园""文饰丘墟园囿""一束束洁白的丝帛装饰着山上的园囿""文饰招贤馆"等不同的译法。六五在上卦艮里，如果取山象，就是文饰山野园林；如取馆象，所以是文饰招贤馆。但取馆象的根据不如山象，所以还是以山丘里的庄园为妥。因为以轻微的束帛礼品招贤纳士，所以认为是招贤馆也有一定道理。在山里招贤纳士，礼品又少，开始的时候不会太顺利，但六五位置好，柔顺居下，虚怀若谷，天下英才皆向往而归之，最后的结果一定是好的。

从象上分析，六五柔爻占据刚位，不当位，所以不太顺利，会有一些问题，但《系辞》说"三多凶，五多功，贵贱之等也"，五位多功，所以最后一定吉祥。

【明意】

六二、九三与六四、初九的爱情故事在本爻超越了小家子气，成为爱江山更爱美人的史诗。君王礼聘高贤隐士之目的是邀请他共同治国安民，以成至美之贲道。所以本爻"贲于丘园"，比起贲足、贲须、贲服、贲马显得胸襟更为开阔。

忠贞圆满的爱情意量当延伸到家国天下之中去，而不是仅仅局限在自己的小家之量当中，故彼此印和的心意不仅仅以对方为量，而且还应该同时以天下为量，也就是要邀请彼此相好的同道共同成就一番伟业，把天地都一起装修好。要有装饰好天地的气量，首先要有阴意与阳意彼此感通凝成意丹的意量。意量伸展至广大天地之中，即可以改天换地，共同把天地家国装饰好。

在天位的意量自然有天地气象,得到上九之助就彻底激发了之前凝炼的意丹的能量,从而可以超越家庭达到精神通于天下家国的无限意量。此爻说明装饰天地宇宙万物的心意是可能的,爱的意量可以突破小家格局,而有天地宇宙的宏大气象,即爱的意丹可以延展到天下之中去。人文是小家小爱,要文明以止,发乎情止乎礼。天文才是贲卦的要旨所在,上察天时,下化众生,是装修天地宇宙万物,而不是装扮自己的小家。读贲卦,知道斯文载道,文化的装修才是超越时空的大装修。

上九:白贲,无咎。

《象》曰:白贲,无咎,上得志也。

【明译】

上九:文饰装扮到了极致境界而洗尽铅华,返璞归真,没有什么问题。

《象传》说:在素朴虚白的大地上文饰装扮,没有什么问题,因为上九实现了它想上来文饰装扮坤地的志向。

【明变】

卦变中,上九从泰的下乾中位分出来,到全卦最上位,来装扮原卦坤,这样大地从素朴虚白的状态得到美化,由质素而变得灿烂有文彩。上九上来的目的就是来文柔,心志实现,内心满意,也可以理解为在上位心志得意。此爻爻辞与象辞的理解角度有所不同,目前用卦变较清楚地解释了象辞。

【明解】

前五爻"贲"之前都没有文字,贲本身就解释为文饰装扮的意思,强调装扮的样子,或者后面跟宾语,表示装扮什么东西,所以"白贲"不应该理解为用白色来装扮,或"用纯净洁白的颜色文饰",或"素白无华的文饰",应该是装扮素朴和虚白。

按照《象传》"关乎人文,以化成天下",也可以说是给大地做装扮,是以文饰质,从而在六五那种装扮天地的境界上更进一步,家国拉高到天下,实现了装修天下的伟大志向。

【明意】

一爻爻用儒家的进路解,好像一路搞装修装饰上来,境界越来越高,最后到了山顶,实现了极致状态,有点道家的气象出来。路上还发生了两场令人魂牵梦绕的爱情故事,也算儒家入世的表现。贲卦不同爻位有不同高度、不同视野,影响装饰的不同范围和境界。

贲卦到上爻,真有会当凌绝顶,一览众山小之妙境,上九在艮山之巅,可以高瞻远瞩,化成天下。以此视角看此爻的意量,白是天地的虚白,正好大做装修,有经纶天下之志。不论是上来得志,还是在上得意,搞顶层设计是绝妙的自我实现的体验,是潇洒人生成功境界背后洗尽铅华、返璞归真的意道,但如果单纯强调后者就离象辞"上得志"有距离。"上得志"说明此贲卦的爻上来之极致就是装饰天地,化成天下之文,而有象辞的意境出来,上九的意量是人天之意通天的终极境界的展示,是成功的装饰天地的那种高峰体验,也是一种儒道合一的完美人生境界的体现。

在山顶上搞顶层设计,达到儒道合一的境界,不但脚痛会忘,什么痛苦也都可以放下,这就是心通天地的自我实现,即人天之意通达天地的境界。上九在高山之巅,也在天地之极致境界,爱的意量被放大到最大尺度,从而能够进入高瞻远瞩、洞彻天地的虚白之境,把爱人之情意的意量转化为仁爱天地的气魄,从而把经营天地的意量扩大到最高远深邃的境界。可见,装修天地的气魄实现了对天地之大爱那种儒道合一的至圣境界。

二十三 ䷖ 山地剥（坤下艮上）

贲上九透出可以挥斥方遒的豪迈，可是转到剥就要顺而止之，形势变化迅速，好像刚搞完顶层设计，转过来就岌岌可危，现实中好比搞顶层设计必然触及既得利益集团，此时只能顺应时势而该止则止，心随天行，先止念，之后找机会止住败坏的时势。让意念在止中生，在长期的休止安宁平静之中，生机似乎已然不显，而一旦外缘生起，生机可能迅速点燃，心念的生机被长期压抑和削弱，得到强烈的外缘而全身心地释放，生机大展。

从意生论的角度，人必须转向自我决定，才能把赋予生命的使命从外转向内，虽然一生当中很多事情自己不能掌控，但人还是要努力创造自己的人生。人只有在意识到自己的存在之后，才会具有反思的能力，去思考存在的开端和意义。人所能改变的，不过是只有一次的人生，力图过得比较符合自己的意愿。

《易》以生为本体，即以"意—生"为本体，此卦讨论意念之生机发展到极致，到了生机剥落、岌岌可危之时刻。剥卦为乾（生）宫五世卦，为"意—生"论第六。当意念的生机达到观卦那种通于天地和万民的神境，就要迅速走向其反面，即生机奄奄一息的艰难状态。剥卦讲的是阴意的生机，在阳意被剥蚀的过程当中，阴意没有阳意就没有生机，只有阳意才能给予阴意生机。每当阴意及其存在处境被多方面表现，是因为情境之中，阳意不断被剥蚀，表面阴意增长，但实则阴意趋近于绝境的状态。因剥而生的情感是情感之生机已然缺失，通常需要外境的因缘才能激发内在的情境之生机。

剥，不利有攸往。

《彖》曰：剥，剥也。柔变刚也。不利有攸往，小人长也。顺而止之，观象也。君子尚消息盈虚，天行也。

《象》曰：山附于地，剥。上以厚下安宅。

【明译】

剥卦象征剥蚀掉落，不利于有所前往。

《象传》说:剥就是剥蚀掉落的意思。是阴柔上长即将变去阳刚之体。不利于有所前往,是因为小人的势力正在不断上长。下卦坤为顺,上卦艮为止,全卦是五阴逼退一阳的架势,阳爻应该顺势抑止小人之道的成长,这从观察卦象就可以看出来。君子处事崇尚消息进退、盈盛亏虚的转化哲理,这也是顺从天的运行法则。

《象传》说:上卦艮为山,下卦坤为地,山剥蚀掉落附在大地上就是剥卦。在上位的君子看到大山被剥蚀将尽、山石掉落重压在地面上的卦象,担心根基不固,要增厚宅基,安稳而居;也要厚待百姓,让他们安居乐业。

【明变】

剥卦是阴剥阳,由乾卦往观卦变来,观卦阴爻再上长一位变为剥卦。

【明解】

剥卦不利于前往,可以说意味着盲目乱动都是不利的,也就是处于一个剥蚀掉落的危难时势当中,到处都有剥落下来可能伤害自己的因素存在,所以怎样行动都充满危险,如果真要行动就需要特别小心。

五阴来决一阳,阳气处于彻底的弱势,此时只能够顺势而为,不可以逆势而动,即使顺势而为也符合天道运行的规律,并不是同流合污,自甘堕落,而且最后一定会按照天道运行,适可而止。

卦象前人讲清楚的少,山在地上本来应该是非常安稳的,可为什么又会剥落,而且几乎是最为危险的卦?其实,这指的是大山附于地面,地的阴气和山体的阴气不断上长,把山体表面的草木土石剥蚀将尽,山石纷纷掉落重压在地面上,这是非常危险的情况。好比山边的房子面对山体滑坡的危险一般。

【明意】

生机是人生及其境遇的根基。当人意识到生命的尽头在日益逼近,可能深感恐惧,人生匆匆而过,但生机尚未展开,一旦生机被压抑剥弱到极致,自己都感慨恐慌。不管知不知道自己的死期,人最后的结果都是死亡,区别仅仅在于人生的色彩,生命的强度和力度。人生的生机如果没有机会绽放,好像枉此一生。但绽放生意的机缘却可遇而不可求,每个生缘的瞬间都是所遇为命的状态,命的生机在当下意念交接的瞬间当中显现与展开。

生机在时空之中,随时间的推移而不可思议,《周易》揭示出时间对存在物的特殊意义,即存在物无时无刻不在时间之中,也就无时无刻不跟时间的阴阳性质发生交流。阴意处于阳意不断被剥蚀的情景中,一旦没有阳意即无生机。换言之,如果生缘显现而自己不抓住,就难以让生缘存续。

剥卦强调"顺而止"和"尚消息盈虚",是心念合于形势而通,处境越危险,就越要小心防范。生缘的出现总是充满危机,在危机之中才能有大生缘,面对山穷水尽的状态,有人能够振作,重新来过,有人在绝望中放弃希望。可见,人意念的生机强弱在绝境面前可能决定命运的转机,是"意—生"决定人身体的进退,好比宅是人生存的根本,一如身体为人存在之本,身体由内而外的运动当受意念的调控和引导。

初六:剥床以足,蔑贞,凶。
《象》曰:剥床以足,以灭下也。

【明译】
初六:从床脚开始剥蚀,邪道开始侵蚀正道,必有凶险。
《象传》说:从床脚下面开始剥蚀,就是要从根基开始毁灭。

【明变】
阴意在生,阳意被剥蚀,阳意缺乏自觉,从下面开始被灭。

【明解】
蔑:通"灭",腐蚀灭掉。贞:正。剥床从床脚开始,是直接毁灭下面的根基。程颐说:"以床为象者,取身之所处也。"马恒君说:"考之卦画,巽像一张床,下有床腿,上有床板。"初爻还有足象。一说,床泛指卧具。床在人下,足在床下,剥蚀床足,就是要灭掉下面的根基,是阴剥阳,柔变刚,邪侵正,小人消君子,所以"凶"。

床本接地气之物,地气被剥蚀就凶。此时不宜前行,应该顺时而止。必须对邪道侵蚀正道的迹象非常重视,否则越来越危险。但此爻,守正未必能够防止危险,只能减低危险的程度。所以象辞说要从根基上开始毁灭,这是多么凶险恐怖。这一爻上来就指明了剥卦的凶险。

【明意】
"蔑"提醒人们要绝地奋起,努力自救。剥是生机之剥,但刚开始剥蚀通常没有明确感觉,因为还在生机不显的情境,自我意识往往不清,对情境之感受也缺乏生气,但正因如此,反而说明,一旦感受和意识到切近的危险情境,就要有绝地反击的心理准备,保存实力等待机缘,明白亡羊补牢还来得及的道理。

在大势不好、危险来临的时候,即使守正也可能凶,即使应该守规矩,也需要根据情境的瞬息变化不断从宜适变,不可坐以待毙。

六二:剥床以辨,蔑贞,凶。

《象》曰:剥床以辨,未有与也。

【明译】

六二:继续剥蚀床腿,邪道继续侵蚀正道,越来越凶险。

《象传》说:继续剥蚀床腿,是六二孤立无援,没有应与。

【明变】

六二的位置很尴尬,上下不通,左右无援,在剥卦从下到上、层层递剥的大势当中六二有带头主动干坏事的意念,比较主动,目中无人,无所不为。

【明解】

辨:床腿。依郑玄说"足上称辨"。从"辨,分也"的角度说,更接近花纹、雕刻。一说在床席下的床板。从象上看,应该是床腿的上半部分。还有解为床头、床端、床干等,应该不是床腿就是床腿上面一点点。与:赞同、支持、一起、相与、正应。

没有爻跟六二相应与,让六二处于孤立无援的危险境遇。六二与六五不应,得不到上面的支持和帮助,自己在邪道上长的大势当中,有心无力,已经大难当头,越来越可怜凶险。

初六砍掉床足,六二砍掉了床腿,没足没腿,床板要翻落在地,所以越来越凶险。六二是柔进一步灭刚,所以也是邪道继续侵蚀正道。

一断为"剥床以足,蔑,贞凶"。尚秉和认为贞当为"卜问",即占卜有凶。他同意初爻的"蔑"应释为"灭",但又进一步征引《说文》"灭,尽也",认为"剥床以足蔑者,言床足被剥尽也,故卜问凶"。

【明意】

六二是阴意肆无忌惮地剥蚀阳意的凶险之境,要做好绝地反击的准备。意念的准备是意识到剥是生机之剥,是阴意生、压灭阳意之生机,阴意没有阳意的相与和感通,生机就被继续剥蚀。可以理解为,自我对于情境的感受已经泯灭,难以存续。在艰难时刻,生机的出现往往在精神的偶遇之间。可见,六二代表安宁到没有任何生机之气和可能性的情境,虽是典型无生气的阴意情境,没有阳意的相应,所以任何情感的异动都如死水微澜,结果阴意灭除阳意生机的意志越发强烈。

六三:剥之,无咎。

《象》曰:剥之,无咎,失上下也。

【明译】

六三:顺剥落之势,却没有什么过失。

《象传》说:顺剥落之势,却没有什么过失,是因为六三跟上下阴爻都不一致。

【明变】

在阴剥阳的大势中,六三内心里跟君子(上九)心意相通,说明虽然表面是小人,但还是能够了解正道所在,这样当然跟上下阴爻都不一样了。

【明解】

六三虽然不得不顺着剥落的大势,但不会跟上面下面的小人们同流合污,所以不会有大的过失,也就是不会把坏事做绝,知道适可而止。全卦就六三有上九正应,跟其他爻都不同,没有同党,不会跟上下的小人结党营私,虽然是在剥的大势当中,却没有什么大的过失。此处"无咎"讲成"过失"应该比"祸患"好一些。

六三愿意同流合污,跟着做坏事,但又不愿意跟着大家把坏事做绝,知道不做绝才是不被剥之道。虽然有时候和不好的人在一起,但自己还是知道要从正道,尽力做好事。

【明意】

此爻说明心意的生机已被剥蚀,进入孤立无援孤独无助的心意之境。生机几乎全部被剥蚀的时刻,是一种近乎绝望的状态。阴意剥蚀阳意的趋势不可避免,几乎形成自然形势,难以抗拒,只能顺势而剥。此爻的心意之剥比身意之剥更彻底到位,阳意被剥蚀尽净之时,恰是阴意生机的展现和绽放时刻。

小人跟上九相应,因为能够理解情势,也觉得剥的形势不好,不应该继续,而应该适可而止。但在此大势中,守正道不见得就能够顺利,不会遭罪。可见,意识境遇和人生遭际彼此之间有相对独立性。在剥的大势当中,六三心地不坏,但毕竟势单力薄,需要随波逐流,能做到没有过失就不错了。如果要想变好,变为吉利,那就要结交更多的好人,大家一起团结起来做好事。可见,找到自己心意的生机境遇,并给自己意念的生机定位很重要。

六四:剥床以肤,凶。

《象》曰:剥床以肤,切近灾也。

【明译】

六四:剥蚀床到了人的皮肉,非常凶险。

《象传》说:剥蚀床到了人的皮肉,说明六四已经切实迫近灾祸了。

【明变】

阴意在天地的生机中,已把原生剥蚀阳意的状态进行到底,此时危机四伏,阴意已基本把阳意剥蚀净尽,但阴意没有阳意之应,即无生机,也就不可存续。

【明解】

切:挨着,迫近。肤有说皮肤,也有说床面,可以说是皮肤和床面的临界面。六四代表已剥到上卦艮(带皮肉),剥到皮肤显得更加危险恐怖,跟象辞的说法一致,犹如火烧眉毛一般凶险的灾难就在眼前发生,躲都躲不开了。

【明意】

此刻阳意的危险迫在眉睫,生机被剥蚀到极致,但反而是彻底绽放的可能性。一说阴意觉得剥蚀过分,悔恨交加,阳意对阴意的触动,让阴意意识到自己已剥蚀过度,但危局已经造成,无法回去,可以说是唯有艰难面对自己一手犯错造成的过失之境。

这说明在极度危险的境遇当中,要反躬自省生机如何存续。危险是对"意—生"境遇的变化的敏感领会,而如果不够敏感可能导致身临险境而不自知。

六五:贯鱼,以宫人宠,无不利。

《象》曰:以宫人宠,终无尤也。

【明译】

六五:率领众宫女们鱼贯而进,受到宠爱,是无所不利的。

《象传》说:像宫女们一样受宠,最后不会有什么怨尤。

【明变】

剥卦以乾卦经由观卦变来,即观卦柔爻再上长一位变剥卦。剥六五在卦变前为观上卦巽六四。本来六五是众阴的排头兵,气势汹汹地要上来剥蚀掉上九,但一看上九剥蚀不掉,自己又能够居于上卦中位,足以继续带领众阴,马上改变态度,以众阴来顺承阳,因为调整得迅速到位,所以最后不会有什么怨尤。

【明解】

贯鱼：贯是贯串一排。贯鱼指群鱼游动时前后连贯成行列的样子。柔爻阴性取鱼象，六五下边四个柔爻，有领头的鱼带着成行的鱼之象。此爻从象上来说，六五带领四个阴爻，好比一群宫女，进宫门（艮）去服侍君王，下有床（巽）象。六五是阴爻的老大，老大要有团队领导能力，广结善缘，兼蓄并包，像王后统领后宫嫔妃一样率领众宫女们鱼贯而进，受到宠幸。六五在老大的位子上方向正确。总之，六五居于剥卦君位，做了老大，上承上九之阳，得到处于剥势的好处。

【明意】

六五是这群小人的头，主动把同党像贯鱼一样串起来。关键在于，六五知道把上九干掉，全卦改变，形势翻转，对大家都不好，可见六五看情势有过人之处，眼界高人一等，意识到自己的地位来自阳意上九的存在，不能让上九君主远去，否则自己地位不保。

六五以阴居阳位，阴柔而能够领导，但领导力的根源却在上九，是阳意给了力量，所以一改剥蚀之意，会主动顺承阳意，不再剥蚀阳意，而是尽量保留哪怕一点点阳意，知道岌岌可危的阳意都会尽心尽力去体会并珍惜六五给予的生机，可见，六五在意念之中把阳意的生机贯穿在整个阴意剥阳的生命历程，和阴意存续时刻不能离开阳意的丰富精神世界之中。

阴意必须要有阳意牵扯配合才能继续存在，也只有阳意之生成存续才能让阴意生机勃发，还带给其他阴意向着阳意之可能。阳意生机如此配合勃发的阴意，带动无限阴意倾心配合，在剥蚀生机的大势当中，绽放出意念生机无限的良性状态。

上九：硕果不食。君子得舆，小人剥庐。

《象》曰：君子得舆，民所载也。小人剥庐，终不可用也。

【明译】

上九：硕大的果实还没有被剥蚀和摘食。君子摘得，便是载人的车舆；小人占有，就会把人们庐舍的屋顶都掀翻。

《象传》说：君子摘得，便是载人的车舆，因为人民放心地搭乘君子的车舆（继续拥戴他）；小人占有，就会把人们庐舍的屋顶都掀翻，说明小人终究不可任用。

【明变】

上九是剥中得生，一阳来复。因上九为阳意之生机，是生生不息的"意—

生"之来源,如果上九之生缘离去,则生机幻灭。

【明解】

卦已剥蚀到了五位,剩下上九,是硕大的果实还没有被剥蚀和摘食。上九在艮(门、果蓏)中,刚爻为大,是高高的大门顶上挂着硕大无比的果实,引得过往的君子小人全都垂涎欲滴。

上九是穷极危险之位,此时个人内在的修养和操守就决定他居于危险位置时是吉是凶。如果是君子,就能够降服众阴上剥的汹汹气势,转危为安,甚至收获车舆(下有互坤)。但如果是小人,就会连屋顶都要被剥掉,马上就无处安身了,非常危险之象。人民认可君子的德行,继续放心地拥戴他,坐君子的车子,这样在剥的穷极之势,因为君子能够驾驭众阴,这种势力反被君子收服利用,成为治国的车子和工具。可是,如果小人得势,得以利用剥的穷极之势,就会从内心里认可众阴对阳的剥蚀,索性就把人民(互坤)的屋顶(上九为艮之顶)都掀翻,这样的小人得势,马上祸国殃民,当然不能任用他们。

高山顶上成熟发黄的硕果耀眼夺目,即使摘不到也有摘的意念,大家都不愿意见了还空手而返。可见,最后果实是一定要摘的,但摘之后后果自负,而后果主要由摘者的德性来决定,也就是说,当上九的硕果六五吃到之后,结果由上九的德性和德行决定。如果上九品德高尚,可以跟自己的姬妾一起有好的出路,但如果上九跟六五这对神仙眷侣德性不好的话,就联合她们一起把屋顶掀翻,把家业都付之一炬,好比小人独吞硕果之后还恨不得放把火把房子都烧掉。另外,也可以理解为六五尝到上九的实惠之后,在群阴眼热之际和上九乘车(坤)离开,但车子走后,群阴方才明白上九被六五独吞了,于是群阴怒极而剥庐。

【明意】

君子留着硕果与人为善,命自我立,还有好结果,这里不剥就是不被剥之道。心意的生机与阳意的存养有莫大的关系,于身如此,于国则是涵养民意的生机。小人的心量小,对生机的领悟不能因缘通于天地,剥蚀而至于无生机之境。

阳意命悬一线的关键时刻,可以说,过得去就是君子,过不去就是小人,此时既看德性,也看运气和结果,但人在最关键的时候,要赌一把,过得去是靠天意,在生死之间,在绝境之间,靠的是看不清楚的阴阳交汇之力。最终老天会拯救良心发动的人,因为人的行为最后由内在德性与外在德行一起体现出来,不应该是单纯的结果主义,从另一方面讲,君子对百姓的起心动念方式要合乎天地良心。阳意所在,君子体天地之生意而为仁,如车可行更快,小人不能体会天地生意,心小而妒恨,把屋子破坏,所以百姓的心意即是天地之生意。

君子与众阴坐车走了,小人看不过,怒而掀翻屋顶。可见剥的核心还在于阴意的生缘皆在阳意,只要心念中存有一念阳意就可能把生机延续下去,真正的生机是境域生生的延续。天翻地覆,阴意境域中的阳意被彻底剥蚀而难以重现,全部都只剩下象征。好比离别时分车动了,最后的生机没了,离别时刻那一瞬间没有足够的勇气决定着长期甚至一生的境遇,有勇气改变自己人生的人等于搭乘一辆通向新世界的车,而没有勇气的只是把原来的生存境遇(因为意识的参与而不再是旧的境遇)在心念之间时时刻刻作天翻地覆的改变。

可见,向死而生这里可以理解为向阳意离去的绝境而生,带不走阴意的全部境遇,绝望至极,而生机有限,似乎回归原样,但天地已然完全改换,阴意的天地不再,一个新的与点滴阳意共生共存的世界开始了,表面好像都没有变化,重回安全无生机的日子。

二十四 ䷗ 地雷复（震下坤上）

复卦的本义是根绝往误，重回善道。复为坤（境）宫一世卦，立"意—境"论第二。此卦讨论人因生而有意则实存，无意则人并不实存，或人丧失实化自己意念的能力则不是完整的存在形态。人如何领会宇宙生生不息之意？意向能梳理天地万物的秩序，故意向的重生，带有复兴天地宇宙秩序的意味，如巽之鲜洁整齐之意。人心的先行结构与宇宙意志天籁的先行结构同质，所以人心在后天境遇中的复兴是意图在后天世界中重建先天世界的心灵秩序和逻辑结构。

阳意的再生或重生，是心通于物的自然结构，因为宇宙本体是阴阳自动，本体上生死一如，本无所谓重生，但意力之存在因其生，故从生到死的过程之中都重视生，因生而有意，与宇宙力量相遇，就一定要分始终（因为人生有始终），也就出现对宇宙力量周而复始之判断，如四季周期性有规律地运动，带动宇宙间自然与人文现象皆可以重生。

天地之意念何以可能？天行是自然之行，人之意即是天地之意。人心之善念何以可能？人之意与天地之意有相同的先天结构，人心本来就是天地之心，天地之心生生不息，在人心就是天心自然流动表现为仁心流动，都是就"生"与"成"的气象说，而不是就其否定的一方面说。但宇宙之心，即宇宙的意志如何领悟，这需要领悟宇宙意志（天籁）的先行结构（如河图洛书）。中国古人发明一套表达人心与宇宙共通的先天结构的模式，自有其内在的象数逻辑，而运用也往往相当有效甚至精确，但没有达到西方的数学与科学系统那般精确易行。

复，亨。出入无疾，朋来无咎。反复其道，七日来复，利有攸往。
《彖》曰：复，亨，刚反，动而以顺行。是以出入无疾，朋来无咎。反复其道，七日来复，天行也。利有攸往，刚长也。复，其见天地之心乎。

《象》曰：雷在地中，复。先王以至日闭关，商旅不行，后不省方。

【明译】

复卦象征往而复来，亨通。阳气从内生长，出入之间，没有障碍。志同道合的阳刚朋友们一起前进，不会有过失。阴气剥尽，阳气来复，阴阳彼此消长，有其规律，七天之内就会重新回来，周而复始。利于有所前往。

《彖传》说：复卦，亨通。阳刚之气又返回来，下卦震为动，上卦坤为顺，阳气顺势震动，向上通畅运行，所以阳气从内生长，出入之间，没有障碍。志同道合的阳刚朋友们一起前进，不会有过失。阴气剥尽，阳气来复，阴阳彼此消长，有其规律，七天之内就会重新回来，周期循环往复，这是天道运行的规律。按照这个道理向前进，是有利的，因为阳气会随着你的前往而逐渐增长。阳气往去复来，从中我们可以看到天地化生生养万物的心意吧。

《象传》说：下卦震为雷，上卦坤为地，雷蛰伏在地中，在地中微动，象征阳气来复。以前的君王知道冬至一阳来复，在冬至这一天封闭关卡，让全民静养，商贾旅客不得通行，即使是君王都不去四方的邦国巡视。

【明变】

"复"是返回到正道上来重新开始之意。复卦是剥卦的覆卦，全卦主爻为初九，从剥卦最上位返回到复卦最下位，重新开始向上发展。刚爻到了全卦穷尽的最上位后，又回到全卦最下位重新向上长，发展的路刚刚开始又亨通了。**从坤变乾、从乾变坤，之间的十二消息卦里不会出现坎（疾病）卦，刚爻无论是出还是入，都不会有疾。复卦从一阳开始，一步步要发展成临、泰、大壮、夬、乾，刚爻越来越多，志同道合的阳刚朋友们一起前进，不会有过失。**

【明解】

出：阳意出现。入：阴意要慢慢退却消散。七日：七天为一周。天地之心：天地创生、长养万物之心，因生物而有仁爱之意。见：阳意（仁爱）心意之光的显现和发露。后：指君王。省：视察。复卦卦象内震外坤，一阳来复。动（震）而顺（坤），所以亨通。关于七的说法很多，比较合理的有：隔七爻说，自姤一阴生，经六爻至复第七爻一阳生，故称七日来复。周期之数说，《汉书·律历志》："七者，天地人四时之始也。"一说人日，初一鸡日到初七人日，类似创世过程，即天的孕育和产生过程，所以这里的七也有周期之数的意味。隔七月说，人之心意对大自然气息流变领会的一个表现是卦气说，用十二消息卦每卦主一月来表达，自姤午至复子历七月，所以称七日来复。分卦值日说或六日七分说，一岁十二月配三百六十五又四分之一日，以坎离震兑四正卦，每卦六爻，共二十四爻,每爻主一个节气,不配具体日子。其余六十卦,分周年365天之数,每卦六日多一点(七分),取整数为七日,略牵强。此说又为隔一卦说,三百六十爻,一爻主一日,还余五又四分之一日,是用来通闰年的余日。剥卦阳气在九月之终被剥尽,到十月末都是纯阴用事,坤卦将尽的时候一阳来复。剥复之间,隔坤一卦六爻六日,到一阳来复下卦成震时为七日。

总之,因"反复其道"说明七为周期之数,而周期有完成义,所以七为完成之数,即六合要加上人赋予意义,才完成意义系统的建构,所以后面说"天行也",即天行之道,即可见"天地之心",而天地之心意其实是人赋予天的意义,即人天之意。这样说来,无论是七日还是七月,都可以表示道运行周期的七个阶段,这种心意的七个阶段化是"天行"或"天地之心"被意念领会的结果。此谓人天之意七阶段说。

从上返下,始终在自己的轨道上运行,阴气剥尽,阳气来复,阴阳彼此消长,有其规律。从剥卦的上九变为复卦的初九要经历七个位次的变化,七天之内就会重新回来,周而复始。刚爻代表君子之道向前发展,利于有所前往。至日指冬至。按卦气的配置,复卦在冬至值令。冬至是阳气刚从严寒中生出,阳气还在地冻三尺以下,不能发挥作用,正如卦象上的"雷在地中"。

复卦"见天地之心"的心意,是要人顺从天道阳意之生,而端正自己的心意之原发端点,才能初正终修,让心意的阳气顺从天道,生生不息!心思意念端正似乎简单,其实没有经历反复挫折很难回到合适的正道上来。人要涵养自己的心意于一阳初动之处,亦即万物未生之时,让人天之意顺从天地之阳意,万化之阳意顺从心之生生之意而生,阳意生心,心生阳意,此心物同源之体,而无中生有之端,万有缘生不息之源。

天地之心,既是天地运行的心意,更是天地化生、生养万物的心意。天心通于人心,所以当主动合于天心,按照天心周而复始、生生不息的刚健有为状态,去起心动念。复卦闭关,是为静养阳气,古人认为阳气初生,微动难养,所以需要静养,让阳气的气机发动,从而保持心意合于天道化生的阳意而和谐顺畅。

【明意】

人对于日月时空的周而复始有体会而必分始终,但这些始终在本体上无所谓分别,人的心意每时每刻随顺天机而时时更新,所以终极的理解是日新,每时每刻都是新的,其实是阳气新生,因生而有意的实存,无生则意不存。但《周易》不采用佛家刹那生灭的宇宙观,认为全部的消长盈虚皆在生机中延续。至于如何复兴,则要伺机而动,等待合适的时间与形势,顺势而行。

雷在地中，是能量聚藏在地下，如先天之胎气，微弱的一阳要倍加呵护，方式是静养阳气，如胎息一般不使躁动，这是护持先天元气不失的意境。天地之心即天地之意，初生的乾阳力量虽弱，但阳力生长之后，将照耀四方意境，可见，阳意之动即天地之意动，这是生机的价值意义，至于虚无主义、悲观主义，因悲观而否定生存价值甚至自杀，这在生机宇宙论面前是不可取的。

初九：不远复，无祗悔，元吉。

《象》曰：不远之复，以修身也。

【明译】

初九：没有偏离正道太远，犯错之后，马上改正回复，不至于日后悔恨，非常吉祥。

《象传》说：没有偏离正道太远，犯错之后，马上改正回复，说明初九善于实化意念，正己修身。

【明变】

一阳来复代表天道生生气象，也代表意识的生机（意生），生机皆在境中，依境而生，与境生生，所以需要对境遇保持敏感，对偏离正道的意识之生及时返回并调整。

【明解】

祗：同"祇"（祗读 zhī，祇读 qí），多义，指病、安、多、大等，或无实义。初九修行人天之意，人的心意还没有偏离天道太多，能够马上自己回复正道。可见初九善于实意，对于心意的偏离非常敏感，一察觉自己起心动念有所偏离，马上纠正，随即回复心意通天的本然之善，这是修身的重要一步。

初九本来有悔，因为作为唯一阳爻有明显动象，可是初位本不该动，所以动而有悔。但复卦一阳来复，初九是全卦之主，所以虽动能回而无悔。

【明意】

身的实存，其实是念念相续的基础。离开念念之生机，便是行尸走肉。身为意之境的重要承载体，身意通常不如意境敏感，但身意一旦陷入伤痛，就可能对意境构成挤压，因心意即集中在病痛之中，意境为病痛所占据和持续而难以关注其他。

可见，如果偏离正道太远则无法回复，学习要常常复习，做事要及时反省。阳意初生象征人地生疏的时候，不可急功近利，因为必有阻碍，需要小心应对，摸清形势,缓慢推进。人需要时常反身修行,克服邪念恶念,随时回到正道上来,时时刻刻,心灵一动,即有度和分寸的问题。

心意一偏,心境也随之而偏,故拉回心意,其实是意识到心境的转换,立即回到原初正道的心境上去。修身修道的根本是修意,或者说是治念,即修治念头。意念一转,意境就发生根本的变化,从复卦初九可以看出来。

六二:休复,吉。
《象》曰:休复之吉,以下仁也。

【明译】

六二:休于阻止,回复顺应阳意上长的正道,吉祥。
《象传》说:休于阻止的过错,回复顺应初九阳意上升之正道,表现出美善吉祥的心意,是因为六二能够向下亲近顺从初九这个仁人。

【明变】

六二主动休止阻挡初九阳意上升的势头,向下亲近初九。也就是说,六二虽然客观上会截住刚爻阳意上长的趋势,但六二柔爻柔位,立即发现阻挡初九之势头是不合适的,反而会柔美地向下顺从初九,附和其上升的势头。这样等于六二马上意识到必须休止之前客观上会挡住阳意上升的过错,立即把心意调整复归到顺从阳意上升的趋势上来,这符合全卦一阳来复的大势,所以是吉祥的。

【明解】

休:止阻而美善。一意为"止";一意为"美"。会意字,《说文》:"休,息止也。从人依木。"本义休息,衍生出的解释为停止、等待、依附等;一解为美好,引申为愉快。

六二休于阻止,返回正道,顺从仁阳。六二和众阴本有阻止初九复兴之心,但看到初九是贤人君子,良心大善,就会主动让道,有阻止之姿态而无阻止之实,其实是钦慕初九,有主动放弃而配合的味道。可见,六二的调整说明初九发心比实际力量还重要,初九阳爻刚生,虽无足够的力量,但充满谦仁之意,所以只要初九表现出顺从天道的人天之大善意,就可以感天动地,改换六二的阴止为顺阳,改止的姿态为美善的意念。总之,六二爻处下卦之中,比于初九,等于亲比阳仁,不止反而归附顺从,确有休美之意。

本爻卦象方面历来注家没有太大分歧,但关于此爻的解读众说纷纭。从古至今,关于"休复"的解释比较一致,即美好的复,因休本休美之义。自王弼注为"美善",孔疏例不破注,解为"休美之复"。此后,程颐、朱熹、俞琰、惠栋、陈梦雷等接承此说。近人金景芳、吕绍纲、黄寿祺、张善文、余敦康、廖名春、唐明邦、周振甫等继续沿用此解。但苏轼、朱震、尚秉和、高亨、马恒君等都没有作"休美"解。《东坡易传》中"休"有六二依附初九之意;《周易尚氏学》将"休"解作"俟","休复"即六二等待初九阳爻生长之复;高亨认为六二"欣喜而返",其行有利,吉。

马恒君《周易正宗》认为,主爻初九上临众多柔爻的强大势力,六二一马当先,截住了上复的道路,故言"休复",即停止返回之义。这与宋人朱震观点接近。因此,"休复"当为"休止过错,回复正道",六二选择顺从初九上升的势头而吉祥。比较而言,"美好的回复"是对六二回复的性质判断,对六二举动的道德赞美;"停下来回复"是对六二行动的描述,不再离正道越走越远,而是觉察到之前的错误,停止偏离,尽快向正道回复。结合各爻都首先描述"复"的情况,如不远复、频复、中行独复、敦复、迷复等来看,描述"复"的具体状态胜于下道德判断。所以,"休止过错,回复正道"比"美好的回复"要更加合理。

另三百八十四爻,仅此爻提到"仁"字,说明阳长犹如天地之仁心发动,属于典型的儒家宇宙论解释。而且,六二明明在初九之上,却说"下仁",可见,是强调对初九仁人顺从居下之意。

【明意】

为什么休止是美好?六二阴爻当位居中,跟其他阴爻有所区别,会尽可能合理美好地配合阳气初生的形势,先去照顾它,亲近它,这说明小人之群也会有所分化,六二不但不压制初九,反而乐于见到阳气上升,来帮助初九的成长。小人之所以顺阳意生长之境,是因为明白本来阴意就必须借助阳意才有生机,阴意顺承阳意之生才能生。

六二属于见贤思齐的小人,知道自我克制和反思,这也说明人的心念可以受他人影响,自己改变意境,于起心动念处就知道意境是否吉顺。因为念头所感应的意境,也有善恶方向和含义。全经三百八十四爻唯一的"仁"字与《论语》"克己复礼为仁"和"我欲仁斯仁至矣"等相应,都说明小人也可以发动仁心,而仁心一动则离开小人之意境。可见孔子没有人性本善或者本恶之论,或者无善无恶庶几近之,仁皆在一念之间决定,而仁心的发动是境遇性、依境而生的,不是孤立的先验道德。道德判断皆在境域中生成,是合于境域的才是合理的道德。

六三:频复,厉,无咎。

《象》曰：频复之厉，义无咎也。

【明译】

六三：频繁而不情愿地改正错误，回归正道，虽有危险，但没有祸患。

《象传》说：频繁而不情愿地改正错误，回归正道，看起来似乎常有危险，但道义上说不应该有什么灾害。

【明变】

在一阳来复的大势中，六三在下卦震（动）互坤（土）里，地气发动有频繁多动、反反复复之意。

【明解】

频：频繁而不情愿。一说通"颦"，皱眉头；一说频繁。六三处下卦最上一爻，以阴居阳，不正不中，不当位而多凶，与上六不应，上下相比都是阴爻，有甘于邪道之象，开始被动受邪道诱惑，之后主动享受邪道，而后一再被动地被拉回正道，心里似乎还继续对邪道念念不忘，所以频繁回复而不情愿。可见，好多次不情愿地回到正道，在一定意义上可以说是比较享受邪道或魔道的诱惑，心里放不下。从另一个方面说，人要改正错误，但往往不是一次性就能够改好的，常常会重犯，所以要重新改过，这就是频繁而不情愿地改正错误，回归正道，这也是人改正错误的正常现象，不必过分忧虑，而这个过程当中，人们往往愁眉苦脸，心不甘情不愿。虽然老是改正错误，看起来好像总是有危险，但不会有真正的祸患。

【明意】

六三屡屡犯错，有危厉，又频频回复，是看到六二已经顺应了阳气大涨的形势，虽然心里纠结，但最后还是顺应形势，没有大的问题。具备了复兴的时机，但需要逐渐改变周围的力量，让力量都来顺应才可能顺利复兴。

六三在频繁而不情愿的回复当中，不断重塑其新生的意境。

六四：中行独复。

《象》曰：中行独复，以从道也。

【明译】

六四：持守中道而行正，独自返回正道。

《象传》说：守中而行正，独自返回正道，是因为六四与初九正应，与其他阴爻不同，能够独自顺从阳气上长的正道。

【明变】

在一阳来复的大势中,六四独与初九相应,顺从阳气生长的天道。

【明解】

中行:(在群阴中)居中行正。从:顺从(阳气上升的大势)。六四跟初九正应,跟其他阴爻不同,所以言"独",也就是跟其他阴爻不同朋党,能够特立独行,而因为它以阴爻居柔位,所以能够在中正的道路上运行,自己就会回复到阳气上长的正道上来。

【明意】

相对于群阴来说,六四有自己独特的意识境遇,因为独与阳应,所以有足够的信心去走自己认定的正道。六四与初九阳意相应,内心欣喜,自然特立独行而不与周围一群小人同道,选择自我决定,自己定义自己的意识境遇,不随着周围抑制阴意的情境而改变。虽然不一定得到阳意的支持,但自己觉得对就顺着阳气上长的正道坚持下去。

六五:敦复,无悔。

《象》曰:敦复,无悔,中以自考也。

【明译】

六五:敦厚忠实地返回正道,没有悔恨。

《象传》说:敦厚忠实地返回正道,没有悔恨,是因为六五居中不偏,能够顺应大势,内心自我反省。

【明变】

六五在阳气上升的大势当中,不以五位为优势,而是知道自我反省,认识到自己能力不足,不可能也不会去阻拦阳气上升之大势,所以敦厚忠实地返回正道。仿佛一个自认为能力不足的领导,允许有能力的人按照正道发挥。

【明解】

因为六五能够包容顺服初九而显得很厚,所以言敦厚,一说取上坤厚德载物之象,其实六五之厚,因包容初九而比上坤厚很多。

【明意】

全卦顺应阳意的复兴为大势,即使六五阴意在最有利的位置也不会去阻挡阳意之力复兴的形势,而能够以乐观其成的态度包涵宽容阳意力量生长,形成阳意上升的意识境遇。六五有自知之明,知道自己力量有限,加上认识不足,采取乐观其成的观望态度。阴意对于阳意的上升也有一种大势的判断,知道没有办法阻止阳意之境的成形,就顺观其成。

上六:迷复,凶,有灾眚。用行师,终有大败,以其国君凶。至于十年,不克征。

《象》曰:迷复之凶,反君道也。

【明译】

上六:执迷于复兴而不知回复正道,迟早会有凶险,有天灾人祸。形势不允许的情况下,还出兵打仗以期改变,最后会大败而归,这对国君来讲是非常凶险的,以至于十年之内,出兵征伐都难以取胜。

《象传》说:执迷于复兴而不知回复正道,迟早会有凶险,是因为上六不能理解形势的发展,违背了为君之道。

【明变】

上六以阴柔之力处于穷极之位,所思所行跟国君治国应该推行的阳刚之道完全背道而驰,当然凶险无比。

【明解】

迷复:执迷于回复、复兴,也有陷入迷途不知复归之义。坤为昏暗,有"迷"之义,引申为孤独、惆怅、被人所迷,自己还沉迷不醒的状态,所以复兴不一定都是好事,复兴也不能太执着。灾眚:天灾人祸。灾自外边来,眚从内部造成,都是灾难。

"迷复"有说陷入迷途难以回复,有说执迷于复兴,但全卦都讲返回正道,应该是从迷途当中返回正道,可是又与后面的部分不通,因为返回正道就应该比较通顺,可是爻辞很凶险,所以反而不如前面两种讲法了。但第一种讲法加入意思太多,所以应该取第二种讲法:执迷于复兴。可是上六又不在合适的位置,已经到了穷极之位,无法发挥力量了,加上自己阴柔无力,复兴大业肯定不成。如果这时执迷不悟,轻易动用军队,就会打败仗,多年无法振兴。

此段前后一贯,不需要分成用于带兵打仗和用于治国两个部分,因为后面其实是前面打败仗之后的自然结果,还是执迷不悟,不知回复正道的后果。上六虽然领兵打仗,但与国君应该推行的阳刚正道恰恰相反,因为不到用兵的时势,轻动武力,就导致国破家亡,长期无法复兴,完全与复兴的初衷背道而驰。

【明意】

复的前提是明,意境不明,则难复。此爻形势不佳,说明不可执迷于过去的心境，而不去积极应世。在阳意很弱的情况下，力不从心，却执迷不悟，必有大伤害。故应当破除妄念，让心意接续阳意生长的天机而发。

要恢复元气，知道休息是自然修复，需要慢慢调整意境，不可强打精神，贸然行动。引导众人改变心态的意境，要适可而止，不可妄动强动，因为形势比人强。他人的心念构成的意境只能顺应，难以随意改变。君道应该顺天应人，不可过度折磨百姓，而要给百姓修复的时间。这样君就要用没有妄念的诚意来面对百姓，于是进入无妄卦。

二十五 ䷘ 天雷无妄(震下乾上)

无妄是因为在乎意识的感应,以无妄心妄念求安全的感应状态。心正无邪、诚意通天的意识状态如何可能?无妄的意识之中,没有邪念妄念,意识不乱,自然口无妄言,不胡乱行动,好像天下打雷之时在外,不可有妄念妄行,方能避免无妄之灾。

无妄的前提是意识的自控力可以降服纷乱的世界,自己制念即制妄界。无妄卦是巽(识)宫四世卦,立"意—识"论第五。妄念俱消,则天灾人祸消去,这是放大心意而似乎受到上天保佑之感,其实是了解几微的意识对于形势的影响,知道操控自己的心念,使之没有妄念就是操控自己的命运。人要意识到命起于几微状态,而且不仅是个人心念的几微,更是个人与家人和他人心念互动的几微之境。如果能够念念无妄,念念接续天机,让自己的意识无妄,可以通过唯识的状态而扩大意量。

无妄,元亨,利贞。其匪正有眚,不利有攸往。

《彖》曰:无妄,刚自外来而为主于内,动而健,刚中而应。大亨以正,天之命也。其匪正有眚,不利有攸往。无妄之往,何之矣?天命不佑,行矣哉!

《象》曰:天下雷行,物与无妄。先王以茂对时育万物。

【明译】

无妄卦象征心意安宁不乱,大为亨通,利于持守正道,如果背离正道必有灾眚,不利于前往有所作为。

《彖传》说:无妄卦象征没有虚妄的心意和言行。**无妄卦由遯卦变来,是遯卦上九刚爻从外卦来到内卦下位,变出无妄卦。**卦变显示阳刚者从外部进入内部作了主宰。下卦震为动,上卦乾为健,组合起来是威势震动又能刚健运行。尊位上的刚爻九五在上卦中位,下有六二阴阳正应,显示出行为中正并得到响应。主爻九五在上卦乾(天)里,位正,显示出大亨通而且中正,施行的是天的命令。如果背离正道必有灾眚,不利于前往有所作为,是因为在天下都不敢有虚意妄行之时还要执意前往,怎么可能会有路可走呢?上天之意在惩治邪恶,不保佑外出活动,怎么还敢妄言妄行呢?

《象传》说:上卦乾为天,下卦震为雷,合在一起是震雷在天下施威,万物都怀着敬畏之心,不敢胡来妄为,安分守己。先王从雷行天下中受到启示,要勤勉努力地配合天时来养育万物。

【明变】

"刚自外来而为主于内"是对卦变存在的明确证明。虽不同于阴阳爻交换的通例,但合于象辞的提示。

【明解】

无妄:不乱来、不胡来。"妄"是乱。诸家对"妄"的解释有:1."望",把"无妄"理解为"无望",义为无所期望,没有希望,绝望之境;另一种为非意料所及、出乎意料。2."虚妄",把"无妄"理解为"不虚妄","不虚妄"的含义有解释彖象辞时的"不乱来"和解释六三和九五的时候引申的"无缘无故"。3."亡",以虞翻为代表,把"无妄"理解为"无所亡失"。4."乱",把"无妄"理解为"不乱来""守正",或以正常的道德规范为原则,或以天道自然为原则。由此,除"亡"义外,各家阐释"无妄"的时候都提及"乱"义。《说文解字》"妄,乱也",道出了妄的本义,即任意妄为,不遵循道德、自然规律。"无妄"是不任意妄为。茂:勉的声转。对:配合。

"无妄"是没有虚妄之义。《杂卦》说"无妄,灾也",指没有胡来却受灾。从道理上讲,没有胡来就不该有灾,但有时会遇到不合理的事情,即使不胡来也可能遭遇灾害不幸,本不该有灾而遭灾,所以"无妄之灾"是无缘无故地遭灾。从卦象上说,下卦震(雷),上卦乾(天),是天上打雷,好像上天要惩治邪恶之象。如果消除邪恶,就会有利于正,也会大亨通,故为"元亨利贞"。如果背离正道走邪道,就可能会有灾眚。但人们并不能保证自己所思所想完全合乎正道,当上天有意惩治邪恶之时,稍有不正就可能受到惩罚,为安全起见,最好是不要出来活动,不利于前往有所作为。无妄之时,万物都得规规矩矩、老老实实,噤若寒蝉,没地方可去,最好不动。不敢有虚意妄行之时,不守正道而前往,走不远。只要起心动念就是妄作妄为了,更不要说行动了。

无妄之时,应该不出门,避免遭灾。因为不要说不沿正道而行即乱,有灾,即使正常行走,没有偏邪之时,也可能有无妄之灾。从另一个方面看,有意识地让一件事物无妄,是用意识将其性命端正安宁之意。这一卦强调主动安宁不乱的修养功夫。

【明意】

　　从不可妄行引申出自正心念,但自己端正或者自己证明心念之正,又如何证明?人控制念头的难度很大,无论是从"思无邪"开始的修意传统,还是西方的原罪说,都承认人的意识容易偏斜。修意的核心就是要让意识设法修回正道,这是道德与宗教的着力之处。如何做到无丝毫妄念之心,即压根儿就不起邪念?这需要做自觉、反思的功夫,尽量自己控制;反之,不自觉就无法控制。要知道惜福,少动歪念头,因为小的意识不注意可能要成为大祸害。既然存在皆因意念而生,所以人事的祸害大都因为执念就不难理解。

　　心诚通天才能无私,知道意识发动危险丛生,所以不可妄动。虽可把意识理解为生理运动的副现象,但从人可以修意主动控制意识的角度,就不能把意识理解为完全被动状态,所以仅归结为生理反应不够,意识不仅以身体的物理反应为基础,人的意识还有通于天地之维度。

　　无妄非常难,因为念念起灭,每念背后都可能有陷阱,《中庸》"戒慎恐惧"之说便是要人们警醒自己的意识状态,时刻谨慎,知道言行发动处即感天动地,而不可有一点点虚妄。现代社会处处监控,通过外在的强力迫使人们小心谨慎,自净其意,用理智压制感情,但是不如自觉地做到心思不偏邪而没有邪念。"应无所住而生其心"是知道心念的感应之力,而每时每刻回复正当的意识状态。人能够自觉其念头感应之恐怖,就会努力自净其心。

　　　　初九:无妄,往吉。
　　　　《象》曰:无妄之往,得志也。

【明译】

　　初九:没有虚意妄行,这样前往会有吉祥。
　　《象传》说:没有虚意妄行前往会吉利,是因为心志得以实现。

【明变】

　　卦变中,初九从上位下到初位,下卦成震(动),有往之意。

【明解】

　　象辞是说这是初九自己愿意下来的。初九下来而没有虚意妄行,才能得志。

【明意】

　　纯而又纯的感应状态如何可能?心中没有妄念去行动就会得到好的结

果。心通于物,意识每时每刻都与物缘关联。无妄即是至诚之心自然流布,而意不为任何具体物缘所牵绕,不是意识没有物缘,没有物缘就不能有意识的显明,而是意识升起的时候,不执于任何物缘,随缘起缘灭,因为没有任何执着所以无妄而行,就会吉祥有利。

意随心转,万事如意,但前提是心正意诚。意识必须纯而又纯,乾阳即意识之纯阳,坤阴即意识之随顺,意识之报由乾坤之意合而成型。

六二:不耕获,不菑(zī)畲(yú),则利有攸往。

《象》曰:不耕获,未富也。

【明译】

六二:安心耕种,不指望收获多少;刚开荒出来的土地,不指望能够有熟田的收成,(没有这样的虚意妄念)前往就会有利。

《象传》说:六二安心耕种,不指望收获多少,因为六二没有升起求富之心这样的虚意妄念。

【明变】

六二这一爻在卦变中是初九从上位来到全卦之下,把它从初位推上去到了二位,二位是田位(乾九二"见龙在田")。六二推移顺其自然,所以是安心耕种,不指望收获多少;刚开荒出来的土地,不指望能够有熟田的收成。

【明解】

菑:当年开垦的生荒地。畲:开垦出三年的熟地。很多讲法从逻辑上讲有问题,不耕种有收获,不开荒有熟田,说成坐享其成,但跟无妄的教导和主旨背离,因为这种意识不合适。六二以阴居阴,安分守正,埋头苦干没有痴心妄想。六二居中得正,又应九五,在动体而能顺中正,所以没有邪心妄想。前往有利是从卦象上看,下卦为震(行),互大离(光明),所以前行一片光明。

"田在初,一岁曰'菑';在二、三岁曰'畲'。"六二在下震(禾)互艮(手)里,虞翻说"禾在手中,故称获",又是从初位推到二位。

【明意】

自觉放下虚意妄念的心意之境。人们对于收成,对于财富的积蓄,都容易有虚意执着的妄念,所以要能够永保无妄之初心,放下执着之念,顺其自然,自然而然。

只问付出,不问收成,只问是否永保初心,不问能否地久天长。无论是否愿意,都尽力而为,因为不抱不现实的期望,所以顺逆与否归根结底取决于我们自己。尽人事听天命,超出自己能力范围之外的事情不抱过度预期,就是无妄之心,否则太累反而影响自己。意识的牵累往往是因为一定要做成、成就什么,所以就会有很多妄念妄行。因为人们有过分的期盼与期望,就往往容易偏离正常的轨道,安心妄行而产生过多的忧虑,而这都是不必要的。

如果没有信心,则意识难安。这又是安心而没有虚妄的期盼。相信自己处在可以自己带来信心而不要依赖他者给予信心的位置。相信只要自己安心就会有力量,相信自己安心就能够安世界。这是典型的依自不依他的宗教情怀。《周易》相信天人合一,万物一体,所以在最绝望最无助的境遇当中,强调的是自信而不是期待他者给予自己力量。

六三:无妄之灾。或系之牛,行人之得,邑人之灾。
《象》曰:行人得牛,邑人灾也。

【明译】

六三:没有妄念妄行却无缘无故遭受灾难,好比有人拴了一头牛,被过路人牵走了,(结果主人怪罪村里人,而让)村里人遭受了不白之冤。
《象传》说:途经此地的行人顺手把牛牵走了,害得村里人被怀疑而蒙受不白之冤。

【明变】

卦变后六三在下震(行人)里,又在互巽(绳)、互艮(手)里,下震本坤(牛)卦,在下艮(静止)中,变震卦后牛象不在,是有行人顺手牵着绳子把牛拉走之象。

【明解】

无妄之灾即没有妄念妄行却无缘无故遭受灾难。人即使没有妄念妄行,也不等于就不会有不好的遭遇。

【明意】

当有人顺手牵牛,就有人蒙受不白之冤,对于受冤的人就是飞来横祸,无妄之灾。对于不相识的人,一个人的过错让另一个人蒙受不白之冤,这自然是不对的,但比起这种情况更严重的是,认识的人之间栽赃陷害,或者哪怕是无心的私欲使然而使朋友蒙受不白之冤,这在道德上是不合适的。不应该让无辜的人,尤其是无辜的熟人承受不明不白的冤屈。人道好还,通常这种冤屈会以另一种形式报应出来,回到自己,应该知道要时刻承担起意识发动的责任感,对于意识的感应以及长远的报应深怀谨慎戒惧之心。

责任感不是外来的,外来的意识难以逼迫主体承担责任,而是内在意识要主动承担。心念一动,外在的情境立即有应,柔顺则应弱,刚强则应强,外境的应力也随时地变化。心意发动的情境会有不同的观感,需要自己警觉小心。过分真诚,过分坚持而不变通,往往容易有无妄之灾。

从好人不一定得好报这个角度看,传统修身哲学是动机主义的,也就是人只能保证自己意识发动之前的善良状态,本乎良知而行,确保无妄中正,却不能保证人生遭遇的顺逆,即使不顺也应该平静面对。

九四:可贞。无咎。

《象》曰:可贞,无咎,固有之也。

【明译】

九四:能够持守正道,没有妄念妄行,就不会有灾祸。

《象传》说:能够保持正固,没有妄念妄行,就不会有灾祸,这说明九四本身就能够一直持守正道。

【明变】

《象传》的意思是因为九四在卦变中没动,保持乘着柔爻的状态,安稳合适,这说明九四本身就能够一直持守正道。卦变前后因九四都在乾(天)里,其所得来自天赋和天命,本性固有,所以不需要外求。

【明解】

全卦下三爻在震(动)里,所以动。九四已到上卦,不在震(动)里,可以不动,所以能够持守正道,只要没有妄念妄行,就不会有灾祸。

【明意】

在意识发动之前,即有某种心通于物的先天结构,心与物在先天之前完全相通为一,后天因为意识的介入而分心物,也迷失了心物相通的先天结构。其实,先天结构之领悟与保持,是后天意识应物的前提,但因其不自我彰明,而又要借助意识的反身性去确定其先行性,结果总是难乎其难。心物意三者未分的先天结构中,因为没有意的参与,可以说都混沌一体,一旦意识发动,即有心物之分,也就区分出意识之量,即心对物认知的范围和程度。

天赋善性,为三教之核心。但这善不是善恶对待后的善,而是对待之前的天道自然之善。天道自然之善如何可能?要去对待和道德判断。如喜欲皆念之陷阱,要在起心动念之前,先天意识发动的功夫里,意识到心思无时无刻不通于物的本然状态。这样的状态帮助好人脱离厄运,帮助好人靠挺立和高扬本来就有的无妄之本心挺过厄运。

九五:无妄之疾,勿药有喜。
《象》曰:无妄之药,不可试也。

【明译】

九五:没有妄念妄行却得了无缘无故的疾病,不必用药就会有自愈的喜庆。

《象传》说:只要没有妄念妄行,无缘无故生了病,病确诊不了,也难以开出对症的药,不对症的药就不可以轻易试服。

【明变】

卦变前后,九五都刚健中正,与六二阴阳正应,但因为初九之刚从外卦来而为主于内卦,六二被初九所主,虽然减轻了遁卦二阴上长的危险,但威胁尚在,所以因为六二的感应,九五即使没有妄念妄行,但也可能得无缘无故的疾病。

【明解】

一说九五爻变后三四五互坎(危险),有心病。只是九五在上卦中位,保持"刚中而应"态势,不必用药就会有自愈的喜庆。

象辞的意思是,九五无缘无故生了病,因为没有非常直接的外在原因,也没有明确的内因,所以病确诊不了,也就很难开出对症的药。即使有些小毛病,也是可以自愈的,只要没有妄念妄行,就不需要服药。如果有人开出不对症的药,那就不要轻易试服。

【明意】

自己的意识长期保持无妄的状态,就预期不会有什么大的问题,即使有了病症,也应该是短期就好。病痛的意识会突然占据全部注意力,尤其是难以忍受的剧烈痛苦,会改变整个人的意识境域,如果是严重的伤痛,会彻底改变人的意识状态。人们对于自己内在意识的把握,在痛苦面前非常微弱。当然,内向的痛苦有一个愈合的过程,心灵的痛苦也是如此,很难迅速愈合,但需要人善于作出调整。如果把人生当作一个痛苦的过程,经历就都是痛苦和无意义的,那么多少有利于降低对人生的期待,也有利于减轻心灵的痛苦。

人们往往会觉得,如果自己心无妄念,就应该少受不白之冤,少受无妄之疾。可是人生不如意十有八九,往往事与愿违。如果人对生活当中发生的事情没有过高的期望,那么归根到底应该可以无妄,这样就会坦然接受对不必用药就能够自愈的喜庆,甚至满怀感恩之情。人对自己意识把握好,内心充实,则妄念自然减少,意识与行为的一致性就会提升。有疾病的时候,要让意识自然恢复,缓慢调整到与外境相合的状态。无妄状态应该是不求利害、不求生死的无欲无求状态。那种超脱生死的至诚之道,才是无妄应该达到的状态。

上九:无妄,行有眚,无攸利。
《象》曰:无妄之行,穷之灾也。

【明译】

上九:虽然没有妄念妄行,但处时穷之境,行动就会有灾眚,做什么都没有好处。

《象传》说:虽然没有妄念妄行,但处时穷之境还要去行动,那时因为上九已经走到了穷尽的地位,再轻举妄动就会有走向穷途末路的灾难。

【明变】

卦变中九五被推到上九,虽然没有妄念妄行,但毕竟走向穷困之境。

【明解】

本来无妄就是不该行动之意,上九不得其位,再动就有麻烦,所以不敢轻举妄动,再动就不但无所利,更会导致穷途末路的绝境。

【明意】

行至上爻,即使心念一直无妄,却也还是动辄得咎。因为形势是山穷水尽,即使内心再正义正直,也可能面临困难,有冤无处申,此时还是要自得其乐,不可为时穷之位所限,不可作茧自缚。所以山穷水尽的曙光在自己当下的意识之境中。

山穷水尽之时,不可完全放弃主观努力,更不可过度放弃自己,否则连生命存在的意义都说不上,没有生机,那么与意念之生相关的一切都不再有意义。

二十六 ䷙ 山天大畜（乾下艮上）

人要学会培养和维系一个无妄的持续意识状态，不断地修炼自己的德行，坚持积累自己的意识能量（意能）。所以通过无妄训练意念的控制和持续，有助于达到大畜的意量。《杂卦》说"大畜，时也"，与"无妄，灾也"相对而言，无妄指灾难，而大畜是有积蓄时运好，知道理性控制：可放的时候放，该收的时候收。如果妄念多，就不可能有效积累。只有无妄立诚在中，才能大畜（蓄）实化意量于天下。掌握天时之生成化育，大畜意量而成己成物，无所不宜，无往不得。

贲卦装修天地上来，自然有无限风光，尽收眼底，气势恢宏，从而有大畜（蓄）天地人间万象的气魄出来。大畜卦是艮（量）宫第三卦，立"意—量"论第三。这是人天之意接于天意的恢宏意量，是天意主宰人意的宏大气象的表现，有山的沉稳厚重，有天的刚健强劲，如日月经天，万物生生，气象万千。从装修天地气魄上来，到生养化育万物的气象，意量无疑更进了一层。如果贲卦只是延聘人才，礼贤下士，那么大畜卦则是为国家兴旺蓄养栋梁之才，储备经天纬地的仁人志士，让有志之士们在天意主宰人意的刚健心志之外涵养出山一般厚重宏大的气象，最后才能实现改天换地的伟大事业。

人认识自己的意量很难，但人认识自己的意量、知心之所止有重大的意义。一说大畜继无妄而来，如无妄为止至善，则大畜为明明德，皆扩大意量之修心法门。大畜步步都是炼心，在天之当止处炼心，可磨炼人的意量，力图明白天之生生，更要理解天在自身之上的所止。从宇宙论到修身养性，知太极之生难，知其所止更难，《大学》"止于至善"可以理解为止于"天之当止之处"，即自己明白自己心意的意量。人本乎天，而天本有所止，力图胜天之人已不知止，所以"文明以止"是非常高明的说法，今天的社会，拜科技之所赐，似乎"文"得过火了，需要知"止"。贲卦文饰天地，到大畜知道文饰需要限度，要自我设限，不宜过度。

意量的力度和广度产生于无声处，当下发动的意念可以从前人的经验中汲取教训和力量，因为情境在不同的时空当中有相似之处，而意量的建构也是如此，故可以从先人的意量当中汲取生物气象。心念一动，就可能具有古往今来的伟大气势，人心一动，就可能重温历代的重大事件。人的意念可能随着前人应对事件的道理而改变，从创造历史的伟人那里吸收巨大的气魄，扩大意量。

　　大畜，利贞。不家食，吉。利涉大川。
　　《彖》曰：大畜，刚健笃实，辉光日新。其德刚上而尚贤，能止健，大正也。不家食吉，养贤也。利涉大川，应乎天也。
　　《象》曰：天在山中，大畜。君子以多识(zhì)前言往行，以畜其德。

【明译】
　　大畜卦象征大为蓄聚，有利于持守正道。不使贤才在家吃闲饭，就可以获得吉祥，有利于克服像涉越大河一样的险阻。
　　《彖传》说：大畜卦，下卦乾为天刚健，上卦艮为山厚实，所以阳刚强健，敦厚充实，荣光相映，日新不已。**卦变中刚爻上到最上位，说明大畜卦有崇尚贤能的德行。**上卦艮为止，下卦乾为刚健，能把刚健者规正住，说明有宏大正直的力量。不使贤才在家吃闲饭，就可以获得吉祥，因为国家需要蓄养贤才。有利于克服像涉越大河一样的险阻，这是因为行动能够顺应天道。
　　《象传》说：上(外)卦是艮为山，下(内)卦是乾为天，卦象是山在外，好像山把天包含在其中。可见山的蓄藏能量很大，所以卦名叫大畜。君子学习大山包天的蓄藏能力，多多学习识记古圣先贤的佳言善行，培养积聚自己的仁德。

【明变】
　　大畜卦从大壮变来，即大壮刚爻初九向最上位推移变出大畜卦，卦变中刚爻从最下位升进到最上位，即"刚上"。刚爻代表贤人，贤人向上体现着尊尚贤能之意。

【明解】
　　畜：与"蓄"为古今字。停住不流走才能积蓄，故大畜有停止之义。古代畜牧时期，畜养牲畜就是积蓄，故大畜有畜养积蓄之意。笃：笃厚。前言往行：前人有益于人的言行。
　　尚贤是礼贤下士，尊重人才，提拔贤人，发挥其才干，不让贤才在家吃闲饭（第三四五六爻有互颐象）。六五尊位与九二阴阳正应，是顺应天道自然，而有无可阻挡的力量，互震（动）互兑（泽），可以涉过大川险阻。社会层面上，大畜是调动有心力者为社会服务,让德性深厚者有机会增进社会公德。

象辞从天在山中之象说明,要以山之静止来收摄天之健动,艮成终也成始,能够收蓄万物,又是万物生发的起点。君子观物理之蓄,而得意理之蓄。努力学习前人积累的智慧,对古圣先贤的佳言善行记得越多,蓄聚的意量也就越深厚。从修身层面上,大畜是扩大和增强自己的意量,延展和丰富自己的内在精神生命。

【明意】

意量当顺天之所止,方能生生大蓄。意能的积累通过心念纯正无妄,而有所止才能有所积累,从而不断扩大意量。心有妄念,心意杂乱,则积累涣漫,难有成效。一个人能否长期心意纯正地做事情,是可否积累心意、扩大意量的关键。意量如何从有限的积累通达于无限的意识境遇,需要通过纯正心意的涵养与积蓄。心念要充分与天道配合,才能够得到大蓄,继续贲上九装饰天地的境界。

意量的积累和新生皆有情境,新意量的积累不能不依其原生情境。意念发所当发,止所当止,才能够逐渐有所积累。如果社会合理,有才能者就不必在家吃闲饭,对个人而言,有才能就应该出来服务社会。人品德高、基础稳当,做事还要如山,知道适可而止,才能不断扩大意量,进而获得荣耀和成就。

控制心念的节奏最难。事业的大小取决于意量的大小,其实主要的是控心之力,即止意之量。意念的格局决定意量的尺度。品德是意念的一种习惯,是意念发动的一种持续模式。意念的发动如果不具有主动的内力,而依附于外力,则显得无力。意念止力太弱则不能够承担事情。一个人能够修炼的是,在人生经历当中增强自己内心的力量,协同他意而共筑收蓄参天的大山气势。

初九:有厉,利已。

《象》曰:有厉,利已,不犯灾也。

【明译】

初九:有危险,宜于知止不前。

《象传》说:初九有潜在危险,如谨慎处之不妄动,还是有利的,因为不去招惹灾祸。

【明变】

初九在卦变中被推下来,被动地处于初位,看到之前的初九升至顶端,自己也想扩大意量,也有升进的意愿,但不合适。

【明解】

已：止。犯：干犯、冒犯。全卦是停住不流走、积蓄起来，初九在全卦初位，代表刚开始蓄积，当然停止有利。但初九在下卦乾(刚健)里，刚健就容易勇往直前，而且上有六四阴阳正应，很容易动，所以有潜在的危险。

象辞意为勇进不止背离了大畜之道就是去招惹灾祸。大畜要适时而蓄，如果过分冒进，容易犯灾。

【明意】

初九的意性刚健，意行有力，加上心有所动，以六四之应为意量，但落实于意行，则不得不适可而止，因为过分勇进，则可能有灾，上有兑(泽)之损，不宜干犯。也就是说，初九的意量在于自知有意前进而又适可而止，不冒险行动，险是可能伤害与损伤意量的，因量的开展而受到压抑与打击，不如小心翼翼地运己之力，小心意量的边界。人的意念发动随时随刻有其生发的情境，而意量不可能离却意境，故必须小心运意，让意量处于安全稳定的状态。

九二：舆说輹。

《象》曰：舆说輹，中无尤也。

【明译】

九二：车厢从车轴上脱下来。

《象传》说：车厢跟车轴分离开来了，只是因为九二在下卦中位，应于六五，行动能够合乎中道，所以才没有过失，不必过于忧虑。

【明变】

卦变前九二在车(乾)里，卦变后九二上边互震(辀)，但九二不在互震里，所以说车子跟车辀脱离。另说"舆说輹"是指辐条从车轮上脱落，那样车子就坏了。"舆说輹"并不一定是车子坏了，只是车子行走时车厢可能拉脱了车轴，还可重新安上，仅算是不顺利的小灾。

【明解】

輹：车厢下横木上用来卡住车轴的槽或卡子，大车上的伏兔，俗称"车钩心"。古代车厢和连车轮的轴分别组装，使用车子时就把车厢卡在轴上，使用过后就把车厢从车轴上卸下来。尤：忧虑，怨尤，过失。

车子要停下来的原因是自己驾驶的车出问题了，或者年久失修，或者被人破坏，好像开车的人发现刹车失灵一样，此时此刻只有设法让车子停下来，所以既是被动又是主动的,而且属于发现得早,车子一动就感觉出问题,最后停下来大修,也多多反思蓄德。

蓄积意量的路上总会有些问题,有时感觉脱节一般,蓄积的理想与现实之间脱钩了,就需要好好休整一下。

【明意】

意量的蓄积基于意念不可脱离意境的基础之上,但有时意念可能天马行空,脱离其意境的本然状态,好像车厢从车轴上脱落,此时的意量似乎虚无缥缈起来。意量的扩充前提在于心意合乎中道,稳步前进。即使在意念偶尔不搭于其情境的情况下,也可以保持意量的恒稳状态。

修身是于一定情境之中,控制自己的意念,以积蓄心意的力量。车轴象征内在的德性,需要通过自我控制而不断精进,修行路上,碰到困难自己克服。九二居中,言说行事能守中道,该说的一句不能少,不该说的一句不宜多,可见蓄志的中道分寸很难。蓄积的道路上,就地停下休整是为了更好地再出发,维持住更大更高的蓄积状态。

九三:良马逐,利艰贞,日闲舆卫,利有攸往。
《象》曰:利有攸往,上合志也。

【明译】

九三:驾着良马(拉的车)驰逐时,即使道路艰险,只要持守正道,就会化险为夷。(人要向良马学习)每日练习熟练驾驶车和护卫车的技能,有利于继续前进。

《象传》说:有利于继续前进,是因为九三向上的努力合乎上面六四六五的心志。

【明变】

大畜从大壮来,初九升到最上位,但本来九三与上六应,可以换位而不得,所以只得不动固守才合适。九三本来向上努力合乎上面六四六五的心志,但没有升上去,九三处乾(健动)卦之中,前有艮(止),说明知动能止,是如驾车高手对动和止都有深刻的领会和把握,或动或静顺应天道,故能吉祥无险。

通过卦变讲"上合志也"的"上"只是一种可能性,而不是现实性。九三在卦变中没动,甚至可以说是下了一位,单单讲九三想上是不够的,跟六四合也不够,而且跟爻辞没有对应。因此改成向良马学习驾驶技术有利前往,可能性最大。

【明解】

闲：如娴熟之"娴"，练习熟练。舆卫：驾车和护卫车。"舆"是古代战车上负责驾车的人，"卫"是负责保护和修理车子的人。九三在下卦乾(良马)和互卦震(行、车)里，有驾着良马(拉的车)驰逐之象，还有人(乾)在大白天(乾)驾车奔驰不止之象，所以(人要向良马学习)每日练习熟练驾驶车和护卫车的技能。车马奔驰利于前往，九三刚爻刚位位正，需要以刚正之道来驾驭跑得快的车，道路艰险，只要持守正道，就能化险为夷。

关于"良马逐"，诸家都认为"良马驰逐""良马飞奔"，最多的是"驾着良马奔逐"，但跟爻辞后半句的关系不明，参考后面每天练习驾车，前面应该是"驾着良马(拉的车)驰逐时"。大畜天地之生机，有如良马驰骋大地，无有疆界。

九三与上九不合，所以跟上九志同道合很勉强，而说跟六四意志相合，表示积极进行武力筹备，随时准备成为天下盟主的可能性大。所以说，九三打着为朝廷效力，备战备荒，随时准备为天子出征的名义，跟朝中大臣(六四)的心志相合，跟天子(六五)的心志也相通。

【明意】

大畜卦真正的蓄积在九三爻往上，有颐养蓄厚之象，九三向上蓄积，合乎六四六五一起蓄积，增进意量的努力。所以九三表现出刚健的意行，在三位如快马前进，加快上行合于六四与六五，共同建构起大畜的意境。可见，大畜不仅蓄物，更是蓄藏宇宙之机，吞吐天地之志。蓄物即育物，众人蓄物，君子蓄德，参天地化育，从而实现"君子亲其亲而贤其贤，小人乐其乐而利其利"的境界。所以，大畜意量的根本在于吞吐天地的气象。有蓄止天地的意量，自然可于意德有蓄，进而蓄人蓄物。此蓄非为一己之私蓄，而是为天地而蓄，是天地大意之量。

君子的意量当充扩于天地之间，顺天地生生之意而辅助天地化育之功，这才是大畜的意量。意量的力度与广度在止蓄乾天之意的宏大气象中显现出来。乾天之意的生生之力要时刻面对阴意之死力的威胁，才能建构出宏大的蓄止之量。乾健要动，有所止方能有大畜，动得越厉害，止得越有力，生命的深度和厚度才能彰显出来，由此可得修性修命之义。修性修命其实需要大的竞争，大的起落，每天要操练随时上生死场的功夫，才能出大畜的状态。可见，心量的蓄止要有技术，就好像驾驭战马一样娴熟操练，才能良好地蓄止，即当行则行，当止则止。生命的操练就是一个不断向死而生地扩大自己意量的功夫，但这种功夫的娴熟操练与了解并不容易。如果因为对情境有所了解而轻举妄动,就容易出错,伤害大畜的意境。可以说,大畜的意量,就是阳意与阴意时刻的张力,阳意多么宏伟壮大,阴意也相应有多大的止之能量,所以意量的扩充伴随着意能的涵养与增益。

六四:童牛之牿,元吉。
《象》曰:六四元吉,有喜也。

【明译】

六四:(为驯化小野牛)在它的角上绑上防止顶伤人的横木,这样大吉大利。

《象传》说:六四会大吉大利(因为未雨绸缪,用柔术蓄养豪杰,栽培人才),所以有喜庆(六四在互兑里,兑为喜悦)。

【明变】

六四在上卦艮里,艮最上面的刚爻是在卦变中从初位升上来的,有如在坤(牛)卦上加一刚爻(横木)为艮(少小),为驯化小野牛,在它的角上绑上防止顶伤人的横木。小牛加牿是把野生动物改良成家畜的有效措施,有利于畜牧业的发展,所以大吉大利。

【明解】

童牛:小牛。牿:横绑在牛角上的短木。古代驯养野牛时在牛角上绑上一根短木,以防止牛角顶触伤人,可以比喻驯化才能之士的柔术和驾驭豪杰的柔道。本爻借鉴古代驯服童牛使之有用的道理,认为大意量者的培养和成长,需以柔制刚,方才合道得法。横木之用,本在调和,如牛之六四后阴合天之九三元阳,阴意揉入阳意之力,而大大增大了阳意的力量。故此柔爻可视为制约刚健心灵之横木,犹如有大心力之人,需要有柔道之术来驯化和牵制,使其潜能得以彻底合理地释放出来。换言之,也可以理解为成就大事大功业而养贤大畜,从蓄养青年才俊开始,用道术来引导。

如果九三不能"艰贞"而过于躁进,六四就不会有喜悦顺从之情。小畜九三就因"重刚而不中",与六四不洽,故"夫妻反目",所以用柔术引导童牛才能"元吉"。六四在上艮(止)中,牛属坤(柔顺),不可过柔,否则难有所作为,故六四大吉大利。"有喜"与九三"艰贞"相映成趣。为了让"童牛"止于至善"元吉"之境,要让明明德与止于至善合而为一,也就是能有道术让青年才俊尽力明明德,那样有望成就尽其性以尽人之性的圣道境界。圣人之意量通达天下,知道最大的积蓄是人才的积蓄,把天下英才蓄积的力量都储存在自己心意之中。圣人之境能够有术以驯服贤才,有道来羁驾豪杰,不惧艰辛,故能大成。

相对小畜卦只有一个柔爻来说,大畜卦里有两个柔爻,象征积蓄多了而称大畜。畜养的两个柔爻之一,牛和猪都属阴性动物,故这一爻取养牛为辞。

【明意】

要让有冲天壮志的豪杰之士的意量真正扩大,需要像驯化野牛那样给予限制,在阳意与其限制的冲撞之中,阳意之境不断扩大而且有利,正如人的挫折增益其所不能一样,意量的扩充是一个艰辛的不断磨炼的过程。

最大的积蓄是人才意能的积蓄,要建立蓄止的机制,让所有人都把意量最大化。贤才心量扩大,不但要蓄养,还要去除不断伤人的潜在危险。要成就大畜的力量,必须磨砺意境,才能提升意能。让人心的明德阳意彰显出来,需要一个艰苦的磨炼过程,才能达到止于至善的目标,意念才能时刻止于最高的善境。可见心性和意念有所制约、接受磨砺方能成就伟业。意能在制约与磨砺之中得到提升,也只有磨砺后才可能达到大畜境界。

六五:豮(fén)豕之牙,吉。

《象》曰:六五之吉,有庆也。

【明译】

六五:被阉割过的猪,嘴里的尖牙不会伤人,所以是吉祥的。

《象传》说:六五之所以吉祥,是因为占据了上卦中位,比六四位置好,防患于未然,留住了贤才,会有大喜庆。

【明变】

卦变后从九三到上九是缩小的颐卦,颐是嘴里的上下牙,在大畜卦里,是被阉割过的猪,嘴里的尖牙不再伤人,是吉祥的。

【明解】

豮:阉割公猪,俗称劁猪。有庆:有喜庆,"喜"与"庆"义近,只有程度之别,喜小庆大,大喜方庆。六五之时,贤才得到重用,社会呈现出勃勃生机,有天下并育之象。九三良马以阳爻不易畜,所以要经历艰险的考验。到六四、六五都是阴爻易畜,六四童牛象征青少年得到引导茁壮成长,六五则有青壮年得到重用之象,从而有大畜天下之气势。

野猪本来是一种很凶猛的动物,牙齿可怕,对人的伤害大,但阉割之后变得温驯,牙齿退化,也容易长膘。公猪不劁,性格刚突剧暴,像野猪一样容易咬人,去掉牙并不是办法,一㓨就温顺了,有牙也不咬人。这是古人把野猪改良为家畜的有效方法。这个办法促进了畜牧业大发展。上一爻牛马成群,这一爻猪羊满圈,所以吉祥。从象上看,六五在上艮(黔喙之属)里,是黑嘴头子的动物,所以有猪之象。

【明意】

驾驭和运用贤才的心意境遇是让其心意发动的瞬间都顺天之生意而行,而且没有一丝一毫肃杀之气,这样的意量是纯粹的善量,这才是贤人致力天下的大畜之量。大人才的力量存在于他起心动念的瞬间,一念起即心志和魄力都在其中。大人的意念能够改变阴阳,这就是能够转化心意通于天下阴阳运作的形势。

上九:何(hè)天之衢(qú),亨。
《象》曰:何天之衢,道大行也。

【明译】

上九:位当四通八达的天街大道,亨通。
《象传》说:上九位当四通八达的天街大道,大畜之道将与大路一样畅通大行。

【明变】

大壮卦变为大畜卦,上九是从下升到最上面的一爻,凌驾于全卦之上,被全卦负担起来,所以说"何"。

【明解】

何:古同"荷",义为负荷,担荷。一说通"向",山向天之义。衢:四通八达的大道。上九在艮(山)上,五位在上位是天位,有山上之天象。上九在互震(大涂)之上,所以说是天街大道。取义是凌驾于天衢之上,位当天街大道,四通八达,畅通无阻,极为亨通。与象辞讲的"刚上而尚贤"联系起来,此道可引申为贤人的治国之道受到崇尚,可以自由施为,大行于天下。此爻是大畜之极致境界,意量通顺畅达,志向实化,大道通行,达到儒道合一、心物融通、无往而不自得的极致意量境界。

上九大畜天下的抱负已经实现,人天之意实化无碍。止所当止,能够成就心物融通之化境,通达《中庸》"鸢飞戾天,鱼跃于渊"之无言而崇高的化境。

【明意】

大畜到上六,积蓄已足,可以止变为健行,利益众生。大畜的意量于天下如通达大道之境,吉顺平和。大蓄其德而达天德,臻于《中庸》所言之中和位育之化境,此德福一致乃儒家修身成事的最高理想境界,内蓄大意量,外行人天之意于天下。

大畜是让人间贤人的意量得到充分实现,进入天人合一、物我合一、心物合一之化境,同天而合道,顺天地自然之生机,从而大畜天下,而天下乐见其人天之意的大意量,即实现了通天化境。当这种大意量的意向性状态持续,即可心安理得,持久而品德高尚,颐养天年,于是颐卦出现。

二十七 ䷚ 山雷颐(震下艮上)

  颐卦在大畜卦之后,天下大有积蓄,就有了养育的条件,就要看该养些什么人,如何养育他们。颐卦认为应该养贤,即先把人才养起来,培育和发挥他们的贤能,从而把天下万民养育好。

  要让真气颐养身体,其实意识也要养,而如何控制和涵养意识,是传统哲学功夫论的重要内容。颐卦为巽(识)宫游魂卦,立"意—识"论第七。颐卦讨论意识之平易快乐,看清之后平和平易,自得真量。养生的根本首先要管好自己的嘴巴,但管好嘴巴的根本又是通过意识来控制,对于自己的需要能够有所取舍。"养正"是饮食之道当遵守饮食的礼仪,即通过摄取的正道来保证摄入的都是养分,保养自己的身体和意识。这是一场得气与不得气之战,在意识中不断地做善良与邪恶的斗争、健康与损害的斗争,可谓时刻都是天理与人欲的决战。颐卦说明,不同时刻有不同的选择方法,而依从涵养心的经验,确实远没有依从原则来得容易。

  圣人之学微妙难明,不易操持。养心养意之学是圣人之学的核心,不是西方哲学建立的对客观世界的描述与理解,以及怎么理解的问题。中国哲学家不仅要解释世界,而且要得世界之养,为此生所用,要不断让此生的意识充满生意而生生不息。世界本体生生不息,人的意识生机勃发。人天之意之学的核心,是如何理解和领会生生不息的世界,为人自己的意识所用,进而在当下意念发动中,保持生生不息的意识境遇,让意识生生实化来涵养自己的身与心。

  颐,贞吉。观颐,自求口实。
  《彖》曰:颐,贞吉,养正则吉也。观颐,观其所养也。自求口实,观其自养也。天地养万物,圣人养贤以及万民,颐之时大矣哉!
  《象》曰:山下有雷,颐。君子以慎言语,节饮食。

【明译】
  颐卦象征颐养,持守正道可获吉祥,观察万物颐养之道,(当知要以自食其力的正道)自己谋求食物。

《彖传》说:颐养,持守正道可获吉祥,是颐养得其正道就会吉祥。观察万物颐养之道,是要了解他所养的对象都是些什么人。要以自食其力的正道自己谋求食物,观察他如何颐养自己。天地养育之道是养育万物没有偏私不求回报,圣人学习天地养育万物的正道,先养育贤能的人,贤人再帮助圣人把万民养育好。颐卦的时势揭示的时机化意义实在太重大了!

《象传》说:上卦艮为山,下卦震为雷,大山镇住了轰响的雷就是颐卦。君子从上动下止、如口嚼食的象得到启示,要学会说话要谨慎,饮食要有节制。

【明变】

颐卦由观卦变来,即观九五与初六换位变颐,所以卦辞说观察万物颐养之道,(当知要以自食其力的正道)自己谋求食物。

【明解】

"颐"原来是个象形字,篆文画的是头面上上嘴唇以下的下巴颔部分。卦画也像一张嘴。郑玄"口,车辅也"是说这是口的上牙床(车)与下牙床(辅)。颐卦由下卦震(动)与上卦艮(止)组合而成。人的嘴是下牙床张合运动,上牙床不动,下牙床咬合上去,凭借上牙床的帮助嚼碎食物来养育人。嘴吃食物为人获取营养,所以《序卦》《杂卦》都说"颐"是养育的意思。

颐卦是要人们持守颐养的正道。颐卦是关于养的哲学,即如何自养和养人。卦象是上不动,下动,像吃饭时的嘴,很形象。吃饭是大事,一个人的饭重要,自食其力的饭甘甜,让很多人一起吃好饭不容易,圣人学习天意,颐养万物,把万民养育好。颐卦追求养万民的方法和正道,主要是先养贤,从而养万民。所以,从颐卦学会养什么、怎样养等颐养正道。嘴的主要功能是说话、吃饭,而病从口入,祸从口出,都不合养育之道,要学会说话要谨慎,饮食要有节制。

【明意】

养的意识是从天地养人到人养他人,涉及如何管好口腹之欲的意念与人生之乐,即如何处理欲与乐的关系?但更为深刻的是生养与死的关系,因为养其实是生死之战,只是在生的状态中不易感觉到死或者对死的体验不深而已。古人注重吃的艺术,留意与吃的行为相关的意识状态。既要吃得有面子,还要吃得有味道,最主要的是,吃的应该是事物之真气,让善良、健康的生气发荣滋长。

天地养育之道就是,养育万事万物从来都没有偏私,先把贤能的人养育起来,贤人才有能力帮助圣人把万民养育好,这样的管理当然离不开亲亲有等。只有自己吃饱饭才可能去照顾别人,推己及人,自立立人。感激他人给自己心意展开的力量,时刻保持感恩之心,如果没有他人提供的情境,一个人纵然有再大能力也无法施展。好比没有时间吃饭,就无法品尝人间百味,不能细细品味美酒佳肴的味道,就难得其养。

初九:舍尔灵龟,观我朵颐,凶。
《象》曰:观我朵颐,亦不足贵也。

【明译】

初九:舍弃你自己拥有的大灵龟,看着我馋涎欲滴,这样是会有凶险的。
《象传》说:看着我馋涎欲滴,(初九的颐养之道)实在不值得推崇。

【明变】

《周易》以外卦为悔、为对方,以内卦为贞、为我方。**初九在卦变中从观外卦九五下来,到内卦初位,是舍弃自己的尊位。**颐像一个放大的"灵龟"(离卦有龟象,大离即大龟),是舍弃灵龟的颐养之道。**颐卦从观卦变来,九五下到初位,初九在下震(动)中,为嘴的下牙床,从观变到内卦,是看着我下巴乱动,显得馋涎欲滴。**

【明解】

灵龟:大龟。古人以大龟为灵龟,认为龟历久知远,活的时间越长越灵,而龟越大说明活得时间越长,所以用大龟的腹甲来占卜。朵颐:下巴垂下颤动、贪馋欲食之貌。朵的解释,如《说文》"树木垂朵朵也"(九五从巽[木]下来,如树木垂下)和李鼎祚"颐垂下动也"都是下垂颤动之貌。

从取义上说,灵龟最善颐养,龟是长寿之象,好不容易变出大灵龟之象,结果九五下来初位变出震(动),与六四相应,逞口食之欲,不能闭口养气,反而张开大嘴,让纷扰的欲望颤动大龟的灵气,就是不珍惜而舍弃自己拥有的大灵龟,抛弃了灵龟的颐养正道,初九馋涎欲滴,如此看人吃东西眼馋,下巴颠动,显得极没出息。在颐养之道上,是舍弃自己家的宝贝去羡慕歪门邪道,这样做当然会有凶险。

象辞的意思是,初九舍弃自家无尽宝藏去艳羡他人之邪道,自然为人所贱,既然初九如此取舍,那就实在太愚蠢,简直可以说是低贱的选择,又怎么可能去推崇呢?初九吃相难看,好像一个只看重眼前利益的人,见利忘义,难以控制自己的私欲,为了蝇头小利而奋不顾身的样子,非常可怜可叹。仅仅为了一时痛快,就能够抛弃正道不行,实在荒唐透顶。

【明意】

本卦是颐养之卦,二阳分离,四阴横亘,需要调养元阳,积蓄能量。好比人到了需要磨砺之时,吃了很多补药未必有用,不如把身体元精元神调理好。内心安宁,养气内守,收视返听,可以像灵龟一样,基本不用羡慕外在的美味。可是,此爻舍弃自己本来拥有的与灵龟相通的养生之道,而把自己看成无能为力的,就是自暴自弃,是很不合适的意识取舍。

人的健康靠自己管理,需要自己把握好跟世界能量交换的分寸。颐养之道因为每时每刻都要与食欲作斗争,所以本身就是一场心意生机与堕落的欲望之间的战争,是制服和驾驭欲望的艺术。初九到底还是被本性决定,难以自我控制,垂涎欲滴而忘乎所以,这样是违背颐养之道的,所以初九提示人们对欲望的控制和忍耐非常重要。从另一方面讲,初九有机会可以锻炼自己对欲望的控制力,只可惜错过了绝好的锻炼机会。初九本来可以有高贵的精神追求,结果去追求低俗的快乐,是很不应该的。

颐养之道以龟之养神为最高境界,初九主动离开这种最高境界的颐养意识状态可谓匪夷所思。可以说,初九舍弃自家宝藏,转而艳羡他人,是没有出息的表现。从中可体会,宋明理学家们讲的时刻在意念发动处"存天理灭人欲"有一定的合理性。

六二:颠颐,拂经于丘颐,征凶。
《象》曰:六二征凶,行失类也。

【明译】

六二:颠倒颐养之常道,违背以下养上的常理,反而向丘山田园之上去求取颐养,向前征进必有凶险。

《象传》说:六二向前征进必有凶险,因为向前征行会失去同类。

【明变】

阴求阳以养。**卦变中九五下到初位,到下卦震(动)里**,使得六二与六五不再有应,只得下求于阳,六二求下阳之阳,是颠倒颐养之常道,违背以下养上的常理。震是反艮(山丘),反而向丘山田园之上去求取颐养。"颠颐"是颠倒了颐养正道,还可理解为漫不经心,颠唇簸舌,口若悬河。

九五下来到阴爻之下有违正道,所以说向下求颠倒,向上求又往求而不得,所以六二爻位置本来不错,可是颠来倒去,可叹可怜,内心凄苦无处诉说。

六二向上看虽有望上爻施恩,但距离太远,基本得不到什么,感觉前路漫漫。

象辞之意是六二本来在观卦中与其他阴爻一样,但卦变后乘驾在初九刚爻之上,失去其他阴爻的同类。

【明解】

颠颐:取象颠动下巴,取义颠倒颐养之道。拂:逆,悖逆。经:正常。拂经:悖逆常道。丘:山丘。

一说六二无论是小人还是正德女子,都要自养正养,阴阳调和才能养心养身。但二爻乘刚,想要按住初爻的野性太难,顺从初九又觉得违背常道,只能犹豫感叹,颠动一下下巴,觉得上下征皆凶,就放弃了,没有太实际的行动。

从二至上爻有剥卦之象,剥卦是阴剥阳,上九是颐养万民的贤人,六二征进是小人与群阴一起去剥蚀贤人,有违易理,所以向前征进有凶险。六三与上九正应,六四与初九正应,只有六二没有正应,六二跟它们不一致,也没法跟六三与六四走同样的路。

【明意】

人的心意与天地能量的交换是有一定的方式的,不可颠倒。《周易》对于天地之间阴意与阳意的能量交流方式有一定的把握,不宜颠倒反转,如果感应后乱动,就不合分寸。

六二内心凄苦矛盾,这种意识状态不利于颐养,违背常道,征进凶险。自己的颐养之道本来应该从下,但内心觉得不合适,颠来倒去,心中凄苦,不得其养。这是不得形势之养,内心失去对形势的领会和把握,就无法得养。

六三:拂颐,贞凶。十年勿用,无攸利。

《象》曰:十年勿用,道大悖也。

【明译】

六三:背逆颐养正道,一意孤行,必有凶险,在十年这样长的时间里都没法为君王所用,没有什么好处。

《象传》说:在十年这样长的时间里都没法有所作为,因为六三大大背逆了颐养之道。

【明变】

卦变后六三在上五爻的小剥卦里,柔爻为小人,刚爻为君子贤人,小人剥蚀养育万民的贤人,这是背逆颐养正道的状态。

【明解】

拂:悖道而动。贞:一说占卜,一说正固,此处震极,当顺其本性之正而动。悖:悖逆,释"拂",指颐养之道。但六三有正应在上九,看起来得到颐养,可是六三柔爻居刚位,上九刚爻居阴位,都不正,彼此相应却一意孤行,必有凶险。也可以理解为六三无论随便乱动,还是正固不动,都有凶险,所以推出长期都不可以轻举妄动。六三在互坤(十)里,在十年这样长的时间里都求养而不得,没法为君王所用,所以不会有什么好处。

象辞说六三严重背逆颐养之道,犹如第三者,以阴柔之质而不当位,躁欲之极,不知自养而躁于求养,所以违背颐养正道而行。六三躁动过甚,缺乏柔性,非动不可,还有愚顽不知改变,自身问题积重难返之象。可见,六三意念不可自专自贞,不与外缘沟通,不知自我调适,以绝道为正,则图一时之快而失颐养正道之风景。

【明意】

这一爻说明颐养之道,以正道养己不易,养人很难,要以正道被养于人,那是非常之难。养的意识当然包括养己、养人、养于人。养己的意识是要自己判断正道,摄取营养,从正道当中汲取营养。养人是要养合适的人,比如贤人、善人和走正道的人。养于人则养的人要合适,养的路子要对。养的意识其实每时每刻都有选择和判断,都有养己养人养于人的区分,而每一种养其实都不容易。

自己的意识要生生不息,但又需要遵守颐养的正道。最后的出路还是涵养正念,当下实意而不依托外境,也不为外境所转,谋食容易谋道难,养色容易养德难,但养生最主要的是养正,脊椎骨要正,吃饭要正,有规矩所养之气才通畅,切不可贪图一时的舒服。陪家人一起吃饭是学习如何颐养自己,也是养他人的过程。家是养己养人养于人的一个合体,家的颐养之道要正,要合适,因为家是培养颐养之道与颐养意识的核心。

六四:颠颐,吉。虎视眈眈,其欲逐逐,无咎。
《象》曰:颠颐之吉,上施光也。

【明译】

六四:颠倒颐卦(从小颐卦颠倒变成大颐卦),自然吉祥。虽然看起来像老虎颠动下巴眈眈注视着食物(初九)一样,显得贪得无厌,迫切追逐欲望而毫不收敛,但仍然没有什么问题。

《象传》说:颠倒颐卦,使六五下的小颐卦变成大颐卦,虽然好像(六四)颠倒了颐养之道,但(对六四来说)反而吉祥,因为上边(九五)下来到初位,卦变大离,象征君主施布出来的恩惠非常广大光明。

【明变】

象辞不讲卦变就很难讲通,六四明明说"虎视眈眈,其欲逐逐",不能理解为向上而能施光明美德,所以如果看象和卦变就比较清楚,"光"指全卦为大离(光),"上"指初九从观卦九五下到初位,是上边向下施布,从而使全卦成为大离而大放光明。如果仅仅讲颠动口舌下巴,虽跟"虎视眈眈"的意思贯通了,但跟象辞的意思却没有通。

初九在下卦震(动)里,所以是颠动颐养的状态。六四阴爻居阴位位正,显示出颐养之道正的意义,所以吉祥没有什么问题。全卦是一张大口,又是一个大离(目),大口大眼而有老虎之象。**卦从观卦变来,观就是视之义**,虽然看起来像老虎眈眈注视着食物一样颠动下巴,显得贪得无厌,迫切追逐欲望而毫不收敛,但老虎求食也合颐养之道,所以仍然能够避免祸患。这样讲"颠"仍然不够明确,而六四阴爻正位,德性尚可,不得已颠而虎视眈眈,自然有其他原因。

【明解】

颠:一说颠倒,一说颠动,颠簸(取下震象)。眈:下视。"眈眈"是下视的样子。逐:追逐。"逐逐"是追求的样子。光:通广。通常把"颠"解释为颠倒,即违背颐养之道,但还是吉祥,诸家都认为是能够得到养,因为以贵下贱,即使胃口大一点也可以,但这样讲还是不通,因为六四是柔爻,位正,不应该过分向初九追逐欲望才对。其实,"颠"当指六四原来在观卦里,观九五下有小颐卦之象,但因为九五下来,导致颐卦不但颠倒了,而且变大了,所以是"颠颐"而且"吉"祥。观为观察,卦为大离,如老虎瞪大眼睛,欲望很多,但卦变的过程说明这是老虎顺其自然地追逐口腹之欲,欲望正常变大,没有什么问题。整个卦变过程里,六四原来在巽(顺)中,后来到艮(止)中,六四平顺知止,所以尽管卦变使得颐养之道放大了,但六四仍然柔爻柔位,能够持守中正之道不变,后来得到初九正应,形势比之前好了很多,所以虽然颠倒了颐养之道,追逐的过程中欲望被放大了,但对六四来说,不但没有什么问题,而且是更好了。

【明意】

六四与初九两情相悦,有点像形势颠倒的患难之时,真爱可以转变形势,虽虎视眈眈而有欲望成分,但不属于淫邪之道,反而是爱之切的表现。阴爻无力自养,须阳爻方得养,四爻上下皆阴,只有靠初九来养,所以爻辞说没有什么问题,而象辞索性说"吉",也就是挺好的。

意识因为过度执着于外物而表现出垂涎欲滴的样子,但第一部分也同样是因为关爱之心切,爱意的专注与排他形成的这种状态。真情相悦形成的意识是一种情感融通的状态,彼此心印而且强烈的吸引,意识境遇融会贯通,有利于形成意丹的状态。在彼此相印的真爱状态中,欲望无疑被放大了。但这是正常放大的,并不是非分过度,所以虽然表面颠倒,其实蛮好的。而且六二向上之颠,导致施布恩德的光明意境,让六四与初九的欲望和爱意都被放大了。当然,六四虎视眈眈显得欲望太盛,不过,表现得欲望强盛,可能反而没有攻击性,犹如武将功高震主之后,如果对财物贪得无厌,反能避免被君王猜忌。

六五:拂经,居贞吉。不可涉大川。

《象》曰:居贞之吉,顺以从上也。

【明译】

六五:违背正常的颐养之道,安居持守正道可以获得吉祥,但没法克服涉越大河那样的艰难险阻。

《象传》说:六五安居持守正道还可以获得吉祥,因为阴柔地顺从上面的刚爻上九。

【明变】

六五上推是阴剥阳,是小人剥蚀贤人不合正道,所以要安居,持守正道才可以获得吉祥。意思是如能居于正就可获吉,因为六五在上卦中位,中可以正。

【明解】

拂:悖逆,违背,拂逆。居:居止,上卦艮为止。顺:六五在互坤里,坤为顺。从上:六五以阴柔顺从上面的刚爻上九。六五阴柔居君位,只有依赖上九才能行其养人之责,所以必须"反经行权",走不一般的颐养之道。因为六五阴爻居阳位不正,又在上五爻的小剥卦里,本来是违背正常颐养之道的。六五柔爻居尊位,没有刚健之德,下无应援,在艮(山、止)之中,止于下川(互坤)前,是没法克服涉越大河那样的艰难险阻之象。《集解》引虞翻:"失位,故拂经",但五位其实还是不错的,应该是柔爻居阳失正位,又无应,不得不依赖和顺(互坤)从上九来获取营养,所以违背五位正常的颐养之道。象辞说这样还是吉祥的。

【明意】

六五自知自己的时位而后知道运意的分寸,自知居于互坤之中,所以柔顺顺应上九。心意为公,即使有违常道,也可得吉祥。阴爻阴意处于不好的时势,不得不依赖上九,不过阴顺阳还是挺好的。得阳之养,自然柔顺而得养生养识。因识得养方可以有识量。阴意的识量都要顺从阳意而方可实化。没有阳意的阴意,本身孤独难明,也难独存,阴意只有依托阳意的生机,自身才能焕发生机。

上九:由颐,厉,吉。利涉大川。
《象》曰:由颐,厉,吉,大有庆也。

【明译】

上九:这是颐养之道的来源,即使有危险,也能够获得吉祥,有利于克服涉越大河那样的艰难险阻。

《象传》说:这是天下众生颐养之道的来源,即使有危险,也能够获得吉祥,大有喜庆。

【明变】

"由"于观卦九五下来,全卦变成颐卦之后,上面成为艮(山、止),不动如山,成为不动的上牙床,这是口腹之欲,颐养之道的全部来源。没有上牙床,下牙床一直动也没有用,所以天下众生都依赖这个上九代表的颐养之道的来源。

象辞也肯定上九是颐卦颐养之道的来源,卦变后从观卦上九"志未平也"变得大有喜庆。

【明解】

由:所由、从、自、来源、遵循。《集解》引虞翻:"由,自从也。"厉:上九刚爻居柔位不正而有危险。颐卦上九特别重要,是颐卦之所以为颐卦的来源,也就是本来观卦中上面两个阳爻已经空虚得快不行了。

【明意】

阴阳之意相互造就,阴意造就阳意,本爻体现阴阳相互造就之养,离开妻道、柔道、臣道,阳无所成。颐卦是自养和养人的意识,自己要养好,之后要养人,养人是功德。意识之养的根本是接天地之生气,从天地生生不息的气象中涵养出意识本身的生气与生机。意识可从后天境界返回先天生机结构,这是颐养的核心。颐养之道的先天生机与先天结构进入意识,为意识所悟,吸收涵养,这是先天结构的展开,接蛊卦,巽宫"意—识"论第八。

二十八 ䷛ 泽风大过（巽下兑上）

大过是意缘过度偏离期望，此时不可过分消耗自己的生命，不可让意缘为境遇所困。大过卦为震（缘）宫游魂卦，立"意—缘"论第七。非常之时，心意游离，但此刻对意缘更要有非常之选择，要有非同寻常的运思之方，否则意之生气因游离而消散，则难以改变既成的意缘及其情境。虽然竭心尽力专注聚缘，往往容易发生大过劫难，而既然已经进入大过之时，就要断然面对，彻底重新整合意缘。

大过是改换意缘的时势，是动意重新聚缘的时势，需要动心忍性，深入超常意识境遇的意缘，改变自己原有意识境遇，勇于开拓新的意缘。大过涉及意缘的改换方式有：洁净精微；抓住生机，绝处逢生；绝境之中，大彻大悟；力挽狂澜；极度谨慎；舍己为人；等等。总之，没有非常之运意方式，就无法成就非凡之事。大过之形势要求人有非常的心意和行动，才能打破旧缘的局面，聚合新缘，但又不恣意妄为。

大过，栋桡（náo），利有攸往，亨。

《彖》曰：大过，大者过也。栋桡，本末弱也。刚过而中，巽而说，行。利有攸往，乃亨。大过之时大矣哉！

《象》曰：泽灭木，大过。君子以独立不惧，遁世无闷。

【明译】

大过卦象征强大过分，房子的栋梁开始弯曲，知道要抓紧修补挽救，所以还有利于有所前往，能够亨通顺利。

《彖传》说：强大过分，"大"的意思就是大的刚爻太强大过分了。好比栋梁弯曲了，是因为它的本末两头（两个柔爻）太软弱了。**大壮变大过的卦变中，九五从初位过去到上卦中位，是刚爻刚健越过（二三四刚爻）来居于中正之位。**下卦巽为顺利，上卦兑为喜悦，能够顺利而喜悦地行动，当然就前往有利而且亨通顺利。大过这一时势的时机化意义实在太重大了！

《象传》说:下卦巽为木,上卦兑为泽,泽水淹没了大树,这是大过卦的象征。君子看到泽水淹没大树这样的灭顶之灾,要坦然面对,以挽救危难的时局为己任,独立支持,毫无惧色,力挽狂澜,扭转崩溃之势,即使回天无术,也不怨天尤人,可以退隐避世,毫不郁闷。

【明变】

大过卦由大壮变来,大壮六五与初九换位变大过卦。卦变中是刚爻初九上去成九五,刚爻为大。卦变可以显示出大的行动能过得去、可以干大事的意义。大才大德者,非要特殊时势之下,放下个人名利,以天下安危系于己身,勇往直前,力挽狂澜。

【明解】

大过:大的过渡。卦爻辞里"过"的引申义有通过、经过、渡过、过往、过分、过失等。桡:弯曲。大过四阳过盛,泽灭木水势过大,形势如陷入水中,倍感煎熬。前人很少理解"刚过而中"应该是指:初九刚爻刚健地越过(二三四刚爻而)来居于中正之位。"刚过而中"通常解为"刚强虽然过甚但能够守中",即四个刚爻过甚,但九二、九五均居中。下有巽卦为顺利,上有兑卦为喜悦,这是顺利而喜悦地行动的条件。

大过卦初爻和上爻是两个柔爻,相比刚爻显得柔弱。初爻为本、上爻为末,中间四个刚爻显得很壮实,好像栋梁两头经不住重压,整个栋梁弯曲。象辞说,大过虽然是栋梁弯曲、大厦将倾、面临崩溃的时候,但也正是干大事业的时势,大的行动进行起来有利,可以时势造英雄。如果知道时局大坏,很难救颓败于既倒,即使隐身遁世,也不必苦闷。

《杂卦》"大过,颠也"指太过分导致适得其反而颠覆。

一解大过是二阴四阳之卦,初爻,六爻居外,四阳居内;二阴夹击四阳之象,初六志在灭阳,上六做外援呼应。四阳手挽手,肩并肩,用和亲的方式设法缓解阴爻的进攻。九二、九五阳爻牺牲自我,成全大局,二取姤象,五取夬象;九二是成熟男子配少女,枯杨生稊之象;九五取青壮男子配老妇之象。二阴力弱,九五阳中正得位,却出此下策,亦可丑也。之所以如此出丑,主要是四阳并不齐心,九三本来已经岌岌可危,却仍然惦记上六,而上六跟了九五,九三受伤不浅;九四也是危局当中,却还惦记初六,而初六显然跟九二逅合,九四也受伤不浅;这样一来,二阴轻易分化瓦解四阳,四阳不能齐心拯救危局,致使回天乏术,不亦伤乎?

【明意】

虽然大过说明心念发动,无法控制情境的回应,以致意缘都超出个人的想象与操控,但对于情境的结果,要勇于面对,承担选择的后果,用勇气去改变意缘。心意之力道来自对逼迫自己进入某种情境的外力的领会和操控,迫于情境而生的心意可能非常之大,大大超过平常,所以也就可能超越外力。心志来自对非常情境的理解与应对,因为这来自人对情境当中非常之力的意会,对情境当中大过寻常之力的感知,要有独立不惧、努力改变意缘的魄力。可见关键时刻,要能够豁得出去,才可能改变意缘状态。

初六:藉(jiè)用白茅,无咎。

《象》曰:藉用白茅,柔在下也。

【明译】

初六:祭祀前先把柔软的白茅草衬垫在祭器的下边,这样谨小慎微当然没有什么害处。

《象传》说:先把柔软的白茅草衬垫在祭器的下边,因为初六柔爻在全卦最下方,柔顺地居于下位。

【明变】

卦变中的初六从五位下来到初位,可谓从天上被贬到地下,垫在下面也必须极其谨慎小心。

【明解】

藉:衬垫、铺垫。白茅:一种洁白柔韧的草,古人为表示对神的恭敬洁诚,祭祀时用它垫在祭器下边。

初六非常谨慎小心,好比祭祀之时,放祭器前把柔软的白茅草衬垫在祭器的下边,显得对神洁净精微,恭谨小心。巽为风,为草木,有白茅和祭祀之象。

初六以阴处刚,居乾下极端柔顺,柔弱胜刚强。大过是非常时期,非常状态之象,需要极度冷静,非常小心。不可功败垂成。要努力万无一失,敬慎不败。行动从一开始就要非常周密严谨,非常慎重。

【明意】

初六取意极度谨慎,对于力量微弱的小人物、小物件不可轻视,可能随时有大用。以柔对刚是大过之时的求生之道,大过之时,意缘发动,当慎之又慎,洁之又洁,不可以有没把握的意缘随性发出。心思慎密,才能避免意缘的错误和麻烦。

对于意缘的可能性要有一种千方百计的小心。不可轻信他人的建议,不可轻信预测的先机,更不可认为未来已经注定。即使算出的结果也只是一种可能性,虽然这种可能性因为某种原因有其合理性,且由于某种理由这种可能性可以增强,但真正坐实这种可能性,需要巨大的慎重之心。因为担心回应的力量太过巨大,所以做事要慎之又慎,对于可能应和的意缘要小心思考面对。

意念不可一刻出偏,念起念灭。否则念来如果长久不灭,定有回应的意缘,如影随形。意念洁净精微,必须小心至极,因为担心回应的力量太过巨大。一开始就要祭祀,表示初出茅庐,需要借力,小心运作,思路缜密,做事慎而又慎,要小心思考应对可能应和的意缘。

九二:枯杨生稊(tí),老夫得其女妻,无不利。

《象》曰:老夫、女妻,过以相与也。

【明译】

九二:干枯的杨树生出了嫩芽和新枝,好比老男人娶得年少的娇妻,这种情况没有什么不利的。

《象传》说:老汉娶得少妻,是六五过了九二才来跟枯杨(老汉)相遇,是逾越常规,有点过分的。

【明变】

从大壮变来,六五来到九二下方,为"得",原在乾卦(男人、父)当中,卦变后巽为长女,是男人得长女,又在姤象(初至五爻)之中,上兑为秋,所以是秋时得女之象。下巽(木、杨),卦为秋杨,卦变中六五过了九二才来跟秋天的树木(杨树)相遇,很不容易。

【明解】

枯杨:九二在下卦巽(长木)里,代杨树,上卦兑(正秋),全卦代表秋天干枯的杨树。生稊:下卦巽为茅草,"稊"是老树上分蘖出新的嫩枝条。一作"荑",新生的茅草。相与:相遇在一起。一说与初六相处亲切和谐。

"过以相与"的解释很多,除"过了岁数才相遇"还有"走过之后再来相识""虽然年龄超过很多,他们相处还是很和谐的""阳刚太过之时要注意与柔者相配相济""九二阳刚过甚,但能和初六阴爻相互亲与"等解释。因为在大过,九二居中,未必一定阳刚过甚。如果说"错过了合适的年龄",是年龄上过分了,或者其他方面逾越常规,显得过头过分而已。不过,**按照卦变来说,是六五过了九二才来跟枯杨(老汉)相遇,是逾越常规,有点过分的。**

【明意】

处在非常卦位,需要对事情有非常理解,在似乎没有生机的境遇中,也要发掘出一线生机。反常之时,不可采用常理处理意缘。

意缘可以改变整个意境,这就是对于意缘的取与不取的态度。缘起缘灭,缘是无数可能性之一,但进入意的意缘,以及对意缘的持守与否的态度,却改变了意的结构与状态。意缘的取与舍以是否增进生机为准,如果意缘能够带来生机,就顺而取之。

九三:栋桡,凶。

《象》曰:栋桡之凶,不可以有辅也。

【明译】

九三:房子栋梁弯曲,非常凶险。

《象传》说:房子栋梁弯曲,带来凶险,是因为九三处于绝境,而上六自身难保,所以无法给它任何有效的辅助。

【明变】

卦变前九三在互兑(泽)里,卦变后九三进入下巽(反兑),互乾(天),有天下有风之姤象,犹如泽水化为天下之云气,九三原在大壮卦中部,如在栋梁之中,卦变后栋梁无力而弯曲,非常凶险。

【明解】

辅:指上六作为九三的应爻来辅助。全卦栋梁弯曲是大厦将倾、行将崩溃之象。九三、九四在卦的中段,正是弯曲的地方,九三在下卦向下弯曲,屋顶快塌了。九三明显独木难支,所以非常凶险。

前解很少说此爻的"凶"是"非常凶险",不是一般的凶险。象辞继续强调了这一点,九三处于绝地,独木难支,虽有上六相应,但上六自身难保,根本帮不了它,不但跟没有辅助一样,而且可能使九三的极度危险之境雪上加霜。因为九三在绝境,对正应的上六还有所指望,可是上六就近随了九五,不但分散九三的心意,而且让九三雪上加霜,可以说,看着九三在绝境里,不但不辅助九三,而且心念一动就害九三。

诸家对爻辞意思分歧不大,但对"栋桡"之因却众说纷纭。大致有这几类:1. 大过上六不愿应九三,但只说是大过形势特别,基本没有指出上六随九五弃九三。2. 客观情势:九三本身过刚,以致形势过刚易折。3. 九四无意辅助。

九四不来帮九三,看着九三塌陷下去。但九四毕竟跟九三一起过刚,不取;或九三刚愎自用,不用他爻帮助。虽有理,但与全卦出险之旨不一致。4. 多家认为九三不应辅助,但没有解释为何九三过刚,不可以得上六阴柔之辅助。5. 上六欲辅而不得,又有多种讲法。如九四、九五有阻力;持上六欲辅助九三而不得的注家颇多,主要是九三过分自信,而上六又过分柔弱,有心辅助却帮不上忙,实在无能为力。其他如初六、上六,或九四均欲辅九三而不得等,不一而足。但无论是上六、初六才力不足以辅助,还是九四施压,九四、九五阻碍,都是由于阴柔势力欲辅助九三而不得。基本上都是非不欲也,实不能也。6. 兑为毁折,三过则桡。上体兑为毁折,而九三处下卦之极,近毁折,但解释力弱。

综合来说,"不可以有辅"主要是情势所迫,不愿或不该相辅,但都难以阐发全卦之危,应该是上六当应而未应,想应而不能应,才可揭示出大过之非同寻常,上六即使知其不可为而为之,牺牲自我,但大过之绝望气氛难以改变。可见,九三"栋桡"是时势所致,人之心意难以更改,周围几爻不是不愿拯救,实在是力所不及。

【明意】

九三身处绝境,而周围各爻,都爱莫能助,无限悲哀绝望之情境,莫难于此。更为重要的是,人在大过之危难中,不可以有一丝一毫的分心,需要集中精力专注,方能解困。结果上六不来相助,反而在情感和心意上添乱,让九三之绝境,雪上加霜。当然,上六即使跟九五有意,也不过是昙花一现,回光返照,自身柔弱也几乎有灭顶之灾,如何可能有多余的心意来支持九三?

所以对九三来说,上六是危险的意缘,本来就不应该出现在自己的意识境遇当中,即使出现了,也要明白上六对自己只有危险而无助力。可以说,九三在眼看大厦将倾之时,其意缘取舍到了千钧一发的关键时刻,知道除了抛弃上六,勉力维持,别无他缘可以借助。可见,正在独木难支的绝境当中,需要对自身情境有透彻的了悟才行,越是大过之时,越需要大彻大悟,才能于非常之险境当中如履平地。

九四:栋隆,吉。有它吝。

《象》曰:栋隆之吉,不桡乎下也。

【明译】

九四:栋梁向上隆起,可获吉祥,但可能有另外的吝难。

《象传》说:栋梁向上隆起,可获吉祥,因为九四在上卦(与九三不同),虽有初六正应,但是非常害怕被初六牵引向下。

【明变】

卦变前九四在互震(动、雷)互兑(泽)中,卦变后在上兑(泽)互乾(天)中,上卦显得更加壮实,有隆起之势。

【明解】

九三是弯曲的节点,九四向上隆起,对于拯救整个栋梁弯曲向下的局势来说,是吉利的,因为九三下弯加剧时局之危,所以凶;九四上隆拯救时局,所以吉。全卦是栋桡之象,九四在卦中段弯曲之处,但九四在上卦,是栋向上隆起,屋顶压在上边,两力相抵,虽外观不好看,但基本不会有倾塌的危险,所以可获吉祥。

九四在上卦(与九三不同),虽有初六正应,但是非常害怕被初六牵引向下,因为在栋梁向下弯曲的大势当中,上隆是好事,此时有初六正应,牵引九四,如果九四被牵引往下,那就会有其他的麻烦和危险。

【明意】

但九四拯救时局需要非同寻常地专注和努力才行,此时初六的正应反而成为很大的坏事,好像一个专心学问的人,被情感所牵绊,最后无所成就。心力的凝聚,在一些关键时刻不能够有分分秒秒的分神,所以此刻初六跟九四正应,对九四来说实在不是什么好事,而随时可能有其他的危险和苦难发生。九四也不可介意初六跟随九二,否则情感一动,心意出偏,就会有麻烦。可见,九四特别需要知道割舍,知道舍小情才能救大义的道理。否则,危急时刻,浩然正气维持半天,一念私心就土崩瓦解了。

在修炼意丹的过程当中,九四的意义在于推攘外缘的用意之方。意缘生起要合适,需要排除外缘,不使心意附着于无关的外缘。此处强调,在非常时期,需要人非同寻常地专注,不可轻易改变已聚的意缘和意境,否则可能功亏一篑。就日常修炼来说,比主观的努力更难的是心志专注,排除纷扰,不让意念转移到其他无关的事情上面去,而所有吸引注意力的意缘当中,相通相惜的情感是最能够轻易改变人的注意力的,是最需要割舍但又不容易随时放下的。

九五:枯杨生华(huā),老妇得其士夫。无咎无誉。

《象》曰:枯杨生华,何可久也。老妇、士夫,亦可丑也。

【明译】

九五:干枯的杨树开出新鲜的花朵,好比年老的妇人得到少壮的男子做丈夫,这没有什么害处,但也得不到什么荣誉。

《象传》说:干枯的杨树开出新鲜的花朵,可是这样的生机怎么能够持久得了呢?年老的妇人嫁给少壮的男子,这算是羞耻丑陋、丢人现眼的事吧。

【明变】

全卦从大壮来,初九升到五位,有得士夫之象。五位本阴爻,在大壮卦是丧羊于易,难以守住阳长之势之象,此处来一个阳爻,等于加强了阳爻的力量,顺应了阳爻上长的状态,对大壮的阳爻来说,是一种升进。上五爻本有大壮之象,阳爻升进,是老妇(枯杨)得男(阳爻),原三四五互兑变为上卦兑,喜事连台之象。

【明解】

全卦有枯杨之象:下巽(杨树)上兑(正秋),是秋天的杨树;有花之象,因九五在上兑(少女、喜悦),是干枯的杨树开出新鲜的花朵。一说上五爻有夬卦之象,夬卦阳壮阴衰,如老妇得少壮男子为夫,但夬决阴而非婚配之象,且象上难明。一说互兑为反巽,而大壮是大的反巽(长女)引申为老妇,九五为了抑制阴爻,而与阴爻联姻,看起来不美。

古时认为,女子绝育早,老妇得到少男虽然没有坏处,但也没有什么荣誉。仍然是回光返照、零落衰败之象,生机不可能维系很久。象辞明确说不合适。

【明意】

九五得到的意缘缺少生机,可是又无从选择,人生的选择有些时候就是如此的不如意。但这里的生机是本身没有,所以即使得到少壮男子也只是短暂而且有限地增益新的意缘,而有限的增益不能算是好的意缘。

上六:过涉灭顶,凶。无咎。

《象》曰:过涉之凶,不可咎也。

【明译】

上六:渡过深水的时候,淹没了头顶,是很凶险的,但没有什么过错。

《象传》说:渡过深水淹没了头顶带来凶险,因为上六遇到灾祸并不是它造成的,无可指责(位正,本身无过错)。

【明变】

卦变前上九在震(动)中,卦变后在上兑(泽、损)中,有动入泽水之中大有损耗的凶象。

【明解】

咎：怨咎，咎责，咎过。"无咎"是没有过失，无可指责。大过卦下巽（木）上兑（泽），是泽水淹没树木之象。上六按人身部位取象，对应人的头顶。大过卦好像渡过深水之时，水淹没头顶之象。卦的时势如此，但上六阴居阴位，位正行正，没有过错。可见，本爻先有灭顶之灾，后来得以平安脱险。因其无错，所以不该受到责难。

上六面对绝境，舍我其谁，毅然决然地涉过大河，有杀身成仁的气度，即使不能拯救时局，但其所思所行已无可指责。上兑（泽）为水，是泽水满溢决口而必流下之象，所以有灭顶之危，这是一种客观情势，唯有大义凛然，杀身成仁了。

【明意】

在不得不牺牲自己的时候，能够预见自我牺牲带给他人和团队的正面价值，对于意缘的增益和整合是一种高尚的情怀使然。当人的能力有限，无力承担危局，这时挺身而出，牺牲自己，成就大家，精神可嘉，无可指责，问心无愧。这是在极度艰难危险的危机时刻，愿意牺牲自己而成就他人的意缘继续，这是一种崇高的精神境界。

二十九 ䷜ 坎为水（坎下坎上）

水之意向性必有坎（险）向，意向性刚强，以攻坚克难，既是内心之刚，也是上下齐心。无论是个人还是集体，意向发动即在重重险难之中。意念必动，动则必危，人要学会在意向性每时每刻发动之时，都与危险安然相处，这需要经过重复练习，让心意重复之后，逐渐熟悉危险，所谓"习于坎"。危险总是层层叠叠，如果处险而不知，则危险随时降临，如游泳、开车等。意向之险，在与险平易相处；心意发动时常处险，久成自然，游走于险动之间。意向发动的危险，还表现在意向堕落非常迅速，而要升华则难上加难。意向发动即面对意向背后的危险。意向之险，还可以险设险，在思想中模拟危险的发生与应对。意念无时无刻不动，也就无时无刻不在险中，所以要学会用险止险，即所谓知险而制险，或知险而止险。当然，通常说来，要知道见险而止，要于险中控制意念行动的分寸。

坎宫八卦四十八爻论证意识之行，性成于意识之行，因成唯识而后意行。此为坎宫"意—行（性）"体系之总论。坎宫为天一生水之所，为五行气机发动之所，阴意始生之机。先天八卦后接艮宫"意—量"之论，即因意行而后有意量。后天八卦仍然接续万物所归之艮宫"意—量"之论。

习坎，有孚，维心亨。行有尚。

《彖》曰：习坎，重险也。水流而不盈。行险而不失其信。维心亨，乃以刚中也。行有尚，往有功也。天险，不可升也。地险，山川丘陵也。王公设险以守其国。险之时用大矣哉！

《象》曰：水洊（jiàn）至，习坎。君子以常德行，习教事。

【明译】

坎卦象征险象环生，只要心怀诚信，坚定维系心念中的人天之意，就能亨通。勇往直前，努力上进，将会受到人们尊重崇尚。

《彖传》说：习坎是险象环生，好比川流不息的水却无法填满深不可测的陷阱一般（下卦坎为水，上卦坎为坎陷之地，水不断流入低洼之处，但坎陷于中，怎么也流不满）。坎为水，又为坎险，遭遇到险象环生、危机四伏的境域，内心仍然充满诚信通天的人天之意，不但能够诚信于人，而且能够诚信感天。只要坚定持守人天之意的信念，就会获得亨通，因为坎卦内心刚健实诚（中爻是刚爻），好比水流之地低洼艰险，但奔流入海之心刚健不改。**坎卦从临变来，主爻从临的初九升进成为坎的九五，取得尊位，象征前往可以建功立业**。天险（阴长阳消造成的衰朽败亡等天道运行的险难时势）是高不可升、无法逾越的。地险就是山川丘陵等能够阻挡人前行的险阻。君王公侯于是设置险要之关（如城墙、城濠等人险）来守卫自己的国家。险象环生的时机化作用实在太重大了！

《象传》说：水连续不断地流出来，险而又险，险象环生就是习坎卦的象征。君子学习水连续不断地流出来、奔流到海不复回的特点，要使仁德品行有恒常不变的刚强之性，不断学习操练，以实践好教化人民的事业。

【明变】

坎卦由临卦变来，临六五与初九换位变坎，主爻九五向上推移，代表勇往直前、努力上进会受到人们尊重崇尚。

【明解】

洊：水相长存，接续不断。教事：从个人修养方面讲指受教化之事，从社会意义上讲是教化人民之事。是说君子先要不断学习，掌握教化人民的本领。习：一、鸟数飞，重复，上下俱坎，重叠有险之象；二、《正义》"便习其事"，是对治险阻的方法。

六十四卦里，坎是乾坤外第一个出现的纯卦，由上坎与下坎重叠而成，称"习坎"，"习"是重复之义。作为八卦之一的坎基本象是水，作为六十四卦之一的坎基本意思是坎陷。坎又为心，中间一刚爻为实，所以可以用来表示面对危险而内心信实之意。

前解提及内心，但很少谈维系心念。其实坎卦维系的是心中的人天之意，即心意之中通于天的部分。《周易》教人修行和维护这种通天的意念。坎有水流入陷阱之中之象，水流不满，"流水不腐，户枢不蠹"，流动不会腐败就能保持活力，所以亨通。坎卦的"有孚"来自水无论如何曲折迂回，最后都流向大海，所以表面柔变，内心刚强守信。人应该学习水的特点，即使在坎险中也要如水一般遵守信用。上下坎有险象环生之象，代表人可能碰到各种险难。其中天险地险等都非人力所能够操控，但人要有利用危险转化为机会的意识，自古成事皆从危险的情境当中来,所以要学会设险,利用险,转化时势,化被动为主动。

【明意】

意念的本性是危险的行动性,因意念必行,而行必有险,所以人之意向性必须习于险境之中,虽险必行。意念之险,不在当下之险,而在暗险,即意向的感应结果之险,习险靠的是刚强的内心和强悍的意志力,时刻处险,当习以为常,也就善于化险为夷。人天之意在意向发动之中行于中道。要使仁德品行有恒常不变的刚强之性,需要不断学习操练,才能实践教化的事业,这是从坎(水)目标坚定和持之以恒的刚强当中学来。儒家向水学习的是内心刚强,道家向水学习的是柔弱处下;儒家是为了教化人民,道家是为了争胜成王;儒家是已经成王,之后如何运用为王之道;道家是没有成为王之前的道,是成王之道。儒家和道家,向水学习的是很不一样的品格。儒家学习的是人天之意,是人在任何时候都通于天的意向状态;道家学习的是自然之意,即顺应自然、无心顺道的境界,两种意向状态很不一样。修行修炼的就是一种意向的状态,并且长久保持下去。

内心刚健,意向发动随境而迁,时刻意向朝善,以良心为根本。念转念灭,念行念去,意向的善恶流转难在人自身,因而要善于控制意向发动的瞬间。人世间无论多么艰难,意向发动皆要从善出发。这样自知知人,以善之意向,行险于平易之间。险难的存在是地、天的格局,此人生之境,心物之境,也是人心的格局。从自然之险象到人心之险,意向之险和起念之险,终在于自己把握意念。只要初心发动,世界展开与危险并存,所以对初心的反省与收敛都很重要。

意向之险用于用兵之道,如出其不意攻其不备等,但这些不等于不择手段。意念之行需要理性对自然情感加以克制,依照综合判断来展开意向性,但意向之涉险,又不能靠纯粹理性的推演,还有经验的、想象的成分,跟形象思维、关联思维密不可分。如果只是理性思维的描述,那么对于感觉、情感等非理性内容,以及进入对坎险先行结构的理解,也就不能在意念发动之前进入反思状态。

初六:习坎,入于坎窞(dàn),凶。

《象》曰:习坎入坎,失道凶也。

【明译】

初六:在险象环生重重坎陷之境,好像落入水底深不可测的洞穴里去了,极其凶险。

《象传》说:在双重的坎里,又落入坎下,**指的是初六从五位下到初位**,迷失道路,自己走向深渊之中,当然必有凶祸。

【明变】

临变坎,卦变中初六从五位落到初位,到全卦最下,在上下坎的底部,所以是落入险象环生、重重坎陷之境,陷得太深不易自拔,好像落入水底深不可测的洞穴里去了,极其凶险。

【明解】

窞:坎下之坎。象辞是说,初六自己落入坎中之坎,迷失了道路,危机四伏、坎陷不断。初六以阴柔入重坎,有自己私心作祟,跳入陷阱深渊之象。

【明意】

意向要面对的危险层层叠叠,躲过一劫可能又来一劫。如果对意向危险的评估不足,就可能真的被危险卷进去。所以要提前开始,未雨绸缪。孩子从小有应对危险的经验,长大就不容易吃亏,如应该让孩子学会应对骗局,否则长大不知如何应付。从小在安全范围内冒一点险,长大才会有经验,因人生圈套陷阱常见,意向提早预备应对可能的险难,反而能够避难,不预备险难的发生,却容易遇难。

坎卦初六说明,寻常人内心深处随意发心的善恶,可以决定业的善恶。外在环境的险恶,有时是由内心的险恶招致的。但决定我们意向性(或意能)的力量来自何方?或许广袤无边的虚无,可能是意向性(防止危险)的来源。虚无无边无际,有着令人惊叹的力量,让人无法释怀,可能深陷在面对虚无的恐惧之中。人不易克服对宇宙空间性虚无的恐惧,不知道世界之广袤无边的虚无如何能够存在;如时间上的虚无,身前身后的虚无,让人无法知道如何安顿自身;闲暇的虚无和无意义的生活,让人难以给自己的人生赋予意义。陷入坎险另一方面是由于人的意向性执着于通过追求扩大财富和对他人的支配,来巩固自身的存在,让自己显得更为重要,也似乎更为实在,以克服虚无,但意念如此发展的方向,通常让人的意向行入层层叠叠的坎险之中。

九二:坎有险,求小得。

《象》曰:求小得,未出中也。

【明译】

九二:在坎陷之境中困罹险难,只能于险情中谋取小得。

《象传》说:九二在险境之中求取,还可小有所获,因为九二虽然没有脱离险中,但在下卦中位,心思意念未出中道。

【明变】

卦变中初六柔爻从五位来到九二之下,与之比邻,上还有六三柔(小)爻比邻,算是小有收获,所以说只能于险情中谋取小得。

【明解】

九二以阳居阴,失位不正,上无应援,自处险地,九二与初六和六三相比,但初、三毕竟柔弱,求之则只能有小得。九二在下卦中位,代表行为适中,无过无不及,本身并没有错,但在下卦坎(险)里,无法避险,只是后果应该没有初九那么凶。

相比之下,初六是自己堕落,九二心思刚正,想要自我拯救,自然应该设法找人帮忙,可是没有应爻,上下皆阴,能有小得就不错了,主要还是要靠自己。九二品性刚中,能够一点点自我拯救,靠自己一点点救赎脱离险境。别人帮不了大忙,六三乘刚欺负九二,九五敌视九二,九二只能和初六相依为命,相濡以沫,有点亡命天涯的凄惨,女的(初六)比男的(九二)更危险,但还是舍命救了男的一把,让男的终于有希望脱离险境。

【明意】

九二阳爻居下卦中位,奈何放眼望去,四面茫茫,危险时刻,先求自保。要做好事情会恶化的准备,不要心存侥幸。危险重重之时,保全自己为上,求大会更危险,自求其小,反而可能在两阴之中找到生机。生存能量不足的时候,最好的方式就是隐藏锋芒。

从信用的角度说,九二在险境中保持人天之意,不出中道,还可小有收获。信用一大部分来自家庭关系的延伸,与西方近现代平面的信用社会之信用有别。基于关系而延伸的信用,跟西方通过遵守规则积累信用不太一样。不过,不论是基于关系的,还是基于个人意向性的逐步积累,信用体系都要强调个人心念之善的积累,以及与情境的互动。

面对生命的绝境,意念之行仍可以充满生机,也可以给他人他境带去生机。意念之存续的核心是生生之机,即使在极度危险的境遇中,存续和保养生机仍是第一位的。在生存的存在与虚无之间,人还是要努力建立"善";在自我与虚无之间,生机渺茫的关键时刻,人更要努力确立自我,等待时机而行动。

六三:来之坎坎,险且枕。入于坎窞,勿用。

《象》曰:来之坎坎,终无功也。

【明译】

六三:上下都是险难重重,进退维谷,只是险中还有所依靠。但已经陷入危险陷阱深处,实在无法施展才用。

《象传》说:来去都是坎陷之险难,说明六三最终都是在做无用之功(无论如何挣扎都走不出谷底,有劲也用不上)。

【明变】

六三在卦变中,动(震)入坎(险)中,有动入险中难以自拔之象。

【明解】

之:去、往。枕:倚而不安,息而未安,有罹难难安之象。一说枕藉,铺垫,引申为到处。六三位在下卦上位,又在上卦之下。《易》例爻往下推移为来,往上推移为往。六三下来上往都在坎(险)中,可谓上下险难重重,进退维谷。上下前后都是坎,显示出前后左右都有险难的危险状态。六三在上下两坎中间,因阳位妄动,越来越陷入危险陷阱深处,看起来连坎都出不去,当然更无法施展才用。

在危机四伏的状态当中,不宜轻举妄动。只可韬光养晦,等待时机,暂且不要展示自己的才能。六三可谓动则得咎,好像陷入沼泽地,越挣扎越往下陷,而且非常绝望,等待灭顶之灾,实在危险,只有沉着冷静。但是阳位妄动,不仅无功,反而只会越陷越深。所以说,六三在凶卦凶位,失中非正,必凶。

"枕"的解释很难,异文很多,此处不辨。六三互艮互震,外实内虚,有枕头之象;六三在互艮(土)下坎(水)之间,中又互震(动),有震动土和水、搅拌砂石成砖墙可枕之象,上有坎(水),是随时加水搅拌之象。前人很少意识到可以取"枕"在九二之上之象,只是乘刚,枕得不太安稳。何楷《古周易订诂》:"枕者,下有九二之险,而且已枕于其上也。"九二阳刚,险中出手,舍命拯救六三,有牺牲自己,帮助六三绝处逢生之象。

【明意】

本爻的意向进入无法摆脱的绝望境遇,险之又险。此时的意向无比绝望,一个又一个险境连环而生,无法摆脱。人在绝望之中,如果放弃阳意的希望,则可能走上放弃生命的自杀道路,所以在绝望中还当保持希望的光明。此爻在绝望当中的希望,来自九二,九二给予六三致命危险当中最具牺牲精神的拯救,用自己的生命来延续六三的生机。

六四:樽酒簋(guǐ)贰,用缶。纳约自牖(yǒu),终无咎。

《象》曰:樽酒簋贰,刚柔际也。

【明译】

六四:一樽薄酒,两簋供品,选瓦缶作祭器,(非常敬慎地)从窗户纳进素朴的祭品,最终不会有咎害。

《象传》说:用一杯薄酒,两碗糟饭(的素朴祭品顺服地祭献),因为六四在刚爻与柔爻交际之处(故四爻之意向要刚柔适中)。

【明变】

九四在卦变中从坤(易)之地变入坎(险)之中。临卦初九升到五位,把六四与上面的柔爻分隔开,六四在二个刚爻之间,形成正震反震的对象。

【明解】

樽:酒器,取震象。簋:古代外圆内方、盛黍稷的祭食器。缶:瓦器,古代带盖的瓦盆。《说文》:"缶,瓦器。所以盛酒浆。秦人鼓之以节歌。"既是酒器,也是乐器。约:简约。牖:窗户。

坎卦下三爻极度危险,上卦有出险之象。六四或从心态上解出险,或从实情上解,即已经在极度危险的险境(如牢狱)当中,需要有一种虔诚而小心的意识状态,才可能出险。

这是古代的一种"牖下之祭"。祭祀的方式是在室内的西南角设立祭坛,从窗户把供品递进去,放到祭坛上。一般是贵族家族要出嫁的女子出嫁前学习祭祀的仪式。六四在上坎(酒)里,又在互震(仰盂)里,形似祭器,像一樽薄酒,六四还在正反震(正震为盆,反震为盖)里,有选瓦缶作祭器之象。正震为祭器,反震是摆在对称位置上的祭器,有如两簋供品。六四又在正、反艮(门)里,两扇对称的门之间为窗,所以有非常敬慎地从窗户纳进素朴祭品之象,这种祭祀虽然简陋,但祭祀主要靠的是诚敬之心,只要心诚即可祭之于王公,荐之于宗庙,最终不会有咎害。

古代贵族女子未出嫁前,举行简约而朴实的祭礼,祈求心意能够实现。这代表柔弱的女子同未来的刚强夫君交往的合适态度,如此就不会有什么咎害。六四上面就是九五之君,所处的情境通于古代为臣者的心意状态,毕竟身居官场也时刻有身处险境之感,处险之道当从弱女子在祭祀之时的心态处学来,唯有真诚柔弱的态度取得信赖,显示质朴又顺服的心意才合适。女子出嫁前,祈祷上天安排一个好丈夫,其实也是很危险的情况,需要谦卑柔弱,以求得到好的丈夫。

同理,大臣面对君王,要有一个没有出嫁的少女那样的情怀,才能防险,遇险而脱险。总的来说,六四刚柔之际,需要极尽温柔体贴之能事,非常虔敬婉转以化解险难。从六四可以看出古人面对危险有祭祀祈祷的习惯,祭品不用很丰盛,祭祀器皿也不用很华贵,地点也不用十分讲究,但一颗虔诚的心很有必要。六四在险境中,要低调谦卑自保。六四处于危险核心区域,离君王很近,只有谨慎自保,以光明的心意周旋于险境中。事事多礼,言语谦恭,就应该没有什么问题。以柔顺的姿态对付刚强的恶人,心意行事都不要刺激对方,所思所行不可引起君王猜忌,所以要处柔守弱。

【明意】

此爻为了出险,需要学习柔弱处险之道,以弱女子祭祀求福之心意行世。身处危险境地,需要竭尽全力抓住能够摆脱危险的机会和方式,而最重要的,就是在意向发动处要柔弱、真诚、质朴地顺服九五。逆境之中需要千方百计搞好跟他人的关系,哪怕一点点机会都应该争取、抓住,即使一杯酒、两碗饭这样简单的东西,身处逆境时都不应该嫌弃,而应该从粗茶淡饭当中磨炼自己谦柔居下的品行。在身居逆境之时,彼此的交情是患难之交。

六四之爱要克服其意识当中无可把握的虚无感。在没有具体的爱的对象,即意缘之前,其祈求的爱难以克服虚无感。可见,爱的意念之行,需要有具体的爱意之缘,方能克服虚无感。在重重坎险之境中,意念之行当极度低调小心,以不激发意境之反作用为宜,危难时刻,少女出嫁前那种小心温柔、祭礼求福的心态才是意念之行的合适状态。

九五:坎不盈,祇(chí)既平,无咎。

《象》曰:坎不盈,中未大也。

【明译】

九五:水流入坎里,没有满溢出来,只有等(水中沙洲)到了跟坎陷齐平的程度,这时候应该没有太大危险了。

《象传》说:水还没有盈满溢出坎陷之地,这是因为九五在上卦中位,居中能处中道,但自求脱险之功无法光大。

【明变】

九五是坎卦的主爻,正是象辞说的"水流而不盈",**它从初位升上来,进入上卦中位**,中是既不满,也不浅,水流入坎里,没有满溢出来,只是到了跟坎陷齐平的程度,这时候九五比较有把握了,应该觉得没有太大危险了。九五快要出险,但还在水里,水没有满,刚刚平,从心态上讲,是快出险了,千万不可自满,要心态平和。

【明解】

祗:只是,一说为虚词,无义。"祗"字历来难解,大概有安、病、土丘、抵达、无实义、适等多种解释。分析认为:1.从文字意义、读音及《周易》内证角度,"祗"为"坻",即水中小洲,或为语辞只、适、恰,两种解释较可信。2.从象数、义理角度分析,从象上说,三至五互艮(山、石),可解作"小丘";从义理上可联系九五爻辞象辞及全卦卦义,九五爻"坎不盈",有认为这种状态不太好,有认为这种状态尚可,都与出险相关。按象辞"水流而不盈","坎不盈"是虽在险中流动不止,但有信心能够出险。只是这种状态不能兼济天下,所以"中未大",不是很好。此二解有相似处。若解"祗"为语辞,即刚刚齐平或达到齐平乃能"无咎";若解为"土丘"或"水中高地",是水中土丘刚刚与水面齐平,快要露出水面的状态,水中之人,正好此时可以以求出险。可见,"祗"字解为小丘(水中渚、水中小洲),与坎之流动、不满盈相联,与坎本义较近,和语辞都有道理。

九五在上卦中位,到了外坎的核心处,危险程度已经有底。九五互艮(山、石),可把水中之渚(小块陆地)想象为四边陡峭之山崖,河水不满,水面不与崖岸齐平,水中人就难以上岸;等"祗既平"("祗"为"坻",即水中小洲露出水面),则可以上岸,所以快要脱离危险了。

如果理解为"小丘已经铲平",不太通,跟水流没满的关系也不是很清楚。

【明意】

此爻人在水(坎)中,等水(危险)慢慢退去,心里有信心,看着水中的沙洲慢慢露出水面,于是水中人就可以爬上沙洲,彻底脱险了。从全卦来看,初六是人陷入陷阱,如水里深深的漩涡之中;九二也在水底,基本上出来不了,与初六相濡以沫,但绝望无助;六三也在水中,涣漫无涯,没有援手,只有九二舍身垫枕,但出险无望;六四还是在险中,但可以感受到希望,似乎有人伸手来救,而自己也可以祈祷出险了;真正只是到了九五,才有洪水退去,沙洲露出,终于可以上岸喘息之象。

身心陷在坎险之中,危险和委屈都只得隐忍接受。从长远看,人的心意险象环生,人时刻都要委屈隐忍小心行事。在重重危险当中,理解自我的实在性很难建立,因为在危难之中,理解自我的实在性通常让位给理解重重危机情境的迫切性。危险的情境在迅速变化,自我对世界的同一性难以建立,也就是说,在险境中,要建立我与世界的关联性、同一性非常困难。从初六的形势开始,"我"在极度危险当中上来,本来就来自虚无,绝望是虚无的一部分,只是求生的意志让"我"突破层层阻碍,抓住身边的偶然意缘。分秒之间,它们全部因我的意念之行而成为实在,可是,危险之中,已经顾不上我自己的实在性,因为求生的本能压过了对自我实在性的追求。面对周围连环发生的重重危险,"我"需要在危险中生存下去,至于是否有信心建立不同于虚无的真实人生,是求生成功之后的问题。这样看来,人生的实在性,其实很难建立在层层叠叠的危险上面。换言之,在危险重重、自身难保的人生当中,无所谓真实自我的建立问题,也谈不上自我修养的问题。

上六:系用徽纆(huī mò),寘(zhì)于丛棘,三岁不得,凶。
《象》曰:上六失道,凶三岁也。

【明译】

上六:用重重的绳子捆绑起来之后,被投入犹如荆棘丛生的监狱之中,三年都得不到释放,非常凶险。

《象传》说:上六偏离正道,迷失了道路,凶险的境遇将持续三年之久。

【明变】

从卦变上讲,逃犯上六到了全卦穷极之位,已经逃到天涯海角,穷途末路之象。坎为水,水向下流,上六挣扎出险,背离水的本性,下面还乘刚,罪加一等,所以牢坐定了。

【明解】

徽:三股拧成的绳子。纆:两股拧成的绳子。寘:同置。丛棘:是荆棘丛,取象两坎,意为牢狱,即古代断狱的场所。《周易集解》:"案《周礼》,王之外朝,左九棘、右九棘、面三槐。司寇公卿,议狱于其下。害人者,加明刑,任之以事。上罪三年而舍,中罪二年而舍,下罪一年而舍也。"这里的丛棘指监狱。

上六是坎之上,一说要坐牢三年,是没有脱离坎险,一说已经出险,但心意状态其实没有出险,经历初九上来的层层危险很久都后怕。坎为矫輮,矫輮是把木用绳子捆成需要的形状,然后烘干定型,所以取捆绑之象。上六在两坎之上,有用重重绳子捆绑起来之意。坎又为坚多心木,有棘即带刺的灌木之象,红心坚硬。上六在两坎之上,是被投入犹如荆棘丛生的监狱之中。九五之时,好不容易脱离水中的危险上了岸,结果一上岸就被投入监牢坐牢三年,不得释放,非常凶险。这一爻是逃犯落网之象,可以反推九五脱离水中之险者是逃犯,抓住之后,三年牢狱之灾不可免。

【明意】

　　坎卦五爻好不容易终于上岸,似乎可以喘一口气,好像死里逃生一般。可是,上六是刚上了岸就被投入监狱,实在凶险至极。全卦都是逃犯挣扎出险之象,到了上六,即使没有实际坐牢,逃犯心里也无法摆脱从初九上来那种层层危险的记忆,已经构成了无法抹去的巨大心理创伤。

　　坎卦描述了一个拼命逃生的逃犯的心路历程。从逃犯挣扎出险的人生经历来说,其个人的经历,最后必然要走向虚无,为了生存,为了自由而拼命挣扎,但无法摆脱如流星一般的命运,挣扎到底有什么意义?可是不挣扎,没有生机的逃犯,马上就要面临死亡实实在在的威胁,这会让自己恐惧。更不要说自由人的欢乐和盛宴,终将消散无形,所以追求精神性的实在、不变、永恒的柏拉图式形上学家,也会对人生与宇宙的虚无感到迷惑和沮丧。

　　坎卦从逃犯的心理描述出人生层层叠叠危险的一面,而人即使一朝被蛇咬,十年怕井绳,也还是要有处处心中有险,方是处处追求平易的处世之道。因为意动即险生,随时遇险,而人要学会在险中求安,要想出离危险,意念就需要在险易之间,摆正意向性的方向。无论是对逃犯来说,还是对自由人来说,人的意念一动,天堂或地狱即在其中。所以,面对危险的恐惧,一定不是离开危险的出路,最多只能当作一种面对危险以振作的底色。人生之意生于险中,要时刻有止险之意境。意念发动处,知险所在,有助于止住险念之生之长、之发之动。

　　坎卦也说明,人生而在危险之中,意念发动即与危险相伴,意念对危险存在的现实性理解,都来自经验,对危险存在的预见性也来自经验,所以要依靠经验来做好应对危险的预案,才能防患于未然。坎卦描述了出离危险的艰难,学习坎卦却需要印证自己的人生体验,由此才可能知道,如果出现最危险的情况应该如何应付,这就回到坎卦的本旨——习坎——意念习于坎险,自己主动避险是可能的,也是需要自己操练的。从人生作为逃离危险旅程的角度来说,人生时刻好比逃犯的境遇一般,险象环生,但全卦到最后还是可以回到卦辞"行有尚"的本旨:只要勇往直前,努力上进,最终将会受到人们尊重崇尚,而这种崇尚,其实是人面对现实层层叠叠的危险表现出来意念迎难而行的精神力量。

三十 ䷀ 离为火（离下离上）

离险必附着，无所附着则不可能脱离坎陷之境遇。文明帮助人们脱离险境，但文明有其限度，创造力也要适可而止。经历大坎（洪水）的洗礼，才能有光明的文明，才能有教化之教，即《易》教之教。坎是苦中苦，离是明中明。

平静的水面之下，暗藏危险。心意一动，险无处不在。火无形意，火意无形无象，而力量至大至刚。水意无形，但可随意赋形，柔弱而可被赋意。火比水更本源，火力是意的力量，而火之缘也如意的缘，不可能凭空存在。如火必有缘，而意向之动也必有所附丽为意缘。有缘则人生之意念发动和意义状态才得以明白。

此卦为向论总论。意能必有向。意向生发要柔顺地附丽于缘，即向必有缘，由意境到意识，进而到意行，之后到意量。意向为意能之方向，意能无时无刻不在流动中，也在实化过程中，而流动的能必有向，因为实化意能要有向。意向，即意的方向，而意必有向，无向不可能是意。但意的本体无形也无向，因为一旦意形于缘，则必向外有向。意之向是从无穷的可能性之中确定一个可能性，也就是意每时每刻的实化只有一个可能性。意之本体本来与天地相通，恢弘无形，混沌无向，但一旦实化就必然有向，或者相当于《易》之从先天进入后天，就非有向不可。后天卦象中，离向在南，象征光明朗照，因向是使意光明的。意在先天与后天之间，但意向必是后天，是向让意明朗化（manifested），而且向明就一直显明下去。所谓继明，是人的意经向而能明于四方天下，治理国家的大人要持续不断地以光明的人天之意照临天下四方。

离宫八卦四十八爻论证意能必有所向，此为离宫"意—向"体系之总论。意向既指意向性，意识的方向，更指意能必然实化为具体的意向性，必然指向某一意缘，接震宫"意—缘"体系之论。

离，利贞。亨。畜牝牛吉。

《彖》曰：离，丽也。日月丽乎天，百谷草木丽乎土。重明以丽乎正，乃化成天下。柔丽乎中正，故亨，是以畜牝牛吉也。

《象》曰:明两作,离。大人以继明照于四方。

【明译】

离卦象征光明附丽,有利于持守正道,做事亨通,如畜养母牛吉祥。

《彖传》说:卦名离是附丽的意思,譬如太阳和月亮附丽在天上,百谷草木要附着在土地上。上下卦都是离为明,离卦有双重之明,明而又明,光明地指引万物附丽到正道上去,就能教化天下,成就人间文明昌盛,犹如日月附丽于天,光辉昌明。**离卦从遯卦变来,遯卦初六与九五换位变为离卦。从离卦主爻六五的推移说,是柔爻柔顺地依附在刚爻的正中,得中又得正,所以亨通。**因为柔爻的运动好像具有母牛那样温顺的德性,所以畜养母牛可获吉祥。

《象传》说:下卦离为明,上卦离又为明,是光明接连不断地升起来,这就是象征着光明附丽于高空的离卦。治理国家的大人要持续不断地以光明的人天之意照临天下四方。

【明变】

一般解"柔丽乎中正"都是六二、六五居中得正,**但从卦变来说,是柔爻柔顺地依附在刚爻的正中,得中又得正,所以亨通。**附丽到正道,就能教化天下,成就人间的文明昌盛。

【明解】

卦名离主要是光明、附丽的意思,即依附于某一物体上。在卦爻辞里有时为火、为日、为明、为征伐等义,这些都是离的卦象之意。离与坎是一组变卦,即坎卦六爻全变为离卦。坎为水,水要流动,只要勇往直前,努力上进,面对危险意念要迎难而行,体现出来的精神力量将会受到人们尊重崇尚。离为火,就必须依附在燃料上,离开燃料就熄灭了。正是因为它附丽的特性,所以利于持守正道。

坤为牛,离是乾得坤中阴爻而有牛象,离为中女,故为牝牛,上离下离是牝牛成群之象,所以如畜养母牛吉祥。附丽是通过薪和火的相爱相杀,火必附于燃料而得,引申出柔顺附丽,如母牛一般,牛本来就性格柔顺,母牛就显得更加柔顺。只有柔顺才可能依附,依附如日月之正才稳固,这样符合离卦的附丽之道。

从明的角度说,如果人之心意光明,就应该努力去把世界照亮,离卦强调照亮世间的"三明":重明(光明接连不断)、大明(光明附丽于高空)和长明(光明意念长照四方),显得光明的智慧犹如阳光下的海水一样,清明广远,波光粼粼,人天之意与自然之明,融通无间。

【明意】

　　人的精神力本质上是大自然动植物生命力的升华,也可以采集天地自然的精华来涵养精神力。精神力比自然力更能够通过灵性的修炼而重回人意连接天意的开端。天地因生生而生长藏杀,人之创造力也要顺势而行,不可不知节制,否则人的精神力实化的文明体系可能走向自然的反面。意向必有所附丽,即附丽于缘,意向有缘才能让人天之意得以明白彰显。通常人睁着眼睛,但看不清世界,犹如在郭象所谓"玄冥之境"中。日常生活当中,人心常常为私欲蒙蔽,一念私欲起,光彩不再,私心迅速遮天蔽日。换言之,私心邪念一旦发动,凶险祸患如闪电降临。

　　离卦说明,持续的光明把私意照亮,自知隐蔽私意而不发,否则,即使有知识,意向所至,也易自私而邪。千秋文明大业来自心念长明。有知识者应有良好的品德,要能够忍辱负重,以附丽之意衬托意向缘生的情境,如日月一般彰明意缘的发动,这样才能光明广远,助天道生生而成就文明系统的创造。文明体系作为心意之发的实化过程,心意发动必有所依附,如所附不正,则心意皆乱,所以不仅发动要正,而且所附也要正。世界与心之本体相通,物心本体如一非二。人之意向若无缘,则不可能明白自己意向之意义。缘是意向实化的对象,而意向的生生实化之过程本身,对人的生存和发展这个存在本体性来说,可谓动态的实体性存在。

　　初九:履错然。敬之,无咎。
　　《象》曰:履错之敬,以辟(bì)咎也。

【明译】

　　初九:践履行事合乎礼仪,错落而有光采,心怀恭敬,小心谨慎,不会有什么过错。

　　《象传》说:践履行事合乎礼仪而有文采带出来的内心恭敬,可以避免受到不必要的伤害。

【明变】

　　初九在遯卦变离卦时从五位下来,初位是足,如同在脚上穿鞋,象上取履有鞋子之意。下到初位,既是刚来文柔,又组成下卦离(文),"错"就是文,所以说,践履行事合乎礼仪,错落而有光彩。

【明解】

　　履:鞋子,引申为以足践踏,再引申为人的行为。因为人的行为要遵守礼仪约束,故引申为礼仪。经文里凡"礼"都以"履"字表示。错:花纹交错,指文采。敬之:对这种有文采的礼仪要怀着恭敬之心去履行。辟:与"避"是古今字。

初九是礼仪有文采有秩序很文明的样子。举止文明礼貌,心怀恭敬。这一爻彬彬有礼,行为文明,不会有什么过错。

象辞说初九小心谨慎面对曲折的道路,以恭敬心来面对,好像新年新人穿上新衣新鞋,开始新的征程,小心守礼才能走得光明灿然。前人很少解成光彩,都以为是"为了避免灾害",其实是有利于避免受伤之意,因为人内心恭敬,而改变了外在的气场,于是伤害自然远离了。

【明意】

离卦开启新的文明征程,而每一个文明的历程都不是一帆风顺的。文明从敬的意向开始,即要把对礼仪之恭敬作为文明之始。敬是为了避免不必要的伤害,即谦恭安静而避免伤害。

意向是一个复杂的系统。人的意向需要在敬中有秩序而有力,才能延伸拓展出去,但延伸的过程当中也可能受到他人之意向的伤害,所以要对他人意向有充分的敬。

文明从"知识就是力量"这样的认识开始,但文明的力量也有可怕的反作用,如科学技术过度发展,可能给人类生存带来无法挽回的灾难。这里是说,人的意向发动之间要有恭敬之心,对他人意向的恭敬,最后上溯到对上天和超自然力量的敬畏之心。

六二:黄离,元吉。
《象》曰:黄离,元吉,得中道也。

【明译】

六二:黄色美丽中正的文明,实在是大吉大利。

《象传》说:黄色美丽中正的文明,实在是大吉大利,因为六二在下卦中位,行为中正而行中道。

【明变】

卦变前六二在下卦艮(土)里,土色黄。卦变后六二在下卦离里,又是下卦中爻,是具有美德中正的文明,所以大吉大利。

【明解】

黄:中土之色。坤卦六五"黄裳元吉",象辞"文在中也"。《文言》"黄中通理,正位居体,美在其中"。可见,周朝人尚黄,认为黄是中正美德之色。离卦是乾得坤(黄)中爻,表示最为醇美的文明。

二爻为地为田,田荒为蛮野,田耕为文明。二爻亦为牛,野牛为蛮,畜牛为文。古代黄土黄牛黄皮肤的耕田者都有黄离之象。一般解为"附丽在黄色上",但这不足以成为大吉大利的原因。

中华文明以土之黄色为得中道之大吉大利的文明。六二象征中华文明传承的是炎黄子孙亮丽的文明之道。

【明意】

离为文明,象征人间的文明通于太阳之光明,是人心在世间的光明创造,各个文明都是不同族群的人心的共同创造,没有高下,应该彼此尊重,和平对话。文明对话让精神文明碰撞而光彩四溢。文明对话是大势所趋,世界各个历史时期都有不同程度的文明对话。

离也象征戈兵、武器、战争,但战争应该是制止人性集体堕落不得已的手段,不应该是攫取私利的手段。离卦六二是用文明对话使精神能量碰撞而光彩四溢,是大家都居于各自文明的中位,开心、畅达、自适,同时平等地对话,共创一个美好的、基于人心创造性的、充满人性光华的(黄色)文明世界。

《易》的文明观可以从四个连贯的方面来理解:存在皆变,文明也时刻在变;变中有不变,文明不变的是人、人性和人的创造性,以及人与人之间从亲爱到关爱的感情;从《易》道来看世界,万物一体,人我不二,同情心是仁爱,也是文明对话的起点;正因为万物一体,人我不二,所以要追求阴阳之间的和谐平衡,人与人之间、文明与文明之间的平等、宽容、博爱、正义等基于人性的普世价值。所以文明对话实际反映的是天地之间自然而然、可持续的阴阳变化,目标是教化人心,推天道以明人事,建构阴阳平衡的和谐世界。文明对话本身就是天意在我们人类身上的显现,保持与天道和谐,应该是不同文明的永恒追求,也是文明对话的基础、精髓和目标。

人类的文明系统当中,如果人造过度,则虚幻意味太强,文明体系会变得虚幻不实,虽看起来光彩照人,但其实如梦幻泡影。美德和文明都靠生命力量支撑,文明的建构和存续,当通过精神伟大的哲人,由此文明系统才可以提升精神存续之力,彪炳后世。其中最重要的应当是哲学家对文明的深思,因其征服古往今来文明系统之精神力量的魄力、深度和广度。哲人的思想精髓为不同的时代立向和定调,所以文明世界建构可以是物质性的,但其影响则必然是精神性的。历史上没有精神的文明,必然烟消云散,不复存在,而有精神的文明,即使物质的形式消散,也往往为世人缅怀。

九三：日昃(zè)之离。不鼓缶而歌，则大耋(dié)之嗟，凶。

《象》曰：日昃之离，何可久也？

【明译】

九三：日暮太阳西斜，垂挂在天上，象征老之将至，如果不顺其自然，敲着瓦盆唱歌自乐，那迟暮之年就只能发出老暮穷衰的嗟叹，这本身就是一件凶险的事。

《象传》说：太阳已经西斜，虽然还挂在西天，可是怎么会长得了呢？

【明变】

九三卦变前在山(艮)上，卦变后为太阳(离)，所以有山顶太阳，日暮西斜之象。

【明解】

昃：太阳过午而西斜。鼓缶而歌：敲着瓦盆唱歌。缶是带盖的瓦盆。耋：八十岁的老人。九三在下离(日)之上，上离之下，是一日之末，二日未到，前明已尽，后明将继的日暮之象，当时太阳正西斜垂挂在天上。正反兑象是"鼓缶而歌"，如中孚六三"或鼓或罢"，因为两口(兑)相对而为歌唱之象。缶是有盖的瓦盆，正反震相对为缶，如坎六四"用缶"，离九三正好与此相反，两兑(口)相背，缶象拆开，所以是"不鼓缶而歌"。缶并不是乐器，古人击缶唱歌只是随便将就、不讲究方式的自得其乐和乐天达观的表现。九三爻时在垂暮，又不乐天达观，象征老之将至，如不顺其自然、敲着瓦盆唱歌自乐，那迟暮之年就只能发出老暮穷衰的嗟叹，这种因垂亡而哀叹本身就是一件凶险的事。

离卦本身是四阳二阴之卦，二阴居中位，是在中间阻碍有凶，要么是好事鼓缶而歌(正反兑)；要么是坏事情，互巽(不果，寡发)，衰老垂暮之象。

象辞意味着九三过刚不中，不是狂歌就是唉声叹气。既然太阳西下已成事实，就要欣然接受，唱歌把酒言欢，保持平和心态，否则就是真的老态龙钟，只有嗟叹老暮穷衰，日子只会越来越难过。九三应该顺其自然，敲着瓦盆唱歌既是自得其乐，也是及时自乐，再不乐整个人生都要过去了，还没有乐起来就凶了。

【明意】

三爻在离卦中位，要有警醒意识，日暮穷途之时，还要乐天达观为上，人的意念终有尽时，通达之人顺其自然，乐其生乐其死，鼓缶而歌；不通达之人，忧生惧死，发老年之忧叹。鼓缶而歌，是文明进一步发展之象，二爻耕田三爻歌唱,展现农耕文明不断创造精神食粮。乐是精神创造的开始,与对于人生的感慨密不可分。如果演绎此爻为半日劳作,半日鼓歌,那么乐天达观地创造文明,是文明的演进状态。乐天达观,忘老忘忧,乐得逍遥,如庄子之鼓盆而歌,正是精神创造的开始。

文明来自每时每刻的自我选择,是构成一生的精神创造拼出的图景。意识当朝创造的方向努力,不要留下遗憾,所以对时光的自我管理是关键。人的精神交流就是从时空中汲取养料。生命是一个意念向度接一个向度的延续。人可以选择,因为意念向度是时时刻刻的自我决定,同样的时间状态,不同人有不同的创造方式,心意的实化和创造,既不由他人决定,也不为外在超越的造物主决定。如果明白人生到最后不过是意念向度的矢量汇集,那人就更当努力自我决定,因为生命即是当下一念的选择,而文明正是这种当下意向选择的汇聚状态。

九四:突如其来如,焚如,死如,弃如。
《象》曰:突如其来如,无所容也。

【明译】

九四:太阳升起的时候,好像突然之间来到变成这个样子(升起火红的朝霞),然后升到高空像烈焰熊熊燃烧,但慢慢衰弱好像变得死一般寂灭,到头来似乎可以被抛弃扔掉一样。

《象传》说:太阳升起的时候,好像突然之间来到变成这个样子(升起火红的朝霞),好像不能见容于世,不被别人接纳。

【明变】

九四卦变前在上乾(天)互乾(天)之中,变入上离(日)互兑(伤)之中,好象天上突然出现伤人的太阳,炙烤大地,生灵涂炭,苦不堪言。

【明解】

突:突然,忽然。一说假借字,义为忤逆的孩子,古文是一个倒写的"子"字。如:形容词词尾,义同然。离卦的上下卦都是离,好像两股火急火燎的力量碰到一起,互巽为木草,熊熊燃烧之象,好像打仗拼命一样,猛烈如焚,必死无疑,因为众所不容,最后被弃。离为明为火,火之明可以生人,亦可以害人。九四刚而不正,向上凌逼君上,最后必然害己,下为火(离)所炎,所以象辞说其好像不能见容于世,不被别人接纳,无路可行,不为人容,自取灭亡之象。"突如"似火之燃,似日之升;"焚如"似火之旺,似日之高照;"死如"似火之灭,似日薄西山;"弃如"似火之灰,似入夜日之见弃。太阳升起的时候,好像突然之间来到又变成这个样子(升起火红的朝霞),上卦离(火),然后升到高空像烈焰熊熊燃烧一般;互兑(毁折),慢慢衰弱,最后好像变得死一般寂灭;到头来入夜太阳消失,似乎可以被抛弃扔掉一样。

关于九四,说法很多。一说如有敌人突然来袭,烧杀抢掠,无恶不作,一片狼藉,好像描述战后景象。一说九四有如一场错爱,瞬间熊熊之火燃烧,可惜没有现实支撑,很快熄灭,徒留一地烟熏火燎的伤痕。一说或因心里强烈想做某事,与天道(外界条件)不符,结果悲惨,最后被烧死,爻辞描述的是死前回光返照之状。一取对象,二至五爻既是正反巽(顺),又是正反兑(悦),好比逆子该孝顺却不孝顺,该喜悦却喜悦不成。一说九四过刚,好像忠诚正义之士,最后命运多如逆子,被烧掉、整死、扔掉。历史上忠臣死谏,违逆君上,刚而不正,跟逆子不孝顺父母道理很像,最后被整死扔掉,史书不绝。好比正义之士生在错误的时代,如"文革";又像一场凄凉的错爱,或忠臣死在暴君手里;逆子在宗法治下,都是主体一意孤行,不能守时顺天,最后以凶收场。

【明意】

九四代表为爱、为理想赴汤蹈火者;既可象征热爱正义、虽死犹活、虽败犹荣、自焚也在所不惜的忠诚正义之士;也可象征违逆权威、以死唤醒民众的献身之人。正如《中庸》所言:"爵禄可辞也,白刃可蹈也,中庸不可能也。"又如孔子赞扬的伯夷、叔齐:"怨乎?求仁而得仁,又何怨?"(《论语·述而》)对于求仁而忤逆君上之人,其处境好像突然变坏,而且几乎没有办法挽回,只得被迫面对绝境,以求仁得仁自行解脱。因为一旦君王当忠臣为逆子,忠臣无论有多好的道德品行,剩下的选择都非常有限,要么被杀,要么流亡,这是现实政治的残酷性所在。

如果换一个角度,换作两兵交接的维度来看,九四是个拼死一搏的爻,面对强大的敌人,需要拼死保护心中的理想(五爻),为了理想勇于战斗,敢于牺牲,不惜"焚如,死如,弃如"。九四求仁过刚,可谓儒者通病,带有"我不入地狱,谁入地狱"的气概,也有知其不可为而为之、精卫填海、舍我其谁的气魄。九四有气概、有勇气,但无法中正,行动过速,也迅速遭受厄运,不能见容于世。悲惨的事情来得太快,出乎想象,火急火燎,只能草率应对,即使冒着倾家荡产,可能被时代抛弃,有被歼灭的危险,也只有拼死一搏。

九四的意向升起有行动的勇气,但欠缺控制意向的智慧。毕竟意向每时每刻都是突然发生的,也每时每刻好像无处安身,因意向一定是突然实化的。如果不被接纳,那么先天善性就不可能凝结,所以意向的延续要有某种包容性和接纳性,才可能延续先天的善性。如果在每一个意向中拒绝先天善性,那么就当弃之。可见,"继善成性"是天道自然之善的积累继续成性,是积累天道自然之善而凝聚成向善的意性,只是天道之善的自然演进有其自然之力道,人心之善力图改变自然力道推动的自然之善其实很难。

六五:出涕沱若,戚嗟若,吉。
《象》曰:六五之吉,离王公也。

【明译】

六五:眼泪哗哗,涕泗滂沱,悲戚地嗟伤悲叹,但最后逢凶化吉。

《象传》说:六五这一爻如此悲切最后还能逢凶化吉,是因为卦变之后能够附丽于王公。(遯卦的上卦原来是乾为君王,卦变中,六五从初位升进到乾的中位,象征依附到王公的身上,所以会逢凶化吉)。

【明变】

六五是遯变离的主爻,从初位升到尊位得中,虽有悲哭之象,却能获吉。这一爻跨过熊熊火海(离火点着互巽木)上来,九死一生,虽然鼻涕一把泪一把,哭得可怜,泪流满面,痛哭不止,悲叹不绝,但最后却是吉祥。原来多解释为"附丽于王公的尊位",如果是这样的话,六五的悲切就不明显。**用卦变能够解释更清楚为何内心那么悲苦,最后还会吉祥。**

【明解】

涕:眼泪,引申为鼻涕眼泪。沱若:泪流很多,如水涌出的样子。戚:悲痛,忧愁悲戚。嗟:嗟叹,叹息。若:如然。从象上看,六五在上卦离(目)里,又在互兑(口、泽水)之中,口、目出水如泽,眼泪哗哗,涕泗滂沱,有口而悲,悲戚地嗟伤悲叹。

关于六五之悲苦,有多种解释:一、因父母亡而哭;二、因战后之惨烈而哭;三、因幸存而哭:敌人袭击过后,幸存者泪如雨下,忧愁悲戚,哀叹不已,所幸还得以活命,算是不幸中的万幸;四、没有了王父,自己面对张牙舞爪的群臣,不知道如何是好,不哭不行,如王弼说因担忧权臣而哭,此时哭既是真情流露,也是艺术加手段,可谓百感交集;五、亲戚叛之,因九四惩罚逆子;六、为辨忠奸而哭,因新君初登大宝,哭罚以辨其忠奸,了然于胸,终吉;七、同体大悲、悲欣交集的深层大哭。所有的悲苦都是因心深深触动,而无法抑制地痛哭,理智在这种恸哭之中屈居下位,即使有也隐而不现,反身的意识若显若无,这是一种心灵意识边界被震动而几乎失去理智控制力的生命之哭。

【明意】

六五无论出于何种原因哭,都显示了一种受宠若惊之后特殊的谨慎态度和充满忧患的状态,所以说哭得谨慎,哭得忧患,确实不是一般的真情流露。六五的哭体现了哭的哲学和艺术。虽然哭起来像个孩子,但内在的原因,既有形势所迫,也有真情流露,眼泪可以感恩,也可以洗心革面,也可以忏悔,原因多种多样。

离卦为了化成天下,要从守家守业作为文明的正道开始。这也充分说明了文明的脆弱性和泡沫性:意向如火,突然升起,突然熄灭,没有定规,了无踪影。天道循环,六二谦卑顺服,附丽于天道而吉祥,九三好像年纪大的时候,顽耿不愿意顺应自己的生命规律,再到九四继续刚硬顽固,最后急死、烧死、被遗弃,再到六五知道疼,痛哭流涕之后,悔过自新而转吉,最后顺应附丽于正道,凯旋而归。这也许就是人的一种思维过程,外化成为文明的发展规律,确实文明的成毁,看起来也是如此。

其实,文明只有依附于德才能长久,离开谦卑顺服天道,刚硬不化的结果只能是自取灭亡。转而悔改,回归天道才是正道。要化险为夷,逢凶化吉,要靠六五穿过血与火的战场,突然形势大变,升到君王边上,可以说足够幸运,意向随缘而迁,是意向的外缘突然发生了变化,也是修来的。如果因为繁忙而忘了修养自己,不知道培养根本,正如六五只是受到不正当吹捧,那就会越来越空虚。

上九:王用出征,有嘉折首,获匪其丑,无咎。

《象》曰:王用出征,以正邦也。

【明译】

上九:君王出兵征伐,建立嘉功伟绩,但只斩杀敌方首领,不俘获敌军的从犯,不会有祸患。

《象传》说:君王出师征伐,是为了正治邦国,(不是为了耀武扬威,滥杀无辜)。

【明变】

从取象上说,离卦从遯变来,上卦乾(君王)变为离(戈兵),有君王出兵征伐,建立嘉功伟绩之象。六五上来把乾(首)折断,所以是只斩杀敌方首领,而没有俘获敌军的从犯,可见打败的不是一般的人员,而是主犯。

卦变上看,上九应该是俘获了六五。而六五之君继位之后,也任用上九贤人征伐不服。

【明解】

　　嘉:嘉奖,嘉美之功,喜庆之事。折首:斩首。获:俘获。匪:同"非",一说匪寇,贼寇。丑:类,从犯,党羽。邦:国。这一爻是国王去平息叛乱,把头杀了,把主犯抓了,祸乱平定了,征伐成功。不会有祸患。

　　上九以阳爻居上位,刚毅明察,惩治异己有度,乃以安邦定国。至于其"丑",程颐认为是自己的同类,马恒君却认为是敌人的同类,即对方的同类、从犯、喽啰。应该说,还是敌人的同类比较合适,因为俘获了主犯,必有同党。

【明意】

　　离为附丽(依附)、光明,"日月丽乎天,百谷草木丽乎土",万物皆须依附他物而存在,不能离开他物而独立存在,由此宇宙万物形成一个相互依存、相互成就的有机整体。我们唯有明智依附,感恩万物,方能充分显发本有的灵明,创造无限靓丽的前途。

　　离卦主讲文明之心意的形成过程。意向性需要附丽于意缘。而控制意缘,即制心制意,亦即制命。一个人声望的累积,不能有一点点私心,是靠领导众人走正道而积累起来的。意能之阴阳,有能量有力量,代表意向性的相续,一个意向接着一个意向连绵起来。自然情境本有其力,意能领悟其能,意能流动必有所向。意念是自然力的一种延伸,参与宇宙运化之力而能有所改变,意向不断随缘而生变。人的念力之巨大,可以改变自然的人生,即主动发动意念战胜自己,犹如驾驭青春激情的野马一般,所以驯马就是训练和调整马的意向与人前进的意向之间的协调。驯服心意好像跨上马,需要有驯马之术(品德)才能驾驭马,但最后必须达到随心所欲的境界,犹如"我欲仁,斯仁至矣"(《论语·述而》),引导和控制变化存乎一心。此过程中,心意为品德、品性之源。

　　人的意向如何驾驭关乎外缘的意向?正如象有咬断之意,可谓见卦而断,断事即是断命。驾驭意念要凭借情境之力。大易皆心易,意(易)自心发动,感天动地,上天来助。除了心易(意)可控,人间的所有都来自意向之流,意能的掌控需要循《易》而动,但人可以通过调整自己意向性与外缘性意向的平衡状态,训练此平衡状态,来制当下一意,即制意于境遇之向。人能制心即能制命,犹如骑马,能够制意即能制境,心易即《易》之道。

　　"自天子以至于庶人,一是皆以修身为本",修身制意是一生的修行。恢复自己的本性,如"明明德"即是修炼驾驭人心意念之术,好比用道心来收摄人心。人天之意的境界是心灵感天动地,达到如同没有心灵本体,自然而然,意向随顺天地,如同没有意向的境界,回到天地自然之态去。从这个意义上说,中国古人的文明观念,是自然文明观念,即人造的文明系统,需要跟天地自然之道完全贯通,不可以由私心安排而建立。真正的文明是"推天道以明人事",其实跟西方宗教的精神,在人间建立天堂,有异曲同工之妙。只是中国的代天立言,是一种无神论的通天,而按西方宗教精神,教堂等都是给神的献祭,人提升自己的创造力,竭力匹配上帝的完美创造,结果人精益求精地创造出一套与上帝和通的文明体系,这跟中国天人合一、物我不分、人事通于天道的和谐精神相通。

三十一 ䷞ 泽山咸(艮下兑上)

意能聚集方有感应之力,因为感应而虚心谦下,才能让意能流动彼此应和。咸卦为兑(能)宫三世卦,立"意—能"论第四。无心之感的意能可以通于事物的先天结构,与物相聚,并与物感通。意能与物都有生机才有感通,并因意与物之感通而生生。万事万物都在阴意与阳意的感通喜悦(兑)之中而有生机,并有孕育新生命状态的可能。意感的状态是心意能量可以超越心体本身,达到无心体的状态,以无心体之感感通当下情境,到达意念想到的远方,无限广大。意与物感通,其境遇不是心体的边界,而是无心体的边界,可以通达意对感天动地的生机所悟的无边境界,甚至意而无意的状态。意作为无心之感的状态方能感通天下人心,因心意有生机,生发不息,彼此感应。

卦名咸,按象辞的解释是"感也",即相互感应。《杂卦》说"速也",指的是快速感应。《序卦》说是"有男女然后有夫妇",是男女之间快速感应成为夫妇。从字形上讲,咸就是阴阳之间自然产生的快速感应。阴阳相吸,这种感应无须特别留意,自然而然就会产生,阴阳之间相互吸引是自然规律,所以"亨"通,但要感应得正才有利,所以利于守持正固。有相互感应的基础,娶妻才可获吉祥。

咸,亨。利贞。取女吉。

《彖》曰:咸,感也。柔上而刚下,二气感应以相与。止而说,男下女,是以亨利贞,取女吉也。天地感而万物化生,圣人感人心而天下和平。观其所感,而天地万物之情可见矣。

《象》曰:山上有泽,咸。君子以虚受人。

【明译】

咸卦象征交融感通,亨通,利于守持正固,娶妻可获吉祥。

《彖传》说:咸是感应融通的意思。上卦兑为少女,下卦艮为少男,柔在上刚在下,也是在否变咸的卦变中柔爻往上,刚爻来下,阴阳二气相互感应结合在一起。艮为止,兑为悦,交感之时稳重自制又欢快喜悦,男子对女子态度谦下,所以亨通,宜于持守正道,娶妻可获吉祥。天地相互交感带来万物创化生养,圣人感化人心带来天下和合太平。观察天地万物彼此交互感应的现象,天下事物的情理就可以明白了。

《象传》说:下卦艮为山,上卦兑为泽,山与泽感应相通就是咸卦。君子从这种卦象当中得到启示,要虚怀若谷,谦下包容,感化众人。

【明变】

卦象以刚下柔,以男下女,如男女感通之始,当男求女。卦变中,否卦六三升上六位成为上六,上九刚爻下降到三位。就卦而言,每爻都感;因山艮为止,故止而有感;感必心动而悦,心悦方能亨通。山实泽虚,山阳泽阴,阳升阴降,二气融通,阴意与阳意气息互通,相互感动包容,可见发心之感是阴阳通达之始,创生化育之源,发荣滋长之本。

【明解】

咸:无心之感应融通。咸有感意,还有皆意。《说文》:"咸,皆也,悉也。"相与:合到一块。天地相感,本无心意,人悟天与心通之意,为人天之意,即无心之咸。咸为无心而彼此速应,感通至于全体的通和状态。咸必交互,非单向之意,故人天之感虽无心,却是双向有意。咸是感天动地的无心之感,是把男女感动的有心境界提升到阴意与阳意感应的无心境界,这种无心而有意的境界,是心通于天地之意,而不再是感动他心的小心,而是与天地共在之大心,因大心而有大意,如无心而无须刻意营为。如此心通天地,化男女感应之心为天地阴阳之意相感之心。

【明意】

对离卦象征的文明无感,易道就传承不下去,开启不了新篇章。文明之爱,因感通有节奏,需自我控制,也意味着感情不可随意。咸是无心之感,感通的最初状态完全真诚而没有杂念。无心之感表示感情的原初状态不是有意的,即不是有意发生、有意引导的,感情是自然而然的应和,感应之意来自某种先天结构之间的融通。主观用意就不再是无心之感。

心灵与世界感通,能够确知世界,但我们用来测量这种"同、通"的尺度,是身体之感官,也往往不够精确而且有限,所以单纯通过身体感官难以了解世界,也难以了解心灵本身。世界在我们见到它之前,就是如此这般的,我们需要致力于超越感官去感通其先天结构。

初六:咸其拇。

《象》曰：咸其拇，志在外也。

【明译】

初六：大脚趾开始有感应。

《象传》说：大脚趾开始有感应，说明初六的心志向着外卦的九四。

【明变】

否卦本阴阳不交，卦变后阴阳互动，初六虽远，如身上的脚趾，但还是有感应。

【明解】

拇：大脚趾。外：指外卦九四。这一爻的解法，有"感应到大脚趾上""交感相应在大脚趾""感触大脚趾"等，但这些说法最后都应该以《象传》这最早诠释《周易》的说法为准，比如这里象辞说"志在外也"，那就说明初六的心志向着相应的九四（初与四均失位），这是人之常情，说明应该是初六主动有感应，这样的话，"大脚趾开始有感应"的译法就比其他译法要好一些。初六阴爻谦静居下，对应人体的脚趾部位，虽有感而被艮（山）止住，所以代表心有所动但还没外露出来，所以初六的感应可以说还是比较压抑的，虽然心里向往九四，但是放不开而不敢表达。

【明意】

意念将动未动的状态被牵引才有生机。意能发动，感应而动。脚趾上生机萌发都是因为有外在的力量，但本爻感悦而有止，是感应之后知道分寸。

初六是感动的意能发动，将萌未萌之际，虽然所感尚浅，但非常微妙。感天动地的情感和事业，都来自最初的感应和对意能有分寸的培育。

六二：咸其腓（féi），凶。居吉。

《象》曰：虽凶居吉，顺不害也。

【明译】

六二：腿肚子开始有感应，乱动会有凶险，安居待时，反而吉祥。

《象传》说：虽然乱动会有凶险，安居待时，反而吉祥，因为随顺不会有灾害。

【明变】

卦变之前，阴阳不变，卦变后阳爻从上位下到三位，六二必受阴阳交感，难以安居，但本中正，故虽感应过度，可能有凶险，但安住可化凶为吉，转危为安。

【明解】

腓:小腿肚子。一说有四义:脚脖,足之腓肠,足肚,脾肠。居:安居,静居,有等待义。顺:六二在互巽里,巽为随顺。六二取腓象,初六脚趾头可以暗动,但六二小腿肚子只能明动,与五相应,动就有凶。六二虽跟九五正应,但应该守本分自然感应才是正道,可是六二很难抗拒九三的魅力,所以心被同时共振而感动过度。而九三本来应该去找上六,但看身边的六二也很不错,心动想要。加上九三本来就躁动不安,按捺不住,觉得自己距离上六太远,感觉上六没有六二近水楼台,温柔贤淑,结果把六二感动得腿肚子都抽筋了,几乎神魂颠倒。六二腿肚子被感动后,达到被九三、九五共振给震坏了的状态,只是因为六二位置中正,本来算是品性中正之人,所以即使被感动得死去活来,又被艮(山)止住不动,还能回家随顺安居,好好过日子,因安居待时而转成吉祥。

卦中六二与九五中正而应,是正常的感应关系,但九三与上六就有点非正常感应的关系,九三去感应六二,就是打扰六二与九五的正应关系,而且九三心动,会遭九四嫉妒,所以最好顺应情境,按兵不动。

六二不是不能动,是距九五太远,动属躁动而凶,难成正果,相反,安居则吉。从另一个角度说,六二被九三蒙到感动得不行,但知道最好别跟九三跑,两个发乎情止乎礼就好,保持山泽通气,山静而泽动的安忍状态。

【明意】

六二意能发动较为随意,总是不能达到好的分寸,也就无法回应出贞正长久的爱情。起步阶段,如果心浮气躁,容易欲速不达,故还是静守为吉。或者说,即使已经感应得非常厉害了,意能也要安贞守正,随顺形势的发展,这样对人对己都不易构成伤害。本爻感动厉害,但情感杂乱而基础薄弱,不可继续躁动,而当安居自控意能的状态。

九三:咸其股,执其随,往吝。

《象》曰:咸其股,亦不处也。志在随人,所执下也。

【明译】

九三:大腿开始有感应,牵绊住它想要随顺的心意,如果仍然执意前往会遇到困难。

《象传》说:大腿开始有感应,说明九三不能安静自处,想随着人动,但被下面牵绊住了。

【明变】

咸卦由否卦变来,在卦变中,九三与上六换位,随上六动,但它来到三位后下卦变艮(止),不能动了,所以说牵绊住了它想要随顺的心意,如果仍然执意前往会遇到困难。

【明解】

股:大腿,膝盖上方部分。执:执意,把持住。一说牵。九三易于躁动,看着六二和初六都挺好,把正应上六忽略了,所以有主动向下的心意,象辞"所执下也"就是九三眼睛只看到六二和初六,没有看到上六,舍远求近,舍难求易,心意乱动,盲目从下,被下面给束缚住了。九三虽然向往上六,但艮(山)阻隔力量太大,很难过得去。九三被艮(山)牵绊而止住,想动都难,即使想上也上不去,何况还有九四、九五挡着。

九三在下卦上位,对应人的下体上位,又在互巽(股)里,所以大腿开始有感应。九三连大腿都被感动了,可居然还走不动路,想走走不了,实在是进退维谷。而九三的真正痛苦其实是压根就上不去,因为九四、九五太强大,所以九三也就只有在下艮里面待着。换言之,三个阴爻来共振九三,九三的大腿想动,可是又实在动不了,可谓有心无力。

关于"执其随",今人有"暂时相守于随顺者""执意追随于人""执意盲从泛随于人""一味听从别人怂恿""牢牢地掌握住跟随自己的人""控制住不能随着动"等不同译法,意思大相径庭,莫衷一是。根据象辞"志在随人,所执下也",分析卦象,应该是"牵绊住它想要随顺的心意"比较合适,换言之,想随顺别人行动,却受到牵绊。九三有想随顺(巽)上面的心意,但心意刚刚发动,就被下面给牵绊(艮止)住了,所以寸步难行,如果执意要动,就会有困难。九三上有应爻,在互巽(随顺)里,想随着动,但被艮(止)拉了回来,心意回转,只能向下在意下面随顺它的六二,这样理解也可通。

【明意】

意能要动,但受到限制,心意被局势无可奈何地牵绊而不由自主。心意虽可动,但身意难动,被牵绊主要是因为没有了身体运动的自由。既然心意对身意已然不能自控,鲁莽强动必致凶祸。在意能发动而身意难动的状态下,要有主动控制的能力,因为前行易有吝难,即使想随顺上方,但看到吝难在前,还是需要掂量、权衡一下的。

人生的很多选择是这种情况,有心无力,不能完全操之在己,只能不断权衡利弊,而且进退皆有困难。动还是不动,就成为一个问题。每一个动的瞬间,都或明或暗指向相应的人生结果。所以意能的操控,不是简单地以后果论吉凶的事情,有时是从动机发动就知道行动有困难。但《易》教如人生,多数情况下,无法确定自己应该行动与否之时,应该静观其变,等待时势变化。

九四:贞吉,悔亡。憧憧往来,朋从尔思。

《象》曰:贞吉,悔亡,未感害也。憧憧往来,未光大也。

【明译】

九四:贞定自守,吉祥自来,忧悔消亡。心思意向不能专一,心神不宁,飘忽无定,来来往往,(一旦思虑专一)朋友终究会顺从你的心思意虑。

《象传》说:贞定自守,吉祥自来,忧悔消亡,因为九四没有感应到自己会受伤害。心思意向不能专一,心神不宁,飘忽无定,来来往往,是因为九四的感应之道还不够广阔远大、无所不至。

【明变】

在卦变中,九三从上位来到三位,在九四周围上下往来,刚爻与刚爻为朋(互乾),心思意向不能专一,心神不宁,飘忽无定,来来往往。

【明解】

憧憧:心意不定,往来不绝的样子。此爻贞定自守,忧悔消亡,跟后面的心思意念一旦专一,朋友自然跟随你的心思意虑"朋从尔思"是一样的意思,也就是自己的心志坚定安宁,无关的忧悔就会慢慢散去,心思专注,周围的朋友和情境就会随顺你的心志。这种时候,只要没有感应到对自己的伤害,就不算真正的伤害,仍然可以我行我素,自在随性。心意不专,飘忽无定,那时心意的感应力量仍然有限,不能够扩大到广阔远大的地步,感应的力量还不够强大。

九四在九三股之上,九五背之下,股上背下对应人的心脏部位,所以感应到心里去了。古人认为"心之官则思"。九四不能绕过九五去找上六,而九三跟六二和好,没空理九四,但去找初六又要面对九三,搞得心神不宁。九四最后还是跟初六有应,而一旦九四思虑专一,朋友(三四五互乾)终究会顺从你的心思意虑。九三原是上乾的下爻,卦变之后成互乾中爻,刚爻变化只是围着它转,所以贞定自守,吉祥自来。从感应上说,感应到心上是真正感应对了地方,所以能够让忧悔消亡。

【明意】

九四开始的时候心意不定,不知心意往何处去?跟各个阴爻和阳爻的关系没有梳理清晰。而九四心意一定,就有明确的方向感,则意能开始汇聚,阴意和阳意自然围绕明确的意能展开。所以眼光(vision)对聚集意能很重要,即使感应之道不够广大,也可以积聚意能。

《大学》:"知止而后有定,定而后能静……虑而后能得。"朋友之从,是一种"得",这种"得"在人正心诚意之后。《鬼谷子》言,要"待人意虑之交会"(《本经阴符七术》),正心诚意之后,要等待心意的交汇,也是意识能量的交流和汇聚,即心意在实化过程之中可以调控外在的能量。虽然意能发动上下无定,不知所往,但贞定自守,吉祥自来,忧悔消亡,随后朋友们自然会跟随你的心思而动。心意与外界能量交换不明确的时候,需要冷静和等待,不可操之过急。

九五:咸其脢(méi),无悔。
《象》曰:咸其脢,志末也。

【明译】

九五:脊背上开始有感应,没有什么可以后悔的。

《象传》说:脊背上开始有感应,说明心志没有实现(志于末端,感应太浅)。

【明变】

卦变前天地不交,卦变后阴阳相感,阴爻从三位上到六位,九五受到感应,但心属六二,对上六有感而无心。感应既浅,便无遗憾悔意。

【明解】

脢:背,背脊肉,即背上的夹脊肉。志末:既是志于末端,又是浅末的感应。一说应为"志未","末"是"未"之误,全书讲到志都只讲"未"不讲"末",没有触动心志。其实都通。六二与九五相应,九五与上六相比,九五对上六的感应超过对应爻六二的感应,所以九五对六二之感较浅,或者说无心之感。其实六二居中得正,规规矩矩,但九五却感应不到,总是觉得上六更亲,被上六给迷住了,错过了跟六二的正应。也可以理解为,九五不论用什么方式,或者表达方式有问题,或者缺少能够感动对方的内涵,总之没有把六二感动到点上。可是,九五与上六之间的感应其实是比较浅的,感而无心,感应很浅俗,情动而未感于心,没有心灵深度,基本属于无效感应。九五抛弃规规矩矩的六二,追逐风尘浅俗表面的感应,从这个角度讲,就是九五没有心。按照爻辞只能感应到肉,感应不到心,可以理解为纯粹无心的肉感。这样说来,九五得其位而失其德,犯了无心之过。但九五压根儿没有用心去感,当然也就没有什么能够让他后悔的。本来跟六二是应的,可是不用心,就不能真地感动,即使跟上六有阴阳之气的交流,也是表面浅俗的,浮光掠影的。

所以,"志末也"就是对上六之末和本应之爻六二的感应都是走形式,应付而不走心,上六浅末而六二基本无心,所以解为"末",没有感应或感应无效,也未尝不可。背在心后,胸在心前。心胸可容天地,背心只能遮部分身体。一说晦背对着心,感应得南辕北辙,后背受感应却不会动心。九五本应该跟六二交往,可惜交往不用心,基本没有开始,但想去交往的心还是有的,就是没有实现,不敢表达,错过了。

【明意】

萨特谈到自欺,感受不到真心真情而意动,有点像九五与上六那种浅表的感应。自欺欺人的情感,表面上非常感动,甚至心神都有点乱了,看起来意能的交流非常充分,其实不过流于表面,在表面动了深情之后,便是生存的空虚,虽然自欺的当下用间歇性的激情弥补了生命的空虚,但真正的生命却在激情消退之后连生机也消退了。

可见感重要的是发心,需要发自内心的真诚,用感天动地的深情厚谊的意能来应对世界的变化。无心之感来自天地自然之感,但《易》之感应,来自天地。

上六:咸其辅、颊、舌。

《象》曰:咸其辅、颊、舌,滕口说也。

【明译】

上六:牙床、两颊和舌头上都感应到了。

《象传》说:牙床、两颊和舌头上都感应到了,说明上六信口开河,无所顾忌地说话。

【明变】

上六是否卦六三上来,心悦而愿意多说,带有滋润、迷惑、感人的韵味。阴爻来到三个阳爻之上,可以理解为一个女生到三个男生上面,兴奋活跃地跟每个人多说话。

【明解】

辅:上牙骨,上牙床。上六柔爻居正,男下女而使女大悦,女子被感动到最深的程度,如热恋一般,眉飞色舞,信口由缰地说,也可以理解为脑袋发热,说话自然而然、无所顾忌的状态。此爻为男女相感的最深一爻,故可以理解为主爻。

船山《周易内传》说:"阴舍三而上,不由中而驰骛于外,此道听途说所以弃德也。"九五"志末"是与上六,无感于六二,故九五与上六不吉。上六与九四、九三也略有感,感应过度,用心过度而不合适。

【明意】

此爻之感,达无心之感的最高境界,心意感动,意能流动,如若无心,也是天地自然之意,阴意与阳意相感的热烈境界之体现。所以卦爻本无心,就是要求咸卦不动心。一方面,咸卦以至诚感人,感之以心,方能咸有所感,如"观其所感,天地万物之情可见",而天地万物之情,本来就是无心地感来感去,故有咸卦之解,但人非要给天地安一个心上去,是自己的心被感动了,加给天地而为人天之意。

人于天地之间,无时无刻不在感应之中,应该寻找一个自在感应的分寸,即在有心与无心之间,不可无心,也不可过度用心,方为感应的中道。无心之感从正面角度说,是热恋状态,随性言说无妨,但从负面角度说,是甜言蜜语,不知哪里出问题,比较可怕,可能导致婚姻、家道、生活紊乱。所以仅以言语感人,感动肤浅,吉凶难料。咸虽无心,却在以心立感,如果《易》的作者无心,这没心的咸卦,很难让人感动。而感动之后,要长长久久,于是开始恒卦。

三十二 ䷟ 雷风恒(巽下震上)

儒家强调生机是担心人们过多地体悟生命的虚空和空洞,而要力图做无中生有的功夫,(如阳明)从无之中感应出一个生机勃发的世界来,而不要在无中消沉绝望弃世。所以无中生有、生生不息靠的是感于无中的弃世绝望,而无感的人生非常不同。感动到心意混乱的意境中无法建立意缘的稳恒感。存在物之缘在意中的恒定感来自意念对时空的有意选择和操控,意图把握缘分,对缘分执善固执,持之以恒。

恒是意念主动维持长久,是用意缘来实化意向的过程。恒卦是震(缘)宫三世卦,立"意—缘"论第四。心意本然通于日月运行之道,所以恒守意缘的状态不可过度主观。意念虽然瞬生瞬灭,但意境说明一个意生状态到下一个意生状态之间持续存在一种恒定性,以之为意念生发情境的恒定性,才有情感意向的恒定性和汲取阴阳能量的恒定性。

恒,亨。无咎,利贞,利有攸往。
《彖》曰:恒,久也。刚上而柔下。雷风相与,巽而动,刚柔皆应,恒。恒,亨,无咎,利贞,久于其道也,天地之道恒久而不已也。利有攸往,终则有始也。日月得天而能久照,四时变化而能久成,圣人久于其道而天下化成。观其所恒,而天地万物之情可见矣。
《象》曰:雷风,恒。君子以立不易方。

【明译】

恒卦象征永恒持久,亨通。只有不犯过错,才利于共同持守正道,利于有所前往。

《彖传》说:恒就是永恒持久的意思。上卦震为阳刚处上,下卦巽为阴柔处下(卦变中泰卦之初九升上到达四位,而六四下降到初位)。雷震风行,交相互助,巽为顺,震为动,要先逊顺然后震动,上下卦的刚爻与柔爻都彼此应和,这才是恒久之道。永恒持久,亨通,没有过错(祸患,咎害),利于共同持守正道,说明恒道在于双方共同长久保持正道。天地的运行是恒久持续周流不息的，利于有所前往，是因为事物的发展总是终而复始。日月顺天道而行才能长久照亮世间，四季往复变化而能长久创化生成万物，圣人法天道，长久保持正道与美德，就能教化天下而大有成就。观察自然万物的恒久之道，就能从中发现天地万物的情实状态。

《象传》说：上卦震为雷，下卦巽为风，雷鸣风行，风雷交加，雷风相伴是大自然恒久不变的现象，这就是恒卦，君子从中得到启示，立身于恒久不变的人天大道。

【明变】

泰变恒，**卦变中刚上而柔下**，象征着阳意的上升和阴意的下降，是自然界阴阳交流永恒不变的基本状态，如日月在天地间为恒体，而四时之变化为恒动。但这种状态要维持恒久，除了双方持续感应之外，还需要双方都尽量不犯过错，才能够保持共同持守正道的有利状态一起前行。

【明解】

方：道义、规范、原则等以方正的方式表现出来。《正义》："犹道也。""方"是义方，指人在行为上遵循道义的方正状态。情：自然的情势，万物都在运动中持守恒定的状态，彼此相互依存的那种实情与情理。

恒是永恒持久之义。《序卦》说"夫妇之道不可不久也"是针对恒卦紧接着表示男女之间的快速感应的咸卦，而恒卦是结婚后夫妇之间的永久结合。恒卦上卦阳下卦阴，三阳三阴，六爻皆应，女顺男之象，如家庭初建，夫妇同心，阴意与阳意同心和谐，长久恒稳。

共同持守正道是因为恒卦的持久不是单方面的，而是双方共同维系的，只有双方共同维系才能够持久，好比雷与风之间相与的关系，也就是雷动风起、雷息风止、雷行风速、雷迅风烈、雷舒风和的相关关系。

君子看见雷动风起、雷息风止、雷迅风烈、雷舒风和这样雷与风之间的相与关系，用一种方正的方式维系道义和原则，上卦为国政，雷厉风行，下卦为民众，得令而从，上下同心，天下之情，如此相应，自然恒久。天下的人天大道是通过居正位行正道，以方正而持久永恒的方式体现出来的。事物都是在变化运动中才能保持恒久，没有变化运动就僵死了。事物变化运动都遵守日月和四时那种运动周期性规律，离开这种运动的恒定状态，自然到人间的运动都无法持续。

【明意】

人有进入永恒守意的状态的天然倾向，因意识到自己的肉身意念有限，面对宇宙和日月所赋予的永恒之感，于是在意念中也建构与天同一的结构，如信仰、神、文化等具有永恒价值的内容，以期建构一个理念系统，能够与天地日月一样永恒。《周易》就是这样一个系统，是人创造出来模仿天地自然之永恒先天结构的努力。这种意念倾向创制的系统之中，所有的意都有恒久操控意缘的意味，犹如持志，即意念力图把握意缘而成事。

恒是致恒之道，实意在于坚持意念之缘，即要动才能恒，不动则无所谓恒，缘都在动中，要在动中求恒。从《周易》的角度看，我们可能了悟永恒的先天结构。如有一个先于经验的永恒结构，足以是人类认知的恒久目标，或者，至少人天之意把这个先天结构认知为永恒的。

初六：浚（jùn）恒，贞凶，无攸利。
《象》曰：浚恒之凶，始求深也。

【明译】

初六：深深地希望能够恒久，过分坚持会有凶险，没有好处。
《象传》说：深深地希望能够恒久地持守心意，但过分坚持会有凶险，这是因为初六从一开始就这样期待恒久不变的心意状态，将来一定会失望的。

【明变】

由泰变恒，初六从四位下来，一下子扎到全卦最下位，好像往最深处去挖。上兑（泽）下巽（股），股入泽下，水漫大腿之象，就是因为九四追求恒久太深太过而有危险。

【明解】

浚：深。一意迅速，一开始就想很快，结果欲速则不达。初六以阴居阳位，为巽之主，所以有躁动之意，急于动而应于九四，上面阳爻阻隔，结果欲速则不达。

恒卦要持久，最要讲究恒久的分寸，要恒首先要把内在的心意调整到恒定状态。可是，从刚一开始期待不可过于执着，也就是说，内心意念对身外之物事的期待不可过度单纯，也不可过度刚强，否则，如果只顾追求恒久的深度，就一定事与愿违。心意持定不动，而世事变幻无常，过分静守心意恒定状态的人，往往失望。可见，恒久也是相对的动态平衡，从两情相悦的咸卦过来，一开始就要保持好分寸，起心动念都要留有余地。

【明意】

意念的发动要顺应情势，一开始就想竭力维持恒久的缘分，必然会过分坚持,但过分坚持往往是缘散的开始,所以不可以过度坚持。天长地久有时尽,持守心意要有分寸。心意不是主动求恒,而依赖外物则难以实现初衷。心意守恒要在一个动态平衡的状态之中。

九二:悔亡。

《象》曰:九二悔亡,能久中也。

【明译】

九二:忧悔消亡。

《象传》说:忧悔消亡,是因为能够持久保持中正之道。

【明变】

在卦变中九二没有动,是持久保持中正之道。可见,取意不如卦变清晰有理。

【明解】

亡:读如无,一说消亡,意为因消亡而无。九二阳居阴不正,可谓以非常之道居于非常之位,自然有悔,但九二能够持久地行于中道,与六五相应,持续以刚辅柔而消除忧悔。引申为在变动的时局当中,心意的状态保持了恒定,忧虑和后悔也会因为恒定的心意而消亡。当然,这种恒定是有条件的,就是所在的位置也相对安全稳固,没有因为时局的变化就对自己造成冲击,否则心意很难持守恒定。

【明意】

此爻是让意境持久稳定地维持意缘。在变动的情势之中,维持恒稳的缘分并不容易,缘与境一同变迁,心意对缘的坚持需要彼此共同的努力。所以单方面的缘并不算是恒缘,恒缘总是相互之间感应的持续坚守。要没有悔就要有能维持下去的共同目标,坚持致恒之道才能成功,可见坚守正道、恒久持守意缘需要毅力,和阴意阳意彼此共同的付出。

恒卦以久恒而成为宗旨,初、三、上爻不得其恒,四爻不得其成,五爻有成有不成,以二爻能够久行中道,没有忧悔,为最佳。可见恒意之缘的要求之高,恒定之难,非常不易。

九三:不恒其德,或承之羞,贞吝。

《象》曰:不恒其德,无所容也。

【明译】

九三：不能恒久持守自己的仁德，就有可能要承受羞辱，正固（不好的德行）不改，会有灾难。

《象传》说：不能恒久持守自己的仁德，最后就没有容身之地了。

【明变】

卦变之后，形势大变，但九三仍然固守自己的本位不动，从道德上来讲九三不能够恒守自己的仁德，才能够保持原位，所以很有可能在新的位置上被羞辱，而如果继续持守原来的位置和状态，很可能会有灾难。可见，九三代表没有节操的无耻小人，最后会没有容身之地。

【明解】

德：仁德，道德的一致性。承：对上承受。或：或许，可能。贞吝：正固不改变，会有灾难。九三阳爻阳位过刚，又因在下巽（进退、不果、决躁）之极，是犹豫而没有节操之象。

"吝"译成为"遗憾"太弱，一个人到了不被众人收容的地步，就不仅仅是遗憾，而是灾难。为了谋取自己身外的地位和利禄而放弃了自己恒定的操守，这样的心意是缺乏节操的，最后会不见容于世人的心意之境。

【明意】

德自道来，是具体心意与自然之道的交接而成就德性，发用为德性，而有"德"。德取乾象，意为道德之意从内到外的一致性和整全性（integrity）。可见，德之本义是道之显明，是内在心意的一致和恒守，表达为外在行为的恒定性。《论语·子路》引这句话（子曰："南人有言曰：'人而无恒不可以作巫医。'善夫！不恒其德，或承之羞。"），是说没有恒心恒德，则连巫医都做不了。巫医本来是心意通天的神圣职业，但随着古代社会的转化，神权让位给世俗权力，巫医地位下降而变得低贱。以此反观本爻，要求人在变通的局势当中，持守恒久的心意和仁爱之德。

心意无恒则心的意向性发生变化，如意境受外境恶影响较大，则难以有恒稳的价值观与目标。如果对外缘的持守没有恒心，就一事难成。恒是双方心意的共同持守，但不恒却只是需要单方不保持恒心，即无法延续恒稳的感应状态。可见，心意操守的分寸、进退、快慢的恒久持守之难度很大。

九四：田无禽。

《象》曰：久非其位，安得禽也？

【明译】

九四:赶到打猎的田野,禽兽都跑光了。

《象传》说:(形势已经大变,九四还想)长久地守着不合适打猎的位置,怎么可能捕捉到禽兽呢?

【明变】

卦变中九四从初位来到四位,坤象消失,就没有禽兽了,但九四还念念不忘刚才有禽兽的状态,而没有意识到自己来到四位其实就是赶走禽兽的根本原因,如果在这样的形势下面,还固守着九四之位不动的话,那就根本不可能得到禽兽了。

解释此爻当讲卦变和爻的推移,"坤"为田猎之象只能从爻的推移才能说明清楚。阳爻来到四位的同时,阴爻下到初位,坤象消失,初六虚,等于扑空了,不可能捕捉到禽兽,可是九四还念念不忘刚才田里尚有禽兽的状态,长久地守着四位,犹如守株待兔,怎么可能捕捉到禽兽呢?

【明解】

田:田猎。前人基本上很少把田野里为什么没有禽兽解释清楚,象辞的解释更让注家们扑朔迷离。传统的说法,九四不柔不中,在四位待不久,意思尚可,但这样解释无法说明田猎之象如何而来。所以,田猎之象当从卦变中说明清楚。

【明意】

意念发动不当,则劳而无功。恒卦希望心意恒定,不恒即为有失。但恒定于什么意缘,却大有差别。此爻说明,心意持守于恒定的过去,就仿佛为泼出去的牛奶悲伤哭泣,伤的不仅仅是当下的心境,因为要面对新梦仍然成空之苦。

不合适的恒心即不能够适应情境变化的恒心,是由于守株待兔和刻舟求剑那样的恒心,则不能得到希图的意缘。

六五:恒其德,贞。妇人吉,夫子凶。

《象》曰:妇人贞吉,从一而终也。夫子制义,从妇凶也。

【明译】

六五:恒守自己的仁德,坚守正道。对女人来说,可以获得吉祥,但对男人来说,就会有凶险。

《象传》说:女人坚守正道可以获得吉祥,因为女人应该从一而终。男人要受到道义的制约和引导,如果一味跟从女人就凶险了。

【明变】

六五在上卦中位,下有九二阴阳正应,**在卦变中两爻都没有变动,所以有恒守自己的仁德、坚守正道之象**,意思是能始终如一地持守自己的德行并正固不变。但六五是柔爻为女,如果女子顺应主静、正固不变就吉祥。然而五位是刚位,本应由刚爻占据,如今由柔爻(女)恒守,刚爻(男)却长期处于从属地位,所以对男人来说,会有凶险。

【明解】

贞:坚守正道。此处讲成占卜也通。

象辞指出,女子属阴性,要顺阳性而动,要从动不要主动,从一而终是女性的人生幸福。但如果男人不能够受到道义的制约和引导,只是一味跟从女人,那就凶险了。

【明意】

男人之意与女人之意从天地自然之性开始有所不同。人生而有性,有性而有意,而意能够化性,即人可以有化解性的意识,是对性之感受之意有所体会,在性的基础上,人的心意可以对性做些调节,表现为对性的自我意识和自我调控能力。

女性作为阴气的化身,从一开始就有跟从阳气的倾向,而男性作为阳气的化身,要随从天地自然的运化之道,而不能像女性那样跟随他人的意志来行动。也就是说,男人的心意要因事制宜,受义理的制约,要自己顺天之意来把握心意的状态,不能够随顺女人的心意而变化不定,那样阴阳失衡,不是恒久之道。

人天之意要变,但不可乱变,变化之中要有一个相对平衡与稳定的结构。人意要合于天道,男女之意要合于阴阳之意,阴随阳可,阴意随乾天之意,即阴意当随阳意,以不变应万变,但又不可如九三变化多端,没有恒心而致羞,其中分寸很难。恒守心意之缘,这对于要顺从阳意的阴意(如女性作为阴意的代表)来说是要持之以恒的。但如果男人的阳意不能恒守天地之间的道义,那么男子的心意就太狭小了。既然妇人用顺从天道的温柔方式留住男子的心,那么男子就应表现得阳刚而且通达道义。

上六:振恒,凶。

《象》曰：振恒在上，大无功也。

【明译】

上六：恒守心意的状态受到震动而动摇，将有凶险。

《象传》说：上六恒守心意的状态受到震动而动摇，还高居在上做事必然徒劳无功。

【明变】

阳爻从泰卦初位升到恒卦四位，上卦由坤（静）变成震（动），是安静的状态受到震动而有凶险。

【明解】

上六位在全卦最高处，高危很容易摇落，在上卦震（动）里，又在恒卦，有长久震动之象，所以会有凶险。一解上六恒守心意的状态不断受到振动，也就不再能持守恒久之道，加上身处穷困的高位却摇摆不定，那就不可能做成任何事情，反而会凶险无功。

【明意】

男人（阳意）的意缘之恒，恒通天地阴阳之化。女人（阴意）的意缘之恒，首先恒在所跟男人的阳意。心意无恒则意缘难恒，好不容易聚集的一点点缘分也会都散去。心意无恒，所聚的意缘难以持守。人与他人之间，不能没有缘的震动，否则很难守恒。但任何一方不可过度委屈自己，否则不可能是恒久之道。

恒卦强调要以恒德来守恒久的意缘。结果诸爻皆难以实现这样的期待，毕竟恒守意念对所有人都是非常高的期待，确实难以实现。六爻相比下来，二爻能够久中，得到无悔，已经是守恒的最高境界了。初爻急于求成，结果意缘不能持守有凶；三爻无恒德则无法持守恒久的意缘，最后会被羞辱；四爻久非其位，劳而无功；五爻不知通权达变，阴意之意缘尚可，而阳意之意缘则难以恒久；上六却权变过度，意缘大乱，最后徒劳无功。一个求取恒久意缘的卦，居然爻爻难以持守恒久的意缘，说明人间意缘之发容易，但要恒久持守，实在难上加难。所以大象辞说，君子从雷风相与得到启示，要立身于恒久不变的人天大道。

三十三 ䷠ 天山遯(艮下乾上)

一念之退与一念之生。通常所谓生总是带着进之意味的生,但退意之生其实更具智慧,说明意识主体对情境有着更加深刻的领悟,同时还要有强大的意能,才能迅速的改变意念的方向。此卦乾(生)宫二世卦,说明在退却的大势当中维系生机的艰难。在不得不退却的大势当中,如何重新确定自己的时位,为意念的生机找到合适的方向,而且需要有能够强烈迅速地转换意念方向的魄力,这是断、舍、离的求生智慧,不可拖泥带水,当退则退,不留恋,不在乎得失。要做到断、舍、离,意念需要有强烈的生机,能够迅速集中意缘,竭尽全力,快捷地进行意念的转换。

遯是十二消息卦中六个柔长刚退的卦之一。二柔向上生长逼退四刚,与一年中阴阳消长的十二个月对应,时当斗建未的阴历六月,天气要由热变冷,阳气处于退势,逐渐要被阴气取代,这是不可逆转的趋势。刚爻为君子,君子应该法天时之退而退。卦爻辞和卦名还假借为"豚",即小猪,用一语多关的方式表示应该退却。

遯(tùn),亨。小利贞。

《彖》曰:遯,亨,遯而亨也。刚当位而应,与时行也。小利贞,浸而长也。遯之时义大矣哉!

《象》曰:天下有山,遯。君子以远小人,不恶而严。

【明译】

遯卦象征退隐躲避,亨通,持守正道对于柔小的事情有利。

《彖传》说:遯卦退隐躲避而亨通,是先退隐躲避之后才能够亨通。刚爻九五在尊位,与代表柔爻上长的六二阴阳正应,说明刚爻还执令当权,六二还愿意应合九五,全卦四个刚爻还占据多数,形势还没到急转直下的地步。刚爻只是顺应时势后退,还不是败退。持守正道对于柔小的事情有利,是因为柔爻代表的阴气正在渐渐生长壮大。遯卦的时势体现出的时机化意义实在太重大了!

《象传》说:上卦乾为天,下卦艮为山,天下有山就是遁卦。君子看到山在天的下面,好像山在上升,逼天退让之象,要远远地躲避小人,不必表现出厌恶小人的脸色,但又要严肃矜庄,严格持守好正道的界限。

【明变】

遁卦由乾变来,乾下生一阴为姤,姤下再生出一阴为遁,是阴爻不断上长的发展趋势,应当在早期就有所警戒,努力控制柔爻的发展势头,让小的柔爻持守正固之道才会吉利。

【明解】

遁:《说文解字》"徒困切";王弼注"徒巽反"。义同"遁",逃遁,退避。恶:招惹。严:界限严格。卦辞说明本卦正当柔进之时,是隐遁躲避的形势,持守正道对于柔小的事情有利。

象辞说明,柔爻正在上长,刚爻应该后退,君子看到这种小人得势的时势,知道要退却方能通顺,也就是应该伴随着时势而后退。君子从遁卦看出,进与退不能僵化地看,很多时候退是为了更好地进。如果只知进而不知退,可能最后会有大灾。事物和事情的发展,都是有进有退的,时势的变化让君子要知道,该退的时候有退的意义,有时主动退却是为了更好地前进。

前人对卦象的理解,如"天高远,山幽深""高天下有大山"等,都没有讲清楚为什么山进天退,其实遁卦的卦象应该是"山在上升,逼天退让"的意象,是山的生意在逼退天,之前很少这样理解的。

【明意】

当阴意上升的力量转强,趋势无可避免的时候,阳意的选择当是退避,这也是一种在"遇"中如何保持生机与生意的艺术。为了生机的维系首先要退却,离得远有利于保持生的机缘与可能性,之后再等合适与合理的机会延续生机。

在逆势之中,要首先存生求生,以维系生命之机。因生之机缘持续最为重要,生机微弱,需要自保以继生。严格持守好正道的界限,这是对待小人的方式。心意和格局的不同。不生之生,在不生的状态下,不可强生,需要先隐遁,让小人表演之后等待机会。遁卦为斗小人之术,是君子隐而制小人,需要运用权术和能力来把握进退的分寸。不可嫉恶如仇,否则就是跟小人一般见识了。

气之生与不生,是相对人来说的关于情境的价值判断,不可能是主观判断,而是基于客观气息运行的判断,不是纯粹的价值型判断。人判断气息的生与不生,以思考人事变化的应对之策。人依据形势的气息通畅程度来行动。

遯是形势气息之不通的行动指南,退避是为了等待生机的重新到来。

初六:遯尾,厉。勿用有攸往。
《象》曰:遯尾之厉,不往何灾也?

【明译】

初六:退避不及落在了末尾,非常危险,这时候还不如干脆不要向前跑了。

《象传》说:初六退避不及落在了末尾,非常危险,还不如干脆不向前跑了,哪还会有什么灾害呢?

【明变】

因为遯卦是柔爻上长剥蚀刚爻,象征小人逼退君子,所以对君子来说,既然已经退得太迟了,就不如干脆不要向前逃跑了,免得引起注意,反而更加安全。

【明解】

爻由下向上推移运动,因此《易》例以上爻为头,初爻为尾。初六在遯卦初位,说"遯尾"是退在尾后、退在最后之义。退的时候落在最后,是发现不得不退的时候已经很晚了,所以非常危险。

本爻一方面是逃跑太晚,落在了逃跑者的尾巴后面,或尾巴被人看到了;另一方面是已经退到最末端了,很危险,再往前走就没有地方了,已经到悬崖边上,在尾巴上待着的象。

初六阴柔,又在艮(止)之中,跑不快,尾随别人落在后面比较正常,但如果随意乱动,就会有危险。这一爻宁可不动了,不要再继续尾随别人,自己要有主心骨,安分自守,虽然危险,但可以避开灾难。

【明意】

在逃遁的形势当中,此爻说明生机已经微弱,在竞争与行动中落在了后面,这时不可轻举妄动,宁可不动以避免危险。既然生的境遇突然变得艰险,撤退时垫底当守持待命的心意,已经被小人给排挤到最末尾了,还不如不动就算了。

逃遁的形势当中,最显物竞天择,所以不可落在末尾,否则充满危险。一旦意识到时机不对,就应该赶紧转型,有如人在乱世之中,既然已经逃遁,就要守时待命,自己守住生机不失。

六二:执之用黄牛之革,莫之胜说。

《象》曰:执用黄牛,固志也。

【明译】

六二:用黄牛皮拧成的绳子把自己跟九五牢牢拴缚在一起,谁都没有办法解脱得开。

《象传》说:用黄牛皮拧成的绳子把自己跟九五牢牢拴缚在一起,因为六二要心志坚定地跟九五捆绑在一起不想后退。

【明变】

六二代表柔爻升进的主要力量,要逼退刚爻,采用的方式就是跟刚爻抱成一团,绝不分开。

【明解】

黄牛之革:用黄牛皮拧成的绳子。古人把皮子拉成条,称皮韦,再用皮韦拧成绳子,比一般绳子结实,牛皮是皮子当中最结实的,黄牛之革是最结实的绳子。胜:能够。六二想通过应和九五的方式进一步升进,但九五当令,对六二应和,六二采用跟九五捆绑的方式,坚决不退。

下卦艮(皮、手),互卦巽(绳),是用手用绳捆绑之象。黄牛之象来自坤,六二为坤之中爻。六二在逼退阳爻的前锋,表现得非常强劲,毫不客气,而且用跟九五死死捆绑的策略,非要逼迫阳爻后退不可。

【明意】

六二阴意上长的心志,坚定地跟九五捆绑在一起,毫不后退。当阴意之生采取与阳意同归于尽的办法,让阳意非常为难,九五之生其实难以自生,因被牵连至无法脱身。

此时阴意担心力量不足,为了牢控阴意,采取小人合力同归于尽的策略,君子只有让心思安宁,努力掌控自己的意志。面对小人合力决一死战的架势,这时君子都只有退避三舍了,要采取灵活的方式对付,既然生机被小人纠缠,那还是要用柔性手法化解。

九三:系遯,有疾,厉。畜臣妾吉。

《象》曰:系遯之厉,有疾惫也。畜臣妾吉,不可大事也。

【明译】

九三:心怀系恋,不及时退避,将有严重的疾病和危险,(形势已经不退不行了)回家去畜养奴仆和婢妾,还是吉祥的。

《象传》说:有心还想挽回退势并加以努力,这样做非常危险而且困难,会把人累得生出疾病,最后折磨地疲惫不堪。不如退避回到家里畜养奴仆婢妾,干点这类小事还是吉祥的,干大事就不要抱指望了。

【明变】

柔长刚退已不可更改,九三虽一夫当关,但实在顶不住了,即使勉力支撑,也难挽大势,不及时退避,将有严重的疾病和危险。

【明解】

系:心有所系。九三眼看后退的大势已无法挽回,不能做大事了,不如回去养家过小日子。九三紧邻下面上长的两个柔爻,处在为刚爻守住阵地的位置上,下卦艮(止),是能够止住柔爻进逼的势头,在艮(手)互巽(绳)里,有要把退势系住挽回之象。艮为少男,也为童仆臣妾,九三是下卦艮的主爻,看到形势已经不退不行了,如果回家去畜养奴仆和婢妾,还是吉祥的。从取义上说,九三这一爻是有意要把对方步步进逼的势力顶住,挽回退让的大势,但相当吃力。毕竟阴爻上升,自己退却的大势已不可逆转,如果回去养老婆抱孩子还是吉祥的。臣是男奴,妾是女奴,这里指的是自己家里人,可以说是赶紧躲回家去。

之前的一些解释不够通畅,因为对这一爻代表非退不可的形势缺乏深刻体会,也就不能理解爻辞前后的关联。只有把形势领会清楚,才能够前后一贯,逻辑清晰。

【明意】

九三的生机已经非常有限,此时当及时退却离开,千万不可有所留恋,更不要想做大事。生机的存续取决于心念的顺逆,在不可存续的时势下要主动改换意生的方向。心意在迫于形势变化的时候,要主动调整期限度,否则当断不断,反受其乱。心意一念转型,时势大变,意定则时势定。一念之转对于时势的改变很明显。这是说,人需要依照形势限制自己心意的尺度和相应做事的分寸。

九四:好遯,君子吉,小人否。

《象》曰:君子好遯,小人否也。

【明译】

九四:从容退避,君子会吉祥,小人做不到就会否塞不通。

《象传》说:君子能够舍得放下,该退的时候从容退让,小人不主动退让,所以会否塞不通。

【明变】

九四所以好好退避,是因为有初六阴阳正应,又有九三顶住退势,不是直接被逼着退,说明能够主动退让,也算退得心甘情愿。

【明解】

好:从容、心态平和之义。有不同读音,1.读"好(hǎo)遯"时是好好地、从容地退避,当时"人好"或"情况尚好"。2.读"好(hào)遯"时,可以理解为喜欢,也有两个倾向,或者喜欢退隐,或者喜欢外物。

九四刚爻为君子,是识时务能主动从容退让的君子,所以君子吉祥。柔爻为小人,如果柔爻再向上发展一位,逼近九四,全卦就变成否卦,小人做不到就会否塞不通。

"从容退避"比"好好退让"更好些,其他译法如"喜好退避""心怀恋情而身已退避"等都不太合适。这里突出的是君子在退避的形势下能够断舍离,而小人则放不下而容易招致厄运。

【明意】

九四应该是从容退让以求生,而不是喜好退让。从容就是放下对外物的牵累而顺应自然退让的形势,喜好就是主动选择退让。君子能够舍得,不过度执着,其意生不受外在意缘的牵绊,该退之时,不可留恋外在的意缘,更不可受诱惑而放不下。

九五:嘉遯,贞吉。
《象》曰:嘉遯,贞吉,以正志也。

【明译】

九五:退让得尽善尽美,继续持守正道,自然吉祥。
《象传》说:退让得又善又美,心意继续持守正道,自然吉祥无边;这是因为九五心意端正,退得心安理得。

【明变】

位在九五之尊,四个刚爻为朋,下有六二正应,既然六二绑得太紧,九五也只有顺势退让,有条件退让得尽善尽美。退之后继续持守正道,自然吉祥。

【明解】

嘉:美好地。"嘉"比九四爻"好"还要强些。九五正是象辞讲的刚爻还执令当权,六二还愿意应合九五,所以应该最善退道。九五退让得体,且有美誉。

象辞把"贞"讲成心意端正。九五在上卦中位,刚爻居刚位得正。应爻六二在下卦中位,柔爻居柔位得正。九五与六二中正应合,说明退得顺时从容,虽然是退,但也是圣人有道之退。说明到了该退的时候,不但要退,而且能够退让得又善良又美好,不但自己对于心意不再关涉的情境心安理得,而且让后来者、继任者、心意关涉者都能够以安宁笃定的心志来面对新生不息的情境。

【明意】

九五爻象征意念存续之生机(意生),即意念以退来求生的努力恰如其分,自然而然,不拖泥带水,瞻前顾后,时机该退就顺势退出,退得尽善尽美,进退都在正道之中,这就属于功成身退,而且内外宽裕温柔地退,不仅自然而然,而且内心安详,外应祥和。这是退让的最高境界,无论得与失,心思意念都没有丝毫牵挂,该得的时候,如行云流水一般,顺势成事;该去留之时,无丝毫意念之牵挂,祥云如旧,江水如画,没有分分毫毫私心私意参与其间。

常人对于退让,容易意难舍,志难收,从而留下无数退避的心意悲剧。此爻明示人们,该退的时候,不但要顺其自然之势,而且要退让得既善良又美好,自己心意安正,心安理得,同时也让心志相合者继续先前意念关注的情境;即使没有心志相合者在继续自己的事业,在关注之前意念相关的情境,也不可以有丝毫留恋,因为既然已经到了该舍的时候,就要舍得干净利落。所以美好的退让,不是为了获得而舍,而是因为该舍则舍,断舍之退既是善良之心意的存续,又是心意与外境共成的美妙乐章。其进得感天,天人共助;其退舍仍如云天变幻,人意通天,江山如画,残阳如血,美不胜收。

上九:肥遯,无不利。

《象》曰:肥遯,无不利,无所疑也。

【明译】

上九:高飞远退,逍遥自在,自然没有什么不利。

《象传》说:高飞远退,逍遥自在,自然没有什么不利,因为上九心里没有疑虑,别人对自己也就没有什么可以怀疑的。

【明变】

上九在全卦最上位,柔爻只要再上长一位,就会退出卦外。又在上卦乾(天)里,它要向天外飞去,远远退隐,所以是高飞远退,逍遥自在,符合遯卦之道,自然没有什么不利。

【明解】

　　肥:假借为"飞"。一说肥胖,宽裕,如心广体胖,不取。应该是飞快地隐遁,如飞鸟一样迅速离开,离开了就没有什么忧虑和不利的了。

【明意】

　　君子退隐之术的根本在于看清形势,躲避小人逼退自己的锋芒,该退的时候,不可以留恋,不该动的时候,不要乱动,要顺应形势的发展,学会等待时机发生转变,所以要审时度势,把握好进退的分寸。最难的地方当然是在退却的形势下如何驾驭疯狂进攻的小人,在退却中使小人心正,较稳妥地发挥正面作用。可见,当退之时,不可恋权,求生为上。进的时候,要随时想好退路。这样才能有比较好的结局。真正的修行不是刻意躲藏,而是在人群之中与人合生。

　　知道全身而退的艺术,保持好意向的生机,才可能大而壮观。因为功业盛大成就卓著的另一面就是随时离去,安宁退守。

三十四 ䷡ 雷天大壮（乾下震上）

当阳意壮盛超过阴意的时候，就可以说是阳意大壮的状态，有利于刚健地行动，指阳意刚强壮盛的一面可以表现出来。大壮卦为坤（境）宫四世卦，立"意—境"论第五。无论是人还是事物，当阴阳不再平衡，阳意超过了阴意，既要努力保持壮盛，又要防止即将进入衰老的状态。

意境盛大需要留意社会生存的规则，如礼仪的限制等。如何常葆壮盛的人天之意，让意念盛大，又符合礼仪之限度，这是下经认真讨论的主要问题。这种对阳刚之意的限制和调适，同时包涵让阳刚意念受挫的经验，这种丰富经验场域能够帮助人们在挫折当中成长，让心意更加合理地壮大。

大壮，利贞。

《彖》曰：大壮，大者壮也。刚以动，故壮。大壮，利贞，大者正也。正大，而天地之情可见矣。

《象》曰：雷在天上，大壮。君子以非礼弗履。

【明译】

大壮卦象征强壮旺盛，有利于持守正道去做事。

《彖传》说：大壮卦全卦四刚二柔，是刚大者强壮旺盛的状态，所以卦名叫大壮。下卦乾为刚健，上卦震为动，刚健有力地行动，所以被称作强壮。大壮卦有利于持守正道去做事，是因为刚健强大者必然要守正不阿。盛大又能保持正直，就可以感通天地的情理。

《象传》说：上卦震为雷，下卦乾为天，雷声响彻天下就是大壮卦。君子从雷在天上的卦象里看到，雷声壮大好比上天发威不容邪念，所以要常保壮盛的人天之意，不干非礼之事。

【明变】

《易》以刚爻为大、为君子、为正，以柔爻为小人、为邪，大壮卦是刚爻占据优势，故有利于正的一方。天地其大无外，无不覆载，所以具有大的特性。天地又普利万物,无所偏私,所以具有正的特性。正大光明是天地事物发展的主要实情。人要体会天地之大道阳正能量的上行,知道保持正大光明的人天之意才能顺乎此天地正道。

【明解】

贞:正,持守正道去干事情。履:履行。在十二消息卦里,大壮是刚爻上长到四位,是坤卦由于阴气消退、阳气息长,经复、临、泰三个阶段发展而成大壮,阳刚之气显出壮盛之势,对应于卯月春夏之时,但过了帝旺阶段就要衰弱了。乾主大生,震为仲春,帝出乎震,是开始即亨通之天道,卦辞强调要保持大壮,就要持守正道,干正事。《易》以阳刚为大,所以称大壮。《杂卦》"大壮则止"是说壮大旺盛后应制止它向衰老发展。卦辞是说要正固,控制发展。

象辞以雷在天上发威说明阳刚壮盛的形势,也说明意念想要常葆壮盛之境必须念念不出偏才行,从儒家的角度,礼是意念壮盛的根本境遇,念念不可偏离礼,才能时刻处于跟他人他意合适的共通境遇中。

【明意】

意念在人群境遇之中,随时随刻与他人意念沟通交流而生发。人需要体验天地阳刚正向之意,将其发展壮大,作为运作大业的基础,所以壮盛的人天之意有大的感应力,可以推动与阴意的互动,改换世间的阴阳变化。

把此壮盛的天道之意落实在人间,则是心意在社群中正向发展之道。意向刚正的持续才是志向合适的发展方向,志向之持存使阳刚之意境扩张而盛大。

初九:壮于趾,征凶,有孚。

《象》曰:壮于趾,其孚穷也。

【明译】

初九:把刚猛强健的力道用在脚趾上,如此征进必然遇到凶险,虽然走路的人内心还保持着信心诚实。

《象传》说:把刚猛强健的力道用在脚趾上,如果具有信实的刚爻初九自以为强盛,还想再向上猛进,就会走向穷途末路。

【明变】

初九刚爻为实,象征内心还保持着信心和诚实,说明即使有强大实力,但如果一开始用功的力道不对,勇往直前反而会闯出凶祸。人用功要有勇气,但运用勇气的分寸、力道和时机都有讲究,不可轻易使用勇力。

【明解】

趾:从"止",义为立。《易》例以初爻为趾,对应人体最下的脚趾部位,趾为立身之基,人无趾难行。人之刚健,先要脚趾刚健。所以说把刚猛强健的力道用在脚趾上。如果把力道都用于脚趾上,如此征进就必然会遇到凶险。

象辞从初九上应九四来看,刚爻敌应,孚信穷困,说明脚趾再壮也难以走远。大壮与中孚皆四阳二阴,故有"孚"信的关联。大壮取长角公羊争斗之象,公羊发力,从脚趾开始,所以要从脚趾处合适用力,才能稳住底盘,但是脚趾用力不可太过。

爻辞如果译成"强壮在脚趾上""足趾强壮"等,意思都不清楚。"其孚穷也"如果译成"有诚信会受到穷困"逻辑上有问题,因为有诚信一般不穷困才对,当然这里需要界定一下,是因为自以为强盛,也就是强盛有限,或者强势得不是地方,自然没有到可以征服他人的地步。

【明意】

初爻积蓄刚强之意,但不可把力道用错地方。如果把刚力用于脚趾上,当然是用错了地方,于事无补不说,还暴露了自己。形式壮盛就不必武装到牙齿,根本不必从一开始就虚张声势,长久的壮盛要以实力开道,更不可一开始就把力道用错方向。

可见,强大实力和优势地位往往使人误判,认为要在每个方向着力,其结果可能适得其反。用力不在合适的方向,如分散用力或者上面没有赏识的人,再有能力也无法实现,在穷困的境遇中,意志与能力都无法施展。初九看九四,说明初出茅庐之时,不可锋芒毕露,否则盛大一时,容易昙花一现,事与愿违。

九二:贞吉。

《象》曰:九二贞吉,以中也。

【明译】

九二:坚守正道去做事,就会吉祥。

《象传》说:九二坚守正道去做事,就会吉祥,因为在下卦中位,能行中道。

【明变】

九二刚爻处中,刚而能柔,在下卦中位,与六五阴阳正应,是能行中道,又得到中道之应,所以能坚守正道地去应对大壮的时局。

【明解】

象辞强调"中",但此爻之吉,主要是刚柔相济。而爻辞有"贞",即有

"正"意。

【明意】

　　坚守正道而吉祥是知道自己意识境遇的分寸,不采取激进的做法,当然这是因为上有阴爻,上面有人知道自己的心意,所以可以用中和平稳的方式来处理事情。

　　此爻刚而能柔,圆通应变,所以较好。阳刚之意,要入阴柔之境,方可绽放其阳刚之力。

　　九三:小人用壮,君子用罔,贞厉。羝(dī)羊触藩(fān),羸(léi)其角。

　　《象》曰:小人用壮,君子罔也。

【明译】

　　九三:小人妄用自己的强壮盲目行动,君子不会这样蛮干,会持守正道以防止危险,否则就会像发狠的公羊冲撞藩篱,犄角被卡在篱笆里面,动弹不得。

　　《象传》说:小人肆无忌惮,任意妄动,而君子知道居安思危,时刻戒惧。

【明变】

　　九三在互兑(羊)里,上卦震(蕃鲜,借为藩)为篱笆,即关羊的栅子,是羊角被栅子挂住,卡在那里动不了之象。因为九三上下都是刚爻,撞不动,好像发狠的公羊冲撞藩篱,犄角被卡在篱笆里面,动弹不得。所以要持守正道以防止危险。

【明解】

　　罔:不,枉,屈,否,一解为不用具体的网。羝羊:有强壮大角的公羊。藩:篱栅、阻隔之义。羸:借为縲,缠挂住。九三(君子)有正应在上六(小人)。小人指体力劳动者,要靠强壮的体力去劳动;君子是脑力劳动者,劳动不用强壮的体力,小人妄用自己的强壮盲目行动,往往自投罗网而不自知,君子不会这样蛮干。从取义上说"用壮"是依靠自己的强壮,恃强凌弱,以力量或优势欺凌人。"用罔"是对这种作法的否定。君子在危险情境当中不会这样蛮干,会保持正固。

　　这一爻是强强相遇,要有策略,不能硬拼。君子用智慧,不用武力,用柔道,不会意气用事。君子用天网、心网,跟没用网一样。君子心志有天,大道无形,自然天成。商汤捕鸟,网开一面,表现仁慈,天下归心。小人心中有网,一定要冲,肆无忌惮,自投罗网,动弹不得。小人守正于厉,必有危险。

【明意】

　　君子心意通天,虽心网通于天网,但不应该被现实的网所困。小人之心意简单,壮盛之时则盲目而不能考虑,过分在乎利益得失,最后被现实的网所困。可见,羊再壮,角再大,如小人不能开通天眼看到天网,最后虽然壮行,但还是容易被网住,陷入种种困境和羁绊。而心意通天的君子,壮盛之时能够意识到当壮之时,弱势之意有其无用之用,直面罗网的力量,不敢专断凌意而行,反而不容易被现实的困境所栓缚住。在壮盛之时,宁可常守不壮之时的心意之境,方可保其壮盛。

　　意念的冲击可能面对一个网,也比喻受困之时,不可蛮干,或者居安思危,时刻戒惧。日常生活中不可得理不饶人,过分的话会走向反面。一旦在上位的管理者都用网来网住人们,人民就被网为小人,也就不可能大壮起来了。能够用利益网住的都是小人,君子心意通于天地之道,念念跳出利益之网,不会陷在具体的形色利益之争当中。

　　心念的汇聚需要让人看到希望和方向。意念的发动总在情境之中,但有些时候意念力图冲击某种力量,对方的各种力量往往构成一个网状结构,但是如何应付这种网状的力量就需要策略,小人容易用蛮力,但君子不会蛮干,因为应该走正道以防止危险,否则陷入艰难之网,动弹不得,反而得不偿失。如果回避危险,不让自己陷入危险之地,这是意念对境遇做出判断,而后自控,以把握意与境之分寸。

九四:贞吉,悔亡。藩决不羸,壮于大舆之輹。

《象》曰:藩决不羸,尚往也。

【明译】

　　九四:坚守正道去做事自然吉祥,没有什么忧虑和悔恨。这就像公羊冲破藩篱的拘束,把角解脱出来,好像大车因为有强壮的车輹可以跑得更远。

　　《象传》说:公羊冲破藩篱的拘束,把角解脱出来,象征九四还要继续往前顶,一直前行向上(上面两个柔爻已无力抵御九四的上长趋势)。

【明变】

　　九四是全卦主爻,代表刚爻壮大上长的势头,锐不可挡,也是逼临阴爻的前锋。如果能遵循大壮的正道就会吉祥,坚守正道去做事自然吉祥,没有什么忧虑和悔恨。

【明解】

　　车輹：把车厢安装在车轴上的零件，近车轴，一解辐条。决：冲决，突破。羸：挂住。不羸，冲破藩篱。尚：即"上"。刚爻再上长一爻就是夬（决）卦。在上震（藩）里，这就像公羊冲破藩篱的拘束，好不容易把角解脱出来，正想震撼世界一般。九四不会像九三那样，被羊圈的栅子把犄角挂住，因为九四已突过上震，前临被逼退败走的柔爻。震是坤（大舆）下出了一个刚爻，故震为车厢底下的横木，为车輹，輹是把车厢安装在车轴上的零件，车脱輹就不能走，车輹壮相当于车底盘稳固，可以飞奔无碍。九四是震（车底）的主爻，又是大壮的主爻，好像大车因为有强壮的车輹（底盘），可以横冲直撞，无往不胜。这一爻是冲决藩篱，势如破竹，好像坦克如履平地一般，具有摧枯拉朽的威力。

【明意】

　　九四的人天之意至为壮盛，并且得到大家认可推崇，可以积极进取，在意境中全力推进自己的意念。好像志意实化之间，良朋益友蜂拥跟随，又如王者心意壮盛，而能怀柔远人，万方来朝。此爻心意壮盛而有化境，如入《中庸》"天地位焉，万物育焉"和"参天地之化育"之盛境，应于卯月之时，万物生生，天地和合，欣欣向荣，悠然自得之景象。

　　大壮之时，好像阳意全升大胜之势，其实心念发动反而要特别小心谨慎，而只有谨守正道才可以防止忧悔，即使前进也要依正道行进。在阳意刚进之时，要能纤柔应对局势，不可过刚而行。意念在境遇之前的收敛、节度，对于行动的分寸非常关键。九四可以勇往直前，努力进取，但以阳居阴，说明真正强壮的念力反而不过度强壮，要刚而能谦。要想保持大壮的壮盛之势，就要学习九四之守正道，让人天之意保持持续壮盛的状态。

六五：丧羊于易，无悔。

《象》曰：丧羊于易，位不当也。

【明译】

　　六五：在（阴阳交易的）边界丧失阳意（羊），无须怨悔。

　　《象传》说：在（阴阳交）易的地方丧失阳意（羊），因为六五所处的位置不合适（虽以柔爻占据尊位，但在刚位又处在刚爻上长的前沿）。

【明变】

　　大壮由泰发展而来，泰的上卦是坤（地），变大壮，坤的下界四位已被刚爻

占去,六五柔爻与上长的刚爻相接,是阴阳交战之际,故有丢失东西之象,互兑(羊),所以六四在阴阳交界的边界,即阴阳力量冲突的前沿,丧失自身的阳意,以配合其他阳意继续上升的大势。但六五在上卦中位,与九二正应,所以虽然自身阳意受损,可以不用悔恨。这一爻损失是肯定的,但时势尚可,所以没有必要忧悔。

【明解】

丧:丧失,丢失,无心之失,按历史故事是被抢而丧失。易:边界,阴阳交易之边界。一用如"埸";一说易国。无:通"毋",解为不要后悔了。

爻辞说"无悔",如果用历史故事来解,不应该是没有必要忧虑悔恨,或是忧虑悔恨都已经来不及了;或解为儿子后来报仇,结果没有悔恨。夏朝时王亥赶着牛群羊群到河北的有易部落去做贸易,结果被那里的人杀害,牛羊被抢走。顾颉刚在其《周易卦爻辞中的故事》一文中曾指出,此爻辞反映的是王亥在易地放羊的故事。但如果纯以故事来读卦爻辞,反而会把《周易》给读死了,李学勤等已指出,郭沫若、钱玄同、高亨等"古史辨"派有"疑古过勇"之嫌。这种爻辞和象辞的不一致有多处,可能是写成于不同时代和对问题的看法不同所致。如果是文王写爻辞,会觉得后悔已经来不及了,因为后悔根本就没用,悔恨相对于已经铸成丧失生命和财物的大错,已经过于轻微和苍白了。如果象辞是周公所传,孔子述之,可能都觉得还是因为六五位置不当才有祸患,丢物失命,也就是王亥离开自己国家的安稳之位,到边远危险的外国去做生意,当然就可能会有无法测度的危险发生。

【明意】

应该说,整个卦在讲"壮","壮"指阳爻而言,而六五已非阳爻,故不"壮"。大壮之时,六五有位,但无纳壮才之意能,故"丧"其壮盛之意。一说易与埸古时通用,这里不用埸而用易,是因为在易地这个场地丢失之意,换言之,六五丧羊是自己误入错地,不能怨及他人。如前所述,"羊"即"阳",九三、九四皆为阳爻,是"有羊",九三之羊因太刚,还没有脱离藩篱;九四之羊因前有阴爻相合,可以驰骋无阻。

六五阴柔居于尊位,居位不当,导致面对强壮的阳力,而只得丧失自身的阳意,以配合全卦大壮阳意的升进,所以当以处丧的态度处之,无怨无悔。对于六五因失却阳意而放弃身外之物,可见意念在全境之中,如何把握分寸非常重要。该放下的时候也没有必要拖泥带水,因为悔恨已经没有用了。换言之,意念对于身外之物的操控与得失要放得下,随时能放就放,不可有过度的执念。六五因其无能柔弱而位居高位，虽自有其过人之处，但形势比人强，无法改变，必须以丧失自身阳意作为代价，便无可悔恨。

上六：羝羊触藩，不能退，不能遂，无攸利。艰则吉。
《象》曰：不能退，不能遂，不详也。艰则吉，咎不长也。

【明译】

上六：公羊顶撞藩篱，角被卡住了，不能后退，也无法前进遂心如意，一点好处都没有。在艰难处境当中，坚守下去就会转而吉祥。

《象传》说：不能后退，也无法前进遂心如意，陷入进退两难的处境是上六自己没有很好审详。在艰难处境当中，坚守下去就会转而吉祥，因为上六到了极位，物极必反，否极泰来，艰难的处境不会持续太久了。

【明变】

在上卦震（藩篱）里和大互兑（羊）里，有公羊用大角顶撞藩篱，大角被卡住了之象。但上六大角被卡住之后，努力挣扎还是没法解脱，因为下面四个刚爻锐不可挡，把上六逼进角落、无路可走之后，毫不放过，导致上六就像大角挂在篱笆上的公羊，进也不是，退也不得。既然无法前进，遂心如意，当然就一点好处都得不到。

【明解】

遂：遂意，一说相对于退，有进之义。详：审详，仔细考虑，一说吉祥。但后面有吉，不用祥而用详，应该意思有别更好。上六处在全卦最上一位，已经穷极靠边，有羊角之象了。只是上六柔爻柔位位正，加上下有九三阴阳正应，心意较为稳定，表现得能够安然处之，所以在艰难处境当中，坚守下去就会转而吉祥。

象辞很明确，上位被陷入穷途末路，不能前进也无法后退，是没有很好地审视自身处境导致的。既然已经处在艰难的处境当中，只要心态平和，坚守下去就会转而吉祥。因为上六既然已经到了极位，按照物极必反、否极泰来的变化趋势，这么艰难的处境不可能持续太久，就会转危为安了。上六已是壮盛的极点，不可能求更加壮盛，而要退也没有自由，好像羊一味要长得更壮，觉得够壮才利于摆脱藩篱的束缚，结果太壮了可能被宰，那时想弱下来已经不可能了。到底还是一开始计划得不够周密导致的。

【明意】

对羊来说，一味求壮则不详，就是不够明智，导致最后进退失据。可见，人不可学羊盲目一味求壮盛,必要的柔弱居下才是更好地保持壮盛的方式,必要的艰难守正,才是成就真正利益的正途。至为高明壮盛之意,必以柔克刚,方能持续刚壮不败。

上六的处境很坏,进退维谷,非常被动。处境艰难到只能用坚守待时来应对。自己没有审视好原先的处境而陷入困境,那也没有什么办法了,只有安守待时。对境遇的审视是一种有自我超越的眼光,类似于"上帝之眼(God's-eye-view)",也类似于"以道观之(*dao*'s-eye-view)"的视角,是一种超脱本身状态、有全景意味的道的眼光,从超脱的视角看自己,看得更加清楚明白。

既然已经进退维谷,不如随遇而安,对于意念升起和遭遇的所有境遇,皆以安宁顺适的心态去面对。因心意发动,从其生之根本言之,皆通于天地生生之意,即使艰难守正,也是生意生长应有之意。如此之进,晋卦进一步诠释如何回转精进之意。即使心意都正向且合适,也要小心行事,坚持以光明磊落的正道立身,才可能伺机升晋。

三十五 ䷢ 火地晋（坤下离上）

晋继剥卦而来，是心意存于阳意之生，而入明出地上之境，生生不息。阳意主宰天地自然之力得而体之。一旦生物机体的生机被剥尽，就回复到大自然之中，加入生机的循环，虽然身体转化成外物，但人天之意生生不灭。晋卦为乾（生）宫游魂卦，为"意—生"论第七。晋卦极言君子彰明自己光明的德性，让意念生机前进展开之艰辛。晋级的时势、外力的阻碍等都让意识主体在升晋之路上常出现悠游不定的意识状态。

无论升晋多难，意念之生当如日附天空，善念光明，明德昭彰，保持善意之生生气象，因为善意的升进要比人身位的升进更重要。"晋"是太阳（上卦离日）从地面（下卦坤地）升起之象，升进而光明灿烂。《杂卦》"晋，昼也"说明是青天白日。下卦坤为牝马、为众，互卦坎为美脊马，有马繁殖之象。晋指的是太阳升起的大白昼，下卦有三个柔爻齐头并进，好像一个白天之内被天子召见三次。

晋，康侯用锡马蕃庶，昼日三接。

《彖》曰：晋，进也。明出地上，顺而丽乎大明，柔进而上行，是以康侯用锡马蕃庶，昼日三接也。

《象》曰：明出地上，晋。君子以自昭明德。

【明译】

晋卦象征精进晋升，好比尊贵的康侯用天子赏赐的良马繁殖得很好，结果一日之内被天子三次召见。

卦名晋是精进晋升的意思。上卦离为明，下卦坤为地，如同光明的太阳从大地上冉冉升起。下卦坤为地，特性是柔顺，上卦离为日，特性是附丽、光明，犹如大地上的万物柔顺地依附在美丽盛大的太阳光明之上。**晋卦由观卦变来**，即观的六四柔爻向上升进到五位，这是柔顺地向上升进。因此就好比尊贵的康侯用天子赏赐的良马繁殖得很好，结果一日之内被天子三次召见。

《象传》说:下坤为地,上离为明,组合出光明出现在大地之上的卦象,这就是象征精进晋升的晋卦。君子看到阳光普照、万物欣欣向荣的卦象,要彰明自己光明的人天之意。

【明变】

"柔进而上行"是观六四升进到五位,不讲卦变不行。

【明解】

康侯:诸侯名。一说周初卫康叔,武王、周公的少弟。最初受封于卫之康。一说康为美,尊贵。锡:通"赐"。昭:昭朗,昭著,彰显。人德本明,自己昭明。

按照《序卦》,大壮之后,如果一味前进,不过平行层次;如果进而光明,才是上升了一个层面。可见,只有一个方向的进还不行,要两方面都有进展,才称得上晋。进是增加,而晋是有境界的。一方面,明出地上,另一方面,又能够顺而附丽,如太阳升起,柔顺附丽在光明天空上,暖洋洋柔顺惬意之象。昼日取离(火)、日之象。蕃庶来自互艮互综震(蕃)。庶为众,取坤象繁多。用天子赐给的良种马去畜养繁殖,为国家培养出大量的良种马,这在古代是很大的功勋。秦国的祖先柏翳就是为此受到大舜的奖励而裂土封侯。古代诸侯朝见天子,天子要接见三次,第一次见面,第二次设宴款待,第三次慰劳,不是一天之内,如果一天之内就接见三次,就是一种殊荣,足见康侯在天子心目中地位极其重要,应该要加官晋级。"康侯用锡马蕃庶"如果解为蒙受天子赏赐众多车马,或赏赐很多马匹,都不清楚,也跟晋卦的关系不明。

象辞说,人要模仿阳光普照、万物欣欣向荣的卦象,把自己光明的人天之意彰明起来。太阳从地面升起,自然而然,君子彰显自己的光明道德,也要顺从天地自然。

【明意】

坤为地(阴土)可譬喻人欲之私。主体自身的精神如日(离),太阳自然光明无蔽,之时入于地则幽暗不明,譬喻沉溺于人欲。所以晋卦是人要模仿太阳的精神,抛弃世俗人欲之私心私念,出离人欲而超凡入圣,可见,晋卦主要是修炼精神境界,使之不断提升。人因为心意光明通天而能够得到特殊的佑助,要精进首先要心意光明。

日出为天地生机之象,柔顺地附于美丽盛大的光明是生机盎然之象。日出地上,生机勃发,柔顺附丽。意生世界,兑在西为我,我出之后,通于世界。我跟世界相生,顺阳意而行,心动和顺于天下:心意与日月协同自得,能自知则明,了解自己,知己知人。此通于天道的良心发动,附于日月之行,而能够提升人与物质精神境界。

实体存在如单纯具体物的存在，是阴阳两物交互作用而成，从自然状态到意念状态都是如此。《周易》教人意会以道为本，所有的存在都在变易和流行之中，不认为世界存在固定不变的实体。不是先有一个固定的实体之后，才有其状态和属性的变化，而是实体本身就是永恒变化的状态。这样，实体状态的变化不按严格的因果关系，而按照五行生克关系来展开。如果原因导致结果是必然的，那么五行生克关系如因果一样也是必然的。不管古人经验性的论证是否最可靠，但五行相似性推论自有其有效性：如"A 推出 B"，一般来说，推不出"A 类推出 B 类"；但五行生克之推理似乎可以。可见，五行生克与因果律的自然性一样，应该得到仔细审查和研究。

初六：晋如，摧如，贞吉。罔孚，裕，无咎。
《象》曰：晋如，摧如，独行正也。裕无咎，未受命也。

【明译】

初六：升进之初容易遭受摧折压制，坚守正道，可获吉祥。即使暂时不能见信于人，也要从容应对，宽慰自己，也就不会有什么问题。

《象传》说：升进之初容易遭受摧折压制，因为初六在孤独中坚守正道行进（合乎晋卦"柔进而上行"的正道，又有九四为正应）。从容应对，放宽心态，也就不会有什么祸患，是初九还未接到正式任命。

【明变】

从卦变来看信任问题，九四虽然与初六正应，但卦变中九四把尊位让给了六五，初六并没有得到九四的信任。初六排在最下面，还有宽裕时间，应该从容等待，不会有什么问题。这时候必须"坚守"，持守不够，宽裕待时，等待不顺的境遇慢慢过去。也就是说，该忍的时候要忍，该等的时候要等，而且要以宽裕的心态等待，才不会自取灾祸。可见急事缓来，悠然从容才行。

【明解】

摧如：晋升拥挤，受到摧折抑制不得不后退的样子。裕：从容宽裕，宽慰。晋卦初六与九四相应，初六前临互艮（止），有前行受阻之象，所以从后面往前面挤，升进之初容易遭受摧折压制。这里可指推挤全卦四阴爻，好像四个姐妹，三位姐妹落后，初爻在最末，有点着急。一解摧毁，意为压制追求上进的晋升者，也是正常情况，需要正确应对。"罔孚"是个人的信实还没有被认识，也就是还未受到信任。一开始就要升进，还没人信得过。"裕"是宽裕从容。排在最后,时间宽裕从容,慢慢等待,会有升进的机会。

六五居尊位,三柔爻都要上行,如同排起队向上走,正应才有正道,否则正道就出不来。有正应晋升才能步入正轨,没有正应就难以走上正道。初六在晋升梯队里,就像一个害羞但很想插队的小姑娘,在最后一时挤不上去,但又不可乱挤,要在后边老老实实排队才吉祥。

象辞强调独自行守正道。许多人在不断地遭遇挫折以后,往往会意志消沉,能够坚持到最后的往往是少数。《象传》作者大概想要强调坚持之难,所以用了个"独"字。淡然处之是对未被委以职任这件事淡然处之。为什么象辞说初爻"未受命"?因为初爻尚处于最底层,相当于一介草民。王弼说"初上无位",相比来说,二爻处下卦中位,已脱离平民百姓阶层,且是五爻之应爻,就有朝廷命官之象。初六虽然进了上升的梯队,但还得耐心等待。

【明意】

从古到今,晋升之路都是人挤人,此爻希望人们走阳光正道,不要用心去挤。在走向成功的过程中,难免遭遇曲折,继续坚持追求正道不放弃,总会得吉。虽然此时往往不受信任,也不会被委以重任,但无须在意,宜淡然处之,这样就不会有咎过。

晋升的力量越大,相克的力量也越大,光明与黑暗的势力相辅相成,心意生生而升,这对应阴的意境之生。意念之生必然依托情境而生,也就是依境而生(creatio in situ),而情境通常来说难以为自己的意识完全掌控,故一方面要自控,一方面有需要等待情境发生变化。

刚刚出道,容易受到催挤压迫,所以不可过急,要学会摸索,找到最合适的方式,以乐观的态度走正路。

六二:晋如,愁如,贞吉。受兹介福,于其王母。
《象》曰:受兹介福,以中正也。

【明译】

六二:精进晋升之际愁容满面,坚守正道,可获吉祥。因为他将要从尊贵的王母那里,接受如此宏大的福泽。

《象传》说:六二将要承接如此宏大的福泽,是因为六二居中能够持守正道(六二在下卦中位,柔居柔位,位正)。

【明变】

观卦变晋,六二在卦变中居中守正不动,所以说坚守正道,可获吉祥。六五柔爻占据天子位,指代尊贵的王母。全卦柔爻升进而向上推行,六五代表柔爻先升到尊位,六二也会随着上升。

【明解】

兹:此,这。介福:介,大;福,福泽,一说慰藉;大福,一解小福,亦通。王母:一般理解为祖母,一说母后。《尔雅》:"父之妣为王母。"《周易》里"妣"多指祖母。六二前临互坎(危险、加忧),好像准备精进晋升之际,担心前临陷阱,感到阻力重重(互艮为止),所以愁容满面。六二居内卦之正位,与六五敌应。两柔相对,加剧忧愁。内外难济,即便处于中正之位,一时也有心无力。好在下卦为坤,柔顺能忍耐。用"如"说明初六一进一止,一升一落。六二则且行且止,或快或忧。描述着晋升路上喜忧参半、得失各半的现实和心理状态。

晋是加官进级,所以说,他将要从尊贵的王母那里,接受如此宏大的福泽。"王母"指六五之君,有女王之象。离(日)有"王"象,离又为中女,所以是母王、女后,当然通常女后都是祖母。六二居坤之中,也是大母。有学者把六五坤位女后与六二坤位大母合称为"王母",或一后一母。不过,汉代字书《释名》对"王母"只有一解,即祖母。六二之所以能够贞吉,因正位、中行,能够受到祖母的福佑,相当于或多或少受到有权势领导的福佑。象辞进一步交代"受兹介福"的根据和原因:六二善于居中正之位,守中正之德,如果没有六二的贞吉,就不能接受六五的大福。六五赐福是因为自己有坤福,能够保持中正。六二心里其实还发愁,但领导没有看出来。按照卦气运行的趋势,相比之下,六二要比初六幸运,上面有人,能得福泽。

一说"受兹介福"指敌应于六五之大明之君,因为其同阴之德而获得任用,加以宠禄,所以为大福利。如此与《易》例不合,不取。

【明意】

生的处境化状态有竞争有压力,但主要靠自己努力。晋升更多的是社会化的升,是人群夹缝中的生存和发展。人的心意在与他人的互动之中,几乎是处于夹缝之中,总是受到压制,难以被信任。意念的生机常常不被人承认,但还是要从容应对,安心等待为好。人的心意对他人心意的领会是主观还是客观的?有时人们会认为存在皆主观,那他人对自己心意的判断与互动都是自己心意的作用,其实未必尽然。爻的位置与力量强调互动的客观性。人与他人的关系可能是既生又克的关系,而生与克的分寸还不全是自己主观可以掌握的。

生于人际之中,因中正而有福,福是因缘和合,时机和形式造成的幸运受到保佑。只要把目光放长远,自我完善,应该就会有出头之日。

六三:众允,悔亡。
《象》曰:众允之志,上行也。

【明译】

六三:众人都服从并愿意追随一起升进,忧虑悔恨都跟着消除了。

《象传》说:众人的心志都信任和拥护,愿意跟随六三走正道前进,是因为六三有上进之心,而众人也愿意向上依附行动。

【明变】

六三在下卦坤(众)里,全卦是柔爻升进而且向上行,下坤三个柔爻都要升进,所以是众人都服从并愿意追随一起升进。六三前临上离(光明),所以说忧虑悔恨都跟着消除了。六三得众人信任,借众人之势。居坤之尽,上接离(日),德性昭明,恩惠广布,顺而丽于大明,故能得上司之信任;能够与初六、六二众志成城,所以赢得人心。其可贵之处就在于能够携六二上济,又能够连接九四一起升达,顾人而不独食,有相对广泛的群众基础。

【明解】

众:众人,下属,各方面人士,包括领导在内。允:信任、拥护、信允、信服,《集解》引虞翻:"允,信也。"信任、信服了,自然就会拥护、拥戴。一说升进。悔亡:悔事消亡。爻象上看,三阴爻皆柔,容易抱团,承载离(日)之大光明。三四乃人爻,承天创化之功,展地生化之缘。正因为六三能够沟通天地,所以才能够有一定的凝聚力。在为人处世上是能够顾及手足之情,彼此拉扯,相互帮扶,共同富裕。既得众人都信任、拥护、顺服,则忧虑悔恨就消除了。

象辞认为六三有积极向上进取的心志。"上行"指六三能够携手六二,以共同求得上孚于六五之君,并承蒙其恩泽。心里有"志",心到就好,即便最终没成功,下属也不会埋怨批评。六三自身能学习到六二的格物致知、正心修身。"志"的可靠解释还必须联系九四。六三、九四,阴阳相合,三承四,柔从刚,志不向上不行。

象辞有断句为:"众允之,志上行也。""众允之志"指众人的心志都信任和拥护,"众允之,志上行也"是得到大家的信任和拥护之后,他的志向上行,心志的主语有所区别,结构和意义也就不同。因此对《周易》原文句读应该谨慎,尽量不断章取义、望文生义,句读合理与否应以是否符合卦爻变化透出的天地大义为准。

【明意】

六三爻强调,一个人要想晋升或发展,必须要有一定的群众基础,要学会笼络人心。这样才能赢得上司的信任和重用。人缘很重要,也是这一爻的核心。谁要是占得此爻,必须把工作重点放到得到下级或身边人、周围的人的认可和信任上,让大家觉得你这个人很靠谱,而不是一味地去讨上司的欢心与青睐。因为一旦你赢得众人的信任,便可以继续朝着既定的目标前进。

柔顺地合众意之生。心志向上升进,而且带动同仁一起升进。同仁们柔顺地依附而生,是与他人共生之生,或带动他人之生。众人推举信任之生,借着他人之认可信任而生。众人的心志都信任而上行,顺则有福,逆则有悔。

九四:晋如鼫(shí)鼠,贞厉。

《象》曰:鼫鼠,贞厉,位不当也。

【明译】

九四:晋升的时候,像身无一技之长的鼫鼠那样,还固守不动,就会有危险。

《象传》说:像身无一技之长的鼫鼠那样,还固守不动,就会有危险,因为九四居位不适当(九四在柔爻上进的路上,有可能被凌轹而过)。

【明变】

九四在观卦变晋卦的过程中,已向下移了一位,接着还要被下面三个柔爻越过,因为在互艮(鼠)里,好像"鼫鼠"一样,本身升进无能,却挡住柔爻上行的路,如果还继续固守挡路,就会有危险(互坎)。

【明解】

鼫鼠:田鼠,一说蝼蛄。《说文》说它会飞,飞不过房子高;会攀援,爬不过树那么高;会游水,游不过河谷;会挖穴,掩不住身子;会跑,还没人走得快;五能不成一技,象征能力有限而且缩手缩脚地前进。

全卦运动趋向是柔进而上行,四个柔爻中,六五已超过九四,升进到它的上边去了,下面三个柔爻正追上来。上卦离为日,鼠是夜动物,白天不宜出动,正固不动也有危厉。

象辞说九四不仅仅像鼫鼠,没有专长,难以成事,而且位置不好,还守着贞固不动,那就麻烦了。可见,九四在柔爻上升的大势中,迫于形势动弹不得,但不动就更没有希望了。

如果译成即使守正道也有危险，有点太重了，好像守正道都不行，应该是固守失策，加上能力差，当然危险。一说老鼠贪婪，即使行为正当最后也有危险。但这是一种矛盾的解说，贪婪的本性容易犯错，行为就难以正当，所以不取。

【明意】

六五是主爻，她决定九四的处境，也决定六二。犹如王母娘娘六五压着九四，让九四进退失据，同时跟六二亲昵示爱，眼看着要提拔六二，九四看在眼里，痛在心里，而且居然不能发挥阳爻的性别优势，可怜可叹。好比王母娘娘溺爱孙辈，亲近家人，九四再努力也毫无办法，晋升比老鼠都难。九四意念的生机被六五给决定和限制了，没有办法实化出来。六五对九四来说，是因权位辐射出来的意念给予九四巨大压力，而无法施展自身优势。

九四再不动，就错过升迁的时机，也得不到生机。九四挡住了柔爻升进的路，属于固守失策的状态，被艮止住了，动弹不得，好像被外力给压着一样。如何升进要非常小心，一旦被外力强压住了，就可能难以动弹，一旦被跳过去，成为挡住的障碍就尴尬了。意念的生机要在形势当中艰难地维持下去，即使升进再难，也应该保持升进的心意和态势。

六五：悔亡，失得勿恤。往吉，无不利。

《象》曰：失得勿恤，往有庆也。

【明译】

六五：忧虑悔恨消除了，不必劳神费心计较得失，不管如何前进，都是吉祥的，没有什么不利。

《象传》说：不必劳神费心计较得失，因为六五前往升进，大有喜庆。

【明变】

观卦变晋卦，六五从四位升到尊位，在互坎（加忧）里，表示忧虑悔恨到头了，不必再继续劳神费心计较得失。四个柔爻里，六五是唯一升上去的，所以说不管如何前进，都吉祥，没有什么不利。

象辞也说，六五在卦变中升到尊位，相当于实现了晋升，可以说前往有喜庆。此爻用卦变解，六五从坤（暗）升到互坎之上，基本上离开了长久黑暗无光、漫长等待的心意之境，升到上离（光明）之中，忧悔已经消失大半，离为坎（忧悔）之反，所以"悔亡"。

【明解】

恤:忧恤、忧虑。往:卦变中从四位升到五位。六五实现了"自昭明德"的主要晋升主题,从黑暗的坤(夜)里谋求晋升,一路上来很不容易,主要靠的是内在光明德性。晋级到了尊位,也就是自我实现到了高峰体验的状态。

这是光明之下尚有隐忧之象,也就是说不可能完全没有隐忧,毕竟晋升之路本身就是一条充满忧悔之路,忧悔不可能完全消失,忧悔之路上方一片光明,就可以说是忧悔消亡的最佳境界了。通过卦变看爻辞和象辞"往"的方向也非常明确,晋升了,可以放松,庆祝一下。

【明意】

六五升进到主位,进入一片光明的前景当中,但仍然有危险之位,虽有忧虑,但因为升进成功,前途光明灿烂,所以不必过虑。生意不在失得之间,五爻是生机比较自然开放的状态。柔顺上行的生机达到最轻松宽裕的状态。

晋卦是关于晋升之路上心意的调适,如何在现实的阴阳之意的交战当中,保持自己心意的生机,是非常不容易的。上升之路是一条充满忧虑的道路,可以说没有一时一刻的宽松和平易,因为时刻处在与他人他意的交往和交战之中,即使六五成功实现了晋升,忧悔也不可能完全放下,只是暂时觉得轻松,达到可以放手去做事的状态。

上九:晋其角,维用伐邑。厉吉,无咎,贞吝。

《象》曰:维用伐邑,道未光也。

【明译】

上九:晋升到最高的极点了,宛如高居兽角的尖端,(这时虽然退无可退,但)还可以联合出兵征伐逆乱的属国,如果放手一搏就可能转危为吉,不会有什么问题;但如果正固不动,那就只会更加被动了。

《象传》说:(形势逼人的时候)还可以(维系六三一起)出兵征伐逆乱的属国(初六和六二),因为上九虽然在上卦离(光)里,但是可惜位置困穷,不能远照,所以不够光大。

【明变】

本卦四阴晋升迫阳,上九阳刚已到极点,有全卦之巅、头角峥嵘之象,宛如高居兽角的尖端,也相当于强弩之末,说明阳意已经退到角落里去了,到了非常危险的时刻,不得已奋起反击。

【明解】

维：维系，因应六三而系。一说无义。如果上九放手一搏就可能转危为吉，不会有什么问题。阳意在正义方，所以早就该如此了；但如果正固不动，坐以待毙，那就只会更加被动了。下坤（众），上离（戈兵），此爻变震，是众人持戈兵震动，所以有"伐邑"之象。

象辞说上九心有所系，只能是系恋六三，所以说心意不够光明远大。

一说上九不可能再向外攻，只能转向攻伐内心了。从事情发展来看，是已晋升到了极致，无法再推进了，只能改变策略，向内用功。上九爻位于晋卦之极，相当于前进到了最高点，登峰造极，无可再进，当此之时，理应反身自切，调整心态，不能一味追求前进效果，而应当树立有进有退、有升有降的正意认识。

一说上九在离（文明）中，代表文明上升发展到了极点，或被不文明的阴性势力逼退到角上去了。这时上九应该意识到，自己反正已被逼到死角，如不放手一搏，文明就更没有希望，所以上九面对下面阴爻升进的形势，被迫应战。于是只得维系三爻，发兵于国内（坤为国邑），希望最后压住全体阴爻晋升的势力。可见，阴阳之势力交战到了极致之点，向外无力，只能向内压制征伐，逼迫阴爻尊重阳爻并不强大的力量。

【明意】

这一爻说明，在众阴爻一起晋升、逼退阳爻的境遇之中，被逼到角落的阳爻到了迫不得已反击之时。阳爻该出手做事的时候，若再不抓紧时间去做，就会错过机遇，空留遗憾。如果还正固过分，不知变通，就会导致不通不顺。

可见，升进到了角上，生机被挤压到了几乎没有空间的地步，唯有背水一战，绝地反击，否则生机不显，也无法争取生机发展的空间。从位置上看，王道（上九已不是王道了）不够光大，可惜君王（上九是太上皇）的人天之意修炼还不到位。

上九看起来是不得已排除异己，制造内乱，但阴意一路晋升，势力摧枯拉朽，到了上面，就强求一致，党同伐异，导致阳意虽然微弱，也只有绝地反击。所以不能使阴阳某一方力量绝对独大，必须彼此理解，进退有度，持守一个阴阳互动的合理分寸才行。

三十六 ䷣ 地火明夷(离下坤上)

丰盛之后形势不妙,黑暗无光,接丰卦上六之象。明夷是光明陷落,但内心的人天之意要更加光明,方能应对黑暗无光的时势。明夷卦为坎(行)宫游魂卦,立"意—行"论第七。如此黑暗的形势也可象征个人心意由阴意主导,阳意不彰,心生绝望,无路可走。绝望的意境与虚无玄冥的人生境遇有关。人生在黑暗中,即便在光明中也跟黑暗近似,因为少有人能看清前进的方向。《易》是要找出心意的方向与天地阴阳之间的互动关系,《易》之作者多在明夷这样的艰难中,摸索到宇宙人生这门大学问,所以对《易》认知的意向性基本容纳了中国古人关于世界与人生的哲学思考与建构。

明夷,利艰贞。

《彖》曰:明入地中,明夷。内文明而外柔顺,以蒙大难,文王以之。利艰贞,晦其明也,内难而能正其志,箕子以之。

《象》曰:明入地中,明夷。君子以莅众用晦而明。

【明译】

明夷卦象征光明隐陷,利于在艰难困苦中持守正道。

《彖传》说:上卦坤为地,下卦离为日为明,太阳落入地下,光明隐伏地中,这是象征光明隐陷的明夷卦,代表黑暗无光的时势。内卦(下卦)离为文明,外卦(上卦)坤为柔顺,合在一起是内心有光明的仁德,外表为了适应黑暗时世表现极为柔顺。周文王就是用这种方法渡过蒙受大难的逆境,躲过劫难,保存自身。利于在艰难困苦中持守正道,这是要隐藏聪明才智,等待时机。在内心极度艰难痛苦的时候,还能够坚守自己刚强正直的心志,只有箕子能够做到。

《象传》说:上卦坤为地,下卦离为明,光明隐陷入大地之下就是明夷卦。君子看到光明受阻而不得彰显的卦象,就知道治理众人的事情之时,要隐藏自己的察微之明,这样才能使自己的人天之意愈显圣洁光明。

【明变】

明夷从临卦经小过变来,即临的两个刚爻升进到全卦中段变为小过。小过九四与初六换位,或临六三跟九二换位,变为明夷。卦变后下卦成离,变入地(上坤)下,所以"明入地中";变出坎(险),所以"以蒙大难";卦变之后九三、六二都居于正位,所以"利艰贞";光明(离)隐晦于坤(地)之下、坎(陷)之中,所以不得不"晦其明";虽互坎(险),但一二三四爻皆得正位,所以"内难而能正其志"。

【明解】

夷:受伤。一说明夷为鸟,不取。以:用,以此。内难:内心极度艰难,一说在内难发生的时候。莅众:临众,也就是治理百姓。用晦:自晦其明。明夷是光明受伤而失明之义。晋卦颠倒过来成明夷卦,晋卦太阳升出地面,明夷光明隐陷入地下,黑暗无光,如同内心光明的君子遭遇黑暗的乱世,只得隐忍顺受而不能发挥作用,要在艰难中守住自己的正道,利于在艰难困苦中持守正道。

前人讲明夷多提及历史故事。周文王原是商纣王治下的一个诸侯,被商纣王关在羑里狱里。周文王把自己的光明道德掩藏起来,其臣下散宜生搜寻美女、奇物、名马献给纣王,文王才躲过杀身之祸。箕子是商纣王叔父,与微子、比干都是纣王的宗室大臣。微子劝谏纣王无效,隐身而去;比干死谏,被纣王挖心。箕子无可奈何,自晦其明,披发装疯,被纣王当奴隶关起来,直到商朝灭亡,才被周武王放出来。

象辞告诉人们,在暗世蒙难时,要像文王那样韬光养晦,远害避祸,或像箕子那样用自晦其明的方法保持自己的正道。在治理百姓时,不可处处显示自己的精明,否则众人的智慧就会被压抑,就会影响自己对他人正确意见的听从。

【明意】

心意的陨灭和身体的受伤都是夷,阳光受到伤害或毁灭,暗无天日,小人气势高涨,诚如《杂卦传》指出:明夷,诛也。"诛"是参差不齐,良莠不齐,如果过分努力伤害阳气,急切前进必遭阻挡;大放光明,反而必被埋没。时机不对的时候,应该保存实力,等待时机,韬光养晦,深藏不露。

在艰难时世中,内心极度痛苦,还能够坚守自己刚强正直的人天之意,并且知道隐藏自己的心志,只有箕子这样的人能够做到。君子看到光明受阻而不得彰显的卦象,就知道治理众人的事情之时,一旦形势不好,就要隐藏自己的察微之明,这样才能使自己的人天之意愈显圣洁光明。虽隐藏光明,但圣洁的光辉更能够亲近民众,得到拥护。意向性的圣洁与光辉可以正大光明地体现出来,为人所体知,也可以在形势极坏的时候隐藏起来。虽然不为当时的众人所知,却能为后人纪念,这样圣洁光明的心志才是最难的,需要对心志极度明白,精准体察与把握。

纯粹理性最后还是应该让位于千百万年的历史经验,自由主义带有明显的理念性特征,在处理现实和历史问题的时候还不如合乎历史经验的保守主义,所以从文明哲学或文化哲学如卡西尔等的观点来看,文明带有掩饰人类真诚创造意图的努力,而明哲之人知道如何在灾难深重的时局当中保全自己,继续从事文化创造,以等待文化复兴的时机。

初九:明夷于飞,垂其翼。君子于行,三日不食。有攸往,主人有言。

《象》曰:君子于行,义不食也。

【明译】

初九:光明隐陷的时候,要像鸟儿那样赶紧飞走,且要低垂掩抑着翅膀,免得被发现。君子在退避的途中,忍饥挨饿,三天都没有吃东西,才得以顺利逃脱,主事的人不能够理解,出言责备。

《象传》说:君子在远险退避的途中,既出于道义也为了保全自身,匆匆忙忙顾不上吃饭了。

【明变】

小过卦变为明夷,九四(鸟的上翼)下到初位成为初九,好像翅膀下垂一般;如以小过初六为鸟翼,卦变后到四位,好像翅膀收拢到腹部一般,所以说,光明隐陷的时候,要像鸟儿那样赶紧飞走,飞的时候,要尽量低垂掩抑着翅膀,免得被发现。卦变从四位下到初位经过三爻,下卦变成离(日、大腹)。离中虚,大腹即空腹,所以君子在退避的途中,忍饥挨饿,三天都没有吃东西。小过卦六五居尊位,是主人,互兑(言)是主人不理解而出言责备。黑暗的时势下,君子出于道义而保而退避,匆忙之间都顾不上吃饭了。

"垂其翼"一说鸟儿归巢,不再飞翔,但不符合后面君子离开逃遁的意思,临变明夷,兑(伤)变离(鸟),离卦上下两阳为鸟翅膀,一只翅膀进入坎(险),受伤低垂。

【明解】

于飞:往飞,火焰向上燃烧,离为飞鸟,所以向外飞翔;处在坤下,是鸟在没有光明的时刻外飞。言：责言，责备之言。义：道义，宜，最合适的状态。小过卦有飞鸟之象，上下为翅膀，中间为鸟身。

"三日不食"有说离开前三天不吃，但这样解释，没有在逃遁的途中不吃饭合理。**临卦互震(行)下离(三、日)**，所以"三日"。"不食"有多种解释，一说不吃主人的饭；一说不吃俸禄等，爻辞明显是为了解释"君子于行"的状态，还是应解释为忍饥挨饿，**兑(口)变离(三、中虚、空腹)**，口不见，所以三天都没有吃东西。

象辞强调"义"，从道义角度解，跟前主人有关，为了要逃遁就不该吃前主人的饭；从适宜的角度理解，那就是逃遁的路上顾不上吃饭了。区别在于把全句理解为在主人家逃走之前的状态，还是逃离主人家之后路上的状态。

按照形势大坏、君子必须低调逃跑赶路的句意，如把"有攸往"只是一般译成"有所前往"，很显然意思就不明。应该是君子一旦决定退避，就要及时而快速地采取行动，在这样退避逃命的特殊情况下，千万不要因为吃口饭而暴露自己的行踪，所以君子为了安全退避，逃命的路上连饭都尽量不吃。**临下兑(口)变离(目)，有逃跑却被看见之象，以至于原来的主人不能够理解(君子为何逃跑)，出言责备**，那就根本顾不上了。"主人"有主事的人，投靠的主人等解释。按照卦变，六五没有动，所以"主人"既可以是原来的主人，也可以是后来投靠的主人。取原来的主人之义是因为他不是好人，君子看到形势不对，出于道义离开原主。如果理解为(卦变后)投靠的主人，那就是君子在黑暗的形势当中，一路逃跑，后来投奔的主人也不能理解，所以责备他。

【明意】

形势变得黑暗的时候，不可等到自己实在过不下去，而要提早预知危难的后果，走为上策。君子为了逃避得快，而且为了安全起见，路上不可暴露行踪，所以赶路的时候，自然就不顾自己吃饭的事情了。君子采取的行动相当于遯卦，要逃跑隐遁来保全自身。

《周易》给出如此明显的建议，说明《周易》有保身的倾向，不鼓励人们好像《论语》所言那样"求仁得仁"，或者如孟子所言那样"舍生取义"，随便牺牲自己，而是要求人们隐忍待时，保全心意发动的身体，再求发展。因为只有保身才能让意向的生机存续下去，才能进一步存在与发展，否则意向生机不续，意能就再也不能发挥出来。

人的意向性过分外露必然浅薄。初九看到形势不对，不能展翅高飞，于是不事张扬，偷偷溜走，躲避败坏危险的局势，什么也不带，饭也不能吃。比喻还处在低位的人，眼看形势不对，就要隐藏自己，避免引起主人注意，要找机会稳妥迅速地离开。

六二：明夷，夷于左股，用拯马壮，吉。
《象》曰：六二之吉，顺以则也。

【明译】

六二：光明隐陷，就好像左腿受了伤，这时用比较强壮的马来救命代步，可以转危为安。

《象传》说：六二之所以能够转危为安，是因为柔爻既中又正，能够柔顺地顺从事物发展之道。

【明变】

小过变明夷，上震(左)的九四下到初位，六二未动，原在小过的互巽(股)里，卦变中震(左)巽(腿)都有变化，所以说左腿受了伤。临变明夷，二爻在身为股，临卦互震为左，卦变后二爻入坎(险)，是左腿受伤，也像抬腿的马(震)变入坎(险)受伤成为低头的马(坎)。六二在互坎(伤、美脊马)里，用比较强壮的马来救命代步，六二在下卦中位，以柔居柔位正，可以转危为安。六二在互坎(法则)里，离为附丽，所以顺从附着法则。

【明解】

拯：拯救，陆德明《音义》里的说法有拯救、举、承等，还有说是去势之马。整个明夷卦是明入地中，初爻插翅难飞；二爻举步维艰，大腿受伤，在凶险中期待救兵之象。

象辞说六二居下卦之中，以阴居阴，居中得正，以柔顺为德，顺时自处，居柔顺而能够柔顺地顺从事物发展之道。王弼和孔疏在六二里面讲顺则时都提到不见疑或不为暗主所疑，可存一说，被怀疑而逃难，有道理，不过既然备马跑路就不用管暗主是否怀疑。总的说来，六二就是君子应该顺则而行，骑上壮马继续远遁。"则"有译为原则，可以理解为顺从心里坚持的原则。

初九君子虽见几远遁，但暗主在上之局已不可改，六二较初九已更近，在危机之下难免受伤，幸好只是伤于左股，仍然可能逃脱。至于说六二装疯卖傻，自伤左腿，再去弄匹马来逃跑，逻辑上不通顺。

"吉"按王弼注和程传，并不都代表吉祥，在受伤或灾患的情境下出现的吉，只是意味着得免于难而已。

【明意】

初九看到形势不对就赶紧跑，饭都不吃，六二已经被伤害到左腿，不致命但很严重,再不跑有性命之忧,还好能有强壮的马来救,没有马就跑不掉了。逃离危险之境,得免于难,至少命保住了,留得青山在不愁没柴烧,逃命养伤之时,当然不能有所作为。为了保命,得随顺,但不能跟黑暗形势一起同流合污,搞得乌烟瘴气,因为心里还有原则,是黑暗形势当中的一点光明。

心意受伤,得学会养伤,需要借助外力,柔性地转危为安,不可妄动,导致新伤。转危为安的关键在于,柔顺应对形势,在形势中汲取生机,转化不利的力量。即使没有受伤,人在江湖,身不由己,也不能不顺应形势。人的心思意念,往往易进难退,而进退的机会又往往稍纵即逝,所别仅在意念把握进退的分寸不同而已。通常来说,职责越高,风险越大,全身而退就越难。一旦危险发生,需要强有力的外力来拯救和保全,否则大难难逃。

九三:明夷于南狩,得其大首,不可疾,贞。
《象》曰:南狩之志,乃大得也。

【明译】

九三:光明隐陷的时候,利用去南方狩猎和征伐的机会,诛灭元凶首恶,但不可操之过急,应当采取正当手段,谨慎从事。

《象传》说:向南狩猎征伐的心志(如果成功)将有巨大收获(九三志在阴阳正应的上六,向上推移可能会获得成功)。

【明变】

卦变中临卦九二到三位,下兑阴爻变,得明夷卦下离上阳爻,《说卦》以离为君王南面之象,所以得首得大。

【明解】

狩:冬季围猎为狩。古代常以狩猎喻战争,有除害之义。大首:大头目,首恶,元凶。九三在下卦离(南、戈兵、甲胄)里,震(马)坎(车),有狩猎之象;从二至上爻为缩小的师卦,师为军队,有动兵打战之象,所以是在光明隐陷的时候,利用去南方狩猎和征伐的机会发动战争。古代狩猎有军事意味,常引申为征伐。九三向上推移,正应在上六,上位是全卦之首,所以说诛灭元凶首恶。九三在互坎(疾)里,从三位到上位要突破上坤三爻,不是一下子能升上去,所以说不可操之过急。九三刚爻居刚位位正,所以能够采取正当手段,谨慎从事。

九三在离(明)卦最上面,光明至极,而且以刚位于阳位,要继续前进;上六在坤卦最上,已昏暗至极。可见,此卦是光明至极但屈居下位,昏暗至极却处最上位,于是,至明的刚爻肯定要升上去克除至暗的阴爻。正好九三与上六相应,引申为至明克至暗之象,意谓九三欲上往而除害,擒得上六这个罪魁祸首。此为传统注家解释。但以正应为克,多少有点问题,因为应一般都吉(不过夬卦应也可解为克),九三以阳爻居刚位,上下皆阴,可谓阳爻在黑暗形势下,要实化其征伐之志,在前二爻成功避难后,如果陷入温柔情网,则属于难中有幸,但也不可坚持不改。

明夷在南征过程中,虽然得到了南国之大首领,但却不能够为了正义急于采取行动。言下之意,操之过急,则难免已方遭受损失。确实依帛书更顺畅。在南狩时虽有得,然却因此而受重伤,这就更为通顺。

【明意】

本爻的意向性努力有很大收获,是因为在特定时势之中,有目标有手段有力量,没发生时,存在就只是可能性,伪装狩猎(南巡),突然转为征战,并成功。(大首)是敌对他意的中心,在时机成熟的时候攻伐而剿灭之,除去反对者自身,消灭对方意境存续之实有状态。

如果转克为爱,可以理解为即使在极度艰难的形势之中,甚至强敌环伺的状态下,人的意志和情感反而爆发出相当程度的自由度,也可能享受温柔情爱。意念之行,张力巨大,收放自如,方是至高境界。

六四:入于左腹,获明夷之心,于出门庭。

《象》曰:入于左腹,获心意也。

【明译】

六四:进入近臣内侧,深刻领会光明隐陷是因为暴君的邪恶心意,于是赶紧跨出门庭远走高飞,躲避时难。

《象传》说:六四进入到近臣内侧,于是深入获知光明隐陷来自上主的邪恶心意。

【明变】

六四卦变中从小过的下艮(门庭)里出来,相当于赶紧跨出门庭远走高飞,躲避时难。"于出门庭"充分说明了明夷卦当经小过变来的合理性。

可见,象辞强调入左腹可获心意,要从卦变上才能理解,从原下卦艮变到四位,是入于左(震)腹获心(坎)。

【明解】

左腹:左方(震)腹(坤)地,心在左腹。四爻已入于暗地(坤),离暗主近,情势危急,在这种情况下,入用柔(左),理解为以柔顺之术与暗主相交。应是进入,不是退入,因六四是卦变中从小过的初位升上来的一爻,在互震(后天八卦为左)互坎(心)里,与下离(大腹)里的初九正应,所以说"入于左腹",引申为进入近臣(上坤)内侧,应该是通过阴柔的手段,基本上快成为暗主的心腹了,但发现暗主是个无恶不作的小人,把他的心意都了解透了,知道暗无天日的日子还要持续很久,不愿意继续同流合污,于是还是决定远走高飞。"获明夷之心"是深刻领会光明隐陷的原因是因为暴君的邪恶心意。

从取义上说,成为暗主的心腹之后看到暗主邪恶到完全不可挽救,或者即使有明也是刚愎自用之人,只有走出门庭去躲避时难,此爻是逃离昏暗之主,隐遁起来,避免灭顶之灾。全卦明夷,黑暗无关,但五爻不是自己不明,所以如果说暗主,应该是上六更合适。

【明意】

用柔术获得信任,心意能够控制,并感通暗主。心意感知暗主的卑鄙手段,不忍继续同流合污,了解洞彻他的全部心意。腹部受伤,代表自己也受伤很重,伤心欲绝,决心离开。要逃离暗主邪恶心境的影响,因为知道主子有邪恶之心将伤害自己,此时当远走高飞,不必计较方式,而要用最安全的方式存续自己的心意之行。摸清黑暗无光的形势是暗主的邪心造成的,那就要赶紧退到安全之地。

心意虽一直都光明,但确实会受到情境影响。离开危险之地,就是离开担惊受怕的心境。心境脱离暗主的控制,就比较轻松愉快,好像获得新生。此爻非常危险,要赶紧设法跑掉,但可表面妥协,暗中寻机全身而退。明了暗主之卑鄙,不可久居,于是主动应对邪恶心意,通过柔性手段取得暗主信任,早点离开去往安全之所,此乃受伤跑路逃命者的心意。

此爻说明,意向性运作的方式跟主体意识的时势地位有关系,时时刻刻要知道自己意向性发动的合适状态。

六五:箕子之明夷,利贞。

《象》曰:箕子之贞,明不可息也。

【明译】

六五:箕子一般装疯卖傻,隐陷自己的光明,有利于像箕子一样坚守正道。

《象传》说:像箕子一般坚守正道,使内心光明的人天之意不会被熄灭。

【明变】

六五位于熄灭光明(离)的大地(坤)之中,柔爻为夜,故坤又为黑夜,是在暗夜之中守正,有处暗而能守中之象,**卦变中六五不动**,犹如箕子一般通过装疯卖傻来隐陷自己的光明,把自己的明德隐藏起来,并不改变正道,这样才有利。

【明解】

息:同熄。这爻说明,不可以因为世道昏暗就改变正道。只要内心光明不被熄灭,就可以流传久远,虽然受到伤害,但心意之丹可能如文天祥之心照汗青,可以永不磨灭。

前几爻讲暗主,但六五中正,是内心光明但处于黑暗时势当中,所以六五应该不是暗主。

【明意】

因为人在瞬间的选择基本代表人的意向之境,所以要隐藏自己心意的高明之士,在特定的形势之下故意选择与自己的心意不相匹配的连续意向之缘,来误导他人对自己意向心境的把握与判断。

在念念皆可致死亡的极度危险之境中,一个人的意向之行影响他是否可以生存下去。内心光明的人天之意不可以熄灭,所以为保全自身,应该艰苦卓绝地不惜装疯卖傻,力图隐藏真实的人天之意。

上六:不明,晦,初登于天,后入于地。

《象》曰:初登于天,照四国也。后入于地,失则也。

【明译】

上六:光明隐陷的时候,要隐藏自己的察微之明,韬光养晦,否则的话,开始的时候大家把你捧升上天,后来又把你坠落地下。

《象传》说:开初升上天,是(本来应该)光明照耀四方(上六在上卦坤[国]里)。后来入于地,是上六处事违背了事物发展之道。

【明变】

小过变明夷,卦变中九四原在上震(东、初)里,有雷出东方、在山上登天之象,之后九四下到初位艮(山)之下成离(日),有日落地中之象。坤为众国,明夷接晋卦,本有日照四国之象,进入明夷,日入地中,光明陷落;小过为大坎(法则),卦变后大坎不见,互坎(则)与离(明)同入地中,所以是失范无度、违背法则之象。

【明解】

上六在上卦坤(暗夜)里,说明光明隐陷的时候,要隐藏自己的察微之明,韬光养晦。五和上位为天位,所以开始的时候大家把你捧升上天。全卦刚爻上行,柔爻下行,上六位在终极,物极必反,又在坤(地)里,所以是后来又把你坠落地下之象。可见上六这一爻大起大落,反差非常巨大。上六在全卦终极之位,意味着风雨飘摇、王朝覆灭,所以积劳成疾,非死即伤,是非常凶险的爻位。

如果把前几爻的不同情况理解为:废寝忘食(初九),等待壮士助一臂之力(六二),力量强壮之时征伐暗主(九三),远走高飞(六四),藏晦而明(六五),那么前几爻的暗主,应该是上六最为合适。可以把上六看成暗主或一个不知道韬光养晦的人,虽短时间取得成功,但很快因为锋芒毕露而被暗势力打垮进入隐伏状态。

【明意】

光明隐陷之时,自暴光明之意反而危险重重,故要知道如何隐藏自己的光明之意。光明之意可以朗照四国仿佛如登天,但过分违背万物之道则陷入地下,明夷即光明入地。可见,上六违背明夷卦用晦而明的宗旨,控制不住自己就可能把局面变得不可收拾。

明夷是光明受伤之时,但人要有背水一战的勇气,持续努力修炼自己的人天之意,而且,黑暗的形势可以反衬出人内心光明的心意,换言之,光明心意经历了黑暗时世的磨砺,将可能越发光明灿烂。

本卦说明人在外受伤严重,回到家才是最好的疗伤之所,故接家人卦。

三十七 ䷤ 风火家人（离下巽上）

火生与风行皆有天之意识生生之象，风为天识之向，天识之风与天向之离合为家人。家是培育意识缘发之地，六爻皆吉，家中有亲情，彼此诚信，互相扶持，是意识与他人共在场域之训练场所。人都生活在家庭关系中，家是人出生和生长的地方，所以人首先是家人，长大成家后，也应该让自己的意识像个家人。

家人卦说明儒家典型的价值观念，即人首先是家人，其次才是社会人，以及国家与天下的人。家人卦为巽（识）宫二世卦，立"意—识"论第三。人与自己家人的情感在《论语》中被特别强调，在《周易》中对情感创造性的强调不如《论语》，但对于治家和持家的强调却高过《论语》，说明《周易》比《论语》更重家国天下，而《论语》相对来说更重视个人修养。当然，我们可以把《大学》《中庸》看作如何打通《论语》与《周易》之书，在此过程中，实现意识从个人修身到家国天下的彻底转换。

家人，利女贞。

《彖》曰：家人，女正位乎内，男正位乎外。男女正，天地之大义也。家人有严君焉，父母之谓也。父父，子子，兄兄，弟弟，夫夫，妇妇，而家道正。正家而天下定矣。

《象》曰：风自火出，家人。君子以言有物而行有恒。

【明译】

家人卦象征家庭男女，利于女子持守正道。

《彖传》说：家人男女，妻子持守正道位于家庭之内，丈夫持守正道位于家庭之外；丈夫和妻子都持守正道处于合适的位置上，这是天经地义的大道理。一个家庭有严正的君长，指的是父母。父亲要尽责做个父亲，儿子要尽心做个儿子，兄长要作表率像个好兄长，弟弟要像个好弟弟，丈夫要守义持家做个好丈夫，妻子要相夫教子做个好妻子，这样家道才能端正合宜，端正了家道就能够安定天下了。

《象传》说：上卦巽为风，下卦离为火，风在火燃烧时从内往外生出就是家人卦，象征男女感通融合组成家庭。君子从卦中得到启示，日常言语要合情适物，居家行事要持常守恒。

【明变】

家人卦由遯卦变来，即遯九四与初六互换位置变家人，下卦为内卦称家，以初九爻辞来看，卦变中刚爻九四下到初位，有把家内作了防闲，治家有方之象，故称家人。

【明解】

家人卦是关于家人男女之卦，从家庭成员延伸到家庭与社会的关系。女子在家里是主妇，主妇好坏对家庭作用至关重大，六二在"大夫有家"的家位，所以利于女子持守正道，即正固，正经地持守贞操。

六二柔爻为女居于正位，九五刚爻为男也居于正位，男女皆在天地之正位，也都是天地之间合宜的位置。家里需要一个家长严格管理，才能把家里的秩序理顺。只有每个家庭的秩序都理顺了，国家和天下才能安定。可见，本卦讲的是如何端正家道的哲理，而不是讨论家道安定之后的状态。

"正家而天下定矣"应该是端正了家道就能够安定天下了，而"家道正，天下就随之安定了"虽然意思对，但跟本卦的旨趣还是差一点。这说明，家里人的关系如何会关涉社会风化，所以家道要正，能够正家之后，才可能端正社会风俗。

【明意】

家庭起于男女互动关系的几微。家庭的建立不仅来自情感，也来自缘构家庭的种种意缘的聚合。人的意识在家庭之境中学习，如情感抚慰、保存实力、意识正直、向外有力等，通常都要把自己有限的意识境遇先延伸到家人那里，在家庭之境中，学习意识所发皆有实指，也有其对象，言有物，行有恒。在家庭当中涵养丰沛的意识，能够发力持续、稳定恒常，而不会飘忽无定。或者说，人最初持守意识的力道是在家庭场域当中修习出来的。

家庭关系意识的几微：家庭是政治的训练场，政治是家道的延伸，从这个角度看，古人没有家庭内部皆私的概念，因为私人领域的道都与公共政治领域的道一以贯之。政治伦理是家庭伦理关系的延伸。家庭是原型，政治是在社会当中塑造原型的艺术。能塑家庭之型者，就可以塑天下之型。家型与国型，本都是个人心意之型，即心念升起瞬间之型，都从意识的几微状态延伸出去，进而塑造成型。可见,塑造意识之型于自家之中,则可以塑天下之型于千里之外,意识的塑型,首先体现在言行的选择,其次是言行选择的持续与坚持。

初九:闲有家,悔亡。
《象》曰:闲有家,志未变也。

【明译】

初九:防止邪念生出才能保有家庭,防范于未然消除了忧虑悔恨。

《象传》说:防止邪念生出才能保有家庭,就是在初九心志还没有偏邪改变的时候用心防范。

【明变】

在遯卦变家人卦时,初九从四位推移到初位,内卦是家内,初九好像下来守住自己家庭一样,所以说防止邪念生出才能保有家庭。

【明解】

闲:从"门"从"木",门内加木是为了防备外面,训释为防,防闲,防范,防止;一说闲习,心志安定;一说为娴。家门口横拦一木,隔开内外,有所防闲。远古时代房屋虽简,却有院落,院门关上后插上一根横木,防止外人就进来,这横木就叫"闲"。家人平时懂得用横木把门插好,就不会有悔恨的事情发生。《文言》说"闲邪存其诚",指闲防邪念,慎防耽于邪僻之事。有:名词词头。治家之道,首要在防范于未然,防止邪念蔓延,败坏家风,酿成坏事。要在心志还没有生出邪念的时候就加以预先防范,而且要努力用心,防止邪念出偏而导致家道乱了。如果邪念已出,就很难改变防范了。邪念一出,家道一乱,忧虑悔恨接踵而来,悔之晚矣。

初九之位在卦的开始阶段,说明从一开始就做好防闲,能够防范于未然,就会消除忧虑悔恨。在初九心志还没有偏邪改变的时候用心防范,是用家规家教维护家庭正常秩序,尽量避免不幸事情发生。要是未作防范,让孩子、女人等家庭成员接受外界不良影响,心思变坏了再去防范,那就太晚了。

初九阳居阳位,闲适外动,但又是下离(依附)之始,所以其心意不离六四家事也。持家之道不可懈怠轻忽,不论忙闲都要严谨自律。古时农耕生活顺春耕夏耘秋收冬藏,四季有忙有闲。农闲之时不能一心玩乐,要修理农具,准备生产生活资料,有备无患。不可贪山恋水,要心系父母妻儿,才能家庭和睦。闲有防止避开之义,要存养一心之诚。闲有家是一有闲暇就要精勤于家事,善持家者其心无闲暇,其心不离家事。

初九潜龙勿用,相当于官场失意赋闲在家之时,此时更要知道修身齐家才能更好从事政务,赋闲在家,闲邪存诚,修身养性,齐家修德,穷则独善其身,闲则努力齐家,这样闲而有为,不会有忧悔和遗憾。可见,无位的时候在家闲习家事,可以跟做官一样磨炼应事的分寸感。

处家应事的家道分寸感从家门是否严谨可以看出来,家门是否关牢,是否有人掌管,对全家人命运都有影响。齐家之始,慎重防范,如防火防盗、防长幼无序、防男女违礼等,把邪言妄思挡在门(心)外,才能塑造良好家风。

【明意】

家意味着相对隔绝的空间与院落。家首先是空间,人在这个空间当中,可以创造出新的空间感。家强调安全,具有相对的私密性,不允许外人随意进出,本质上是阴阳交流的心理空间,家人之间心意相通,所以有内外之防。家即使再简陋,也不能无墙无门,以别内外,有别才有家。

所谓防范于未然,是防范于意识未发前的潜意识,甚至无意识的状态,在那种状态中,可能只有微弱的迹象表明这一点,此时也要及时防范,不宜让邪念之意识发展壮大。意识中的横栏才是防闲的根本。如何在家人的意识之中建立横栏,就是要树立家规,不接受外缘的撩拨和引诱,不偏离家的正道。

"《诗》三百,一言以蔽之,曰:'思无邪。'"(《论语·为政》)《诗经》与《论语》都是帮人建立防范邪念的意境。规矩不可只是外在的条框约束,要内化为家庭成员自己的意识分寸和尺度,只有这样,才知道遇事的分寸所在,最关键的是要在有外缘出现的时候自我约束,不让可能的意识外缘实化成为行动。

习惯是意识的重复,一般随年龄的增长而强化。习惯对一个人意识与境遇的影响较大。弗洛伊德的潜意识和荣格的集体无意识结构、文化前意识等说法,都是为了说明一个意识潜在状态可以成为意境和行动的可能背景,自我反省反思才可能有所改变。

真正的家是心意之家,意识延续之家。从古至今,建立自己的学说叫成一家之言,因为自己关于宇宙人生的心得体会塑造了一个意识系统,后人追溯理解之,沉潜玩索之,蔚然大观之后,某一家之言就成为一个心意之家、精神之家,超越肉体和血缘的家庭观念,跨越时空,让不同时空中的人通过精神感通而联成一家。

六二:无攸遂,在中馈,贞吉。

《象》曰:六二之吉,顺以巽也。

【明译】

六二:不自作主张,也无所成就,只管家中饮食之事,坚持正道可获吉祥。

《象传》说:六二可获吉祥,因为家庭主妇既柔顺又随顺。

【明变】

卦变前静止(艮),卦变后有火(离)有水(互坎)有风(上巽),虽然未动,但一派生机盎然之象。

【明解】

遂:成,遂心所欲,无所管束。中馈:家中的饮食事宜,古代还包括祭祀所用的供品。巽:随顺,温逊。六二本身柔顺(互坎水),犹如家里的母亲、主妇,在家里持守正道(阴爻柔位),能附丽(离卦主爻)于应爻九五,九五在巽(随顺)之中。从义上讲,六二顺应九五,不随心所欲,不自作主张,也不想刻意做成什么,能尊重丈夫的意见,是能很好配合丈夫主持家政的贤妻良母。

象辞说明,六二在下离(火)互坎(水)里,水下烧火,正是烧水做饭之象,所以是主持一家饮食之事之象。妻子操持家中饮食之事也是大事,是丈夫应对世事的基石所在。主妇在家之中能够持守正道,自然吉祥。

本爻如果解释成为"到了中午开始吃饭"则不通。

【明意】

安宁在家维持家人饮食,并从这种持家过程之中自得其乐,这是维系家的意识,以家人之乐为乐,喜欢乐意与在家人之中。快乐、随性、欢愉,对于家庭的支持与帮助非常重要。女主人的意识境遇塑造着家庭每一位成员的意识境遇之发展状态。所谓心灵港湾的意境就是给家人提供一个舒缓自在的意识交流平台,大家开心地生活发展。

六二主妇在家做饭,让丈夫愿意回家吃饭,能够在家里的饮食中获得满足,说明家庭主妇通过饮食的顺应之道让家庭意识之境成为家庭成员心意安顿的港湾。

九三:家人嗃(hè)嗃,悔厉,吉;妇子嘻嘻,终吝。

《象》曰:家人嗃嗃,未失也。妇子嘻嘻,失家节也。

【明译】

九三:治家严厉,家人愁怨叫嚷,虽然有悔恨危险之事,有所遗憾,但最终吉祥;妇人和孩子一起嘻嘻哈哈,打打闹闹,最终会有吝难。

《象传》说:家人愁怨叫嚷,但没有失掉家规。妇女和孩子一起嘻嘻哈哈,打打闹闹,有失家教礼节,不成体统。

【明变】

遐变家人,九三从互巽(多白眼)变入下离(目)互坎(水)里,目中出水为啼哭之象。

【明解】

嗃嗃:严厉怒斥的象声词,愁怨叫嚷之意。嘻嘻:嘻嘻哈哈,调笑的象声词。九三刚爻居刚位,有过分刚严之象,刚严又让家人啼哭,是治家严厉,家人愁怨叫嚷而啼哭之象。家长高声斥责家庭成员,虽然有悔恨危险之事,有所遗憾,但总比不管要好,所以最后吉祥。九三在上(外)下(内)卦体之际,是家里家外交接之位,从初爻到五爻,一刚一柔相互交错,有阴阳混杂,男女不分,内外无别,嘻哈打闹过头之象,而妇人和孩子一起嘻嘻哈哈,打打闹闹,没个正经,最终会有吝难。

治家严厉,家人可能愁怨叫嚷,甚至怨声载道,以至于可能出现悔恨危险的事情,矛盾冲突爆发,看似走向了家人和乐之道的反面,但从长远来看,对整个家应该是吉利的。如果相反,掩饰矛盾,一团和气,嬉嬉闹闹,没个正经,失去家法的节制,最后闹出问题,不可收拾,这都是经验之谈,更是深刻的历史教训。

这一爻是两种极端治家方式的比较,从粗暴简单家长作风,到缺少家教,放任自流而出事,正是两个极端,都不是治家合适方法,只是比较起来,管严一点不容易出事,要比不管强些。

【明意】

对于家长的意识来说,持家宁严毋宽,即使有过分严厉的情况,但对家庭的整体来说是好的。如果不严厉一些,妇女与子女打闹过分,就可能出现吝难。

家节虽然是外在的约束,但根本是内在心灵意识的分寸,子女应该持守父母心意的分寸,作为家道的延续。这种持守是要求子女的意识境遇当中,永远有父母,让父母成为思考与行动的潜意识,这是家族荣誉感的来源,也是家族之耻的来源根据。子女时刻关心父母的意识境遇不会因为父母离开人世就不存在,还会而且应该继续在子女心中长久存在下去。

六四:富家,大吉。

《象》曰:富家大吉,顺在位也。

【明译】

六四:发家致富,大吉大利。

《象传》说:六四能够发家致富,大吉大利,是因为本身柔顺,又处在合适的位置上。

【明变】

　　卦变中六四由初位升上来,进入上卦巽(腿、代行走、又有近利市三倍、风顺),发家致富之象,人顺家安,和气生财。

【明解】

　　家事宜静,主妇谨言慎行,自律谦和,诸事打理得井井有条,正是六四阴居阴位之象。六四顺承九五,多讲是因为顺承在位者,有理,但《象传》应该主要强调柔顺和在合适的位置,当然,合适之位包括正好在九五下方。六四为巽卦的主爻,巽主柔顺,阴爻正位,上承九五,是得丈夫关爱支持之象;下有初应,受下人拥戴之象;另六四为互离(目)主爻,代表内心光明,眼光锐利,对发家致富有利。

【明意】

　　作为家的女主人,六四的意识能够很好地塑造和帮助男主人,从而达到发家致富的理想状态。阴意的顺承让阳意更加有力,而且有成效,因为实化意识首先就应该获得阴意的随顺和支持,这样阳意的实化就有了坚实的基础。《周易》是阴阳合体的意识存在论,因为意识只要实化就必须是阴阳合体的,而阴意持续稳定地支持阳意对阳意的实化至为关键。

　　六四如女子有帮夫运,对丈夫很有利。妻子在家里的意识境遇对丈夫构成巨大的影响,是丈夫意识发动交流的首要对象,也是家道兴旺、家庭意识境遇延伸扩展的根本所在。

九五:王假(gé)有家,勿恤,吉。

《象》曰:王假有家,交相爱也。

【明译】

九五:君王用自己的诚意感格众人然后保有其家,不必忧虑,吉祥。

《象传》说:君王用自己的诚意感格众人然后保有其家,大家相亲相爱,和睦相处。

【明变】

卦变前九五在天（乾）上，卦变后有风（巽）有火（离）有水（互坎），一派家庭和睦，生机勃发的情景。

【明解】

假：通"格"，感格。"假"，《释文》："更白反，至也。"意思是读格，至的意思。假在古代常用为敬诚感化而至的意义。"假"是会意字，古字上方一手拿石头，砸向下方另一手，会意为治丧时自残自虐，但未必真的砍去手脚，有作假之意，如治丧时削发、禁乐舞、女色、体面的衣裳，以至殉葬等，都带着念念保持感通而至先人的强烈意识境域之意味。有：保有。恤：忧虑。

九五为天子位，有君王之象，又如一家之长，与六二阴阳正应，另初九与六四阴阳正应，代表上下和睦亲爱，刚交位有实有诚意，是君王用诚意感格众人，然后保有其家之象。感格众人需要君王具备诚心诚意，上通天地鬼神，下化家人子弟，在这个基础上保有家庭就容易了，如果君王得罪众人，就会连小家都保不了。可见对于君王来说，诚意是感动众人和保有家族之本。

象辞主语"大家"比"人人"和"家人"合适一些，此处意在家人和众人之间。古人认为君王当先诚其意而后修身齐家治国平天下，把治家之道推广到社会，治家就是治国平天下的开始，把家庭里的至诚亲爱，推广到圣王治国平天下的典范。

【明意】

君王的意识境域里，要时刻首先保有众人之国，其次才能维持和延续自己的小家，因为君王如果不能维系众人之心，大家心散之时，小家也必危如累卵。这是古代家国一体性从心意发动之处来理解的关键所在。

家道和谐，可以感化他人。感化众人的意识状态，也易于感动家人，大家交相亲爱，这种爱意融融之境是人心推扩的极致状态。这是人与人之间彼此心灵意识的仁爱之境，本来就来自于天地自然之意，是天地自然的生生之意，在人间化为仁爱之情。儒家认为这种天地自然之意通过人间人与他人共在的状态表现出来，这种仁情充沛的状态就是仁人之意，可以推致天下万邦。

意识之境的感通，通常在对先人祭祀时最为强烈，要让这种真诚至极的感通状态时刻体现在当下家庭生活当中，让当下的心意时刻与祖先沟通，让祖先从当下心意发动的瞬间活出来，如此心意展现出来现世的家庭生活，时时刻刻与对祖先乃至上天的至诚感格联通一体，可谓光宗耀祖的极致之境界。这就是中国的家庭和祠堂与国家一体性、连续性的美妙乐章。人们通过当下一念发动时刻与祖先共在的状态,实现慎终追远于时时刻刻当下活泼的仁情之间,乡里乡亲,同宗互爱,从而在家庭成员的彼此关爱之间建立天地意识,而天地自然之意,连同先人和祖宗,时刻如活在家庭和家族当下的生活当中一般。这种醇厚至极的家道通天意识,所达到的家庭与故土合一,当下心意通于祖先而致的天人合一之境,与西方宗教在人间建立完美天国的意识境遇,其实有着异曲同工之妙。

上九:有孚威如,终吉。

《象》曰:威如之吉,反身之谓也。

【明译】

上九:让家人心悦诚服,治家就要始终维持威严庄重的姿态,最终可以获得吉祥。

《象传》说:在治家的时候始终维持威严庄重的姿态最终能够收获吉祥,是因为上九时常反躬自省、严格自律的缘故。

【明变】

卦变前上九在天(乾)上,卦变后在风(巽)止,说明家风为治家之本,家长有端正家风之责,而端正家风要从家长反躬自省、严格自律开始,持守意识的恭谨和庄重姿态。

【明解】

有孚:让家人对家长有孚信、诚信、信实。如:然,的样子。反身:反观反省自身,反身自律。上九在全卦最上位,代表全家地位最高的人物,如同有位有实的老太爷,有信实又有威望。在全卦之终,代表受到包括家长在内的全家人顶戴尊尚,所以最终还是吉祥的。家长以身作则,要求家里人怎样做,他自己能够先做到。

象辞的主语是家长,所以爻辞从家长的角度来理解比较合适。家长面对家人的时候,需要心怀诚信,仪态需要威严持重;面对自己的时候,需要时常自我检讨,严于律己,这样内外一致,才能端正家道,不负众望。

【明意】

家长要以身作则,通过反思知道自己的言行情境。要求他人做到的,自己要努力先做到,在意识发动之前,已经能够反思性地领略意识发动之后的状态,这是反思性的重要意义。《周易》中多次出现反身修德而修行建立反省自己的机制。

如果家长的意识状态庄重严肃,令家人敬畏,家人对于长辈的言传身教纪念一辈子,最后家会吉祥。如果父母能够有好的家道,子女也能够从态度到心意发动保持敬畏安宁的意识。

对家长的敬畏与庄严的意识需要在反身意识中实现,也就是说,可以通过意识的反省机制(reflexive mechanism)来理解自己意识与他人的关系,在意识中如何尊敬家长,对家长心悦诚服,自觉维护庄重的姿态。

三十八 ䷥ 火泽睽（兑下离上）

专注以扩大意量的努力，既是减损自己的物欲，同时又是心生之力与外在物欲之力相斗争的过程。睽卦为艮（量）宫四世卦，立"意—量"论第五。心意的涵养其实每时每刻都是与分背、偏离心意的力量作斗争的过程。所谓求同存异是于心意生机之间，即通过相反相成的过程来领悟和实化天地间的生机。

意识有不同的方向，有时互补，有时冲突，正是这种冲突才能促进意境的创生，提升情识的生机进而扩大意量。卦名睽是离异不合，相互乖背，彼此不同之意。睽卦柔（小）爻六五占据尊位，所以说做小事情还是可以吉利的。

睽，小事吉。

《彖》曰：睽，火动而上，泽动而下。二女同居，其志不同行。说而丽乎明，柔进而上行，得中而应乎刚，是以小事吉。天地睽而其事同也。男女睽而其志通也。万物睽而其事类也，睽之时用大矣哉！

《象》曰：上火下泽，睽。君子以同而异。

【明译】

睽卦象征乖异背离，做小事情还是可以吉利的。

《彖传》说：睽卦，上卦离为火，为中女，下卦兑为泽，为少女，火焰燃动向上，泽水流动润下。犹如两个女子同居一室，但她们因志向不同而行为乖异背离。下卦兑为喜悦，上卦离为光明，是喜悦地附丽于光明之上，阴爻柔顺地升进，向上运行，得到上卦中位（睽卦从中孚变来，未变之前，初九有正应在六四[原在互震里]，卦变后初九失去正应），并与下卦的刚爻九二相应，所以能够柔和小心地成就小事还是吉祥的。天地上下阴阳乖异背离，但它们创生生长化育万物的事功却是相同的；男女体态各异，生理特征差别很大，但他们交感求合的心志却相通；天下万物形态各异，特性千差万别，但它们秉受阴阳之气而生的过程却是很类似的。由此看来，乖异背离之道因其时仍然能够有非常巨大的作用啊!

《象传》说:上卦离为火,下卦兑为泽,水火不相容就是象征乖异背离的睽卦,君子从这样的现象中得到启示,要善于求和通而容小异(以异求同)。

【明变】

要理解"**柔进而上行,得中而应乎刚**",不依靠卦变很难清晰理解,前人多把"得中"理解为阴爻居中,而不能够理解"得到中位"这样的内在意思。其实,**卦变中中孚的柔爻六四升进到五位,得到中位,跟下卦刚爻九二正应**。

【明解】

时用:因时而用。睽卦是两个女人在一起,因为要嫁给不同的丈夫而心志不同。全卦是离异乖离之象,柔爻小心升进跟刚爻有应援,还是可以成就一点小事情的。

象辞认为,火炎向上,水流向下,方向正好相反,完全相悖而行;也可以理解为,大泽当中有熊熊烈火向上燃烧,把本来要向下流进大地的泽水都烤干了,水火二者完全是相克背离的景象。君子因此知道,天下之事不可能强求一同,应该求同存异,很多时候能够不激化矛盾就算不错了。

不应该把象辞和象辞分开来理解,象辞强调同和通,说明象辞也可从类似的通、和的一面来理解。关于象辞"以同而异",有理同事异,和而不流两大诠释路向。事物同中必然有异,不可能没有,否则无法生化演变创新,可以说因为同才异,因为同中必有异。东汉荀爽说"大归虽同,小事当异",但分开说并不合适,应该是一体之同异,是事物因比较而有区别,有同异的程度和分寸之意。王弼"同于通理,异于职事"和程颐"同于人理之常,异于世俗之失"都是理与事分说,是从事理、人事之理相通的角度,认为存在具体的区别。程传强调"异",强调特立独行,群而不党,可以理解为不必标新立异,也不要陷入异端。因为求同存异是避免激化矛盾,所以特立独行还是有点过,应该是在分背异化的大势之中,要尽量挽回分离的心向,不要去强化这种倾向,否则会加强分离的状态。

【明意】

意生之量的存养与扩大,是与生机相反的力量彼此成就的。有时相反的力量越大,越能激发出生机的意量,生生之几与随时死亡的危机共存,而相悖的力量之间的张力在主导着意量的深度与广度。

意量之同与异之间相反相成,比如画家用五色作出美丽的画,演奏家用五音奏出协调优美的乐章,厨师用五味烹制调和可口的菜肴,工农兵学商组成文明社会,可见睽的意量之不同而时势功用巨大。分背异化的意量真正促进了人世之间精彩纷呈的精神世界。

初九:悔亡。丧马勿逐,自复。见恶人,无咎。
《象》曰:见恶人,以辟咎也。

【明译】

初九:不要忧悔,不要去追赶丢失的马匹,静候它自己回来。以这样的态度面对偷马的盗贼,不会有什么灾患。

《象传》说:(以静候失马的态度)面见坏人,也就能够自觉地避开灾患(因为初九在乖异背离的形势下从心里知道躲避)。

【明变】

为什么以马取象,就必须了解卦变,从中孚到睽卦的卦变中,初九之前有正应在六四,卦变后失去六四所在的互震(善鸣马象),出来互坎(美脊马象),这当然就是马匹失而复得,自己会走回来的象了。四位由原来的柔爻变成刚爻,正应变成敌应,互坎为盗贼,等于是初九在卦变之后,就必须面对坏人了。这个坏人可以说就是偷他马的人,初九平静地跟他交往。可见,**不知道卦变,就无法理解爻辞取象和义理生发的根据**。

【明解】

辟:同"避",避开。爻辞义理一贯,但前解很少通畅的。首先为什么"悔亡",也就是忧悔会消除呢?因为根本就不要去忧悔,那样忧虑和悔恨也就自然消除了。举例来说,应该采取的态度就类似于马匹丢失了,不要去追赶,因为越追越懊恼悔恨,不如不追,等着它自己回来。如果用这种洒脱的态度处世的话,即使碰到坏人,也知道躲避,而不会自惹灾害祸患上身。象辞强调了这一点,也就是见到坏人而知道躲避,也可以理解为因为初九在乖异背离的大势下,知道自己能力薄弱,不足以跟恶人对抗,不应该激化矛盾,所以提早采取躲避的姿态来避祸。

【明意】

生机在人生中通常的理解与得相联,因生而有得,与失往往相辅相成。理解得失互补的道理,就能够对得失持一种超然的态度,犹如塞翁失马的塞翁那样,知道吉凶成败相反相成,从而以一种平静态度应对外在的得失。

从终极意义上说,世间存在物都随生意流转,只是在这生意流转之中,要让生意走失的力量也在与生意作斗争。故一旦阴意主导情景,不必有丝毫得失之心,相信自己终将等来生命的转机。可见,身外之物的得与失导致的意量的升与缩本身不是需要特别在意的事情。

九二:遇主于巷,无咎。
《象》曰:遇主于巷,未失道也。

【明译】

九二:在小巷中不期然地偶遇主人,当然没有咎害。
《象传》说:在小巷中不期然地偶遇主人(六五),是九二在乖异背离的大势中并没有迷失正道。

【明变】

从象上看,卦变前后,中孚像个大的离卦,相对变出的互离卦来说,好像本来通天的大路变成小巷,相当于误打误撞钻进了一条小巷,偶然间遇到往日的主人,在世事沧桑的感慨之中,两个人可以重温一下往日情怀、旧日温馨,当然不会有什么咎害了。

【明解】

睽卦指代的时势是世道背弃乖离的时代,类似兵荒马乱的状态。中孚变睽之前,九二的应爻九五在全卦尊位,所以是"主",变睽之后,九五下到四位,与九二互离(相见),有跟旧主相见之象。

【明意】

在兵荒马乱、人事分背乖离的时代,还能够巧遇旧时代的主人,不能不说是一件天大的喜事。象辞的解释是不离正道,而所谓的正道首先是意量的中和平稳,能平易面对世间得失,不以物喜,不以己悲,从而能够感受生命中偶遇的欣喜与欢乐。

郭象说"所遇为命",所遇与人的意识之量有关,即心意没有足够的力量,该发生的可能就不会发生,越发期待偶遇的,可能根本不会发生。偶遇是人生最奇妙的存在状态,而人生的机遇很大一部分由偶遇决定。生命当中很多美妙的事情发生在偶然之中,但偶遇本身包含着命运必然性格局的分量。所以当"静其所遇",意量在平静安宁之中,透出人天之意的通天之机,即心意能够涵纳万物、吞吐天地的大气象,因大气象而能平静地面对世界沧桑,白云苍狗,万千物换。

六三：见舆曳，其牛掣，其人天且劓(yì)，无初有终。

《象》曰：见舆曳，位不当也。无初有终，遇刚也。

【明译】

六三：看见大车被拉着向前，拉车的牛被牵制，拽着向后，好比赶车人先被剃发，受了黥刑，后被割鼻，受了劓刑，刚开始时困难重重，但最终会有好结果。

《象传》说：看见车被拉着向前，是六三位置不适当。开初不好，最终有好结果，是因为六三前行要跟刚爻上九遇合。

【明变】

在卦变中九四跟六五换位，对六三来说，九四从上面下来，就是从前退后，六五从下往上，就是从后往前进，前拉后扯力量相抵，好像大车被吃力地拖拽着，驾车的牛被牵制住了难以前行。六三面对它们相互抵消的蛮力，可谓进退不由自己，犹如先被剃发，后被割鼻（卦变中互艮象消失），进退维谷，血泪辛酸，苦难连连，但因为前有上九正应，最后还算能够克服困难，得到好的结果。

这一爻是从六三的角度看待九四跟六五换位，取象和相应的义理都非常形象，但如果不从卦变的角度，就无法理解两种拉扯的力量和六三面对这种力量抵消带来的痛苦处境。

【明解】

曳：拉（着向前），拖曳。掣：向后拉，受牵制。天：额上刺字的黥刑，一说剃发。劓：古代割掉鼻子的刑罚。

在乖异背离的大势中间，本来六三在上下卦中间，进退不由自己，加上前面有两种力量打架，形势可谓雪上加霜，极度艰难，还好能够雨过天晴，云开雾散，因为上九的应和与关照，六三最后的结局还不错。

【明意】

意识之量在睽异的大格局中，因为与牵扯的力量作巨大的斗争，是在互相拉扯的过程之中延续生生之机。生机能够延续还在于有应合之力，即有相应的力量来拉动生机，给意识以出路和光明。

六三阴柔失位，身边的力量牵扯四散，各自睽违，无力聚合，艰难透顶。可是在这么艰难的境遇当中，钟情于上九毫不动摇，所以开始很难，但最后结果还很好，因为能够跟刚爻相遇欢合。可见，即使在极度艰难的处境中，也要力图找到意念的生机方向，并尽力维持住。

九四：睽孤，遇元夫。交孚，厉，无咎。

《象》曰：交孚，无咎，志行也。

【明译】

九四：乖异背离的时运使得九四孑然孤独，这时遇到刚强的大丈夫，二人心志交融，彼此信任，虽然情境尚有危险，但不会有过失。

《象传》说：二人心志交融，彼此信任，这样就不会有过错，这是因为双方异中求同的心志彼此相通，都可以被推行的缘故。

【明变】

中孚卦变睽卦，九四从五位下到四位，在中孚里九五与上九比邻，下到四位与朋类（刚爻）分开，所以跟上九一样，都是乖异背离的时运使自己孑然孤独。从卦变来说，九四是自己下来的，是按照自己的心意来行动的。同时其心志没有被睽异的处境给扼杀，反而获得了巨大的生机。

【明解】

四位与初位相应，九四刚爻卦变后遇到初九刚爻，即遇到初爻（元始）的位置上的刚强大丈夫。九四与六五交换位置，犹如心志交融，彼此信任。交流之后，九四进入互坎（忧），所以是情境当中尚有危险，但心志刚稳，所以不会有过失。

九四跟初九同病相怜，所以心志相通，惺惺相惜，患难见真情，两人携手共进，最后心志都得到推行，在分离背弃的大势中慢慢地杀出一条没有过失的血路，很不容易。

【明意】

九四在卦变之后，本来孤独难抑，悲从中来，不想正好遇到初九这样有巨大平静意量的同伴，在他的开导和帮助下，轻易就化解了自己艰辛的处境和形势，而且好比有希望就有意志，就有面对艰难处境的勇气，就能履险若夷，化悲痛为力量，转化睽背分离的处境为巨大的魄力，反而可能经历人生的风雨而见彩虹。可见，九四有得到初九之生机之意量，因为初九能够平淡处世，看透世事变化，与九四心志相通而行，爆发出巨大意量。

人生无时无刻不在危险当中，死亡的威胁无处不在，生机常受威胁，在这样的处境中，要尽量与心境彼此感通的人携手共进，才能逐渐走出险境。尤其在乖异的大形势中，心意的处境非常孤独，但此时如果有刚强的阳意来应合，就可能一起脱离险境。这说明，在困境中只有与心境相通的人相感应，让心志互通的状态对抗外在的逆境,相互信任彼此互助,才能走出低谷。在危险的处境之中,人的意量被压制,所以需要寻找共同的心志,以求存续和发展。

六五:悔亡。厥宗噬肤,往何咎?
《象》曰:厥宗噬肤,往,有庆也。

【明译】

六五:消除悔恨,结成亲密宗亲好比彼此能够噬咬对方的皮肤,如此一来,前行还有什么困难呢?

《象传》说:结成亲密宗亲好比彼此能够噬咬对方的皮肤,如此意志坚决、精诚团结,即使在分悖离弃的大势下前往都会有喜庆。

【明变】

中孚卦变睽卦,中孚卦九五本在尊位,为六四宗主。六四与九五换位,九五从互艮(肤)进入缩小的噬嗑卦(二爻到上九),犹如咬进艮(肤)里,所以好比彼此能够噬咬对方的皮肤,引申为结成亲密宗亲之象。

【明解】

厥:其。噬肤:咬食带皮的肉。

此爻前人讲清楚的少。宗是家族和同类的意思,在分离背异的艰难时世当中,如果能够结成亲密宗亲,当然是共同抵抗风雨的最佳状态,有利于克服所有困难。如果只是讲成吃肉的话,跟前往的关系不明,比较牵强。

【明意】

在艰难的分背处境当中,存续意量的重要策略是结盟,需找同志,九二、六三、九四、六五都是这样。没有心志相通的人就难以走出困境,所以最重要的支持来自家族宗亲和近似于跟自己结成家人之盟的人的支持,彼此慰藉足以抵抗风雨。

乖异到极点的处境之中,人的精神状态都会出问题,心情恍惚之中,人不得不听天由命,人的意识之量需要比正常状态更多地交给天意。人在极度背运和苦难之中,还要有随顺自然之意的心境,相信自己的心意将因天地之间阳意与阴意的交融而改变。

象辞比爻辞乐观很多,不但认为只要在极度艰难的处境当中还能精诚团结,就没有什么困难,而且认为,意量找到志同道合者,共同面对人生的风雨,其实是大有喜庆、欢乐无比之象,犹如天作的姻缘、佳偶天成之感。

上九:睽孤,见豕负涂,载鬼一车,先张之弧,后说之弧。匪寇,婚媾。往遇雨则吉。

《象》曰:遇雨之吉,群疑亡也。

【明译】

上九:乖弃背离到了极点,孤独狐疑,恍惚中似乎看见猪背着浑身的污泥,又仿佛看见一辆大车满载鬼怪奔驰。惊疑之中,先张开弓,准备放箭,发现情况不对,又把弓放下来,发现来的不是强盗,而是来提亲的。如果前往,遇到下雨就会吉祥。

《象传》说:如果前往,遇到下雨就会吉祥,是因为在雨中,上九所有的疑虑都会被打消,烟消云散。

【明变】

睽卦由中孚卦变来,九五下到四位与上九分开,所以两爻都因分离而孤独("睽孤")。上九正应原在六三,两爻之间隔着互艮(背),卦变后九四进入两个柔爻之中,成互坎(豕、水),有水入坤土成泥之象,上卦离(见),所以说似乎看见猪背着浑身的污泥。坎(多眚舆)又是"正北方之卦","万物之所归",古人认为鬼就是人之所归,所以坎可为鬼,因此又说仿佛看见一辆大车满载鬼怪奔驰。

【明解】

负涂:背上沾满泥巴。弧:弓。说:脱。

从爻位上说,上前下后,上九正应六三,六三前互坎(弓),下在兑(说通脱)里,所以惊疑之中,先张开弓,准备放箭;后来发现情况不对,又把弓放下来。发现来的不是强盗(坎),而是来提亲的(六三来正应),而且六三在下兑(泽)里,大泽蒸发为雨(坎),所以如果六三前往,就正好遇到下雨,(看清了情况)自然吉祥。

上爻在自明(离)的状态当中,却很孤独,容易误解他人,误判世事。上爻说明一个人太过自明,有时反而不容易看清世事真相。这里差点把看到的一帮浑身上下污泥浊水的人看成强盗,还好一场大雨冲刷了他们身上的污泥,看清他们是送亲的,否则差点搭弓射箭,把他们误伤了。

【明意】

上六经历了大挫折(坎险)之后入明(离)境,但因前面挫折之影响,疑心较重,对身边的坎险状态充满不安全感,于是生出豕、鬼、寇等虚象。上六到了乖离背弃形势的极点,犹如大火在沼泽当中熊熊燃烧,烈焰升腾,好像湖底爆炸,冒出了一个活火山,天崩地裂,几乎要把湖水全都烤干,此时大浪汹涌,云气蒸腾,景象恍惚,犹如深陷妖魔鬼怪之境,提心吊胆。定睛看去,不过是云气升腾,变幻出各种幻象,云气上达于天,积累到一定时候,就会下降成雨,那时所有的幻象都会被雨水冲刷殆尽,疑虑都烟消云散,天地间终将云开雾散,重回一片光明,所以遇到降雨就会吉祥。

幻想与想象不是认识世界的正途,但心量被冲击到极度艰难的状态当中,只有听天由命,此时维持住心意,不让幻想阻挡住自己的意识,即是让生机不乱,让意志清醒而有力地掌控自己的意量。

整个睽卦处境极度艰难,但却都在讲如何延续生机和扩大意量,在绝望中充满生生之机和走出绝境、化解负面力量的希望。这符合易理"危者使平",人生处处皆生机,越是睽背分离的处境,越是要明了感悟生机之所在,乐观处世,改造意量,让意量再上台阶。

三十九 ䷦ 水山蹇（艮下坎上）

蹇境当前，感应艰难，意能在艰难推进中提升。感是感通，而蹇是不通，感是意能增进，蹇是意能受伤减损，压抑难申。蹇卦是兑（能）宫四世卦，立"意—能"论第五。意识能量的提升总是艰难的，蹇卦讲的是意能的生成与转化。人是各种能量的聚合体，但所有的能量都要通过意能表现出意识的力量，而意识能量的层级千差万别。

卦象像一个堰塞湖，危险的能量巨大地积累起来，高高地如水库之将倾，如利剑之将落，危险巨大。面对高山上面马上要倾倒下来的恶水，一个人要有力挽狂澜的壮志和策略，坚定不移，百折不挠。

蹇，利西南，不利东北。利见大人。贞吉。

《彖》曰：蹇，难也，险在前也。见险而能止，知矣哉！蹇，利西南，往得中也。不利东北，其道穷也。利见大人，往有功也。当位贞吉，以正邦也。蹇之时用大矣哉！

《象》曰：山上有水，蹇。君子以反身修德。

【明译】

蹇卦举步维艰，向西南方走有利，向东北方走不利。宜于依靠贤明的领袖，持守正道，渡过难关，获得吉祥。

《彖传》说，蹇是难的意思，险阻在前面（上卦坎险为前）。遇到险难懂得停止不前，真是明智啊（见险[坎]而止[艮]）！蹇卦向西南方（西南坤[平，不险]）走有利，是前往取得上卦中位（从小过变来，卦变中主爻九五从四位升上来），其行为中正，既不冒险，又没有停止不前。向东北方走不利是因为道路困阻（艮）不通。宜于依靠贤明的领袖，是因为在危难的时候出现大人就可以建功立业（主爻九五升进取得尊贵的五位，成为大人）。九五身当其位，正固吉祥，能够以正道治理自己的邦国。蹇卦所代表的时势的时机化功用实在太重大了！

《象传》说:下卦艮为山,上卦坎为水,山上有水就组合为蹇卦。君子看到高山上蓄聚着水,因为不能流动而显得举步维艰的象,要反躬自省,修正错误,培养仁德(山上之水按本性反身下流滋润大山,而有反身自润之象,象征人遇险难而能反省自查)。

【明变】

蹇卦从观卦经小过卦变来,卦变中主爻九五从小过四位升上来。蹇卦无法由观卦直接变来,因观直接变蹇是上九下到三位,即不是"往",也不"得中"。前人有把"利见大人"解为利于出现大人,从卦变上讲,五爻从四爻升上来,有一定道理。

【明解】

蹇卦下卦为艮(阻),互卦、上卦都是坎(险),所以说遇险而止,不应该冒险前进。九五刚爻居刚位,刚正且适当,有天子用正道治理邦国之象。蹇是险难,但险难有磨练人的作用,而没有磨练人不可能成功。人遇到险难要善于反躬自省,增强意能以转化时势。

【明意】

慎始才能善终,摆脱困境要在千钧一发之际,不可蛮干,要以才德化解险难,而不可以暴制暴。要想力挽狂澜,得有回到瀑布下修炼神功的意识和经历,走出困难的情境要先顺应,自觉压抑意能,其次转化之。

意能在世间成就的不仅是肉体,更主要的是精神。肉体成住坏空,精神与意能的成长则遵守另一种很难定义的法则。艰难时世的存在,和世界的存在一样,好像是先行于我们而在的,是决定我们的。我们好像无可选择,只有相信这个世界只能如此呈现出来,由超出个人控制的条件,如性别、家庭等不可改变的先行条件构成人生艰难的意识之缘,对我们的意识能量进行限制,而且基本上终生无法摆脱,所以要面对这些限制意能的条件不断做反身修炼的功夫。

初六:往蹇,来誉。

《象》曰:往蹇,来誉,宜待也。

【明译】

初六:往前行走会遇到艰难,返身退回来反而得到人们的赞誉。

《象传》说:往前行走会遇到艰难,返身退回来反而得到人们的赞誉,(因为初六在一卦之初,位置太低,还未到行动的时候)尚须待时而动。

【明变】

卦变后,正应九四往上推移,初六由有应变成无应,还不如回到小过卦里,所以说初六往前行走会遇到艰难,返身退回来反而得到人们的赞誉,所以应该守时待命。

【明解】

在小过卦里,初六正应在九四,九四在互兑(口、悦)里,有嘴里说着喜悦之言、赞赏的话之象,引申为好名声。

【明意】

意能增强要能调用"意—时",活用"意—间",即意念的空间。提振意能要对"意—时"有耐心,对"意—间"有信心,没有信心就容易妄动,就可能会丧失最基本的生存空间,所以该等待的时候应该继续等待。

人生要学会在艰难险阻当中磨练品德,提升意能。初六象征处于艰困之中,应该学会等待,守时待命,把变化交给时间,让时间来掌控主导,意识到时间与空间能够转化意识的能量,延伸意识能量的时空维度。

六二:王臣蹇蹇,匪躬之故。

《象》曰:王臣蹇蹇,终无尤也。

【明译】

六二:君王的臣属们艰难来往,劳苦做事,但他们不是为了自己的私事。

《象传》说:君王的臣属们艰难来往,劳苦做事,能任劳任怨,始终没有抱怨忧虑(六二与九五阴阳正应,忠心向主)。

【明变】

卦变后,六二由顺(巽)入险(坎),有知险畏难而劳碌困苦之象。

【明解】

王臣蹇蹇:君王(九五)臣属积极做事,能够分忧解难,是会主动承担蹇难的忠臣。躬:自身。尤:怨尤。六二在臣位为人臣,正应九五为君王,六二是个能勤于王事的忠臣,埋头苦干,任劳任怨。六二虽然能力有限,但忠心向主,自己软弱阴柔,有德无位(居下卦二位),但在险难的局势当中,还是尽力去解救九五,其心可鉴,而且给九五"朋来"局面以最大支持。六二上有两坎(二三四、四五六爻皆坎),是险中之险、难上加难之象,代表君王的臣属们来往艰难,做事劳碌困苦。"匪躬之故"除不是为了自己的私事之意,还有不是因他自己内在原因的缘故,也有不是因局势本身造成自己被动没有选择之意。怨尤是蹇难的来源,人们行事艰难,是因为抱怨忧虑,所以爻辞有即使处于艰难的处境当中,也不应该抱怨忧虑才是正道之意。

【明意】

六二柔弱,但主动舍命协助刚强的九五之王,忠心耿耿,毫无私念。说明不宜有怨恨之心,否则有怨即蹇难加剧。私念与公念在心意一动的瞬间立判,即个人意念发动,是着眼于自己的利益,还是着眼于大家的共同利益,在心意发动的瞬间即可分辨出来。人生皆在操劳中,公私之意非常微妙,当人的社会角色上升到管理者的角色的时候,有时私意即是公意,对一般平民来说,即使心念发动都是公意,也往往难以转化成为公共意念。

此爻大臣是为公事操劳之象,大臣不为自己操劳,为君王和他人的公事操劳,因为大臣有公职,所以其发动的意念皆在公共情境之中,能主动不发动自己的意念是正确的选择。另外,大臣在操劳之时空中消耗的意能,最终流向君王和大众的公共意识领域(意—间),这有利于避免忧患,缓解君王对大众的操劳和忧伤。

九三:往蹇,来反。

《象》曰:往蹇来反,内喜之也。

【明译】

九三:往前进会遇到艰难险阻,不如退回原地。

《象传》说:往前进会遇到艰难险阻,不如退回原地,因为内人(内卦两个阴爻)喜欢它返回来(给家遮风挡雨)。

【明变】

卦变前后,九三在内卦艮(止)让,不为所动,在艰难行进的大势之中,前往遇险(坎),宁可退回平静(艮)状态。

【明解】

九三正应在上六,中间隔着坎(险),有往前进必遭艰难险阻之象。三位在上下卦之际,可上可不上,上会有危险,则不如不上,所以不如退回原地。九三是下卦艮的主爻,艮有"蓄臣妾吉"(避九三)之意,是家里人欢喜开心之象。

【明意】

人的意能发动应以能够生生不息、不断增长为旨归。换言之,意能往哪个方向生发流动通畅就往哪个方向发动,有时为了节省和保护意能,不应该冒险前进,而是明察形势,及早返回到家中或其他可以遮风挡雨的地方,等于回归可以疗伤的心灵港湾,犹如回到家里,就回到有亲情爱情的温暖港湾,有助于逐渐恢复意能。这好比人的意能需要补充的过程,艰难的时刻该回来就回来,该在家就在家,该平易就平易,安宁顺势,自然而然。所以艰难时势当中,应该回来把家料理好,把身体养好再说。此时意能随意发动非常危险,应该先退回来安顿自己,反身修德,安心提升意能。

在蹇难的形势发生根本性的改变以前,受制于必须停止(艮)的形势,该止就止,该退就退。时机不成熟,意能轻发,可能意能消耗殆尽,很难东山再起。要改变蹇难的局势,九五之王,六二之臣,还有九三之干臣,君臣同心,共济时艰,耐心等待非常重要,功成不必在我,但大家共同增进意能的使命不可松懈。

六四:往蹇,来连。

《象》曰:往蹇来连,当位实也。

【明译】

六四:往前走会遇到艰难险阻,最好返回来联合其他力量。

《象传》说:往前走会遇到艰难险阻,最好返回来联合(艮山之)实力,本身当位,同时也把两个当位的健实之爻连起来了。

【明变】

从卦变角度看,小过变蹇,六五与九四换位,九四上升,与九三分开,六五下来,又把刚爻连在一起。蹇六四从五位下来,让出尊位,又把九五与九三相连,九三为下艮主爻,代表下艮的实力,所以六四是帮助九五联合下面的所有力量共赴时艰,共济蹇难。

【明解】

连:相连,联合。一说如《说文》:"连,负车也。"段注:"连即古文辇也。"马融、郑玄、王弼都认为六四上下皆难,进退失据。宋代之后,胡瑗质疑王注孔疏,认为连为相连,是六四连接下三爻,而不是艰难;君子知道前面有险,知止不前,所以可以理解为相连而止。下三爻为艮(山),有止于山石之象。可以说连是连成一体,如磐石之坚。"实"是九五与九三两个刚(实)爻居于刚位,都当位,而六四本身当位,也可以称"实"。程颐赞成胡瑗,朱子进一步认为是相连而济蹇。

传统解法认为六四进退两难,不知如何是好,不取此解。仅认为六四阴爻当位为实还不够,应该说六四能够作为团结实力人物的纽带,知道前往艰难,回来作为有实力的连接,起到稳固的作用,化不利的处境为有利的处境。

【明意】

本爻是前往意能不通,结果回来打通阳意,反而形成了强强联合的局面。六四善于谋篇布局,清楚知道困难所在和应对策略,阴意的意能之最大化就是辅佐阳意,何况是联合两个阳意,等于通过自己的意能把有实力的阳意给联通了。联系上下刚爻的意能,就大大结合增进了意能的层级。

九五:大蹇,朋来。

《象》曰:大蹇朋来,以中节也。

【明译】

九五:遭遇极度危险艰难的情况,朋友们纷纷前来相助。

《象传》说:君王遭遇极度危险艰难的情况,朋友们纷纷前来相助,因为(九五处在上卦中位,又在两个柔爻之中,刚柔互济),险难之中处事仍然能够以中正之道行节制之权。

【明变】

卦变前小过卦里九三与九四相邻,可以算是老友,卦变后九四上升成为九五,等于老友上升到尊位,从朋友义气角度九三自然继续支持九五。九三本来已经觉得外有难(坎)该回家安居了,但看到自己上下的六二六四都跟九五好,自然也就带着六二和初六一起成为九五的朋友了,这样就形成了"朋来"的局面。

【明解】

大:严重,也指君王与国家。"大"形容的是非常危险艰难的情况,同时因为九五居于尊位,所以王之难也可以说是国家之大难。九五与六二正应,卦变中九五刚爻进入上坤之中,卦有利于西南得朋,加上九五有六四相比,好像九三连接众阴爻一起向九五聚拢,所以有"朋来"之象。九五在两个柔爻之中,所以能刚柔互相节制,象征险难之中处事仍然中正合乎节度,也可以理解为九五能够以中位行节制之权,从而节制诸爻,形成朋友们都来相助的局面。当然,形成朋来的关键是六二,虽然柔弱,但危险的局势当中还是舍身救九五。

【明意】

当人处于被动和艰难的情形之中时,朋友的意能是帮助自己改变处境的核心所在。度过蹇难要靠朋友,意能的艰难要有人来提升,朋友要给予能量,逐渐缓解艰难的局势。在极度艰难的情形中,九五显得有面对困难的气魄和担当。在危险的情境之中,要有转换和积累众人意能的能力,才能济度蹇难。九五可谓集万千意能于一身,既然身在尊位,又得到大家意能的全力支持,自己面对蹇难时势,反而应该有我不入地狱谁入地狱的英雄主义气概,拼尽全力,突破难关。只要有这样令人感动的意能发挥出来,朋友们自然受到感应,把意能都加持给九五,帮助九五度过难关。与坎卦强调心意刚强中正相比,蹇卦强调朋友帮忙,共济时艰,可谓一内一外。

意能在艰难时势中发动,既要有坎卦刚爻居中的刚健之力,又要有象辞强调的刚柔互济之节度和分寸,这样才能调动"朋来"的意能,使意能汇聚而突破蹇难时势。

上六:往蹇来硕,吉。利见大人。

《象》曰:往蹇来硕,志在内也。利见大人,以从贵也。

【明译】

上六:继续前行十分艰难,回过头来则能够建立丰硕功业,这样做是吉祥的,有利于依靠贤明的领导。

《象传》说:继续前行十分艰难,回过头来则能够建立丰硕功业,因为心意向内(九三、九五)。有利于帮助贤明的领导,因为随从贵人(九五)。

【明变】

上九卦变前后动(震)入险(坎)之中,有前往蹇难之象,回来帮助九五,正主九三,阴阳相感,随从贵人,大有收获。

【明解】

硕:本义头大,引申为大,一说宽裕。上六已到极致之位,不能继续往前走了,反身帮助九五,所以说有利于帮助尊贵的大人九五。同时正应九三是内卦艮(硕果)的主爻,所以上六的意能都转给九五和九三之后,形势就可能从艰难转而化为吉祥了。

【明意】

上六发现自己心意的意能方向不能继续向外,所以转而向内,利用自己的经验帮助团体内部建立共识。因为上六经历过艰难险阻,知道带领团队走出困境迫切需要建立共识的重要性,所以会发挥自己善于集中心力和意能的技巧,与大家分享如何改变意能的方向,一起走出困境。可见,上六有强烈的危机感,对于境遇有深厚的感触力,意识到自己的意能必须及时调整方向,这是一种领导者的意识和意能,面对危机的境遇,能够化险为夷,运用丰富强烈的感受力及时转换自己和所在团体的意能。

  上六走不通就回来,可以辅佐贵人心志向内,修炼内功,得到内助很好,是非常正确的判断和选择。艰难时分,意能内敛,向内用功,而不可向外消散意能。能够吸纳帮助自己的力量,提升积蓄意能,能量被压抑,但要知道转化,因为转化可能有新的出路。能够集中心力向内整合意能,带领团队走出困境的心意,可见,艰难时势当中,集中意能需要悟性,也需要功夫,而这些往往不是通过操作性的学习和渐修就可获得的。

四十 ䷧ 雷水解(坎下震上)

　　解困需要机遇,意念在困难的形势中,其意缘需要外在的机缘才能化解。解缘主要是关于缘的结构重生、缘生变化的情态。解卦为震(缘)宫二世卦,立"意—缘"论第三。意缘之在即意之缘生形态,既是心意存在之缘,又是行动时需要外在条件。

　　解卦涉及恢复阴意与阳意相交之心意;通过持守稳定正当的意缘而有意外收获的心意;欺上瞒下,对合理意缘胡作非为的心意;摆脱小人之缘,自觉舒缓的心意;君子舒缓意缘到连小人都心服口服的程度;君子擒贼擒王,舒缓险难的心意。**解卦由小过变来,小过刚爻推移可以有往上和来下两个方向。往上变蹇卦,蹇卦是有利于去西南方向(众庶之地)**。早去才能真正帮人舒解险难,才会有贡献和功劳。解是改变形势和命运的时机,应当尽量抓住,得到合适的时机和时势,对于心意舒展和人生发展非常重要。

　　解,利西南。无所往,其来复吉。有攸往,夙吉。
　　《彖》曰:解,险以动,动而免乎险,解。解,利西南,往得众也。无所往,其来复吉,乃得中也。有攸往夙吉,往有功也。天地解而雷雨作,雷雨作而百果草木皆甲坼(chè)。解之时大矣哉!
　　《象》曰:雷雨作,解。君子以赦过宥(yòu)罪。

【明译】
　　解卦象征舒缓宽松,有利于到西南方去,没有危险情况需要去解救的时候,回来做好原来的事情就吉祥。如果有地方出现了灾难,那就越早赶去解救越好,早行动才能吉祥。
　　《彖传》说:解卦象征解放舒松,下坎是险,上震是动,因为有险难而行动,在行动中脱离险难(行动才可以脱离险难,至少缓解险难的程度)这就是解卦。解卦有利于到西南方去,因为前往可以得到群众。没有危险情况需要去解救的时候,回来做好原来的事情就吉祥,是因为可以得到中位(**解卦从小过变来,**

刚爻没有往上推移,这是无所前往;而是返回向下而来,进入下卦中位,所以返回来吉祥,因为得到中位)。如果有地方出现了灾难,那就越早赶去救越好,早行动才能吉祥,也因为早去才能真正帮人舒解险难,才会有贡献和功劳。天地舒缓解冻才会发生雷雨(上卦震雷,下卦坎雨,春天雷雨兴作之象)。雷雨兴起,百果草木的种子就会破壳萌芽,破土生出。解卦的代表舒缓宽松的时势之时机化意义实在太重大了!

《象传》说:上卦震为雷,下卦坎为雨,雷雨兴作的卦就是解卦。君子看到雷雨交加、严寒消解、万物复苏的现象,就要赦免过错、解放宽恕有罪之人。

【明变】

解是舒缓解松之义。**解卦由临卦经小过变来,即小过九三与六二换位变解**。卦辞认为有利于到西南方去,如果有地方出现了灾难,那就越早赶去解救越好,早行动才能吉祥。小过刚爻九四向上推移到五位变蹇卦,蹇卦也是去西南方有利,但要前往行动,就应该越早行动越好。小过的另一个刚爻九三向下推移到二位变解卦,爻向下推移称来,也称复,没有危险情况需要去解救的时候,回来做好原来的事情就吉祥。

【明解】

春雷响了,雷雨交加,大地苏醒,万物复苏,这时候要及时出门做事,有所行动,危险就会减小,这就是适时而解:天"解"为"雷雨",地"解"为"甲坼",人"解"为"赦过宥罪"。"解"是把蹇难"化解""解散"而使之"解体",运用的是生机"解放"。万物解放的状态下,连罪犯也要松绑。

解卦象征时势宽松,在季节和气候上对应雷雨交加、严寒消解、万物复苏的自然现象,在人事上对应可以赦免过错、解放宽恕有罪之人的宽松历史时期。

【明意】

意念之动如电闪雷鸣,意念的缘生形态在心动与意动的瞬间存在。在有危险出现之时,要在运动中才能有解难的可能。缘生形态依赖外缘而在,解是缘生而舒缓的状态,因有外缘,让人的意向得以进入另一个时间和空间。在另一个新缘构成的"意—时"与"意—间"之中,意念原来艰困的时空可以得到舒缓,是因为新的外缘构筑舒缓的因缘结构。

危险巨大,如何解脱,意念如雷降雨舒缓出来。面对危险困难的局面,不动不可能化解。在危难之际,意缘的转换有一个黄金时间,但首先通过自救才能转换意缘的存在状态。

初六:无咎。

《象》曰:刚柔之际,义无咎也。

【明译】

初六:没有什么咎害。

《象传》说:初六在刚柔交接之际,柔顺地承接九二刚爻,按道理讲不应该有什么咎害。

【明变】

解卦从小过卦变来,小过刚爻九三下来二位,分开刚爻和柔爻,初六以柔承刚,又有九四正应,所以虽然自己能力有限,比较柔弱,但从一开始就全力配合帮助九二九四阳爻脱困解难,符合解卦的大势,所以本来就应该没有问题。

【明解】

义:自然,按道理说,从道义上说,即"宜",应该。初六在坎(险)之中,上有震(动),是因为在险难(坎)之中而动(震),力求解脱,离开险境之象。初六跟九四相应,有利于脱险,所以没有问题,不过身在坎(险)之中,危险并未远离,只是按道理说应该没有什么问题,也就是不会有什么祸害而已。

【明意】

初爻所在情境本身即解困脱难之时,但阴爻意识到自己的力量有限,知道必须要配合阳爻阳意才能发挥自己的力量,才能够脱困。柔代表阴意,阴意承阳意,比较舒缓,阴意与阳意相应,是缘分相合而阴顺阳。初爻能够以顺承阳意的状态来面对险难,所以一开始就应该没有什么问题。这是对初爻阴意发动状态的领会和判断,换言之,相信阴爻之意能够以这种态度去面对解困的形势,就应该问题不大。

无咎既可以是状态判断,也可以是目标判断,力求无咎,不一定无咎。

九二:田获三狐,得黄矢,贞吉。

《象》曰:九二贞吉,得中道也。

【明译】

九二:打猎的时候捕获三只狐狸,得到金黄色的箭矢,守持正道,可以吉祥。

《象传》说:九二守持正道,可以吉祥,因为在下卦中位,上应六五,做事遵从中正之道。

【明变】

九二在卦变中从小过三位来到下卦中位,下卦变坎,坤卦三阴,如田无禽,坎是坤得乾中爻,故九二有下到田里狩猎之象,下卦三爻为九二所得,因此打猎的时候捕获三只狐狸。九二推移变出互离(矢)坎(弓),因此得到金黄色的箭矢。也说坎为狐,黄取自坤象。

【明解】

田:二位为田地,或取坤象。获:捕获;一说消灭,降服。狐:取坎象(见未济卦)。黄:坤土之色。原下为艮土,也为黄色。矢:互离之象。时隐时现的多种祸患,需要坚贞的德性、敏锐的目光、适中的位置、适宜的条件和锐利的武器才能彻底根除。而在这过程中,如何切合"中道"才是关键。而"修行"如田猎,需要把狐媚疑虑一一去除。

【明意】

六二是个像狙击手一样高明的猎手,能够解除小人之难,去小人之缘。狐代表小人,此爻有除恶人之意,近于清理人事的环境,让正面的阳意得到护持,而反面的阴意被排斥。保持意念发动的缘生形态,需要对周围的阴阳之意有直接的洞察,并能够扶阳意抑阴意。阴意与阳意相交合于本心之意境。复其本心(通天)即使无过,也是心通天之无过。

六三:负且乘,致寇至,贞吝。

《象》曰:负且乘,亦可丑也。自我致戎,又谁咎也?

【明译】

六三:身子坐在大车上,背上却还背着贵重的财物,这样就会招盗寇来抢劫,如果还坐着不动,就一定要有危难。

《象传》说:坐在车上仍旧把东西背在背上,不放下来,可见他没坐过车,形象太丑陋了,一看就不像个好人。所以是自己招致寇盗来抢劫,哪能怨别人呢?

【明变】

六三原在小过下卦艮(背)里,背上是九三,在卦变中与九二换位,变解后从二位升到三位,乘凌在九二之上,下卦成坎(多眚舆),所以是身子坐在大车上,背上却还背着贵重的财物。换言之,六三是自己推移,使得下卦成坎(寇盗),所以说是六三自己招惹寇盗来抢劫。

【明解】

寇:取坎象。戎:兵戎之戕害。咎:怨。身子坐在大车上,背上却还背着贵重的财物,一看就不像是经济条件比较好的正人君子,而像一个刚刚抢劫完还在逃命的强盗,跟他坐车的身份很不相配,连其他强盗看到了都觉得应该来抢劫,所以说六三是自己招来强盗,不能怪别人,象征自己做得不好,还不知悔改,当然会麻烦不断。

六三即使正固不动,努力守住三位也会有危难,因为六三以柔居刚,位不正,下乘凌九二,是以柔乘刚,于理难通,不正不顺,要避免危险也难。

【明意】

"寇"其实更适合理解为心寇,因为盗贼首先是心贼。六三心不正,才做得不好,心里有贼,当然天下有贼。可是要自己解开心魔,谈何容易,因为外在的执着都是心魔,要自己能够一念放下,自己负得太多不合适,就会有不好的结果。一个人的意缘有身缘,有位缘,有状态之缘,即一个人做事情不符合其身位,则有可能招惹不好的缘分,所以内心的意缘不正,则外在的感应就不可能正当平顺。

六三非常典型,其意缘的内外状态皆不顺当,都不合适。内缘即以柔意乘于刚强之位,无法驾驭,必然失控。外缘即自己推移不当,致使身陷危境,盗寇自来,无法制服自己的心魔,则意念出偏,难以回复正轨。

九四:解而拇,朋至斯孚。

《象》曰:解而拇,未当位也。

【明译】

九四:像舒解自己脚拇趾的隐患那样摆脱小人的纠缠,然后朋友们就能诚心前来相助。

《象传》说:像舒解自己脚拇趾的隐患那样摆脱小人的纠缠,因为九四所处的位置不适当(刚爻居柔位)。

【明变】

九四在小过卦变解卦时守住四位没动,它本来可以上往,但却没有动。

卦由小过卦变来,中孚卦两个柔爻孚于四个刚爻,小过是中孚的变卦,两个刚爻孚于四个柔爻,所以小过也有孚象,所以说这样才能彼此理解。朋友来了这种孚信就可以表现出来,自己的真心实意才能得到理解。

【明解】

　　而：你。一说虚指。拇：脚拇趾。斯：指示代词，相当于这样才能。从卦变中看，上一卦蹇卦是小过九四升进到五位，蹇九五爻辞"大蹇朋来"，象辞说九五"当位贞吉""往得中也"。可是解卦九四没有上往，卦辞说它"无所往"，象辞说它如果像蹇卦那样上往就会"往得众""往有功"。

　　九四处在上卦震（足、拇）之初，震卦好动，有刚从脚下拇趾开始缓解之意，取义像舒解自己脚拇趾的隐患那样摆脱小人的纠缠。九四如果上到九五，就会像"大蹇"九五一样"朋来"，所以有朋友来聚之意。

　　九四有点舍小家、摆脱小人才有朋友之意，可是不当位，朋友还不多。

【明意】

　　没有朋友则自己的意缘无法得到应合。九四被六三牵绕，九四本可缓解，但被六三扰乱，变得一筹莫展，到底还是九四心中有贼，不能去除外缘。要想帮助他人，必须先解决自己心意的问题，也就是要消除外缘困扰。要去掉外缘在心意之境上的困扰，首先要自净其意，净缘以应世，方才不失进退的分寸。

　　要摆脱小人，先要舒缓自己的意境，也就是必须先去除自己心缘的麻烦，才能解难。解的本质是心缘之解，不被外缘所束，意念行于正道。

　　面临险难之时，从脚拇趾所象征的各部基础开始纾解困境，是抓住了改换意缘的根本。《大学》"物有本末"，"事有终始"，明白事情困难的来源和解困的根本，是从意念相关的根本之缘入手改变事情的发展状态。

　　六五：君子维有解，吉，有孚于小人。
　　《象》曰：君子有解，小人退也。

【明译】

　　六五：君子只有舒缓解难，才能吉祥，只有让小人心服口服，才算真正解脱险难。

　　《象传》说：君子只有舒缓解难，这样小人（六五）才会愿意把尊位让给九四，主动退出去。

【明变】

　　按《象传》的意思，九四应该升进到五位才当位，六五应该下降到四位才当位，可实际上卦变中两爻都没有动，所以才变成解卦。

【明解】

　　有：词头，有庙即宗庙，有字可虚化。维：只、仅，表条件。九四刚爻为君子,六五柔爻为小人。对九四君子来说,没有上往五位逼退六五,只是让它变成解卦,所以说君子只是舒缓解难,由于是君子来缓解,当然吉祥。九四有孚信于六五,所以是让小人心服口服,是君子有诚信,连小人都能信得过。因为两者有比邻的关系,阴阳互喜,所以甘心退去。

【明意】

君子的诚信连小人都相信了,君子舒缓意缘到连小人都心服口服的地步。君子能够舒缓险难,是因为有能力驱除小人。

君子之意境能够融化感动小人之意。君子的意缘能够感动小人。上六用射掉坏人之头目的方式,君子舒缓情境,化解了紧张的情势。此爻小人被君子之道感动而解,小人取得尊位之后要顺守,以君子之道行事。

上六:公用射隼(sǔn)于高墉之上,获之,无不利。

《象》曰:公用射隼,以解悖也。

【明译】

上六:王公用箭射下栖落在高墙之上凶恶的鹰鹞,一举把它擒获,这样做是无所不利的。

《象传》说:王公用箭一举射杀恶隼,这是不得已为民除害,只有这样才能彻底消灭作乱的小人,舒解悖逆者造成的祸乱。

【明变】

小过卦变解卦,小过有飞鸟之象,下有互巽,好像隼在高墉之上。变为解卦,出现了上震(公)和下坎(险)互离(弓箭),所以说王公用箭射下栖落在高墙之上凶恶的鹰鹞,一举把它擒获,等于擒贼擒王,无所不利,可以一举灭除小人之患。

【明解】

公:王公,诸侯,取震象。射:坎弓离矢为射箭之象。隼:一种猛禽,俗称鹞鹞。**取象是卦变前的小过(大鸟之象)**。高:上位位高。墉:巽为城墙,取小过二三四互巽。悖:悖乱,祸乱,背理到极点的情势和境遇。

此爻难解,从王弼开始,到黄寿祺、马恒君都认为"王公射下高墙上的鹰鹞",或"在高墙上射鹰",是为了解除悖乱(背理昏乱的局面)。其实解卦是蹇卦倒过来。如果蹇是见险知止,那么解是遇险而离。上六在远处,远观九四心动远行,六五来解之势的变化,看到内坎(险)形成,对局势变化了然于胸,于是出手把形成危难的关键因素解决掉。这是一种射杀小人的象征,只有把作恶的小人直接杀掉,才能解除困局,这时,小人就不应该高飞在苍天,而应该栖落在城墙上,这是一种象征性的指代,把罪恶的头目一举射杀。

【明意】

　　解是面对危难之情境,擒贼擒王,除去外患,根除小人之乱,但也可以是心解,即解心意之困,有阳明破心中贼之意。如果心意中有小人当道,就要自己射掉他,自困自解,心物合一。《周易》的心物一体之旨体现在《周易》的意境皆是外境加心境,最高境界是用百步穿杨的箭法把自己的心隼解决掉,一举杀敌,彻底锄奸。意缘都是群体性的,除灭一点即可能改变全体。这种擒贼擒王的改变意境之方约近于明夷九三爻。

　　如果从修心的角度来说,可以理解为修行者心中都有出头妄想之鸟,有人留之欣赏,就容易祸福相随,有人用心射之,才能飞行自在,所以要射掉心中之隼。如果从上六无情系恋的角度来看,确实更能客观地处理问题,从另一个角度来说,则是上六应该绝无情系,面对险难,要排除情绪干扰,冷静果断,修出心如止水的意境,才能百步穿杨,以解心头之患祸。确实,每个人心头之患必须要自己射、自己解,大家都要用好箭法把自己的心隼解决掉。如果人人都能反求诸己,这世界就会真的美好。这跟"尽心知性知天"一致,如果能射心隼,就有可能弯弓射天上人间的大雕。

四十一 ䷨ 山泽损(兑下艮上)

外物以及用以表达意念之分寸的言语与符号,都是意念的附着物,这些附着物往往成为扩大和增进意量的负担,故减损意念附着的外物,常常有助于增益和扩大意量。损卦是艮(量)宫三世卦,立"意—量"论第四。损卦六爻都指引我们如何获益,明白了生命损益之理,能够损去有害于生命者则吉,认识自己需要通过认识天道,才可以知道损中有益,其实减损也可以增益。这种减损与增益的过程都要以诚信为本,方可得生命正道。如果能够损去对生命有害无益之事,即会有益,换言之,减少欲望,就是在避损行益。

意量的核心是生生之诚,即宇宙与心之本体融通的生生之诚。如果通过减损意念的附着物,可以彰显和增益生生之诚,那么还是值得的。意之体通天需要体悟而得,用的必然是减损的功夫。而增益习染之心,无助于回复心体与万物本然一体,生生不息。故减损习心有助于明了意之诚体。忿欲的具体事件作为外缘,都限制人的意量,一念放下忿欲之物事,即一念减损意念被外物止息的可能性,而增加了意念与生生之几相融通的可能性,也就能扩大意量的生机。

生存的意志让生命有意义,或者因为有生存意志,以及生存下去的实际事实,所以人们努力赋予生命以意义。很多时候,人有生存的意志但无力生存下去,如病入膏肓的人、身体极度虚弱的人、死刑犯等;这时,生存的意义立即从无限变成有限。意量的涵纳与收敛是一个减损的过程,减损物欲与诸遮蔽心智之物,将有助于涵养生生之意,也就是修德要减少自己的缺点,要学会减损不必要的心意负担,以专注于生机之本。天道生生不息,但应适时减损;人道尊奉天道,要损中求益。其实每一卦每一爻都在求生生,因为生生之谓易,易以生生为本体,意之生为世界存在之根本,是意之生使得世界实存而生成。

损:有孚,元吉,无咎。可贞。利有攸往。曷(hé)之用?二簋可用享。

《彖》曰:损,损下益上,其道上行。损而有孚,元吉,无咎,可贞。

利有攸往。曷之用？二簋可用享。二簋应有时。损刚益柔有时,损益盈虚,与时偕行。

《象》曰:山下有泽,损。君子以惩忿窒欲。

【明译】

损卦象征减损衰退,心中保持诚信,就能大吉大利,没有过错,可以守持正道,有利于前往做事。减损衰退之道在人伦日用之间如何体现出来呢？用两簋淡薄的食物来祭祀就足够表达内心的诚敬了。

《彖传》说:**损卦从泰卦变来,在卦变中泰卦初九上升到最上位,减损下面的刚实,增益上面的柔虚,阳爻的运行之道是往上走。**即使在减损衰退的过程之中,心中仍然充满诚信,所以能够大吉大利,没有过错,可以守持正道,有利于前往做事。减损衰退之道在人伦日用之间如何体现出来呢？用两簋淡薄的食物来祭祀就足够表达内心的诚敬了。用两簋淡薄的食物来祭祀要合于时令,减损阳刚来增益阴柔也要讲究合适的时机:事物的减损、增益、盈满、亏虚都在时间之中,随着时间流变,通过不同的时机体现出来。

《象传》说:上卦艮为山,下卦兑为泽,山下有泽就是损卦,山中的泽水不断下流,淘空山体,可能导致山崩地坼,泽在减损衰退、越来越深的同时,水面不断下降,显得山越来越高。君子看到这样的卦象要抑制忿怒,窒塞邪欲。

【明变】

泰卦变损卦,泰卦初九升到上坤之上,损下卦之刚实,增益上卦的柔虚。

【明解】

曷:何。而:如果。时:四季。与时偕行:事物流变都在时间之中,这是古人对于存在事物与时间之关系的时机化领会。

卦名损的基本含义是减损的意思。减损既可造成损失,又会造成衰退。所以《序卦》把损讲成损失,《杂卦》把损讲成衰退。通过减损而顺应生生之道是损卦的核心。"二簋"本应该是减损成为简单祭祀,可诚信反而增益了,意即如果欲望减少了,生生之诚信自然增加。

减损下来的食物虽然简单,但只要心诚,一样足以祭祀天地祖先。这跟论语孔子主张祭祀最重要的是情感真诚相一致。《论语·八佾》:"祭如在,祭神如神在。子曰:'吾不与祭,如不祭。'"孔子祭祀祖先的时候,(他的心意真诚纯净,)就好像祖先真在自己面前,祭祀神灵的时候,就好像神灵真在自己面前。孔子说:"我如果没有亲自参加祭祀,(就算别人已经举行祭祀了,可是对我来说,)那就跟没有举行祭祀一样。"二至上爻组成正反震(祭器),正震和反震是摆在对称位置上的一对祭器，"二簋"相当于两盘祭品，是非常简单的祭祀，但祭祀主要看主祭人的诚意，祭品的丰俭并不重要，所以说减损出这么简单的食物能有什么用？东西虽然不多，但只要有诚心，照样可以用来祭祀天地祖先。

象辞认为，君子要不断减损低级趣味的邪念，使之少了再少，好比大泽的水面一样，低了再低；同时保持意念处于高尚的状态，不断提升自己的道德品行，使之像山一样，高了再高。

【明意】

人生的生机看似无限，其实有限。首先人存在于一个有限的时空之中，人的时空跨度无论多长都是有限的。其次人的意识虽似有无限的生机，但随时可能因为身体不适、病痛等，只能将意识境域集中在有限的状态中，甚至以求生为本。因为没有生机则存在都免谈，减损外物是为了生机的存续，是为了对世界的再认识得以可能。很多人经历生命的减损过程，如大病一场之后，往往对于生机的涵养有深刻的体会，因为生机是存在之本，活生生的意量是生命和世界存续的前提。

卦有从山上看大泽之象，人见风景如画，自然减损怒气和嗜欲，得天地生生之气。还有说兑下艮上，好像少男少女之间的爱意充满生生之机，顺天地之爱而无欲则刚，如果私人的爱，能够由万物一体之感，爱自己并推致于天地自然之意境，则损心意至极致，反而能够悟得心意通天之意境。

意念本来与万物一体，而其一体的生生之几，即所谓诚体之仁。生机是洋溢发动之势，这种势的意念非常微妙，如果心头有事，被其他任何事占据，则其生生之几无法彰显出来，故意念于一时之倾向，能一念减损外物的干扰，则于生机之发，多体悟一分，心即切近生生之仁几一分，所谓"惩忿窒欲"皆是一念之间作功夫，即一念之间去忿除欲，则心与万物融通的生发之几可能彰显出来。

初九：已事遄(chuán)往，无咎。酌损之。

《象》曰：已事遄往，尚合志也。

【明译】

初九：已经具备损下益上的条件，就要迅速前往，这样才没有过失。这说明可以酌情减损自己的阳刚之质。

《象传》说：已经具备损下益上的条件，就要迅速前往，是向上跟六四心志相合。

【明变】

　　损卦的卦变是泰卦初九上升到全卦顶端，完成卦变之后，泰卦九二被推下降成为损卦初九。

【明解】

　　已：已经，一说祭祀之祀。遄：快速，急速。尚：同"上"。初九虽然还具备减损的条件，也暗示了可以继续减损，但需要注意分寸。虽然可以酌情减损自己的阳刚之质，但不应该损减太过。因为泰卦下面三个刚爻已经减去一个，初九在损卦又得急速损减，这样就可能损减太过。爻辞提醒初九要酌情，适可而止，不应该奋不顾身。初九一开始奋不顾身地去上应六四，有被损的大势所驱迫，也有自己好像欠六四的情债一般毫不犹豫。

　　象辞说初九跟六四应合，初九最后要上升。因为初九与六四心意相通，初九在损的大势里面，肯定要损己利人，即使六四心里非常盼望初九放下手里的事情，尽快过来，但初九不应该把自己损得元气大伤。

【明意】

　　当一念反思之时，意识到与意共生的负累太多，并决心减损意念的附属物的时候，就当决意为之，努力减损意念的附属之物，从而让生生的诚意得以彰显出来。当生命的涵养出现危机，要迅速减损外在不必要的累赘，以期存续生机之本。

　　与六四的结合说明，生机的存续最为重要的是心意相通。在危险的状态中，人要找寻相通的心意来延续意量。对权力、金钱和爱情等身外之物的追求，都要损己，所以即使双方心志相通，也要酌情，而不可以奋不顾身，也就是说，减损之时也要量力而行。即使不得不损的情况下，也不可盲目行事，或受外在的驱迫，觉得无可选择，不可因自己内在急迫而丧失分寸。

　　九二：利贞。征凶，弗损益之。

　　《象》曰：九二利贞，中以为志也。

【明译】

　　九二：利于持守正道，盲目征进会有凶险，既不过分减损自身，也不去增益上边。

　　《象传》说：九二利于持守正道，是居于中位，谨守本分，以居于中位，持守中道作为自己的心意志向。

【明变】

在减损的大势当中,卦变时自动退下,属于不损不益的状态,所以当解为"不损不益",爻辞和象辞才融贯一致。

【明解】

在损卦大局里,上九已损下益上,初九是酌量损减,九二如继续损减下去,必然损减太过。还好九二在下卦中位,正应六五在上卦中位,双方都能行中道,守中道就无过无不及,在损下益上的局势中能适量合度,所以利于持守正道。知道盲目征进会有凶险,既不过分减损自身,也不去增益上边,九二不能再继续损下益上,而要正固不动,否则向上征进超过限度就不好了,应该不损下也不益上。

"弗损益之"有解为"不用减损就能获得增益""不减损自己而增益别人""不用自我减损就可以施益于上""不要过分减损自身,这样才能真正帮助他人"等。爻辞"利贞"结合象辞"中以为志也"说明九二应该持守中道不损不益才是,而理解为不减损就能增益上边,从逻辑和卦象上讲都有问题。而且九二在中位,上应六五也在中位,既能以持守中道作为自己的心意志向,又是得到六五肯定之象。

如果不以象辞为本,爻辞几乎可以随意断句,通假,做任意解释,此爻是以传解经的典型,说明传统《易传》的解释有其内在合理性。

【明意】

在生命之机受到威胁的减损处境中,过分征进即过分地减损自己,于己于人皆不安全,所以既不可过度减损自身,也不必要去增益上边,而要减损适度才能益生。

用减损意念所附物的方式来增进生生不息的意量要符合中道,不宜纯粹专注生意之发,那样可能对意境之中意所附物减损太过。关键时刻必须持守中道以存续生机之中。

在减损的大势中,既然已经减损到了一定程度,还要继续,那么减损要量力而行,做力所能及的、应该做的减损之事,但不宜过度。

六三:三人行则损一人,一人行则得其友。

《象》曰:一人行,三则疑也。

【明译】

六三:三个人一起前行会损失一个人,一个人单独前行则会得到朋友。

《象传》说:一个人单独前行可以得到朋友,而三个人一起前行难免相互猜疑。

【明变】

损卦从泰卦变来,最下方的阳爻上升到最上方,下面三个阳爻失去一个,到最上方,得到上卦的两个阴爻为友。六三从泰三个阴爻里退下一位,三个阴爻失去一个,下来得到下卦两个阳爻为友。象传继续解释说,一个人独行可以得到两个异性朋友,而三个同性一起前行就会相互猜疑,导致其中一个离开。

此爻如果不是从卦变上来理解,意思就不太清楚。

【明解】

友:异性(爻)为友(同性[爻]为朋)。

《系辞下》引爻辞这句话,说是"言致一也",也就是天地之间异性相感而趋同一致的趋势不可改变。因为双方关系当中,如果加入第三者,则其同一性就会被破坏。阴阳和合为《周易》本旨,如果阴阳致一的同一性被破坏,就会对第三者起疑心。

【明意】

友人造就自己的意量,自己意量的增减与友人的意性有关,看是否吸引看意性的相吸或相斥。得友增益自己的意量,如果怀疑同伴,就易于减损自己的意量,故疏远。

在减损的大格局中,要搜寻心意相近者的支持,与跟自己心意相通的友人沟通,能够唤起自己心意之生机。如果与二人共处一个减损的格局当中,只有抓住最有利于自己生机的对象,所以另一个也可能被减损。这是因为阴阳相吸而致一,如男女相吸,阴意与阳意结合方能有意丹生成,如果阴意过度,或阳意过度,都要减损,重新达到平衡。

六四:损其疾,使遄有喜,无咎。

《象》曰:损其疾,亦可喜也。

【明译】

六四:减损自己的疾病,使得自己很快就欢欣喜悦,当然没有什么过错。

《象传》说:减损自己的疾病,这件事本身就可喜可贺。

【明变】

　　从象上说,六四在互震(疾病)中,卦变推移时,三个柔爻下面的一个下来成为下卦的一个柔爻,所以说是减损自己的疾病。

【明解】

　　疾:疾病,取震象。疾的讲法很多,有"疾病""思恋初九的疾患""缺陷"等说法。从象辞来说,减损他的疾病有喜,可通。柔爻下来进入下兑(喜悦)中称喜。因为下来立即喜悦,所以使得自己很快就欢欣喜悦。

　　象辞是说减损疾病这件事本身就是可喜可贺的事情,不要等到进入兑卦才喜悦,有心力期待自己进入喜悦的状态本身就是一件令人喜悦的事。

【明意】

　　疾病是生机减损的一种大处境。"疾"病可以是物欲,即对外物和使自己心意物化倾向的执念,而不仅是被迫应对疾病的处境。而减损疾病就意味着生机的复苏,虽然于生机没有明确的提振,但减损疾病本身就是件好事。

　　身体是意念之本,意念发动的原点在身体,身体有疾,意念就有所附着,就很难让心意通天,所以要减损疾病,以便可以把自己的意量从固化的病痛中解脱出来,让意识在与世界联通的生意中焕发。病都是身心一体的,心身交关的。通过损去疾病能够给双方带来喜乐,当然是向好的方向转化。

　　有心力期待自己进入喜悦的状态本身就是一件喜悦的事。从不得不把意念专注于具体物化之物的处境之中解脱出来,即是一种成功。要能控制欲望,也就是减损欲望,才有利于摆脱困境。因控制欲望即便是减少意欲被物化的可能性,而给予心意的生机以成长的空间。

　　六五:或益之十朋之龟,弗克违,元吉。

　　《象》曰:六五元吉,自上佑也。

【明译】

　　六五:有人送来价值"十朋"的大宝龟,并不违背自己的心意,不必推辞,大吉大利。

　　《象传》说:六五大吉大利,因为上天佑助。

【明变】

　　龟象来自九二到上九的大离卦,是阳爻到泰卦最上方之后变出的,就在六五的上方,所以对六五来说,是从天而降的大龟,好像是受到老天保佑送来的礼物一般，中间互坤为数十，六五在互坤当中，所以是十朋宝龟，合起来就是价值十朋的大宝龟。因为占卜结果并不违背自己的心意，所以不可以推辞违拗，应该接受。上九从下面的乾卦最下方升上来的，所以犹若带着天命，到最上方从天而降。这一爻如果不从卦变上理解，爻辞的取象前人基本都没有讲清楚。

【明解】

"十朋"是价值珍贵。古人以龟占卜，十朋之龟是国宝级灵龟。违：古代称占卜结果合乎心愿为从，占卜结果不合心愿为违。大宝龟是国宝，古时与占卜有关，所以是占卜结果合乎自己的心意，大吉大利，如同得到上天的保佑，是非常幸运吉利之象。

【明意】

意量通天，在爻的推荡之中，六五的意量被扩展至极致，其状态好像受天之佑助。心意本来自然通天，但只有在某些特定的时刻，如此爻因上爻之从天而降而意境大变，仿佛心意与天相通的机缘被天意显示出来，得到意想不到的吉利的征象。人的心意本来通天，所以当天显吉象，没有必要违背，顺而受之即可，因顺天受礼，乘势而行本身就是一种心意通天的智慧。可见损益之道在互推互动的过程之中相辅相成。

上九：弗损，益之，无咎。贞吉。利有攸往，得臣无家。
《象》曰：弗损，益之，大得志也。

【明译】

上九：没有受到减损，反而得到增益，当然没有过错。持守正道可获吉祥。利于有所前往，得到广大臣民的拥护，就不必在乎自己的小家了。

《象传》说：没有受到减损，反而得到增益，是因为上九的心意志向完全得到了实化。

【明变】

上九从泰卦的内卦（为家）推移出来，升到上位，下有三个阴爻（坤臣），所以是离开家得到了很多国臣之象。

如果不讲卦变，上九如何"得臣"，为什么"无家"，前人很少讲清楚的。

【明解】

得臣无家：大夫升为诸侯，成为一国之君，而不再有小家。"无家"是失去大夫的采邑，大夫以采邑为家。上九没有得到减损，反而得到一个国家，当然增益很多，心志完全得到实化，功成名就。

【明意】

损的哲学告诉人们，人的意量融贯天下，但往往是通过减损伤害生命生机的物欲来做到的。心智能够通达天道的人，心念所发皆与天道相通，并能自觉此点，而不会遮蔽心意与天齐同的本然状态。心意的生机完全融贯通于天下的状态，就是智量通天的状态，即所谓"得志"的状态。

心意通于天的处境，现实表现是得到臣民的支持，而可以舍弃自己的小家。意量扩展至于天下，得到广大的臣民，即心意实化为人民拥戴，此时自己的小家就不那么重要了。专注即是心意自损的过程，自损到极点，心意可以有融通于天地的融贯状态出来。心意专注可以扩大意量，但专注意量每分每秒的功夫都是减损不必要的可能物化自己意向的冲动。

四十二 ䷩ 风雷益(震下巽上)

几微之际改变意识状态的魄力展示出的制心艺术是意念存续的机括。在意识发动的瞬间,反省而明白哪些是纯粹的欲望,哪些是合理的成分,在意念缘发的极微之处改变自己的意境。益卦为巽(识)宫三世卦,立"意—识"论第四。意识的增益也有这个问题,在意识中增加什么,其实就要以减少什么作为条件,当下的意识境遇所要的非常有限。

益是增益之意。《杂卦》说益是开始旺盛,因为增益就会渐趋兴旺。按照象辞的说法,益卦从否卦变来,即否上九旋转到最下位变益卦。益卦象征与春夏相对应的生产和成长,而损卦象征与秋冬相对应的生气减弱、节制欲望等。益有利益和公益之意。利益首先是君子之修身得益,增益内在的德性。公益是对天下之民皆利。

益,利有攸往。利涉大川。

《彖》曰:益,损上益下,民说无疆。自上下下,其道大光。利有攸往,中正有庆。利涉大川,木道乃行。益动而巽,日进无疆。天施地生,其益无方。凡益之道,与时偕行。

《象》曰:风雷,益。君子以见善则迁,有过则改。

【明译】

益卦象征增益,利于有所前往,利于涉越大河。

《彖传》说:益卦,减损上面的来增益下面的(**初九从否卦最上方来到益卦最下方**),百姓欢欣喜悦无可限量。从上面降下到下面,其心意之道正大光明。有利于前往,是九五中正而有喜庆。有利于涉越大河,是因为木船能够渡河通畅。益卦下面震动(震),上面随顺(巽),日复一日前进没有止境。上天施予阳光雨露,大地生养万物一视同仁,天地生养增益万物没有固定的方式。大凡事物当要增益时所体现的道理,都随时间一起流变,按照一定时机化的方式展现出来。

《象传》说：上卦巽为风，下卦震为雷，雷风呼应，相得益彰，这就是益卦，君子从中得到启示，见到善美的行为就要心向往之，择善而从，有错迅速就改。

【明变】

否卦变益卦，上九下到坤下，减损上面的刚实，增益下面的柔虚。

【明解】

下下：第一个"下"是动词，义为下来；第二个"下"是名词，义为下位。施：施予，一本作"旋"。无疆：互坤，坤地无疆。无方：不拘方式，没有固定的方式，等于用各种各样的方式。这样就会广大无限，无穷无尽。"有方"就受到限制。

上巽（木）下震（行），显示出用木作舟，宜于在水上行走，可以涉越大河之象。上巽（风顺）下震（动），是能乘顺风行动之象，不会遇到障碍，所以日复一日前进，前途无限广阔。益与损一样，都是天道运行的规律，要伴随时序的变化而运行。只要天道时序不变，损益规律就不会变。人要根据时势，当损则损，当益则益。

从象上看，风助雷势，雷助风威，风雷相得益彰。人与人之间要想相益就要互相学习对方的优点，克服自身缺点，从而能够互相不断地增益，提升意识能量的层级。

【明意】

象辞"损上益下"其实是减损上面，增益下面，也就是增益必以减损为前提，心意能量与客观能量之间也是等量交换的关系。想益必先损，天下没有只损不益，或者只益不损的事情，要损己才能获利。人控制自己的意识不易，而于一念之间通晓三千世界最难。生活的基础是经验，而且主要是自身的体验。进退的姿态主要来自对人生体验的理解和把握。意识的增益被常人理解为意识对象或者身外之物的增益，其实是方向性的错误，因为身外物的增益无助于意识境外的增益。

为何控制心意的力量要在心灵风雷激荡之后？因风雷激荡之间，即意识的运发之际，可以激发人产生经验性的自察，或者说以经验为基础的自省，帮助人们意识到增益意识能量的复杂程度。可见，心意参与风雷激荡而收获经验性的领悟之后，才能增益心对意识几微的自察力量。

初九：利用为大作，元吉，无咎。

《象》曰：元吉无咎，下不厚事也。

【明译】

初九:有利于大有作为,建功立业,一开始就大吉大利,没有过错。

《象传》说:大吉大利,没有过错,因为下民不需要付出太多来事奉统治者。

【明变】

初九从否卦的最上方来到益卦的最下方,损上益下,表示在上位的统治者让利于民,给予民众很大的优惠和利益,换言之,初九不需要承担很重的赋役和劳役,可以放手去做自己的事情,所以初九处于一个有利于大有作为、建功立业的好时候。下震代表出生、蕃鲜、稼穑和春天,象征万物生长的好时机,所以一开始就什么都好。

【明解】

大作:原指大规模耕作,扩展出去为大的兴作,如大工程、大项目等,总之是开发大事业之义。风雷激荡、天旋地生之时,正是大展身手的天赐良机。《正义》:"兴作大事。"厚:丰厚、多。事:事奉、交纳。厚事是厚劳,即沉重的劳役。

如果把象辞解释为"本来不能胜任大事,因为是益的时候才可以"则跟爻辞的意思不一致。

【明意】

风雷激荡之时,一开始就有利于做大的事情。初九从上来增益下边,自然不要下边付出太多,既能做大事,又不兴师动众,所以非常合适。卦变上下面得到增益,获得厚生的生机滋养,这种生机来自在上位者增益下面人民的意识,这样大家因为增益而能够多做一些原来不能做的大事情。人们领略到了领导者的生生之意,也得到增益的实惠,这是非常好的意识境遇。

六二:或益之十朋之龟,弗克违。永贞吉。王用享于帝,吉。

《象》曰:或益之,自外来也。

【明译】

六二:有人送来价值"十朋"的大宝龟,并不违背自己的心意,不必推辞,永久保持正道吉利。君王向天帝祭享,吉利。

《象传》说:有人送来大宝龟,说明六二的增益是从外面不招自来的。

【明变】

初九到九五象一个大的离卦(大龟),对六二来说,这个离卦是因为初九从否卦的外卦下来才能够形成的，所以是从外面不招自来的，大离中间有互坤（地、十、朋），所以"十朋"。而且初九还是从乾（天）下来到初位，取义是大宝龟从天而降，得到天帝的庇佑。

【明解】

"十"取坤象；"龟"取离象。

六二在下卦中位，位正，与上卦中位、正位的九五正应，所以有利于永久保持正道吉利。大离还可以看作正反相对的一组震卦（祭器），象征对称摆列的祭器簋，所以说君王向天帝祭享，是吉利的。

【明意】

一般的增益就已是外在的福分，这种天降的礼物代表福分不招自来，好像得到天帝的庇护和佑助一般。这种意识是人得到了外财而非常感动苍天的眷顾，觉得老天增益他外来的福分，让他可以去增益自己的所需，这种感天动地的情怀，是因为天的增益让自己的意识与天感通而增益。

心存感恩，保持一种宗教性的情怀，会有巨大的增益，一种对所遇都保持宗教性感恩之心的情怀，让心灵能够感悟和领略生命中无限的偶遇和美妙。

六三：益之用凶事，无咎。有孚，中行，告公用圭。

《象》曰：益用凶事，固有之也。

【明译】

六三：把所得的增益运用于拯凶救难、赈灾平险当中，没有过错。心怀诚信，行动中正平和，手持玉圭向王公禀报告急。

《象传》说：把所得的增益运用于拯凶救难、赈灾平险当中，这是本当如此的事情。

【明变】

凶：卦变中下卦坤地损失一爻进入上卦，田地受损，相当于有灾荒的凶事。

乾（玉）到下边成为震（诸侯），而且六三在互坤（土）互艮（土）中，所以有拿着玉圭到王公那里去告急汇报之象。

【明解】

"圭"取乾象，天子征召诸侯或派使者赈灾的（作为凭证的）玉器。固：本当，本来。六三在上下卦的交接之处，卦变中否卦的下坤失去一个柔爻进入上卦，相当于坤(地)有所损失，发生灾荒，全卦为益，所以用所得的益处来赈灾救荒。六三在中间行走。

【明意】

这是一种紧急和急促的意识状态，因为救灾是人命关天和刻不容缓的事情。在灾情紧急的关头，人民的需要就是天意，人心就是天心的意境之实化。人民处于生存的危机关头，需要领导的心意增益才能解脱困境，这时领导的增益之意以民心为天，以民意为本，这是本当如此的事情，也就是说，当民众蒙灾受损，领导就该发动主动增益的意识。

六四：中行，告公从，利用为依迁国。

《象》曰：告公从，以益志也。

【明译】

六四：以中正之意行乎中道，禀告王公自己有顺从之意，王公依从，就会有利于依附君王(九五)做出迁都这样的大事。

《象传》说：禀告王公(初九)自己有顺从之意，王公依从，这增益了六四的意志。

【明变】

六四在卦变中从三位推进到四位，都在卦的中位推移，是以中正之意行乎中道。

六四从下卦坤(顺)推进到上卦巽(随顺)当中，所以有顺从之心。坤为国邑，卦变中向上推移，依附于九五，所以是依附于国君迁都，或许试图依附于某强大友邦得到庇护。

此爻讲卦变对于"迁国"的理解较为直观，而不讲卦变，对"迁"的理解则难以落实。

【明解】

依：依附。迁国：迁移国都。王公为在下震(诸侯)中的初九，向王公告急，因为正应，王公依从。

象辞强调六四与初九正应，上下呼应，初九依从六四，增强了六四的意志。

【明意】

领导人心意中正，而且得到上天的礼物来增益自己的意志，其意识自然是做事要顺从天意。也可以理解为，得到最高领导的认可才能增益自己的意识，也要让大家放心,才可以做利己利人的事情。迁移国都是国之大事,是上下意量的整体性转移,或由于外在的巨大压力,或由于内部化解矛盾的需要,是意量转化与突破的关键状态,而转化意量的核心在于意志的集中与增益。

九五:有孚惠心,勿问,元吉。有孚,惠我德。

《象》曰:有孚惠心,勿问之矣。惠我德,大得志也。

【明译】

九五:真诚地怀着施惠于民的心意,不需占问就是非常吉利的,天下人都会真诚地感念我的恩德。

《象传》说:真诚地怀着施惠于民的心意,就不必再去占问了。天下人都会感念我的恩德,说明九五"损上益下"的心志得到完美的实化。

【明解】

惠:此字施受一体,前一"惠"字是施惠,后一"惠"字是怀惠。否变益是损上益下,九五在全卦尊位贵为天子,天子真诚地怀着施惠于民的心意,才能损上益下。九五在大离(宝龟)中,与占问有关,大离成形来自乾(天),代表天意,所以不需占问就非常吉利。九五下为互坤(臣民),有百姓拥戴之象,九五是受热爱的圣明天子,天下人都会真诚地感念我(九五)的恩德。可见,九五达到了心志通天的圣人之境。"孚"指九五与六二上下正应,代表百姓真心实意,"惠"说明百姓感激怀念九五的恩惠。

【明意】

九五德位相配,有能够真诚至极地增益天下人的意识,天下人也都会反馈并增益他的意识,故意识之增益才是真正的"惠"。怀惠于人才能得人之惠。九五心意通天,既能够施惠于民,又能最终施惠于己。九五之诚,是心意通天之至诚,足以感天动地,因其深得损益之道,主动减损自己,让利他人,自然得志四方,其心意实化之处,无须占问,自然合道,吉祥如意之所之。

上九:莫益之,或击之。立心勿恒,凶。

《象》曰:莫益之,偏辞也。或击之,自外来也。

【明译】

上九:没有人来增益他,反而有人来攻击他,不能坚定地持守人天之意,会有凶险。

《象传》说：没有人来增益他，对上九来说是通常的情况。反而有人来攻击他，因为阳爻从外卦下来，(不招自来而生成了危险的境遇)。

【明变】

卦变中否卦上九下到最下方，上九从五位被推到六位，离开了中位，没有人来增益上九，反而处于穷困的危地，随时可能被攻击。上九离开中位，位置变坏，心意没有定准，所以凶险。

否卦上九下来变成益卦初九，使得九五莫名其妙移动到了上九，上九在外卦待着不舒服，急着要下来，或者因为否卦的上九下来，导致由九五升上去的上九处于高亢之地，被暴露在危险境地，即使有公益之心也不能实化，所以感觉很不舒服。

【明解】

偏：普遍，为"徧(遍)"之讹。

可见，公益的发心实化出来也需要很多条件，有意增加点公共利益并不容易。即使君王做公益也需要先让人安身安心定交，否则公益也做不成，如《系辞下》：子曰："君子安其身而后动，易其心而后语，定其交而后求。君子修此三者，故全也。危以动，则民不与也；惧以语，则民不应也；无交而求，则民不与也；莫之与，则伤之者至矣。《易》曰：'莫益之，或击之，立心勿恒，凶。'"说明君王做事也要先让民众安心。

【明意】

益是一个人的意识要力求实化的状态，如果没有人来增益，就有可能有人来攻击。所以意识不稳定，就容易形成危险的形势。这样说来，意识时刻增益是一个应该追求的状态，因为如不能增益，就意味着减损和受伤，可见增益的意识境遇是应该追求的，意识状态要在增益中随时保持阴意与阳意的平衡。人的心意是一个阴阳平衡的过程，没有足够的支撑力，就有相应的伤害力出来。意识的生成与转换是一个系统工程，心意在其中只能够依境而生，顺势而为。这种形势的变化，有时不是自己招来的，是大势的变化转化了心意所在的境域。

《系辞下》指出，通过益卦可以体会古人在农业社会当中那种基本的土地和耕种意识，而整个人类文明都是从农业劳作的意识不断增益而生成的。益卦有巽(木)、震(木)、互艮(手)、坤(地)、下震(足、动)，有手持木器、脚踩入地表泥土之中、用犁耙耕耘松土之象。人类的意识系统从来不是遗世独立的，从一开始就充满泥土的气息和芬芳，对大地和泥土的意识增益着人们的日常生活,从有地气的意识不断升腾,建立礼仪和文明,从而升到天道的意识。人的意识境域接通了大自然的地道和天道,阴意与阳意,否则,大自然的道无所谓阴阳,无所谓天地,没有意识的参与,宇宙都永远静默着,没有一点生机。人的意识产生与外缘时刻关联,赋予天地自然以无限的生机,也让人参与宇宙的创化,与天地相参。在这个过程之中,人意识的阴意与阳意互动要始终保持平衡。一旦平衡打破,就进入"决"的意境,即阳意决去阴意的意境。

四十三 ䷪ 泽天夬(乾下兑上)

泽水在天上开决而下,有增益至极以致溢出,如泽水决口、冲天而下之象,显得勇猛刚决,阳刚力道十足,但又要有分寸,要"决而和",争取不战而胜之。夬卦阴爻有位,高居王位之上,象征小人高扬一时,经过带有决战意味的谈判,希望能够和谈喜悦,最后让小人知难而退。泽水下降,象征推恩施禄,降下恩泽与生机,百姓欢欣悦纳,感恩戴德。此时在上者不可自居恩德,犹如决战之后,小人欣悦退出,君子亦不可自恃恩威于人。

意念每时每刻都在选择当中,意念之动即藏祸患,故当慎终如始。夬卦说明,对于正义的推进要注意分寸,不可过度大张旗鼓,也不可不计后果。夬卦为坤(境)宫五世卦,立"意—境"论第六。在阳意占绝对优势的时候,就会有相应的正义问题。出于正义的考虑,主导的意念要在力保全身而退之余考虑伤害最小的方案与尺度。这涉及优势意念对于形势的理解与应对改变形势的策略,换言之,优势和劣势意念的出路在于合理地应对情境的思考状态。

从夬卦中看出,中国式的正义论只对弱者才有所谓正义,在善恶对决的过程当中,如果只有善而没有恶,就没有所谓的正义,可以说正义是面对恶之时善良意念的分寸。意念不可能脱离情境而自我实化,所以把控意念之境的分寸至为关键。

夬,扬于王庭,孚号有厉;告自邑,不利即戎,利有攸往。
《彖》曰:夬,决也,刚决柔也。健而说,决而和。扬于王庭,柔乘五刚也。孚号有厉,其危乃光也。告自邑,不利即戎,所尚乃穷也。利有攸往,刚长乃终也。
《象》曰:泽上于天,夬。君子以施禄及下,居德则忌。

【明译】

夬卦象征除恶决断,可以在君王朝廷之上公布张扬小人的罪恶予以制裁,并怀着诚信号令众人戒备危险。此时应该颁布政令于城邑上下,告知大家现在还不利于动用武力发兵作战,但有利于积极主动地做一些事情加以防备。

《彖传》说:夬是决断、决去的意思,是刚爻决去柔爻。下卦乾为刚健,上卦兑为悦,刚健而喜悦,刚健能断,果决而不失和悦,决绝斩断仍能协和众人。在君王朝廷之上公布张扬小人的罪恶予以制裁,指上六柔爻肆意凌驾于五刚之上,必须决去。怀着诚信号令众人戒备危险,说明让人们时刻处于危惧戒备之中才能够把除恶决断的形势发扬光大。此时应该颁布政令于城邑上下,告知大家现在还不利于动用武力发兵作战,是因为如果滥用武力,反而会使除恶决断之道马上走到穷途末路。但有利于积极主动地做一些事情加以防备,是让大家相信形势的发展,阳刚之力还在生长,最终一定能够彻底制服阴柔小人,只要积极应对准备就可以了(刚爻再上长一点就将完全克服阴爻)。

《象传》说:下卦乾为天,上卦兑为泽,泽水蒸发到了天上就是夬卦。君子看到天上的泽水一定要化为云雨施布到下民身上的卦象,要主动把利禄施布给人民,但不能认为这是自己给予别人恩赐,如果以有恩德于人自居,这是君子的大忌。

【明变】

夬卦从坤卦阴爻升长渐次变来,阴爻长到五爻,卦变为夬,之前的一卦是大壮,所以卦里多次提到"壮"。

【明解】

忌:禁忌,忌讳,一说忌恨。"夬"意味着决断、除去,引申为选择(抉)、即将结束(快)等。《杂卦》"刚决柔也。君子道长,小人道忧也"指夬卦下边五个刚爻(君子)上长,要把最上的柔爻决除出去,相当于君子之道喜得生长,小人之道忧愁退去。上六为主爻,乘驾并登于五个刚爻之上,也位在天子九五之上,所以可以看作君王在朝廷之上公布张扬小人的罪恶予以制裁。上六要被除去,当然会有危险。上卦兑(口)代表怀着诚信号令。坤(邑)快消退完了,所以可以颁布政令于城邑上下。阴阳消息盈虚的规律不可抗拒,柔爻即使退出去将来又可从下生出来,所以是不利于动用武力发兵作战的时候,但有利于积极主动地做一些事情加以防备。

主爻上六所在的上卦是兑(和悦),有既要决去又要和悦的意思,这是夬卦的特点。上六处在全卦最高位,太高自然有危险,如能居安思危,或能平安过渡。本卦五爻有五个男子大声呼号(兑)之象,提醒人们,小人(上六)非常危险,要时刻戒备,除恶务尽,才能达到真正的光大之境。犹如在占据绝对优势的前提下,大声发布(兑)公告,给对方(上六)以和谈(兑)的一线生机。上六到了穷极之处,象征位到终点,君子如果自居有恩德则应有禁忌,不能摆出一副有恩于人的救世主架子。处理必须决断的事情,太过刚健就很难令人喜悦,刚健决去就一定会伤感情,要既刚健又令人喜悦(兑),非常和气地除去小人,是一种难能可贵的艺术。小人虽然处于必然要被决去的位置,但还是显扬到了极点,好像被推崇备至,尤其似乎受到九五之尊崇尚,显得无尚光荣。"扬于王庭"一说阴爻即使在劣势形势下,仍高扬在上,不肯低头,有顽抗到底之象。

这种决去小人的心意与作为,说明意念有所聚集,就应该与人分享,不可专属,否则自居有德于人,就是乱了意念的尺度,毕竟君子和小人的意念都是在情境之中实化的,君子意念出偏,就会为小人所趁,化主动为被动。

【明意】

夬卦的形势引申出公正问题。阳意已经占据了绝对优势,所以在阳意占绝对优势的时候就有相应的正义问题。出于正义的考虑,在西方传统上,正义(justice)意味着公平和无偏私,在中国传统中,正义问题涉及善恶的对决和分配的合理。传统上,中国式分配正义不是通过体制决定的,而是以主事者或既得利益集体的心意分寸为主的,不同于西方以体制和制度为根本的解决。总言之,中国式正义在一念之间,在于强势群体对弱势者的关爱和分寸。统治者的一念跟百姓息息相关;被统治者的一念跟修身养性、等待时机有关。

除去小人的分寸感,以及社会分配的合理性,来自处分者对被处分者的小心和悦的应对。就占据优势的阳意来说,决定和决断、决战的尺度最难,惩恶扬善需要注意分寸,"以施禄及下,居德则忌"指出了张扬阳意的尺度。一方面阳意已经占据了绝对优势,另一方面,越是容易的事情,越需要小心把握分寸。

初九:壮于前趾,往不胜为咎。

《象》曰:不胜而往,咎也。

【明译】

初九:把刚壮的力道都使在前脚趾上了,难以胜任地贸然前进一定会有灾祸。

《象传》说:不能胜任,自不量力,凭一时之勇蛮冲硬闯,必然会闯祸。

【明变】

象辞意思是说,从复卦到夬卦,刚爻不停上长,初九也不停地往前冲,但由壮及老,前趾已不堪重负,再继续负重用力必将形成咎害,既然初九之趾已难以胜任,全卦却还要贸然前进,灾祸将不可避免。

夬初九与大壮初九都提及"趾",都在下乾里,而卦属于坤宫,取象相互接近,彼此暗合,象征性急鲁莽、头脑简单的好战分子,在已经非常强悍的时候,还不断把刚猛的力量用在脚趾上,那是必然会有凶险和灾祸的。本卦比大壮的阳意更加强盛,形势看起来似乎一片大好,此时容易被冲昏头脑,失去正确的判断,以为可以把力道或强权用在不该用的地方,结果反而闯祸。

【明解】

初爻为趾,从坤长出一位刚爻为复,初九在复卦下震(足)里,刚爻长到四位成大壮,有羊(阳)象,又上长一位成夬,趾为羊或人向前猛冲的最前端,所以从象上看五个刚爻齐发力,初九最为用力,有力主决战之象,好像把刚壮的力道都使在前脚趾上了,但这样是用力太过,但脚趾不胜蛮力,最后难以胜任,会有灾祸。

强调盲动冒进比较通顺,有如好战分子过分刚强而致一时之勇。其他解释如壮健、受伤、动起来等,都不够到位。

【明意】

本爻自不量力的原因,往往是对于形势的误判,以为自己处于优势地位,以为胜算可以继续押在自己一边,但其实只是判断失误而已,因为看不清形势而用错了阳刚之意,即是盲目行动,初九不当"决"之时却过分刚决强决,不但不可能达到目的,反而适得其反。在坤(境)之宫中,本应多考虑意境的情况,不宜过分主观,一时冲动,胡乱决断而行动。

九二:惕号,莫(mù)夜有戎,勿恤。

《象》曰:有戎勿恤,得中道也。

【明译】

九二:发布号令警惕民众,提防敌人深夜来袭,已经准备好要兵戎相见,大家不要过分忧虑担心。

《象传》说:已经准备好要兵戎相见,大家不要过分忧虑担心,因为九二能守中正之道,应事沉着冷静。

【明变】

刚爻长到二位是临卦,再上长一爻下卦成乾,参照乾九三爻辞"夕惕若厉,无咎"。"惕"取象于乾九三;"莫夜"取自九三的"夕";"勿恤"是九三的"无咎"。"戎"取离象,二爻变为离(戈兵)。

【明解】

号:取上兑(口)象。莫:同"暮"。有戎:兵戎相见,取象于刚爻与柔爻的对抗相推。九二爻失正无应,地位又低,难有作为。如果初爻是鲁莽的士兵,九二就是基层军官,在初九盲目冲动之时,九二当戒惧警惕,告知众人,要警惕提防夜战或偷袭,一方面要大家警惕担心,一方面又告诉大家,既然已经做了充分的准备,就没有什么需要过分担心的。

【明意】

除恶的关键在于形成一种警惕小人生事的氛围,告诉众人夜里也要警惕,担心小人趁大家不注意的时候偷袭,所以不可掉以轻心。每时每刻都要形成警惕的阵势,另外是否能够转化小人之心,形成正义之境需要一些手法,如梳理人群的心意,让心齐而形成合力。五个阳爻最大的问题是心不齐,所以要警惕大家,通过多次提醒警示来要求大家齐心协力。除恶的关键在于分化小人的党羽,让小人的一部分站队过来,否则很危险。最不得已的状态是兵戎相见。但事已至此,也就没有什么办法。此时就要发布戒严令一样要求大家,齐心协力,共对恶人。决战之前,把决意之境传达给自己的同盟者和支持者。

九三:壮于頄(qiú),有凶。君子夬夬,独行,遇雨若濡,有愠,无咎。

《象》曰:君子夬夬,终无咎也。

【明译】

九三:强势表现在高突的颧骨上,怒形于色,必有凶险。(面对必须除掉的小人)君子应当刚毅果决,当断则断,好比独自前行,遇到大雨,淋湿衣服,面有愠色,但最后不会有祸患。

《象传》说:君子应当刚毅果决,当断则断,最终不会有什么咎害(因为有上六正应)。

【明变】

跟小人有应,对九三来说,不是什么好事。而象辞"夬夬"是指当断则断,能断方能没有过失(无咎)。所以"夬夬"是全爻的核心,到底是去救上六,还是当断则断?按照语义,君子在决断的大势当中,应当是当断则断,如能决断了,为了与众阳表现不同,就会对上六小人有更加严厉的表现才合于形势,所以九三想独自上去制裁上六,但刚想上去,就被雨水打湿(兑),要冒雨才能制裁上六,泽水还不小,脸色不快(本来就凶,现在被暴雨淋到,就更加难看了),但虽然被大雨打湿,一脸愠怒,但因为看对了大势,站在阳意一边,所以没有过错。

【明解】

頄:面颧骨。夬夬:果决,一定要,即当决断的时候要决断。濡:衣服沾湿。愠:发怒。九三在下卦乾(头)上,强势表现在高突的颧骨上。颧骨壮还不如角壮,去顶撞必有凶险。全卦五个刚爻,只有九三与上六正应,九三独跟上六应合其实违背了刚爻决去柔爻的大势,所以君子应当刚毅果决,当断则断。正应上六在上兑(泽)里,泽水上天,下雨之象,好比独自前行,遇到大雨,淋湿衣服(下乾),不太高兴,所以面有怒色,不过小事一桩,因此最后不会有祸患。

问题的核心在于,是独自上去救助上六,还是去制裁上六?应该是去制裁上六,表面九三与上六正应,但上六以阴居阴,是明显的阴险小人,九三君子以刚居刚,刚强过度,以致小人忌恨,但因为是唯一与上六正应之爻,所以表面阴阳协调,九三很难辩解,面对众人的误会,刚强的九三只能以行动消灭上六,让大家知道自己仍然顺从阳刚的大势,不可能真正配合上六小人维持局面的。为了付诸行动,九三只得独自上去制裁清除危险小人。之前就因为颧骨太高,引发大家对其果敢刚决的性格的体会,关键时刻一到,就会独自冒雨前去制裁上六。也可以把相应理解为表面不动声色,应付得当,见机一举歼灭,虽然表面上不快活,但骨子里刚毅果决还是没有什么问题的。

【明意】

九三与上六有应,好像是君子队伍中与外人勾结的一样,大家都拿他当小人看,这种时候,九三需要表现自己的正义感,所以独自行动去应付小人,九三的这种意识境遇好像是一个人为了洗刷自己的清白,也好像为了效忠团队而立下投名状、军令状似的。这种处境所迫,当然确实是不得已,但面对同伴的质疑,在生死之关面前,却往往也没有什么更好的选择,九三意识的实化可谓是被情境所迫的"决"意之彰显。九三的意境是典型的二难处境。自身对大势判断没有问题,但自己表面与小人的关系却比大家都好,于是不得不作为刚强的决断与小人切割,这样才能让自己的意境融通于阳刚正义的形势之中。

九四:臀无肤,其行次且(zī jū)。牵羊悔亡,闻言不信。

《象》曰:其行次且,位不当也。闻言不信,聪不明也。

【明译】

九四：臀部已经皮开肉绽，走路举步维艰。像被牵的羊一样顺从，就可以消除忧虑悔恨，可惜他听到这话却不相信。

《象传》说：走路举步维艰，因为九四位置不当（刚爻占据柔位）。他听到这话却不相信，是因为他耳不聪目不明，糊里糊涂。

【明变】

按爻位对应人的体位，四爻为臀部。刚爻上长，没有艮（皮肤）之象，可见臀部已经皮开肉绽。在上卦兑（羊）里，四五皆阳，五爻牵，四爻随，为羊之臀（后）。爻在推移，好像被牵的羊一样顺从，这样就可以消除忧虑悔恨，兑（口）在上位是"滕口说也"（见咸卦上六），即信口开河地说，或是说得云山雾罩，所以可惜他听到这话却不相信。

【明解】

臀无肤：受了笞刑，皮开肉绽。次且：即趑趄，义同踯躅、踌躇、彳亍等，表示行走困难的双声连绵词。聪：耳朵灵敏。明：听得明白清楚。如果按照爻位来说，四爻为公侯有位之人，此处坐立不安，如臀无肤，难以安稳之象。闻取坎（耳、听闻），言取兑（言），不信来自坎（加忧、心痛）之象。

【明意】

九四与九五关系别扭，结果饱受欺凌。可惜九四又不够灵光，不知道应该像羊那样顺从，因为九四内心刚强，形势对自己不利，又不愿意低声下气地屈从，这也是没有办法的事情。对意境的理解和自我委屈都是九四不容易做到的事，但选择与自己的明白与否有较大关系，九四难以迷途知返，无法做出明白的选择，只会更加艰难，处于决境之中，意志过刚，又不聪明，因决而蒙难，很难出险。

《易》的每一个卦都象征人在群体当中的活动，人的意念发动都要面对群体意念的交互网络，即作为意念集合的意境当中，意念发动要在意境中寻找合适的出路。九四对意境不明，不能洞见实相（道心），而为常俗之见（人心）所迷，也为利害形势所牵（人心），故进退失据，不敢遵从本心之意境，而导致实化出来的意境浑浊不堪。即使有人告诉放弃本心（道心）之意境，完全服从形势之利害（九五之势），也不过最多减免忧虑悔恨而已，可惜自己心意已乱，不能明辨意境，所以听说了却不相信，因为耳目不明，失去了对于意境的判断力，是典型的迷于人心、不明道心的状态。

九五:苋(xiàn)陆夬夬,中行无咎。

《象》曰:中行无咎,中未光也。

【明译】

九五:如细角山羊那样,刚毅果决地清除小人,居于中位,行于正道,没有什么灾祸。

《象传》说:九五居于中位,行于正道,没有什么灾祸,能行中道,但志向还没彻底实现,不算光大。

【明变】

夬卦上兑(小羊)应是细角山羊。九五在上兑里,与全卦唯一的柔爻上六比邻,所以是决断的关键,既然大势是"刚决柔",那么即使有比邻关系也当决要决,所以面临该决断的时候,就要像如细角山羊那样,刚毅果决地清除小人。九五居于中位,行于正道,没有什么灾祸。九五除去上六全卦变乾(白昼),就光大了。因为上六柔爻为小人之道,不彻底清除小人之道,就不算光大。

【明解】

苋陆:细角山羊,一说生命力极强的马齿苋,只有连根拔起才能根除。综合起来可以说是力大无穷的细角山羊咬吃根壮命硬之草。苋陆是水草,马恒君从象上考订应为细角山羊,当为莧(huán)。大壮卦因为是大兑,所以有大羊之象。

如果取草象,因五爻变而为震(木、植物),震之卦形,正是刚下而柔上,决阴到最后好比羊吃草一样容易。上兑为泽,五爻有尽享泽禄之象,虽决阴已成,但心意不够光大,因为象辞认为"君子以施禄及下"。九四变坎(马),上兑(口、齿),九五变震(草),所以有马齿草之象。

综合来看,可以理解为力大无穷之细角山羊高扬起犄角,为咬吃根壮命硬之草,而做出迅猛一击之象。从羊群来看,九五是领头羊,君子之领袖。另外,上阴爻与上升的阳爻比邻,看出要灭已的趋势,因兑为少女,有极具魅惑力之象,代表言辞欢快,笑容灿烂,而且看起来天真无邪,所以在灭阴的大势所趋之中,考验九五的关键时刻来了。

【明意】

三爻用角冲撞,非常刚决,九五需要刚决的气象,九五是执行阳爻的公意和公正性的关键一爻,所以要刚决果断地处理小人,决意当发,当决必决,此果敢行动的关键时刻,决心决意之前可以理解为一个漫长的过程,但最后的关键时刻要有自己的判断和把握。

此爻讲决战之意境,千钧一发,运万千形势于一念之间。无论是内向修行,还是外向建功立业,都有千钧一发的关键时刻,不可不察。决战的意境形势尚未光大,有待光大,发力来自意念之力,而一念决意,要合于天时地利之形势。

九五也是中国式正义的核心所在,代表阳刚之力对上六决战,既要到位,又不可斩草除根,而是适可而止,即以中道决小人,逼退小人,并得到小人的理解和配合。这样看来,正义是对阴爻柔弱,而对小人没有私心。正义之心是适度包容并容忍,但该决则决。对大势已去的小人,以正义之心看代表弱势群体,要适度包容。

上六:无号,终有凶。

《象》曰:无号之凶,终不可长也。

【明译】

上六:嚎啕大哭也没用,凶险终究难逃。

《象传》说:嚎啕大哭也没用,小人终究难逃凶险,因为小人大势已去,无论如何无法延长行将灭亡的时间。

【明变】

上六作为唯一的阴爻,在五阳升进的大势之中,很快明白大势已去,形势比人强,无可挽回,不可改变,号哭也无用。

【明解】

号:取兑象,上六在上兑(口、号叫)里。全卦五刚决去一柔,上六已到了穷极终了之时位,即使嚎啕大哭也没用,上六迟早要被刚爻取代,能够持续时间已不可能长久,因为天道无情,上六被决去的命运不可逆转,所以凶险终究难逃。

【明意】

从阳意来讲,已经占尽优势,应该留有余地,尽量不战而屈人之兵,不可赶尽杀绝,过分刚强,不蓄阴德,则难以长远。对小人也要温柔敦厚,相信人性来自天道自然之善,小人也有被教化的可能。属于被决的对象,在不断攻击自己的阳意面前步步退守,即使嚎哭也没有用。小人在凄凉落寞的际遇之中意识到大势已去,只能以泪洗面,凶境难出。凶境来自多重的攻击,也来自阳意无力支持,最后落单,连拼死反抗的可能性都不再存在。这是决意的残酷一面,既不可能留住自己的位置,也没有主动退守的可能,这是非常凄惨的结局。

上六在客观形势之中被决出是必然的,小人心境难以自控,叫天天不应叫地地不灵,绝望难抑。在意境的修炼之中,阴阳的平衡是关键,存阳养正为根本,但上六相当于群阴退尽,只有识神一阴未消,此时阳意推进,阴意终于无能为力,但既不可太刚,也不可太柔,而应该刚柔并济,掌握进退的节奏。

四十四 ䷫ 天风姤（巽下乾上）

　　夬卦是意念之生去决除小人，但小人决去，并不见得可以高枕无忧，小人往往以另一种方式重新出现，所以姤卦接着夬卦。世间阴意对于阳意的干扰，或隐或显，只在心念所及不及之间，好比心头大患，不见得退得干净，往往退去又来。一阴虽弱，但终必灭阳，故深忧虑，要戒慎恐惧地应对。意念之生需要安宁，才能持守正意，当生机悖乱之时，要有所制约。阴意被时时牵制，如刹车一般固定则可以转为吉祥，如果放任冒进，则浮躁而动，必致不祥。

　　生论的本意是阳意之生，但也可从阴意之生力加以讨论，更加确定阳意之生为生意之本，而阳生之意总是与阴生之意共生共成。通过阴意之生，反衬阳意的生发。阳意之生与阴意之生相反相承，阴意与阳意相遇相交，始生万物，"遇"成为生机实化的核心。姤卦作为乾(生)宫一世卦，代表意念一生起即有阴阳之遇。"遇"是升化之已与实境遭遇瞬间的境遇，就生的一面而言，可以说是"生遇"，即生机之遇。生机之遇是生机实化的瞬间，与阴意交接转化成为某种实境的存在。阴意与阳意时时刻刻都在"遇"中，所以意缘而生的都是境遇。这个"遇"代表随机性、偶发性、新成性、瞬间性，与"域"代表一个时空层面的存在状态，有较明显的不同。"遇"是生机的展现，生机的实化，是生机存在于阴阳交媾的实化开展。

　　姤是邂逅相遇之意。姤是夬卦的覆卦，两卦爻辞有雷同之处。夬卦上六从上位退出再从下位生出即为姤卦，**从卦变上说，姤直接由乾卦变来，即乾卦下生一阴为姤**。阴为女，从发展趋势上看是女的将越来越强壮，相对来说，则男的处于衰退的时势当中，所以说不宜娶之为妻。姤卦五阳之心意，被初六搅乱，都想与初六相遇，而生出许多意念生或不生的意缘来。

　　姤，女壮，勿用取女。
　　《彖》曰：姤，遇也，柔遇刚也。勿用取女，不可与长也。天地相遇，品物咸章也。刚遇中正，天下大行也。姤之时义大矣哉！
　　《象》曰：天下有风，姤。后以施命诰四方。

【明译】

姤卦象征邂逅相遇,女的越来越强壮,则不宜娶之为妻。

《彖传》说:姤是阴阳相遇,是柔爻从下生出与五个刚爻相遇,如一个阴柔女子对付五位阳刚男子。不宜娶此女为妻,这是因为不能与失位不正的女子长相厮守。天的阳气与地的阴气相遇才能化育万物,各种各样的事物才会昭彰显明。刚健应当遇合中正的地位,这样阳气才会大行于天下,象征着君子之道大为畅行。邂逅相遇之时势的时机化意义实在太重大了!

《象传》说:上卦乾为天,下卦巽为风,天下刮着风就是姤卦。君王看到上天传递号令之象,发号施令,诏告四方。

【明变】

初六柔爻表示阴气上升,上面五个刚爻表示阳气仍然旺盛,在十二消息卦中,姤卦对应于阴历五月,阳极阴生,夏至之时,一阴始生,正是万物欣欣向荣的时候。此时阴气柔爻虽处在初生阶段,但发展势头越来越壮盛。阳气刚爻现在虽壮盛,但发展趋势是步步衰退。

【明解】

卦中刚爻九五和九二都得遇中正之位,说明目前仍是代表君子之道的阳气正大行于天下的情境。姤是遇合、机遇之义。"品物咸章"有天地阴阳交流让万物丰收盛大之象。阴阳相遇犹如君臣风云际会,贤臣遇圣主而能够让道行天下,是大展身手的好时机。古人把风看成传递上天号令的使者,认为天体运行造成的变化都是通过风传送到大地上,让大地出现相应的变化。君王看到上天传递号令之象,要主动效法天地之道,把政策法令传送四方,这样才能让百姓随顺君王的号令去行动。

【明意】

刚柔相遇之际,不是遇或不遇,而是如何遇,如何把握遇的分寸很重要。阴意不努力上升,就与阳意没有交流,阴阳之变化不可能多姿多彩。可是如果阴力太过强盛,让阳意退守犯难,则走向阴阳交流初衷的反面。可能阳意一方面乐见和享受阴力上升的交流,但道义上和道德上又觉得阴力强悍的上升不利于阳意之境秩序的维系。用于人事之上,君王当然要品德高尚,才会有贤人来交流帮助,可是来交流者力度太强,却对君王构成威胁,也就是阴意过强会让阳意为难。姤与邂同时在阴意上升的情势中,所以阳意需要了解如何保持生机与生意的艺术。阴阳之气的根本都是精气,都是流通的、能动的,而不是固定的物或质。气通于意、神、灵等,能够为灵所领悟、收摄、调整,所谓"志一则动气"(《孟子·公孙丑上》),气为意所调动,但阴意过强,与阳意交往丰富无限,逼迫阳意相对处于弱势,按照《易》扶阳之生而抑阴之长的原则,倾向于让阳意生长,让过度强盛的阴意消退。

初六:系于金柅(nǐ),贞吉。有攸往,见凶。羸豕孚蹢躅(zhí zhú)。

《象》曰:系于金柅,柔道牵也。

【明译】

初六:紧紧系缚在刚硬灵敏的"车闸"上,安守正道,就会获得吉祥。盲行冒进,必有凶灾,可别像被捆绑的母猪一样轻浮躁动,心浮气躁。

《象传》说:紧紧系缚在刚硬灵敏的"车闸"上,说明初六的柔道必须要有所牵制(初六柔爻还会上长,象征小人道长,应当加以牵制)。

【明变】

初六柔爻上升有小人灭君子之象,所以要拴缚住。九二刚爻要顶住初六的上长,好比缫丝的时候,丝要缠绕起来,不然就会向上延伸得很长,所以要紧紧系缚在刚硬灵敏的"车闸"(九二为金柅)上。

【明解】

柅:古称络丝跗,络丝的木架,是缫车上用以稳定和止动的部件,引申为车闸、刹车器、车的制动装置。一说金属短棍,用于缠绕丝线。羸:同"缧",缠缚,猪被绑住乱动,心浮气躁。一说弱,但弱未必心乱,不取。蹢躅:行动不便状。

巽(木、绳)可取丝象,与乾(金)一起有用以系丝的金木之器之象,是缫车上用以稳定和止动的部件,在车上就是车闸。易例常以阳爻为羊,阴爻为猪,所以柔爻为豚、为豕。巽为股、为进退,有轻浮躁动之象。在阴力尚弱小的时候加以制止,好像用绳子捆住小猪,小猪虽弱,但也要挣扎。

初六应该正固不动,不再向前发展,安守正道,就会获得吉祥。如果继续盲行冒进,那就一定会有凶灾。可是,初六到底心浮气躁,即使被限制也一定会轻浮躁动,会像那被捆绑的母猪一样,挣扎着前进。

阳要防止阴的生长,初六是被动的,被牵制的,如果初六能够主动制心,控制自己不盲目升进,是最好的。

【明意】

可见处理遇的分寸很难,包括自我控制的分寸和时时自发生成的分寸,要有"所遇为命"的态度才能自然应对。阴力卑贱轻浮地跟阳境沟通,不庄重,无所谓,很随便,从情理上可以理解,但道义上讲不合适,长久以往,对正常的秩序构成挑战和威胁。邪心所向,可能影响整个阳境。邪意一出,当立即制止。

初六虽柔道,但阴意上升之力道强劲,必须加以牵制。对待初六之生长,应该及早制止,如果听任发展,结果一定不好。阳爻主动牵止住阴爻,牵于柔道,也可以理解为牵于未形成之前,牵制于未发之中,即如刹车器一般主动止住,既是被动受制,又是制心有术,防范未然。

从另一个角度,如果阴爻主动止住于未发之前,则境界不同。她变成"柔道"高手,一方面虽然非常寂寞,另一方面又是善于寂寞的。一旦初六成为那个主动止住心之动于未发之前的"柔道"高手,那么五个阳爻将更加心旌摇荡,按耐不住。可见,换一个角度,"金柅"就可以理解为心法,如果阴得心法,生机大旺,便如虎添翼,愈发壮盛。

九二:包有鱼,无咎,不利宾。

《象》曰:包有鱼,义不及宾也。

【明译】

九二:包住初六这条鱼,不会有什么害处,就是不利于其他宾客(其他刚爻)。

《象传》说:包住初六这条鱼,按理说也不能够再让给其他宾客(五个刚爻都要限制初六上长,九二一见就把初六挡住是应该的,不能让它去上应九四)。

【明变】

全卦各刚爻都要控制柔爻上长,九二与主爻初六相邻,直面相接,也就必须担当顶住柔爻上升的任务。初六柔爻为鱼,九二把鱼包起来,所以包住初六这条鱼,不会有什么害处。

【明解】

有:此处为虚词,无义。及:到。

初六与九四正应,在相遇的姤卦中,相应不代表就能够相遇,反而是比邻的九二跟初六可以相遇,也就是说,初六按理说属于九四,但没有跟正应九四相遇,反而被相邻的九二所得,被九二据为己有,这样当然对其他宾客不利,"宾"主要指九四,也可泛指其他刚爻。

象辞认为,九二挺身而出,制止小人,不让它去跟宾客相遇是合乎道义的做法,这样就是舍身避免小人乱群。

【明意】

九二自己占有阴意而不愿共享,看到初六自己送上门,自己享受,不顾初六本来应该跟九四才顺当。九二在一定程度上与九四竞争,不愿分享正常,但耽误了正当的关系,可谓私情影响。又是初六主动,非九二主动,所以九二自己觉得没有责任。

阴生被阳意所包容涵纳,阳意据阴意为私,不愿共享。这里涉及意念之生,意的私信与公信,遇的分寸在相遇瞬间把握。遇都是自己与外物的相遇,但如何把控这种相遇的分寸,人与人有很大的区别,是自己享受偶遇的快感,还是心意生机开放,把相遇之生作为一种公共经验与人分享。同样是遇是得,有的人想到的是个人私利,有的人想到的是如何从公利的角度出发来共生共融。

九三:臀无肤,其行次且。厉,无大咎。
《象》曰:其行次且,行未牵也。

【明译】

九三:臀部皮开肉绽,步履维艰,会遇到危险,但不会有大的祸患。
《象传》说:步履维艰,但九三的行动还没有受到牵制。

【明变】

九二与九四因为争夺初六闹得不可开交,牵连到夹在中间的九三,遭受阳爻内争之伤,搞得心伤和外伤,行走艰难。

【明解】

次且:即趑趄,行动艰难。一个弱小的阴爻,通过就近拉扯阳意(阳爻),激发他们的私情和缠斗,也就在九二、九四之间造成矛盾,这种矛盾看起来不易调和,进而搞乱阳爻的团结。可见,对阴柔小人,既要防患未然,又要包容处之,不宜激化对立。

九三在下卦巽(股)之上,股上为臀。二爻如果被初六同化,下卦成艮(肤),目前下卦还没有长成艮(肤),是"无肤"之象,好像臀部(受了笞杖)皮肤打烂了,皮开肉绽,步履维艰,会遇到危险,但九三位正,不会有大的祸患。

象辞说,九三没有正应,上九不能牵拉它,初六还没有影响到它,所以还没有受到牵制。

【明意】

九三之遇,是没有正遇,因九二、九四皆有遇,九三则孤单寂寞,踽踽独行,而且行动犹豫难进,艰难曲折。天地之间都不遇,既无遇于阴,又无遇于阳。虽无遇于阴,但已为阴所乱;虽无遇于阳,但也为阳乱。九三多凶,自乱阵脚,自己不得阴阳之意之生。但九三之乱,却是因为与九二一同阻止初六之生而伤。九三在面对想象的危险,即九二被初六所化而有危险,虽然九二未变,但九三心中已觉危险降临,自我恐惧,坐立难安,行动失据。

皮开肉绽,举步维艰的心意无法实化。生之艰难,意生于难中。这一爻为何遇到如此艰难的情景,很关键在于没有正应,这说明人相遇情境的展开,最主要的是应该有帮助或牵拉自己的力量,如果没有,就只有自己承受情境当中的负面力量,很可能举步维艰。

九四:包无鱼,起凶。

《象》曰:无鱼之凶,远民也。

【明译】

九四:包不到鱼了,还想奋起去争(鱼),会有凶灾。

《象传》说:包不到鱼带来的凶灾,是因为九四远离了民众。

【明变】

初六被九二顺势纳入怀中,九四有应,但没有实得之。阳力当动不动,结果该发生的、可以发生的也没有发生。九二虽然对不起九四,但不是九二的过错。

【明解】

应爻初六柔爻为鱼为民,本来是响应九四的,但因为在姤遇的卦里,初六与邻近的九二相遇,被九二所得,九四仅仅因为离得远而失去了民众的支持。

有说九四该追不追,最后只得自暴自弃,应该是形势所逼,九四实在难以得到。

【明意】

相遇不可有过强的私意,如九四看到九二把鱼据为己有,心情极为不舒服,想意气用事。可是,形势比人强,一旦九四意气用事,则不太能有好的结果,所以万不可因为一时的得失而仓促应对,导致凶祸。可见,人的心意如果离开公意之境,所发皆只顾自己的私意就容易有凶险,最后伤及意之生意。对于乱群的初六,九四是唯一的正应,理当得之而不可得,可是,如果总是抱着"理当得之"的执念,而不能够有公意之心,客观冷静地面对形势,就会陷自己的生意于危机之中。

九五:以杞包瓜,含章,有陨自天。

《象》曰:九五含章,中正也。有陨自天,志不舍命也。

【明译】

九五:用杞树叶包住瓜,好比内心含藏着华丽彰美的文采,可以等待可喜的遇合因缘从天而降。

《象传》说:九五内心含藏着华丽彰美的文采,因为他有中正之德(在上卦之中,位正)。可以等待可喜的遇合因缘从天而降,因为他矢志不移地遵从人天之意的天命。

【明变】

柔推刚是卦的大势,九五天命注定保不住尊位,但还是可以等待可喜的遇合因缘从天而降。

前人多以瓜为初六,未落实到象,今不取。爻辞有宿命论的意味,但象辞则强调人为的努力,人为是因为九五不会放弃自己的责任,有志者事竟成,不会坐等好机会从天而降。

【明解】

杞:近似柞木的大叶树。朱震说"大杞也,杞似樗,叶大而荫"。樗是栎木,属柞木类。一说杞柳,一说杞树叶子,一说枸杞,一说即耜,铲土的农具。陨:陨落,从天而降。初六柔爻如果上长到二位,下卦成艮(果蓏、瓜),六二将与九五阴阳正应。可是,初六被九二包住了,包在下卦巽(木)里面,是瓜被木包住在内之象,所以可以说用杞树叶包住瓜。柔爻上长,如长出六二,在下卦之中位,柔爻在中,文采彰美之象,但美丽的文采却被九二包住了,所以说好比内心含藏着华丽彰美的文采。

【明意】

九五有位,内心中正,文采章美,必有正遇。九五之遇,为王者之遇,其心意能借天地阴阳之力,进而制服世道人心,光华内敛,化阴意生生为修炼阳意之机,得造心意通天之化境。九五意念之生,包于全境,不仅仅包初六。

阴意刚入阳境,就全境皆凶,不是可以纵容等待的,该制止就要设法制止。虽然阴意上升趋势强烈,难以改变这种大势,但并不能说就不应该改变,也就是说还是应该设法阻止阴意上升,对于相遇的趋势(对形势的整体影响)有一种基本的判断。

内心对于全局全境有整体的判断,并且有种强大的责任感,那么即使遇到过分强大的阴意,也要坚守内心的人天之意,等待形势改变。不过不能等着天上掉馅饼,要自己去主动改变境遇,即使在逆境之中,也要主动顺从自己内心的人天之意,努力改变、开创自己相遇进而遇合的机缘。

九五有德有生自然相遇,不求外缘,包容天下之遇。要力图控制心意生机的时机化改变,在善的机缘中慢慢等待境遇转化,即领会和控制境遇与意念相接的改变过程。既要借阴意保持阳意,又要让阳意不为阴意所化,让阳意矢志不移地遵从人天之意的天命。

上九:姤其角,吝,无咎。

《象》曰:姤其角,上穷吝也。

【明译】

上九:遇合到头顶的角尖那里去了,根本不可能遇到什么了,只是没有什么伤害罢了。

《象传》说:遇合到头顶的角尖那里去了,因为上九处在全卦的穷极之位,所以根本不可能遇到什么了。

【明变】

卦为相遇,上九就是遇合到头顶的角尖那里去了,等于初六上长相推,都被推到很小的尖角上去了,加上上九位在穷极,也就根本不可能遇到什么了。

【明解】

角:角尖、尖角、角落。上九在上卦乾(首)之上,首上为角。只是因为卦中刚爻势众,九二、九五还在中位守着,局面暂时还可维持,也就不会对上九构成什么伤害罢了。

以前的译法,如"遇见空荡荡的角落""碰到头上的角"等都语焉不详,此爻都遇到头顶上的尖角那里去了,当然不可能再遇到什么,也就可以说行不通了,只是不会有什么伤害而已。

【明意】

穷极之处,遇合基本没有什么机会,遇合的机缘与时空决定了遇合的可能性。姤卦六爻之遇,皆以初六的空间关系为本,上九远离初六,在相遇的卦中,遇到角落里去了,也就基本遇不到了。遇不到就要放下执念,不可以为既然在遇的大势之中,就一定会遇到什么。不能再遇到什么,因为可能性已经很少,但上九有自我舍弃、自我放逐的意味,出于对情势的自觉,上九不应该对初六念念不忘,应该在心念中放下来,也就能够放下身段,宁可委屈自己,迁就他人和形势。

把"不遇"作为一种机遇的方式坦然接受,用充分体验和领会时机化存在状态的努力,来应对自己的艰难处境。即使在缺乏想象力和可能性的状态当中,也应该让心意与情境交接的生机展开。这样,只要未来没有确定,就还应该努力维系和改变,享受阴意与阳意相遇的每一个瞬间,体验每个相遇的时机化状态之中无限的可能性。

四十五 ䷬ 泽地萃(坤下兑上)

　　姤为人与人、人与物的相遇,相遇增多,有萃聚之象。地(坤)容聚泽水(兑),如萃聚人心众意。人心聚合来自与人与物相感。君王通过祭祀宗庙来维系人心,自古聚集民意和意能要依靠宗庙接续天意。古代国家祭祀场所如天坛是汇聚集体意能的重要场所。

　　意的力量来自天,但意能之聚在地上,地面的支撑使得意能汇集。萃卦是兑(能)宫二世卦,立"意—能"论第三,萃之意回到有能量的地面而重新聚能,有主动寻找意的大地,进而诗意地栖居在大地上之象。人天之意在土地上,在居于地面的状态中汇聚,意要主动寻找大地才能栖居,不栖居下来就没有发展,所以聚合人心就要寻找能够诗意的栖居之地,让能量增长,生机勃发。《周易》鼓励人们的精神有所归,即当建立心庙,而《周易》之(意)道与中国哲学之(意)道当为中华民族之永恒的心庙。

　　萃,亨,王假有庙。利见大人,亨,利贞。用大牲吉。利有攸往。
　　《彖》曰:萃,聚也。顺以说,刚中而应,故聚也。王假有庙,致孝享也。利见大人,亨,聚以正也。用大牲吉,利有攸往,顺天命也。观其所聚,而天地万物之情可见矣。
　　《象》曰:泽上于地,萃。君子以除戎器,戒不虞。

【明译】
　　萃卦象征众心会聚,好比祭享的时候,是人们的大聚会,此时君王到宗庙祭祀,感格神灵。有利于大人出现,也有利于见到大人,前景亨通而利于持守正道去做事。用大牲畜去祭祀可获吉祥,有利于带动人们前往聚合。
　　《象传》说:萃是众心会聚。下卦坤为顺,上卦兑为悦,和顺又喜悦,刚健中正(主爻九五居上卦中位)又有应援(六二居下卦中位),上下阴阳正应,所以能让众心聚合。君王到宗庙里去,是为了表达对先王的孝心孝意,并供奉祭享物品。有利于见到大人,前景亨通,是大人九五能够依从正道聚合人心。用大牲畜去祭祀可获吉祥,有利于带动人们前往聚合,这说明汇聚人心需要顺应天命。观察天下万物如何会聚的道理,就可窥见万物的真实情状。

《象传》说:上卦兑为泽,下卦坤为地,大泽高处地之上的卦象就是萃卦。君子看到大泽高于平地,担心随时发生泽水泛滥的卦象,要时常整治军备,戒备群聚发生的不测之事。

【明变】

萃是众心聚合、众人聚集之义。**从彖辞看,萃卦从观卦变来,即观卦六四与上九换位变萃卦。观卦有宗庙之象,由观卦变来,是先有宗庙,后汇聚天下人心之意能。**商周时代的宗教信仰主要是天地祖先崇拜,王只有接受天命,才能建立国家,成为天子。有了国家之立后首先就要建立聚合人心的宗庙。卦里提到的宗庙跟当时的信仰有关,是聚合民心的一种方式。萃卦初至五爻是小观卦,观有宗庙祭祀之象。下坤(牛)上兑(毁折、口),是牛遭毁折以供口享之象,所以大牲畜去祭祀可获吉祥。**卦变中九五大人居中得位,有利于大家去见作为天子的九五,各爻都向九五萃聚。**

【明解】

假:音格,义为至、到,也有诚、敬、感格之义。大牲:用牛祭祀。用以祭祀的动物(牺牲)通常有牛、羊、猪三牲,牛大为大牲。除:修治。戎器:兵器。不虞:料想不到、意料之外的事情。

萃卦九五刚爻居于刚位,六二柔爻居于柔位,各自居中得正,阴阳相应。观卦变萃,有让九五维持天命之象,有利于带动人们前往聚合。万物聚合依从中正之道,要通过宗庙祭祀来感天动地。要想萃聚人心,应该像君王到太庙祭祀那样,以诚心待人聚人。

但众心聚合,犹如兑(泽)之水聚于坤(地)之上,主要依赖泥土有包围、约束的力量,但如果君王失信于民,百姓可能会聚集起来造反,好比泽水太多,随时可能泛滥崩塌,所以应该修治兵器,警戒意外事故发生。

萃九五有君王之象,三四五互巽(入),二三四互艮(庙),观卦本来有大庙之象,犹如君王入太庙行祭祀之礼。君王祭祀,如孝子祀祖,重在心诚,通过建立跟天地自然之神的信任,来建立跟人间民众的信任。

【明意】

保住宗庙是王朝继续的标志,但要维系王朝,需要帝王德才兼备,才能继续维系人心聚集的状态,让底下人顺从,上面的人喜悦。九五依赖六二来聚集人气,以构成意能情势的基本构架,也就是领导核心要聚集人气和心意,才能影响到周围的人。

聚合家族之心和社会众人之心,则首重孝心孝情。在宗庙要表达的是对天地的大孝,是从对父母的小孝发展而来,希望要长久维系真诚通天的意能结构。孝是有宗教性意味的,通过宗庙祭祀把对先王的孝心延伸到人们日常生活中的孝情孝意,通过感动众人之心来汇聚大家的意能。

儒家的人情从孝延伸出来,包涵社会化情感和自我的建立。聚集人气首先要引导大家,通过祭礼等把心意与天相接,意能通过人与人呼应的意识情境不断增强。聚人就要维系人们意能之间的矢量汇集,所以应该要有坚实的土地作为基础,才能够托得起聚集的财和人。

初六:有孚不终,乃乱乃萃。若号,一握为笑,勿恤,往无咎。
《象》曰:乃乱乃萃,其志乱也。

【明译】

初六:内心有诚信,却不能坚持至终,于是导致心神紊乱,并跟他人妄意聚合,嚎啕大哭之中,上九下到四位,向自己的应爻初六呼号,(得到应和)就能与之握手言欢,破涕为笑,所以不必忧虑,初六往上聚拢,没有咎害。

《象传》说:心神紊乱并跟他人妄意聚合,这是初六心志迷乱的缘故(与九四为正应,但又得选择九五)。

【明变】

在观卦里,初六原与六四无应,观变萃,上九下到四位,初六得到九四阴阳正应,内心有诚信,比较稳定。

虽然观卦上九下到四位,让初六对九四心有所属,但在萃聚的大形势下,初六却被迫跟他人(九五)相好,导致心志迷乱。

【明解】

初六在萃卦之下,相当于聚合的初期阶段,处于不断选择向谁聚合的过程当中。初六虽跟九四正应,但受到大形势的牵制,最后还得向核心九五会聚,所以对九四的诚信不能够坚持到最后。初六选择九四,在互巽(号令)中,嚎啕大哭;最后不得不选择在上兑(悦、笑)中的九五,破涕为笑。

象辞说初六心志迷乱,因初六与九五间隔互艮(阻、手),是通过艮(手)相握,才终于突破阻力,归聚于九五,所以初六似乎向自己的应爻九四呼号,但最后还是要跟九五相聚,得到九五之应和,终于顺应大势,并穿越阻力来与之握手言欢。初六的选择显然要经历一番犹豫和困难,但最终选择聚合在九五周围,符合萃聚的正道,所以不必过分忧虑,前往没有咎害。

【明意】

人心一开始相聚之时,可能会找不到合道的大地,也找不到合适的对象伙伴,容易心志迷乱,意能如果随意与他人融合,就可能会消散。初六心有所属,但在萃聚的大势当中,九五在位当权,给全境相当的压力,导致初六一直不敢公开自己意向的归属,甚至最后放弃了自己心仪的对象,多少有点意乱情迷之感。

萃卦强调与他人聚合的分寸,初心乱则人生乱,故与他人的心意感通的分寸很难把握。人生无时无刻不在情境之中,顺应大势应该超越个人的情感倾向。初生的心意(本爻是汇聚之心)不可迷乱,要有意能保持初心的意境,要真诚地持续汇聚之心,不可放弃,不可受情感的诱惑。内心要善于调控与反省,即使波折经历艰难,也要回到汇聚的初心。

六二:引吉,无咎,孚乃利用禴(yuè)。

《象》曰:引吉无咎,中未变也。

【明译】

六二:受人引导来参加大家聚会,这是吉祥的,没有什么过错,只要心怀诚信,即使微薄的禴祭也有利于献享神灵。

《象传》说:受人引导来参加大家聚会,这是吉祥的,因为六二守中未变(在卦变前后始终在下卦中位)。

【明变】

观卦里六二与九五正应,卦变后,观卦上九下到四位,成萃卦九四,六二与九五正应关系不变,九五仍然是全卦的聚合中心,六二一直受人(九五)引导来参加大家聚会,当然吉祥。在卦变中,上九从上位下到四位,原观卦上巽(春风)变为上兑(笑)下互巽(风),有在春风中笑之象,所以有利于在春天青黄不接时在宗庙举行薄祭。

象辞说六二守中未变,因在卦变前后始终在下卦中位,但六二一直受到九五的引导,只是前人对于六二受到九五率引来汇聚的被动意味强调不够。

【明解】

禴:春天青黄不接时以蔬菜为主对宗庙作简单祭祀。二三四互艮(手),三四五互巽(绳),有用手牵绳来引之象。六二在卦变中守住下卦中位不变,上应九五,心怀诚信,所以即使微薄的禴祭也有利于献享感召神灵。

【明意】

内心真诚比外在的礼节重要。内心有诚信,心意通天,让人天之意主导自己的意能,就不会随便因为外在情势改变而改来改去。通过祭祀的方式,让意念真诚接通天意,真诚的意能就不易改变。当然,坚守中道不变本身很不容易,人需要与他人心意相通一起来聚集意能,否则自己孤掌难鸣,意能容易消散。

六三:萃如嗟如,无攸利,往无咎,小吝。

《象》曰:往无咎,上巽也。

【明译】

六三:想聚又聚不起来,嗟叹连连,不管用什么办法都行不通。但是,继续前往则不会有什么过错,只是有些小的困难罢了。

《象传》说:继续前往则不会有什么过错,因为六三与上面可互为巽卦(取义可理解为对上九四顺应)。

【明变】

六三卦变中未动,上九下到四位,六三原在观卦三四五互艮(堵)中,卦变之后,六三到三四五互巽(顺)中,所以是从不通到通的境遇,所以两爻交换对六三有益,只是对六三自身来讲有点小困难。六三卦变后进入互巽(号)里,是由不通的境地转为号哭,嗟叹连连,再想聚集人心,却不管用什么办法都行不通。

【明解】

巽:互巽,又随顺九四。

象辞明确取三四五互巽卦,这是象辞互体取象的明证,王弼反对互体,其实是不合适的。

【明意】

聚集意能是一个人很想前进,集中人们心意的关键所在,但如何聚集意能并不容易,当身处逆境,或事业失败之时,嗟叹连连非常正常。也可能是无人赏识,意能得不到发挥。因为与上面有顺应关系,所以有人可能提升自己的意能。前往也可以理解为静心思考出路。怀才不遇之时,不可耽于无奈感伤,应该静心思考出路为好。

九四：大吉，无咎。

《象》曰：大吉，无咎，位不当也。

【明译】

九四：虽然情势非常吉利，但不过只是免于灾祸而已。

《象传》说：非常吉祥但能够无灾无难就不错了，这是因为九四位置不当（四位为近臣，以阳居阴位不当，功高震主，只能但求保全）。

【明变】

九四是观卦上九下到四位，所以是大吉的来源，象辞说只是位不当。

【明解】

九四下有坤（臣民），在聚合的时势下，象征九四招贤纳士，广蓄众民，也就是团结了很多臣民。但全卦应该要向九五聚合才合理，九五天子看到九四作为臣属拥有众多民众，威望之高甚至超过自己，能够不让九四遭受灾祸就不错了。从九四来说，虽然为天子聚合臣民是非常吉利（大吉）的事情，但威高震主，犯了大忌，所以仅仅能够保住自己免于灾祸，没有实际的灾难（无咎）就谢天谢地了。

【明意】

有力集聚众人意能当然相当了得，说明意能有力，而且时势允许，得到感召众意而汇聚。但功高震主，最后仅能无咎。一旦众意诚诚，则易引发不测，因未到王位，不当行王位之事。

关于能臣的意识，从来就有矛盾的一面，一方面不展示自己的能力，就无人欣赏，无人赏识，也不可能有机会。可是一旦表现出自己的能力，有机会聚集众人之意能，却往往容易触及既得利益者和有权者的利益。因为功高震主而被卸磨杀驴的事，历史上每每发生，所以把握此中分寸非常之难。

权力位置随时随刻因应之道，身处变通的情境之中，没有什么一定好，一定不好。九四有能力汇聚众意，但让九五安心也仅能无咎，可见建功立业的同时危险也如影随形。有能力做事一般都是好事，但事情也可能生变，转为不好的事。其中一个非常重要的就是即使再有能力，水平再高也不可有丝毫的执念。既要有能力建功立业，又要能够放下随缘，即使回到一无所有的状态，也乐在其中，自然而然。意能之聚于一念之中，散亦于一念之中，无所执着，当即放下，即是境界。

九五:萃有位,无咎。匪孚,元永贞,悔亡。

《象》曰:萃有位,志未光也。

【明译】

九五:聚合众人而且拥有核心尊位,没有过失和灾难。可是还没有得到大众的信任,需要自始至终恒守正道,忧虑和悔恨才会消亡。

《象传》说:聚合众人而且拥有核心尊位,但聚合人心的志向还没有为广大民众彻底了解。

【明变】

全卦主爻九五在卦变中未动,一直占据最尊贵的地位,拥有核心尊位,能够聚合众人,从可观到可聚,保持其位,而且没有过失和灾难。**可是卦变后,下面的九四更加亲近和拥有民众,九五还没有得到民众完全信赖。**

【明解】

在聚合的潮流中,民众开始向九五靠拢,而九五自始至终恒守正道,忧虑和悔恨才会消亡。

九五刚开始聚合人心,还需要让臣民有一个了解的过程,其汇集人心的人天之意还不容易为大众所知悉。

【明意】

九五保持聚合人心的志向,就将逐渐为广大民众了解。九五能聚集众人的意能,但心知难以直接到达所有的人,所以跟民众之间还有一个了解的过程,应该放手放心让九四去做。九五有位,具体聚集意能的事情应让九四去努力,自己起到凝聚意能核心作用就好了。

上六:赍咨(jī zī)涕洟(tì yí),无咎。

《象》曰:赍咨涕洟,未安上也。

【明译】

上六:悲痛哀叹,涕泪滂沱,但是可以免于祸患。

《象传》说:悲痛哀叹,涕泪滂沱,是因为上六居于困窘的上位,又不安分守己。

【明变】

上六是卦变当中观卦六四上来,处在穷极之位,凌于九五之上,以柔乘刚,与下三个柔爻隔绝,有孤立之感,又无正应。

【明解】

赍咨：嗟叹。涕洟：鼻涕眼泪。三四五六爻为正反兑（泽水、口），上有眼泪，下有鼻涕，口中流水，悲痛哀叹，涕泪滂沱之象。或三四五六为大坎，流泪众多之象。全卦萃聚，能与比邻的九五聚合，不会被拒而不纳，还不至于自绝于众，所以可以免于祸患。上六得位，与三爻相应，所以无咎。

象辞认为，上六上来，但不安于大众汇聚的全境当中，处境艰难，其实牺牲很多，内心不甘，却又无可奈何。

【明意】

萃卦六爻皆有"无咎"之断语，说明古人意识到要聚集人心，稍有不慎即走向反面，所以对于汇聚之事要保持警戒提防之心。萃卦说明聚集众意虽然是人们的努力方向，但聚集起来忧喜参半，不一定都是好的。人的心意的积累，一方面成事，一方面也有相应负能量积累起来。所以在负能量汇聚之时，要努力克己修身，方可避免灾祸。

上六意能很难，非常困窘，又不愿意安分，可是没有什么出路，聚到最后伤痛欲绝，因为太难了，也可以说聚到最后一场空，缘聚最后缘必散，所以有多大意能聚集，其实也就有多大的负面能量聚集起来。因此汇聚意能的时刻要保持清醒，聚人也有难聚的困境。

四十六 ䷭ 地风升(巽下坤上)

升缘讲的是意缘的阶段性提升问题。如萃卦阳爻得时,凝聚群阴,则升卦下阳爻得中,守中忍耐,待时而升。升卦为震(缘)宫四世卦,立"意—缘"论第五。升卦出自震宫,四爻变而得。震为缘动,孕育着升进的生机和条件(缘)。坤生为缘,以柔质培育升进之机。升卦讨论意缘整体性地柔顺地提升。意缘的升进如征服天地总有限度,身外的意缘如名和财的升进都要适可而止,不可无穷无尽地去追求。

意缘之升涉及以下:诚心上进提升的心意;个人之意不宜偏离团体之意境;一旦升得太快,如入无人之境,将可能出现很多潜在的危害;个人意境之升进当以个人的实力为基础;通过对意缘的聚合可以提升意能;意能的升进最终还是精神意念的升进。

升,元亨。用见大人,勿恤。南征吉。

《彖》曰:柔以时升,巽而顺,刚中而应,是以大亨,用见大人,勿恤,有庆也。南征吉,志行也。

《象》曰:地中生木,升。君子以顺德,积小以高大。

【明译】

升卦象征积聚升进,大为亨通,宜于去见大人并获得任用,不必忧虑,向南方进发,会获得吉祥。

《彖传》说:下卦为巽为随和,上卦为坤为柔顺,沿着柔顺之道适时地升进(卦变中小过六二柔爻上升到四位),随和而又柔顺,九二阳刚居中,刚健能行中道,又有六五应援,因此大亨通。宜于去见大人并获得任用,不必忧虑,会有喜庆(卦变中六四与九二换位,互兑为悦有喜庆)。向南方进发,会获得吉祥,上升的心志如愿上行。

《象传》说:上卦坤为地,下卦巽为木,草木从地下生长起来就是象征积聚升进的升卦。君子看到地里的草木慢慢成形,顺着时节生长的卦象,就要顺着人天之意修养德行,积累小善事,以成就大功业。

【明变】

卦名升是上升之意。**升是萃的覆卦,从临卦经由小过变出,即小过九四与六二换位变升卦。全卦有蒸蒸日上之象,所以大为亨通。卦变中刚爻从四位来到下卦中位成九二**,九二是大人出世,虽未取得九五之尊,但风云际会之时,宜于去见大人并获得任用,不必忧虑。

【明解】

初六向南方征进,是在升卦的大势当中,四个柔爻有三个升到刚爻的上边,初六也会沿着柔顺之道适时升进,初六升进一位即成明夷,下卦成离(南),上互震(行),所以向南方进发,会获得吉祥。

下卦巽(随和、顺利),上卦坤(柔顺),组合成沿着柔顺之道适时地升进的卦象,九二刚爻居下卦中位,又有在上卦中位的六五阴爻阴阳正应,形成刚爻在中而有应援的格局,内心诚服敬顺有利于意缘的升进。全卦卦象是沿着柔顺之道适时升进,即使初六还在下位,也会有上升的心志。地中生木象征树木顺着时节生长,渐次而高。人也要顺着人天之意修养德行,像树木生长那样,循序渐进,由低而高,由小而大,比喻实现理想和进德修业皆要柔顺升进,通过修意而修身,进而成就功业,需要从扎实努力、步步为营开始,由小而大、由低而高升进才能成功。

"升"在帛书本、上博楚竹书本都写作"登",《礼经》等书中的"升"有登意。如取象下巽(台、阶)上坤(土),则可以理解为有阶的土台,要登上之后才能升高,所以由登而有升义,引申为下为高之基,柔小随顺终能成就久大之业。

【明意】

聚合起来,大家一起升进。同心协力,不可自乱阵脚。意缘的整体性提升需要有坚实的基础,如果基础不牢,升进就很难。要不断修炼自己的意识缘分,顺着情境的转化而改变。

意缘要阶段性往上升,品德就要如水之就下,越来越谦恭平易。意缘之升需柔顺如草木生长,顺天地节律,应自然之生机,所以意能之升不是私意之升,而是顺天地自然之意而升。升而有新的意缘。要有坤柔巽顺之德。

初六:允升,大吉。

《象》曰:允升,大吉,上合志也。

【明译】

初六：诚心诚意进步上升，自然大为吉祥。

《象传》说：诚心诚意进步上升，自然大为吉祥，因为初六上承九二，都志在升进。

【明变】

全卦柔爻升进，卦变中小过六二升到四位到刚爻之上，只剩初六一个柔爻还在刚爻之下，初六也应该借卦的大势而升，所以宜于诚心诚意地进步上升，而且大为吉祥。如果讲初六无应而怀疑担心，或九二、九三阳气上升，都不够到位，意思也不如卦变说得清楚。

【明解】

允：允当、信任、应当、诚心诚意、宜于等。全卦大势是顺着柔顺之道适时升进，初六上承九二，也志在升进。

【明意】

意缘的整体性的提升需要上面意志的牵引，也需要下面其他意识境域的协同配合。意缘之升，在开始的时候，有能力行君子之道，然后大家信服，乐观其成，乐观其升。在升进的大势之中，小过六二已升，则可带动初六之升，初六是下巽(树木)之本，根系强旺，方能升进。

九二：孚乃利用禴，无咎。

《象》曰：九二之孚，有喜也。

【明译】

九二：心存诚信，即使用微薄的祭品祭祀，也会有利，不会有什么祸患。

《象传》说：九二心怀孚信，即使进行薄祭也可以得到福佑之喜庆(九二与六五正应，互兑为喜庆)。

【明变】

小过变升，九二与六四换位，下卦中位的刚爻与上卦中位的六五阴阳正应，所以心存诚信，进而即使用微薄的祭品祭祀，也会有利。

【明解】

九二阳刚居下位之中，是在中位有分寸，所以有孚信而且诚敬，即使简单祭祀也会被赏识而有升迁之喜。内心诚信足以感天动地，感格神灵，自然也易于取得上位者的信任。九二诚心助人，因助人而人皆助之，营造一片和顺升进之象。积累阴德而自己的德性亦得到提升。

杀牛为牲是盛大祭祀,禴是用蔬菜作供品的祭祀,但只要有足够的诚信,即使薄祭也不会有什么祸患。

【明意】

意缘之升进的核心在诚,众缘皆因诚而聚,因诚而进。初六和顺温柔,上有应援,真诚而能营造和缓的氛围,易于升进。初六柔顺地呼应顺进,最后有好结果。

个人之意缘不宜偏离团体之意缘,个人的意缘要与团体与上位者的意缘相合相配才能升进。个人之意应该尽量协同团体之意,通过有诚信的表现,不让团体的意念对个人的意念形成疑心。当有诚信与上位者相应,即使奉献的祭品有限,仍然可以有喜庆。天地之间的阳力配合人的阳意,把人的阳意提升到更有序美好的状态。

《周易》不讲攀附意缘,而讲真诚感天动人而能为人所孚信,让天地动容而成就事业。人之意诚,则其意缘"和",其意缘之升进顺。

九三:升虚邑。

《象》曰:升虚邑,无所疑也。

【明译】

九三:升进顺利,如长驱直入空虚的村落。

《象传》说:升进顺利,如长驱直入空虚的村落,因为九三不必有所疑虑(上邻坤卦,可以毫无疑虑地升进)。

【明变】

小过变升,九三在风(互巽)中笑(互兑)着面对虚空城邑(坤)的出现,心中没有疑虑。

【明解】

虚:同墟,墟邑指村落,或空的地盘。九三在互震(行)里,上邻坤(国邑、虚),所以升进顺利,如长驱直入空虚的村落,好像升进到村落里定居。九三升入坤(土),有拥有土地(地盘)之象,指得到一个别人不争或者不能争、争不过自己的位置。

九三阳居阳位,上升比较顺利,但长驱直入,如入无人之境,升得太快,将可能有很多潜在的危害。没有人狙击你,是因为你不重要。有人拿你当敌人,是因为你有能力、知进退、可能改变阴阳关系。

【明意】

意缘是升进如入无缘之境,是一种非常奇特的体验,在世俗中是无人能争或无人可争的位置,在修炼中是进入一种意缘无物可对的状态,相对于意缘总是牵缚受制于具体外物的状态来说,是一种提升。九三刚毅有实力,升进如没有对手的地盘,可以放心升进。"无所疑"既是自己可以毫不忧疑地升进,也是要主动塑造一个不让人疑心自己的情境,即主动消除他人对自己的怀疑。

进入一个新的空虚的意缘之境,可能存在新的危险,而一开始并不能够明了。人的升境需要能够意识到潜在的危险比较好,否则如入无人之境,潜在的危险也往往超出预期。

六四:王用亨(xiǎng)于岐山,吉,无咎。

《象》曰:王用亨于岐山,顺事也。

【明译】

六四:君王来到岐山祭祀,吉祥而没有过错。

《象传》说:君王来到岐山祭享,是顺从天道,建功立事。

【明变】

六四是小过变升的主爻,原在小过的二位属下卦艮(山),升进到四位变出升卦,六四进入互兑(西),西山即岐山。六四在互震(诸侯、祭器)中,表示君王来到岐山祭祀。

【明解】

亨:即享,享祀,指敬献食物给神明。岐山:西山,指周王朝发祥地。史载周王朝先祖公刘从邰迁到豳,太王古公亶父因受到狄人侵扰,带着自己的人民又从豳迁到岐山脚下定居。上爻找到村落定居,此爻到岐山祭祀天地山川先祖。

六四以阴居阴,柔顺得正,能够顺利升进。

周文王祭祀,事天地山川之神,既是顺应时势,也是顺从天道,顺事天帝,为的是建功立业。

【明意】

个人实力上升,意缘相应升进扩大,意缘整体性的升进当以个人实力为基础,否则升入了一个新的意缘之境,没有顺从天道则难以持续。"顺事"此处不仅指顺从应当的事去做,而且是指顺从天道才能去做大事,诚意通天方可升进。诚到顺天立极的地步自然可以建功立业。此处可以理解为典型修炼意缘之路,指心意通天才能升进的重要教导。

六五:贞吉,升阶。
《象》曰:贞吉,升阶,大得志也。

【明译】

六五:持守正道行事吉祥,如同登上台阶步步高升。
《象传》说:持守正道行事吉祥,如同登上台阶步步高升,是六五上升的心志完满实现(下有刚爻九二阴阳正应)。

【明变】

六五在上卦中位,卦变中没有动,所以持守正道行事吉祥,下卦为巽(高),六五在上坤(地)里,结合起来是在台阶之上的高地,如同登上台阶步步高升。

【明解】

六五以柔居中位尊位,是能够意守中道而升,心地纯正,步步升阶。

【明意】

六五下有九二刚毅有力地支持,自己有信心又努力地营造出升进的意缘情境。时机一到,即可升进。六五能够保持整体性的升进格局,当然心志得到完满的实现。升进是不间断持守意缘的努力,每上一个阶段,都要安宁持守,在得志的状态当中重新恒稳地维护整合意缘,在这个意义上,升象征心意对意缘的持守和整合,不断升到一个新的格局、境界和状态。

意缘之境的整体性提升要持守正道而升进,这样才是实化自己意念的合理性。"阶"在此处当理解为"阶段",升久之后即上了一个新阶段,也就是意缘的新阶段、新境界。升进中的意缘状态要善于持守。提升意能,保持意缘之升进,可以不断缘发且逐级而升。当人的意缘处于良好状态,容易聚集意缘,知人善任,可成大业。

上六:冥升,利于不息之贞。
《象》曰:冥升在上,消不富也。

【明译】

上六:在窈冥之境中昏昧地升进,有利于永不停息地持守正道干事。

《象传》说:在窈冥之境中昏昧地升进,又处在上位,还是会消衰而无法富盛(坤为不富、为虚)。

【明变】

上六位在高极,前进就走下坡路,又在上卦坤(暗夜)里,所以是在窈冥之境中昏昧地升进,有利于永不停息地持守正道干事。

【明解】

冥:昏冥,昏暗,一说愚昧。息:长;一说停息,停止。上六能力有限,却只知进而不知退,是升进而昏了头的状态,于己不利。

【明意】

上六的位置要升进已经不合适,虽然形势不利于升进,但还是要努力保持升进的意缘状态。意缘的聚合本质上是郭象所谓的"冥合",因为没有任何理由,也无法看得清楚明白,所以意缘聚散其实都不是心意本身所能决定,也没有外在的定数。意缘的冥合关乎意缘的升聚与消散。无论如何明白自己的心志之升进,但根本上说,人的意念总在窈冥之境当中,虽然睁着眼睛,但并不是所有人都看得清自己前进的方向。可以说所有的升进本质上其实都是昏昧的。在昏昧的状态中,人只能持守自己的心意与正道,而放下对身外其他意缘的过度执着。

意缘提升的是精神修养的阶段性升进,钱财等身外之物不可能一直升进。真正支持大业的是一个人内在的德性。一个人升进有困难,则当反身修德。至于《周易》通过阴阳干支系统,转化天时地利为能量生克之体系,致力于揭示冥合的先天结构,这主要在术数易学里体现和运用出来。但如果未来皆已注定,就不需要人通过人天之意而主动修为。所以《易》道通过经与传的正宗传统强调《易》可助人修心修意,而不宜过度在意自己被外在时刻能量系统所决定的状态。

四十七 ䷮ 泽水困（坎下兑上）

由下上升要消耗意能，意能耗尽则必受困，故升卦之后接困卦。意能不能流动如泽水之困。泽水入泽底之下，如意识的能量泄露渗透到意境之下，干涸无能也无力。意能如水流动，不能流动的时候，意能就泄掉了。意能枯竭之时，还得靠自己努力转化增益。当形势困顿，阻止意念接天，人反而应该更努力让意念接天机、顺天意，也就是处在逆境之中，意念被困于无力甚至悖逆之境，人只要努力自助，还是有可能亨通的。

人生之困，或困于情，或困于时，或困于境，但通过卦象都是阳意被阴意纠缠而无力之象。困卦为兑（能）宫一世卦，立"意—能"论第二，讨论人需要放下和解脱这种纠缠才能恢复意念的能量。为了自己的人天之意的意能表达出来，极度困难之时要能够豁出性命。志向就是人心通于天的意念，所以可以称为人天之意。

困，亨，贞，大人吉，无咎。有言不信。

《彖》曰：困，刚掩也。险以说，困而不失其所，亨，其唯君子乎。贞大人吉，以刚中也。有言不信，尚口乃穷也。

《象》曰：泽无水，困。君子以致命遂志。

【明译】

困卦象征困逆之境，努力自助还可亨通，要持守正道，对意能大的人来说，不但吉祥而且还没有咎害，只是处于困逆之境的时候，说话未必有人愿意相信。

《彖传》说：困卦是阳刚受到埋没掩蔽。下卦坎为险，上卦兑为悦，能在险难中保持喜悦，处于困逆之境而不失其人天之意，才会亨通，尽管艰辛，但可能只有君子才能做到这样吧。要持守正道，对意能大的人来说是吉祥的，因刚爻九二、九五皆居于中道。处于困逆之境的时候，说话未必有人愿意相信，因为崇尚言辞无法让人信服，反而更加困厄（上六从二位升到上卦兑里，位处穷极）。

《象传》说：上卦兑为泽，下卦坎为水，水渗到泽下去了，泽里没有水，组合成困卦。君子看到大泽里的水都被困干了的卦象，决定为了实现自己的人天之意，可以舍弃自己的性命。

【明变】

困卦从否卦变来，否六二与上九换位变困卦。否卦阴阳悬隔，闭塞不通，困是在否的基础上阴意与阳意开始交流，但交流困难。既然困难，就要在困境之中立心正固，不改变操守，继续持守正道而行。虽然形势艰困，但九五刚爻（君子）在上卦中位，君子在位为大人，九二在下卦中位，都得位，对大人来说，不但吉祥而且还没有咎害。卦变上说，否变困是否六二升进到上位，上卦变出兑（口），是尚（上）口多言之象，好像徒尚口说，光说不练，许诺却不能落实，所以说话未必有人愿意相信。

【明解】

尚：同"上"，取义可理解为崇尚、注重。致命：豁出命去，即舍命，或言授命，达致天命。遂志：随顺心志。

刚爻为君子，柔爻为小人，刚爻九二被初六、六三包起来；九四、九五被六三、上六包起来，是阳刚（君子）受到埋没掩蔽之象，象征阳意陷入困境因而取名困卦。九五、九二都在中位，能守中道，代表君子处在困境（坎）中，能合理因应个人遭遇，不因为身处困境而改变志向操守，达观处事（兑为悦），乐天安命，不因艰困而一蹶不振。小人修养不够，处在困境容易自暴自弃，怨天忧人，悲观沮丧，难以振作。

君子之志是实现道义，道义即真理，在极度困境之中，为了实现自己的人天之意，要有可以舍弃自己性命的决心和壮志。

【明意】

在精神处于困境之时，需要有意能的转化和突破。人在困境之中，首先要能够处之泰然，之后寻求突破，而突破来自意能的提升和改变状态，在此过程之中，能屈能伸是一种基本素质。在困境中，人当纯净自己的意念，该说的说，不该说的一点都不可以说。

泽水入于地下，无水则困。困到极致，需要回到自己的本性，孤注一掷，奋力一搏，提升意能的等级与志向。大人有大的意能状态，但大的意能来自其经历过大的磨难。心大志大，困境自然相应就大。很多困境是来自没有突破自己的心灵意识境遇，而个人的心灵意识境遇如果不突破，就很难真正摆脱困境。

初六:臀困于株木,入于幽谷,三岁不觌(dí)。

《象》曰:入于幽谷,幽不明也。

【明译】

初六:坐困在枯木和木根之间,退陷到幽暗的深谷之中,三年都没有人再见过他。

《象传》说:退陷到幽暗的深谷之中,因初六困于幽暗不明的深谷之中(下卦坎为隐伏)。

【明变】

卦变后初六由幽暗之地(坤)陷入危险之境(坎)好像陷入幽暗不明的深谷之中。坎为川水,为隐伏,有幽谷之象,初六在坎下,如进入幽谷的深处。否变困,否上九历三爻到困的二位,故言"三",引申为陷入三年困顿的境遇。

【明解】

株木:枯木,树干为株,指没有枝叶的秃木。觌:见面。爻位对应人的体位,初爻为足,二爻为小腿,三爻为大腿,四爻为臀。初六柔爻,以阴意居阳,不当位,是在困境无能自拔之象,须阳意之力方能解围。正应在九四,九四在互巽(股)里,上为臀,在下坎(坚多心木)互离(科上槁木),所以是坐困在枯木和木根之间。

初六在坎(隐伏、川)下,象征隐伏的河川,所以是退陷到幽暗的深谷之中之象。与九四中间隔着互离(见)三爻,有过三年后才能相见之意,所以三年都没有人再见过他。

前解如"臀部困于株木之中(之下)"等不够通畅。一说坐在没有枝叶的树下,得不到荫庇和保护。

【明意】

初六陷入没有生气的困境,如在遥远深邃的幽谷当中,不为人知,得不到帮助和庇佑。初六有所待,不得而受困于深谷的枯木林里。处于意能极低的状态,处境昏暗,自身又不明理,自困又困人,总是不能明白脱困之道,所以自陷穷途末路,难以解脱。

但从另一个角度讲,初六又如绝世高人,在世外修炼,在枯木这样无生气的困境之中,不断修炼提升意能,这是孤独修炼意能的状态。心意的能量经过困境的磨练,焕发出新生,可能提升达到新的境界。这说明,要想提高意能,就需要一个避世修炼修行的过程。由此可知,君子小人的转化,不在身体的转变,而在意识境遇的转化。意能在困境当中要想提升,需要学会从困境当中汲取养料,提升意能的心理和训练机制。

九二:困于酒食,朱绂(fú)方来,利用享祀。征凶,无咎。
《象》曰:困于酒食,中有庆也。

【明译】

九二:正被美酒佳肴所困扰,祭祀时用的大红祭服刚刚送来,穿上它有利于主持宗庙的祭祀大典。此时进取凶多吉少,但不会有大的灾祸。

《象传》说:虽然九二正被美酒佳肴所困扰,但因为能行中道,所以会有喜庆。

【明变】

在卦变中九二从否的上位下来,来到下卦成坎(水、酒),可谓下来之后被美酒佳肴困扰之象。也可以这样看,九二从否的上乾(衣、大赤)中来,指代祭祀时用的大红祭服刚刚送来。既有酒食又有官服,所以穿上祭祀之服有利于主持宗庙的祭祀大典。

用卦变解"朱绂方来",从卦象的变化可以说明马恒君等用卦变解释爻辞的合理性,此爻的卦象在推移中变化,比较典型。

【明解】

朱绂:三公九卿的红色官服,一说祭服。身处困境,心志不能推行,征进不利,所以此时进取凶多吉少。只是九二在下卦中位,最后应该还不错。

【明意】

意能的升进,古今一理,如果为外在的小人所困,根本上还是为自己的心意之境所困。此爻被酒食所困,是不能推行其志之象,即使有机会也不利于积极进取,行中道可以转化意能的状态,但需要等待时机。既然一时提升不了,那就先享受生活。

困有多种,如时代和命运的多重困境,但通常首先是空间的约束和艰难,因为空间上自由度减缩,加上没有应援,只能自处困境之中,自己能够开心就好。人在困的空间之中,意识可能受到身体的自由度限制而受困,但也可以通过自由想象和精神驰骋,放下身外之困,超越身体的边界所限。时间上不得其时,则时势会让人陷入穷困之境。

酒食代表困境中表面的风光,但其实是对意能之自由度的限制,不能展示出意能的力量，因为意量要在有一定回旋的空间与时间中展开。意生之能量要能不断调出潜在的意量才会有力量。困境当中，反而需要置之死地的努力，因为意念的边界要自己打开，只有自己才能真正把握和控制自己转化意识能量的方式。

六三：困于石，据于蒺藜。入于其宫，不见其妻，凶。

《象》曰：据于蒺藜，乘刚也。入于其宫，不见其妻，不祥也。

【明译】

六三：被围困于乱石堆之中，又靠坐在荆棘蒺藜之上。退入自家宫室，却已见不到妻子，非常凶险。

《象传》说：坐困在荆棘蒺藜之上，因为六三乘在刚爻之上。即使得以退回自家居室，看到的妻子好像不像妻子，实在太不吉祥了。

【明变】

否卦变困，六三原在否卦互艮（石）里，也在大艮（否卦一二三四爻）象中，九二从六位下到二位，是进入乱石堆之象，而六三柔爻柔弱，因为九二卦变的情境变化而被迫陷入乱石堆的困境之中，却无力自拔。六三还在下坎（棘、蒺藜）的上方，有靠坐在荆棘蒺藜上之象。

否变困之后，九二进入原艮（宫阙），六三在互离（见）中可看，看见上四爻正好变成一对正反巽的象，可以理解为看起来好像是巽（妻），但又好像不是巽（妻），理解为见到的好像是妻子，但其实又不是妻子。

六三原在大艮（否卦一二三四爻）象中，如此取象和上九卦变后进入二位很好地说明了被困石头中间之象。

【明解】

据：坐，靠坐。蒺藜：即茨，一种结角刺子实的草，成熟时，子实满地，角刺尖锐，人不能坐。

那种进入宫室，或者即使得以退回自家居室，也见不到妻子，或者看到的妻子已经不像妻子原来样子的感觉，说明已经处于非常凶险的境地。

在屯坎蹇困四大难卦中，此爻是最为危险和艰难的，不仅自身陷于困境，而且连累家人和亲族一同遭难。

【明意】

这爻说明，进入危险的情境之中，连家人都受牵连，难以保全，非常危险。

在置之死地而后生的处境中,要调整转化自己的意能。这爻前有天险,后有追兵,身困死地,几乎是身体之困的极致。人已经没有行动的自由,而且遍体鳞伤,妻离子散,大凶之象。

此时非常不祥,意识能量可以说也达到最低点了。但人在几乎是死地的情形之下,更应当拼死一搏,把自己潜在的意能调出来。当然,即使背水一战也还是要有一定条件的,那就是回旋的余地,也就是说如何可能在一定回旋空间的前提下展开。但因艰困到极点,也是意能低到极致,几乎没有回旋的余地了。此爻为三百八十四爻当中生机最弱、意能最低的爻,时势之苦困已是离死地不远了。

九四:来徐徐,困于金车,吝,有终。

《象》曰:来徐徐,志在下也。虽不当位,有与也。

【明译】

九四:只能缓慢前来,因为所乘的坚固豪华的车子在路上被困挡住了,出了一点麻烦,但最后结果还算顺利。

《象传》说:只能缓慢前来,因为九四的心志一直下应初六(卦变中九二来到二位,九四也愿下来)。虽然以阳居阴,居位不当,但会得到亲和友善愿意帮助自己的人(初六)。

【明变】

否变困,九四未动,卦变前后都在互巽(进退不果)里,表示前后行动都不坚决,因而只能缓慢前来。否上乾(金)下坤(大舆),好像一辆金属做成的坚固豪华贵重的车子。卦变之后,上九下到二位,卦变困,说明这辆坚固豪华的车子上路之后出事了,人被困在车子里面,所以行动就慢了。

九四卦变前后都在表示行动不坚决的巽卦里,说明了缓慢行动的取象和卦变根据,这一点前人很少注意到。

【明解】

九四刚爻居柔位,说明是被困在道中,但力量柔弱而难以脱困,前行迟缓,算是有点麻烦。但因为跟初六正应,最后结果应该还算顺利。

【明意】

九四意识之力量本来柔弱,行动的路上又被困在出了事的车子里,等于被困在没有行动自由的情境之中,自然难以发挥其意能。也可以理解为被小人所困,意能不断被折磨减少,但最后还是有人帮助才可以脱困。人在困境之中,要找愿意帮助自己的意能来改变意识的处境的人,甚至对小人也要好一些,很多时候身处困境也要拉小人一把,因为你助人也可能就是助己。

在困境当中,意能要分给小人一些。因为被小人包围所困,艰难异常。此时能量不得不分。人要出离困境,在无助之境中,首先要自助,多助人多布施多付出,帮助他人最后会能够帮助到自己。所以,九四既然阳刚有志气,为了脱困,就不能只顾自己,必要时刻也要帮助小人。

意能要脱困,就不要被私欲牵绊,人心的私欲是阻止约束人行动的金车,自己被私欲困住,就难以施展发挥,更难以解脱困境。

九五:劓刖(yuè),困于赤绂,乃徐有说(tuō),利用祭祀。

《象》曰:劓刖,志未得也。乃徐有说,以中直也。利用祭祀,受福也。

【明译】

九五:被迫采用劓刑、刖刑治理国家,以至穷困在尊位,后来得以慢慢脱离困境,有利于举行祭祀。

《象传》说:被迫采用劓刑、刖刑治理国家,因为九五的志向得不到伸展(刚爻被柔爻所掩,有道无法推行)。后来得以慢慢脱离困境,因为能够持守中道,处世正直。有利于举行祭祀,因为能够得到神灵的福佑(九五有祭服可祭祀)。

【明变】

九五在否卦上乾(大赤、衣)里,是穿着赤色祭服之象,变成困卦,是被困在祭祀之服(外在的包围)中,代表九五在尊位受困。九五在卦变中未动,与九四一样停在表示行动不坚决的巽卦里,是行动迟缓之象。卦变后上卦成兑(通说,脱),有能够逐渐脱离困境之意,毕竟九五穿着红色祭服居于尊位,行动刚直中正,适宜主持祭祀上天的大典,当然可以接受上天的赐福。

【明解】

赤绂:代表九五之尊的位置和权力,一说诸侯用的祭服。劓:割去鼻子的刑罚。刖:砍去足的刑罚。说:通"脱",减少。九五原为否卦九五,下有互巽(股)、互艮(鼻)。变困后上卦成兑(毁折),是鼻(艮)、股(巽)都被伤害之象,出现削鼻截足的样子。所以象辞说九五的心志没有实现,其实就是意能受困难以施展。

至于九五是自己要受劓刑、刖刑，还是对他人不得不采用严刑峻法以至于削鼻截足的程度，根据后面九五能够继续主持祭祀，又在王位，应该是被迫采用严刑峻法的领导者，而不是被施刑的犯人。前解多明确认为就是"要受劓刑、刖刑"，但如果一个人真的被施刑，就不可能继续举行祭祀，后面既然可能慢慢脱困，就说明前面只是极言困境之惨烈。"困于赤绂"有解为"被官服所困""被尊位所困"等，意思都不够清楚，应该是"穷困在尊位"，而被迫使用刑罚。

【明意】

在困的大势里，即使在尊位也被迫要面对异常艰困的局面，此时要继续坚持，才能缓慢脱困，需要对意能解困有信心。也可以理解为，要用祭祀这样心意通天的活动来拉升自己意能的层次，让心意通天接天。毕竟，人在困境中祈求神灵保佑，本身没有什么错。困境中人天之意处困而难于接天，但此时更要努力不断地继续天意天机。通过祭祀让人们感受到彼此之间的诚意，让心意接天，诚心接天才是脱困的根本。

通过祭祀等庄严的仪式，人们可以感受到参与者意识通天的庄严心境，这种庄严能够成为意识起死回生的生机，诚意可以感染人，也是生机所寄。在困境中，接天、心诚都是为了生机回复，只有回复到有生机之地，处于有生机之时，生机才能生长焕发起来。

乱世被迫用重刑，通过祭祀聚合意能来脱困虽有不同理解，但九二与九五需要诚心配合才能脱困，否则很难摆脱困境。意能脱困，一定要有应缘、有助缘，即使一时没有现实的助缘，如果通过诚心感天的方式，也能够让人感应到人天之意的力量，而和缓地来助人脱困。

上六：困于葛藟(lěi)，于臲卼(niè wù)曰，动悔，有悔，征吉。
《象》曰：困于葛藟，未当也。动悔有悔，吉行也。

【明译】

上六：受困于藤葛蔓藟之中，又被困在高危摇坠之地，在凶日行动，必生悔恨，处于艰困之境要立即幡然悔悟，努力解脱困境，果断征伐才可能获得吉祥。

《象传》说：受困于藤葛蔓藟之中，因为上六居位不适当（到了穷极之位，又下乘二刚）。这是一动必生悔恨的艰困之境，说明拼力解脱困境前行才能够获得吉祥。

【明变】

否变困,上六从二位升到上位,乘在两个刚爻之上,位高至极,在互巽(草木、葛藟)之上,是受困于藤葛蔓藟之中。上六从内卦(贞)升到外卦(悔),是动到必生悔恨之地。进入艰困之境之后,要立即幡然悔悟,知错能悔,知悔能改,并努力解脱困境,而且应该果断征伐,才可能获得吉祥。

【明解】

葛藟:形似藤萝,纷繁缠绕的蔓生草本植物。取自巽为草木之象。臲卼日:择日术中的凶日。一说臲卼:高而危。

有学者以"曰"为逸字,但出土资料如楚简《周易》、帛书《易》、熹平石经《周易》皆有"曰"字,证明这个字应该不是逸字。但到底应该是"曰"还是"日"字,则应该在经文里去判断。应该还是解为"日"通顺一些,如果是"曰",理解为"叫"或"叫作",可以说基本是无实意的,而经文字字珠玑,很少没有明确意义的字。所以应当把"臲卼日"理解为择日术中的凶日,虽然经文时代的择日术还不是后来比较成熟和严格意义上的择日术,但可能早期先民已经有了择日术中的相关理念。如果把"臲卼日"理解为择日术中的凶日,那么可以把爻辞部分理解为,在臲卼日(凶日)行动,必生悔恨。

【明意】

困卦每爻皆以"困于……"领起,说明卦爻辞作者明确以不同的困境来阐释意能受困的境遇。困境之中,意能极低,也是充满危险之地。要出困在于意能之转化,需要集中心意,少言寡语,免得形势恶化。意能提升如《参同契》之修炼意丹,是通过意念集中而实化。

人遭遇困境之时,本来就是意能降低到低凹之时势当中,此时更要学会集中意能的艺术,只有意能集中才能脱困,要把有限的意能集中到能量最高的方向上去,这样才可能集中突破,实现意能的提升。

陷入困境,知悔而征,逐渐转化困境。如果意念纷杂无中心,意能必无力量,因为意念发动起来,就不应该为他物牵累,否则无法使意念集中有力,提升意能。而在某些不合适的时日发动意念,不但必遭凶祸,而且与脱困的初衷背道而驰。

四十八 ䷯ 水风井（巽下坎上）

整体性提升（改换）意缘好比井的缘分，犹如阶段性群居性地缘散缘聚。当然有独立于人心的自然情境，但其存在方式因意缘的理解和领会而在。井卦为震（缘）宫五世卦，立"意—缘"论第六。缘不变，如井不变的缘生状态。井是水中有木桶，在井中用绳垂下一个木桶汲水，水顺木而升。井作为大家聚集谋生之处，也有道德教化之所的意义，相当于今天的食堂，但有礼堂甚至祠堂或教堂的意味，即能够从事仪式性教化的地方。

总体来说，如井象所示，中国的宗教性仪式比较生活化，没有西方教堂那么强烈的超越义。中国的宗教性仪式多致力于提升人的先天善性，但西方教堂却从净化人的先天原罪入手。虽然东西方对于人性的假设不同，但从对灵魂的拷问和震撼的角度来说，无疑原罪说对人的触动更大些，因为人们在绝望中意识到自己是罪人，会做错事，从而自净其意，改变自己的意缘。但如果只是意识到自己的善性，而缺乏克服恶源近乎绝望的自省，那么还是缺乏限制恶缘的有效机制。从制恶入手，更有利于建立完善的行善机制，反而达到更好地扬善的目的。同理，强调天人合一的哲学倾向，因为没有致力于解决天人相分的自然困境，反而在现实中建立天人合一境遇之时，可能还不如天人相分而力图和谐的现实努力。

井卦是个不断修井的过程，象征人不断修行意缘的历程。初爻几乎是废井，人之意无缘，无人在乎；二爻可以在井底的水里射抓小鱼，说明人有小的意缘但几乎无用；三爻井修好了，可是没有被人赏识的意缘，终不见用；四爻还得自修等待良好的意缘；五爻才时位兼具，意缘得以伸展，可以济世利人了；到上爻井口收拢，生机焕发，井养人不穷之意缘才大功告成。

井，改邑不改井，无丧无得。往来井井。汔（qì）至，亦未繘（jú）井，羸其瓶，凶。

《彖》曰：巽乎水而上水，井。井养而不穷也。改邑不改井，乃以刚中也。汔至，亦未繘井，未有功也。羸其瓶，是以凶也。

《象》曰：木上有水，井。君子以劳民劝相。

【明译】

井卦象征坚定不移，居住的村邑可以改迁，但水井不能改迁到其他地方。每日汲取不见其枯竭，时时流注其中也不见其盈满，任凭来来往往的人反复不断地从井中汲水为用，永远井然有序。如果汲水的时候，打水的陶罐即将升到井口，还没有提到井上的当口被挂住了，一旦倾覆毁坏，就会有凶险。

《彖传》说：上卦坎为水，下卦巽为木为入，用木桶深入水下再向上提水，这就是井卦表达的情境。井水取之不尽，用之不竭，滋生养育人的功德也永不穷竭。居住的村邑可以改迁，但水井不能改迁到其他地方，是因为刚健（九二、九五）居中，不易改变。井以打水为功，如果汲水的时候，打水的陶罐即将升到井口，还没有提到井上的当口被挂住了，不能算有功，因为还没有实现井的养人之功。一旦打水的陶瓶被挂住或者倾覆毁坏，那就有凶险了。

《象传》说：下卦巽为木，上卦坎为水，把木桶深入到水面下打水，把水提上来而有井水之用，这就是井卦。君子要效法井水养人之德，要多为人民操劳，劝勉他们互相帮助。

【明变】

井卦由泰卦变来，即泰六五与初九换位变井卦。泰变井后，原上坤（邑）变为坎（水），是村邑当中新出现了一口水井。在卦变中，泰的三个刚爻与三个柔爻，变来变去，没多也没少，好像井水每日汲取，却不见其枯竭，知道水汩汩流出，时时流注到井中，但也不见其盈满。在卦变中，九五上往，初六下来，变成井卦，好像井（一二三四互大坎）的边上，任凭来来往往的人反复不断地从井中汲水为用，有一种永远不会变化的井然秩序在。

【明解】

汔：同"迄"，几乎。一说水干涸。繘：打水的绳子，名词用作动词，用井绳打水。羸：同"缧"，钩、挂。瓶：大腹小口的陶罐。劳：慰劳、犒劳。劝：鼓励。相：帮助，辅助。居住的村邑可以改迁，是村邑的边界可以重新划分，甚至村子里的人可以整体性地搬迁。但水井不能改迁到其他地方，因为井是打在哪里就固定在哪里，不可能搬走。

井是公众提水之处，饮者在井边，来来往往，似乎遵守着某种公约，自然维持其秩序的状态。大家一起汲水的时候，打水的陶罐都即将升到井口，还没有提到井上的当口，如果就互相挂住了，那么陶罐一旦倾覆，或者因为相撞而毁坏，就会有凶险，功败垂成。

瓶象取互离(大腹)、兑(口),大腹小口之物如瓶。初至四爻是正反兑的对象,好像瓶口先向下、后向上,正好是把瓶子口朝下放进井水面之下,然后再用绳子(下巽)口朝上提上来,所以是人用绳子系着的瓶子深入水面之下取水之象。巽(绳)在坎(水)下,正反兑(瓶)在坎(水)下,是瓶先在水下翻过来,等装满水再提到水面上来,也好像木头(巽)可以吸水(坎),向上传送水一样。

【明意】

用木桶和绳(巽)来取水,可以使木吸水,也可以理解为用木在打水,水顺木而升上来。木要有活力、有生机,才能吸水而升。虽然井不动,但只要井有生机,水汩汩流出,大家井井有条地打水,养生送死,人世沧桑,而井不变。可见,井维系着人群共通的意缘,或者成为人群意缘的象征。

可以把井理解为有公共纪念生发意义的意缘对象,如地点、公共纪念场所等。人心聚集如井,虽然不动,但因为这个公共之地能够养而不穷,人心自然井然有序。以不变的心境状态应付纷杂的人世纷争,意缘总是变,但内心有所守,如井不变。当水上升遇到困难,就要到井的基础下面去寻找出路,可以让意缘的方向做些改变,但维持意境不变。汩汩流出的井水,经过人们有序取用,成为随时有序的水,也把自然之水变成净化的、有序的、可控的水(自来水)。在这个意义上,井是帮助人们把外在变动不拘的意缘,梳理成为有秩序的可以理解的意缘。虽然人心不断在改变,但自然境遇的风土人情作为人心变化的基础本身,却长期维持相对稳定。

井作为工业社会之"乡愁"的核心,打着深深的农业社会天人合一的烙印,人通过水,身体和思想都与井合为一体。如此困顿惆怅的乡愁之井,却在古老中国面对西方之后基本退出人民的生活,而那个农业社会强烈的天人合一感被人与自然分离和分裂的乱象所取代。如今逐步工业化之后的中国,虽然怀念天人合一的理念,但人与环境的融合感,已经不如上千年宗教性强调人与上帝分离的欧美建筑和环境中体现的人与自然的和谐感,那种在人间建立天国的人神二分思维下建立的人穿过所创造物而有超越感带出来的和谐,在几千年天人合一理念指导下不得和谐的现代工业化场景面前,显得疏异而吊诡。

初六:井泥,不食。旧井无禽。

《象》曰:井泥,不食,下也。旧井无禽,时舍也。

【明译】

初六:井下淤泥沉滞,井水浑浊不能食用。旧井破旧不堪,就连禽兽都不来喝水光顾。

《象传》说:井下淤泥沉滞,井水浑浊不能食用,因为初六位置在下(在井卦就是井底)。旧井破旧不堪,就连禽兽都不来喝水光顾,因为禽兽到井边饮水都是暂时停留一下,井水有淤泥就被禽兽给舍弃了。

【明变】

泰变井,初六从五位下到初位,从泰上坤(土)里到井卦的最下位,也就是土入井底成为淤泥。初六在覆兑(口)里,口朝下,井下淤泥沉滞,井水浑浊,不能食用。**泰变井后坤(禽)象化去**,好像禽兽见到旧井残破不堪,水也不能喝了,也就不再继续光顾。

【明解】

古代深井少,多是利用自然水泉加以修治的浅井,水位接近地面,禽兽也能饮水。初六是被彻底废弃的老井,不但人不能食用,鸟兽也不来饮水。井底淤泥使水变脏,如果井不能与时俱进就要荒废了。鸟兽到井边饮水一般都是暂时停留,如果看到井水有淤泥,就连禽兽也会把井舍弃掉。

【明意】

好比一个旅人,行走天涯,面对老树昏鸦的凄惨之状,心中孤独难受。曾经努力整合新的缘分,尽管竭尽全力,但最后却没有成功,只有孤独地行走天下。

过去的意缘,好像旧井一样。废井让人想到荒废的缘分,对整体性的超越和放弃的旧缘分,好像一个离乡背井的人,背弃了早期的缘分而重建新的意缘。井水有泥,是一个抛弃旧缘的象征,觉得旧泥脏、不好,意缘无法展开,没有生机。

井是意缘生生、源源不断之象。人心如井,人需要打扫旧井,好比需要打扫自己的心井,因为心井干净了,才有人来喝水,如果心井不净,心德不修,则连禽兽都远离,打扫了即有新的意缘展开。

九二:井谷射鲋(fù),瓮敝漏。

《象》曰:井谷射鲋,无与也。

【明译】

九二:在井谷(底)射抓鲋鱼,水瓮又破旧又漏水。

《象传》说:在井谷(底)射抓鲋鱼,上面却没有人来帮忙(九二没有正应,没有相与可在一起的人)。

【明解】

鲋:一种小鱼,水里的小鲜。瓮:大腹小口的陶器,形制大一些为瓮,小一些为瓶,与瓶同象。九二与九五都是刚爻,不能正应,于是只能下比初六(柔爻为鱼)。全卦为井,九二在上坎(谷)之下为谷底,坎(矢)离(弓,三四五爻)为搭弓射箭,是在井谷之底射抓鲋鱼之象。但水瓮又破旧又漏水,加上瓮口翻覆,即使抓住鱼也会跑掉。

【明意】

水瓮又破旧又漏水,等于最重要的工具很不给力,帮不上忙。没有应援,相当于没人帮忙,自己很辛苦。九二关键时刻得不到有力的支持,连工具都是不好用的,即使抓到鱼也会漏掉,就相当于一边做事,一边有人给你搞破坏,事情就很难做起来。上面的人不待见,下面的人心意向下,心不齐,则意缘难聚。

如果意缘起了就灭了,灭了就散了,这样就不可能形成自己的意缘恒稳的状态。如果没有相与的意缘,则要想维持稳定的意缘状态就会有难度。没有心意相通的人,则意缘难聚。意缘不可有而无之,要成事要聚意缘,生生灭灭进来就出去。缺乏现实条件的支持,君子之德不能推行,取水之具毁坏,如举贤之路已毁,则意缘难申,只有修意以待时变。

九三:井渫(xiè),不食,为我心恻。可用汲,王明,并受其福。
《象》曰:井渫,不食,行恻也。求王明,受福也。

【明译】

九三:把井整治好了,却没人来食用,让我心中不免伤惋凄恻。不过毕竟还是可以用来汲水,等到英明的君王出现,大家都会一同得福受益。

《象传》说:把井中淤泥淘治干净了,却没人来饮用,令行经于此的人感到惋惜难受。盼求圣明的君王出现,大家都可以一同得福受益。

【明变】

九五从泰卦初位升上来,变出互离(明,三四五爻),相当于等到了英明的君王出现。 九五升上来是天子大人得位,贤才得用,大家都会一同得福受益。

【明解】

渫:除去水中污秽之物。恻:惋惜伤悼。九三在巽(股)中,上临坎(水),是大腿浸入水下淘井之象,也就是把井整治好了。巽为覆兑,兑口向下,吃不了了,井修好却没人来食用,看到这样的情形,行经于此的人(边上为坎卦)都会感到惋惜难受(坎是心忧之象),心中不免伤惋凄恻之感。这是从负面的角度来说的。

从正面的角度来看,井淘干净,即使没有人来喝水,也毕竟还可以用来汲水。

【明意】

自己修治好了井,却没有人看到,没有人饮水,徒自伤心。这种情形的改变,要等到英明的君王出现,才能让大家受福。说明改井的意缘不是自己简单努力就可以实现的,需要超出个人的外在力量,才可能改变整体性的情境。

怀才不遇时,在上面有权势的人看不到修身的成果,也看不到情形改变的状态,必须忍耐,做好事情,等待机会。要等到好的机遇来重塑意缘,未来在当下意缘展开的过程之中,但等到意缘变化才能有新的生机。

六四:井甃(zhòu),无咎。
《象》曰:井甃无咎,修井也。

【明译】

六四:把井的内壁用砖头砌好,自然可以避免咎患。

《象传》说:用砖头来修砌井的内壁,以便防止祸患,说的就是要把井修治好的益处。

【明变】

泰变井,初九来到泰上卦坤(土)中位变坎(水),是水入土中混合而成泥之象。

【明解】

甃:旋井,即用砖或石垒砌井的内壁。下有互离(火),是火烧泥土成砖之象。六四又在下巽(工)之上,好像泥瓦工用手和泥与砖修井之象。把井从下向上垒砌直到井口,把井的内壁用砖头砌好。

【明意】

修养如修井,把自己的意缘修治好,而且是从内治缘,不求外缘,如六四心正,但修养不足,只能切重自身修养,即内缘的完美与提升。至于外在的意缘如何,则不必过分挂虑,内功修好,光彩自来。

修治意缘并不否定外在意缘的真实存在性。九二、九三在下面,代表意缘状态良好的时候,如甘洌的清泉沁人心脾。井的意缘修治到良好状态,好像一种美妙的心境一般,朗照世间。保持水质清洁,相对于心意修养来说,就是心意越干净不杂越好。

井的意缘之道是能上就上,不能上就做好现在的。用井之道,不可急躁,修养不可操之过急。人生在世,时也命也。看开看明看懂时势,但不是看破。在逆境之中,修炼内功,等意缘变化而有明显改观。

九五:井洌寒泉,食。

《象》曰:寒泉之食,中正也。

【明译】

九五:井水清洌,如寒爽的甘泉,可以直接饮用。

《象传》说:清澈的井水如寒爽的甘泉,可以直接食用,因为九五能够居中并持守正道。

【明变】

泰变井,九五主爻在上卦坎(水)里,代表井,来自泰卦下乾(寒)。

【明解】

在上卦中刚爻刚位位正,代表合乎中正之道的好井,有井水清洌之象,如寒爽的甘泉,可以直接饮用。

【明意】

实化意念保持良好状态的时候,如甘甜的泉水沁人心脾,滋润大家。也代表人应该要有宽大的胸怀,能够容纳不同意见。

上六:井收勿幕,有孚元吉。

《象》曰:元吉在上,大成也。

【明译】

上六:井口收拢好了,就可以不用盖子盖上,因为心怀诚信,自然就会大吉大利。

《象传》说:上六虽然高高在上,但大吉大利,因为井水养人的大功已经告成。

【明变】

卦变前阴阳交流的泰卦,经阴阳爻换位而成井卦,上六未动,下阴爻变成阳爻,大吉大利,乐见其成。先天阴阳交流的情境被化用成为于人有用的生活场景,养人不绝。这是把先天生意化为后天生意的绝佳例子。上六虽然高高在上,安居不动,但乐见生意的转化,这可谓推天道以明人事的核心要义。

【明解】

幕:盖,覆盖,盖上。凿井的时候,内腔要修得宽大一些,到了井口要逐渐收小,所以有井口收拢之象。井下宽阔,有利于多贮水,井口收拢是为了防止脏东西吹入井里,人取水水桶不会碰到井壁也更安全。上六在全卦最上位,柔爻中有缺口,是没有加盖之象,所以说井口收拢好了,就可以不用盖子盖上。不要盖起来,表示井口收拢,足以防止落叶和脏物,不需要特别防范,可以保持开放的状态。

下有正应九三,又与九五相比,所以心怀诚信。井的工程都在下边,到了上口,整个井都修好了,自然就会大吉大利。

【明意】

意缘实化为生养人的意境,随时接续天地生生之机。收藏井的意缘是把井作为一个象征,如心不动以应万变,能够吞吐宇宙之机,收藏天地之志。虽是不动的井,却有无限不测之生机。故炼得功成者,收盖不露,生机内敛,应人而出,此井之大缘。因缘而生,依境而起,乃井之缘生哲学的要值所在。修成正果就随缘度化,开放而包容,心意宽容平和,自然而然。

井加盖也可以理解为人的私心作祟,容易引发争夺,失去井生养众人之公共意味,也是不可掩盖其生机之理由。

四十九 ䷰ 泽火革（离下兑上）

革卦与蛊卦不同，蛊是社会改革，革是质的革命。变革的时机，即时机中的能量最为关键。《周易》的时间哲学强调的是时间的能量和意向性能量之间的合拍性和可能性。时机需要等待，更需要个体意识的把控。个体意识对于相关信息的体验和把握总是不全面的，毕竟很难真正做到全景式的关照。但变革成败的吊诡之处在于：变革者如果不能对天时能量有足够的自觉，并为变革储备相应的意向能量，就几乎没有办法改变事情的发展，所以变革者的确需要有超越个体意向性的能力，也确实需要有接续天机的意能，不能依天时放大自己的意能，就不能够成功变革所在的形势。

革故鼎新是改变所有人的意识境遇，一定要极为小心。革卦为坎（行）宫四世卦，立"意—行"论第五，革是意念在危险的情境之中争取变革。君子观革而制定时间哲学，体会心意与时间的关系。意在时间之中，时间如流意，而流变的意念在时间中展开。没有离开时间的意，时间亦不能离开意。不存在离开意向性的时间，也可以说没有客观的时间，没有外在于意向性的时间。时间总是在意向性之中，并在意向性当中展开。

革，己日乃孚。元亨。利贞，悔亡。

《彖》曰：革，水火相息，二女同居，其志不相得曰革。己日乃孚，革而信之。文明以说，大亨以正。革而当，其悔乃亡。天地革而四时成，汤武革命，顺乎天而应乎人。革之时大矣哉！

《象》曰：泽中有火，革。君子以治历明时。

【明译】

革卦象征除旧变革，只有在时机成熟的"己日"，改革措施才能取得民众的信服，此后亨通便利，利于持守正固，忧悔也会消亡。

《象传》说：革卦，上卦泽为水，下卦离为火，水火互相熄灭，好比两个女子同居一室，因为心志趣味不相容，终究要发生"变革"，这就是革卦要说明的情形。只有在时机成熟的"己日",改革措施才能取得民众的信服,这样改革才算取信于民,得到人民的拥护。下卦离为文明,上卦兑为喜悦,内含文明之德,外显愉悦之色,持守正道而大为亨通,改革适时而妥当合理,忧虑悔恨才会消亡。天地阴阳变革,四季循环往复,商汤革除了夏王朝的天命,周武王革除了商王朝的天命,顺应天道又合乎民心。可见,变革适时合宜的时机化意义实在太重大了!

《象传》说:上卦兑为泽,下卦离为火,泽水当中有烈火就是革卦。君子看到革卦水火互相熄灭的卦象,就要制定历法来明察天时运动的几微。

【明变】

革卦从大壮变来,即大壮九二与六五换位变革卦。在大壮卦里,六五柔爻占据尊位、刚位,九二刚爻占据卑位、柔位,卦变之后,各自取得了恰当位置,下卦成离(日),按纳甲原理,离纳己,所以有"己日"之说。

【明解】

己日:己为十天干之一。纳甲学说认为离纳己。革卦下卦为离,故言"己日"。廖名春认为"己日"为"完成之日",杨庆中从,义理上可通,理解为时机成熟之日。王弼读"巳",金景芳、吕绍纲从。革是除旧变新。古人认为,朝代能建立是由于天命,朝代灭亡是革除天命。"革"又有皮革之义,即兽皮铲去兽毛后留下的光板皮子。兽皮花色的区分主要在于毛色的不同,去掉兽毛是一种大的变革,"虎变""豹变""革面"指的是毛皮的变化,同时又是质的变化。

革卦是水想熄灭火,火想烤干水,水火交战互不相容。"己日"有讲成"改革成果显现之时"的,应该不如"时机成熟之日"妥帖。离为中女,兑为少女,二个女子合不到一起,长大后志向不同,会发生变革。发生革命之后,要到时机成熟的己日才能得到人们的理解与信任。离为文明,兑为喜悦,是变革得更加文明,人心悦服。变革得当,所以忧悔消亡。天地变革才有四季更替,商汤推翻夏桀、周武王推翻商纣王的统治,是顺应天理和应和人心的武力革命。所以适时革命的意义非常重大。

上卦兑(泽)下卦离(火),组合在一起就是革卦。比如大泽中火山喷发,火大会把泽水烧干,水大会把火浇灭,二物不能兼容,只有变革。君子看到二物相克、不得不发生变革的状态,通过观察天象的运行,把历法制定出来,让百姓明白时间的存在,进而加以利用。

【明意】

革卦说明人的勇气和魄力可能决定未来,但需要精准地把握时机。人都想把握未来,改变未来,但到了最为紧要的革命之时,一旦发生变化,后果往往无法预料。此刻还是要顺天应人。意念中的勇气和魄力在时间面前的力量需要认真体悟,好像欣赏变革的美,要能够身临其境,又能够超然物外。否则,勇气和魄力只是美学价值,比如崇高的理想,为了未来献身的勇气等,如果不能把握和领悟变革的时机,就无法实化出来,而只能远观欣赏而已。理解时机之难,就知道人能够选择的变革既有限也很难。变革是为了改变现状,决定自己和他人,但变革的情境一旦发出,就很难为个体所控制,也就不可能真正做到每时每刻主动选择和自作主宰。

先人区分天地阴阳之革的时机而分出节气等时间节点,从而制定历法。古人从长期积累的时间感中,知道大地与天之间的互动极有规律。天地间的能量周而复始,精确重回。天时的能量掌握着万物的运行,精准不失。从卦象上看,泽中有水,水中大火,是大泽中火山喷发,水火相斗,火山喷发的力量很大。时乃天时,依天而有时,因天时而有人事,因人心而有意行,天时与意行相互融汇,意念发动即有时空情境,如以为都是纯粹己意,便是自大,便不能让意随天行。如果以为人有孤立独断的自由意志,那么到最后往往自作自受。可见,要不要革,必须依时势而定,要有等待变革时机的耐心。

初九:巩用黄牛之革。

《象》曰:巩用黄牛,不可以有为也。

【明译】

初九:用黄牛皮做的绳子捆绑结实。

《象传》说:用黄牛皮条拧成的绳子捆绑结实,是因为初九要耐心待时,不能轻举妄动,无法有所作为。

【明变】

卦变中离(牛)得坤(黄)中爻,为黄牛。

【明解】

革除天命时期,初九位低时,不可盲动。初九在革卦的下离,所以用黄牛皮做的绳子捆绑结实。初九地位低下,力量薄弱,要避开残酷的政治斗争,宁可持志自固,谨小慎微,免得被扼杀。

【明意】

意行开始就要耐心。意与时行,要对流逝的时间有耐心。黄牛之革代表现实难以改变的情势,好像没有办法变革一样。好比变革前严控的前夜,一切似乎都不可能改变一样,但最后必须通过变革来改变僵化的时势。在僵化的时势被打破之前,需要对相应的艰困时机有把握、有领悟,而更重要的是巩固变革之意行要有耐心,等待合适的变革时机真正开始并让变革的意行于时势之中,参与引导变革时势的变化。

六二:己日乃革之,征吉,无咎。

《象》曰:己日革之,行有嘉也。

【明译】

六二:到时机成熟的己日发动变革,出征吉祥,没有过错和灾害。

《象传》说:到时机成熟的己日发动变革,说明六二努力前行会有嘉美的结果。

【明变】

六二是大壮变革换位的一爻,六五来到二位居中得正,已走出准备阶段,出现在地位,可以行动。

【明解】

己日:时机成熟之日。六二与九五正应,适于时机成熟的时候发动变革。下离(日)纳己,所以到时机成熟的己日发动变革,出征吉祥,没有过错和灾害。

《周易》告诉人们,做事要遵守天时,尤其是大的变革跟天时有密切关系,因为时间本身具有能量,先人通过历法标示了这些能量刻度和它们之间的转化关系,如果能够为己所用,就能够找到能量最大化的时机,这样才能事半功倍。可见,《周易》的运用是讲究人与天时配合的时机化艺术。

【明意】

初九形势不允许变革,必须等待。到了六二己日时机成熟,变革时机到了。纳甲学说用己配离,表示时机的能量情态。到离的能量发动的时候,革的意念就会在革的时势当中,被放大到最有力量的状态,所以努力前行会有嘉美的结果。

意念之行改变时势,需要在成熟的时机开始,但这个时机关键点的把握非常之难。不能纯粹依托占卜的预测手段,更重要的是依托自己的评估,即如何掌控和理解自己所处的形势。这种心对物(情境)的领略要尽量客观,不宜掺杂任何主观情感判断。如果意向性得不到客观的理解和判断,或者对形势判断失误,最后会表现为对时机把握不准,而形势是通过对时机的领会表现出来的。

九三:征凶,贞厉。革言三就,有孚。

《象》曰:革言三就,又何之矣?

【明译】

九三:急于征进必有凶险,静守不动则有危厉,改革虽已多次宣告小有成功,但还要继续取信于民。

《象传》说:改革已多次宣告小有成功,九三(除了继续改革)还有其他路可走吗?

【明变】

九三卦变前在乾(天)中,卦变后在离(火)互巽(风)中,有天火同人,引领革命,风起云涌之象。

【明解】

言:宣告。九三正应在上六,上六在上兑里,兑为口、为言。三:小成之数。孚:与上六相应,而乘六二,皆有孚信之象。之:去到。九三正当上下卦之际。下卦离(火),上卦兑(泽),处在水火不兼容的位置上,征进会被泽水浇灭,所以急于征进必有凶险。想正固不动又不上不下,位置不允许,所以静守不动会有危厉。上兑三爻,九四"改命"、九五"虎变"、上六"豹变",都随之而变,也就是改革已多次宣告小有成功,是变革初告成功。

九三是改革进行到半途,所在的三位是小成之位,意味着小有成功,但又在水火之交,可谓生死存亡之地,急进凶险,不动也危,所以分寸非常重要,继续取信于民非常关键。象辞的意思是,既然已经改革了一半,除了继续改革,就没有其他路可以走了。

"贞厉"有讲成"守正以防危厉"的,但此处变革而前有凶险的大势,不动也有危厉更合适。

【明意】

意向性的前进与对形势的改变,需要十分小心谨慎。意向在等革的时机,而革的时机需要通过对形势的领悟而展开。自己多次通过小的变革来积累形势,但需要积累变革的力量,并一直等待变革的时机。真正的变革需要多方理解和领会形势的能量,在其中寻找自己意向延展的空间。

意念在发动之前要隐忍待时,待形势之变化而行,在发动之前不可表现出来,因之意向性总是待境而实化。所以对于待境的时机,要极度敏感而小心,这需要有巨大的自制力。面对改革到半途的形势,已经没有退路,唯有把改革进行到底。所以改革作为意念之行的整体性变化,个中分寸的拿捏和把握,非常考验改革者控制意念的分寸和时刻自省自察意念实化的能力。

九四:悔亡。有孚改命,吉。
《象》曰:改命之吉,信志也。

【明译】
九四:不要忧虑悔恨,只要取信于民,就能够改变旧的天命,会是吉利的。
《象传》说:改变旧的天命吉祥,因为九四诚心诚意顺天应人。

【明变】
九四卦变前后都有乾(天)兑(口)之象,只是改变位置,仍然有"孚信",变革的心志与形势没变。

【明解】
九四爻在上卦兑(口)互乾(天)里,是用口宣告天命,能够改变旧的天命,会是吉利的。"改命"就是建立新王朝,废除旧政令,施布新法令。九四在互乾(天)互巽(命)里,所以说改变天命。

"悔亡"讲成忧悔消亡,可通,但连贯起来,还是"不要忧虑悔恨"更好一些。"信"有讲成"伸"的,但不通假也可通,理解为真诚、诚实,"信志"即诚心诚意顺天应人,相信变革的心志将会实化成为现实。

【明意】
这是相信民心的政治哲学,但相信民心从来都是意念变革的托辞。真正的民心只能构成变革意念的境遇和相应的能量而已,并不能直接导致变革的发生。总是那些能够明了民之心境、善于整合民心民意的人意念发动,才能改变整体性的意念之境。

意念之行当顺应人天之意境,而改变情境之革最根本还是要从心念开始,主导革命者的心意可延伸至人民全体。

九五:大人虎变,未占有孚。
《象》曰:大人虎变,其文炳也。

【明译】

九五:大人以猛虎之威势推行变革,不用占决便能赢得民心。

《象传》说:大人以猛虎之威势推行变革,他的文功武略彪炳天下。

【明变】

上卦兑为虎,兑在西,为白虎。九五在卦变中从二位升到五位,刚爻得位,是"大人",所以称"虎变"。

【明解】

另外,文为虎之斑纹,所以"虎变"相当于变出虎皮一般花纹,彪炳斑斓,威猛大气,跟在卑位时的表现大不相同。九五与六二阴阳正应,所以阴阳相应。六二虽在下卦离(龟)里,可占,但不占也会相信,所以不用占决便能赢得民心。

【明意】

大人的意念合于时势,利用对民众的孚信而构筑了变革的时势,并且不用占决就可以获得民心的支持,也就是自己可以通过意念把握合适的变革时机,天下望风而从,不必占问,自然风行草偃,心悦诚服。

一旦大人心意变革发动,其文攻武略立即瞬间彪炳天下,力道无穷,而能够改变形势。"意—行"有虎狼之威势,因为意念对时机的领悟达到了出神入化的客观性和精准性,而且行动者得到了大人之位,天时地利人和皆具备。"意—行"与时机的关系,从"意—行"的力量多为时局所影响甚至决定,到"意—行"可以主动地控制时机,而且自己找到最适合的机点来发动变革的意向,就很有可能改变形势。

上六:君子豹变,小人革面,征凶,居贞吉。

《象》曰:君子豹变,其文蔚也。小人革面,顺以从君也。

【明译】

上六:君子以斑豹之势力助大人完成变革,小人纷纷洗心革面,此时若继续激进征进不止会有凶险,居于正位保持正道才能吉利。

《象传》说:君子以斑豹之势力助大人(九五)完成变革,文采华美犹如斑豹花纹一样光彩照人;小人纷纷洗心革面,是表面顺从变革的君主。

【明变】

卦变前上六在互兑(虎)上,卦变后上六有兑(虎)象,可以说从之前只是有虎豹的迹,到真正变出虎豹之象,所以是"豹变"。上六为小人,小人从狐假虎威变成真有虎狼之象,自然是"革面"。革命形势已形成,不可以继续革命,所以"征凶",应该告别革命,顺天应人,以改良为主,变革为辅,所以"居贞吉"。

【明解】

居贞:大力推进变革之时,难以安居守静,所以应该是居于正位保持正道,上六柔爻居柔位,还是可以尽量守持正道的。蔚:文采光耀之象,指豹皮的花纹。小人纷纷改头换面,重新做人,努力做好表面文章,表示支持变革,他们懂得大势所趋,纷纷顺从革新者的领导,但不可对他们逼迫太过,要适可而止。

上六是一卦之终,变革大成。在上兑里,因虎豹同科,上六不在尊位,取豹象,所以是君子以斑豹之势力助大人完成变革。豹次于虎,君子的变化次于大人,但也相当可观。柔爻为小人,兑为悦,小人变得喜气洋洋,纷纷洗心革面。但位处穷极,不可再进,此时若继续激进征进不止会有凶险,居于正位保持正道才能吉利。

【明意】

意向性找到了合适的时机化节点,可以突破改变自己的意识境域,调动意识能量,来改变形势。意能因为合于特殊的时机而能够被迅速放大,形成巨大的力量。意能被迅速放大之后,顺大人之心的就要效忠,不顺大人之心的就要洗心革面。此时反而要注意不可过分持续激进的意念,因为那样可能会激化矛盾或形成相反的力量。

君子革心,小人革面,革心才是真正的、立即的改变,是意向性合于时机并对其境遇作迅速的改变。心境可以合于时机迅速改变,好像超越时空条件,灵活机动。君子以心转境,小人依境转面,只是把面对情境的那一面改变了,但内里心意发动的机制并没有根本性的变化。不过意念之行的实化皆在时空之中,仍旧要受时空条件的制约。

革命进展到了最后,不可继续革命,反而要缓解革命的形势,继续革命将使得民不聊生,社会无法安定,民生得不到发展。意向性的展开,或意向性过程的展开,时刻都在时机之中,而变革性的意念发动对情境的改变,有着最为强烈的时机化意味。历史事件的记录特别明显地说明这一点,也就是总是在某些时间节点上,历史事件惊人相似性地重复着,甚至周期性地重复。这是因为人世的阴阳之意,不可能跳出天地阴阳之力的大势,所以人事的革故鼎新与天时更迭的确存在密切关系。

天地阴阳的革新依天时周而复始,人世变革的革新也是如此。周期性的历史循环论不等于历史宿命论,后者认为变化并无助力,而历史事件都是预成注定的,这就走到另一个极端。宇宙即意向性整合的体系,这告诉我们,意向性之中可以有整个宇宙,也就可以创造合于意向的天时,而天时的发动与否,也可以为意向把握。而且,在天时与意向能量的此消彼长中,意向性可能从天时借得能量从而转化被动为主动。《参同契》是借天时的能量增强自身身体的能量,而《周易》则要借天时的能量,增进自身意向性的能量。这种把握意能的方式,可能带来重大的变革。这都是意向性的主动性和配合天时而显出巨大力量的可能性。意与时之关系,意念发动之时,意对时的领悟(意—时),时间中的意(时意)等都是关于意之微妙的时机化哲学,意义重大而且有力量。

五十 ䷱ 火风鼎（巽下离上）

　　鼎既是变革食物最为方便之具，又是国家重器，需要谨慎使用。作为权力的象征，不可大权独揽，而应利益均沾。治国之术与烹饪之术本来异曲同工。烹饪之术的核心之一是对食物保持谨慎和敬意，对食材悉心处理，细心当中带着慎重，君王治国也要如此运用烹饪之术，对于圣贤保持深重的敬意，以最高超的烹调之术来礼遇国之重臣。鼎作为国之重器，也是盛祭品的容器，祭祀之后的食品要尽快分与众人，象征权力和利益的共享，否则众人争而食之，不仅食物不可能独占，而且象征权力的鼎也未必保得住。所以君王以敬畏之心烹养圣贤，为的是改善民生，凝聚民心，此谓"正位凝命"，也就是通过正己之心意，疏导端正天下之意缘意向，如一盘散沙之中，疏导出人心洪流之方向，也因此重新塑造心灵活动之范型，成为他心所向的根据。所谓一言九鼎，是心意发动于言，如鼎挺立，昭示天下，百姓见之，心向有归。鼎立新的心之意向，就是于旧的背景之中重塑更好的范型，改造原有的家庭、社会与教育范型，从而重塑旧缘，改变心向的方向，也就能够鼎立新命。

　　鼎卦涉及命的凝结与心的凝聚的关系。鼎卦是离（向）宫二世卦，立"意—向"论第三。命是生命的大方向，是每一个瞬间的意向凝结而成的。命凝结成为某种范型：家庭、社会与教育的范型等，引导命运的方向。心灵意向的范型则通过意向的凝结过程来规范意念发动状态的范型，所以要正位凝命，过正己正缘、开始正意的人生，让理想的命运状态时刻引导意向，让意向在理想的缘生状态即想要鼎立的范型状态展开，使理想的命运状态真正成为当下意向的延伸和汇聚。

　　鼎，元吉，亨。

　　《彖》曰：鼎，象也。以木巽火，亨（pēng）饪也。圣人亨以享上帝，而大亨以养圣贤。巽而耳目聪明，柔进而上行，得中而应乎刚，是以元亨。

《象》曰：木上有火，鼎。君子以正位凝命。

【明译】

鼎卦象征鼎立新风。大吉大利，亨通顺畅。

《彖传》说：鼎卦整体取自鼎器的象形。下卦巽为木为顺，上卦离为火，把木材放入火中，让它顺从火的燃烧，就是烹煮食物的情状。圣人烹饪食物来祭享天帝，并烹煮丰盛食物来供养圣贤。谦逊恭顺耳目聪明，**卦变中柔爻柔顺地向上升进，取得中位并与刚强者相应**，因此大为亨通。

《象传》说：下卦巽为木，上卦离为火，木头上面火焰在燃烧，好像鼎器在烹煮食物，君子看到这种现象，就知道要摆正自己的位置，凝聚心力，以成就自己的使命。

【明变】

鼎卦由遯卦变来，即遯卦九五与六二换位变鼎卦，遯卦柔爻六二顺利地向上升进到五位，六五得到中位并与刚爻九二相应。

【明解】

鼎原义指三足、大腹、两耳的青铜器，还有一根能插入两耳再抬起鼎的杠子叫铉。卦画下边的柔爻就是三足，只是后边的一足给挡住了。中间三个刚爻为鼎腹，六五是对峙的两耳，上九是横亘上的鼎铉。象辞认为鼎就是取具体物之象的。古代最早的鼎是陶制的用来烧煮饭羹的烹炊器，在人类开始用火之后，用鼎能把生的食物煮熟，于是人们把鼎看成获取新食物的器具，赋予其"取新"之义。后来贵族用青铜器铸鼎，形制越来越大，越来越多，平民无力与贵族的鼎器相比，鼎又被看成重器，甚至变成权力的象征。商周时期，九鼎易主被看成改朝换代的标志，鼎又有废旧立新之义。上一卦（革卦）是革除旧王朝的天命，这一卦鼎就是新王朝建立，所以大吉大利，亨通顺畅。

鼎卦取六爻全象，初六为鼎腿，二三四刚爻为鼎腹，六五柔爻如鼎的两耳，上九刚爻如扣鼎的铉。下巽（木、风）上离（火），是木柴点着火吹风做饭之象，所以说是烹煮食物。圣人烹制食物祭享天帝，食物丰盛是为了养育圣贤，上帝保佑自己和国家，圣贤是国家的支柱。下巽（随顺）上离（目、明），六五如（鼎）耳，所以鼎卦既随顺又耳聪目明。

象辞先讲用鼎烧火做饭，所以有鼎之象。进而从铸鼎的过程引申出君子要体会如摆正沙子范型一样摆正自己的位置，如冷却凝固成型一样凝聚自己和民众的心力和意志。前人很少理解到凝的根本是凝聚心力、或者意志力、意念力，不是其他的。人所能凝聚的就是意念的力量，用意念的力量改换天地之间的阴阳变化。

【明意】

变革过去是手段,但鼎立新风才是目的。革卦是火要把泽水烘烤干,你死我活;但鼎卦是把木材送入火中烹煮食物,并且不断加水(下五爻成大坎象),成为水、木、火"比相生"之象。这相当于培养好人,养好民生也就是养好民意,养好民力,国家和社稷才会平稳发展,如此一来,鼎才不仅依赖军事强权以鼎立天下,而是依赖民心革故鼎新,不断往前发展。

一个国家的建立和完整性的维持,可能不得不依托于军事力量,但一个社会的鼎立,却不可以过分依赖强权和武力。所以休养民生,使民心民意得以鼎立才是根本。这就要让民心民意鼎立起来才有方向,也需要给百姓指出方向。

鼎对于人民的心意和念力的意义,一方面是融通调和,一方面是凝聚凝结而鼎立,从而形成新的集体性意向。民心民意从来就五味俱全,不可强求一致。如伊尹辅佐商汤建立商朝,"大计调和鼎鼐,宏图点染江山",他同时又是"中华厨相",打通烹饪之道和治国之道,善于把相克的力量转化成为相生的力量,这需要巨大的魄力和毅力,汇聚民心民意,而且使之规范入型。鼎立天下者对天下人心意的塑型是有能力运天下人心意之化而成型。

初六:鼎颠趾,利出否。得妾以其子,无咎。
《象》曰:鼎颠趾,未悖也。利出否,以从贵也。

【明译】

初六:鼎腿颠倒,把鼎器翻个朝上,有利于倾倒出滞塞之物,(这就好像正妻不能生育,于是)把生了儿子的小妾扶正(取代正妻),没有问题。

《象传》说:鼎腿颠倒,把鼎器翻个朝上,并未违背常理。有利于倾倒出滞塞之物,这是初六(妾)随从贵人(九二),母以子贵。

【明变】

鼎卦从遯卦变来,遯是个放大的巽(股)卦,原来的腿较大,六二升进到五位变鼎,作为股的一部分向上去了,成了正反巽(一至五爻)的对象,正巽是腿向下,反巽是腿向上,腿向下又向上,有鼎腿颠倒之象。遯卦二阴继续发展就成否卦,遯变鼎改变了成否的可能,所以说"利出否",取义是倾倒出鼎里的滞塞之物,可以理解为走出否塞不通的局面。卦变中九五下来到了二位,初六得以走出低谷,随从贵人。母以子贵,九二就是妾的儿子,初六跟随九二就是小妾跟随儿子而被扶正,得到了尊贵的地位。

【明解】

否:滞塞之物,一说废物。

如果认为因原下艮(子)的变化而在应位相应地出现了兑(妾),是因儿子的关系得到妾,这样理解不够到位,好像原来没有妾,有了儿子就得到一个妾,这不是爻意。鼎立新主如妾因子上位,局面大改,这样做没有什么问题,前人如此理解的少。

颠倒是倒过来的意思。初六象征做饭的开始阶段,要把鼎颠倒过来清洗。初六鼎腿就要颠倒来用,跟九四应就要动。"利出否"理解成"有利于倾倒废物"意思上通,但不符合象辞"以从贵"的解释,所以还是译为"有利于倾倒出滞塞之物"为妥。这是把不能生子的妻子比喻为"否",所以译成"废物"或"污物"就太过了,没有理解前后语境的逻辑关系。这是比喻正妻不生育对家道有否塞,所以主人要出旧纳新,去掉不生育的正妻,以期纳娶会生育的新妾。这样的说法把传宗接代看得比妻子还重要,当然不符合现代观念,不合适。

象辞说并未违背常理是因为"颠趾"就是倾倒污秽,清洗一下,使鼎之前正常都要这样。

【明意】

鼎立新风即鼎立新的意向,这其实是通过颠倒和换人来实现的,所以无法抽象讨论如何鼎立,而是通过现实现象琢磨出来的意向以改变风气。这不是通过反省就可以的,需要对相关的人事等各种因素重新调整才行。

革故鼎新之时,自然重新谋篇布局,用新人换旧人,对既有利益格局重新分配,把旧局倾倒出来,洗刷后布新局,这是正常情况。新的格局出现,就有一批新的贵人。新主之前的众多失败,此刻也像清洗鼎器一般一扫而空。成功鼎立的新主,常常不是从胜利走向胜利,而是从不断失败中挺立,坚持到底,犹如妾的地位虽然好像一直很低,但有了儿子之后,就可能被扶正为妻。可见新主之前经历无数失败,饱受压抑,但位置扶正之后,力图鼎立新风,改变局面,从来都是正常且自然的过程。

九二:鼎有实,我仇有疾,不我能即,吉。
《象》曰:鼎有实,慎所之也。我仇有疾,终无尤也。

【明译】

九二:鼎中充满实物(犹如内心充实而有实力),我的仇人虽然嫉恨我,但也不能拿我怎么样,还是吉祥的。

《象传》说:鼎中充满实物,犹如(有儿子而)内心充实而有实力,可以审慎适中地来去。我的仇人(六五,前妻)虽然嫉恨我,但最后不需要过分担心忧虑。

【明变】

这一句的取象,说明卦变说真实不虚,否则难以理解何以六五跟九二的关系可以是"仇",而原来确实是"配偶"。配偶正妻从二位被休到五位,她心中充满嫉恨,与母以子贵的小妾和后来的孩子就形成了一种仇敌关系。因为通过卦变清楚了爻与爻之间的亲疏关系,就可以说把爻辞暗示出来的每个字的每层意思都理解出来,爻辞取象的各个层面都迎刃而解。九二在卦变中来自六五,在中位行动,所以下来算是比较小心适中,最终不会有灾祸,不必太过担心怨恨和祸患出现。

【明解】

实:实物,东西,实力,或内心充实。疾:嫉恨,一说疾病。仇:匹配,指六五,取义上是仇敌,取象上是配偶(《子夏传》:"仇,匹也。")还有朋友、配偶等不同解释。即:就,接近。九二"有实"可以理解为一个人有实力有位子,但以内心来理解更好一些,内心强大了,仇敌(六五)也无可奈何。六五本来正应,但说是"仇",是因为六五虽然到了五位,但嫉恨初六随顺九二,母以子贵,等于正妻被排挤到六五,对后来小妾(因为有儿子而自己觉得内心充实而有实力)和小妾的儿子心怀怨恨。

【明意】

九二是鼎腹之中,代表肚子里有货,有内涵、有实力的人不会随意不择手段做事情,而愿意等待六五来起用自己。卦变当中如没有九二的出让,就无法成就六五之位,按理说六五也应该记挂九二的恩德。

有实力的人意向发动要从己从人,等待他人意向的应和,需要忍耐等待时机,不接受挑衅,心意不为他意扰动。相信自己的实力别人无法挑战。这样,有实力的人的意向难以受到干扰,他们意向之发自然就会深思熟虑。

九三:鼎耳革,其行塞,雉膏不食,方雨,亏悔,终吉。

《象》曰:鼎耳革,失其义也。

【明译】

九三:鼎耳脱落了,无法移动鼎器,行动因此受到阻塞,以至于无法品尝美味可口的野鸡汤,还好正好赶上下雨,大家消除了懊恼,最终是吉祥的。

《象传》说:鼎耳脱落了,九三也就失去了鼎耳本来可以用来抬鼎的意义。

【明变】

卦变前遯卦有鼎卦下部(一二三四爻)鼎腹鼎腿之象,如果只有鼎腹鼎腿,九三就当是鼎耳之位,但卦变后鼎耳变到五位,所以称"鼎耳革"。

【明解】

雉膏:野鸡汤,用肥美的山鸡肉做成的食物。亏:去掉,《说文》:"亏:毁也。"鼎耳是插杠进去抬的部分,如果脱落就没有办法移动鼎,大家也就喝不得做好的野鸡汤,正在懊恼的时候,天上降下大雨,路上也走不通了,这样挪鼎的工人们就不再需要用鼎耳已坏作为不能移动鼎的借口,所以大家都很开心。因为下雨了,即使鼎耳是好的,客人们也喝不到汤,于是,所有人的懊恼就都消除了,最后吉祥。

此爻前人鲜有能解通者。译成"革除鼎耳,行动困难,山鸡的美肉不吃。正下雨,有亏有悔,最终吉祥"最为接近,但意思还是不很明确,至于把"方雨"解释为"正要下雨,还没有下"一类,就是还没理清前后逻辑关系,因这样解于理不通。九三失去作鼎耳的意义,因为九三在大坎里原有作鼎耳之象,但鼎卦取的是六爻全体之象,以六五为鼎耳,九三作鼎耳的意义也就被革除了。

"革"在取象上是变革之意。鼎革除鼎耳后搬动起来不方便,大坎成了坎(险),鼎耳脱落就无法移动鼎器,行动因此受到阻塞。前临上离(雉),在正反兑(膏泽,又为口)里,口上下翻覆,吃不成,以致于无法品尝美味可口的野鸡汤。正兑(雨),反兑是雨返下,大坎是水,所以还好正好赶上下大雨,兑还为毁折,是把悔意都毁灭掉了。全卦只有九三刚爻居刚位位正,在下卦之终,所以大家消除了懊恼,最终吉祥。

【明意】

个人意向如何在大局中隐忍待时,意向要顺境转化。九三本来是有本事之人,但进入大局之后,自己的才能被埋没且显得不重要了。需要自己保护自己,虽然在革命成功之后的内部复杂矛盾斗争中暂时还处于下风,但最后可以吉顺。

在剧烈的意向交错情境之中,可能个人的实力不彰,个人的意向在大局中不显,变得不重要了,但也不可妄自菲薄,要学会保守自身,隐忍待时,等待真正突破的时刻到来。这是意向的时机化转化。

九四:鼎折足,覆公𫗧(sù),其形渥,凶。

《象》曰:覆公𫗧,信如何也?

【明译】

九四:鼎足折断了,王公的美食倒出来了,搞得鼎身龌龊,凶险。

《象传》说:王公的美食倒出来了,九四怎么能够取得信任呢?

【明变】

遘有大巽之象,卦变中六二上到五位,只剩下初六的脚趾没动,所以是"折足",脚趾断落了。原互巽(股)反了过来,所以是鼎腿毁折反了过来,倒掉了四位王公的粥汤。本爻不讲卦变,就无法明解"折""覆"之象。

【明解】

𫗧:用较多配料烹制的像粥一样的高级食品,一说糁,有肉的米粥。渥:沾湿,粥流出来的样子。信:应验的结果。九四互兑为毁折,兑又为反巽(股),反巽是股向上,意思就是鼎腿向上且遭毁折,所以鼎足折断了,结果王公(四位为臣位)的美食被倒出来了,搞得鼎身肮脏污秽,取义就是事情被搞砸了,原因是力不胜任。象辞也可以理解为九四把好好的事情搞坏了,是自不量力造成的,当然也就很难取得君王的信任,所以"凶"。

【明意】

意向展开之时,内力不足可能适得其反,所以对于意念内在的力度,自己要有把握的尺度,因为自己对于意向的内在把握与展示的机缘都一样重要。

当人有机会彰显自己的意向之时,反而不可以过度展示,以致明枪易躲暗箭难防,导致大的挫败,而根本在于自己的意念的力度不足以支撑其所希望达到的境遇,导致现实的阴阳之气(力)不能如自己的阴阳之意来运作。

六五:鼎黄耳金铉,利贞。

《象》曰:鼎黄耳,中以为实也。

【明译】

六五:鼎器配了金黄色的鼎耳,坚固的鼎杠,保持坚固是有利的。

《象传》说:鼎器配了金黄色的鼎耳,六五在中位,能够保持坚实。

【明变】

六五在卦变中从二位来到五位,不离中道,来到上乾(实)里,所以六五中正而且能够坚实,说明六五作为鼎耳是中正而且牢固的。

【明解】

贞：坚固，贞固。实：乾为实。鼎卦从遯变来，遯的上卦原是乾（金），坤（黄）在中，遯变鼎，上卦成离，离是乾得坤中爻，又处在鼎耳的位置上，所以是鼎器配了金黄色的鼎耳与坚固的鼎杠。铉是抬鼎的杠子，插在两耳里才能抬着走，故在鼎耳处连及鼎铉。六五在上卦中位，所以能够保持坚实。

贞如果作为守正讲，鼎本身无所谓守不守正。当然，六五柔爻居中，有利于持守正固，但就鼎耳鼎杠来说，应该是保持坚固之意更好。

【明意】

六五变上来居于中正之位，意向之力相对强固，意念坚实足以打破原有的意境总体格局。掌控和分配权力者的意向对主体意境的塑造有较大影响。在位者鼎立有实力，意念坚实如鼎立天下之象，坚实有力的意向是王位的配置，也是鼎立天下的来源。家国社会的意识境域是由一些掌控家国重器的大人们的意向所分割和调控的，但鼎立新风的主政者要有坚实的意向改变原有的意识境域。

上九：鼎玉铉，大吉，无不利。

《象》曰：玉铉在上，刚柔节也。

【明译】

上九：鼎上配着玉制的鼎杠，非常吉祥，没有什么不利。

《象传》说：玉制的鼎杠在上面，是刚柔相济，节制得宜。

【明变】

上九原来就在遯的上乾（玉），卦变为鼎，上九成了鼎铉，所以鼎上配着玉制的鼎杠。

【明解】

鼎上面配上用玉作成的铉，显得有刚柔相济之感，象辞觉得能够调节，使之不太刚也不太柔，就算调节得恰到好处。从整体卦象上看，六五鼎耳，上九鼎铉，铉取象于六爻全象。鼎是青铜重器，用金玉作铉，相当珍贵，非常吉祥，没有什么不利。

另外，鼎是祭祀天帝的重器，在上爻这个宗庙位最接近天帝，能够让天帝得到馨享而福佑天下，所以非常吉祥，没有不利。上位通于神明，玉也是事天之器，代表人意与天意沟通之物。

古人认为，玉不仅珍贵，还有温润高雅的特性。用金作铉太刚，以玉为铉则刚柔合度。象上指的是遯变鼎，在上乾中来了一位柔爻，使上卦原来三刚变成刚柔相间的离卦，显得刚柔彼此节制，正好合适。

【明意】

鼎从初爻的烹食之具，到上爻的礼器，经历了一个实用器皿礼仪化和文明化的过程。鼎所代表的意向从实用化提升到礼仪化，是意向之域的扩大，从具体的实用性对象，扩大到国家和天下苍生。

上九代表退出权力境域的前朝大佬，他们的权力不再，但意向发动还是能够有所影响，如果能够跟在位的六五配合好，就可能发挥较大的影响力。意向之发当随顺和配合主事者的意境。上九要与六五配合，意念发动才能够虚实搭配，刚柔有节，既不过分刚硬，也不过分柔弱无力。

五十一 ䷲ 震为雷（震下震上）

意动即在缘生之中，缘生而有意。缘在意中出现的瞬间对意境都有所震动。因为缘都是忽然而至，忽然而逝，如雷起雷去，无所遁迹。震之生生为缘生之本。意缘发动的后天结构符合后天八卦的顺序。以震之动为缘论，是先天数转为后天数的临界点，因为心意发动之前，存在都在先天数理的运作过程之中，心意发动落实之后，则进入后天数理的状态。先后天之数并非割裂，而是时时刻刻相互转化，先天生为后天，后天含先天之数，故以震之生为缘生之本。

震宫八卦四十八爻论证意向必有所缘，此为震宫"意—缘"体系之总论。意向必指向某意向之缘，此即意缘。意缘起于震，缘分的到来就是对原本意识境遇之震动，新缘进入意识就是一种震动。可以说，缘在意中每一个转换的瞬间都有震动感。而意缘震起之后，如风行天地之间，犹如天地之意识，故接巽宫"意—识"体系之论。意缘因其为意向之实化，之具体化，所以也是从先天到后天的关键所在，成为后天八卦的起源，在后天八卦体系中，带有"缘生"意味，即取代先天八卦当中乾卦"意生"之源生位置。

如果把意比作太阳，那么意缘可以是飘忽的云，大地是意识之境，意识照到的范围是意量。太阳本身生生不息，有内在的能量和无限的可能性，充满各种意能。意缘（云）构成了天空的气象万千，而意量离不开云的变化（空气水汽）。意向是从太阳到大地的方向，意行是从太阳的光行到大地的过程。意识是因为有意境，有意识而后有意行，有意行而后有意量。

震，亨。震来虩（xì）虩，笑言哑（yā）哑，震惊百里，不丧匕鬯（chàng）。

《彖》曰：震，亨。震来虩虩，恐致福也。笑言哑哑，后有则也。震惊百里，惊远而惧迩也。不丧匕鬯，出可以守宗庙社稷，以为祭主也。

《象》曰:洊(jiàn)雷,震。君子以恐惧修省。

【明译】

震卦象征雷振而起,雷声震动使得万物亨通。震雷袭来令一些人惊惧发抖,惶恐不安,但也能使另一些人处之泰然,言笑如故,比如,即使巨雷能够震惊到方圆百里之远的地方,主持祭祀的太子却镇静如常,手里的木匙和酒杯也没有被震掉。

《象传》说:雷声震动,使万物亨通。震雷袭来令一些人惊惧发抖、惶恐不安,因恐惧而谨慎可以给人们带来福祉。另一些人处之泰然,言笑如故,是懂得警惧之前的教训,所以会依循处世的正道。巨雷能够震惊到方圆百里之远的地方,是让远方的人震惊,让近处的人知道戒惧。主持祭祀的太子却镇静如常,手里的木匙和酒杯也没有被震掉。国君外出,太子监守宗庙社稷,有能力胜任祭祀典礼的主持人。

《象传》说:雷声隆隆,接二连三打来就是震卦。君子有鉴于雷声轰鸣不断震动的震卦,应当知道恐惧天威,不断反省己过,修行人天之意。

【明变】

震卦由临卦变来,即临六四与九二换位变震,震是一个小复卦,所以可以从再度复生的角度去理解。

震从临变来,临的下卦是兑(口、悦、笑、言),变为震而知戒惧,所以说也能使另一些人处之泰然,言笑如故。

【明解】

虩虩:极其惊恐发抖的样子。哑哑:言笑合度,不放纵而有节制的样子,一说谈笑失声之状。匕:木制匙形器具。鬯:用黑黍酿制掺有郁金香的酒。洊:再、重、连续。

震是雷振而动之意。《杂卦》"震,起也"指雷动惊蛰,万物生发,有了新的活力重新振作。震卦能够令万物亨通,打雷使得万物从冬眠状态再度复生,似乎赋予万物以勃勃生机,重新开始新一轮生命旅程。每当惊雷袭来,声威壮大,令人惊惧难安,所以说,震雷袭来令一些人惊惧发抖,惶恐不安。震的情势是意缘之大力(如大地震),天地阴阳大动之时,当对天的神秘之力有敬畏,因为人的心力都有限,要在"畏"中等待转机。

巨大的雷声可以传到百里之远。震为长男、祭器,三四五爻互坎(棘、匕、酒),所以说,即使巨雷能够震惊到方圆百里之远的地方,主持祭祀的太子却镇静如常,手里的木匙和酒杯也没有被震掉。

在传统社会,每当诸侯外出,长子代理国政,如果遇到祭祀活动,就由长子代理诸侯去主祭。主祭人要用匕把牺牲从鼎中扠出放入祭器,并且把香酒鬯盛入彝器,然后酹地求神享用。整个过程中,无论发生什么,主祭人都不能慌乱,主祭的长子如果在天雷突然袭来之时,能够临危不惧,手中的匕鬯没有失手掉落,说明能够保持从容镇定,那就具有继位临政的才能和修养。

上下卦皆为震(雷),组合在一起,是内外皆震,内近外远,近知惧则无远忧,近不知惧,则必有远忧。考验另一些人关键时刻的修养,使他们因为恐惧而更加注意修身养性,这就是震卦的正面意义。人不可放纵过度,要居安思危。如果有忧患意识,知道防患于未然,就容易有好的结果,所以要能感受到恐惧,才能招致天地的福佑。古人认为,打雷就是苍天发怒,人听到雷声之后,就要有所警觉,主动改过迁善。如果自己没有过失,就可以处之泰然,天谴就不会加于己身。

【明意】

震为意缘发动。心意发动皆依缘而生,无缘则意难以震动发生。震之缘为阳力起始与世交接的瞬间状态,无缘则心意难以震动世界。意之生与缘共生,切入天地间的震动变化,都让心意与缘相通,故意之震不可能无缘,无论瞬间微妙的震动或排山倒海的大震,都需要缘来展现意的实存。所有的缘皆为意缘,意因缘而在,因缘而有实化之机缘。

人的意向必震于缘,不震动于修身和积德修福之缘,就须震动于一般难以脱身的俗务之缘,附于外缘过多,则最后可能在震天动地的变化到来之时,惊恐失措。人之心意与天地之间的能量交流是一个必须惜缘的系统,平时修行积累品行的人,和平时随波逐流不思积累功德的人,与天地震动之互动的结果往往很不一样。

心灵时刻通于天地者,能够良好地把握天地震动的节奏,德与才的累积是人在应对天地之震能否顺利过关的根本所在,才与德是意念对于外缘的理解与控制能力,所谓才德配位才能顺利,人间的每一个位置,都要求有适当的才与德与之相配。

人因为对于天地之震动未发状态的恐惧,而戒慎言行,因为恐惧而修道,不敢偏离合适的正道和中道,反而能够在关键时刻度过大震动的状态。对于天地之动的心存敬畏,对帮助人们度过人生的艰难状态有特别的意义,而对于天地之动毫无感觉,不怕得罪天地的,最后也会因言行思想皆出离天道而为天地所放弃。

人因恐惧而修行人天之意,在意缘生起之时戒慎恐惧。强大而连续的天地之动(洊雷)是对心意发动状态的警告,人当于意念发动之处就心存敬畏,不让意念未经反省即与世间之缘发生关联。在意缘发生之前,对意的生发能够有反省的状态是修行的功夫。

初九:震来虩虩,后笑言哑哑,吉。

《象》曰:震来虩虩,恐致福也。笑言哑哑,后有则也。

【明译】

初九:震雷袭来令人惊惧发抖,惶恐不安,但随后也能因为恐惧而使人强化修身,变得处之泰然,言笑如故,所以吉祥。

《象传》说:震雷骤来令人惊惧发抖,惶恐不安,因恐惧而谨慎可以给人们带来福祉。雷声也能够使人强化修身,变得处之泰然,言笑如故,是懂得警惧之前的教训之后,行为就会依循处世的正道。

【明变】

卦变中,原临卦下兑(言、笑)变为震(雷、动),上下皆震雷而动,有反复抖动之象。卦初是开始抖动,不算严重,所以是震雷袭来令人惊惧发抖,惶恐不安。**卦变后**,原下兑之阳爻分入上下(前后)震卦里,所以随后也能因为恐惧而强化修身,变得处之泰然,言笑如故,但保持着分寸不敢过度,也就是因为有忧患意识而能不犯天威,所以吉祥。

【明解】

虩虩:初九虩虩,六三苏苏,上六索索,都是用形容性叠字尾,用于描摹吓得震颤发抖的状态。古人以发音时开口程度大小来区别响声大小,如"虩虩"开口度最小,代表发抖声音小,因此抖得也最轻。"苏苏"其次,而"索索"则抖得最厉害。差不多近似于现代汉语里窸窸、苏苏、刷刷发抖之间的程度区别。初爻雷声相对较小,让人发抖害怕的程度还不是很厉害,但即使如此,也让主事者在雷声震动之"后"才变得泰然自若,也就是沉着镇定是在惊惧发生之后而能够克制稳定下来的。

【明意】

从雷震而起通于心意之震体会意缘发动和起心动念的艺术,因意缘震动而生发出反省意念震动程度的状态,惊于外缘之震而能迅速反省内心对外缘的驾驭能力,只有内心足够坚强才能有强悍的控制意缘之力。时刻于心动之前,保持戒慎恐惧的状态,于心意将动未动之际,要对于心意实化之前的先行机制保持谨慎节制,因为这个实化的过程其实最为危险,也是心意修行的核心所在,而每一个心意的实化过程,都跟心意相通的缘生情境有关。

六二:震来,厉;亿丧贝,跻(jī)于九陵,勿逐,七日得。
《象》曰:震来厉,乘刚也。

【明译】

六二:震雷骤然袭来,非常危险,丧失大量财宝钱币,赶紧登上九重高峻的陵土之上,不要去追寻(失去的财宝钱币),七天之后将会失而复得。

《象传》说:震雷骤然袭来,非常危险,因为六二乘驾在阳刚之上(卦变中六二骤然来到二位乘凌于初九之上,柔乘刚不顺)。

【明变】

六二在卦变中与九四换位,从临卦四位来到震卦二位,下卦变成震(雷),是震雷骤然袭来,六二来乘驾于初九(震初)之上,犹如坐到火山口上,非常危险。临卦的上卦为坤(朋),朋是两串贝币(古代货币)。临卦上四爻全是柔爻,比坤的柔爻还多,变震卦之后坤象化去,所以丧失大量财宝钱币。临卦九二上升到四位,与二三爻组成互艮(山),是换位后来到山上之象,所以说赶紧登上九重高峻的陵土之上。

此爻通过卦变能够说明为什么雷震骤然来到,丧失很多钱币,又来到高陵之上,卦变前后象的变化与爻辞对应都非常明显。

【明解】

亿:十万为亿,这里指数量大。六五象辞"大无丧"的"大",就是解释"亿"。一说臆测,猜度。跻:登,升,跻身,置身。上下震(足)皆为行,前后齐步,等距等速前进去追赶之象,当然赶不上,所以就不要去追寻(失去的财宝钱币)。震是小复卦,复卦"七日来复",七天之后将会失而复得。

【明意】

意是生缘,缘生之意即含死缘,缘死之意为缘生之意的一种状态,因为死为生的一种状态,如恶为善的一种状态,缘恶为缘善之无的状态。天下意皆善,此意本善,但恶即含于善中。

意缘所强调的都是生缘,也就是意在生缘中生,因生缘而有意。如果意的外缘无生气,那么也就没有意的存在。身外之物是人与天地沟通意缘能量的转化,但只是意缘的物质化维度而已。意在即与生缘共在原生状态,这当中必有生气。否则,意即入死地。人的意缘当生生不息,与逐物而陷于死地的意缘差距甚大。

财产都是身外之物,不应该看得很重。如果把身外之物看得重于身体存在本身,最后一定会把身体消耗和压垮。可是世间很多人追求外在的功名利禄,所花费的时间和精力远甚对待自己的身体。这是舍本逐末,最后卒以身殉,为天下笑。追求身外之物的过程,是意念实化并于外物上僵死而无生气的过程,即生生不息的意僵死于外物之上,导致生气皆无。这种缘是死缘,不是生缘。

六三:震苏苏,震行无眚。
《象》曰:震苏苏,位不当也。

【明译】

六三:被震雷吓得苏苏颤抖,警惧而行,不会有灾眚。

《象传》说:被震雷吓得苏苏颤抖,是六三位置不当(六三进退皆震,以柔居刚也不当)。

【明变】

卦变前六三在下互震(动)下兑(言)中,卦变后六三在下震(动)之上,进入互坎(险)中,有进入危险之境吓得发抖,话都说不出来之象。

【明解】

震雷震动,六三位置高于初九,会比初九抖得更厉害,又在上下震的接际处,有反复抖动之象,所以是被震雷吓得苏苏颤抖。六三在互坎(灾眚),但又在震(行)里,是可以通过行走脱离灾难,所以说,如果警惧而行,就不会有灾眚。

【明意】

意缘发动与身心安稳有关,心意颤抖是因为对于意缘震动世界的分寸没有把握,知道戒惧反而不容易出错。身体的位置不稳,心意就不安宁。身位依缘而在,依缘而生,是有缘才能维持身体的实存,但当身体的缘不稳,则意缘也会不得安宁,对突然出现的意缘震动得小心应对。

九四:震遂泥。
《象》曰:震遂泥,未光也。

【明译】

九四:雷震之时,惊慌失措,陷坠入泥泞之中。

《象传》说:雷震之时,惊慌失措,陷坠入泥泞之中,因为九四的阳刚还没有达到光大的时势。

【明变】

卦变中九四主爻从临卦二位进到四位。临的上卦、上互卦都是坤(土),变震之后上互成坎(水),是水入土中为泥之象,所以说,雷震之时,惊慌失措,陷坠入泥泞之中。

【明解】

遂:前行,通坠。一说于是,就。泥:泥泞,一说滞陷不通。九四原在临的二位(应爻六五),卦变中升到四位,但没有升到五位(天位),所以四位相比五位来说是九四阳刚还没有达到光大的时势。

【明意】

如果修养不够,打雷就能把一个人震到泥泞之中去,那他即使很阳刚,也远远没有达到光大的时势。所以时势的形成,根本上是一个人对天地自然运化的应对,如果能够平和无惧,顺应自然,那就可以光大自身的意缘,使人意接近天意,人与天时刻贯通。

因震雷的外缘剧烈震动而导致惊慌失措,也是因为身位不当而无法完全掌握心意的状态,即使要努力戒惧而应对剧烈震荡局面,可是不能做到,那就非常可惜。不过,即使努力自控外缘也可能失控,而一旦失控的时候,对外缘的得失不应过分惊慌失措,因为毕竟还处于时势不光大的时候,那就只能在相应发生的情境中努力自我控制。

六五:震往来厉,亿无丧,有事。

《象》曰:震往来厉,危行也。其事在中,大无丧也。

【明译】

六五:在雷声大震之时,不论上下往来,都有危险,虽然没有损失什么东西,但应该是祭祀上天的时候了。

《象传》说:在雷声大震之时,不论上下往来,都有危险,因为六五冒险行动(震为行)。居尊位行中道举行祭天大典,就不会有大的丧失。

【明变】

临卦里六五与九二正应,九二没有跟六五换位,却与六四换位,对六五来说,九二上往,六四下来,变出来的都是震卦,相当于雷声大作,震动不已之时,本来应该动的,可是自己却被迫陷在互坎(险)里动弹不得,说明在大震荡的时候,六五不论上往还是下来,都会有危险。

临上坤(朋)是串贝之象。卦变后六五未动,仍居其中,只是四爻变了,朋还没有完全损失,所以算是还没有损失什么东西,不过损失还是有的,字面上是有变故发生了,但取义应该是到了祭祀上天的时候了,这样基本符合象辞没有太大的损失的解释。

【明解】

临变震,临九二升往四位,成为主爻。

"有事"前人解为"可以长保祭祀盛事""应该保存祭祀之事""有自己的主张""有事故发生"等,都不够清楚。按照古人天人感应之理解,当认为雷声隆隆,过分吓人,到了应该祭祀一下上天的时候了。前人很少悟到六五居于尊位,能行中道,此时举行祭天大典之事,才是没有大损失的来由。如果只是解为"有事故但在中位",仍然情理未通。

【明意】

意缘之生,震动则处处有险,要努力维系意缘接天的状态,即使在震动之险中,心意也要努力接续天机,震动冲击人对意缘的控制力,使之减弱或加强。即使在震动的外缘迅速更换的情境之中,人还是要努力让心意接天,做心意通达天意而正确的事情。

祭祀上天有一种人天相通的宗教情怀,即心意只要努力接天,就可以尽可能把心缘拉回到正当的状态之中,可以避免大的丧失和过度震动带来的厄运。古人相信天人感应,该祭天的时候应该祭天,让心天相通,情势就可能发生转变。

上六:震索索,视矍(jué)矍,征凶。震不于其躬,于其邻,无咎。婚媾有言。

《象》曰:震索索,中未得也。虽凶无咎,畏邻戒也。

【明译】

上六:雷声震动,吓得嗦嗦发抖,畏缩难行,眼神惊恐,仓皇四顾,此时贸然进取,必遭凶厄。但是,只要守正不征,震的后果就不会降到自己身上,而会降到邻居六五那里,所以对自己来说,只要守正就无灾无难。但这个时候如果谈婚论嫁,就会导致言语争执。

《象传》说:雷声震动,吓得嗦嗦发抖,畏缩难行,因为上六未得占据中位,前后失据,心无所归。虽然情势凶险,但最后无灾无难,因为从邻居那里感受到惊畏,从而自己预先有所戒惧。

【明变】

卦变当中,临卦上面的坤(母)被震掉了,相对于九四被震换、九五被陷在坎中动弹不得的大势来说,上六未动,相当于虽然发生了剧烈震荡,但震荡的后果并没有降到自己身上,而是让邻爻六五陷入互坎(险)境之中。

【明解】

矍矍:鸟在高处双目惊慌四顾的样子。上六在全卦最高位,受震最为剧烈,抖动也达到最大程度,所以是雷声震动之时吓得嚓嚓发抖,畏缩难行之象。从二至上爻是个缩小一点的小过卦,小过卦有飞鸟之象,接近于火山爆发和大地震这样的大震荡之时,即使飞鸟在高处也眼神惊恐,仓皇四顾,而上位又是穷途末路,所以此时贸然进取,必遭凶厄。

上六从邻爻六五被震入险境吸取教训,知道应该戒惧,所以对自己来说,只要守住阴爻居于正位就无灾无难。象辞也说,因为从邻居九五被震入险境当中感受到惊畏,从而自己预先有所戒惧。

上六的应位是六三,两个都是柔爻,虽然成对,但不成应偶。六三在卦变前在临的下兑(言)里,卦变后下兑变震,相当于原来说好的话语变卦了,这个时候如果谈婚论嫁,就会导致言语争执。

象辞说上未得占据中位,前后失据,心无所归,是因为九四在卦变中本该到上卦中位,但只到四位,也就是没有占据到中位,影响上六无所依归。

【明意】

大震动发生之时意缘所生发的状态变动太过剧烈,当然应该预先有所警戒。在心缘剧烈变动发生之前,不可贸然行动,否则必然凶险无比。此时外缘往往不合,容易进退失据,情势危急,当心存敬畏,在"畏"中等待情势的转机。"畏"是因为缘的变动超过心意的掌握,不得不对自然之力心存敬畏,所以对自然力祈祷都是正常的应对状态。预先警戒可以降低对突然发生的震动的惊怖感,而且可以提早做些因应的措施,减缓剧烈变化可能带来的冲击。心理上提早于未发之前做准备是会有帮助的。

五十二 ䷳ 艮为山（艮下艮上）

艮在后天八卦为成终而成始之卦，含有万有变化生成的种子，即意念世界实有的种子，或曰世界实有的根本理则。故造量论，以明理则与物事不二，要明物事皆理则上起，而理则需要人意对世界加以领悟才能得知。量论要明白人如何可以意会出范畴，进而意会事物存在为人心意所能把握的分量，即如何从事物源头上悟出存在的真相，因存在皆在意量之中，意量即心意所识量的世界之量。

艮为量论第一，即意量的分限。于人身意量的分限最难之处在于人的背部，因为人的背部没有眼识（眼睛所看不到），其他感官耳鼻口对之也没有感觉，所以"艮其背"是人的意量的限度。相比之下，人对自己身体的其他部分，都有比背更加清楚自觉的意识，意量的限度意味着人对于自己存在的不可操控性、无法充分自明性和能够自我控制意量的极限。人的意量的分限于身是背部，所以当止则止；身外之境像背部一样，有我们平时的意识所无法企及的量限之域。虽然平时不去意识它，但这部分意量与我们的意识同在，它是我们意量之限度的标志，所以我们应当对于自己意识之量的分限与应该停止的界限有清醒的觉知和认识。心意知其量，即有自知而明，也就是知道量之所限，即明意量之所限。明于意量者即于自己的身体及其活动的范围有清醒的认识，所以思之身位是意量的重要界限。

意量为识之终，意识发动经向而生而行为量，量境（与后天八卦相对）之量为识量。意量收藏了世界万物生成变化的种子。量有限，境无限，量可控，境不可控，量人为，境通天，艮为意量，即人为的意识所能达致的量度、量限、分量等。

心意之量止于符号（如卦爻），要想认识意缘之境，证得本体之真，虽体悟本心之通天而含纳万有为旨，但意向所发又不可不依于言语符号和其他表意的符号性方式。先人之言语迷差太过，才发明卦爻符号，为的是于后天讨论中尽可能保有先天本旨。但艮宫量论之旨，尴尬处与西方认识论一样，只要谈认识世界，还必须最后落实于言语名相。言语名相是否足以反映世界的本真之相，有实在论、非实在论诸论之争，历代诸家，争讼不断，但止于名相，以为名相逻辑必然能完全映证真如本相,则失之远矣。毕竟名相不过是方便说法,同样的本相之真,可以借助千万种语言与表达方式,故执定言语形式之真,则谬以千里。

表达虽不得不止于符号名相,但解悟必须明解透彻,即从性体通天、生生不息之几上理解,方能解悟世界存在之真相,故此艮宫意量之论,虽止于名相,却无处不需体悟方得内省呈现意体之真。

艮宫八卦四十八爻论证意向性终于意量,因意行而后有意量。此为艮宫"意—量"体系之总论。本宫继《新唯识论》未造出之"量论"而造"意—量"之论。识生量结,无论是意识之生生,还是意生之始,化为意向性之实化,最后必终于意量。艮宫为后天之终,意量为意识生生之终。艮宫代表制意有术,如《参同契》对意之修炼,或言之,止意有术,故接坤宫制意之境,即先天八卦接坤宫意(止于)境之论。后天八卦接震宫意缘之重生。周而复始,开始新的生生之旅程。先天意量所止于意境,后天意量重开意缘之生机,岂不妙哉!

艮其背,不获其身。行其庭,不见其人,无咎。

《彖》曰:艮,止也。时止则止,时行则行,动静不失其时,其道光明。艮其止,止其所也。上下敌应,不相与也。是以不获其身,行其庭,不见其人,无咎也。

《象》曰:兼山,艮。君子以思不出其位。

【明译】

艮卦象征抑制停止,人可以止住自己的背部,但无法操控自己的身体(和心灵),这就好像人可以控制自己在自家的庭院中行走,却无法掌控自己,感知不到自己身体和心灵的活动,倒是不会有什么祸患。

《彖传》说:艮是抑制停止的意思。时机应该停止就要停止,时机应该行动就要行动,运动和静止都不丧失合适的时机,如此则抑制停止的道就会光明灿烂。艮卦的止强调的是抑制静止要适得其所。艮卦六爻上下敌应,同性相斥,彼此都不应合,因此才无法操控自己的身体(和心灵),这就好像人可以控制自己在自家的庭院中行走,却无法掌控自己,感知不到自己身体和心灵的活动,倒也谈不上什么咎害。

《象传》说:两山相并,山外有山就是艮卦。君子有鉴于象征抑制和停止的艮卦,体悟到思考问题不应当超出自己的身位(前面是山,后面也是山,人身被限止在两山之间的地位中,心思活动应该从身位开始,不离其境)。

【明变】

　　艮由观变来,即观九五与六三换位变艮卦。艮为坚多节木,背脊骨也坚多节,所以艮也为背。观变艮,九五下到三位,下坤(身)变为下艮(背),所以人可以止住自己的背部,但无法操控自己的身体(和心灵)。互震(行人)在上艮(门)下艮两门之间,是人在两个门庭中之象,这就好像人可以控制自己在自家的庭院中行走。

【明解】

　　兼:并、重之义。与坎卦"习",震卦"洊"义相同。震卦是行,艮卦是止,行与止,动与静各有各的意义。艮为背,背有相背之义,因人看不到背面,而无法控制心意之背。天动地静,人当效法天地,既能动也能静,无论动还是静,都要顺应时势,不可随心所欲,这样才符合天地之道。初六与六四,六二与六五,都是柔爻与柔爻同性相敌,九三与上九是刚爻与刚爻同性相敌。如此一来,艮卦就没有一爻有应。所以说,行动的时候要面对难以超越非止不可的处境,对人的意念来说,只能意想自己可能成就或该想的事情,而不应该想入非非。人虽然貌似可以掌控自己的身体,但其实常常连自己的心意和思想都无法掌控,既然如此,知道应该抑制的地方就适当抑制,这样才可让意念止在该止之处。

　　艮是止义。古文里自动词的用法往往是施受同词。止既是自己停止不动,也是受到制止、限止。上下卦皆艮(门),人在门庭之中行走,感知得到自己在庭中行走,但体验不到自己对意念的把控,虽然心里没底,但没大的祸患。自己掌控不了心意导致的是祸患,而不能掌控自然外力的发作而对人造成的咎害是灾害。因此,如果理解为"止住背部,不能获得其身。在庭院中行走,见不到人"意思就不够清楚。

【明意】

　　象上人在两山之间,人在山中不可不知意之所止,即使不知,心意也无法超越山所设定的界限。所以人当于其意量之分限有清醒的自我意识而不作非分之想。互坎(隐伏)意味着人无法掌控自己,无法感知到自己身体和心灵的活动,这种感觉是一种奇幻感,好像人的感知力突然达到边界而无法突破,虽然有些怪异,不过应该不会有什么祸患。

　　量论为生生之证(艮之本意),为意生所指之处,即意之发必用范畴来表达,而一落到范畴即为意之止,而如何通过范畴回复意念生生的本意,即是量论。意量为心法之所止之量,故修身即修心,而修心以知心之所止为界。儒家心法之不传世已久,而艮止之法为其大本大源,即如何内观,自证意量,为心止之法的根本。

意量的分限有被动的所止与主动的所止之不同。被动的所止是因为意虽通物,似乎无限,但具体的意一定有其具体的量,跟人的悟性、意念感通的力量相关。主动的所止是让意念发动,止于所当止,不求多感多识多量,但求制意有术得法,不务旁观,不心猿意马,自控意量的边界。因为意量过广,心意散漫,则无法专心致意,意念的光明就会陨落,意量的边界就会坍塌。

初六:艮其趾,无咎。利永贞。

《象》曰:艮其趾,未失正也。

【明译】

初六:及时控制住想要迈步的脚趾,这样就无灾无害。有利于永久保持这种能够及时改正、及时抑制错误念头的正道。

《象传》说:及时控制住想要迈步的脚趾,因为初六还没有失去正道(柔爻在下位,符合柔从刚之道)。

【明变】

初六在全卦最下位,对应人体脚趾部位,卦变后初六进入艮(止),是及时控制住想要迈步的脚趾之象。

【明解】

艮卦主要从爻位与人体部位对应中取象。身体靠脚趾来行走,能把脚趾止住不动,全身就不会行走,符合让意念止在该止之处的艮止之道,所以没有什么祸患。初爻代表做事初始就能止的状态,这样有利于永久保持能够及时改正、及时抑制错误念头的正道。"正"释"贞",因为初六还没有失去正道(柔爻在下位,符合柔从刚之道),不是指阴阳位正与否。

【明意】

意量的边界来自于自我操控的反复实践,每当觉得自己的意识超出合适的量限,则主动调适自己的意识,如能够自己控制想要迈出去的脚趾一般。心意自然生生不息,人不但要调控心意的动几,而且要控制其动量,即意之动量。意识能够在发动之初,甚至未及实化之前,自我修正改变,是因为人通过反省自识,可以具有调控意量的能力。人应该永久保持这种能力,随时随地在意念发动之处及时改正、抑制错误念头,让意念之发止于适合其境遇的正道。

后天八卦中,艮为万物之所终,又为万物之所始,其实可以说,意量乃人生修意之终,即人生修意的境界与力道的终极边界;又是人生修意之始,因为意念发动以意量为其发缘之境遇,每一刻终成的意量,又是下一刻意向始发、意缘生起的意境。可见,意量有太极中心点的意味,儒道佛修心修意,皆止于意量的分限与调控的艺术。

六二:艮其腓,不拯其随,其心不快。
《象》曰:不拯其随,未退听也。

【明译】

六二:抑制住小腿,不让它抬起来,看到自己心仪的人动了,自己却没法跟随他一起动,心中不畅快。

《象传》说:他想跟随的九五不但不拯救他,还陷他于坎陷之中,又故意把他止住,动弹不得,而且九五还不退回,不愿意听凭形势发展,导致六二没法退回听命于形势发展(心中不快,但无可奈何)。

【明变】

观变艮,六二原有正应在九五,卦变中六二正应九五与六三换位,六二变入互坎(心)下艮(止)中,六二有正应却不能上进,所以心中不畅快。六二本来可能想当然觉得九五是他应该跟随的,毕竟九五阳刚,与六二正应,如果六二有难,应该有可以拯救六二的希望。可是这一爻恰恰相反,是"不拯",不但不拯,还害了六二,所以"不拯其随"其实是"其随不拯",也就是卦变中九五来到三位,与六二比邻,下卦成艮,把六二止住了,互卦为坎(险),从五位下来的阳爻不但不拯救六二,而且止六二于险中,陷六二于不义,让六二处于危险的境地,还进退维谷,动弹不得,六二被九五下来所迫,不得不面对险境,当然不快。

【明解】

腓:腿肚子,指小腿。拯:抬举。二位在初位之上,对应人体是趾上之小腿,爻辞是抑制住小腿。走路时小腿要随大腿抬动,如果小腿止住不动,那就要被大腿拖着走,好像看到自己心仪的人动了,自己却没法跟随他一起动。

六二没有想到,自己心仪的、自认为本应追随的九五,不但不愿了却自己随他一起动的心愿,九五下来之后,看起来似乎跟自己比邻相合,其实反而把自己置于危险境地还动弹不得,六二想跟九五互动,但又受到九五造就的形势的牵绊,好像被九五给降服住了一样,甚至连听任形势发展的可能性都没有了,难受至极。

六二想要追随的九五不但不帮自己,而且还去帮其他人形成对自己不利的处境,是被迫给生硬地止住了,心中当然不快。**字面上是九五下来到九三成艮(止),抑制住小腿运动,不让它抬起来,**当六二意识到自己本应随从的人如此应对自己,心中自然不得畅快。这一爻的卦变非常典型。

【明意】

意量的有限性与身体的有限性相关,当意念不能随境而动,尤其是不能随内在的意愿而动,好像瘫痪者身体受到限制,而意量被彻底限制住了一般,这种意念受限情况通常不仅来自自己意能有限,更是因为受到外意的压制而有上限,九五可以说是故意来限制六二意量的,这与人们交往之中意量被他意所限有类似之处。

意量的限制常常出现在自己意欲的他物他心,本以为与己应和,到头来发现却是千方百计限制自己意量的外力,不让自己的意能得到发挥和延伸,甚至有些时候是故意压制或者见死不救,致自己于不义之险境。九五有故意压抑六二的意思,通常来说,人的意量是有限的,当受到自己本来相应的力量的挤压和迫害,正如此爻的力量就无法延伸与施展,六二不愿从主动的地位退出来听从他人摆布,生生地被压制住了,动弹不得,意能没法展现出来。不愿意自己的意量受到压制,可是被正应的力量下来给死死压制住了。虽然一般来说,有才华者的、意量通天的意能者最后往往是压制不住的,而那些想压制最终能青史留名者的人,就可能成为人类精神发展史上的反面角色。

自己想跟从的人,本来的意量应该是扩大和帮助自己的,但有时候可能反过来对自己构成最大的危险和压制,这样的事情常常发生。师徒关系有时可能演变成为这种模式,有才华者不但被压制,还可能被迫面对危险的情境,即老师不让学生有任何机会超脱自己划定的意量边界。当一个人的意量被限制,被人为控制,自然心意不畅快,不会高兴,因为觉得自己本来可以,但被某些外在条件抑制住了,就闷闷不乐,这是一种常见的心灵状态。人的意量虽然可能被限制,但人的意志和意能往往不可压制。

九三:艮其限,列其夤(yín),厉,熏心。

《象》曰:艮其限,危熏心也。

【明译】

九三:抑制住腰的运动,撕裂了背部的脊肉,极其危险痛苦,好像心疼得被火熏烤着一样。

《象传》说：抑制住腰的运动，因为极其危险痛苦，好像心疼得被火烧烤着一样。

【明变】

九三在互坎（美脊）里，在卦变中是从五位下到三位，拆开了下坤（身），拆开了身上的脊部，所以说撕裂了背部的脊肉。

【明解】

限：腰部。列：同"裂"。夤：通"臏"，夹脊肉。危：释"厉"，指处于坎，为危险、为心。三位是全卦中段，对应身体的腰部，所以说是抑制住腰的运动。坎（险）为心病，好像心疼得被火烧烤着一样，极其危险痛苦。

【明意】

相对于背来说，腰是人的意念受限的另一个地方，它有背的特色，因为有一部分自己看不清，又有其他部位的特点，因为可以有触觉和其他知觉来了解腰的情况，所以腰的意量就在不可知与可知之间。

意量的限度无法超越肉体的痛苦（持志如心痛），一旦腰部的脊肉被撕裂，人就陷入了极大的痛楚之中，这种痛楚首先是意念被迫专注于痛的感觉，人的意量就完全被痛苦的感觉限制住了，我们当下的意量几乎没有超越肉体痛楚的能力，这种意量的限制本身也加剧着自己心灵的苦楚感。

九三为人在天地之间，在身为肾脏脊背命门之所，如果失其分限，则如烟熏火燎，心志分裂，或如五脏俱焚，撕肝裂肺，不堪其苦。可见，心意之火需要自知自制，不可任其焚烧，致使失去意量分界，否则利欲熏心，必致身毁心亡。

六四：艮其身，无咎。

《象》曰：艮其身，止诸躬也。

【明译】

六四：管住自己的身体，没有祸患。

《象传》说：管住自己的身体，不过是管住自己的肉身（不能够完全掌控自己的心灵）。

【明变】

四位到了腰上，是人的上身，观卦六四位在互坤（身），变为艮（止）卦，是**止住身体**，所以说管住自己的身体。

【明解】

诸：之乎的合音，相当于"之于"。躬：自身，以"躬"释"身"。止住身，动不了身体,合乎艮止之道,所以没有祸患。

卦辞讲"不获其身",六四亦可与此相参,艮止而返于道之体,在乾之先,故不言乾坤四德,亦不着吉凶,只言"无咎"。吉凶悔吝生乎动,不动故无咎。

【明意】

所有的意量最后都落实在人身之中。物理主义持这种观点,认为人的活动都可以化为物理的运动,也可以通过改变物理运动的机制来改变心灵的运动。这种物理主义对于意量的理解可能有帮助,那就是人的意量应该没有太多的可能超越物理的机制。但我们也可以看到,想象力、幻想、梦想等不可思议的意念活动,尤其是无法预料的灵感的产生与幻灭,这样的意念活动本身似乎漂泊不定,但也都可以还原到人的神经物理活动。人可以控制意念,但控制意念的机制在神经活动上是否可能,或许有一个意志可以超越于物理的运动之上,并驾驭所有的物理运动。

心量的限制在现实政治意义上的表现是"思不出其位",即每个人有自己受到限制的时势地位,不应该去谋划超出自己的位置的事情。虽然这样说有现实政治的合理性,但让一个人不超越自己的身位去主动限制自己的意量并不容易,这就需要另外一个外在的反身意识来主动操控自己意量的边界。

意量主动接受外在情境的限制,虽有其合理的因素,但人的意量的边界往往不等于所处时势的边界。心意之动的最大特点,就是可能有无限的意量,把无限的意量在当下转化为自己的意识把握的有限意量,是无而有之的意念创生与控制世界。这种无中生有的过程是最典型的,体现在言语的自我控制。言语的生成机制,时刻都从无边的言语符号与意义的海洋中生成自己需要表达的意义所对应的言语符号系统,是一种近乎无中生有的过程,即意义上的"止"化,意量的实化和具体化的过程。

六五:艮其辅,言有序,悔亡。
《象》曰:艮其辅,以中正也。

【明译】

六五:抑制住自己的嘴巴,使说话合理有序,这样就会消除忧虑和悔恨。
《象传》说:抑制住自己的嘴巴,因为六五言行中正(在上卦中位)。

【明变】

六五在卦变中从观卦三位升到五位,变出小颐卦(三四五六爻),之前有艮(止)象,所以是限止嘴巴发声,言语有序之象。

【明解】

辅:上牙床骨,本来就基本不动,再用意控制,就控制住嘴的运动,参成卦上六。艮卦从三爻到上爻是一个小颐卦,颐有嘴象,六五在小颐上部,属上牙床,所以抑制住自己的嘴巴。小颐卦是艮(止)震(动)互对,取象艮是上牙骨,震是下牙骨,人说话正是下牙骨张合而动,上牙骨不动。有动而能止,说明说话合理有序,这样就会消除忧虑和悔恨。

【明意】

意量限制的最关键部分是通过言语,即表现的自我限制。意量在心中发动可以有无限的可能性,但口中出来的话语就是主动限制自己意量的主要机制,所谓"修辞立其诚",通过言语修正调适自己心意的真诚之外,还要主动限制自己的意量,让言语最为精准地表达意量的边界。

可见,意量的限度最为明显的表现即是言辞的限度,也是言辞之间逻辑的限度。人的思想在虚无之中运行的时候,似乎是在无限意量之状,但一旦通过言辞表达,就立即落入有限的意量之中,所以如何对自己的意量状态有清晰的自我意识,并让这种自我意识准确地作用于言辞边界之上,是一种修辞的艺术。在六五这里最主要的表现就是言语有序,好像自己能够限制自己的思维和言语表达一样。

但限制自己的意量单纯地通过对言语的限制又往往不够,要通过意量本身的自我反省限制和提升行动,通过长期修炼自己意量的行为来实现,人可创造出一种随心所欲不逾矩(即上九)的境界。

上九:敦艮,吉。

《象》曰:敦艮之吉,以厚终也。

【明译】

上九:以敦厚的心灵抑制邪思邪念,自然吉祥。

《象传》说:心灵敦厚到随心所欲的境界,一起心动念就能够抑制邪思邪念而自然吉祥,说明上九能够慎终如始地保养厚重的人天之意。

【明变】

卦变后上下卦皆艮(山),山山相重,显得无比敦实厚重,上九处两山之上,引申为以敦厚的心灵抑制邪思邪念,自然吉祥。

【明解】

敦艮:厚重地止住,相当稳固,不可动摇。象辞以"厚"释"敦"。正如"厚德载物"当理解为德性修养足够深厚之后方可承载万事万物一样,心意的敦厚正是以德性的厚重为前提的,因为德性和心意厚重如山,才会意不轻发,起心动念的意量皆能自知自控,从而合乎分寸,达到吉祥如意的意量境界。

【明意】

通过长期意量自我限制的修行,人的意念发动的边界成为自我意识与自我控制意念机制的自然一部分,进而达到一种随心所欲的境界,能够在起心动念处压抑邪思邪念,而让本来人心之中与天相接的人天心意,得到发动的敦厚基础,达到了止住心量的最高境界。这种境界是心灵敦厚到随心所欲的境界,一起心动念就能够抑制邪思邪念而处于敦实厚重的心意状态之中,好像大山那样磅礴厚实,不可动摇,人一旦体会到这一点,就要以山的厚重之力来保养深沉敦厚的人天之意。

五十三 ䷴ 风山渐（艮下巽上）

人对世界的认识近于出嫁，有一个逐渐行进的过程。渐卦为艮（量）宫归魂卦，立"意—量"论第八。渐卦为女子之所归，意量论第八归于社会化进程，这体现了《周易》明于人事、落实到人们生活的宗旨。古时女子的意量与所嫁丈夫有莫大的关系，在相当程度上以丈夫的意量为自己的意量，而丈夫的意量又不是自己能够控制的，所以就通过一定的程序来估计和稳定丈夫的意量，也就是说，出嫁女子对未来丈夫的认识，不是通过丈夫的意量本身，而是丈夫娶妻的程序来判断丈夫的意量是否合适自己。比如，女子耐心等待婚事的进展，就要耐心等待男子（及男子的意缘）向她展开其意量。

另一方面，古人认为男女之间的婚礼习俗对于国家风气影响巨大，所以非常重视婚礼对于社会习俗渐渐的转化作用。还有，婚礼的渐进过程，也是认识世界的礼俗对于自己心量的约束，更是自己心量在约定的习俗之中逐渐实化的过程。

人心的社会化过程，是人的意量边界逐渐实化的过程。意量在社会化的情境之中相互影响，相互决定，而人的意量边界的实化，如女子出嫁一样，往往被众多偶然因素决定自己意量的边界，而且一旦决定，就不太容易超越。

渐，女归吉，利贞。

《彖》曰：渐之进也，女归吉也。进得位，往有功也。进以正，可以正邦也。其位刚得中也。止而巽，动不穷也。

《象》曰：山上有木，渐。君子以居贤德善俗。

【明译】

渐卦象征循序渐进，譬如女子出嫁循礼渐进而归于夫家，会获得吉祥，利于坚守正固。

《彖传》说：逐渐地行进，譬如女子出嫁循礼渐进而归于夫家，这样出嫁之后才会获得吉祥。向前渐进而取得正位，是前往有功（六四从三的阳位推移到四的阴位,柔爻居阴位得位)。渐进而又能依循正道(六四卦变后进入正位),就能以中正之道端正邦国民心,教化风俗。渐卦九五刚爻居于中位,下卦艮为止,上卦巽为顺,只要能静止不躁而又谦逊随顺,以渐进的方式行动就不会陷入困穷之境。

《象传》说:下卦艮为山,上卦巽为木,山上生长着树木就是渐卦。君子看到山上树木层层叠叠,渐渐高大,就知道要逐渐积累贤德,循序改善风俗。

【明变】

渐是渐进之义。**渐由否卦变来,即否九四与六三换位变渐卦。否卦是上乾(男)下坤(女),男上女下。坤女的六三向上换位了一位,全卦变成渐,是步步渐进之象。否变渐,男女结合,各得正位**,譬如女子出嫁循礼渐进而归于夫家就会获得吉祥,利于坚守正固。

【明解】

古代女子出嫁,要经过纳采(提亲)、问名(换帖合婚)、纳吉(告诉占卜结果)、纳征(定婚)、请期(择日)、亲迎(迎娶)六礼,等待出嫁的女子应该耐心等待婚事渐渐向前发展,而不宜情急。否变渐,否柔爻六三只向上推移了一位,显示出一步一步推进之象,所以叫循序渐进。

古人认为,男婚女嫁对国家风俗影响很大,婚嫁之道正了,将能够起到正邦化俗的作用。卦里九五与六二得位并正应,这说明全卦秩序大面上没有问题。树得地要在山上生长,君子得地要居于贤德。树的生长是从毫末之小树逐渐成长为合抱之木,人的修养和移风易俗也要逐渐进行。

就生活的本真状态来说,渐卦可以理解为女子在夫家生活,既要巽顺持家,又要安心渐进地把艰难的生活向前推进。本卦各爻都提"鸿"(大雁),二三四爻互坎(水),三四五互离(鸟),上卦巽(进退),有水鸟一进一退之象,即候鸟冬去春来,这说明"鸿"主要从互卦取象。

【明意】

相对于夫君对妻子意量的限定来说,人的社会地位、社会关系、出身、教育等等众多因素,都对人的意量边界造成实化性的限定,而不仅仅是个人的心智的认识能力在起作用,这是意本认识论的一个特点,即不是仅仅单纯地琢磨认识世界的过程,而是承认人认识世界是一个复杂的系统,而人意量的边界也是由多重不同因素来共同决定的。

渐卦还说明人的能力、才华和发挥出意量的关系,也就是人需要渐进取得一定的地位才能发挥自己的能力,如果有能力而没有地位,意量得不到扩展发挥;如果有地位没有能力,人的意量不会因为地位而扩大。所以,有能力扩展自己意量的人,还需要借助社会当中合适的地位来扩大意量,建功立业。

移风易俗是社会道德之本,也是建构理想社会的必经之路,古时人们特别重视,在今天也未必没有道理,但这一定是个渐进的过程,属于儒家建立理想社会的渐进努力。儒家社会的理想形态是领导人的意量能够通过渐进的方式形成社会范型,导民心向善,而这种善从根源上说来自于天地自然之善,让社会民心通过天地的生生不息而化育成型,达到生生和谐的理想境界。

初六:鸿渐于干。小子厉,有言,无咎。

《象》曰:小子之厉,义无咎也。

【明译】

初六:大雁渐渐飞到河岸边,好像一个小孩跑到河边玩耍,有危险,受到大人斥责离开了岸边,所以最终还是没有什么灾祸。

《象传》说:小孩跑到河边玩耍,有危险,按道理说,只要能够马上纠正他的错误就不应当有什么灾祸。

【明变】

卦变前初六在山(艮)边,卦变后初六来到山(艮)下水(坎)边,有小孩子跑到山下水边的危险之地之象。

【明解】

初六是渐进之初,位处最下,前临互坎(水),是在水边之象,所以说大雁渐渐飞到河岸边。下艮(少男)有小子之象,在坎(水、险)边上,像一个小孩跑到河边玩耍,有危险。《说卦》"成言乎艮"说明艮是"成言",即已经形成定见、成为共识的社会言论,初六在下卦艮里,受到社会言论的指责,代表小孩受到大人斥责离开了危险的岸边,最终还是没有什么灾祸。

通常来说,小孩子办错事,说错话可以理解,应该谅解,受到大人管教斥责也正常。如果只是理解为"言语不合",意思并不清晰。

【明意】

意量初小之时,可以及时调整,好像小孩不知道有危险,可以在大人的教训下修正而调整自己意量的边界。孩子对世界的认识,好像大雁渐渐飞到河岸边开始认识河水一样,河水的深度和广度,对大雁和小孩来说,都是一个危险的未知世界,而且是一个不可以以身试险的未知世界。对世界的探索,有时候危险太大,不可以冒死去试,要相信前人的经验,这时大人的训斥就相当于人应该相信前人的经验全体(the wholeness of experience)之有效性和合理性。当然,小孩一开始可能是从对大人的权威服从当中慢慢意识到前人经验全体是合理性的,而大人经验的合理性可能包含了一定的试错经验和前人的教训。

对世界的认知从一开始就要确定对先人合理性的服从,以前人经验的意量为意量,如果不相信前人经验的合理性,一味只相信自己有限的初始经验,可能是危险和狭隘的。从另一个角度说,建构理想社会需要耐心,理解其必然是渐进的过程,还必须借鉴历史上的丰富经验,及时修正可能的错误,而不宜尝试被历史上已证明不合适的方式。

六二:鸿渐于磐,饮食衎(kàn)衎,吉。

《象》曰:饮食衎衎,不素饱也。

【明译】

六二:大雁飞行渐进到磐石之上,安逸愉快地享用饮食,欢畅喜乐,一片祥和。

《象传》说:安逸愉快地享用饮食,欢畅喜乐,说明六二不会白吃饱饭,无功受禄。

【明变】

卦变中六二从山(艮)下变到水(坎)下,有大雁飞到水边乱石滩中享用饮食,和乐欢畅之象。

【明解】

磐:大石,艮为小石、为山,小石如山可称为"磐"。衎衎:和乐之貌。六二在下卦艮(小石、山)里,大雁飞行渐进到磐石之上。六二在互坎(水、酒)里,又居于下卦中位,上应九五,可以安逸愉快地享用饮食,欢畅喜乐,一片祥和。六二在下卦中位与九五正应,象征六二之臣以中道与天子应和,不会白吃饱饭,无功受禄。

【明意】

饮食宴乐是一个人认识世界边界开始时期的重要内容,即调节自己本始欲望的限度,让自己的意量渐进成型,而且在欢喜快乐之中,修正调节自己意量的分限。

一个人吃饱饭才可能有正常升进的意识去积极进取,这里表现为与九五的相应。上面的君王之心与己相应,大大扩展了自己的意量。在意量延展的过程之中,事情才可能成就。建构理想社会也要通过揣摩实践,并由礼节逐渐开始。礼仪教化在民心安宁稳定之后,人们的意量渐进成型,大家进入欢畅喜乐的境界。

九三:鸿渐于陆。夫征不复,妇孕不育,凶。利御寇。

《象》曰:夫征不复,离群丑也。妇孕不育,失其道也。利用御寇,顺相保也。

【明译】

九三:大雁飞行渐进到远离水边的陆地之上,(离雁群越来越远)这就如同丈夫长期出征远行不回家,家里的妻子怀了孕却不能把小孩生养下来,非常凶险。但对抵御寇盗有利。

《象传》说:丈夫长期出征远行不回家,是离开了属于自己的群体(九三在卦变中从乾的三个刚爻中分离出来)。家里的妻子怀了孕却不能把小孩生养下来,因为妻子有失贞节,违背妇道(否卦穷上的三个刚爻按正道推移应当是返下而复。否的九四原有正应在初六,应当推移到初位,而卦变中却到了三位)。对抵御寇盗有利,是因为顺守相保。

【明变】

在卦变中,九三从上乾里下到三位,复是阳穷于上而返下,但九三没有返下,这就如同丈夫长期出征远行不回家(复)。九三跟六四原为夫妇,六四上去跟九五过了,但不合适,所以没有生育。与九三换位的六四在互离里(大腹、孕),上卦巽(长女、妇、不果),是腹大不结果之象,家里的妻子怀了孕却不能把小孩生养下来。

【明解】

陆:高平之地。丑:类。九三在下艮(山)互坎(水)里,山高水平,高平之象为"陆",所以说大雁飞行渐进到远离水边的陆地之上。九三在互坎(险)里,所以非常凶险。同时,坎(寇盗、弓)离(矢)而有抵御寇盗之象。对抵御寇盗有利,因为九三可以顺守相保,否变渐,上卦成巽(顺),中间出坎(妇),等于付出了家妇。否卦柔长逼退刚爻,变渐后局面改变,刚爻的地位保住了,被艮(止)卦抑制住了。

【明意】

理想社会的建构与理想家庭建构的道理一样,需要双方同心合意地维系家庭和社群,才有可能建构合理的社会风俗和正常的社会秩序。这是把社会秩序的根基落实到人心和意念的合理秩序,家庭与社会管理的核心都是心意之力的整合。

意量由阴意和阳意之坚贞互动而成型,以凝结意丹为指归,本爻从反面来说明这一点,即丈夫长期出征,无法顾及家人,而妻子有失妇道,怀孕也不敢生子。这是从彼此不能相守,而无法彼此成就对方意量的角度来说明的。对于世界渐进的合理认识需要阴意与阳意的持续有效互动而成型,犹如凝结成意丹(等同于阴阳之力和合怀孕生子)之象。

修炼意量如何抵御寇盗?因为面对复杂而危险的人生际遇,对意量的控制成为一场艰苦卓绝的修行。很多时候,人们从自己过去对意量控制的失败经验中收获反省、规则和训诫,也从历史上、周围他人的意量成败之中汲取经验,甚至从他人肉身的灭亡和意量的坍塌吸收教训以存身保身,进而迂回渐进,等待扩大意量的时机。在寇盗出没的人生渐进历程之中,要有乾卦九三"夕惕若厉"的谨慎,更要有隐忍制意、规避杀机、让意量渐渐成长的智慧。

六四:鸿渐于木,或得其桷(jué),无咎。

《象》曰:或得其桷,顺以巽也。

【明译】

六四:大雁飞行或者渐进到树林之中,或者飞到房屋方形的屋椽之上暂时栖身,没有什么问题。

《象传》说:或者飞到房屋方形的屋椽之上暂时栖身,是因为六四从柔顺变为巽顺。

【明变】

六四是由否卦下坤进到渐卦的上巽里,坤为柔顺,巽为顺利。从卦变上讲很清楚。但六四暂时的平稳并非没有动荡的危机,承五需要和顺应对,乘三需要戒惧和谨慎,所以虽然好不容易上来,心意却一刻也不能放松。

【明解】

六四位在下艮之上。艮(门阙)顶上的木料就是椽子,所以说飞到房屋方形的屋椽之上暂时栖身。鸿雁是蹼足飞禽,落在树上难以栖息,落在方椽上安稳一些。桷也可以理解为平整的树枝,象征渐进到一个柔和平稳的阶段。

【明意】

六四是以巽顺之道暂时处于平易之境,但要处险有道方可持续安宁。意量是一个动态平衡的结构,意量之外的阴阳之气(力)随时变化,所以持守相对的安宁之境,意量之边界总是与外气(力)的阴阳变化相交通,需要时刻不忘处险惕厉之道。

对世界的认识是阶段性的发展。要适时停歇,渐进调整,必须采取随顺合境的态度来推进自己的意量。对家庭社会政治的秩序的建构与合理的认识,都要有阶段性推进的合理感。每一个阶段性的微调都是为了更安稳地推进社会秩序的梳理过程。

九五:鸿渐于陵,妇三岁不孕,终莫之胜,吉。

《象》曰:终莫之胜,吉,得所愿也。

【明译】

九五:雄雁离开雌雁渐渐飞到高高的山陵之上,它的雌雁三年都没有怀孕(犹如丈夫远行,导致家里的妻子三年不能怀孕),因为没有比得过她心仪的雄雁的(好比妻子的眼中没有男人能够胜过自己的丈夫),这是非常吉祥的关系。

《象传》说:雌雁心中没有比得过她心仪的雄雁的(好比妻子的眼中没有男人能够胜过自己的丈夫),这样很吉祥,她因为忠贞不二必然会跟雄雁(丈夫)会合,得偿彼此对夫妻关系所期待的愿望。

【明变】

此爻的难点在于"胜"的理解,前人多从义理上解释,所以众说纷纭,但如果从象上分析,对于九五来说,正应在六二,而六二却要经受情感上的考验,因为卦变中九四下到九三,跟六二比邻,有主动追求六二、而且关系不错之象,这样看来,六二虽与九五正应,但因为同时与九三相比,跟九五的正应关系就要经受跟九三相比关系的考验,而且九三主动下来,在追求六二方面,比九五更加主动积极,所以六二并不是完全没有动心,好比一个丈夫远行的妻子,受到其他男人积极主动的情感进攻,而且自己也不是完全不动心,但六二作为妻子能够保持行为中正,三年都不怀孕,等待跟自己正应的九五丈夫归来,所以最后能够跟丈夫会合,也会因为忠贞而怀孕生子。总之,这一爻是因为六二行为中正,最后能够实现与九五的正应。

【明解】

　　陵：此处应该是高陵，不是一般的丘陵地带，指大雁飞到山顶上了。从卦象上分析，九五在互离（附丽）中，在下艮（山）之上，有附丽于山上之象，所以是雄雁离开雌雁渐渐飞到高高的山陵之上。九五在上卦巽（妇、不果）里，正应六二在下艮（阻）里，中间阻隔着三爻，所以它的雌雁三年都没有怀孕（犹如丈夫远行，导致家里的妻子三年不能怀孕）。艮又为果，所以象辞会认为三年后可孕，得偿所愿。九五和六二各在上下卦的中位，能够以中正之道上下相应，超过了六二和九三的比邻关系，所以她因为忠贞不二必然会跟雄雁（丈夫）会合，得偿彼此对夫妻关系所期待的愿望（六二虽与九五正应，但同时与九三相比，正应关系经受相比关系的考验，但最终会因为六二行为中正，能够实现与九五的正应）。"胜"是对六二来说，应的力量与比的力量大，虽然九三移下来与六二相比，但还是不能够超过九五跟六二的正应关系，最终还是应的力量大于比。"好比妻子的眼中没有男人能够胜过自己的丈夫"不包含有妻子在丈夫不在的时候考虑其他男人的意思，但包含有妻子在丈夫不在的时候，受到其他男人追求的意思，象上讲确实如此。

　　九五在代表婚姻之卦的渐卦中，又以鸿雁取象的最理想状态，也就是忠贞不二，婚姻和感情都经受住了时间和距离的考验，才符合九五作为婚姻的理想状态的期许。"得所愿也"是婚姻关系经受住了考验，得彼此维持婚姻关系的愿望，至于妻子最后是否怀孕，是否有孩子，其实不是最为要紧的，但在传统社会中，会认为应该要有孩子，婚姻才有结果，但其实即使没有孩子，夫妻关系经受住时间和空间的考验，也算是夫妻彼此得偿期待对方之所愿。在这种情况下，从没有怀孕的角度理解夫妻关系就说明维系婚姻关系更加不容易了，尤其是在非常重视传宗接代的古代社会，但并不是没有此爻的情况发生，也就是说，夫妻虽然没有怀孕生子，婚姻关系开始可能有一点折磨，但之后经历了时间和空间的考验，反而历久弥坚，就更加感人，如此特别符合全卦忠贞不二的主旨，也完全符合九五爻作为忠贞的最高境界的理想状态。可见，九五揭示了婚姻关系的最高境界，不是为了任何身外之物，包括孩子，而是仅仅为了夫妻关系本身，彼此倾慕，共同经历风霜雨雪，最后仍然不离不弃，这才是婚姻中彼此忠贞不二的最高境界。而卦爻辞的作者认为，这种境界必须通过九五爻来加以说明和体现出来。

【明意】

　　社会秩序的梳理与阴意是否顺承阳意有莫大的关系。如果阴意坚贞自守,社会的秩序就恒稳不乱。这是传统社会政治理念的重要内容,即忠诚不二以保证家长和领导人的意量能够贯彻和放大。对阴意顺承阳意的社会化要求,也被从内化为阴意自身意愿的角度加以强调,也就是阴意本来就是从内心应和并配合阳意的,是心甘情愿地配合阳意的。

无论有没有孩子,此爻都是意量彼此应和而最终凝成意丹的最佳范例,也就是说夫妻心意互通,彼此以对方的意量为意量,最后凝成意丹的过程相当不易,都要经历心意受到外力牵引和诱惑,可能改变原生的凝成意丹的状态。

心意力量的比较,不是简单的主观判断,而是与情境、位置、先行与特定情境之前的关系有关。

上九:鸿渐于陆,其羽可用为仪,吉。

《象》曰:其羽可用为仪,吉,不可乱也。

【明译】

上九:大雁飞过了高陵,慢慢地飞回到大陆上来,羽毛洁白美丽,在礼节仪式中可以用来修饰,是忠贞和吉祥的象征。

《象传》说:羽毛洁白美丽,在礼仪中可以用来修饰,是忠贞和吉祥的象征,因为礼仪不可乱序,尊卑有序,进退有节(上巽为进退)。

【明变】

卦变前上九在乾(天)之上,卦变后在巽(风、木)之上,下有互离(附丽)艮(山),如飞到高山上平陆之上的树上之象。

【明解】

鸿雁是候鸟,不衍期,有准信,象征知时有信。鸿雁飞翔时排成人字,象征有序。鸿雁配偶遇难不另找新欢,孤雁哀鸣,为爱情忧伤,象征忠于爱情,所以古时把鸿雁的羽毛用在礼仪中。上九处一卦最高位,穷上返下,从高陵返回到大陆上。在上卦巽(进退)里,所以说大雁飞过了高陵,慢慢地飞回到大陆上来。进退有序就是礼仪,大雁羽毛洁白美丽,在礼仪中可以用来修饰,是忠贞和吉祥的象征。鸿雁飞至上九,翱翔云霄,象征女归之吉,夫妇和鸣,比翼双飞。君子在飞黄腾达,志得意满之时,更要爱惜自己的羽毛,保持端庄光彩的仪表,从内到外显现出控制自己意量的强大魄力。

【明意】

当意量的分寸成型,阴意与阳意之间彼此相应配合,是人认识世界有效性的必经之路,而且越是忠贞不二,持久配合,才越有可能对世界达成忠贞与吉祥的完美认识,可以认为是意丹终成之时。此后富贵利达不足以乱其心,进退利害不足以伤其意。

就本卦来说,渐进性的社会理想建构还是来自对于人心的社会化意量的合理配合,以及从阴意对阳意的忠贞不二作为社会秩序的忠贞之源的角度来理解的。从家长制社会形态来说,阴意的顺承与忠贞不二,可以说构成了家庭与社会秩序稳定和谐的基石。既然阴意顺天之生意,当阳意得以在社会化的层面上表达出来的时候,社会政治层面强调的就是渐进式的移风易俗和阴意对阳意的内心应和与长期坚守,这被认为是理想社会最后落实于对人的心意梳理出秩序的意量。

亚当·斯密《道德情操论》说明道德与人心秩序是社会与市场秩序的基石,同理,此量论是建立人心的意量,与社会结构和天地阴阳之间预存的先天结构相合拍的合理状态。阴意与阳意经历风雨的洗礼之后完美结合,彼此意量的分限完美融合,成就意丹,如乾坤朗照,意通日月,光华四射,跨越时空,永恒不败。

渐卦为艮宫归魂卦,立"意—量"论第八,因后天八卦艮卦为"成终而成始"的卦,故渐卦上九实意本论终成之论,恰恰渐卦上九有终成意丹之意,正好可以证成意丹作为结论,让人天之意论完美收官。至此,人天之意论成。

五十四 ䷵ 雷泽归妹（兑下震上）

归妹是意能与意量的归属，阴阳之意结合而意能得到更大提升，阴阳意的整合就是意能的修炼过程，婚配嫁妹是意能修炼过程的具体化。归妹卦为兑（能）宫归魂卦，立"意—能"论第八，主要强调意能的修炼是阴阳之意融合的过程。

阴意之坚贞是阳意之意能增强的核心，阴意坚贞地随顺阳意，对于意能的持续非常重要。阴意在维持阴阳融通的意能状态之时，为了让意能持续有力，有时需要故作盲目，这其实是一种处世的大智慧。当然，为了让意能持续，阴意与阳意都不宜违背人情之常。阴意为了实现自己意能的最大化，有时需要慎重选择自己追随的阳意。意能的强度不在身外之物，而在意识之内。如果阴意不能实实在在地随顺阳意，则意能不显，意丹难成。可见，阴阳意的融通结合可以产生巨大的意能，但阴意如何随顺、如何配合阳意是非常关键的。

归妹，征凶，无攸利。

《彖》曰：归妹，天地之大义也。天地不交而万物不兴。归妹，人之终始也。说以动，所归妹也。征凶，位不当也。无攸利，柔乘刚也。

《象》曰：泽上有雷，归妹。君子以永终知敝。

【明译】

归妹卦象征妻娣二女共嫁一夫，前行争斗，必有凶险，不会有什么好处。

《彖传》说：女嫁男婚，是天地阴阳运转的大道理。天地阴阳不交合流变，万物就不会兴旺成长。男婚女嫁是人伦的归宿和开始，人类才能终而复始地繁衍生息。下卦兑为悦，上卦震为动，内心喜悦而外表欢动，这是少女出嫁的象征（下卦兑为少女，即妹）。前行争斗，必有凶险，是前往的位置都不恰当（九四上来以阳刚居柔位，六三下降以阴柔居刚位）。没有什么好处，是因为柔爻乘驾刚爻（卦变后六三柔爻乘驾在刚爻九二之上，九四上往又被柔爻六五所乘）。

《象传》说：下卦兑为泽，上卦震为雷，泽上有雷就是归妹卦。君子看到泽水之上雷声震动，象征少女出嫁之时，内心喜悦而外表欢动，同时也看到，如果雷震动了，湖水就要泛动不安，所以知道要永恒地保持夫妇和睦，也了解有始无终的弊端。

【明变】

归妹卦从泰卦变来，即泰六四与九三换位变归妹。上卦震（长男、兄），下卦兑（少女、妹）。泰卦九三刚爻居刚位，六四柔爻居柔位，位都正。变归妹卦后九四刚爻居柔位，六三柔爻居刚位，位都变得不正了，所以说前行争斗，必有凶险，不会有什么好处。从卦爻辞和卦变来看，应该是妻娣视角更为合理。

归妹从泰变来，泰卦下乾（天）上坤（地），变归妹后天地交，天地阴阳相交符合天地阴阳运转之道的运动，这是天地到人间最大的道理。

"'征凶'，位不当也"如果不从卦变上讲，只能说明它们的位置不当，但为什么是"征"来的，却不可能说得清，只有通过卦变才能清楚地知道，是因为各自"征"了，结果都变凶了。如果不讲卦变，就要讲出嫁时因违礼导致凶灾，但是又难有明确的根据。一解"征"为征伐征战，但很难解释跟婚配的关系。

【明解】

敝：弊，衰朽，破旧。归妹是出嫁妹妹之义，古来有夫妻结合和妻娣共嫁两个不同的解读视角。

男女相交是人伦大义，归妹是男女婚配结合，人不能没有这种结合，否则就会绝种灭迹。所以婚配是人类衍生的开始，也是人类能够保持永久至终的基本存在方式之一。婚配嫁妹是人之终始，君子以归妹卦为鉴，应当在自己的道德修养或事业建树上有始有终，防止半途而废。

少女出嫁却因为前行争斗而必有凶险，最后没有什么好处。一解妻娣二女共嫁，故有争斗而凶；一解女子不待夫家迎娶而自归，不合礼数而必凶；但参看象辞，还是前解更加合乎情理。

【明意】

意能的成型如出嫁一般，是与世界交才能开始，所以也是"人之终始"。意能收摄到最后，还是要通过阴意与阳意的结合而表现出来。阴阳之意结合，意能才能爆发出来。心意发动的能量，来自阴意与阳意的融通结合之后可能产生的巨大意能。意能爆发有欢腾感，但也是折腾和问题的开始，所以要有恒心去维系这种欢乐的状态，控制住欢乐之意境的边界，避免乐极生悲，无事生非。

初九:归妹以娣(dì)。跛能履,征吉。

《象》曰:归妹以娣,以恒也。跛能履,吉相承也。

【明译】

初九:用娣来随嫁出嫁的姐姐,好比跛脚的拐子还能坚持继续走路一样,往前进发,可获吉祥。

《象传》说:妹妹跟随姐姐一起出嫁,这是为了保持姻亲关系恒久。正如拐子跛了一只脚,但还可以坚持继续走路,说明吉祥是可以继承下去的。

【明变】

归妹由泰变来,初九在泰卦里跟六四正应,本应与六四往来,但卦变中却是六四与九三换位,使下卦成兑(毁折),初九在下位为足,好比出嫁的时候腿脚受伤而"跛"行之象,但初九应于上震(行)的九四里,好像跛脚的拐子还有强烈的意愿继续坚持走路一样,象征往前进发,可获吉祥。

【明解】

娣:随嫁的妹妹。古代诸侯一娶九女。正室夫人一名,随嫁娣侄二人为媵,正室与媵又各有二侄娣陪嫁。娣不同于妾,姐姐死了,娣可继为正室,仍保持两国姻亲不断。初九在下卦兑(少女、妹)里,所以说用娣来随嫁出嫁的姐姐。

象辞明确说明,吉祥可以继续是因为姐姐死后还有娣来继承,这样婚姻的吉祥可以延续下去。**此爻的"跛",前人不用卦变很少能讲到位。**象辞如果不从妻娣关系角度来解读,很难理解"恒"与"吉相承"的意思。

【明意】

妻娣型联姻的本质是为了防止两个国家或者两个家族的姻亲关系中断,也就是希望保存他们之间的政治和社会关系不断。古时出于国家和家族利益的需要,让女子作为和亲的使者,通过肉体和精神意识的融合与血脉的相继,来维持国家与家族意能的持续。这种阴意随顺阳意的机制,是用血脉的延续确保和维系意能的坚贞,让这种持续不因偶然的因素中断。嫁妹的一方(国家或家族),代表阴意持续的强烈意愿,并让有血缘关系的后代来接续自己的意能,阴意希望确保跟阳意的共同创生(co-creativity)过程,即使有影响也不会中断。

九二:眇能视,利幽人之贞。

《象》曰:利幽人之贞,未变常也。

【明译】

九二:妹妹跟随姐姐一起出嫁,好比自己是一个斜眼偏盲的人,不能把东西看得非常清楚,做一个安处于幽静暗室中的人,这样比较有利。

《象传》说:安恬地做一个处于幽静暗室中的人,这样比较有利,因为九二安守贞洁,并没有改变婚姻状态的常道(九二在中能正,可保持恒久)。

【明变】

卦变前九二在乾(天、光明)互兑(伤)里,卦变后九二在互离(目、明)下兑(毁折)里,目受毁折为"眇"之象,还可以看见一点,好比自己是一个斜眼偏盲的人,不能把东西看得非常清楚。

【明解】

眇:一只眼大,一只眼小,眼有残疾。幽:昏暗。眼睛受毁折而盲,好像安处于幽静暗室中,位在下卦中位能正,所以说像一个在暗室当中安静自处的人那样才会有利。

九二刚爻居内处中,本有刚劲而有分寸的意能,只是在目受伤的大势当中,自己明白装成眼睛看不清最有利,这样可以守住婚姻的常道。至于婚姻中的问题,是夫君的道德问题,还是夫妻关系当中的复杂问题,都不太重要,关键在于,视若无物,不在心上起意,方能延续长久。

【明意】

九二看得明白,但更明白意能持续不是表现得越明越好。虽然故意的眼盲,装作视而不见当然不是容易的事情,但为了婚姻的长久,这样做非常有必要。可见,要保持恬淡的心态,在意念升起的瞬间,除去对私意的执着,并不容易。这可以看成典型的自欺,也就是知道自己所见为实,但又不让它在自己心上生情感,不让意能表达出来。本来正常的情况下,人感受到不幸是几乎肯定要生情绪的。可是,最好的应对方式是能够自控,而且几乎不生情绪。

意能不为情绪所左右,而为理智所指引,才能做出明智的选择。选择不是处于外在的应当,而是内心自然而然的应当,于是察察之明常不必要,且能够无所住私意而生明心。为让家庭和亲密关系的意能生发持续有力,当事人往往需要有故意睁只眼闭只眼的修养。

六三:归妹以须,反归以娣。

《象》曰:归妹以须,未当也。

【明译】

六三:少女出嫁时,让她的姐姐作为妾来陪嫁,嫁过去以后,姐姐反而成为自己妹妹的嫁妹了。

《象传》说:少女出嫁时,让她的姐姐作为妾来陪嫁,在这样的做法中姐妹的位置是不恰当的(六三柔爻推移到刚位,位不当)。

【明变】

泰九三应上六,乃有室之主人(如王弼),卦变后六三不应上六,无所适从,进不逢时,尚须等待,故王弼说:"进未值时,故有须也。"陪嫁之妾本义当等待,义通。

六三是全卦主爻,从上坤变到下兑(妾、少女、妹)。因为是在归妹卦里,所以少女出嫁时,让她的姐姐作为妾来陪嫁,嫁过去以后,姐姐反而成为自己妹妹的嫁妹了。

【明解】

须:妾。须女是天上的一个星座,常现于织女星之南,主贱妾之职。《史记·天官书》:"须女,贱妾之称。"一作等待。等待义亦可用卦变解。反:反而,一说回返,反悔,毁约。古时以娣随嫁是为了婚姻关系能够维持长久。但以妾随嫁就易于引起妻妾不合,所以嫁妹之家都不愿以妾随嫁。

这一爻可以从想法和事实做双重分析。就想法来说,少女想以妾的身份随嫁出嫁的姐姐的想法不妥当,是因为少女对于婚姻没有经验,所以会影响人的想法。对于事实来说,少女出嫁时,让她的姐姐作为妾来陪嫁,嫁过去以后,姐姐反而成为自己妹妹的嫁妹了,这样的婚姻通常会有问题,毕竟姐姐妹妹的名分似乎在夫家被颠倒了。如果姐姐试图成为正室,就会跟妹妹有很多矛盾。此爻六三乘刚,不得其位,虽然想这样做,不合适,最后还是在互兑当中,表示姐姐能够以娣的身份跟妹妹和悦相处。

少女之心期望较高很正常,但少女对婚姻问题不可能有什么经验性的理解,只是这种天真无经验的想法本身就不妥当。婚姻之中,一念不和,都容易引起妻妾长久的不合。如果说六三想以妾的身份随嫁出嫁的姐姐,这只是一种猜想和可能性,用"想"来翻译并不合适,所以不是"想以妾的身份随嫁"这样的想法不太适当,而是这样的做法导致姐妹关系颠倒而不恰当。

一说本想以伺女随嫁,但夫家要求以妹妹随嫁。伺女或妾容易引起夫妻关系紧张,不恰当,而娣通常来说是有助于婚姻的,可以说是两种不同的婚姻状态。

【明意】

娣是自家人,所以有维系自家意能的本能,有利于婚姻关系的稳定和持续。而妾通常是外人,有拆散和消耗意能的本能,所以通常不利于婚姻关系的稳定和持续。这是经验和历史之谈,不一定能够落实到具体的婚姻当中,不过当时规律性的总结,在人心意发动之初,不可以不作为一种意境来加以参照和考虑。

家庭当中意能是否能够阴阳和谐,跟家庭成员是否摆正自己的位置和心态有很大关系。生活经验与历史经验是人理解和调适自己生活的关键所在。人们根据经验调整自己的意能收放的尺度,这是基于相信经验是相应人心相通和人心之动的记录,也相信外在的存在和积淀都是心意之动的实化,人伦之常道的维系不可以违背一些基本的历史经验和心意发动的规律。

家庭成员心意发动皆有能量,而且彼此感通,要想让能量持续,首先不当违背各自身心和心意发动的自然常道,也就是说,让意能持续应当顺人情之常,如果家庭之间的意能沟通,总是违背人情之自然流动,就容易出事。

九四:归妹愆(qiān)期,迟归有时。
《象》曰:愆期之志,有待而行也。

【明译】

九四:出嫁延误婚期,是想稍迟出嫁,等待更加合适的时机。
《象传》说:九四错过婚期的心志,是有所期待而后出嫁。

【明变】

九四在卦变中换位到上震(行、春),古代嫁女以春为时,有时可行,所以想稍迟出嫁,等待更加合适的时机。换言之,如果少女迟迟不想出嫁,其实是想等个好配偶。一说等待更加合适的时机。

【明解】

九四在互离(日)互坎(月)里,引申为日月长和日子比较长,所以说出嫁延误婚期。

这里的主语,可以是少女,也可以是家长。问题在于,古时女子很难有婚姻自主性,难有选择权,只能被动选择。延误婚期的原因有多种,如未等到得合适的人、准备不足、自身素质不够、待(兄)命而行、被命令而行等。也可以理解为出嫁如出仕做官,不可所适非人,没有合适的人的时候宁可等着,相信自己能够等到合适的人,所以是在时间当中等待合适的人出现,等待跟合适人的意能相感通。

【明意】

阴意能否展示自己的能量在于是否随顺阳意,但只有合适的阳意才可以生长阴意的意能。意能在一定的情境之中展开,阴意需要阳意,阳意也需要阴意。二者彼此需要而且共同创造对方之境。为了自己达到最大的意能状态,阴意要慎重选择随顺的阳意,以及追随阳意的时机。

六五:帝乙归妹,其君之袂(mèi)不如其娣之袂良。月几(jī)望,吉。

《象》曰:帝乙归妹,不如其娣之袂良也。其位在中,以贵行也。

【明译】

六五:帝乙下嫁御妹的时候,小君的衣饰反而比不上娣的衣饰好,小君就像那接近圆满的月亮,(美丽又谦逊)非常吉祥。

《象传》说:帝乙下嫁御妹的时候,小君的衣饰反而比不上娣的衣饰好,因为六五在上卦中位,谦逊而中和地居于尊位,小君是以其尊贵的身份出嫁。

【明变】

泰卦下乾(衣、良)上坤(裳、吝啬),九三与六四换位变归妹,上震从下乾得到一爻,从上坤得到二爻;下兑从下乾得到二爻,从上坤得到一爻。

【明解】

帝乙:商朝第二十九世君王。君:小君,指下嫁为诸侯正室夫人的御妹。《尔雅义疏》:"其嫡夫人则礼称女君。"袂:衣袖,这里指衣饰。望:十五的月亮。归妹由泰变来,泰上卦坤纳乙(按纳甲原理),变为归妹,所以说帝乙下嫁御妹。六五为君,在上震里,娣在下兑里,小君的衣饰反而比不上娣的衣饰漂亮。娣是随嫁的同姓国女子,穿的衣服比女君还要好,说明对随嫁非常重视,陪嫁丰盛,但并不是要把女君比下去。

归妹上震下兑,按纳甲原理,震纳庚,相当于月芽初吐;兑纳丁,月亮初八晚上在丁(南)方出现,为上弦月,借以指代月亮快要圆的时候,象征穿着简朴的新娘好像圆月一样引人注目。

后面比喻的主语当是御妹,当然她的打扮简朴,是来自帝乙本身简朴的品德,"以贵行也"当指其御妹的身份尊贵,即使简朴也丝毫不影响其内在品德的光辉。

【明意】

意能内敛不在身外的装饰,而在内心的力量。意能的圆满状态,一定是不显山露水的。阴意尊贵内敛有位,其意能自然彰显,可见意能的力量不在表面文章。

古往今来,意能的修炼,不来自外在的穿衣打扮、地位、财富等身外之物,而是来自与身份、身世经历相关的内在学养、品性、志向、气度、意志等方面。意能的力量,来自内在的意识发动通于天地的力量,并与之关联的将其实化的能力,而与外在的装饰无关。

上六:女承筐无实,士刲(kuī)羊无血,无攸利。

《象》曰:上六无实,承虚筐也。

【明译】

上六:(成婚之后,夫妇对祖先血祭之时)新娘手捧竹筐,筐内空空如也;新郎用刀宰羊,却取不到血(夫妇祭祀之礼难成,祖先不佑),没有什么好处。

《象传》说:上六阴虚不实,好比手里捧着空筐。

【明变】

兑为少女,上震(筐)由泰上坤(虚)变来,相当于成婚之后,夫妇对祖先血祭之时,新娘手捧竹筐,筐内空空如也。

【明解】

古代成婚之后,要对祖先血祭,祭时要杀牲取血。成婚祭祖之时,女的捧着空筐,无所奉献,暗示女子没有怀孕,不结果实;或者暗示女子婚前已经不是处女。震为士,互坎(血)在兑(羊)上,血流不下来,象征新郎用刀(上爻变互离为戈)宰羊,却取不出血来,也是象征祭祀礼仪不成,祖先不佑,有不祥之兆。上六位置太高,又无正应,没有什么好处。

象辞说上六阴虚不实,好比手里捧着空筐,象征这种婚姻看来是没有结果的。

【明意】

意能之强不在身外,在心意之内。阴意不实实在在地随顺阳意,则意能不显,意丹难成。阴意与阳意可以跨时空融成意丹,如果阴意成空则难成,也就是说,阴意要承阳才能生成意丹,阴意之实以承阳而意丹可成,如果只是虚承则意丹不成。

五十五 ䷶ 雷火丰(离下震上)

意向性本来通天,但真正通天却需要气概才行。意念之行当尽可能丰盛壮大,如加缪所言,心念发动当如正午的太阳,即使人生都是悲剧,也要有强烈悲壮的英雄主义气概。丰卦为坎(行)宫五世卦,立"意—行"论第六。丰是多而大之意。丰卦由泰变来,泰卦下乾(天)九二与上坤(地)六四换位变丰,象征天阳地阴流动交通,所以亨通畅达。

心意之丰,可丰天地,光明正大的意向性之积累才能让天地有丰的盛大气象。心意丰盈即有雷电之威,无危势则难以丰大,有危势才能断案审案,适用刑罚。革后之丰,心意光明,但形势又乱又不好。

丰,亨,王假之。勿忧,宜日中。

《彖》曰:丰,大也。明以动,故丰。王假之,尚大也。勿忧,宜日中,宜照天下也。日中则昃(zè),月盈则食,天地盈虚,与时消息,而况于人乎,况于鬼神乎!

《象》曰:雷电皆至,丰。君子以折狱致刑。

【明译】

丰卦象征丰富盛大,亨通,君王能够使天下丰富盛大,不必忧虑,应该像太阳升到天空正中那样把光辉普照世间。

《彖传》说:卦名丰是丰富盛大之意。下卦离为明,上卦震为动,心意光明地行动,就能发展丰富盛大。君王能够使天下丰富盛大,因为君王崇尚丰富盛大。不必忧虑,应该像正午的太阳升到天空正中那样,因为这样才能让太阳的光辉普照天下。太阳过了中午就会西斜,月到圆满就会亏蚀。天地之间盈满和亏虚不断转换,伴随时间节气的推移而消长,天地都是如此,更何况是天地之中的人和鬼神呢!

《象传》说:上卦震为雷,下卦离为闪电,惊雷闪电一起来到,组合成丰盛壮大的丰卦。君子看到电闪雷鸣,鉴于惊雷的震慑之威、闪电的无隐之明,要公正明确地审理决断各种案子,并适当地动用刑罚。

【明变】

泰下乾(王)九二上升到四位变丰,显示出君王使丰足出现,也就是君王使天下财富丰足,人民众多,国家盛大。主爻互兑(悦),离为坎(忧虑)之反,所以不必忧虑。六二推移使下乾(天)变为下离(日),是日在中天,所以说应该像太阳升到天空正中那样把光辉普照世间。

泰变丰,刚(大)爻九二从下乾上升成为丰九四,是大的刚爻向上推移,在象上"尚"有上之意,引申为德业盛大的人能够受到崇尚。六二在卦变中推移到了泰下乾(天),成为丰下离(日),有日照天下之象,而太阳要普照天下最好是位在中天之时,所以说应该像太阳升到天空正中那样把光辉普照世间。从取义上说,办事最好选择中午之时。天地变化总是盛极转衰,衰极又变盛,圆满之中潜伏着残缺。

【明解】

假:音格,感格,至的意思。一训大。食:用如蚀,指月亏缺。致:使来到。

古人碰到太阳都被伤害的状态非常恐惧,所以认为有必要去祭祀一下。如果连太阳这么巨大的能量场都能够被伤害,天下就没有什么不能够被伤害了。按照卦象是发生了日食,相当于太阳被伤害,古人就觉得天要塌下来了,赶紧得到庙里去祭祀。但是古人之前也有见过日食的记忆,知道日食过一小段时间就会过去,放心等待其实就会没有什么问题,只是太阳保持的丰盈之道好像已经受到伤害,但又不必要为太阳过于担心。

按照卦的运动,太阳从底下往上升,太阳前面是兑(伤),太阳受伤是日食,上面是震(光),所以太阳还是会出来,或者说还有希望出太阳的意思。

【明意】

光明丰大,普照天下,照出天下之境,即存在之境,包括鬼神之域,即鬼神的存在方式。人的心意之丰大,足以含摄鬼神,能够折狱致刑,处罚恶人。人性善不从天道自然之善的本体上讲,只是定义和假定的人性本善,不足以回答人性之恶的问题,这跟至善全能的上帝何以容忍不完美的世界存在一样是个吊诡的问题。无论普遍的人性如何,人性存在问题不可以简单通过至善假设加以化解,确实是必须直面的理论困境。《周易》确定人天之意通天的本体性的天道自然之善,非善恶对待的善。

初九:遇其配主,虽旬无咎,往有尚。

《象》曰：虽旬无咎，过旬灾也。

【明译】

初九：遇到相匹配之主（六二），十天内没有祸患，如果前往会得到推崇和嘉尚。

《象传》说：十天内没有祸患，但过了十天会有灾祸。

【明变】

丰卦由泰卦变来，在泰卦里，初九与六四正应而匹配。泰变丰，泰六四来到下卦中位（为主），遇到初九，并与初九比邻，所以说初九遇到相匹配之主（六二）。也就是说，能遇到与自己相配的主子。六二来自上卦坤（数十），下卦变离（日），十日为旬，所以十天内没有祸患。初九跟来到六二的泰卦六四本来正应，六四下到二位是动，但初九在卦变中没有动，配合不默契，如果能够主动上往跟正应换位，则会有益，所以说如果前往会得到推崇和嘉尚。在象上讲是前往可得到上位，意为前往会得到嘉尚。

此爻"遇其配主"不讲卦变很难讲通，历史上大部分注家都不讲卦变，此处就很难落实文字出处。

【明解】

灾：释"咎"的可能出现。

配主一说是九四，但九四与初九配，不合易例不取。还有很多解释跟象辞不合，如从东汉郑玄到清代惠士奇、朱骏声、马其昶等都以礼释易，近现代以来新见迭出，如李镜池解为商人外出经商，周振甫、高亨认为是与女主人相遇，刘大钧发现是与少数民族交往，而廖名春、王振复等人认为是描述日食初亏现象。这些说法撇开象辞，其实使爻辞意义变得更加难解。

象辞明确说，初九该动而没动，所以只能保证得到六二之后带来的十天平安，十天后还不动的话，灾害就会显现出来。

【明意】

此爻是在变革后的乱势之中，能够遇到相配之主，虽然看起来还算不错，但形势很快转坏。这说明意向性要随变动的境遇而变，如果该变的不变，守一时之安，不久过后会有灾。这是对于阴阳之意能的变化没有体会，该动而不动，失去行动的时机。

意性（意念的性质）确实随意之行而变，就如卦变改变意之行，意念的性质随着意念方向的变化而变化，该行动的时候，意念不应犹豫不行。俗语"当断不断，反受其乱"，讲的就是自身控制意念发动而行的力量。等待当中，时空能量不断转化,过了行动的适当时机,就难以与旧日主人共享时光了。

六二:丰其蔀(bù),日中见斗。往得疑疾,有孚发若,吉。

《象》曰:有孚发若,信以发志也。

【明译】

六二:发生了日全食,太阳被大面积遮蔽,大中午都能够看到星斗,这个黑暗到了极点的时候,从四位下来的六二的冒失行动必然招致六五的猜疑嫉恨,六二只有让自己的真诚的人天之意慢慢发动使真相大白,最后会获得吉祥。

《象传》说:六二让自己的真诚的人天之意慢慢发动使真相大白,因为相信自己的诚信可启发六五的心志。

【明变】

卦变中,六二与九四换位,九四在上卦震(朱震说震仰盂如斗),所以有大中午都能够看到星斗之象。六二与九四换位,泰卦里与六五正应的九二到了四位,而六四下来到二位,变得与六五敌而不应,所以说,这个黑暗到了极点的时候,从四位下来的六二的冒失行动必然招致六五的猜疑嫉恨。还好六二上下有两刚爻相孚,又在离(见)中,能够让自己的真诚的人天之意慢慢发动使真相大白。六二在下卦中位,位正,所以最后会获得吉祥。

【明解】

蔀:大面积遮蔽之物。王弼《周易略例》:"小暗谓之沛,大暗谓之蔀。"其《注》云:"蔀,覆暧。障光明之物也。"斗:斗星,北斗七星,指大星星,取上卦震象。发:发动,生发,焕发,发挥,开拓,一说发落。

依《说卦》,下卦离(日)被上卦震(萼)展开的遮蔽物罩住,好像发生日食,太阳被大面积遮蔽。六二在下离(日)的中位,所以取大中午的时间。

可以这么说,此卦六五为昏君,对于从四位下来的六二心怀疑惧。或者是圣明的君王被小人遮蔽,在下位的忠臣当无怨无悔,赤诚以待,最后君王还是会发现忠臣真诚的心志。因此象辞认为,六二能够让自己的真诚的人天之意慢慢发动,终使真相大白,因为相信自己的诚信可启发六五的心志。可谓"精诚所至,金石为开",最后能够消除疑忌,殊为不易。

【明意】

光明心意被遮蔽得黑暗无光,好像日食一般。此时需要对自己的心意有充分的耐心,等待形势的转变。心意虽丰,但形势不妙,被小人之阴意盛大遮蔽,困难重重。当光明之心大的时候,小人之阴意也巨大。此刻要相信自己真诚的人天之意,最终可以拨云见日,让真相大白。这是相信内心被遮蔽、被曲解的光明之意,就像日食导致的黑暗一样,不用太久就可以重新光耀天下。

九三:丰其沛,日中见沫(mò),折其右肱,无咎。

《象》曰:丰其沛,不可大事也。折其右肱,终不可用也。

【明译】

九三:日光被遮蔽得非常丰沛了,黑暗非常严重,大中午都能够看到小星星,如果能够像折断右臂那样屈己慎守,最终可以避开祸患。

《象传》说:日光被遮蔽得非常丰沛了,黑暗很严重,这个时候是不能干大事有所作为的。犹如黑暗中折断了右臂(影响做事),导致九三最终还是没有被起用。

【明变】

九三卦变前在互兑里,卦变后也在互兑里,只是兑从下往上推了一爻,九三从兑的上阳变成了兑的下阳。

【明解】

沛:天地大暗如雨量充沛,引申为遮天蔽日,《九家易》"大暗谓之沛"。沫:斗柄后小星,极暗(昧)如飞沫,似有若无,形容天比六二时更加黑暗。

此爻取象与六二相同,明入于下,斗现于上,只是位稍高于六二,距天上的遮蔽物更近了,所以显得更加黑暗,大中午都能够看到小星星。九三在互兑(毁折、位西、右)、互巽(股、大腿)里,大腿是下肢之肱,所以是折断了右臂。**在爻动的推移中,九三一直在互兑里**,可以肯定有损伤,比喻说在如此黑暗的形势之下,要能够像折断右臂那样屈己慎守,因为九三位正,最终应该可以避开祸患。

此爻有危难时刻断臂求生之意。一说右肱喻重臣,指要废掉君王身边的佞臣,以解脱黑暗之境。

【明意】

形势极度危险,如光明隐陷,此时采用死里逃生之术,犹如坎宫下一卦明夷所示,当形势黑暗不被见用之时,能断臂求生,先活下来就不错了。可见,受伤曲行是为了保守内在真诚的意性不失。

黑暗当中摔倒,断臂是为了保命求生,但摔到右臂折断,也是受伤严重,等天地恢复光明之时,出来做事还是受到了影响。

九四:丰其蔀,日中见斗,遇其夷主,吉。

《象》曰:丰其蔀,位不当也。日中见斗,幽不明也。遇其夷主,吉行也。

【明译】

九四:发生了日全食,光明被遮蔽很大,大中午能够见到星斗,黑暗中遇到旧日的主人,能够化险为夷。

《象传》说:光明被遮蔽很大,因为九四位置不适当。大中午能够见到星斗,是天色幽暗而不明亮。遇到势均力敌的明主,这是吉祥的征行(九四在卦变中向上升进与六五比邻)。

【明变】

夷主:从卦变来看,指外卦的旧主六五;一说九四变则为明夷,则取伤害之意。**吉行**:说明卦变上升而形成了吉祥的局面。"遇其夷主"如何理解是难点。九四在互兑(伤)中,伤害了下面的太阳(离日),所以是日全食之象,而在这个昏天黑地的状态当中,九四经卦变升上来,遇到六五这个旧日(旧卦、外卦)的主人(六五原来跟九二正应),取意是黑暗中遇到旧日的主人,所以非常欣喜,很亲切。

象辞说明九四上行,是引发卦变的主爻,能够化险为夷,所以其行吉利。如果不从卦变来解释"遇其夷主",传统解法基本没有解释通畅的。

【明解】

解为"遇到势均力敌的明主"也通,因为六五相当于是一个在伸手不见五指的黑暗当中,跟你相当,但能够给你指明方向的人。之前的一些解法,如"遇到蛮夷首领""东方的君主""均衡的明主""平乱之主"等皆不通。

【明意】

丰虽是心意之丰,但意行之性仍合于冥中,丰大的意向性如行于无边的黑暗之中。在变化的境遇当中,是九四本身的变化导致了形势大变,也是与夷主(黑暗之中的同心之人)一起寻找方向,其实人生的方向是境域性的彼此缘构生成。

郭象说万物皆"独化于玄冥之境",放到人生当中,可以理解为人生时刻在黑暗之中,要有伴同行才能找到方向,这个伴就是"夷主",一个跟你平等的,又可能为你的意识方向和意识之行做主的人。其实,每个人虽然都睁着眼睛,但没有几个人看得清前进的方向,当我们碰到心意相投、能够给我们的意识之行指明方向的人,这样的人其实就是我们的夷主。因为我们的心念发动、心意之境其实常常在黑暗当中,不知如何才能够让意识之行合乎"中庸之意",即时时刻刻合乎自然之中道的人天之意。

六五:来章,有庆誉,吉。
《象》曰:六五之吉,有庆也。

【明译】
六五:召来内涵有文采的贤人,得到喜庆和荣誉,这是吉祥的。
《象传》说:六五吉祥,是有喜庆。

【明变】
对六五来说,九四从二位上来也是来,来了以后有喜,因为出现了互兑。原来的坤变震,下卦成离,等于震动而且光明,雷鸣电闪起来,所以彰显了。

【明解】
章:明亮的文采,光明灿烂,指代章美之才、贤人、美德等。从意思上说,六五是昏主,但九四上来辅佐他,是位贤臣,所以吉祥而且有喜庆。

从全卦日全食发生的时机来说,这是日全食即将结束之时,古人重见天日,看到光明重生,欣喜若狂,奔走庆贺,好像天地之间,文采震动,光辉灿烂。

《周易》一般的爻向上推为往,向下推移为来,但只要意义明确,爻辞作者也可能根据爻位推移的相对状况而适当改变。

【明意】
对于六五来说,上来了一位贤臣辅助他,能够雷厉风行地帮助他做一些改革,让天下重新变得光明灿烂,即使他自己能力不够,光明有限,但这样的贤人贤臣出现,对于国家和人民来说,恍若光明再现,毕竟是振奋人心的好现象。

君王的意行受到巨大光明的加持和辅助,得到这样的贤臣辅佐,即使昏君也可能让自己的心意光明起来。因为对昏弱之君来说,上来强有力的辅助之人,电闪雷鸣般地开始一些变革,不仅帮助自己的心意转而光明,而且让天下人的心意都变得光明丰大,这可是值得大大庆祝的好事。

上六:丰其屋,蔀其家,窥其户,阒(qù)其无人,三岁不觌

(dí)。凶。

《象》曰:丰其屋,天际翔也。窥其户,阒其无人,自藏也。

【明译】

上六:巍峨高大的房屋都笼罩在黑暗之中,周围的人家都被彻底遮蔽,即使透过门窗窥视,里面也空寂如荒芜一般,犹如自鸣得意,自绝于人,孤立自闭,多年不让人见,最后必定凶险。

《象传》说:房屋巍峨高大也彻底被无边的黑暗笼罩,这种巨大的恐怖犹如幽灵一般在天际飞翔(上位是天上之位,二至上爻近似小过卦,有飞鸟之象,如鸟在天边飞翔)。透过门窗窥视,里面空寂无人,象征人的心意自我封闭,不跟他人来往(上六丰极必藏而凶)。

【明变】

泰卦刚爻向上长一位即为大壮,而卦变中却没有上长,而是二四爻换位。

【明解】

阒:空寂如荒芜一般。觌:被看见。这指的是在上昏庸无道之君自以为是,自鸣得意,高高在上,完全自我孤立,三年都不露面,当然非常凶险。他让人民过着非人的生活,这种作威作福的状态不可能持续很久。《序卦》言:"穷大者必失其居",指的就是这样的昏君一定会连住处都被端掉。

上六位高,象征日全食虽退,但人心被日食深深震撼,迟迟没有退出来,巍峨高大的房屋好像还笼罩在黑暗之中;离(明)在下,好像周围的人家都被彻底遮蔽。《系辞下》说:"上古穴居而野处,后世圣人易之以宫室,上栋下宇,以待风雨,盖取诸大壮。"大壮卦上栋下宇,宫室之象。**丰与大壮只差六二一爻。**宫室加离(目),是见栋宇不见人之象,即使透过门窗窥视,里面也空寂如荒芜一般。上六位处穷极,与应爻九三悬隔三位,九三在下卦离(见),因被遮蔽,犹如自鸣得意,自绝于人,孤立自闭,多年不让人见,最后必定凶险。自己长期退隐,房舍华美高大却空无一人,此情此景象当然凶险,这是自己把心意遮蔽起来,对于周围的人,好像天天都发生日全食一般,时间久了,就是原来再家大业大,也一定凶险异常。

【明意】

人间成事于心意之通,败事于心意不通。丰卦电闪雷鸣,本应心意光明,但爻辞借日全食来描述黑暗无光之象,近于明夷,也是以黯然神伤的心意出门旅行之象。丰卦上六非常准确地接地火明夷,自己的光明隐陷而不出。到了上六丰大的心意都被败坏遮蔽了，就不再能够显现出来了。

上六好像一个昏聩不明的太上皇，被日全食的震撼情景深深震怕了，久久不能从心理的创伤当中走出来。犯了将自己的意向与他人之关联切断的致命性自闭症，其意念之发，已经跟百姓民生隔离开来，时间久了，必定家毁人亡。此爻说明，一个人事业的昏败，首先是意向性昏蒙不明，心意漂浮没有方向，甚至无法跟人有效地沟通，而意向性不明不通，时间久了必定不能再跟大家心意相通，进而至于败事。

人的意向性是关于他人他物的，其中连接人的意向与他物的生机至关重要。日全食好像给所有人突然之间判了死刑一般，天下突然光明全无，生机不现，于是有巨大的恐慌。不过有老人经历过，说不要害怕，一时的绝望，不等于永远的绝望，太阳还会出来，我们的意向性还可以跟世间的事物联通，天地的生机还在。但是有些人被眼前的经历震撼怕了，有人在黑暗当中经历了恐怖的事件，所以长久不能够从中走出来，后半生就一直生存在没有生意的意向性状态当中，昏昏沉沉，意向发动不再有生机，任凭周围的心意荒芜下去，无心也无力去维护意向性发动的生机。这就是上六爻要表达的、心意长久无法从日全食当中解脱出来的状态，也就是意向性不行，或者没有行动力的状态。这样的人行为和意识主体，已经不再是主动的主体（agent），也就不具备意向性的实化能力和意念发动的执行力。

丰卦说明，意向性的发动有时可能会被遮蔽，这是正常现象，人要有相应的心理承受能力，去面对无边的黑暗和巨大的绝望。即使已经受伤，也要坚定意行之向，坚定意念发动，生生不息，不可自暴自弃，人生都在黑暗当中，本来就没有人能够看清前进的方向，不要因为一时一地的伤痛就倒下去起不来。即使在无边的黑暗当中，意念之行也当灿烂如阳光。心念生生，念念接续天机，不受日全食这样外在的情势的影响，这是意念生生、随顺天道的根基，无论外在的苦难如何，都不可以改变。也就是说，即使人间成为地狱，心念发动仍然可以如正午的太阳，光明灿烂，点亮无边的黑暗。意念发动之处，良知长明，仁爱动天地，与天地生机一体，丝毫不受日照与否的影响。

五十六 ䷷ 火山旅（艮下离上）

上卦丰卦说明，过分丰富反而不可能维持，被迫重新在旅途中找寻方向，旅卦则有家破人亡，不得不去旅行之意。只要出来旅行，就只能求小顺小安，因为必须要与周围各种缘分安然相处，做事说话都要适可而止。但意念的方向只能依境而生，即人的意向不可能脱离人的生存条件而生，否则没有方向感则易于迷失自己。

人在旅途，必须跟断狱一样审慎，旅行时一念出偏，就偏离很远，有时越走越远，甚至误入歧途而无法回来；断狱也是一样，如果一念出偏，当事人的命运就被改变，有时构成冤假错案，甚至可能误杀无辜的人，人命关天，无法重新来过。可见，旅行需要火光来照亮前面的道路，人虽然睁眼，但看不清前进的方向，也需要特别的光亮来帮助自己摸索意向的方向，知道每一个意向的抉择，都把人生的意向之路导向不同的方向。旅行当中，人通过自己的意向抉择，决定周围人与自己相关的意向和他们的命运，这与断案的时候，每一个意念都决定当事人的意向和他们的命运其实如出一辙。只是旅行时候对他人的意向命运的决定是弱决定，他人没有感觉，自己也不容易这样去想；而断案时对他人命运的决定是强决定，一旦决断，他人的命运就可能是冰火两重天。

旅途中人的意向漂泊无定，意向关联缘起缘灭，意向本身充满不确定性。旅卦为离（向）宫一世卦，立"意—向"论第二。意向如火，因火而起，而火光的方向，却飘来飘去，旅人一路漂泊，犹如意向飘忽无定，好比旅途中暂时休息时的火光，幻起幻灭。人在旅途之中，也要心意通天，得到阴阳之意的应和而携手共进，如此即成旅途。但旅行通常容易孤苦无依，因意向无方向、无力量容易多悔恨。

意向一发动，只是万千可能性之一，所以意向一动，好像漂泊的旅人，不知何处是正确的方向。旅行者有无限的可能性和无限的意向性。人的一生好比在旅途，很难知道何方是最佳、最合格的方向。旅行是不断抉择，实化和定义自己的意缘的过程，需要非常谨慎小心，正如断案，念念决定当事人的进退存亡，所以更要如用火一般谨慎。不仅仅因为监狱中的人被剥夺了旅行的自由，而且因为有能力决定他人自由的人,要给被剥夺旅行之人足够的尊严,正如小心应对身边的旅人,要谨慎处理而不滞留案件,不宜不合理地影响他们本来就非常有限的自由。

旅,小亨。旅贞吉。
《彖》曰:旅小亨,柔得中乎外,而顺乎刚,止而丽乎明,是以小亨,旅贞吉也。旅之时义大矣哉!
《象》曰:山上有火,旅。君子以明慎用刑而不留狱。

【明译】
旅卦象征旅行漂泊,稍有亨通,行旅的时候持守正道能获吉祥。

《彖传》说:旅卦稍有亨通,是因为柔顺取得在外的中道又能顺应刚健(在卦变中,六五从否下坤的三位升到了外卦乾的中位,坤为柔顺,乾为刚健,是柔顺地顺应刚健)。下卦艮为止,上卦离为附丽、为光明,是安宁守分地依附于光明,因此稍有亨通,行旅的时候持守正道能获吉祥。旅卦的时势的时机化意义实在太重大了!

《象传》说:下卦艮为山,上卦离为火,山上失火,众生皆失家行旅而有旅行漂泊之象。君子鉴于山上着火、火势熊熊的旅卦,知道要明察审慎地施用刑罚,而不滞留案件。

【明变】
旅卦由否卦变来,即否九五与六三换位变旅卦。否卦原是否塞不通,通过阴阳爻交流变出旅卦,卦变中否卦柔(小)爻从三位升到上卦中位,成为旅卦六五,占据最尊贵的位置,所以说有点亨通。

【明解】
《序卦》言,"穷大者必失其居,故受之以旅",流离失所,离开自己的安稳住处。丰倒过来,无家无业才去旅行。"旅"是客旅于外,本义就是客寄他乡。古人旅行漂泊主要是行役戍边,所以引申出军旅之义。《杂卦》"亲寡,旅也"指旅行在外时,自然亲友就少。

中位表示中正不偏,也表示持守正道而吉祥。旅行在外,艰险重重,旅人应该柔顺地顺应刚健(上九和九四),这样才能得到周围人的支持。古时交通不便,旅行在外苦不堪言,所以旅行即是逆境,但人要学会应付逆境,这样逆境就有其正面的意义,人应该即能处顺,又能处逆。

象辞的意思是山上失火,草木(互巽)着火,山火蔓延,导致众生皆失所行旅之象。山上有火启示人们见到光明,明察(离)秋毫,联想到要慎重(艮)地施用刑罚(互兑),处理案件(二三四五互坎)要判断准确,并及时决断,不宜让当事人长时间被案件纠缠。

象辞暗示了旅行之人与断案之人心意的共通之处,也是历代解卦者比较忽略的地方。旅人的心意与断案者的心意,在决定他人意识境遇甚至命运的角度来说,有异曲同工之妙,因为旅行是一个不断决定自己和他人命运的过程,而断案也是这样的一个过程,只是旅行时对他人的决定弱,而断案时对他人的决定强。

"顺乎刚"只说六五顺从阳刚不够。不取"晚上在光明处停下来"或者看到"山上起火"这样的解释。

【明意】

人都是天地之间的旅客,意向从根本上说都缘起缘灭。安身立命其实就是安顿自己心意的方向,为自己的人生找到一个合适的方向来安顿心灵。即使旅行在外,缘起缘灭也不可丧志,不可忘记自己的使命。

旅行是艰苦的历程,自己体会过在旅途上的艰辛,就不要把当事人长期关在监狱里面,因为他们已经丧失自由,度日如年,这也是将心比心、人与我同的心通物的本体论在指导。即使已经在监狱或即将去监狱的人,也在人生的旅途当中,对于他们要从根本上给以尊重,谨慎地主宰他人的命运,不滞留案件。待审的犯人已经旅行到极度无奈的状态了,要慎用断案的权力,不要再给他们无端地增加已经过重的行旅负担。

对于自由人来说,旅行的因缘可能是无限的。但旅行虽然有无限的可能性,也必然在某个时间和某个空间当中,可见,无限的意向性在意念实化的瞬间就凝固成为单一的现实性。人在旅途,要珍惜主宰自己意念实化的自由,审慎地运用实化意念的权力,小心翼翼地决定自己行旅的方向。人在旅途,时时刻刻都仿佛在断案的过程当中,跟他人的意向交汇、意缘交接之处,就是断案的开始,我们在跟人意念交接的瞬间,就在断人之案,决定跟他人意识交往的进退和分寸,这就是人与人之间意识交流的断案。旅人的心意只有真诚随顺,才能让他人断得平和合理,也是推致自己意念方向的核心。

初六:旅琐琐,斯其所取灾。
《象》曰:旅琐琐,志穷灾也。

【明译】

初六:行旅的时候行为卑贱猥琐,这等于是自取其灾。

《象传》说:行旅的时候行为卑贱猥琐,因为初六志气穷困,就容易招惹灾害(初六有正应在九四,但处在下卦艮[阻]里,志受困阻)。

【明变】

卦变前初六在地(坤)下,卦变后初六在山(艮)下,有行旅举步维艰,艮为止,有难以舒展之象。

【明解】

琐琐:卑贱、猥琐、卑微、平庸,带有投靠、钻营、浅薄、卑污、计较等意思。一说碎币零钱。穷:困,引申为志气小目光浅。初六柔爻在下卦艮(小)里,位最卑下,柔爻居刚位不正,所以有行旅时行为卑贱猥琐、斤斤计较之象。艮(手)乱动,有向上攀援之象。正应九四刚爻柔位不正,又在上卦离(火灾)里,这等于是向上攀援时胡乱把手伸入火坑,自然是自取灾祸之象。

艮手入离火而有灾,而且显然不是马上缩回来,而是继续被烧烤之象,所以旅行之艰辛,到无法避免伤害的地步,一开始看到这样艰辛的旅程,也很容易打消旅行的意志。

【明意】

身意不当,意向乱动,志向已穷,则必招灾。改变处境的根本是意向的方向,可能周围人不帮你找到意向的方向,但自己要有主心骨,自己要找到,也不要迷失方向。人即使穷途末路也不可丧失自己的志向。人的志向是改变意识处境的根本,因为有志向,就给意境以出路。绝望是对意向方向性的止息,是对意向本来可以造就的意量的无明和无视,看不到意念发动后指向的可能希望。

旅行之时,身不安宁,不当位、不合适的身位,会影响人的心态,所以首先要警惕小心,要尽量做到即使身不安,心也要安。否则,心不安就容易绝望,进而迷失意向的方向,觉得意向没有出路,或者任何一个意向都是不合适的出路。

六二:旅即次,怀其资,得童仆,贞。

《象》曰:得童仆,贞,终无尤也。

【明译】

六二:在旅途当中,住进客舍,怀中带有旅资,得到忠贞的童仆来帮忙照顾。

《象传》说:得到忠贞的童仆来帮忙照顾,说明六二最终不会有怨尤。

【明变】

六二在否卦与九五正应,卦变中九五没有与六二换位,却与六三换位,变出艮(少男),为"童仆",六二不动为"贞",所以是在卦变中因为不动而得到"童仆"。

【明解】

六二在下卦艮(止)里,柔爻居柔位得位,是止得其位之象,所以说在旅途当中,住进客舍(艮为宫室屋宅之象,有屋顶有柱子)。在互巽(近利市三倍)里,所以说怀中带有旅资,能保障生活物质来源。六二在艮(童仆)里,位正,所以说得到忠贞的童仆来帮忙照顾。

象辞认为,六二位置中正,代表心意忠实,安宁稳定,所以最终不会招致怨尤。按卦变断为"得童仆,贞"有理,说明旅行之时要贞正方能吉祥。

六二贞正,有几个原因:上无应,下无比,心不乱;承九三可依;内阴爻安宁,外阴位艮山,有内外安宁之境;有中正之德位。

【明意】

六二是得旅行之道的旅客,知道旅行之时的意向应该调整到一种合适的状态。当然,其内在的精神修养、外在的物质条件都不错,所以能够有安宁舒适的旅途。加上有人帮助,则旅行的意向更加安稳,因为有人辅助就能帮忙调整自己意识的方向,方向感更强,力量更大,比一个人摸索好。有人帮助自己调整意向,就容易形成意向合力,有助于减少忧虑。

九三:旅焚其次,丧其童仆,贞厉。

《象》曰:旅焚其次,亦以伤矣。以旅与下,其义丧也。

【明译】

九三:行旅途中,大火烧毁了旅舍,童仆也走失了,此时还顽固不动,会有危险。

《象传》说:行旅途中,大火烧毁了旅舍,实在是伤人伤物也伤心的事情。把忠心的童仆也当作旅人,出事后按道理说也该丧失(九三原在否卦的五位,卦变时来到下卦三位,失尊得卑)。

【明变】

九三与上卦无应,前途不明;卦变后进入互巽,犹豫不决;进入互兑,草木毁损;可见九三遇到火灾,无人伸手帮助,孤苦无依,流离失所,悲惨至极。"与下"是九五卦变后来到三位,与之前下面的正应六二相与。

【明解】

伤:伤叹,可悲,可伤。如果初爻是底层旅人,二爻是小康之家,三爻就是有身份的人,但毕竟都是旅客,在外不易。三爻虽有身份,但不可把同行的忠实童仆也当作旅人,使位卑的他们难上加难,以致于在发生火灾的关键时刻,他们只顾自己逃命,而不来救助主人,这样的事情发生,一方面非常令人伤心,另一方面也是主人咎由自取,因他没有对忠心的仆人足够尊重,最后必然遭殃。

九三在互巽(木)里,上临离(火),有行旅途中大火烧毁旅舍之象。在下卦艮(童仆)、互兑(毁折)里,有童仆受伤、走失之象。刚爻刚位,位正代表正固,可是,用过分刚正和讲原则的态度去应对旅行当中着火一般的重大变故,反而会有危险。二三四五互坎(险),下艮(止),有蹇卦之象,象征行进艰难。九三爻不中,不太安定,加上是艮卦主爻,还有不善应变之象。

之前的解释,如"得罪主人""旅客不应该参加当地政治"等,都没有说到点上。

【明意】

人生时刻都在旅行当中,不可以用过分刚正的态度对待其他旅人,如视之为外人和下人,用那样的意向待人不可能得到他们忠贞服侍,一旦有事起火,大家就都先顾自己跑了。人的态度和意向会影响一起旅行的他人之意向,一到关键时刻就能够看出来,稍有不慎就容易遭到灾祸。

阳爻可以理解为主动出去旅行,但还在艮卦的时势当中,所以应该适可而止,不知停止就属于过分,反而会给人欺负。每个爻代表人的个性,代表人的意向特征,这些意向特征与其无法更改的意境一起,构成了人发动意念的宿命,也就是说,人总是倾向于发动某类意念,发动到某些方向,所以总是不善于在反省当中为自己的意向方向做主。

九四:旅于处,得其资斧,我心不快。

《象》曰:旅于处,未得位也。得其资斧,心未快也。

【明译】

九四:客旅途中,暂时得到较为稳定的栖身之处,又得到一点资财利器,可是心中仍然闷闷不乐。

《象传》说:客旅途中,暂时得到栖身之处,因为还没有得到合适的地位(九四刚爻居柔位)。得到一点资财利器,可是心中仍然闷闷不乐(虽然得到行旅所需要的旅费和器用,但总是希望回到家乡可以有更大的发展)。

【明变】

九四卦变前后都在互巽(近利市三倍)里,说明旅行一路都可以得到旅资;卦变后又在上离(戈兵)里,可以得到兵器,所以说又得到一点资财利器。

【明解】

"旅于处"是旅行到了某一相对较长时间的处所,但仍在行旅之中,得到了行旅中所需要的资财和利器,尤其是军旅更需要利器。九四刚爻居柔位,不得位,住不下来,还得往前走,不能说"旅于次",所以说客旅途中暂时得到较为稳定的栖身之处。老是客旅于外,回不了家但很想家(与内卦初六正应),所以心中闷闷不乐。

九四不快的原因有:居于阴位,没有合适的平台发挥自己的才能;受制于阴爻小人不快;伴君如伴虎不快;六五顺附上九不快;与三爻同性相斥不快;与初六正应但有艮山阻隔不快。可见,此爻多有心志难申之象。

【明意】

人在旅途,心中有期盼,不能活在当下,一定不会快乐。虽然暂时安定,但几乎所有的意向都有让自己不畅快的地方,无法顺利实化自己的意向,于是加剧了本来就很强的漂泊感,更加无法掌控自己的意向,心里闷闷不乐,所以人的意向不但要有方向,而且要有实化的可能性和条件,如果各种方向上人都无法实化自己的意向,就不会觉得意向得到安处。

六五:射雉,一矢亡,终以誉命。

《象》曰:终以誉命,上逮(dài)也。

【明译】

六五:用箭射野雉,(一箭射中,但毕竟)丢失了一支箭,(但可找回,所以)最终得到美誉和爵命。

《象传》说:最终得到美誉和爵命,是因为六五到达了上面的尊位(六五卦变中由三位升到尊位)。

【明变】

从卦变来看,应该是王上来,亲自射箭(离,雉),那么得到美誉和爵命是周围人的赞誉(上来变离为光明)。

六五是全卦主爻,象辞说"柔得中乎外而顺乎刚",在卦变中从否下坤六三升上来,上卦成离(雉),由下及上用箭射野雉之象。下坤失去一个柔爻变为离(矢),所以说,虽然一箭射中,但毕竟丢失了一支箭。六五位中而贵,卦变出互兑(口)有誉、互巽(命),所以最终会得到美誉和爵命,也就是得到荣誉晋封。

这里取卦变的解释,对于爻辞和象辞都基本可以贯通。

【明解】

亡:失去,或者死去。逮:等到,到达。六五居于尊位,在旅卦出行,自然前呼后拥,去山(艮)打鸟(离),有率众围猎之象。此爻表现的要么是王者亲自射猎,要么是王身边的人射箭之事。

此爻各版本译注中有至少三种断句方法:1.射雉一矢,亡。2.射雉,一矢亡。3.射雉一矢亡。另外或还可断为:射雉一,矢亡。可见,此处要点在于"亡"的理解。如果只看卦爻辞,上述断句分别有几种意思:1.射了野鸡一箭,箭丢了(或者野鸡死了)。2.射了野鸡,一箭就射死了。3.射野鸡一箭就射死了。4.射到野鸡一只,箭丢了。不管怎么断,基本上有两种理解:射野鸡丢了箭(形容事情不顺利);射野鸡一箭就射死了(形容百发百中)。

传统说法有说射中的,有说没有射中的。但根据后面得到美誉和爵命来看,应该是射中了,事情顺利。其他解释可以参考,如《集解》说,带了好多箭,丢了一支箭,但其他箭射中了,得到了野鸡。一解射中但野鸡飞了,所以箭没了;一说阴爻中位,但没射死,箭没了,可箭应该要回收利用的。其实,射中没射中不重要,但最后都得到美誉爵命。

此处的关键在于"上逮"的解释。字面上,"上逮"是上来达到,而不是逮及上面上九,一些解释说是得到上九的帮助,或者上九优待臣子,得到臣子的辅佐,这样的说法就把上九当王位,跟《易》例不合。一说名声被宣扬出去,如士大夫有才华,上面知道了,给他地位。一说上逮是上方有助之意。五与上是一对完美组合,上爻自会助五。另外,象辞"上逮"还可理解为附丽的智慧,是阴柔之意附丽于天而能够持续光明的大智慧。

【明意】

六五在尊位,意念实化多可成功,而且无论如何实化,都会有赞誉。同样是旅行,位置和状态不同,意念实化的机缘和条件也很不一样。从另一个角度说,旅行当中,意向到了五位才有实化的可能性和条件,这也说明漂泊羁旅途中,实化自己的意向何其不易。"射"代表意念的方向,"中"与否代表意实化成功与否。中了才有誉命,是实化了自己的意向。这个意向本来就想上来,后来努力达到了(从象上说)。

可见,能不能射中、成功与否并不重要,但意向性展开即有其意量与意境。意量可控有限,而意境通达众人与天地。故意境之生生之机,可以逮于上位之人,并用其意向而得到认可。所以意向的发动像动机,结果如何不重要。只要意向生生不息,守于正道,就会得到他意的应和。从不断扩大融通的意境、成就自己的意量这个过程来说,是否真正建功立业并不是最重要的。意向发动的瞬间,即已彰显功业的力度与量限。

可见,《周易》是动机主义,符合儒家伦理学以动机为主的精神,生是过程,死是永恒,好好过人生的过程,就是谨慎决定自己永恒生命之中短暂的生之过程。既然建功立业相比永恒的死亡来说并不重要,那么,生存当下意念发动的实在瞬间,是否具有生生之机,便成了决定人生意念质量的根本与核心。这也是儒家圣人之所以强调人心要服从道心,人的精神纯洁度要超越所有外在功业成就的原因所在。这也是儒家动机主义伦理学的神圣性和宗教性的来源。

上九:鸟焚其巢,旅人先笑后号咷。丧牛于易,凶。

《象》曰:以旅在上,其义焚也。丧牛于易,终莫之闻也。

【明译】

上九:(行旅之人在外高高在上)好像鸟巢上面快要着火了,随时可能把鸟巢烧掉,刚开始的时候还笑得出来,但到后来就只有嚎啕大哭了,也好比在边界上把自己的牛群都弄丢了,这对一个在外旅行的人来说,是非常凶险的。

《象传》说:客旅在外还高高在上,丝毫不顺服的话,道义上就会被焚烧(上九在全卦上位)。就好像人(把牛的顺服劲给抛弃了,就会)在边界上把自己的牛群都弄丢了,也就是上九在旅途当中遭到祸殃却无人过问,无人在乎。

【明变】

上九原是否卦下坤(牛)六三正应,六三上到五位,下坤象不见,好比在边界上把自己的牛群都弄丢了。

【明解】

易:如"场(場)",边界。这一爻是两个比喻,或者至少前一个是比喻,后一个是历史故事,说的都是一个道理,客旅在外,不可像鸟一样高高在上,丧失牛那样的顺服劲,否则,随时可能遭遇危险。

上九在全卦最高处,在互巽(木)上,六五原在互巽(木)中,升到五位成互兑反巽，有树木颠倒鸟巢倾覆之象，下五爻是小一点的小过卦（鸟），或上九变也是小过之象。鸟（离）在树（巽）上，有鸟巢之象。上离（火），好像鸟巢上面快要着火了，随时可能把鸟巢烧掉，因为离有火、鸟、鸟巢之象，要译成"鸟巢上面快要着火了，随时可能把鸟巢烧掉"是因为火在鸟巢之上。之所以是"快要"，因为后面有"先笑"，说明还没有完全烧毁之前，行旅的人还笑得出来，也就是他意识不到自己的巢穴即将被人给端掉了，他马上要面临无家可归的窘境。这就像人在边界上弄丢了牛群，犹如旷野呼告，无人帮忙，非常凶险。但起因是自己丧失了顺服的牛劲，没有朋友，没有同伴，非常凶险。

卦互兑（笑），互巽（号），上前下后，兑在巽前，刚开始的时候还笑得出来，但到后来就只有嚎啕大哭了。上九位处穷极，故凶。这一爻不吉祥，巢穴烧毁，先喜后悲，丢了牛找不回来，惶惶如丧家之犬。失去牛的顺性一定凶，最终不会得到消息，牛找不回来，因为过分趾高气扬，所以遭殃之时，无人过问，也算悲催到了极点。

【明意】

此爻的比喻蕴意丰富：鸟好动且居高，牛驯服且卑顺，人在旅途之时，如果失牛性而慕鸟行，则险象环生。大家都是旅客，都在旅途，所以对他人不应该高高在上、颐指气使，否则容易适得其反。旅卦有山火之象，旅人出行，或异地谋生，相当于老巢烧掉，有家难回，没有安身之所，这也决定了在旅行途中，人要柔顺而不可过刚，柔顺则得，过刚则失，此是旅卦一以贯之的教导。

顺乎情境的方向，一般才是自己意向的最佳方向。行旅的心向要平和谦恭。在变化的情境中，身外之物的得失和内在的心意状态有很大的关系，所以小心旅行，认真地对待每一个人，都是很重要的。行旅要顺势而发动意向，意向不顺情境则有危险。意识形成于缘起之境中，行旅之人的意向当安顺于其境。人从终极意义之上都在行旅之中，即使位高权重，也是过客旅行，暂居于世而已。所以意向生生不息，总是依境而生，人既在旅途当中，当顺情境而生创造之意，转入巽顺。

五十七 ䷸ 巽为风（巽下巽上）

巽宫八卦四十八爻论证意缘震起，阴阳改换，天地受命，如巽为天风，行乎天地之间，犹如天地之意识，此为巽宫"意—识"体系之总论。意缘震起，意识生生，如草木兴隆，缘起识生，即意向实化为意缘，而意缘之成坏起灭即意识所彰显的状态。风传递天地之气变化的信息，能够吹动万物，《说文》："风动虫生"，风（風）中有虫，可以理解为植物与动物自然意识发动，通过风传播的气味实现交配繁殖，根本上是意识的叠加和复制，形成新的意识生机。风动生情，风情万种，根本上是播散意识的新种。风分阴阳，如意识分阴分阳，阴风伤身，犹如阴性的意识伤神，意识受伤，连带生存的状态受伤。

风行天下，如水流天下，所以要用意识引导，使之变得鲜活、整齐不乱而形成意识有效的行动和意向。所以按先天八卦次序，巽宫后接坎宫"意—行"之论，即因唯识而后意行。意识生生即面对死死之机，即意念之生时刻都有危险，如影随形。意识发动，皆在危险之中生。按后天八卦次序，巽宫后接续文明兴旺之离宫"意—向"之论，意识欣欣向荣，成就文明。

巽，小亨。利有攸往。利见大人。

《彖》曰：重巽以申命。刚巽乎中正而志行。柔皆顺乎刚，是以小亨，利有攸往，利见大人。

《象》曰：随风，巽。君子以申命行事。

【明译】

巽卦象征谦逊随顺，稍有亨通，有利于以随顺的态度去做事，有利于进见大人。

《彖传》说：巽为风，风是上天的号令，两巽相重，表示上天把号令反复传送下来。刚健随顺地进入中正的位置，心志得以推行（巽变遘九二从四位来到下卦中位，是君子柔顺地进入中位，成为大人，可以推行大志）。柔爻都顺从刚爻，因此稍有亨通，有利于以随顺的态度去做事，有利于进见大人。

《象传》说:巽为风,两巽相重,风与风相随,这就是象征谦逊随顺的巽卦。君子看到风连续吹来,无孔不入,无所不顺,反复向民众申告政令,取得人民的理解和支持,然后推行政事。

【明变】

巽卦由遯卦变来,即遯六二与九四换位,变巽卦,因为卦变中显示出柔爻(小)升进,所以说稍有亨通。六四从二位升高了两位,有利于以随顺的态度去做事。刚爻九二来到下卦中位,大人(乾九二"利见大人")得位,所以有利于进见大人。

【明解】

巽是八纯卦之一,基本卦象是风。《序卦》说卦名巽是"入"的意思。《杂卦》说巽是隐伏的意思,是指风是气的流动,气可感,但不可见,气无孔不入,巽是风伏而入。

"利见大人"有不同理解:有利于见到大人;进见大人;表现在大人身上才有利等,言外之意,小人不行。卦中柔爻初六在九二九三两个刚爻之下,六四在九五上九两个刚爻之下,与刚爻相处都符合柔顺刚的道理,有风吹物随,令出众顺之象。

【明意】

巽卦的主要意思是天下有风,犹如天的命令,引申为发布命令;同时天下皆风化,即天下皆随顺天之意,皆随顺天而有通天意识的显化,或天的意识依境而生而有生生气象。此境即是天下之物作为意生之缘。

天的意识又代表天的言说之前的状态,所以有"申命行事"之说,即言语的根本在于言说之前的"前表达状态"。前言说、前表达的状态是根本的言说前状态。表达的几微是意识参与世间运动的开显,当通于意缘发动之前的先天结构。意识是物存在之生机的表达状态,而此意识是时刻心通物之意识,是心物一体的意识。意识当顺应情境变化的几微。言说的力量在这个参与的几微之间,如孔子提到的正名问题,与此几微与情境的关系密不可分。所谓"申命行事"就是要依于意识所在的情境,所言有命,依命行事,言着力于行,着力于成事。

初六:进退,利武人之贞。

《象》曰:进退,志疑也。利武人之贞,志治也。

【明译】

初六:随顺太过导致进退不决,有利于勇武之人持守正道。

《象传》说:随顺太过导致进退不决,是初六心志游疑不定。有利于像勇武之人那样持守正道,是因为他们善于正治自己的心志,使意识不再游疑不决,变得刚毅果断。

【明变】

初六在遘卦中与九四正应,卦变中九四与六二换位变巽,导致初六进退心志游疑。但这正是考验心志是否坚定的好时候,所以能够控制住自己的意志。

【明解】

初六居下,易动,在巽(进退、不果),重巽说明心意非常犹豫不决,虽好动却踌躇难进,有进退两难之象。二三四爻互兑(虎)、引申为"武人"或军人。意味着面临犹豫不决,进退两难的处境,前面有军人用其坚决之心志来影响自己,于是可以决疑,也就可以通过控制自己的心志以坚决果敢地前行。

【明意】

风的流动性有进退不果决的意识在。发布命令的意识犹豫不决,是因为随顺太过。一旦形势改变,就有点不知所措。巽是顺动,但顺动不可太过。犹疑既是对意识境遇的展望模糊,也是对意识发展的可能性没有把握。

发布命令犹豫不决的时候,就需要外在的强势力量来控制意念的发动,类似武人的强力和威严,此刻有利于回到内心的坚贞强固,在他人的心意坐标下重新确定自己要什么,知道自己能够成就什么,从而顺着本性选择,也就是相信本来的心性状态会决定外在意缘的取舍。意缘好像万千可能性,但意念升起的瞬间,无论是他人帮忙确定,还是自己确定,意向的发动都只有某种确定的唯一性,而这种唯一性就是应当随顺内心之本而开解的。

九二:巽在床下,用史巫纷若,吉,无咎。

《象》曰:纷若之吉,得中也。

【明译】

九二:钻到床下隐伏起来,让祝史、巫觋乱纷纷地祝告神祇,求神保佑,到头来是吉祥的,没有什么祸患。

《象传》说:乱纷纷地祝告神祇,求神保佑,到头来是吉祥的,因为九二得到中道(卦变后进入下卦中位)。

【明变】

卦变中九二从四位下来进入下巽(象床),有钻入床下之象。

【明解】

史巫:古代的太史和司巫,都是神职人员。二三四互兑(口),一二三反兑,好像口上下反复,有祈祷祝告之象。似乎感到了危险,但九二刚爻卦变后能够柔顺地进入中位,所以也就没有什么祸患。

【明意】

巽是随顺的意识状态,但有时候境况不好,就近乎六神无主,尤其是涉及变动时势之时,好像大难临头要躲到床底下一样,并胡乱地祈求神明保佑。因为九二的位置尚可,所以最终能够回到中道。

在自己知道自己能力不足以发布命令的时候,不得不借助于史与巫的谦卑和通灵,希望重新发现自己意识的方向。在自己能力微弱的时候求神拜佛其实是一种随顺天意的表现,通过史巫的言说发现天意,从而随顺天意而得其中。象辞觉得这样的做法有其合理性,在一定程度上其实无可厚非。

九三:频巽,吝。

《象》曰:频巽之吝,志穷也。

【明译】

九三:频繁地发布政令,这样做将有吝难。

《象传》说:频繁地更改政令就是一味顺从,说明九三心志困穷。

【明变】

加上巽为遯卦二四爻换位而得,象征三爻周围的形势彻底改变,引发自身心意不安,导致进退失据,频繁更改心意的方向和自身的立场。

【明解】

频:频繁多次。巽:命令。九三不安,心意与行动的分寸都很难拿捏,一方面在上下巽的中间,巽为风为天命,引申为命令,本身在上下命令之间,故有令出多门,朝令夕改之象。

九三过度地听从六四的话,一味听信妇人之言,这是鄙吝之道,必有祸殃。

九三在上巽下巽相接之处,正如坎卦六三是"来之坎坎"一样,上下都是巽(命令),频繁地发布政令,"频巽"是频繁地更改政令、政策多变之义,与同一个命令三令五申的"申命"不同。这是心志穷困,过分服从情境里面其他因素的缘故,所以会有吝难。

前人讲成皱眉头,这跟象对不上。心志困穷才会频繁更改政令,心志坚定就会一令至终,九三还没有到发布命令的位置,所以主要还是顺从上面做事的位置,但九三在执行的时候,传递命令朝令夕改,这种顺从方式其实是大有问题的。

【明意】

顺从的意识要有分寸,有节度。一味顺从,比如过分顺从民众的状况,导致频繁更改政令,就一定会出现吝难。因为不主动选择,或者没有能力主动选择的人,就不得不以他人的命令为选择,这其实是心智穷困。九三怎么选择都摇晃不稳,已然说明选择者的意识不是在一种清明刚决的状态,其朝令夕改本身就是心智昏暗的表现。

六四:悔亡,田获三品。
《象》曰:田获三品,有功也。

【明译】

六四:不再忧虑悔恨,去打猎获得三种猎物。
《象传》说:去打猎获得三种猎物,因为六四随顺处世,马到成功。

【明变】

六四在卦变中从二位(田位)升上来,卦变后出现巽(鸡)、互兑(羊)、互离(雉)里,有去打猎能够获得三种猎物之象。

【明解】

六四柔爻居柔位,位正,象征心意安宁正当,也就不再忧虑悔恨。象辞说,六四能够随顺处事,**在卦变中还有升进之象**,所以能够马到成功。取互离为雉比牛好,因牛相对比雉少作为猎物。

【明意】

六四升上来在九五之下,可以随顺君王九五发布命令,自然会有功劳。当然,这种随顺是臣道之随顺九五君王,不是简单地随顺内心,或者说,随顺内心的同时也要随顺大势,顺势而为。随顺的意识状态在合适的时位可以马到成功。这时要把前面因为意识犹疑不决而导致的忧虑悔恨抛到一边,该做什么就做什么,自然会有收获。

九五:贞吉,悔亡,无不利,无初有终。先庚三日,后庚三日,吉。
《象》曰:九五之吉,位正中也。

【明译】

九五:坚守正道,就会吉祥,不再忧虑悔恨,没有什么不利的事。发布命令开始不顺利,但最后畅通无阻。在命令更新的庚日的前三天发布新令,在后三天正式实施,这样比较吉祥。

《象传》说:九五之所以获得吉祥,是因为位置中正,能行中正之道。

【明变】

九五在卦变前后位置没变,所以"贞吉"。

【明解】

"无初有终"意为没有善始,却有善终,结合后面"先庚三日,后庚三日"来解释,因古人用十位天干"甲乙丙丁戊己庚辛壬癸"来纪日,"甲"为十干之首,"癸"为十干之终,庚日的前三天为"丁戊己",庚日的后三天为"辛壬癸",这里无"甲"有"癸",所以说"无初有终"。

巽的究卦是震,震的究卦是巽(震三爻都变即为巽卦,巽三爻都变即为震卦)。按纳甲原理,震纳庚,震卦前变三爻是巽卦,后变三爻还是巽卦,上卦下卦都是巽,所以说"先庚三日,后庚三日",也就指的是庚日前的丁戊己三天、庚日后的辛壬癸三天。巽为命令,所以取如何发布命令来解,并结合"无初有终"来说,就是在命令更新的庚日前三天发布新令,在庚日后三天再正式实施,这样做事比较吉祥,合乎情理,也容易让人民接受。等于是为了发布新的命令,先给三天时间来让人民充分认知和沟通,并在发布命令之后,给予三天缓冲期让人民适应,逐渐调整过来,比较柔顺,不太突兀。

【明意】

九五在王位,只要小心发布命令,注意分寸,即可吉祥。在尊位发布命令,天下百姓必须随顺君王号令。发布命令的时机和分寸是扩大领导者意识境遇的核心所在。只要小心谨慎,前看三步、后看三步地发布命令,将能够扩大自己的意识境遇至于全境。这需要保持中正,而且讲求发布命令的时机。推行意识的量度是从先天之意境推至后天之事境,扩大意境至于全体。

九五象征继位之帝,有坐享其成之福,但也可能无初有终。这样的领导者因为根基不稳,所以发布命令要特别讲究分寸和火候。这样发布命令即使刚开始难以服众,后来也能够克服不利因素,让其令畅行。意识境遇的通畅和大势的时机密切相关,因为每一时势都有合适的节奏和节拍,发出的意识状态要合于这种节拍,才有利于天下百姓随顺而成势。

上九:巽在床下,丧其资斧,贞凶。

《象》曰:巽在床下,上穷也。丧其资斧,正乎凶也。

【明译】

上九:驯服地屈居在床下,因为(随顺过度)已失去了资财和权柄,如果继续正固不动,一定会有凶险。

《象传》说:驯服地屈居在床下,因为卑顺过头已经陷入穷困。失去了资财与权柄,是因为正在凶的位置上。

【明变】

遯变巽,卦变之后,上乾(资)象消失,遯象消失,遯有手(下艮)执金属(上乾)之象,可见,最终要失去资财和权柄。既然上位穷途末路、岌岌可危,如果还正固不动,那就一定会有凶险。以巽象为床,天山遯卦是一个大巽卦,象一张大床,卦变之后,变成了一上一下两张小床,本来作为床面床板的九五上九看起来没有变化,可是为了顺而又顺,已经丢了钱,又丢了权力,因为过度随顺而混到穷途末路的状态,这种状态用巽象来比喻,就是混到床底下去了,被动透顶了。

【明解】

上九处全卦最高位,穷上必然返下,在巽(床)里,所以是因为随顺到极点,有如姤卦上九"姤其角",被逼到角落上去了,此处上九也是被逼得走投无路,最后(没有选择、只得)驯服地屈居在床下。还因为巽(近利市三倍)本有资财,在互离(斧、利器)里本有兵权,可是因为位处穷极,两者都实在保不住。

因为卑顺过度而失去安身立命的场所,犹如君王不小心被人造反成功,被赶下台,发布命令也无人继续随顺了,其处境可想而知。或者因卑顺过度而失去了决断的能力,最终威胁到自己的位置和生存。说明当一个人的意识过分随顺缩回无量之境,一旦陷入极度的被动境地,那就不太能再伸展出去了。

【明意】

此爻说明,谦恭卑顺要有节度,如果过度谦顺导致自己身家性命都要出危险,就不划算了。此时还正固不动,那就非常危险了。

谦卑作为一种个人品德当然是好的,但在政治斗争当中,一味谦卑,结果让底下人势力坐大,自己最后失去势力和实力,就事与愿违了。如此爻上九是谦卑过度的先王,已被下面的势力推翻,说明过度谦卑导致失位,失去发布命令的能力,也再也没有人随顺他了,对他来说,谦顺就不再是好的品德了。可见,不可因过度谦卑而使意识失去其当对应的意量。

五十八 ䷹ 兑为泽(兑下兑上)

只要意识还有生机,人们就要尽可能充满喜悦地进入新的时空条件。尽管人生总在不如意中,但意能的解脱毕竟还是有获得合适时空条件的可能性,还是可给艰难的人生以莫大希望。人们通过脱离既存的生存时空能够愉悦地期待自己的人生会有新的开始。

万物之间意能的交流都来自彼此能够欣悦与和通。意有"能"才能解脱,兑卦是万物彼此交流意能的艺术。没有意能,人与人,物与物之间就无力改变自己所处的时空状态,就接近死气沉沉的状态。所以,意念要生且有能才能脱离所在的时空,从一个时空处所到另一个可能与未定的处所,这就是人的意识在时空中的转移和解脱。我们的意识永远囿于(受制于)一定的时空条件,但又无时无刻不在做脱离存在的时空条件的努力,希望进入新的可能的时空条件。

丽泽而有意能的交流与整合。意有"能",意生即有能。意在生中存在,亦时刻有能才能延续。意有能才能言说,言说是意能的显化与表现。意有能才可能喜悦,才能对喜悦的情感加以表达。兑卦讨论的是获得快乐的艺术,增进意能的艺术,即如何通过让人喜悦,而促进与他意之间的和通与补益。

兑宫八卦四十八爻论证意念生生必有意能,此为兑宫"意—能"体系之总论。意能既指意识的能量,更指在意识的生机当中,蕴含着无数的可能性,指向无数的方向,所以接离宫"意向"体系之论。

兑,亨利贞。
《彖》曰:兑,说也。刚中而柔外,说以利贞,是以顺乎天而应乎人。说以先民,民忘其劳。说以犯难,民忘其死。说之大,民劝矣哉!
《象》曰:丽泽,兑。君子以朋友讲习。

【明译】

兑卦象征欢欣喜悦,亨通,有利于坚守正道。

《象传》说：兑是欢欣喜悦，好比内心刚健而外表柔顺处世。君子大人欢欣喜悦有利于持守正固，因此能上顺天道，下应人心。君子大人先说服民众，他们才会任劳忘苦、欢欣喜悦地跟着干；心悦诚服地去涉难历险，民众才会舍生忘死地跟着干。说服而欢欣喜悦的意义太重大了，因为这样才可以劝勉人民众志成城，共克难关。

《象传》说：上下卦都是兑为泽，大泽与大泽附丽在一起，相互连通就是兑卦。君子从两泽相连、流通互补中得到启示，也要相互滋益，朋友之间讨论研习，相互启发而不断提高。

【明变】

兑卦从大壮卦变来，即大壮六五与九三换位变兑。卦变后刚爻占据了尊位，所以亨通，还有利于坚守正道。

【明解】

兑卦的核心是彼此喜悦，进而心意和通。作为八纯卦之一，兑卦的特性都从"说"来。"说"在《周易》里有三义：说话，言谈；喜悦；解脱。古代的"说"字分化出现代汉语的"说""悦"和"脱"三个意思，联起来就是：说通了，心情畅快而喜悦，于是从困惑中解脱出来。

朋友之间交流心得，共同分享。内心刚健有原则，外表待人接物却比较柔顺，与人为善。三爻兑卦是刚爻在内里，柔爻在上外，好比能够内心刚健而外表柔顺地处世。兑的特点是，说服了人干事才有效益；能够让人心悦诚服，追随者的意志才坚定不移。可见，能够说服他人、令人喜悦的意义非常重大，只有做到这一点，民众才会勉力去干。从劝民成事的角度来看，说服众人做事有效益就是最大的"利"，让大家坚定不移地坚持做事就是"贞"。

象辞说明，两泽相连，如人与人心意交通，令彼此欣喜悦纳，进而相互促进，共同提高。兑是欢欣喜悦，卦的四德"元亨利贞"占了三德，比乾卦只少了"元"，可见兑卦相对比较好。

【明意】

意能在彼此相悦中增强并增进脱离既有时空的能力。这种脱离既有时空本身能量的转化之力，既是物质的、现实的，也是意识层面的。我们看到成功人士都容易有喜悦的神情，享受与悦纳友人，彼此欣赏，在与他人交流意能的过程中提升自己的意能，其意能的自由度，即心灵意识的自由度也较大。

象辞说明，人民要感受到自己的意能与君王可以交流，并且带来喜悦感，才会努力地去达成君王的目标。对于君王来说，驱使他人的肉体去做劳役，不算什么成功的事。兑卦希望君王能够驱使他人的精神,先让他人欢欣喜悦,之后促使其和通天地之间的意识能量,并为之竭尽全力。人的身体虽为一时一地的时空条件所限制,但其意识可以努力创造各种条件,改变自己所处的时空位置,其意能能够自由超越时空限制,不为当下的时空条件所拘泥,可见喜悦而身心自由地去完成自己梦想的人,是意识能量较高的体现。

意能意味着悟性与创生的力量。悟性是世界与人生的先天结构有直观和感悟的能力。心灵意识当下通达于世界源始的先行建构,并且能够领悟和保存这种生机。这就是创生力在当下意识中的延续。具有创生之能的意识善于跟同频道同能量的人相应和,彼此认同并增进意识时空能量的等级。意识能量的提升与人生的修行过程相连,可以说,修身的本质是修意,即修炼提升意识能量的境界。

初九:和兑,吉。
《象》曰:和兑之吉,行未疑也。

【明译】

初九:随和喜悦,就会吉祥。
《象传》说:意识随和喜悦,就会吉祥,如初九意行端正也就不必犹疑,不被疑忌。

【明变】

卦变中初九未动,其敌九四也没有动,但因为大壮六五与九三换位,大壮卦的"大兑卦变成上下二个小兑卦",所以说初九是随和着进入"兑"象。

【明解】

和:随和、唱和、鸣和、心意相通之应和。疑:犹疑,疑忌。初爻开始随和而有小乐,能够警惕和乐有节,与人和通,不但自己不疑,意念实化于行事,则他人亦不疑。下卦兑(口)可鸣,引申为唱和与心志相通之义。可见,随人一同喜悦,则吉祥相随。初九光明磊落,和而不同,群而不党。

【明意】

人与人之间心意和通则不疑。在意识当中,能够感受到自己的意识与他人和天地之间融贯的沟通境界则有生生之喜。初九作为兑卦开始的主爻,即代表兑卦意能发动和乐与共鸣的状态,是先和乐而后共鸣,抑或先共鸣而后和乐。在兑卦里,自然会和乐。有和乐的意识能量发出,就会有和乐的意识能量与之相应。因为得到和乐的意识能量,相应就会更加激发和乐意识的生发,促进生机的培育和涵养。当人们的意识因和乐而有应和的缘分,那么就不会对和乐的意识犹豫不决,而发出的意识与行为(意识行为或行动),不会受到猜疑和忌恨。

人身心和谐方能有和意,方便与他人交流意能。彼此从心底和通,则意能通于身心之和、人人之和、人天之和,不会犹疑,也就不会被疑忌,犹如青春年少,对世界和他人充满信心,和乐满满,可以放心大胆地去行动和追求。

九二:孚兑,吉,悔亡。
《象》曰:孚兑之吉,信志也。

【明译】

九二:心怀诚信,欢欣喜悦地为人处世,不但吉祥,而且忧虑悔恨自然消丧。

《象传》说:心怀诚信,欢欣喜悦地为人处世带来吉祥,是九二真诚信实而让志意充满生机。

【明变】

卦变中九二的正应六五下到三位与九二相比,六二真诚地希望六三来临,故言"孚兑"。

【明解】

刚爻居中,内心真心实意而有信用,可是以阳居阴,并为阴爻所乘,心有不爽,故有所忧虑,甚至悔恨自己所关联之意缘,但因为内心刚实,不为令人不快的意缘所干扰,而六三反而渐渐为九二之真诚信实所感化,欢欣和乐地随顺九二,九二的忧虑悔恨自然消丧。

【明意】

意能之中充满诚信,也就是充满生机。诚信是生机的体现,是生机在意识之中存续的状态和背景。欢心喜悦的意识境遇与真诚的意识状态一起,增进意识的能量。因为真诚信实,意能就如接通天地原生的生机一般生生不息,意识发动处即有源源不断的生机绵延。意识有生机能够与他心他意沟通,甚至感化刚开始可能干扰自身的他意。心志充满生机也是心志内守以存养生气,生机勃勃则相信内心之气能够与他意沟通交融。

六三:来兑,凶。

《象》曰:来兑之凶,位不当也。

【明译】

六三:献媚取悦他人以谋求喜悦,这是凶险的做法。

《象传》说:献媚取悦他人来谋求喜悦,会有凶险,因为六三位置不适当(以柔居刚)。

【明变】

卦变中六三从五位下来到三位,全卦变兑,有放弃自身阳刚之壮,下"来"奴颜媚膝地取悦他人以谋求喜悦之象。爻辞如不讲卦变,则"来"难以落实。六三乘九二,但顺九四,即使说献媚与诱惑二刚,也难"来"。

【明解】

来兑:来而求悦,有献媚取悦、巴结奉承之象。象辞认为六三柔爻(小人)占据刚位不正,是小人失正之象,所以拍马奉承、献媚取悦是凶险的做法。

【明意】

与本来意能沟通不畅的状态中,如果本来对方并不悦,却离开自己的本位,故意去献媚求欢,这是非常不好,而且会有危险的做法。来而取悦于人,就是放弃自尊,离开自己好的意能境界去巴结他人,这样意能交流之时,就不可能充满喜悦和信实。

即使取悦他人是因为不当之位引起,有客观的原因,但如果没有合适的客观之位,即生不当之意识,自然凶险,等于意能丧失了自主性,也是很危险的状态。求悦于人以求一时之利,是以付出而且伤减意能为代价的。意识的能量因为意能实化为外物而减少,而实化的外物又不会增强意能的生机与力量,所以兑换意识能量为外在实物以谋取他人喜悦的做法,最后会得不偿失。

九四:商兑未宁,介疾有喜。

《象》曰:九四之喜,有庆也。

【明译】

九四:有事在喜悦的气氛当中好好商量,虽然不见得都能够商量妥当,但只要能够去掉那些不利于欢欣和悦的小毛病,就会有喜庆。

《象传》说:九四得到喜庆,是件值得庆祝的事情。

【明变】

卦变前后九四未动,卦变前大壮卦只有九四,初九没有正应,所以心理有"疾",有疑惑焦虑等小毛病。卦变后六爻都没有正应,大家都跟九四一样了,之前的小疑虑也就打消了,而且变成喜悦的兑卦。

【明解】

商:商量,商讨。兑:喜悦,说服。介:去掉,分隔,隔开,隔绝。一说小。庆:释"喜"。九四刚爻处柔位不正,所以不够坚定,本身有小毛病。"介疾"是隔离疾病,引申为绝除谄媚者这样的小毛病。谄媚者有说六三,或上六,或两者兼是。九四在三个兑卦(口,一二三为正兑,三四五为反兑,四五六又是正兑)里,有两口相对、互相商量而且商量不妥,出来三口好像翻来覆去之象,可以理解为,九四跟六三来回商量但扯不清,跟上六也讲不拢。而九四跟上六的商量,要通过九五这个尊位的领导来进行,可是即使九五参与,也还是商量不妥。

所以,总的来说,本来大家在喜悦的气氛当中,有事应该好好商量,可是九四跟六三反反复复讲不明白,通过九五跟上六也拉扯不清。可见就是怎么都不能够商量妥当,说明九四跟上上下下都没法商量出一个确定的结果来。

关于"介"的隔离义,一说因为九四在上下卦的接际处,应该还可以界开六三,所以能够去掉那些不利于欢欣和悦的小毛病。九四界开六三之后,还在上卦兑(喜庆)里。也可以理解为,九四跟六三商量之后,表面和悦,但看到六三实在纠缠不清,最后只得跟六三断了来往,好像一个国家重臣摆脱了小人糖衣炮弹的攻击,最后结果是比较好的(在上兑悦里)。一说九四作为九五的大臣,担心六三跟上六两个小人联手作乱,祸害九五,于是挺身而出,利用自己的位置,把六三和上六隔离开,免得他们祸害九五这个国君。从上六以阴柔之道引诱九五来说,九四警惕九五被上六勾引祸害也有道理,不过九五当断不断,反受其乱,不能舍弃上六,于是九四只得利用自己的位置,至少要确保自己能够隔绝六三与上六联手祸害国君九五的可能性,他做到了,于国于民于己都得到称赞,当然"有喜"。

【明意】

在兑卦喜悦的大形势下,有事本来应该要好好商量,但是小人在大家喜悦的大环境当中,不断地想浑水摸鱼,好说歹说都没有用,因为他们有自己的意向和目的,不愿意接受明白和正道的商讨,结果就怎么也商量不清,因为小人表面和颜悦色,背后一直有他们自己的目的,只有不明不白,才能继续找机会兑现自己的私意和私利。当然,九四是个明白人,把小人的意图和伎俩看得很清楚,所以即使商量不妥,也会尽量保持喜悦的意境,但心里依旧明确要隔绝小人了。

换言之,每个人都有一些小毛病,而且跟人商谈之时,也难免会因一些小毛病可能伤害到喜悦的气氛和彼此喜悦的意境,但只要彼此警醒小心,不让这些小毛病成为沟通的障碍,本身就是可喜可贺的事情。如果这些小毛病怎么都商量不清,就可以采取从心里面隔离的方法。小人把意能实化为外在的名利,以名利为衡量意能的尺度,但君子不在乎这些,反而要摆脱那些视外在名利为意能尺度的小人。只有摆脱了这些以实化意能为具体外物的小人的纠缠,才能让自己的意能更加坚强有力。正如九四心志明确地拒绝小人(六三)的引诱,反而增强了意能,让意念发动处能量充沛有力,达到"沛然莫之能御"的境界。

九五:孚于剥,有厉。
《象》曰:孚于剥,位正当也。

【明译】

九五:听信消剥阳刚君子的小人谗言欺语,这是危险的事情。

《象传》说:敢于对势力衰退的小人讲诚信,是因为九五阳刚诚实,居位正当。

【明变】

卦变中九五从大壮的三位升上来,大壮九三原与上六正应,卦变后与上六比邻,所以是被大壮卦中衰退的上六所信赖,因此"孚于剥"。

【明解】

剥:剥退、剥落、剥蚀。在喜悦的卦里,九五应该还是精神愉悦的,但他的愉悦来自小人的奉承,依旧不知不觉滑向相信小人的谗言构筑的深渊之中。这里的小人主要指的是上六,巧言令色地引诱九五,拖九五下水,结果九五还蛮信任他。可见,即使九五位置不错,但信任小人,等于放任小人来剥退君子,那样一定会有危险。

【明意】

爻辞认为,上六小人用心引诱九五,而九五也就近从了上六。这种剥退的意识境遇本身是伤害九五的意能的。象辞的意思却是,要相信九五位置正当有实力,所以才敢于对小人讲诚信,不用太担心九五的意能被伤害。即使九五的意能有所减低,但只要九五居尊位行正,就不必过分担心。可见,九五之君和上六小人的意能是一个跷跷板，也就是说，象辞认为，如果九五的正量意能足够丰厚，那么即使对小人讲诚信也不要紧，可谓无伤大雅。但是，爻辞担心如果九五的意能不够强，而上六却能够用高超的手段引诱九五下水，九五最后丧失原则，意能越来越低，就会陷入危险。可见，爻辞和象辞对于九五的判断是不太一样的。

这样不同的方向判断说明，意能每时每刻都在与他人他意的交流之中增进或者减少，而对于意能增减的分寸要自明而且必须靠自己把握。如果觉得自己有实力，意能够强，不用担心小人的伤害，则可以放心去信任小人，为自己所用。但如果觉得小人随时可能剥蚀自己的意能，让自己堕落偏邪，那还是不要太亲近小人为好。小人不可能赶尽杀绝，但如何处理与小人沟通的分寸，至关重要。增进意能者，要看破人情冷暖，知道小人的存在，其实也是修炼和提升意能的一个助缘，在确信自己的意能能够不被小人减少时，可以带着感恩小人的意能去亲近小人，感化小人，从而转化小人负面的意能。

上六：引兑。

《象》曰：上六引兑，未光也。

【明译】

上六：引诱他人一起欢欣喜悦。

《象传》说：上六能够用引诱取悦于人，说明上六的欢欣喜悦之道还不够光明正大。

【明变】

在大壮卦变兑卦的过程之中，上六的正应九三升到五位，来跟上六比邻在一起，从而变出兑（喜悦）卦，等于上六凭借正应的关系，把九三引诱到五位，之后还继续引诱他，让他继续开心喜悦，所以可以说是引诱他人来一起欢欣喜悦。

【明解】

引：引诱，拉，引导。

象辞明确指出，上六引诱的是自己的正应，意能都用在私心私情上面了，意能发动的状态实在称不上光辉广大。

一说上六阴爻阴位，在兑之极，取悦手段高超，以阴柔之道引诱九五和九四，乘驾于九五之上，维持不正当的愉悦关系，所以心思不够光明正大。一说不止引诱九五九四，而且引诱所有下爻，比如意图勾结六三来趁喜悦的大势图谋私利,但被九四阻隔难成。

【明意】

本爻引诱阳意到亲近的位置之后,继续引诱他,保持私下的欢愉快乐,这是对自己的意能有帮助的私心作祟,所以不够光明正大。换言之,退的时候安排能接续自己意能生机的人到重要位置上,虽然情理上可以理解,但客观上是心念狭隘的表现,意境不够光明。

意能的生机延续在私利的考量范围之内,就不是光明正大为全局考虑。所以喜悦虽然都有边界,但这种意识的边界,是为自己的私利,还是为全体的公利,在意识发动的瞬间即清晰地昭示天下。可见,意念一有偏私,马上不够光明正大,这也是中国古典伦理学从意念发动的原初状态打通公私的观念。

五十九 ䷺ 风水涣（坎下巽上）

开蒙有焕发一新的意味，把蒙昧的状态重新打散，好像午后昏睡时一缕阳光照射在脸上，一下子精神焕发。又好像在昏沉之中，听到开蒙的钟声，可以让自己的思绪泛起，浮想联翩。又好像万绿丛中，看到一朵美丽的花，万人之中，看到自己心动的人，那种原本混沌蒙昧的精神意识，可以瞬间焕然一新，好像进入一个全新的境界一般。

涣卦象征离散，"天下没有不散的筵席"，所以代表喜悦的兑卦之后就是象征离散的涣卦。涣卦是离（向）宫五世卦，立"意—向"论第六。《序卦》说："说而后散之，故受之以涣。涣者，离也。"要想收拢民众的意向使之不涣散，涣卦给出的答案是帮助人民建立信仰，让信仰如穿越蒙昧状态的理性之光，给他们的意识以全新的方向，改造其意识向度，整合之前混沌蒙昧的意境。信仰可使一般民众心有所归，所以古人建立天帝之庙，只是为了让人心有方向，而不去讨论神存在与否的问题。

蒙之涣帮助我们思考人生的存在境遇，意识从混沌开始，要每时每刻不断更新地面对人生。于是对于当下的生存有种种疑问。如果相信外在超越性的力量，就会倾向于认为人生是定定的，被外在力量决定而很难自我决定，或者，人被环境决定且意向被环境的合力牵着走。不能说这样的说法没有道理，但是人生归根结底还是自己意识实化的旅程，每时每刻都可以从蒙昧而焕然一新。当下明确的意念方向，相对于之前的混沌而蒙昧的状态来说，就是焕然一新的。"日新"的精神态度，往往用来处理当下与之前意识境遇之间的关系。我们的意识可以自我决定，确立自己的意识方向，实化自己的意识境遇。

涣，亨。王假（gé）有庙。利涉大川，利贞。

《彖》曰：涣，亨，刚来而不穷，柔得位乎外而上同。王假有庙，王乃在中也。利涉大川，乘木有功也。

《象》曰：风行水上，涣。先王以享于帝，立庙。

【明译】

涣卦象征风化离散,有所作为,才会亨通。君王来到宗庙祭祀先祖,有利于克服涉越大河那样的艰难险阻,利于持守正道。

《彖传》说:涣卦,有所作为,才会亨通,阳刚来到内卦而不再处于穷困之境(否卦变涣卦,卦变中刚爻九四从上乾下来到二位,改变否卦上面三个刚爻处于穷困被剥退的境地),阴柔得到适当位置与上面和同(柔爻六二把下卦中位让给九四,自己升到外卦四位,得位,并与刚爻组成一体,同命运共患难)。君王来到宗庙祭祀先祖,是君王阳刚居于中位。有利于克服涉越大河那样的艰难险阻,是因为涣卦上卦巽为木,下卦坎为水,是乘着木舟行于水上之象,所以有帮助人们渡过大河之功。

《象传》说:上卦巽为风,下卦坎为水,春风吹行在水面上,于是坚冰消融,春水涣涣,这就是涣卦的象征。先王从风吹水上,水向四面荡漾散开中得到启示,要设立宗庙,祭享先帝,建立信仰,以风化人心。

【明变】

涣卦由否卦变来,即否九四与六二换位变涣卦。否卦乾(天)在上,坤(地)在下,天地悬隔,互无往来。变涣之后,九四、六二刚柔爻对流,所以亨通。从否卦变来的卦,都因打破了闭塞的形势而亨通。否卦上乾(君王)九四下到二位,如同进入观卦(宗庙之象),所以说君王来到宗庙祭祀先祖。

【明解】

假:来到。"涣"是春风解冻,坚冰消融,水涣漫无际的意思。引申为化解壅滞、消散分离的意义。上卦巽(木、风),下卦坎(水),有风吹木舟,泛舟水上之象,所以说有利于克服涉越大河那样的艰难险阻。上下卦中位都是刚爻,显得刚健有力而且能够持守正道。

涣卦的一种解卦思路,是全部以湖边风水涣涣、水冲击人之象来解释,那样似乎比较紧扣象的本义,但还是弱化了涣卦在人事上的意义。采取有人事意义的解卦思路更加合适一些。

涣卦两个刚爻都居中,"王乃在中也"一般指九五,后面九五号令浩瀚,应该还是指九五比九二合适。古代在宗庙祭祀先帝,这有利于民众树立信仰,人民有信仰将有如春风解冻般化解心中的壅滞。

【明意】

如果要论证信仰对象的存在,当然会是一个理智上莫大的考验。古时的信仰不重视论证外在对象的合理性,而是让信仰对象进入人们的意识境遇并内在化。一旦在人民的意识中内在化即有其合理性,只要能够帮助人民调整意向的方向就可以了。至于所有因信仰对象存在引起的问题,在《周易》的哲学系统之中,基本悬搁而不论。

如果人每时每刻可以自我更新意识的方向,那么,蒙之涣就让我们思考:人生还是注定的吗?人一定有宿命吗?心真的不能决定我们下一个时刻意识的方向吗?虽然宿命论帮助人们养成镇静的态度,但人们还是易于心有不甘,正如理解"知其不可奈何而安之若命"(庄子)虽然帮助人们逆来顺受,但人的意志被环境决定,却是作为有自由意志的人们所难以接受的。人们需要宿命论吗?人们会接受发生的都是纯粹机缘巧合这样的设定吗?全部的偶然都不可能改变吗?如果意识能够自我更新,人的自由设计和决定的能力又为什么那么有限?有些时候,我们觉得自己的意识方向是自由的,可是我们一反省就发现,人的意识方向首先不能超越肉体的病痛和既有经验与见识的广度,这种意识逼迫我们面对自己作为一个有限的存在,也让我们理解先民建立外在超越的信仰作为其意识境遇的内在合理性。

初六:用拯马壮,吉。
《象》曰:初六之吉,顺也。

【明译】

初六:(在危难涣散的形势之中)能够借助强壮有力的马来拯救自己,可获吉祥。

《象传》说:初六的吉祥,是因为顺承九二(初六原在否卦的下坤里,坤为顺,愿意顺从九二)。

【明变】

九二在卦变时来到下卦中位,刚爻中位显得刚健强壮,可见,九二来到初六边上,是以刚济柔,故能帮助初六脱离险境。初六在下坎(险难,美脊马)当中,有马可骑,有助于脱离险难。因为比邻九二,而九二原是否卦的九四,本与初六就有正应关系。

马来拯救通过卦变可以得到比较合理的解释。

【明解】

在涣散的大势下面,得到强壮的马匹来拯救自己,只要不离开群体,就不会被涣散掉,所以吉祥。而这种吉祥是来自顺服、随顺的心态,得到机会,随顺因缘,所以能够化险为夷。

【明意】

马改变了意向,当然更重要的是强壮的马向人输出了它的意能,让一个受伤的人得以脱离危险。在关键时候,外在的意能可以改变自己的意向,我们也只有顺应,所以生命关头的随顺很重要。从另一个角度来说,危难之中主动寻找到强壮有力的意能带自己走出危机,是非常重要的一步。在生死关头,只有自己意念的转换才是根本的出路,很难依靠意识境遇之外的力量来增进意能,进而改变意念的方向。

九二:涣奔其机,悔亡。

《象》曰:涣奔其机,得愿也。

【明译】

九二:从涣散剥退的境地脱身出来,得到机会奔向可以依靠之所,忧虑和悔恨都消除了。

《象传》说:得到机会奔向可以依靠之所(初六),是得以脱离涣散的险境,实现了心愿。

【明变】

九二从否卦上乾九四中分离出来"奔"向二位,是从否卦那种涣散剥退的境地脱身出来,来到下坤(顺)中位,有顺从可依之象。九二与初六象一张有两条短腿的几案,案上有手(互艮)相依之象。

象辞是说,否卦的九四原处于涣散剥退之境,与初六是正应,卦变中奔来二位与初六(机)比邻,心愿得到了满足和实化。此爻如果不讲卦变,"奔"字非常难以落实。

【明解】

机:几案。古人席地而坐所用的矮腿长条桌子,是可以凭依之物。日常起居把手臂靠在几案上,把头托住,用以小憩,此处指代可以依靠的地方。"机"的理解不应该太过具体,理解为几案就比较具体,意思应该是指代在危难当中,找机会寻找到自己暂时可以依托的地方。

【明意】

意境要稳定才能有量,人的意识都自觉地从不安宁的状态过渡到相对安宁的状态当中去。一旦意识处于不安的境遇(如否卦阴意与阳意不交的状态)之中,一点点意识的依托之所也要抓紧珍惜,因为如果此时得其所愿,只要通过一个立足点,就有利于确定意识的方向。可见,人在危难时刻最重要的就是寻找自己意向的依托之处,自觉到意识境遇当中何者是确有生机的意识向度。

六三:涣其躬,无悔。

《象》曰:涣其躬,志在外也。

【明译】

六三:(大难临头)涣散自身(自私自利之心),以救助他人,没有什么需要忧虑悔恨的。

《象传》说:(大难临头)涣散自身(自私自利之心),以济助他人,是因为六三心志是向着他人。

【明变】

因为六三原在否卦的下坤(身、躬)里,变涣卦之后,坤象变了,(大难临头)涣散自身(自私自利之心)。但六三有正应在上九,自我涣散,恰好可以应合上九,以救助他人,没有什么需要忧虑悔恨的。

【明解】

无悔:没有什么需要忧虑悔恨的,表明心志坚决,行动果敢,没有什么需要悔恨的地方。跟"悔亡"意思不太一样。"悔亡"更多是说明忧悔消亡,已经过去的意思。躬:自己本身。荀爽"体中曰躬"取坎象,既是自身,又遇险,有亲自赴险难之意。

六三以柔居刚位,位不正,心亦不安,但在大难如海难降临、人心涣散的大势下,在刚位能够尽量克服自己的自私自利之心,主动去救济他人,所以不会有什么忧虑和悔恨。六三在坎中,自身有险,于是只能豁出去,亲自去乘风破浪,即使把自己吹散了、吹没有了也就认了,无怨无悔地搏击,把自身忘记了,也就自然放下了私利之心。

象辞指出,六三正应上九在外卦,关键时刻,放下自己的自利之心,帮助他人一起发展,反而能够更好地实现自己的愿望,可见自己解散私心不是坏事。

【明意】

在涣的大势之下,需要放下自己的自私自利之心,帮助大家一起发展,才能够克服时艰,否则大家过不好,自己的私利也不可能保得住。险中意向不在一己之私,危急时刻还能不把自己放在第一位实在太难了。但这种意向的控制力来自长期的、总是舍己为人的修养。这一爻是关于游泳和冲浪的艺术,也就是人要把自己的主观意识放下来,让主体的意识方向随顺自然情境的方向,从而呈现主客合一和更和谐的意识境界。

六四:涣其群,元吉。涣有丘,匪夷所思。
《象》曰:涣其群,元吉,光大也。

【明译】

六四:(危难时刻为了集体)涣散自己的朋党群类,就会大吉大利。而且涣散后还能够聚成像山丘一样的大团体,那就真不是常人所能想像和做到的。

《象传》说:(危难时刻)涣散自己的朋党群类,就会大吉大利,因为六四为了集体没有私心,起心动念光辉广大(六四互为大离,离为光明)。

【明变】

涣卦从否卦变来,否卦上乾下坤,刚爻聚在上,柔爻聚在下,是分开的两个群体。六四原是坤卦中爻,离开二位,是从群体中心把柔爻抽取出来,解散柔爻的小群。这是(危难时刻为了集体)涣散自己的朋党群类。上到四位,与刚爻连成一体,象辞说它是"上同",互卦成艮(山丘),说明涣散后还能够聚成像山丘一样的大团体。六四爻位的推移,促成全卦阴阳交流,刚柔互济,所以大吉大利。坤(土)主思,卦变中坤象化去,那就真不是常人所能想像和做到的,也就是说,不是平常一般人所能想到的那样。因为分离了小团体,反而聚成了大群体,其中有聚与散相互依存的深理奥义,常人难以料及。因"其"代阴爻,故"夷"也可以指阳爻。

此爻用卦变非常清晰地说明了群的解散和丘的成形,以及如此变化效果之何其不可思议,确实是匪夷所思。

【明解】

丘:多聚高大如丘。匪夷所思:夷是平、平常、类之义。匪夷所思指非平常人之所思;一说如匪夷之思,即非我族类,非常人之所思。

此爻描述的是面对诸如海难一样的惊涛骇浪,如何还能"元吉",六四又如何能够"光大"?其实,这指的是面对海难一样的大风大浪的时候,不能再顾及自己小团体的利益,而必须顾及全船的人的集体利益。这个时候,小团体的利益已经没有多少意义了,如果大船不保,小团体也就随之瓦解,所以这个面对海难的关键时刻,涣散自己的小团体是非常必要的,大家要以全船人的利益为重,一起奋战。如果奋战过后,克服了巨大的海难,保住了集体,还能够汇集自己的力量,那就真的是一项匪夷所思的事业了,这主要是六四起心动念都有集体,都把集体的利益放在第一位,所以大难过后,虽然原来的小团体解散了,但经过大难,大家更加佩服六四,所以能够形成一个更大的团体,达成不可思议的成就。

【明意】

意向中是否有他人,是否能够顾及他人的利益,这是危难时刻的核心。要理解小团体的利益来自于大团体,所以不可以不顾所有人的利益。起心动念意向光辉光大,大难当头,不以自己的小团体的私利为先,那么大难过后,原来涣散的小团体会聚成一个更大的山丘,说明人心的聚散要看关键时刻一个人意向的表现,一个人现在在乎大家的利益,甚至可以牺牲自己的利益,将来就能够汇聚越来越多的人心。

改换思维的频道,等于改换时空,就可出新的思路,好像柳暗花明,拨云见日,所以才说匪夷所思、不可思议。

九五:涣汗,其大号(hào)涣,王居,无咎。

《象》曰:王居无咎,正位也。

【明译】

九五:(波涛)盛大浩瀚啊!君王的重大号令(像大海一样)浩瀚无际啊!君王安处在正当的位置,没有什么问题。

《象传》说:君王安处在正当的位置,没有什么问题,因为九五一直处在中正的位置。

【明变】

九五原在上卦乾(君王)里,卦变之后上卦成巽(号令),是君王把号令传布天下,犹如波涛一样盛大浩瀚,君王的重大号令(像大海一样)浩瀚无际。

【明解】

涣汗:叠韵连绵词,水浩瀚无际的盛大样子。一说出汗,上巽为散,下坎为汗。天子的号令传布天下,九五始终占据中位,如君王安处在正当的位置,没有什么问题。王安其居即王位正而权尊,能安民之居,自然自己亦得安居。

此爻前人解多不清楚,有解为像出汗一样发号施令,浩瀚无边的大水流到王公的附近,或者淹没国都及王宫等,都不通顺。因为九五一直处在中正的位置,而且号令浩瀚无际,所以象辞"王"应该是指九五比较合适。

【明意】

君王治国,意向宏阔伟岸,如同乘驾大船,乘风破浪。九五就是驾着大船迎接风浪的君王,虽然外面波涛汹涌,但君王居于正位,其意向顺应大浪而发出大的号令,处之泰然,能够带领人民克服如滔天巨浪一般的困难。君王在位,其意向当中必须有人民,有安民之意,才能安定自己之居所,非实体之居处,而是王位相关的、带领天下人民安居乐业的正居之状态。

上九:涣其血去逖(tì)出,无咎。

《象》曰:涣其血,远害也。

【明译】

上九:散去流血之伤,离开血光之灾,高飞远去,不会再有危难。

《象传》说:告别流血之伤,因为上九已远离血光之灾害(上九与下坎相去甚远,坎为血光之灾)。

【明变】

卦变前后上九未动,其正应本为坤(土)有平易之象,变为坎(血、险)有与血光之灾相应之象,但因距离远,可以走脱,涣离危险之境而去。

【明解】

逖:远,一说顺易地离开,一说通"惕",忧疑地离开。上九是危机即将过去,快要离开灾难伤心之地的心情。下卦坎(险、血),上九与下坎六三正应,与血、险有关系,只是因为上九在外卦,又在全卦最上位,与坎距离甚远,又在涣卦里,所以才脱离了血光之险,得以涣离而去。这一爻是总算从血光坎险中脱身,远走高飞,不再受到伤害。一说涣卦为乘木船渡河,渡到最后阶段的时候,上九变,上下皆坎,犹如出了血光之灾。不过按照象辞的提示,应该主要是离开下坎之害,代表渡河流血搏命之后怕和记忆,但涣卦最后应该安然渡过河去,没有什么危难。

【明意】

涣作为古人迁徙当中渡过大河的苦难记忆,充满血光之灾,到了上九,就要把这种前人的经历作为族群的记忆加以记取,以期后人能够知道如何远离灾害,更好地生活下去。

当下意向有其历史的苦难记忆(所谓汲取教训)。人通过记忆和回忆,能够从历史中学习,最了不起的是有长期的历史记录,通过这些历史记录,可以学会过去人们意识发动之处体现出来的闪光智慧。

涣是风高浪急,亲赴险难,舍身遂志,但随着风浪的加剧,到九五挥汗如雨、号令广大，到上九就要躲避血光之灾了，充满危机处理的情境和思想情感，所以要接节卦，以节其过散之情。人情本来通天，本来无所谓节奏和节度，但穿过大风大浪安然渡河的人们，就应该认真思考和评估作为应对自然变化之天情的人情之节度。

六十 ䷺ 水泽节（兑下坎上）

节卦讨论天的节律与人心节奏之间是否和谐和顺。天地节（阴阳）而阴阳休整，人的心意也是如此，要适于形势有节奏的发动。

意念行于虚无之中，自我节度，即量论（过即量）。节卦是坎（行）宫一世卦，立"意—行"论第二，主要讨论意念之行。节卦说明意向性不可以过分拘执于情境的限制，过分受限则无法持续。节制是行险的必要分寸，因为意向发动，时时刻刻皆在险中，节是主动避免危险的方式。也就是说，人的意识实化失去节奏，就容易陷入坎险的状态。如果人的意识实化的节奏合适，就可以欣悦地面对和处理险境。

节，亨。苦节，不可贞。

《彖》曰：节，亨，刚柔分而刚得中。苦节，不可贞，其道穷也。说以行险，当位以节，中正以通。天地节而四时成。节以制度，不伤财，不害民。

《象》曰：泽上有水，节。君子以制数度，议德行。

【明译】

节卦象征节制有度，调节得好，就顺利亨通，但过分节制的状态不宜一直持续下去。

《彖传》说：节卦象征节制有度，调节得好，就顺利亨通，刚爻与柔爻的群体分离而刚爻取得中位（泰卦变节，泰卦三个刚爻聚于下，三个柔爻聚于上，各自成为小的群体。变节卦，三个刚爻中分出九三上到五位，与柔爻交流在一起；三个柔爻中分出六五下到三位，与刚爻交流在一起；这是刚柔爻各自分离出一部分，称作"刚柔分"。形成节卦后，刚爻九二保持下卦中位，九五取得上卦中位，称作"刚得中"。刚柔阴阳交流，中位又都是刚健之爻，所以节卦亨通）。过分节制的状态不宜一直持续下去，是因为道处穷困（泰卦已到了刚下柔上的极限，守住不变必然道穷）。下卦兑为悦，上卦坎为险，是以喜悦的心情经历险情,卦变中刚爻从三位上到五位,居于适当位置而行节制之道,行为中正而处世能够亨通。天地的运动因为有所节止,才能形成四季交替的节奏。治国要用制度来节止,就可以不损伤财产,不苦害民众。

《象传》说:下卦兑为泽,上卦坎为水,大泽之上积蓄有水,这就是节卦。君子鉴于大泽之上的水要有限度,如同用"数量"控制水位一样制定言行的法度,并以此衡量评议大家的言语行为。

【明变】

节卦由泰卦变来,即泰六五与九三换位变节卦。泰卦阴阳交流,阳气下流,阴气上浮,故为通泰。但泰卦下乾(天)上坤(地),天的阳爻全部流下,地的阴爻全部上浮,又走到极端,失去交流的意义,所以还须重新变化取得交流才通达。泰极而变为节卦,是穷极而通,调节得好,就顺利亨通。如果泰极还不能重新交流,那么走向极端可能又跟否卦一样道穷,可见过分节制的状态不宜持续,一味苦苦节制,好像大自然如果没有寒暑交替,就无所谓春秋,天地因其有节(如人所意会的节气和节日)才能让阴阳之意运行得到修整,人的心意也是如此,要适于时势有节奏、节律地发动。

《易》道不断变化,"穷则变,变则通,通则久"是天地正道。虽然刚爻要下交,柔爻要上交是自然节奏,但如果像泰卦那样上下到了极处,自然就必须变通,否则,如果苦苦守住不变,就违反了天地正道,所以不宜苦守。

【明解】

节:《说文》:"节,竹约也。"段注:"约,缠束也。"从缠束在竹上的节引申出节制、限度、节俭、简约、约束等义。苦:以……为苦。

卦名"节"是节制有度的意思,天下的事情都需要有节度,才能亨通,过度就苦了。

大泽水少的时候不断地蓄聚,水满了就流出去,保持一个量的限度,人的心意发动,也要让自己的意量合乎自然之理的限度,不让自己的意念放纵而无节制地展开。可见,对人类社会来说,节止就是要用制度对人无穷无尽的欲望或超越本分的行为进行节制,也就是让人民的意念发动都知道合适的意量分限,不去发动不合适的意念,给他人和社会构成伤害。

一说"苦节"是以节为苦,即以节制自己为苦,而愿意节制自己的心意,如果以为节制自己的心意发动相当艰苦,就还会把不合适的心意发动出来,这样就会有很多问题。

【明意】

《周易》政治哲学的核心是对人的意向性的节制。通过教化和法律让人们知节守节,从而内化为自己主动控制意向性的节奏和节率。制度理法都是节。从治国的角度讲,一方面治国者要顺从天地的节奏来控制和引导自己,这是自我修养的节度;另一方面引导人民的欲望和思想的状态,这是礼教制度的节度,也是礼乐政教的节度,尤其是要限制富裕和强势者的欲望,不宜让富者和强者对弱势者丧失基本的节度和公正,这也就是礼乐刑政的节度。

意念之行,即意念实化的过程需要节制,人知道意念实化的限制和当止之处,则容易通顺。节应该是人意识发动合乎自然节律的状态,自我节制可以帮助人们实化自己的意识。但有些人以节制自己的意识为苦,不愿意自我控制,不愿意自己把控意念实化的节奏,这样就容易有意念偏离的问题。安于节制和甘于节制,其实都是节卦给予人们控制自己意识实化过程的应有之意。这就好比泽中的水满的时候,要知道控制其量的分寸,不要任其泛滥,导致危险和灾祸。意念的实化过程,也不要过度而失去控制。

初九:不出户庭,无咎。

《象》曰:不出户庭,知通塞(sè)也。

【明译】

初九:不跨出门户庭院,没有咎害。

《象传》说:节制慎行,因而不跨出门户庭院,是因为初九知道闭塞与通达的时势。

【明变】

节卦从泰卦变来,泰卦六爻上下都有正应,初九正应在六四,卦变中两爻都没有动,所以六四"安节",初九不跨出门户庭院。既然正应六四不动,也就不能牵动初九,初九既然没有推移的条件,位本来就在最下,持守故不动,也没有什么害处。

象辞的意思,非常清楚地说明了卦变的形势下,初九看得很明白,很了解自己处在闭塞的时势当中,一直没有动的条件。初九的条件本来就是位置最低,上面虽有六四正应,但六四在卦变中保持不动,也就创造不出带动初九的条件,既然没有条件,那初九维持不动就是了解闭塞与通达的时势。这说明象辞的作者对于卦变的形势是非常了解的。

此爻通过卦变可以清楚知道初九如何应对变化的形势。

【明解】

户:单扇的门,指小门,引申为出入口。内卦为家,初九前临正反艮(门),

正艮是外门,反艮是内门,有家里内外门之间,庭院之象,所以说不跨出门户庭院。

【明意】

不该出的时候,意向就不应该发动,要尽量持守一种未发之中的状态。知险而止于险,不该出的时候就不发动自己的意向,持守未发之中。可见未发的确是心通物境的状态,即所谓"寂然不动"之中,心意仍然可以通天通物的状态。有点像"不出户知天下",心可以不出户就知道天下时事。心通宇宙的本体,就是人天之意与天相通的贯通状态。

意向发动的境遇,除了客观外在的境遇之外,有相当部分的境遇是自我认知构筑的,是认知生成的境遇。对于卦中其他爻的运动,如果没有一定的感知,不能够明白自己是否有通达或闭塞的条件,而这种情境是否通达,需要自己通过认知逐渐形成。

九二:不出门庭,凶。

《象》曰:不出门庭,凶,失时极也。

【明译】

九二:不跨出家门庭院,有凶险。

《象传》说:九二拘于节制而不跨出家门庭院,会有凶险,因为极端丧失动的时机(在卦变中正应六五让出尊位,带动九二,九二却没有趁机随着动,以致过分失去上进的时机)。

【明变】

九二与初九不同,在泰卦里九二有正应在六五,变节的过程中,正应六五下到三位,六五动起来,本应带动九二,但九二却没有跟着动。九二本可以向上动,却没有动,所以实在是极端丧失行动的良好时机,会有凶。此爻通过卦变,可以清晰地知道"失时"的含义。

【明解】

门:两扇的门为门,指家门。九二也在内卦,内卦为家,在正反艮(门)里,所以说不跨出家门庭院。

【明意】

天机是阴阳运动向意识显现的能量场域,意念当行不行,失去时机,心该动而无动,心失天机,则事错天机。所以心意实化之时,要抓住心天贯通的本体性能量场域来行动。时势如果已经大变,该动则动,否则必有凶险。节就是意念要顺天地阴阳的节奏而动,如果天地阴阳动了,意念却仍然执着固化不动,则是失去行动时机的大错。

《周易》宇宙论是宇宙与意识本体贯通的宇宙论。宇宙在意识上显现,宇宙能量在意识生发处同步。人的意识发动之时,即是宇宙生能转化之处。意识与宇宙生机发动需要把控同步的节奏才好。

六三:不节若,则嗟若,无咎。
《象》曰:不节之嗟,又谁咎也。

【明译】

六三:不能够自我节制,于是嗟叹悔过,不是别人的错。
《象传》说:不能够自我节制带来嗟叹悔过,这又能去责怪谁呢?

【明变】

在泰变节的过程中,六三是从上卦中位来到下卦的三位。离开中位显示出失去中道的意义,柔爻来到三的刚位,位不正,显示出行为不正的意义。

用卦变说明六三的言行不中不正,比单纯从爻位爻象爻德来解释更加清楚到位。

【明解】

若:然,形容词词尾。咎:责怪,咎责。在节卦里,这样的状态说明不能够自我节制,又在下卦兑(口)互震(动)里,于是口动不已,嗟叹悔过。自己不中不正,失去节操和节制,最后只能怨自己,悲痛伤叹是自找的,又能怨谁。所以说,不是别人的错,也就是没办法把过错归咎给别人。一说六三在兑(悦、损、言)之极,兴奋太过,面对上坎(险)也不知道自我节制,自我折损,自我抱怨,都不是别人的过错。

【明意】

三爻之位,追求外物而放弃人之常情,不知节制,就会越来越危险。对于潜在的危险应该要非常小心。追求外物而放弃人之常情,不知节制,就会越来越危险,如果善于补过,自我调整,知道节制,不背离人之常情,可以避免潜在危险。但如果自己背离人之常情不知节制,而能够意识到危险已经如影随形,主动节制还来得及。

对不知节制的六三进行劝说是一门高深莫测的学问。假如六三一意孤行,越走越远,且自以为在追求自我实现,那该怎么办？六三如果自己看不到危险即将来临,别人告诉他往往是徒劳的。六三本身被巨大的危险压得喘不过气来,有可能反思能力基本丧失殆尽,自己即将跳入大火坑,别人劝还往往没有用,甚至可能逆反,偏跳给你看。六三活泼聪明言语灵巧,所以面对巨大的危险还自以为是,不知节制,自己想跳火坑,不听劝阻硬要跳进去,也就不能怪他人。危险降临时六三悔哭自然无用。但爻辞说"嗟若"而非"泣血","嗟若"就还有救,光泣血没用。不顺天道,面临危险不知节制,不听劝阻没有自我意识,就越来越没救,再好的道理不能理解,也是枉然,如庄子云"大惑者终身不解"。如果自己没有理会,外人怎么劝说都是徒劳。六三在节制与不节制的十字路口,只有自己反身自省才有救,最迷茫最彷徨的时候,最需要自我反思。人间的节制就是顺从天道的节奏,而背离人情,不知节制,就是面临危险而没有自我意识,对天道的节奏没有参悟。

意念行动失节,自取悔过,不能自我节制而导致过错。节是自我控制,建立在自我反省反思的机制之上,心意的修行要以自我反思作为基础。对于自己遭遇的顺逆之境,皆应该由自己承担。人作为所谓行为主体(agent),其意向性是否有公心公义,是否合理,皆于反思之中可见。意向性的发动也是通过反思来尽量合乎天时,如果能够合于天时的节奏,就能够增强意向性的能量,如果不合,最后导致自己受伤,也就只能自己悔过。当然,明白天时的节奏,顺天时节奏采取合适的应对之方,以增强意向性的能量,这种反思的境界并不容易实现。

六四:安节,亨。

《象》曰:安节之亨,承上道也。

【明译】

六四:安于自我节制,就会亨通。

《象传》说:安于自我节制,就会亨通,因为顺承上面(九五)的正道。

【明变】

泰变节的过程中,六四未动,又在互艮(山、止)里止,安于自我节制,也就是守住自己的节操安然不动。六四柔爻居柔位,位正。九五刚爻取得尊位,六四正身柔顺相承,所以会亨通。

【明解】

安:心安理得,心甘情愿,心平气和,自得自适的状态。意念之行安于自我节制,亨通,阴意顺承阳意并安于此状态就好。顺乎天地阴阳大化的节奏而行动。顺应人间的阴阳节奏(如政令教化、纪律法规),不让自己的意向性出偏。

六四应于初九,顺承九五,本身阴柔安静,又温顺平和,安于臣道,顺于事理,上下意能沟通顺畅,自然亨通。

【明意】

意向之行,意境通于上下,意能皆和谐融通。可见六四安宁顺承,在心意之行上知道自我控制,发于行为上自觉自愿地接受节制,这说明六四的人天之意是让心顺人间的节奏通于天地阴阳的节奏。六四意念通于上下天地之境,得益于对于上下人情的练达与沟通的成熟,知道与下应和与上顺的节奏,能够控制好意念实化中的分寸,而这来自于长期经验的积累和自控的力量。

九五:甘节,吉。往有尚。

《象》曰:甘节之吉,居位中也。

【明译】

九五:甘美地节制,这是吉祥的状态,因为前往受到崇尚。

《象传》说:甘美地节制(天下),这是吉祥的状态,因为九五居于中正的位置。

【明变】

根据象辞"刚柔分而刚得中",说明九五在卦变中升到上坤(土、甘)中,即坤土在五味之中属甘,升进到尊位是前往受到崇尚之意。

本爻通过卦变方能说明象辞的"分"和爻辞"往"的方向,如来知德一般用爻变说明"往"的有效性不如卦变。

【明解】

甘:味道甜美,引申为乐意、情愿。往:爻从下向上推移。尚:向上。卦为节,是甘美地享受节制,因为九五"当位以节,中正以通",所以甘美地节制而吉祥。

节的含义一般包括自我节制,也包括被人节制,如百姓被君王节制,处于吉祥的状态。这里九五握权,主要的含义是节制天下。

【明意】

九五甘于通过节制自己而节制天下,因为握权并能够中正节制来行事,将获得民众的尊重,有利于建功立业。

虽居主位,仍然主动甘愿让意念之行受到限制,接受意量作为意向有限性的量度。如果人间的节奏通过意念的节制能够通天,则可以甘于此节奏,甘于意会为合理的节奏,合理合情,合阴阳的节奏能帮助人天之意通于天地,从而节制人间成事之分寸,既于人天之意的发动处节制自己,又能够让民众甘于所节,达到"从心所欲不逾矩"的最高境界。

上六:苦节,贞凶,悔亡。
《象》曰:苦节,贞凶,其道穷也。

【明译】
上六:过分节制,让人痛苦不堪,继续正固不动将有凶险,最多能够不致悔恨。
《象传》说:过分节制,让人痛苦不堪,继续正固不动将有凶险,因为上六的节制之道已经陷于穷困。

【明变】
象辞的意思是说,上六本来在泰卦里已经处在快被推出卦外的穷途末路,结果卦变之后自己不动,到了节卦还待在亢极待剥的位置,进退失据,再怎么节制都是穷困难行。取义是说上六苦苦节制约束自己而不动,或者以节为苦,最后只能走向穷途末路。

卦变可以清楚说明上六该动不动之"苦节"和过分正固的原因,仅从爻变和爻位上说明不够清晰。如果把"悔亡"理解为"只是忧虑悔恨还是会消失"则很难通。

【明解】
苦:味苦,与九五"甘"互文见义,苦难之义。上六在上卦坎(险难)里,有苦难,所以因为节制而痛苦不堪。**在泰卦里,上六本来与九三正应,但卦变中九三向上推移**,带动了上六,上六却守住穷极之位不动,因此说上六该动不动,继续正固不动将有凶险。不过,自己的正应来到五位与上六比邻,因此才最多能够不致悔恨。

【明意】
当人间的节奏不合天道就不宜苦守而不动,人的心意不能节而通天,则"苦",就不可节,不必节。意念之行过分节制而苦于恨悔,导致意能与情境没有沟通,自陷苦境。节卦提倡当节则节(初九)、安节(六四)和甘节(九五),反对失时而节(九二)、当节不节(六三)、苦节(上六),也就是说,节当合于时势和情境,不可失时而主观用意而节。

过分执着于节,不该节的状态也节,无论是节俭还是节制,都丧失了节而有度的意义,走向另一个无度的极端。可见,节而失度,为节而节,就不再是节的本义了。否则不但让自己陷入穷途末路,而且可能凭空增加很多危险。

该动时刻就要动,过时没动就只有悔恨。悔恨是对过去的假设,但这种假设已经不可能变成现实。"悔"是《周易》常出现的词,悔与无悔都是人间常态,根本在于意向性是否切于时势。如果意向性在一定的时势内达成了期望和目标,就不必悔恨。但人们常没有达到期望,所以会有悔恨,悔恨也往往都是因为一时一地意向的错失而造成的。

六十一 ䷼ 风泽中孚（兑下巽上）

意量经历损卦、睽卦历练其张力，到履卦建立了秩序，而到中孚卦则使秩序与世界的生生本相因真诚至极而贯通下来。中孚卦是艮（量）宫游魂卦，立"意—量"论第七。中孚卦说明即使意量有所游疑，只要真诚到极致，也可能感动猪和鱼，世间之物无不能被感动，也就是人心认识世界的秩序可以有力地创生出来，无往而不胜。到最后归于渐卦，意量就逐渐进入阴阳合体，即与世界阴阳相合的状态之中去了。

如果想要建立一套关于世界秩序的理论，还需要极度的真诚，才能扩大这套认识理论的意量，因为真诚至极才可能让人信服，也就是真诚足以提升心意认识结构让人信服的力量，也就是真诚可能感化世人，也足以感化世人。一个人内在的认识世界的结构，不可能完美无缺，但可以通过他对世界的真诚来提升自己心意结构的影响力。也就大大扩大了意念的量度。

中孚，豚（tún）鱼，吉。利涉大川，利贞。

《彖》曰：中孚，柔在内而刚得中，说而巽，孚乃化邦也。豚鱼吉，信及豚鱼也。利涉大川，乘木舟虚也。中孚以利贞，乃应乎天也。

《象》曰：泽上有风，中孚。君子以议狱缓死。

【明译】

中孚卦象征心怀诚信，心怀诚信到能够感化猪和鱼的程度，可以获得吉祥，有利于克服涉越大河这样的艰难险阻，有利于持守正道做事。

《彖传》说：中孚卦，阴柔在内，刚爻得到中位。下卦兑为悦，上卦巽为顺，喜悦而巽顺，是心怀诚信能够感化国家和民众。心怀诚信到能够感化猪和鱼的程度，可以获得吉祥，是诚信已经施予到了猪与鱼的身上。有利于克服涉越大河这样的艰难险阻，是好像乘着船舱虚空的木船（上卦巽为木舟。全卦中段两个虚的柔爻为空的船舱，两头两个实的刚爻为船头和船尾）。内心诚信有利于持守正道做事，是心怀诚信，心意之发能够顺应天道的运行。

《象传》说:下卦兑为泽,上卦巽为风,大泽上有风就是中孚卦。君子看到春风一吹而涣然冰释这样泽上有风的感化之象,要复议狱案,缓处死囚(复议断过的案子,已判决的死囚暂缓执行,尽量消除冤屈,感化这些最难感化的人)。

【明变】

中孚卦由大壮卦变来,大壮卦先变出大畜卦(大壮初九到卦的最上方),再由大畜变出中孚(大畜九三上与六五换位),卦变中柔爻在卦内,刚爻得到中位(五位),所以是"柔在内而刚得中"。"豚"是小猪。猪与鱼都是阴类动物,可以柔爻表示。中孚卦是两个柔爻在全卦中段、内段,显示出内中、内心的意义。古人觉得在动物中猪最蠢、鱼最傻,如果能够真诚到连蠢猪傻鱼都被诚意感化而内心信服,说明精诚所至能够化彻天地,也就能够获得吉祥。中孚卦巽(木)、互震(木)下兑(泽),有船行泽上之象,所以"乘木虚舟";中孚互艮(门、坚多节)上巽(风、木、绳、进退)有船帆收张、一帆风顺之象;大畜三四五六互大离(火、电)变为中孚后离变大,有推船前行、同舟共济之象;大畜卦上卦有艮,互卦有震有兑,所以卦辞也是"利涉大川";大畜下有乾卦,变中孚仍然诚信动天,所以从大畜变到中孚都能够"应乎天也"。

【明解】

中孚是内心有诚信。中孚卦的卦画就是符节对合上了之后可以证明内心的诚信。《序卦》"节而信之,故受之以中孚"意为:用符节作凭证才能取信于人,所以节卦之后接中孚卦。这里的节是符节之义,《说文》"节,竹约也"是说节是用竹板制成的契约。古时把竹板呈锯齿状剖开,甲乙合同双方各持一半,作为要求对方履行合同的凭据,此为符节,如符节对合上了,对方才能相信。

象辞说,上卦巽为木舟、为风,下卦兑为泽水,有风吹木舟漂行在泽水上之象,所以有利于渡过大河。刚爻九五居上卦中位,刚健守中,利于持守正道做事。把"利贞"译为"有利于持守正道做事"包含两层意思:一是天的运行正固不差,永恒不变,准确无误;二是君子有鉴于此,要学会用最本根的真诚感化人心,以至诚的真心关怀那些最难感化的人,那么整个社会就会受到感化。古人认为风最能感动物,风无孔不入,无幽不至,无物不起,物无不受到风的感动,春风吹来,连地下的草虫都会蠢动起来,而风过大泽,大泽极易受到感化。可见,感化人心最要紧的还是自己有人天之意,有通天的诚信,不容许有丝毫伪诈。

【明意】

中孚卦是关于人与人之间的信心,尤其是国家社会政治与领导人的意量有莫大的关系,如果领导人的意量如风感化万物,无孔不至,人民无不被感化,好像风过湖水,坚冰融释,那么领导人的真诚就可以感化民众之心,激发他们的热情,进而改变社会政治的方向。

意量的限度其实就是心意真诚的限度,真诚于人,真诚通天,与天共生(contextual creativity)。意量由真诚的程度决定,人天之意的意量在本卦是由极度真诚至于能够感化猪和鱼的程度来限定的,这种真诚至极不仅能够感化人心,更可以感化万物。至于感天动地,改变阴阳的运行情况,依照古人的旅行经验,能够乘着木船行在涣然冰释的水面之上,就是自己感天动地的真诚已经感动了天意,让人意的真诚改变了天地之阴意与阳意的交流。

有权位的君子看到大泽受到风的感化,其心念也受到感化,推及那些等待审判的犯人,把他们也看作有情之人,真诚地去感化他们。这是从本体上认定人都有恻隐和同情之心,无论犯了多大的错误,都能够感受到通天的怜爱之意。这是社会组织之人心互通的基础,也可谓是构建社会组织的形上学基础,即人心是否受到领导人心意的感动,如果人民失去对领导人心意的信心,社会组织的塑造可能就徒有其表。这说明,政治运作都要从感化人心开始,领导人真诚的人天之意才是社会和民心受到感动而有意量的开始。

初九:虞吉,有它不燕。
《象》曰:初九虞吉,志未变也。

【明译】
初九:心志保持初心的状态并依此行事就会吉祥,如果起了其他的疑心则心境不得安宁。
《象传》说:初九的心志保持初心的状态去行事就会吉祥,因为它最初应接世界的心志状态没有发生变化。

【明变】
大畜初九与六四正应,在从大畜变中孚时位置没动,阴阳正应关系未变,所以象辞说心志还没有改变。也就是说,初九最先接应世界的心志状态是跟六四正应,结果卦变之后,初心不改,前后都"有它不燕",诚信始终,合于大畜卦初九虽然有应,但能"利已"不变,卦变中孚之后,初九虽仍应,但还"志未变也"。

【明解】
虞:预料,商议,料度,仔细考虑,一说通"娱",安乐;一说古代的猎官。燕:

安宁,安息,燕息。从卦象上分析,虞是古代的猎官,在贵族打猎时充当向导,象上的向导相当于正应,初九正应在六四,所以心志保持初心的状态并依此行事就会吉祥。从取义上分析,虞是商议、料度,也就是要像当初考虑商定好那样去做,就会吉祥。初九上有二三四互震(雷),三四五互巽(入),下卦兑(泽、悦),所以有雷入于泽中安宁燕息之象。因为在中孚卦里,内心要诚信安宁,不能变来变去,所以说如果起了其他的疑心则心境不得安宁。初九在一卦之初,象征一个人建立孚信的开始,此时尤其不能心存犹疑,摇摆不定,否则最后将无法取信于人。

【明意】

　　初心即人心接天机的那种初始状态,或者说是心灵最初应接世界的初始状态,代表着人对于世界的信心。中孚卦的核心是信心的发展变化。人对于世界最初的信心和意量需要涵养和保持,即心意发动接于世界生发之几的瞬间状态要小心护持。这个最初的心意与世界生发之几相接的状态当中有最初的心志。人们不应该改变最初的心志,因为这是人与世界建立诚信关系的开始。如果有疑心则容易心境不安,也就不能够很好地维持初心的意量。一旦初心意量难以维持,则今后再继续努力,重新建构也并不容易,而人与世界的诚信也可能就难以建立。

　　意念能有意量始自安宁与真诚。初心不变,才能有征服世界的心量。初心被怀疑,摇晃不定,则难以理解世界的状态。保持内心的诚信,不可犹疑不定。《大学》"知止而后有定"说明心意真诚安定是建立学养和事业的心灵根基,也是征服天下的根基。不能持守初心的意量,就难以制心,也就不可能征服世界。

九二:鸣鹤在阴,其子和(hè)之;我有好爵,吾与尔靡之。
《象》曰:其子和之,中心愿也。

【明译】

　　九二:大鹤在阴幽之境中鸣唱,它的小鹤也鸣唱应和(好像在说):我这里有甘甜的美酒,希望与你分享,同饮共乐。
　　《象传》说:它的小鹤(在远方)也鸣唱应和大鹤,声音中表达着内心真诚的愿望。

【明变】

　　大畜卦三四五六正反震象,变为中孚二三四五爻构成正反震象,如两鹤相对。大畜卦下乾(父)上艮(子)中互震(鹤、鸣)互兑(口、悦),所以有父子两鹤对鸣之象。卦变后中孚九二互震(鸣)在互艮(山)之下,所以是"鸣鹤在阴",变出震(子、鸣)兑(口、悦),所以"其子和之"。大畜九二处"中无尤",卦变之后中孚九二"中心愿也"。

【明解】

震为善鸣为鹤。上下卦正反兑(口)相对之象,如两口对唱相和,和乐共享。同时上下卦也是正反巽(木)相对之象,如见树和树荫。

【明意】

阴:山的背阴处,山北水南为阴幽之地,一说树荫、林荫,一说二位为阴位,一说二阴爻之下。各种说法都有幽隐、幽昧的意味。爵:鹤形酒杯,即如鸟雀形状或雕有鸟雀图案的酒杯,代指酒。震为器皿为鹤。一说诚信等好的德行,一说尊贵之主,一说天爵,一说人爵、爵位。靡:分享,同乐,共有,分散。

除了保持初心不变,真诚的鸣和是扩大意量的基本方式。这种从心中出发的真诚是人的心意之量不断扩大到世界的重要过程。心意通达于他人,心量扩大到他心,是通过内心真诚至极的心心相印来实现的。这种对世界的真诚来自彼此对心意与世界共享的生机的共同领悟和认可。

人天之意发自内心,和于天机,应于远方。即使在阴位,持阴柔之意,亦可推致极其广远之意境,致广大而尽精微,上下五千年,都可以纳入阴性的意量之中,而有跨越时空的感应和回应。这是思想和意念的力量,即使没有世俗的权力和位置,也可以跨越时空,改换另一时空的灵魂的意境。可见意量之广大,于其极度精微处,广漠无朕,可以通达宇宙间所有人心与阴阳之意的变化。

九二试图说明,人对自己和他人之信心的力量,与所在的时位没有直接和必然的关系,可以不得时,不当位,但不为外在的条件和形势决定,仍然对世界和他人充满信心,而且也可中正平和,回应广远,不必走到上九那样的极端状态。自信,信人,而信世界,进而改变世界,这是可能的。自信内心发现的真理可以穿透时空,到达那些有准备的心灵那里,感动他们,进而代代相传。

六三:得敌,或鼓或罢,或泣或歌。

《象》曰:或鼓或罢,位不当也。

【明译】

六三:面临敌人,有的人擂鼓前进,有的人休战败退,有的人哭泣,有的人欢声唱歌。

《象传》说：有的人擂鼓前进，有的人休战败退，是六三居位不当。

【明变】

大畜变中孚，卦变前后都有大离（矢、甲胄），剑拔弩张，卦变后大畜六五下到三位，乘于九二之上，所以"得敌"，"位不当"。大畜上艮（手），下乾（圆）为鼓，互震（鸣）互兑（悦），艮卦下垂两阴爻如两根鼓棒，有擂鼓鸣悦之象；变中孚之后，正反二震（雷、鼓声）相对，有各擂战鼓，即对垒激战之象；正反二艮（止、罢战）相对，有对峙不下、或打或停之象。正反巽（号、哭泣）相对，正反兑（悦、口、歌唱）相对，卦变出互震（鸣），所以是有人哭泣，有人欢声唱歌之象。

【明解】

得敌：遭遇到敌人、对头。卦画上下对称，六三在上下卦之际，有遭遇到敌人之象。六三在上下卦之际，可上可下，或上或下，用"或"表示处在上下卦对称位置，势均力敌，打打停停，既不能把对方吃掉，又长久无法安生。

一说六三（动）战六四（静），因六四承九五而不可能获胜而作罢，但因担心害怕报复而哭，看六四不计较而唱歌庆祝。此爻用象解释比用逻辑推理更合理。

【明意】

信心的延展，可能被质疑，被怀疑，甚至被打击，因为随着信心的提升，人在实化自己意念的过程中，对于自己和世界关系的边界必然受到冲击和挑战，这种挑战是修行的必经之路，即人的意量都是通过"敌"即对手来提升和表达出来的。

意量的真诚扩展，未必就不会遇到阻力，当这种阻力与本心意量和他心意量旗鼓相当，冲突就不会很快结束。这与损、睽卦的意境相似，也就是在张力之中才能真正延展自己的心意。意量的存灭，或意量之量存与量灭，在人与人的意向交流之中，以及身体冲突之中，有生有灭，有喜有泣。

如果意量都由外物决定，就会喜怒都被牵系，患得患失，崇辱皆惊，意能不断消耗，意行紊乱，最后意量坍塌。人当自己驾驭自己意念发动的机制，而不可受制于外物，即为外物所驱迫和使役。

信的力量来自人心意发动的瞬间，而不取决于外物的得失，不取决于他人对自己的评判，自信则可以放下身外的宠辱得失，超然淡薄。

六四：月既望，马匹亡，无咎。

《象》曰：马匹亡，绝类上也。

【明译】

六四:月亮已经过了十五,走失了马匹,没有什么问题。

《象传》说:走失了马匹,说明六四与同类断绝关系,到了上卦(从卦变结果来看,大壮卦九四从中间两个刚爻中分离出来到了天位,因刚爻与同类分离而上,导致九四变为六四)。

【明变】

大畜卦六四应乾卦初九,卦变后下乾(马)变兑(毁),所以"马匹亡"。大畜卦三四五六互大离(日),变中孚出上巽(绳、多白眼、进退)、互震(作足马),互艮(止)下兑(毁),所以有马匹走失之象。

"马匹亡"一说离开同类六三;一说离开与之相应的初九;但"绝类上也"不用卦变基本无法解释清楚。

【明解】

望:本义为人站在地上睁大眼睛望着远方,盼其归来。望月即满月,晨昏之际,日月同辉,子夜清辉皎洁。十五满月为望,"既望"是满月已过的十六以后。按纳甲原理,巽纳辛,月亮十六日晚从辛(西)方消退,巽的卦画是下爻虚,有如十六以后的下弦月。六四在上巽里,故言"月既望"。六四柔爻居四位,得位,所以说不会有祸患。

"既望"一作"几望",但根据上巽之象,和卦变与爻辞的对应关系,当为"既"而非"几"。

【明意】

月满之时,即有所失,符合盈虚消长之理。意量当圆满到极点的时候,相应则要有所失去,这也是事之常情。**此处大壮先变大畜,再变中孚**,孚信满满之时,有马匹走失这样的大损失,并不奇怪,不过虽然丢了马匹,本来是非常要紧的事情,爻辞最后还说没有什么关系。为了取得巨大的孚信,抛弃了自己的同类而上,自然需要付出马匹走失这样的大损失,其实是合理的。

只是为了获取孚信,做出了与同类相绝的行为,上来之后,又基本错过了时机,意量很难伸展了,毕竟意量满过之后,其量就当逐渐减少。意量的扩大与认识世界的时机有关,即与阴意和阳意的交战有关,既然努力扩大自己的孚信,那么对于意境中物的得失,就应该抱持一种超然的态度。

对他人和世界信心满满的时候,也应该是付出了离开同类的代价之时,而这种代价,可能通过某些具体的损失表达出来,不必太过在意,看起来不好,但没有太大的问题。

九五：有孚挛如，无咎。

《象》曰：有孚挛如，位正当也。

【明译】

九五：心怀诚信，牵系天下之心，不会有祸患。

《象传》说：心怀诚信，牵系天下之心，是九五位置正当。

【明变】

九五从大畜三位升上来，卦变之前大畜互兑（悦）、互震（行）、下乾（马），所以九三"利有攸往""上合志也"，卦变后九五在上卦巽（绳）与互艮（手）里，卦有正反巽和正反艮，所以有手用绳子反复捆紧之象，引申为情系天下、团结紧固、能够诚信感化人民、牵系天下人之心思之象。可见，九五有最为深刻的孚信，能够有最为广大的意量。

【明解】

挛如：卷曲拘挛的团结样子。九五在上卦中位，居于全卦尊位，又刚爻刚位位正，显得中正而尊，可以作为凝聚天下心意的核心。九五心怀诚信，可以牵系沟通天下之心意。

【明意】

九五是信心实化的最佳状态，不仅仅天下信从，而且拳拳系恋，犹如用绳子牵系打结，死不分离。也如随卦上六"拘系之，乃从维之"那种死心塌地地跟随之状。

人天之意以其至诚扩大到最大的意量。心意诚信至极，说明九五对于世界和他人之信心可通达天下之意境。

上九：翰音登于天，贞凶。

《象》曰：翰音登于天，何可长也？

【明译】

上九：（用鸡作祭祀宗庙的牺牲）鸡的鸣叫声显得对天过分诚信，以为可以高升上天，如此过分自信而正固不动必有凶险。

《象传》说：鸡自鸣得意，想自信满满地高飞上天，怎么可能飞得长久呢（上六在亢极之位，已到穷途末路）！

【明变】

大畜上九"道大行"，艮（径路）互震（大途）在乾（天）之上，有道登于天的

"何天之衢"之象,卦变后艮变巽(鸡),成"翰音登于天",虚华无实;上九在上卦巽(鸡、长、高)里,又在最高位,五位、上位为天位,位在天上,下卦为兑(口)、互震(鸣),鸡鸣必振动翅膀,所以说,用鸡作祭祀宗庙的牺牲,鸡的鸣叫声显得对天过分诚信,以为可以高升上天。其实已经位处穷极,因为过分自信而不动,这样就会被消息盈虚的天地之道推下来,不动而有凶。

【明解】

翰音:指代鸡,一说鸡叫声。《礼记·曲礼》"凡祭宗庙之礼,……羊曰柔毛,鸡曰翰音"。"翰音"是用鸡作祭祀宗庙的牺牲,行将死去作供品。一说翰为高、高飞、飞且鸣、鸡的硬羽等。

《象传》的意思可以理解为:鸡哀鸣的叫声高升天上,其实已经死期将近,又怎么会长得了(上六在亢极之位,已到穷途末路)!鸡成了祭品,以为自己是祭品就有登天的资格,所以有些可笑,但逻辑上还是有些问题,因为人代替鸡这样想还是很奇怪的,当然这是以鸡做比喻,说明人的一种过分诚信的状态反而会走向反面的结果。

此爻也可以理解为外在的名声非常之大,言过其实,声闻过情,但又处于穷途末路的状态,不可能长久;一说自信过度而且自鸣得意,难免凶险。

【明意】

中孚卦的主线是信,即信的程度和状态,开始不够自信,到信人以及信人可能出现的问题,到了上九却因为自信过度而自负,转向虚饰和浮华,矫揉造作而为他人耻笑。上九因为过度自信,致使达到盲目真诚的状态,因此伤己伤人,最后走向穷途末路。

自信与信人之真诚的限度即意量的分限,即不可让过度的自信成为盲目的坚持不变。过分诚信以致迂腐不通,则意量迅速减小。真诚感天,但过于执着的迂腐,就不是真诚。这种区别非常微妙,意量通达天地,但过于盲目地执着于诚信,就是意量的狭隘化,就是意量自损自消甚至自寻灭亡的状态,所以不可据定成局。

此卦解释诚信当然是好事,但人过分诚信,迂腐不通,好像一只祭祀时行将被宰杀当作祭品的鸡自认为有资格登天,这就是自鸣得意、自大过头,死到临头还毫不明白事理的心灵状态。

除了自以为是的一面,还有极度迷信的一面,以为神仙保佑,就能够去祸免灾,死到临头都不知道自己犯了什么错误,属于过度偏执,不知悔改。

六十二 ䷽ 雷山小过（艮下震上）

谦虚能量爆发就会小过。谦卦到了六五、上六已经有意能爆发，或者不得不爆发的倾向，因为谦虚为本，虽然用了征伐的武力，也只能说是小过，而不是大过。谦卦的征战，可以说是一种矫枉过正，宁可过一些。

意能的调节有两种，一是主动调节自己的意能；二是通过某些方式调节他人的意能。小过卦是兑（能）宫游魂卦，立"意—能"论第七，属于调节意能的过程当中，需要适当小过一些。

调节意能的小过主要表现在：如果有异常的征象发动，就要学会保存意能不受伤害，因为意能必定为现实条件所限制，当现实条件变化的时候，要保持对自身意能变化的敏感，比如，如果跟随小人，意能就容易迅速下降。还要知道主动规避危险，每当意能有所积累，要想继续增强意能，可以适当小过一些，但要避免一直过分积累，而没有注意到已经陷入危险的境地，导致意能没有机缘适当地实化出来，而自取灾难以至于耗光所有积累的意能，那就实在太可惜了。

小过，亨。利贞。可小事，不可大事。飞鸟遗之音，不宜上，宜下，大吉。

《彖》曰：小过，小者过而亨也。过以利贞，与时行也。柔得中，是以小事吉也。刚失位而不中，是以不可大事也。有飞鸟之象焉，飞鸟遗之音。不宜上，宜下，大吉，上逆而下顺也。

《象》曰：山上有雷，小过。君子以行过乎恭，丧过乎哀，用过乎俭。

【明译】

小过卦象征矫枉过正，亨通，利于持守正固。在小事上可以稍微矫枉过正一些，但是在大事上不可以过分。鸟越飞越高，空中留下的声音越来越微弱，这时鸟不适宜继续往上飞，而应当顺势往下飞，才会获得大的吉祥。

《彖传》说:小过卦,是小的事情稍微超矫枉过正一点,还是可以亨通的(柔爻为小,晋变小过卦变中柔爻越过刚爻)。超过一点但还是利于持守正固,是伴随时序运行。柔爻(六二、六五)占据了中位,所以寻常小事稍微过分一点还是可以吉祥的。刚爻失去地位而不在中位,所以不可以做大事。卦有飞鸟之象(两个刚爻是鸟身,上下各两个柔爻是翅膀),所以是鸟越飞越高之后在空中留下的声音。鸟不适宜继续往上飞,而应当顺势往下飞,才会获得大的吉祥,是因为向上是逆,向下是顺,顺才能获吉(观卦变小过,两个柔爻到了刚爻之上,柔爻乘刚爻之上为逆)。

《象传》说:下卦艮为山,上卦震为雷,山上有震雷就是小过卦。山上的雷声比平地上大一些,君子从中受到启示,相比平时,行为上可以更加谦恭一点,办丧事时宁可更加悲哀一些,吃喝用度宁可更加节俭一点。

【明变】

小过卦是由观卦经晋卦变来。即观九五与六四换位变晋卦,晋上九与六三换位变小过卦。卦变中柔(小)爻从下往上超过刚爻,说明在小事上可以稍微矫枉过正一些,但在大事上不可过分。

柔爻从三位到上位得正位,刚爻从上位下来到三位得正位,所以"过以利贞"。卦变中跨过互艮(山)互坎(水),有跋山涉水之象,又跨过离(日)互坎(月),有穿过岁月之象,所以"与时行也"。

【明解】

小过是小的方面有所过之义,卦爻辞里"过"有时可作超过、过分讲。柔爻本应当在下顺承刚爻,所以说不适宜继续往上飞,而应当顺势往下飞,才会获得大的吉祥。从卦象上看"宜下不宜上",以鸟(下艮)飞下方,即飞入二三四互巽(木),可以栖息;再往上飞,即飞入互兑(刀斧、毁折),是自寻死路。

小过全卦有鸟飞翔之象,中间刚爻为鸟的躯干,柔爻为翅膀,艮是黔喙之属,有鸟象,小过下艮(鸟)上震(动、声),有鸟飞而有声之象,好像鸟飞过在空中遗留下来的声音。一说三四五互兑(口),二三四互巽(声、鸣),上震(动)下艮(止),是口中发出震动和鸣叫,声虽在上而音止于下,这是鸟飞过而遗音之象,好像鸟越飞越高之后在空中留下的声音。鸟飞过而留下声音是一种生活常识,鸟边飞边叫,听到声音的时候,再按发音方向去寻找飞鸟,可能鸟已经飞过去,看不见了。这是音速相对光速导致的滞后现象,启示人们要有一点提前意识,才能循声找到飞鸟,也就是要小过一点才是正确的,没有小过反而不中不正。这个例子告诉人们,现实生活中有许多必须要矫枉过正的事情。小事能通过所以亨通。小过是为了取正道,所以有利于持守正固。

天时计算方法有明显的小过。日月天时运行本身正中不差,但古来人们用来计算天时的历法,因为每月不是整三十天,每年也不都是整三百六十天,所以不得不用置闰的方法,赶前或错后几天,以符合天的时序。置闰是超过几天,超过是为了纠正历法中岁时的误差,所以超过一点但还是利于持守正固,以伴随时序运行。天时计算的小过是为了取中得正,努力达到与天时运行状态相符合。

象辞意思是说,山头上的雷声可以比平地的雷声大一些,君子的行为可以超常一些。为了矫世励俗,必要的时候不妨矫枉过正一点,以小过而补不足,使社会风尚纯正。可见,必要的小过最后还是为了取正,归于正道。小过是四阴包围胁迫二阳,二阳与上下阴爻构成正反互巽,有妇人之象,说明阳爻抵抗的力量已经太弱,阴爻已经逼迫太过,阳爻要改变这样的弱势状态,不小过一点,根本就不可能成功。

【明意】

调节自己的意能可以适当小过,但不可以过度。从六五、上六就可以看出来,小过可以接受,但太过就不可以。调节他人的意能,就是意念的实化问题,意能要借助意缘才能实化。如果没有合适的意缘,意能积累再多,也无法转化。好比一个人空有一身才学武艺,却没有人赏识,甚至没有机会表现。所以一个没有机缘实化自己意能的人,就一直在小过的状态,到最后就太过了。调节他人的意能完全是在与他们意识交流交接的意缘之中发生的。

当然也有这种可能,当意缘或转而吉,或转而凶,或生意能或灭意能,所以要提前分辨。其实从初六开始就说明意能的状态很敏感,也很难持守。危险无处不在,而且要做好时刻出现意外的准备。小过有正当防卫的味道,在四阴的驱迫下面,阳爻必须小过方能防守反击,不过不行,否则自取其辱,自陷危地,非小过不能别有洞天。

初六:飞鸟以凶。

《象》曰:飞鸟以凶,不可如何也。

【明译】

初六:鸟惊飞,这是凶兆。

《象传》说:鸟惊飞带来的凶灾是无可奈何的事(飞来横祸,人无能为力)。

【明变】

卦变中小(阴、柔)爻过去,阴爻越过刚爻,柔爻本应向下,但受九四刚爻牵引向上,又受坤静、艮止之象抑止,进退两难,所以有凶象。虽然卦变中初六未动,但动不动都凶,也就是初六意会发不发,无论是否付诸行动都凶。

【明解】

初六有鸟(艮)当止(艮)之象,但初六以阴居阳,上应九四在震(动)里,是鸟当止之时却妄动而飞之象。一说鸟被止住,不得飞,必凶;一说初六一动,下卦成离(罗网),是一动即自投罗网之象。可见,初六动不动、飞不飞都凶。

如果从鸟飞起来如何可能凶的实情来理解,那就是鸟惊飞是因为人或者禽兽惊动了林中的鸟,这时就要警惧,担心危险到来,而且这种危险,通常来说是飞来横祸,事先无法料断的。反而言之,如果警戒之后,击退了入侵者,也给入侵者带去凶灾,所以鸟飞就代表危机时刻已到,任何一方或是双方必有凶灾。从象上说,全卦有飞翔大鸟之象,初六柔爻居阳位不正,上有九四正应,九四刚爻居柔位不正,以不正应不正,会有凶祸。初六为下,沉潜之时,上临飞鸟之象,等于惊动鸟飞起,根本是沉潜之时所不愿意见到的情况,仓促应对,但必然凶险,等于鸟飞起,把自己沉潜的图谋突然暴露了,而且这种暴露带来的飞来横祸,根本无法预料,自己也无力掌控事情的发展。

初六之鸟,不飞或者飞不了是违背本性,必然凶险;可是一飞就有危险,所以象辞说,实在是无可奈何。

此爻如郭璞说"占得此者,或致羽虫之孽",可以理解为飞禽带来的凶,但飞鸟如何带来凶?难道是鸟攻击人而有凶险?前人有讲鸟不自量力,越飞越高,凶,或解为占卜,但爻辞的解释基本上不用这样的方式,不说占卜一般都通,所以不取。

【明意】

意能不能因为受到外在小鸟的惊飞就消懈,而要积极应对,首先要收摄得住,小心应对,不让自己的意能消散。在意念的瞬间转化之间,有一种弹指间灰飞烟灭的大气度,不为任何微小的动静所撼动。

沉潜之时,忽然面对鸟惊飞之象,意念境遇瞬间转换,这时不得不直面事先未曾料到的局面,只得仓促应变。但即使如此,沉潜隐遁的根本状态要尽量保持,鸟惊飞虽然暴露了自己,但不等于对方已经查实所有情况,虽然仓促,但不可慌乱,更不可乱了阵脚,否则可能会大难临头。

要学会于异常征象发动之时保持意能,尽量保持低调谦和,面对突发局面

(如鸟惊飞),意能不可乱,而要沉稳,保存意能不受伤害。

六二:过其祖,遇其妣(bǐ)。不及其君,遇其臣。无咎。

《象》曰:不及其君,臣不可过也。

【明译】

六二:越过祖父(不在了),遇到祖母;没能见到君王,但遇到了大臣;(碰到的是小过一点点的人),没有什么问题。

《象传》说:没碰上君王,是因为君王的臣子不可以越过,也就不要错过。

【明变】

小过从观卦变来,观卦的下卦是坤(母、臣),五位是尊位,君位;二位是卑位,臣位。六二柔爻在下卦中位,柔爻居柔位中正。变成小过卦之后,二三四互巽(遇),二三四、三四五是正巽反巽,六二与观九五本相应,但卦变后六二与六五之间正好构成正反巽(遇),所以有正遇反遇之象,相当于越过(正遇不见)祖父(九五),(反)遇到了祖母(六五);也相当于没能见到(正遇不见)君王(九五),但(反)遇到了臣子(六五);可以说没有遇到自己要找的大人物,反而遇到了他们身边的人,所以没有什么问题。

【明解】

另外,此爻取象极其纷杂,莫衷一是:如祖为初,过其祖即过初;或祖为九三,因其为阳为父;或祖为九四,因其为阳为臣;另母死称妣,坤为母为丧,九三为妣;或九四为妣,过九三遇九四为母为妣;或九五为妣;但九三、九四、九五阳爻为妣不太合理。这些说法都不够有说服力。之前关于"不及其君,遇其臣"的解释多种:个人修养或功德达不到君的程度,不过接近臣;臣阻拦以致过不了臣这一关;臣不如君,但见到臣了,就不能超越臣去见君王,否则不合适;既然无法越过君王之臣,也就不可能错过。这些解释以望文生义为主,基本缺乏明确的象数和爻象依据,所以不取。

【明意】

小过有主观和客观的原因,此爻说明,有些外在的条件导致的小过,不是主观意愿能够决定的,人间的意缘也是如此,期待和想象中的意缘,可能与现实发生的意缘之间有比较明确的距离。这当然可以说,意能都跟外在的条件有关系,但能不决定缘,缘也不能作为衡量能的标准,可见,能与缘之间,是随意而起,但不纯粹受制于意的。

意能被现实条件所限,人际与现实的条件可能会阻碍意能的生长,有些具体的层级不可越过,即使被层次性地遮挡也无可奈何。意能的提升不可过度依赖外缘,如果过分依赖外缘,往往会有意想不到的阻碍,本来的助力最后都可能变成阻力。

九三:弗过防之,从或戕(qiāng)之,凶。
《象》曰:从或戕之,凶如何也?

【明译】
九三:不仅不肯过于防范,还随从小人之后,就可能会受人戕害,非常凶险。
《象传》说:还随从小人之后,就可能会受人戕害,凶险程度无法预料,不知道能怎么办(九三在卦变中与上六换位,自找其凶)?

【明变】
九三在卦变中与上六换位,是自己进入互兑(毁折)卦,所以是自入凶地。九三自恃强盛不肯过于防范小人(初六、六二),结果为众阴特别是被上六勾引误入死地所害。九三原是观卦上九,在卦变中与六三换位成为九三,不但没有越过,反而被观的六三、六四两个柔爻(小人)越过去了,所以说九三不仅不肯过于防范(被上六吸引而冲昏了头,不顾一切地冲下来面对下面两个强势上升、志在摧毁中间二阳的阴爻),还随从小人(观六三、六四,升为小过上六、六五)之后,等于自己站到敌人摧毁自己人的阵营里面去了,帮助敌人打自己人,而且自己下来进入互兑(受伤),明知是凶地也毫不犹豫,最后肯定要受人戕害,不论是行动之前(两个阴爻上长),还是行动之后(自入兑伤)都有危险,所以进退都非常凶险。而且凶险程度根本无法预料(因为前后都肯定有,所以只是程度问题),如此危险之境,实在不知道能怎么办。

此爻讲法很多,从卦变看爻的推移最能准确地理解爻辞的出处。

【明解】
戕:杀害。内部人杀害为弑,外部人杀害为戕。
一说不可以过九四去面对上面的阴爻,如果跟随九四就可能被阴爻戕害,象辞因为九三过刚非动不可,所以已经凶到不知道怎么办了。其实凶还没有发生,但看到九三上应上六而引发的那种无法自制的刚劲,就知道离被戕害的悬崖不远了,而且看着他不知道自己控制自己,走向凶地,非常伤心。**这样解释也有道理,但清楚程度和凶险程度都不如卦变说。**

【明意】

跟随会伤害自己意能的小人,就是自取凶祸,因为跟从小人,意能会下降,而意能下降首先由于自己的判断力下降,即对人和对形势判断力都下降所致。可见,跟不对人,加上自己过度自信,不加防范而意念出偏,可能导致凶祸,最后甚至可能失去对自己命运的控制。

九三要防止过刚,更不可自生恶念,从而无法控制,否则可能因为越位之意念而生危险,如果执着不改,则危险显而易见。故现实的意缘之发生甚至越位的意缘,都需要一些切实的外在的机缘,不可以过度执着一些念头导致无法预料的风险。

九三、九四与上下阴爻有正反互巽(妇人)之象,被阴爻欺负已经弱到仅有防守之力,不奋起反击,不经小过,就无法转换意识的境遇。但九三不争气,不但不防范,还跟随下面的阴爻伤害自己的同伴,宁可自己陷入危险都要打击同伴,实在是胳膊肘往外拐的叛徒,被邪思邪念给迷住了灵魂,自取危险,消散意能,这时也就不要去在乎他了。

九四:无咎。弗过遇之,往厉必戒,勿用永贞。

《象》曰:弗过遇之,位不当也。往厉必戒,终不可长也。

【明译】

九四:没有祸患,自己没有越位行事,但还是能够相遇。前往将有危险,一定要警戒小心,不要过于执着而不变通。

《象传》说:不要越过,可以相遇,是因为九四的位置不适当(九四刚爻居柔位)。前往有危险一定要警戒,说明最终不能长久(全卦是小者过,刚爻坚守不可能长久)。

【明变】

九四原为观卦九五,变小过时与六四换位成为九四,在小过卦里,自己没越过,而被两个柔爻越过去了,所以是自己没有越位行事。原与六五相比邻,换位后仍与六五比邻,所以还是能够相遇。上九下来使得全卦变成大坎(险、盗贼、加忧)象之中,所以前往将有大的危险,一定要警戒小心。

【明解】

在矫枉过正的时候,大势为柔爻(小者)越过刚爻,所以九四不能发挥作用,适宜自静慎守,保持正道,如果主动前往,将有危险。象辞"终不可长也"说明不可能一直坚守,所以爻辞应为"勿用永贞",也就是不要过于执着而不变通。

一说九四没问题,只要不去越过六五,因为肯定会遇见六五;如果前往,要面临两个阴爻,必有危险,所以要警戒,不能起作用,还是持守不动为好。但此说似是而非。小过之时,九三、九四已经被阴爻包围,处于弱势几乎快被歼灭的状态,要想脱离险境,就必须小过一些。两个阳爻如兄弟般背靠背地战斗,仅仅靠反省克己,战战兢兢,如临深渊,如履薄冰是不够的,必须绝地反击,而且必须小有所过才有可能,所以不可以固守不动,而是非动不可。

【明意】

艰难时刻,首先要自己守住意能,想方设法找机缘实化自己的意能。但这个过程有风险,当谨慎从事,过度执着容易出事。意能的实化过程,要合于情理,不可过度。

在火烧眉毛的艰险面前,既然已经看清前面有危险,那就千万不可过于拘泥不通,虽然保存意能要知道避险,自己位置不当,必须竭力保存意能在先,但如果想要改变被动的状态,就不可过分执着,不加变通,而非动不可,在变动当中,重塑自己的意能。

六五:密云不雨,自我西郊。公弋取彼在穴。

《象》曰:密云不雨,已上也。

【明译】

六五:浓云密布而不下雨,从我西郊飘过。王公用带绳的箭射,猎取穴中之物。

《象传》说:浓云密布而不下雨,(杀机四伏的氛围当中)六五已经到了上位(六五卦变中向上推移)。

【明变】

卦变中六五先与九四换位变出晋卦,在上离(弓)互坎(穴)里,再变为小过,在巽(绳)之上。六五在卦变中从观的四位推移到天位,在互兑(泽)有泽水上天为云之象,下有艮(止)不交,是浓云密布而不下雨之象,互兑在西,所以从我西郊飘过。

【明解】

弋:弋缯缴射,用系着绳子的箭去射。彼:一说指二阳,一说通"皮"。上震

(公侯)，正反互巽(绳)如绳缠绕，大卦如坎(穴、陷阱、弓)如张弓射穴，可见六五协同四阴，用带绳的弓箭射入深穴里猎杀二阳，如探囊取物一般，六五在互兑(悦)中，说明六五对二阳动了杀机，却喜悦在心。象辞的意思是六五上去，就是为了组织四阴绞杀二阳，形势密云不雨，杀机四伏。

【明意】

"密云不雨"说明已经有所积累，意能有储蓄了，这里是动了杀机，已经谋划很久了。但这时仍去用系绳之箭捕猎，就是一种主动吸收能量的姿态，所以是小过。六五已经上去，浓云都飘过去了，预示着其意能(此时是杀机的能量)已经积累不少了，可是六五还在努力(通过猎取来)小有积蓄，实在有点贪得无厌，但是二阳几乎就是六五猎取的囊中之物，在所难逃，插翅难飞。

在雨不下来、杀机已经积累的形势下，还去猎杀很容易到手的猎物，这样猎取的方式本身和增加意能的做法，实在就是小过的做法。就算可以小过一些，通过猎取猎物来增加意能，让能量积累而不释放出来，但六五这种赶尽杀绝以增加自己意能的做法，实在是让二阳寒透了心。按说六五在中位，加上意能虽然已经有所积累，不宜一直小过下去，但实在是因为在小过的大势当中，所以一定要小过来继续增加意能。

上六：弗遇过之，飞鸟离之，凶，是谓灾眚。

《象》曰：弗遇过之，已亢也。

【明译】

上六：没有相遇，却错越过去了。飞鸟自投罗网，太凶险了，可以说是天灾，但其实是自找的人祸。

《象传》说：没有相遇，但错误地超越过去了，说明上六已经飞得太高了。

【明变】

从卦变上看，观卦六三原与上九正应，卦变时六三与上九换位，六三成为小过的上六，上九成为小过的九三。六三升上来时，越过两个爻位，却仍没能够与上面的刚爻比邻，因为刚爻九五与六四换位了，等于不但没有相遇，而且还错越过去了。

观卦先变晋卦，六三先在离卦(网罟)之下。六三与上九换位，等于是自己飞上来落入网罟(上离)之中，所以是飞鸟自投罗网，鸟入罗网，卦变小过，鸟入于下艮(手)，为手所捉，对鸟来说，当然凶险。

此爻之难在于"弗遇过之"和"离之"的取象，前人解释众说纷纭，如果不讲卦变,就不可能讲得通,义理也就无法贯通下来。从爻变和象上梳理清楚之后,就知道经文没有一个字没有出处,"观象系辞"绝非虚言。而卦变结构是一个被拆掉的脚手架,不从卦变体系解释就无法知道卦爻辞这幢精美的大厦是如何构造起来的,这也就明白了何以无数易学家两千多年前赴后继都很难彻底破解其中的密码。

【明解】

离:网罗,落入,附着。灾:天灾。眚:人为的灾祸。小过"有飞鸟之象",上六好比一只飞鸟,卦变时从三位升上来,没有跟自己想相遇的刚爻比邻,而是错误地飞越过去了,自己飞进而落到了罗网(离)里面,实在是危险之至。

象辞的意思是上六位置太高,说明不识时务,飞得太过了,当然会有天灾人祸。

与九四"弗过遇之"相比,上六意能积累的目的显然不同,九四想要扭转态势,希望通过小过来改变被动局面;上六虽然本身被动,但仍然想维持六五猎杀二阳的局面,只是自入罗网,疲态尽显,很难维持太久了。

【明意】

小过不宜过分,上六就是过分的表现。积累意能要适当,六五已经明显有点小过了,因为已经积累了不少意能,不施布下来,还在射杀阳爻以吸收更多意能。到了上六就更过分了,已经不仅仅是小过了,好像意能积累得太多了,结果意能发动的时候,没有合适的意缘来实化意能,最后自入险地,无处可逃,积累的意能都浪费掉了。辛辛苦苦积累的意能,没有用在合适的地方,就实在太凶险了,看起来像天灾,也像是咎由自取的人祸。

小过卦描述的是人处于乱世时期,应该像飞鸟一样,"宜下不宜上",如果飞得高亢而错过了合理的分界,就要招致巨大的凶灾。根本原因在于自我认知和自我控制的意能分寸出了问题。一味小过地增强意能,最后却如飞鸟般自投罗网,实在太可惜了。因为积累意能却忘了积累的目标不是意念本身,而是能够实化而有用,结果到了最后可谓竹篮打水一场空,而且可能有天灾人祸。因为处心积虑积累的意能却都用不上了,没有合适的机缘来生发积累的意能,就反而陷入险境,最后变成意能很低的状态,好像一个人积累了一生才学,却总是怀才而不遇,空有一身能耐和抱负,却什么机会也没有,结果自入险地,耗光才学,一无所成,到头来只空留嗟叹。过分积累意能的错误的结果,就可能是这样的。或者事情还没调查清楚,还没合理相"遇",就起恶念去害别人,这样的恶念将让自己作茧自缚、反受其害。

六十三 ䷾ 水火既济（离下坎上）

既济的状态是意念之行在一种动态平衡状态，达到暂时的平衡和稳定。既济卦为坎（行）宫三世卦，立"意—行"论第四。其实，意行于时间之中，随时变化，全部意念、意识、意能皆行在时间之中，意能相生相克、相互转化，理想化的意念之行，在既济的状态当中，要合于天行，合于阴阳之力的转化，如果不合，意念离开自然阴阳力所构成之境，难以成就也难以维系良好的成功局面。

既济，亨小，利贞。初吉终乱。

《彖》曰：既济，亨，小者亨也。利贞，刚柔正而位当也。初吉，柔得中也。终止则乱，其道穷也。

《象》曰：水在火上，既济。君子以思患而豫防之。

【明译】

既济卦象征事已成功，但只是在小事上亨通，坚守正道会有好处，刚开始时吉祥，到最后却乱作一团。

《彖传》说：事已成功，亨通，可只是在小事上亨通，坚守正道会有好处，因为刚爻和柔爻各自当位，而且两两相应。刚开始时吉祥，因为柔爻当位居中，但到最后一旦停止就会变乱，因为柔爻到顶停止（则与阳失衡），马上陷入穷困之境。

《象传》说：上卦坎为水，下卦离为火，水在火上烧水烹饪，象征事情已经成功。君子看到这种现象，就要居安思危，把握好分寸，防患于未然。

【明变】

既济卦由泰变来，是泰六五与九二换位，变既济卦。泰卦下乾（天）上坤（地），阴阳二气交流应当亨通，但因为全卦三个柔爻分别居于三个刚爻的上面，柔爻为小，只是在小事上亨通。

【明解】

既济：既是已经，皆，尽。渡水为涉，渡过去为济。既济是已经渡过去、完成、成功之义。乱：乱作一团，最后导致象辞所谓祸患。

全卦各爻位都正，三个柔爻都居柔位，刚爻都居刚位，所以坚守正道会有好处。既济是完成、成功，刚开始时吉祥。一个周期完成又会有一个新的周期开始，最后却乱作一团。最后乱是因为成功之后还会有新的目标摆在面前，稳定的局面会在向新阶段推进中打乱。

既济卦柔爻居柔位，显得事情已成，但只是小的方面比较亨通。上六到顶，当位，不想继续前进，也就没有力量变通，很快陷入穷困之境，也就会马上回到乱作一团的局面。所以事情虽然做成了，是好事，到最后或者因为安逸，或者因为力量不足，却成为一个乱局，有点不可收拾的味道。

象辞说明，虽然火烧水可以饮用，但烧过了就会把水烧干，或者水沸出来把火浇灭，可见火与水二者相克，要把握好它们之间关系的分寸才能为我们所用，否则稍有不慎就会走向反面，所以要提前防范。可见，事情虽然刚刚办好，但如果没有把握好分寸，就会像水刚刚烧开却没有看顾好一样，很快就会又乱作一团。这也说明，任何事情的成功状态，其实都是暂时的动态结构，成功状态不过是对事情有把握得比较好的分寸感的体现，而在成功状态当中，稍有不慎就可能会走向成功状态的反面。所以，人在办成事情的时候，特别需要继续小心谨慎地把握好分寸，才有可能维持好成功的状态。

【明意】

意念之境存在一种平衡相应的状态，《易》称之为既济，但也只是一种暂时的阴阳平衡之态，意境之内在的矛盾仍然存在，而且在不断发展变化，在每一个意念实化之间把意境驾驭得好，其实非常不容易。既济之时，既是各爻各居其位，达到相对和谐的成功状态，也是各种矛盾和问题暂时掩盖，随时可能实化出来的状态。如何提前预知意境可能存在的问题，并在意念实化的先机当中感知和消解它们，实在需要高超的感知力和良好的分寸感。

水火相济为用，但要以阴阳和乐为要，因为水火本来不容，却要保持一个动态平衡使得水火融通，这是一种相克相容的哲学，面对存在的普遍矛盾，随时把握好矛盾转化的分寸，使之处于平衡的中道，这是理想化的意境状态。也就是说，能够包容各种矛盾，并且善于化解矛盾，这当是意境和通发展的基本样态。

初九：曳(yè)其轮，濡其尾，无咎。
《象》曰：曳其轮，义无咎也。

【明译】

初九：拉住车轮(跑不快)，渡河沾湿了尾巴(游不快)，不过没有太大问题。

《象传》说:拉住车轮,虽然跑不快,但是照理应该不会有什么大的问题。

【明变】

卦变前初九在兑(泽)之下,卦变后在坎(水、险)之下,应于六四,有涉水前行,越陷越深之象。

【明解】

曳其轮:曳是拉或拖拽的意思。古代大车车厢与车轮是分开的,出车时把车厢用輗装套在车轮上,路不好走时就用绳子拉住车轴,防止车厢脱开车輗,也可以不让车轮滑开。初九阳爻阳位,火(离)体之中,有速动急躁之象,遇到危险(前临坎险),于是有人开始用绳子拉住(曳马取坎象)车轮(取坎象)前进,这样当然跑不快,也很可能不能完美迅速地完成预定的事情,不过照理说问题应该不会太大。

初九濡其尾,打湿尾部,上六濡其首,打湿头部,跟未济卦辞联系起来,应该是指狐狸渡水的情况。初九在最下方,为尾部,前面有两个互坎卦,说明是要渡过大水,并且是尾部有水,就游不快了,但因为本爻正好应该慢下来,好比正应该用冷水浇烈火,所以最后问题不大。因为初九刚刚开始,比较小心,在阴之下,也显得比较谦恭,缓慢应付,有利于维系既济的大局,越慢越有利。

【明意】

意向之行风风火火,刚要开始,却碰到大水之险横亘在前,所以可谓出师不利,既然前进受到限制,理解情境可促进意向性反思,同时也主动构成对意向之行的约束,自制是保持既济的法宝,可见,意向虽然自由,但无往不在被限制之中。初九的意行受到限制,被拖住,甚至有危险(过河生死未卜)的迹象,此时缓缓降低节奏,尽可能保养既济的状态为佳。

在既已成功的状态当中,要放慢意识的节奏,才能维系好意识与世界融会贯通的理想状态。但既济之时,既要时时刻刻小心谨慎,犹如老狐狸一般疑神疑鬼,谨慎小心,才能无咎,但同时也要有小狐狸敢于尝试新鲜事物的魄力,否则不去渡河,就不可能经历风雨迎来彩虹。这都是心念当下把控的分寸。

六二:妇丧其茀(fú),勿逐,七日得。

《象》曰:七日得,以中道也。

【明译】

六二:妇人丢失了首饰,不要去找寻,七天后会失而复得。

《象传》说:七天后会失而复得,是因为六二在变动的情境当中能够持守中道。

【明变】

卦变中泰卦(坤妇乾首,可取妇女头饰之象)六五与九二换位,有妇女头饰更换之象。六二从泰卦六五下来,在卦变中一直居中。两个互坎都为盗,好像妇女碰到好几个强盗把头饰给偷抢走了。

【明解】

茀:通"髴",妇女头上的首饰,一说车蔽,古代妇女乘车时前后的屏障。得:失而复得,一解为因心中自得而得。六二在离(日)中,中心光明之象,不顾忌得失之意,表示内心光明自得而益增其德,但妇女毕竟不好意思出门了,结果头饰失而复得,另有增益之象。本来前临两坎(险),出门就非常危险,所以也不应该行动,而因为丢失头饰不出门恰恰是暗合了最为合理的意念发动之方向。

"七日得"跟复卦"七日来复"有类似之处,"七日"应取复卦阳气回复之周期之数,或二爻经历六爻回来是七位。也可以理解为六二内心考察前临之坎,觉得无力取回,也无法怀疑谁,索性不管了。此解将"得"理解为自得,即对所遗失之物思考一遍之后,觉得不能怪谁,就想通而自得。

【明意】

意行当有塞翁失马的分寸,坐等事变,也是意行(未动之行),类似未发之中。意向对于外物的执着要注意分寸,得失之感要放下。失了就面对这种缺失的结果,顺其自然,不要过分在意,中道是保持清醒,不为外在的得失所动。

意念发动与内心的德性有关,有德者起心动念暗合天机,往往顺应外在的提示能够得到最好的行动效果。

九三:高宗伐鬼方,三年克之,小人勿用。

《象》曰:三年克之,惫也。

【明译】

九三:殷高宗武丁去讨伐鬼方,三年后才得到胜利,说明小人不可重用。

《象传》说:三年后才把对方征服,说明九三持久努力,实在是太疲惫了。

【明变】

泰卦下乾(君)上坤(国),下乾九二升为九五变成既济卦,有君王征伐属国获得成功之象,九三互离(矢)坎(弓),有征伐之象,所以借用"高宗伐鬼方"的历史故事来解释。九二经三爻上升到五位(一说互离为三),所以三年后才得到胜利,因为实在耗时费力,都是小人不力导致的,所以结论就是:小人不可使用。

【明解】

高宗:商朝中兴之主武丁。鬼方:我国西北部西羌的某一国家。打仗打得太久,一直打不赢,就是因为用人不当,所以小人不应该重用。九三跟上六正应,九三打不赢的时候,很想使用上六,但其实并不合适,因为柔爻到顶了,本身位置不好,力量不强,重用了反而不利于成事。

【明意】

意向性长久地集中在某个需要竭尽全力的点上,非常辛苦。三年打仗期间,意向一直不可松弛,必然疲惫不堪。打仗不能速战速决,是因为用人不当。

本爻讨论持续用意的艺术,如何持续有效用意而不会过分疲惫,打仗是一个务求必胜又需要高强度持续用意的过程,所以持续用意的艺术非常重要,如果犯了战略或者战术性的错误,不能尽快克敌制胜,则会疲惫而丧失志向。

六四:繻(xū)有衣袽(rú),终日戒。

《象》曰:终日戒,有所疑也。

【明译】

六四:木船随时可能渗漏,准备好破衣败絮来堵塞,需要整天高度提防戒备。

《象传》说:需要整天高度提防戒备,是因为六四有所疑惧。

【明变】

卦变上说,泰变既济,乾坤皆破,即乾(衣)坤(裳)和布帛皆破,木船随时可能渗漏,说明已经准备好破衣败絮来堵塞。乾(昼)坤(夜)变出互坎(加忧),表明需要整天高度提防戒备。六四在三阴三阳之间纠缠不清,又在坎(冷)离(热)之间,冷热不定,故有疑有戒。

【明解】

繻:王弼认为应该改成"濡",渗漏之义。义理上比衣服变旧要通畅。一解为"采色帛缯",彩色、华美、细密的衣服。袽:败衣烂裳、破絮抹布等衣服废料。

四位为疑惧之位,六四在上坎下互坎(水)当中,有遇水疑惧之象;离有舟象,两边实,中间空,边上有水,是六四的水即将渗漏进入船边之象,所以充满疑惧，面对船之将漏，当时刻警戒。六四以柔居柔，有小心戒备之象。古代都是木船，随时可能渗漏，船上需要准备破旧衣物堵塞漏的缝隙。

六四由离入坎中，可以理解为"华美的衣服快要变成烂衣败絮"，或"像用布条缝补衣服一样"，所以"应该整天提防戒备"，有提醒之意，但逻辑上欠通畅，毕竟衣服变旧得慢，未必需要整天小心警戒，但行船时刻有危险，需要时刻戒惧。

【明意】

坎卦讲到意念之危，意念发动后而有时时刻刻的危险，此处的比喻极度精当，好比船的缝隙，微小的缝隙也极度危险，意念的偏差有时就像这样，故唯一可靠的就是极度小心谨慎，慎终如始。

九四表示渡河到一半的状态，可是这种状态之中，人不可以有一点点偏差，否则就可能有倾覆的危险，意行警惧于情境之危，意念一行，就要时刻警戒，如行船担心漏水，一点缝隙都有覆灭之危。前有水，后有火，水火无情，极度小心方能通过水与火之绝境的考验。此爻好比在海水与火焰之间，横竖都是生死绝境，只有穿过火与水的考验才能重生。卦象是火入水底，有若凝神入气穴，水底有阳神之意生出，需要渐修此阳意而成意丹。

九五：东邻杀牛，不如西邻之禴祭，实受其福。

《象》曰：东邻杀牛，不如西邻之时也。实受其福，吉大来也。

【明译】

九五：东方邻国用杀掉整牛的厚礼来祭祀，不如西方邻国举行微薄而虔诚的"禴祭"，反而实实在在受到上天的福佑。

《象传》说：东方邻国用杀牛的厚礼来祭祀，因为它的时运已经不如西方邻国了。实实在在受到福佑，是吉祥即将源源不断地降临。

【明变】

既济从泰卦变来，泰卦互震在东，互兑在西，坤（牛）变为既济之坎（水），有牛被杀之象，坎有禴祭之象，九五在卦变中升到全卦尊位，有实实在在受到福佑之象。

【明解】

杀牛：用太牢祭享，以牛为牺牲，规模盛大的祭祀。禴祭：以水菜为主的薄祭，一说用简单的饭菜祭祀。

九五阳刚在君位而盛极，需要持盈戒满，简朴方能有福。这样东与西本可

六十三　䷾　水火既济（离下坎上）｜699

以不实指。因为九五中正在位,所以需要特别重视时运,也特别需要叮咛告诫。象辞之"时",前有解为"合于祭祀之时""按时祭享""适时明德"等,但都不如时运之解。

如果实指,传统上东邻指商纣王,西邻指周文王。纣王荒淫无道,即使用太牢祭祀,上天也不保佑他。文王英明仁德,即使用水菜薄祭也能得到上天赐福。说明内心诚意不同,时运也大不相同。

【明意】

可见意念发动与其意缘如何简朴都不要紧,但需要意念真诚,这对神人通用,关键还是时运合适方能有福。事情既成之时,仍要以通天的诚信为主。人是否有福,是否得到上天的祝佑,取决于得到天时阴阳和顺之力的鼎力支援,方能助成人间意缘的聚合。这助缘的内在理由在人叫德性,是顺天道而行的内心德性。德性也可以看作人对天道善性的理解,并且不断通过实化为德行在意向性当中积存再积存,积累沉淀下来。上天保佑有德之人,因为有德之人意行如通天,自然有福。

上六:濡其首,厉。
《象》曰:濡其首,厉,何可久也?

【明译】

上六:头被打湿,有危险了。
《象传》说:头浸入水中,太危险了,(既济的状态)太难持久了。

【明变】

卦变中泰卦九二升到五位,把上六带入水(坎)之中,又变出下互坎为水,如潮水般涌向上六,致使上六陷入灭顶之灾,非常危险。

【明解】

初爻为尾,上爻为首,上六在全卦上位,又在上卦坎(水、险)里,是水已经升到头顶,有头被打湿之象,危险了。这一爻指小狐狸过河,如果头被打湿,就有危险了,断辞"厉"主要是警戒之意,但象辞比较严重些,所以也可以理解为头浸入水中,那就非常危险了。说明事情做成不过是一个阶段性成功,如果到最后(上六)没有持守好,马上就会发生祸患。好比小狐狸渡河不小心谨慎,头浸入水里,那就非常危险,无法持久了。这里如果理解为"沾湿了头",程度到不了很危险的程度,不足以说明象辞"其道穷也"的意思。前解"濡其首"多未及，所以难以通畅。

象辞的说法也证明因为到了上一爻，处于危险境地，反而走向事情做成的反面。

【明意】

小狐狸被水中的浪打湿了头部，头浸水中，是非常危险的事，表示意念极度难行。头是意念性发动的物理基础，头部的大脑是意向性存在与发动的基础，所以"首"被打湿，对意向的发动而言有极度危险之喻，也是很难持久的。

但意念的转化，往往需要置之死地而后生，也就是绝处逢生。一个既成的意境本身是一个过程，《周易》的宇宙即意识之流，都是一个过程，即使好像成就了一个既济的阶段，也只是流动的过程当中相对平衡稳定的阶段性过程而已。在《周易》的宇宙观当中，宇宙即过程，宇宙即意识，宇宙的时空流及意识流都是变动不居的，宇宙之意即时空之意，意会宇宙为宇宙之时，同构于人心之善即良知，时与良知是发，皆为人心通于天地之几。

六十四 ䷿ 火水未济（坎下离上）

《周易》全书都在启发人们，为自己的意念寻找到合适的方向，不断调整自己的意向到最合适的程度。不料到了最后一卦，却说这个工作没有完成，也不可能完成。一方面意向的修行与调整永远不会终结，除非意向的主体不再活动，也就是死亡或者昏厥等而丧失意识发动的能力。其他时刻，人的心意都在活动，也都一直有方向。另一个方面是未济揭示着意念方向未定的永恒性，自我意念的修为永远也不可能完成，所谓的完成只能是阶段性的，只要意识在动，当下的意念方向只能是未定的，因为意念只要活动就有无数的可能性，有无数的方向，所以意念方向总是未济的，这是意向性当下的未济状态的现实合理性。

鼎立尚未成功，意就得要有方向。未济卦是离（向）宫三世卦，立"意—向"论第四。意向重新开始，周而复始，如离之光明鼎立之后还需有向，意向不能停止。

未济，亨。小狐汔(qì)济，濡其尾，无攸利。

《彖》曰：未济，亨，柔得中也。小狐汔济，未出中也。濡其尾，无攸利，不续终也。虽不当位，刚柔应也。

《象》曰：火在水上，未济。君子以慎辨物居方。

【明译】

未济卦象征事情还没成功，努力成就事情还是可以亨通。小狐狸即将渡河成功的时候，弄湿了尾巴，没什么好处。

《彖传》说：事情还没成功，努力成就事情还是可以亨通，因为六五柔顺居中持守正道。小狐狸即将渡河成功的时候，是指它还没有离开坎险之中。弄湿了尾巴，没什么好处，可能因为力小游不到头，功败垂成。虽然每个爻都在不合适的位置上，但刚柔都相应（还是有可能做成事情的）。

《象传》说：上卦离为火，下卦坎为水，火向上，水向下，相克背离，火在水上就是未济。君子看到火跟水很不合的情况,就要审慎分辨人事和物类,让他们各得其所。

【明变】

未济卦既有事情成功又重新开始新一轮周期,也有功败垂成的意味。**未济卦从否卦变来,否九五与六二换位而成未济卦,是从否卦否塞不通的局面走出,变则通,所以亨通。卦变中柔爻六五到达上卦中位,是柔顺地上进又符合中道,所以可以亨通。**

小狐狸渡水快要过去了,但还没有游出水中,**从卦变看,是否卦变未济时,六五在从下卦中位推移到上卦中位,没有走出中位,象征渡水的时候,还在济渡过程之中,没有离开水中上到岸上来**,可是小狐狸的尾巴已经被水沾湿了,那是会有危险的,这样的危险征兆当然不会没有什么好处,原因可能是小狐狸力气太小,最后会有无力坚持游到头的危险,所以很可能功败垂成。

【明解】

汔:通"迄",将近。辨物:分辨物的类别。居方:分门别类让事物居于应处的方位上,不把事物搞乱。

未济卦名主要指的是还没有渡过河水,带有未完成、未成功之意。干宝说:"坎为狐。"未济卦连坎在下,接近上爻还是未能达上,好像一群小狐狸还在渡水过程之中,还没有到岸,因此主要指小狐狸快要渡河成功的时候。坎为水,初爻为尾,上爻为首,所以有上爻已出水,而初爻还在水中,好像弄湿了尾巴之象。卦辞总的意思是:虽然亨通,可惜功败垂成,没有什么好处。

虽然未济卦无论哪一爻位置都不当,但刚柔相应,可以理解为阴意与阳意在各自找不到自己位置的状态之下,仍然能够互补相济。理解为济渡大河需要和衷共济、阴阳应合才能渡过。君子从这样的自然之意当中得到启示,慎重分辨物类,使它们各居其方,这样即使事情不能做成,也能够促进事物彼此之间互助互济。从卦象说,是火在水上,火性炎上,水性润下,有分离之象,可谓按照自然之意来"方以类聚,物以群分"。加上坎为水,为盗,有狐象,主多狐疑,可以指代小狐狸过河需要小心翼翼,狐疑不定,即使尾巴沾湿了有危险,也要小心翼翼地阴阳配合以力求渡过。

【明意】

自我的存在从根本上说是神秘莫测之物,说到底就是能自己认识、知道、理解、控制和修行自己。虽然知道自己与禽兽不同,但这根本不够,因为自我是一个复杂的系统,不是仅仅从一个端点开始就万事大吉,孟子的方式是不够的。陆九渊所谓"先立乎其大者",王阳明"致良知"其实都是以开端代结尾,代当下,可是人最困难的就是认识当下,认识未来,过去有"大者",有"良知",可是认识得再透彻也不够,还是要想方设法认识自我,认识本性,重新确定意念发动的方向。

内险之意,是因为需要外在的光明遍照,让此心光明,充满敬慎,去除狐疑,专心致志,众志成城,也就渡过去了,可谓修整团队再出发,但要时刻把握自居的分寸。

初六:濡其尾,吝。

《象》曰:濡其尾,亦不知极也。

【明译】

初六:小狐狸渡河尾巴沾了水,会有麻烦。

《象传》说:小狐狸渡河尾巴沾了水,说明不知道自己能够承受的极限。

【明变】

卦变中阴爻六二上往到五位,对阴爻来说,最好的位置是四位,初六与九四正应,想上却没有上,是不知道自己何去何从最合适。

【明解】

画卦的时候从下开始到上为终,卦成之后,上面为首下面为尾。初六在下卦坎(水)中,坎又为狐,阴爻居下,表示才质能力有限,说明是小狐狸;因为应九四,所以有动象,前有双坎,所以是狐狸要渡河之象,与既济初吉终乱相反,未济初乱终无咎。

有把"极"解为"终点"的,但此处刚刚下水就湿了尾巴,应该是指小狐狸不知水的深浅。从做事的角度说,是不知道自己的能力的限度,自不量力,很快会有麻烦。所以当把"极"讲成合理的目标和做事的分寸与限度。

【明意】

意向不了解水境的危险,冒进了。不察形势,不知道适可而止,非下水不可,结果有困难。

意向虽难,但有转机,难在转机之中。意向随时转,之前已经完成一个阶段,只是从大势来看,永远未完成。快要渡过去了,但未济的状态解释了意向性在途中的状态,不可能最终完成。从人的角度看,人的意能是有限的,功业再大也是有限的,所以建功立业都只能是未济的。以这样的心态警示自己,无论功业多大，都是未完成的状态，不可过度执着，不宜过度在意，《周易》最后要人们保持平易的意境，用轻松的心态，去积极成事。

虽然未济卦可谓成功之后最困难的状态，因为一爻都有相应者，所以可以理解为事情在最难的时候，都会有转机。

九二：曳其轮，贞吉。

《象》曰：九二贞吉，中以行正也。

【明译】

九二：拖住车轮，不让它快进，持守正道可以吉祥。

《象传》说：九二持守正道可以吉祥，因为九二在卦变中一直在中位，行走得光明正直。

【明变】

卦变中否卦九五下到二位，一直在中位，能够在变化的情境中保持中正。

【明解】

坎为轮，九二为坎之主爻，有主动之象。前有坎，故有车轮可能或者已经陷入沟壑陷阱之象，所以要预防车轮被陷在沟里，或者已经陷入泥水之中，所以要拖住车轮，保持车身的稳定，小心前进。因为九二在中，所以有能力保持中正状态。另外，九二在即将陷入沟里的变动情境当中，还要照顾初六小狐的状态下，努力保持中道，行得正，非常不容易。

总之，九二面临危险，小心应对，内心中正，而用力得当，最后能够转危为安。

【明意】

车子难行，有意向而无法去伸展，中道给了保持原意向的转机。意向发动被阻止拖拽是正常的现象，而且意念实化之后，又会有他意来牵扯，不让实化的过程圆满，所以未济除了本身一直处于未完成的状态之外，也有情境迫使自己的意念处于未完成的途中之意。对自我意念实化的阶段性来说，意念可以暂时达到既济的完成状态，但情境永远是未完成的，也会影响意念本身处于未完成的状态。

六三：未济，征凶。利涉大川。

《象》曰：未济，征凶，位不当也。

【明译】

六三:还没成功,继续征进有凶险,有利于渡过大河险阻。

《象传》说:还没成功,继续征进有凶险,因为位置不当。

【明变】

六三卦变前在天(乾)地(坤)之间,阴爻向下,但与上九正应,有欲进难行之象。卦变后虽未推移,但陷入上下坎(水、险)象之中,凶险连连,难以逃离,想继续前进,但险象环生。

【明解】

征:征进,一说征伐异己。六三在连坎(水)之中,处在前后都是水的危险位置上,上不着天,下不着地,所以有"未济"之象,也就是还没有渡过水去。未济是未能渡过。要渡过需要稳扎稳打,冷静谨慎。前后皆坎(险),所以继续征进会有危险。但六三有正应在上九,上九是终位,河水的终位就是岸,说明既有险可渡,又可以看到河岸,所以最后可以渡过大河。

六三以柔居刚不当位,意向想动,但险地之中,可能越动越危险。六三虽阴柔乘刚,但还好比邻并顺从九四,在离(光明)卦边上,上有上九作为应援,所以渡河的过程虽然危险,最终脱离险境的希望还是很大的。

【明意】

事情做多了,最后重新开始,步步都难。虽然未完成,但因为有正应,所以有呼应的力量,阴意得到阳意的指引,可以预计将来最终能够完成大事。可见未济的计划受外在情境和呼应力量的影响,如果呼应的力量有力,自然可能实化意向,达到目标,也就是有了比较合理的意识方向。

九四:贞吉,悔亡。震用伐鬼方,三年,有赏于大国。

《象》曰:贞吉悔亡,志行也。

【明译】

九四:坚守正道就可以吉祥,没有什么值得后悔的。如雷震而起征伐遥远的鬼方,三年成功并得到大国的赏赐。

《象传》说:坚守正道就可以吉祥,没有什么值得后悔的,因为九四的心志得到了实现。

【明变】

未济从否卦变来,否卦上乾(君)的九五下来到下坤(鬼方)二位成未济,好像雷震而起去征伐遥远的鬼方。九四在互离(矢)互坎(弓)中,有征伐之象。**否卦上乾(大)的九五经过三个爻位下到二位,进入下坤(国)核心**,所以说三年(一说离为三)讨伐成功并得到大国的赏赐。

【明解】

九四阳爻居于阴位,失位有悔,但志在克险,能够守正,所以忧悔消亡。九四与既济九三取象相同。坤为阴"鬼"、方国、"方"。《后汉书·西羌传》记载:"及武乙暴虐,犬戎寇边。周古公逾梁山而避于岐下。及子季历,遂伐西落鬼戎。"所以有人说,此爻记载的是西周的季历为商王武乙讨伐鬼戎的历史事件。象辞的意思是说,卦变中九四跟初六一直保持正应,说明在九四的讨伐功业当中,一直有人响应,可以理解为得到在下位的人民的支持,所以讨伐的心志可以推行并得到实化。

未济九四和既济九三都"伐鬼方",但既济是"高宗伐鬼方",未济则不是,未济说"三年有赏于大国",显然是伐鬼方三年成功而被封赏。既济卦下三爻是事成之初,九三以殷高宗伐鬼方之典故说明大功告成之象。但未济卦上三爻,则以勉励做事为主,九四处即将成事之初,所以说"震用伐鬼方",用以表示应该努力去争取成功之象。

【明意】

意向可行,即心志可以实化,但未定的意向在尚未展开的境遇当中是如何可能的呢?此爻意向指向鬼方,指代只要坚守正道就可以努力实化自己意念的状态,如果发动意念去征伐他国,应该最后能够成功,表示纵然在未济这种尚未完成的状态,也并不是不可以计划,而是只要根据自己的实力让意念发动行于中道,仍然可以成就大事。

关键在于是否推行自己的心志,只要推行了,坚持正道去做,忧悔自然消亡,这是行动哲学,是行高于知,行先于知的哲学,只要努力践行,知识的多寡和情感的纠结,都可以在变动的时空当中慢慢改换,在延伸当中修正,展开并得以实化。

六五:贞吉,无悔。君子之光,有孚,吉。

《象》曰:君子之光,其辉吉也。

【明译】

六五:坚守正道可以获吉,没有忧悔。君子的光辉在于取信于人,自然是吉祥的。

《象传》说:君子的光辉,是在他的光辉照耀之下获得了吉祥。

【明变】

六五由否卦的二位升到全卦的尊位,象辞称它是"亨,柔得中",是顺利居中之象。因为在上卦中位,只要居中守正,坚守正道就可以获吉,不会有忧悔。**君子指否卦上乾**,光指乾变离(日、光明),所以说君子的光芒如太阳一样光照四方,原因是取信于人,与人有孚信,与九二换位,九二原在五位是它的正应,让出尊位给六五,又到下卦正应,可见彼此信赖之深,犹如光辉互相照耀,所以是吉祥的。

【明解】

此爻是指君子闪射出道德的光辉而吉祥。如离日在天,光辉耀眼。

【明意】

君子心意发动即有光辉,其意向光明所以光辉显要。光辉都是吉祥的,能带给人们好运。这是心意虽然未定,但状态很好,意向的潜质实化的过程好像内心的光辉自然映照其境。君子的心意之光在于诚于人天之意。心意真诚至极,即使在未完成的事业当中,也时刻散发着人(仁)天之意的光辉。

这一爻是本《周易》修心制意境界的顶峰,意向光辉而吉祥,这是心意发动的最高境界。

上九:有孚于饮酒,无咎。濡其首,有孚失是。

《象》曰:饮酒濡首,亦不知节也。

【明译】

上九:饮酒的时候,很有诚信,没有问题。但如果喝多了,自己拿酒浇湿了头,那么即使有诚信也会功败垂成。

《象传》说:酗酒到自己拿酒浇湿头部的地步,说明上九也太不知道节制了。

【明变】

卦变中否卦六二升到五位,把上六带入连坎(水、酒)之上,有饮酒无度,用酒浇头,毫无节制之象。

【明解】

这一爻是饮酒作乐不知节制,放纵自己,功败垂成,非常遗憾。象辞强调太不知节制了,好比饮酒时把头都淹湿了,说明纵欲酗酒到了相当过分的程度。一解像小狐狸那样头都浸到水里面去了。

上九有正应在六三,还算是"有孚",有可以信赖的对象。又在重坎(酒,水)之上,有饮酒的时候,对酒友很有诚信之象。处全卦上位,上位为首,坎为水,是水淹首之象,所以说头被打湿了,这里应该是自己喝醉了,拿酒浇湿了头。如果喝酒没有节制,醉到酒浇湿头的地步,即使喝之前很有诚信,最后还是可能会有问题和麻烦,想要做的事情可能会功败垂成。

上爻在离(明、礼)里,尚有礼节,前有光明之象;上爻变,卦成雷水解;离下互坎,有坎(险)之前有光明,动变而解除险难之象。

【明意】

过分沉浸在不能成功中,反而有潜在的危险,事情做不成,意向没法实现,只能重新来过。心意到了极端的情况就过了,会迷失自己,好像喝酒太多,最后意识都不清醒了。那就从自明的未济到了无明的未济了。当意念不发动的时候,就跟昏厥与死去都差不多,那时意念已经没有合适的方向了。如果到了最后,功败垂成,那就太过遗憾和可惜了。《周易》之教,要求人的心意不可到达上亢之境,因为那样过度失去节制就失去《周易》修心修意之教的意义。

第三编　易传明意
——卦意总论

一　系辞传

系辞传(上)

(一)

天尊地卑,乾坤定矣。卑高以陈,贵贱位矣。动静有常,刚柔断矣。方以类聚,物以群分,吉凶生矣。在天成象,在地成形,变化见矣。

【明译】

天高远而位尊,地低近而位卑,这是天地自然之意的本然状态。以乾配天的高上,以坤配地的低下,这是天地自然之意实化而确定的状态。天地万物自然之意实化陈列出来,高上就显得尊贵,低下就显得卑贱,显化成一卦六爻,爻在卦中因其上下位置不同而显得如有贵贱之别。自然之意有动静两种常态,动而健的刚爻与静而顺的柔爻因此判然分别。① 人天之意领悟天地自然之物分居四方四季,按照不同种类聚合而产生群体的差别,合与分的互动产生亲疏利害关系,(因心意参与物类的互动)引致吉与凶的显化。阴阳之气流转化生天地万物,在天表现为日月星辰种种天象,在地表现为山川动植化育成形,《易经》用阴阳爻在卦中的运动来象征天象地形的运动变化。

【明意】

自然界之现象本有其差别,这些现象既从本体存在上彼此区分,又在意通于道的认识过程中加以区分。人对自然之客观性的认识不是通过独断,而是通过心(意)与物相通的合客观性,也就是说,心(意)与物通,而后知事物的分际。乾与坤是意会的概念,其区分只是概念上的区别,这种区分的目的,是为

---

① 用刚柔爻来模拟动静的状态。动极而静,静极复动,体现在卦爻上,就是阳极生阴,阴极生阳。

了模拟被人认识到的天地自然本来面貌在意会的当下而有区分。

世间事物本来因为时空位置的不同而有区分,这是自然之意的自然呈现,但人天之意在意会自然位置的区分时,以贵贱来区分事物本真区别的意义,也就是人在意会之时,加予自然区分以价值判断。同理,动与静也是心(意)对物之存在关系的把握,物在世间存在,相对于认识的心来说,不外乎被意会成为动与静两种最基本的存在状态。动的状态显示出物的阳性和刚健有为的一面,静的状态显示出物的阴性和柔弱顺从的一面,在人的意会中,不同的方面被意会成为阴意与阳意。在《周易》的表征系统中,通过刚爻与柔爻,即阳爻与阴爻显化出来。

物的世界会自然而然地按照基于各自本性的气息相通的状态而聚集,分出各种群类并产生复杂的关系,其中彼此之间存在的有利与相害的关系,经过人天之意的领悟,就显化为吉与凶。阴与阳是表征世界表象之区分的根本符号,也是人认识与意会世界的中介概念,至于其所表征的对象,如日月星辰、山川河流及其变化,都是心(意)与物相通的阴阳转化而出的、在天与地之间的现象世界。世间的所有事变,都是通过阴与阳,即阴意与阳意之间的交流感化来实现的。阴意与阳意既有本体意义,又有认识意义。本体意义即阴意与阳意从本体上说,都是心(意)共同体,即一切存在皆阴阳合体;认识意义即阴阳非经意之认识不能成为阴阳,一切阴阳的存在不被意会成为阴阳区分的状态,则无法被意会和认识。

《周易》的系统是心(意)通物的系统,心灵发为意念,意念发动之间,即感通天地万物,再通过阴阳符号加以具体化,形成一个动态卦爻表征结构。这个心(意)物相通的系统,经过卦爻符号的表征之后,本来力图简化被表达的世界,可是对于卦爻符号不熟悉的人,就认为好像存在一个外在于卦爻符号的、对应的事件世界;其实,虽然卦爻符号确实对应于事物的变化,但由于卦爻符号是一个心(意)物相通的系统,其所象征的事变之关系,首先是心灵变化的关系,换言之,其实是心灵之动、意念之发与物之运动自然感通,从而使万物之动被意会成为可能。在这个意义上,心(意)通物论的动力因既不来自外在的上帝和神等超自然力量,也不来自机体的内驱力,而是来自心(意)物感通的瞬间。

通常对于人之平等的观念,或谓皆为上帝所造之物的平等,或谓出身开始皆不能选择但有人格的绝对平等,而《周易》从一开始就让人意会,人从意念生发的开端开始,就像从出生时的条件、从自身条件到外在的缘分,都千差万别,也就无所谓抽象的平等,或者绝对相同意义上的平等。

天不仅是空间上的天空,也不仅是与地相对待的自然之天,而是万物存在的根基、存在之本原的天。换言之,天是所谓"自然而然";而地是所谓"自然而然者",或地是自然而然而后所是者,与天相比具有后天性。天作为自然存在的始基,是在人认识世界开始之前即已存在的,也就是说,天是前理解的领域,是人理解力开始之前即自然而然地存在的自然状态,地不过是这种存在状态的实体化。天也是原始信仰的根据,是对无始以来既已存在的不确定性和神秘性的总概括。

　　天地自然之意之"显"化是物通于心而有意,是客观本体转化为主观认识的过程,是主体对于事物的收摄和消融之过程,即外物显化为可以认识的对象之过程。

　　是故刚柔相摩,八卦相荡,鼓之以雷霆,润之以风雨;日月运行,一寒一暑。

【明译】

　　为了要模拟天地自然之意的运动变化,让乾坤二卦中的刚爻与柔爻相互摩擦交感形成八卦(象征八种基本物象),让八卦之间再相互推荡运动而衍成六十四卦。八卦可以模拟自然界各种物象及其运动变化,如雷(震)霆(离)鼓动,风(巽)雨(兑)润泽,日(离)月(坎)来往运行,形成寒暑交替和四季变化。

【明意】

　　卦爻象征体系是人天之意的显化,其对事物运动的模拟,归根结底是对人所意会的运动之模拟,这跟牛顿看到下落的苹果,琢磨背后的原因,并最终用数学公式表达出来的表意过程,其实异曲同工。以苹果下落为代表的自然界事物的变化,其实都是人对自然运动状态的意会和解读,我们所模拟和解析出来的公式,也是事物发动与人心意相通之后的表达。

　　八卦虽然没有牛顿数理公式精微准确,但八卦象征符号之雷霆风雨齐备,就是通过符号来表征自然事物的运动。这种象征关系,成为易象思考和推演运动变化的根基,或者说,这种心(意)物相通的关系状态,超过了认知的对象事物与主体之间的分野,成为这类象征所要揭示的原生和根本状态。这与西方语言相比,虽然后者逻辑更加严整,但表达目的殊途同归。

　　当然,中西哲学也就从这里分道扬镳:《周易》卦爻系统是对心(意)物感通瞬间的捕捉,而西方的言语系统和公式都是刻意描述和表达事物对象化的存在。西方哲学表达事物的范式总在不断推翻和更新中,既然一切表达方式

一　系辞传

只能力求客观,而不可能做到绝对客观,那么每隔一段时间,前面接近客观性的描述范式必然不能够继续适应后面的要求,则需要推翻修订一番。相比之下,《周易》的卦爻系统虽然有表达过度模糊的特点,但此后却很难出现范式革命,因为表达的精确性不是追求的根本目标,而心(意)通物的瞬间又存诸一心(意),所以不需要推翻古老的人天之意的认知范式另起炉灶。①

乾道成男,坤道成女。乾知大始,坤作成物。

【明译】

在人世之间,乾阳之气(力)显化为天、君、父等男性象征,坤阴之气(力)显化成为地、臣、母等女性象征。在万物的运化生成中,乾阳之气(力)的作用是主导事物的最初创生,坤阴之气(力)的作用是顺承乾道而使事物生成。

【明意】

男性和女性的特征都是意会而得,即对先天的乾阳之气(力)和坤阴之气(力)的意会而有后天概念上的区分。

乾坤的设定是作用于心(意)物相交而有分的瞬间,通过最为形象的男与女来表达。男女雌雄的性别差异是与生俱来的、不可更改的自然现实,在心灵(意)跟世界相交之前,就被冥冥之中注定而无法更改。所以前半部分是意与物之先天,后半部分是意与物之后天。先天着重强调男女、雌雄的先天根据,用乾与坤来表征,在我们的意识开始之前,甚至肉身来到这个世界之前,人受某种乾气(力)或坤气(力)的影响,混合而生成男性或女性。这种阴阳和合之力量塑造了性别,也塑造了基于性别差异的意识。

可见,说"带相唯识"是不够的,其实每个人都是"带力唯意",也就是说,每个人来到世间之前,已经被乾气(力)和坤气(力)击中,而且这种和合的力量在人身来到世间之后,长期持续地塑造着我们的意识,也塑造着我们的意识境遇。周围人因为性别为女或男而对主体有不同的认知和评判,而主体又应对这种判断和评价,在这种相互缘构中,"带力唯意"成为基本的状态。

乾气(力)掌管创始,坤气(力)掌管生成。唯因为一切皆意识参与领会之后才生成变化,所以没有意识的参与,就无所谓乾坤或男女,可见,所有的分别,都要在意识之中意会和生成。人每时每刻的意识发动,都同时有乾力和坤

---

① 也正是在这个意义上,笔者认为传统注疏方式对于哲学思想的创造和架构永不过时,今日仍可通过注释和疏解经意来建构"意学"哲学。

力在发生作用,不能说仅单纯某种力量发生作用。

乾或可以意会为永远流动和创造着的时间,坤则代表在时间中流动的一切,或者说,代表时间流逝所经过和带出来的空间感和空间状态。时间和空间从本体的意义上不可能被分开,只是在意会状态当中不得已必须加以区分。

乾以易知,坤以简能;易则易知,简则易从;易知则有亲,易从则有功;有亲则可久,有功则可大;可久则贤人之德,可大则贤人之业。易简而天下之理得矣。天下之理得,而成位乎其中矣。

【明译】

乾阳之气因其平易的特点所以能够主导事物的最初创生,坤阴之气因其简约的特点所以能够最终生成事物。乾因其平易就让人容易明白,坤因其简约就让人容易跟随;容易明白就会有(志同道合的)人来亲近,容易跟随就会有人齐心协力一起建功立业。有人亲近,那么乾的领导之力就可以保持长久,能建功立业,坤的承载之力就可不断发展壮大。能够保持长久的领导力是贤人的德行,能够不断发展壮大承载之力是贤人的事业。乾平易,坤简约,从乾坤中就能够意会天下的道理。意会天下的道理,就能在天与地之间实化人天之意的合适分位。

【明意】

"带力唯意"说明事物之丰富多彩都是乾力(意)和坤力(意)的交互作用,我们的意识也主要就是由于乾力(意)和坤力(意)的拉锯而不断扩展。此过程虽然复杂,但其发挥作用的方式都并不复杂。

乾力(意)和坤力(意)都是先天之力,来无影去无踪,虽然无法让人清楚明白,跟万有引力一样,表面上捉摸不定,但其实却相当简单,都有某种相对固定的规律和定式。先天地之分而运行于宇宙之间的力量称为先天之气(力),对其领悟是为了说明世界的本相。在后世易学的系统当中,主要是通过占卜去推测了解自然之元气(力)的运动变化,而一旦人参与其中,就要用意念去意会元气运化的吉凶悔吝,则已进入后天意界。所以占卜是力图揭示先天元气(力)对后天人心(意)的影响力与控制力。人意应该可以超越先天气(力)的控制,化被动为主动。

乾力(意)和坤力(意)先天地作用于人,但能够从后天来了解它们的并不多,可是一旦了解了它们,并在实践中加以运用,就容易有人跟从,有人亲近,进而建功立业。建功立业从根本上说,是一种感动人心(意)的过程。遵守乾力和坤力的发动规律的人,善于感天动地,引导大众之心(意),而当人心(意)被感动到一定程度,就可以成就心灵的地位。

可见心灵的地位最后来自对物和他心感通的力量。如果没有足够的力量感通他心他物,人的心灵和精神地位就不可能建立。我们赋予一个人名字,说明一个名字在世间走过的轨迹,不是为了表彰这个肉体的存在,而是为了说明其心灵与意识状态划过世间时的力量。这种力量,从根本上说,是对先天乾力和坤力的领悟决定一个人"带力唯意"的境遇。权力(人在世间的权变之力)虽然与人身之存在不可分离,但权变力量的根子在于精神性的力量,即将乾力和坤力融贯在世间的努力程度。

卦爻系统是为了尽可能忠实地显化自然之意的面貌,为的是自然而然地象征自然本身,而且是通过简洁明快的方式象征自然本身。这不是一种心物二分的系统,而是心物自始至终一体的系统,其体在阴阳,其用在五行,均至为简要。

在意学体系之中,先天为气(力),后天为意,六十四卦各爻重用先天后天八宫卦解,总的来说,意念发动有先天之机,而发动之后则都从后天用意上说。以乾气(力)为开端,先天的力和时位都是随机的,但时位的运用和权变,则都是后天用意之方。后天之意论通于先天之力论,而先天之力,如未得意会,则不为意所运,亦无法表达。后天用意以缘起为先,即意缘生起,故以震宫缘论为先。

(二)

圣人设卦观象,系辞焉而明吉凶,刚柔相推而生变化。是故吉凶者,失得之象也;悔吝者,忧虞之象也;变化者,进退之象也;刚柔者,昼夜之象也。六爻之动,三极之道也。

【明译】

圣人将其人天之意设显为六十四卦,观察卦中卦爻之象的推移运动,附系上文辞来说明其变化,及各种变化导致的吉凶趋势。刚爻与柔爻在卦中相互推移产生无穷的变化。因此,用吉与凶象征得到或失去的状态;用悔与吝象征忧愁、预防的状态;卦爻的变化象征人权衡进退的状态;刚爻柔爻象征白昼或黑夜的状态。六爻的运动象征着天地人三才在宇宙当中运化的各种互动状态。

【明意】

圣人是心通物到了极致的人,其心灵至大无外,至小无内。跟上帝不同,他们不是世界的创造者,但与上帝类似,他们是人类文明的缔造者。而缔造文明的关键,是把握表征符号的力量——无论是卦、图腾还是文字。远古文明的象征符号,如图腾等,具有巨大的凝聚人心的力量,掌握它们便相当于拥有一种神秘的力量和权力。卦几乎接近于图腾,简单而无法理解,于是需要解释,而解释必须触动人心,这就落实到人的吉凶祸福之上。

人心与其意识境遇之间一直保持气息的交换,所以吉凶从根子上说是气息的得与失,是对先天之气(力)的得与失的后天意会状态。如果人心从其意识境遇之中得到先天气息的滋养,先天元气生长,就会吉利;如果人心的气息在其意识境遇之中消散,则元气耗失而凶,如日常盲目奔波,心力耗散则凶。心气专注,凝神聚气,则容易把心通物境向吉的方向转化。心气与外物交通的艺术,是如何在纷繁复杂的事变之中,每时每刻保持静心凝神的状态,通过凝聚心气,而让世间事物凝聚起来。

三才之道都是后天八卦从震宫意缘兴起之后的种种意会与表现。本总论以意论为中心,论述先天之力与后天之意之关系,先天之力不为意会则不成其为后天之意,其超言绝相,在未画之先,无法形诸言语文字。

是故君子所居而安者,《易》之序也;所乐而玩者,爻之辞也。是故君子居则观其象而玩其辞,动则观其变而玩其占,是以"自天佑之,吉无不利"。

【明译】

所以,君子日常居处,心安理得,因其明白自己通于《易》里卦爻各自的位序;乐于玩味探究卦辞和爻辞,因其人天之意通乎卦爻所蕴含的精妙哲理。所以,君子安居之时就观察卦爻中的象而玩味卦爻辞,有所行动就观察卦爻之象的变化而玩味它的占断,因此能如《大有·上九》所言:"做事吉祥没有不利,似乎得到上天自然之意的佑助。"

【明意】

安是心意守其位之分,不随意实化,"知其不可过而无越思"(王夫之)知道实化的分寸。《周易》通过玩索才能学习,但又不可执定成为教条。后天之意念随缘而起,而有意缘,对应意识运化的后天八论:缘—识—向—境—能—生—行—量。君子用人天之意立身处事,其人天之意发动自然合于万物节律,所以安然于自己在《易》卦中显示出来的位序。

君子是有志于学习心通物之境界的人。他们通过后天的意会方法了解圣人用通于先天的运意方式昭示出来的秘密，领悟到先天与后天位序的融贯状态，了解卦爻辞的内容和含义，玩味其中象的变动不居，体会其变化与占断显示的力量，从而如有上天保佑一般。

天佑不是真有天上的主宰为人心做主，而是人心善于自作主宰到达吉祥而没有不利的境遇，也就是说，人之心意对于气息的交通极其敏感，知道如何通过心灵与外物的感应保持气息的增持，而不让损耗气息的意念发动。

（三）

象者，言乎象者也；爻者，言乎变者也。吉凶者，言乎其失得也；悔吝者，言乎其小疵也。无咎者，善补过者也。

【明译】

象辞（卦辞）是说明全卦的象征，爻辞是分说各爻的变化。吉凶是说明事情有明显的得与失的结果；悔吝是用于警示不明显的偏失、弊病或过错；无咎是善于补救过失，改过迁善。

【明意】

卦辞就是圣人昭示其教诲的表意系统，说明通过卦与爻的推演变化可以意会出象的不断迁延变化。其实，象是心生之物，取象更是心灵的客观化表现。爻辞是圣人解释变化的意义体系，每一种变化都有气息的交流，每一种变化都有吉凶悔吝之意境，也就可以加以断语，说好还是不好。一个人对自己心灵气息与先天之气（力）的交通敏感程度往往不够，所以需要通过一种客观化的表意系统，用以显明心气意会变化的状态。最后达到念起念灭，立即明白气息沟通的吉凶悔吝的地步。

六十四卦三百八十四爻都有吉凶悔吝，都表示意会先天之气（力）的瞬间，即有对于人之吉凶悔吝的差别，但念起念灭，明白不可执着，要知修意之旨，以实意为本，即修身为基，从而超越命定论的依托琢磨先天之力的系统。

是故列贵贱者存乎位，齐小大者存乎卦，辩吉凶者存乎辞，忧悔吝者存乎介，震无咎者存乎悔。是故卦有小大，辞有险易；辞也者，各指其所之。

【明译】

所以,陈列区分六爻贵贱的象征在于爻位,能够让大的阳爻和小的阴爻机会均等地发挥作用在于卦,分辨吉凶在于各卦各爻的文辞,(意会到)忧虑反省悔恨或咎难在于吉凶善恶中间的几微之处,(意念生机发动)受到惊恐知道戒惧从而不犯错误、避免咎害在于能悔悟。所以,六十四卦有大有小,阳性卦为大,阴性卦为小,卦爻辞有的艰险,有的平易。卦爻辞是指示时势变化的趋向或人趋避的方向。

【明意】

爻的位置不同,本来是先天之气(力)自然状态的显现,但人心(意)一定会加以评判,说明其贵贱意义,所以六爻的贵贱都是意会之后的状态。而卦就阴阳爻的体系构成而言,其实是一样大小的,只是由于其表达的含义不同,相比较就出来大小了,毕竟每一个卦都不一样。心气与事物沟通的吉凶是通过卦爻辞来表达的,最根本的还是在极细微之处的领悟和了解。一个人能够参考外在客观化的系统来考察心念发动的感应力量,就知道有时需要警惕戒惧,悔过而让不好的心念停止。所有的卦爻辞是后天地说明(意)心念发动的趋向,这是心(意)通物的境界落实到卦爻辞之后的状态,已经落于文字境界。其目的是放大心通物的瞬间,让人们一下子就能够理解当下意念可能指向的不同结局。

(四)

《易》与天地准,故能弥纶天地之道。仰以观于天文,俯以察于地理,是故知幽明之故。原始反终,故知死生之说。

【明译】

《易》道与天地之道相齐准,《易》的创造与变化皆以天地为模拟的基准,所以能包含笼络天地之间所有的道理。用《易》道上可仰观天上日月星辰的文采,下可俯察地上山河动植的理则。因此就能知道显隐荣枯、光明幽暗中的缘故。推原事物的本始,反究事物的终结,就能够知道有无相生、生死转化的道理。

【明意】

《易》是自然之意的生生演化,自然与天地之生生演《易》相平齐而精准。换言之,《易》的后天系统以先天自然的天地之演化为模拟的基准,所以《易》

之本始就能包络天地之道,体现先天之气(力)的运行。意会《易》道,既可以仰观天上日月星辰之文采的转化,又可以俯察地面山川物形之地理的演化,这是对自然之意加以意会的过程,从而领悟先天之气(力)的明明暗暗中变化的缘故,推原事物开始的状态,探究事物终结的末尾,从而知道死与生的道理。先天之气(力)本无所谓明与暗,阴与阳,因意会而有明暗和阴阳。自然本来无所谓死与生,是为人意会之后,方有死与生之区别和转化。

如何让我们的认识体系具有客观性(即超越阴阳、生死对待,从后天之意返回到先天之气[力]),这是人从一开始认识世界就力图解决的问题。《周易》的系统具有不可思议的客观性和准确性,当然,这种准确性不是在牛顿力学的公式之精确性的意义上说的,而是在面对人生事变的状态当中显现并意会出来的。牛顿力学的公式在其适用范围内,有其精准性和必然性,而通过《周易》来预知人生事件的变化,其精准性的意义不是可以套用公式就能运算出来的,但其精准性和必然性与牛顿力学可以媲美,原因就在于牛顿力学讨论的是所谓客观外在世界的运动规律,而《周易》面对的是非主观、非客观的心通物境,意会其精准性和必然性都是从心物不分的意义上来说的。《周易》的卦爻系统是对心通物境的模拟,此境因为有心(意)的参与而不同于客观的物境,所以不可以科学主义和主客对待的思维模式来理解《周易》模式的客观性与准确性。简言之,牛顿力学或者广义的自然科学,推演的是没有心意参与的自然界的客观状态的运行情况,而《周易》系统推演的是心意时刻通达物境的那种心通物境的状态。

虽然《周易》卦爻系统是对心通物境的把握,但古代哲人认为这是最为客观准确的理解方式,因为整个系统时刻都在做从后天意推原回先天气(力)的努力,所以可以包罗天地之间运行的道,此道来自对天文和地理变化的观察和体悟,推究其中或显或隐的缘故,直至知道如何死如何生的终始之理。

精气为物,游魂为变,是故知鬼神之情状。

【明译】

考察精气凝聚而成的物形,精气分离出来成为游魂而造成的变化,由此可以知道鬼神的情实状态。

【明意】

在心通物境里,精气凝聚成型的物其实也是通于心(意)的,而精气的变动状态,犹如游魂一般,也同时是心(意)与物交互作用产生的,所谓鬼神其实是心(意)物交融的不测状态,因人而异,主要指气化神秘而无可言说的状态,需要后天意会,从规定性和精确性通达变幻难解的神秘性。

鬼神观念可以说是心物交融的不测状态,鬼神说明阴阳之气变化到极致而让人产生神秘莫测之感。后天意念系统通过人心意的运作而力图通达先天之意,而阴阳之气变化有如鬼神而让人对自己能否回复先天之意产生怀疑。

与天地相似,故不违;知周乎万物而道济天下,故不过。旁行而不流,乐天知命,故不忧。安土敦乎仁,故能爱。范围天地之化而不过,曲成万物而不遗,通乎昼夜之道而知,故神无方而《易》无体。

【明译】

《易》道与天地的运动相似,故《易》道与天地之道不相违背。《易》道的智慧周遍万事万物,它的道足以济助天下,所以不会有偏差失误。《易》道遍行天下却不会流于放纵,它教导人们乐行天道而知其命数,就不会有忧愁。安于所处的时势地位,发扬敦厚的仁慈,就能博爱天下。《易》道能够拟范天地大化而没有偏失,能够细密委婉地成全万物而无所遗漏,能够会通于昼夜幽明的道理而知晓一切。所以《易》道神奇奥妙难测,了解其神妙没有固定的方式,了解其变易不能够拘泥于任何固定的体式。

【明意】

神是心(意)物融通之后表现出来的神秘不测状态,当然不可能用任何固定的方式来把握。之所以能够如此神妙莫测,是因为后天意会之道通达先天气(力)之道,完全融贯一致,先天气(力)随时变化,后天意自然也随顺变化,所以能够帮助天下所有事物。了解心通物境从先天之气(力)自然落入后天之意(心),即为仁意。

《易》道的"知"是一种天地自然之意的本然智慧,是通达天地之知的自然朗照,近似于通天贯地的本然"良知",而推广《易》道可以说就是"致良知"的过程,此"良"是极天地本然之"良善",自然仁爱、慈悲济世的大爱之"良"。仁爱是需要条件的。从形而上的根源上看,仁爱是从天道通达人事的瞬间说的,是对世界变化的有情状态,甚至可以说是对生生气象的有意执着,而且儒家不断地强化这种"济物""利民"之执着的心意状态。也就是说,儒家是对天地生生之一念至善的执着,相信一念之善是对世界之先天气(力)能够领会成为仁爱之机的阴阳之几微变化的理解,并因此坚持而持续地、无条件地爱下去。

成事需要委屈而努力成全,因为仁爱虽然来自天地自然之仁爱,但一旦落于人事之间对待的爱恨善恶,则需要努力意会一切后天之善都有先天自然至善之根。

(五)

一阴一阳之谓道,继之者善也,成之者性也。仁者见之谓之仁,知者见之谓之知,百姓日用而不知,故君子之道鲜矣。

【明译】

一阴一阳相反相成,阴极生阳,阳极生阴,阴与阳不断向各自相反方向转化就是道,道的继续而创生宇宙万事万物就是善,道铸成于万事万物当中就是性。仁慈的人见到道有仁慈的一面,就把道称作"仁",智慧的人见到道有智慧的一面,就把道称作"智"。百姓日常遵循"道",却对"道"茫无所知,所以像君子那样全面了解"道",又能依"道"行事的人就非常稀少了。

【明意】

先天之气(力)本无所谓阴阳之分,所以其分别从本质上说,是后天之心(意)念之分,心(意)念只有一个方向,见此不见彼,阴阳立判,所以一切阴阳皆为后天之意会。世界本是一个整全,本无阴阳之分,心(意)念发动如光束照耀,只能得其一偏一隅,以心念所照为阳,则所不照为阴。阴阳的续存,是自然先天之气(力)的绵延过程,为后天之心意领会的状态,此过程本来无所谓善恶,只是人之心(意)念作用,觉得一切皆自然存在起来,以儒家的心态看来,所见皆谓之善。创生之大力的承续与展开,就是天地成就万物的功德,即最大最根本的善。此善之实化过程即道在具体事物之上的凝固,就是事物的本性,此即事物与生俱来、不可改易者。

天地自然之善乃先天之善,为人所意会,而成为先天自然之意,用震宫震缘而起之意来表示。道如江河奔流,人通过意会来领悟和感受道通过自然之气(力)运转而表现出来的崇高与壮美。善为人领略自然之生机而意会出来的生生之人生态度,故善以生为本。本来生生与死死都是即起即灭,但儒家不说死死,是因为取向善的一面来意会,而专注于生,帮助世人领悟生机为自然之气(力)意会而出之一面。由此可见,生即是善,先天之生,即后天意会之善。每个人甚至所有存在物在存在起来的瞬间,从先天之气(力)贯通后天心意的角度来理解,都有与生俱来的生生不息的宇宙信息和生机密码,被儒家意会为善,进而执着于此。

可见,儒家对于天地自然之善有着典型的执着,强调世间生机的善端发动而生生不息,是儒家形上学的根基。儒家择善固执,领悟善就不放下,可以说,从心灵发动、意会物化的瞬间就执着善念,涵养充沛,推展开来。从儒家形上学的角度,是可以理解、包容、化约佛老形上学的,这就是后来宋儒对佛家形上学的回应而有对儒家形上学的建构。由此可知,儒家形上学有望包容和化约西方各哲学之形上学。

  显诸仁,藏诸用,鼓万物而不与圣人同忧,盛德大业至矣哉!

【明译】

  《易》道显现在成就万物的仁德善行之中,隐藏在人伦日用中而不被察知。《易》道鼓动生成万物而不像有忧患之心的圣人那样有意忧虑人间事务,《易》道具备的隆盛道德和建立的恢弘功业真是至高无尚啊!

【明意】

  通过生生之《易》道可推演万物,故可不仁不忧,因为天道自然,无往不成。儒者以仁为本,一切之生德为仁,见生而悟先天气(力)之生机,并忽视与生机同在的死亡向度。西方哲学家多以死亡为哲学思考的出发点,如海德格尔"向死而生",无死亡意识,即无哲学,即难以领会诸如忧惧、畏、烦等重要的哲学范畴。而儒家形上学是典型的"向生而在",无生意则不成儒学,不成仁学。意会后天之善发用,必有益于人事,故强调《易》道变化之生机,意会即能有益于人生和人事(此即益生),能够帮助人们成就道德和功业,达致至高无上的境界,即后天返回先天至高无上之无待的纯善之先天境界的努力。

  圣人经营努力而有忧患之情,但大道随物顺化,不着痕迹而无所不成,其成物之境界,自然高于圣人之有意而成。此所谓天地自然之意顺成万物,高于圣人之人天之意于世间成就之事业。

  富有之谓大业,日新之谓盛德。生生之谓易,成象之谓乾,效法之谓坤,极数知来之谓占,通变之谓事,阴阳不测之谓神。

【明译】

  道化生天地万物,富有天下而无所偏私,这就是"道"的隆盛伟业,道运化不息,日新又新,这就是"道"的盛美德行,道创化不息,生而又生,生生不已就是"易"的状态,效法天行的卦象是《易》道乾健的表现,模仿地理的卦象是《易》道坤顺的表现,穷极占筮的数理而预知未来的变化就称为"占"测,通达事物变化的趋势,再按照这种趋势去引领它的发展就称为"事"态,能操控阴阳运化至神奇奥妙,超出常人测度的能力之外的境界就称作"神"妙。

【明意】

　　道是先天之气(力)意会成为道(意),道在意中,意比道更本根,无意则无道(无后天之意,则无对于道的后天意会。道的先天气[力]状态超言绝相,不落言诠)。道不是任何具体的物,道跟物同在,物是阴阳变动之本身,此谓先天之气(力)的本体性存在。对这种本体性存在的体悟是心物融通之后意会而得。

　　道的运行转化先天之气(力)为后天之意,从而富有天下,这就称为大业,意会道之日日更新就称为盛德。"道—意"之生生不已就称为《易》,意会而形成象就是乾健之表现,跟随效法就是坤顺之表现,意会并模仿先天之气(力)的运行状态,就是占测的过程,希望后天成事之意能够立身成事,通达天地自然生生之妙用,也就是通达先天之生机而改变人事的运作,成就人事,以达致更高更好的状态。从后天之河图(配五行)返回先天之洛书(配先天八卦),而把洛书配后天八卦本身就是用后天之意领会先天之气(力)的努力,本质上是后天意力图通达先天气(力)之结构的努力。

　　至于善的来源,已经是后天人的心(意)参与先天之气(力)之后的儒家式判断。自然本身一阴一阳永恒不断地继续变化,跟善恶无关,但人心(意)参与其间,就自然跟心(意)关联。仁慈与智慧的分别,其实是对由后天返回先天心灵状态的先行把握,也就是说,不是对发出来的行为的性质判断,不是属性,而是后天意会之后,返回先天性的、先行反思式的把握。

　　《易》道在天地之间,流转往复,但人心(意)需要超常的悟性才可能领悟其存在。一般的百姓自然不知,但难以体认《易》道存在的心灵,都可以说是缺乏悟性的百姓之心。只有很少的君子之心,有能力意会到《易》道的运行。《易》道运行,让天地之间的大业和盛德得以成就。大业富有,盛德日日更新,这都是因为《易》道运行生生不息。这不能够理解为一种描述,还是一种先行领会,也就是心(意)动与物动同步,心相与物象同生共灭。这样的心与物通,才可能有通灵事物运动变化的力量,形成形象,通过乾坤之类的卦象来表达,但根本在于通达变化,表现出一种阴阳不测的神秘力量,其实根子上是心通于物之变,并且能够领导物之变化的力量。

　　这种心与物动同步的状态,是后天心(意)同时融通于先天气(力)的同时性状态,与荣格所言"同时性原理"(principle of synchronicity)有异曲同工之妙,即用象(形)来表达这种努力超言绝相,但不得不用象和卦爻符号体系来表达其全息性。心通于物动之信息,是心可以领略阴阳的变化,并用某种后天贯通先天的方式来加以表达,这是后天返回先天,从后天意对先天气(力)变化的一种先行领悟,不是后来的描述和判断,而是领会在先的,否则,不可能知道心动与物动之间的密切关系。数理是通达事物变化的根本。人发明数理,通过不同的方式将数理的运动表达出来,是为了通达先天之气(力)的变化,用数理来设定出先天状态,也就是把先天状态用数理模型精确地表达出来。

变通犹如船到桥头不通,不得不变而通,指的是被动而通的状态。通变则如高明的船夫,事先能够预测和控制船的方向,不偏不倚,从容中道,引导事情的变化,成就世间的事情的最高境界是通达先天之气(力)的运行而引领后天之心意的变化,犹如练功转化气息而通于先天状态,实现宇宙信息与天地共振,能从后天返回先天则达到通于先天的高度,此即打通先后天之神秘莫测、至高至极的状态。

(六)

夫《易》广矣大矣,以言乎远则不御,以言乎迩则静而正,以言乎天地之间则备矣。

【明译】

《易》道真是广博宏大啊!用它来比拟遥远的事情,它变化穷深,没有止境;用它来说明切近的事物,它安宁稳定,不出偏差;用它来模拟天地间的事情,它无所不包,所有的道理都已经详备无遗。

【明意】

《易》道涵容万有,无所不包,确乎其能。心通物之状态,至大无外,至小无内,收放自如。能从后天之意返回先天之气(力)是《易》道意会之后的功夫。

夫乾,其静也专,其动也直,是以大生焉。夫坤,其静也翕(xī),其动也辟,是以广生焉。广大配天地,变通配四时,阴阳之义配日月,易简之善配至德。

【明译】

乾阳之力在静待之时专纯收摄,而它的兴动之态又直正通天,因此能大兴旺发之生气。坤阴之力在静守之时闭藏敛合,而它的兴动之态又开放舒展,因此能广扩含藏之生气。乾坤的广阔大兴之气与天地相配,它的变化流通与四季相配,乾阳、坤阴的意义与日月相配,容易简单的极致美善与大道至高无上的德业相配。

【明意】

从乾阳之力的创造可返回先天之意。意会先天的功夫由乾意(力)与坤意(力)相互作用从后天返回先天,如从乾意回到乾力,犹如从对生殖力的意会返推天地本有的阴阳之气(力)。乾之阳气着力创造,而其静时,安心专注,动起来能够扩大生生之气象。阴气辅佐,静闭动开,只需辅助顺承即可。

东西方都有把生殖力看作根本创造力的哲学观点,如叔本华、弗洛伊德等都有此说,《易》道之创造,通于人的精神力、精气之力和生殖之力,而后天意会乾坤之力,而返回先天之意,近似于后天转化生殖之力为精神之力。

(七)

子曰:"《易》,其至矣乎!夫《易》,圣人所以崇德而广业也。"知崇礼卑,崇效天,卑法地。天地设位,而《易》行乎其中矣。成性存存,道义之门。

【明译】

孔子说:"《周易》达到极致了吧!圣人用《周易》来崇尚道德,拓广功业。"圣人智慧贵在崇高,礼节贵在谦卑,崇高效法天,谦卑效法地。天上地下设立了乾阳坤阴的位置,《易》道在其中运行。人天之意助成天地自然之意创造生生的本然善性,并把它积存再积存,就是通往道义的大门。

【明意】

用乾坤之意返推天地之气(力)的努力和系统的《周易》,实在太精妙至极了。圣人能够意会并推致先天,通过崇尚道德、扩大功业来达到先天生生之成于天地相参。"效法"即在后天之意中,领会先天之气(力)。在人间表现为道(意)与义(意),即道的流变与分疏经过领悟处于合宜的状态。

性为心物交接的具体之物,需要积存,而能够扩大心气的存在力量。《易》道在天地之间运行,心灵对其领悟之后能够为己所用。道通于无,道即意会之道,即"意—道"。精气创生之力生发出生生之气,需要含摄积存,方能养回先天纯阳之气,通达天地宇宙,成就生命在人间的大道本义。

(八)

圣人有以见天下之赜(zé),而拟诸其形容,象其物宜,是故谓之象。圣人有以见天下之动,而观其会通,以行其典礼,系辞焉以断其吉凶,是故谓之爻。言天下之至赜而不可恶也,言天下之至动而不可乱也。拟之而后言,议之而后动,拟议以成其变化。

【明译】

　　圣人能够见到天下众多精微神妙而难为常人所知之处,有感于心,用象来模拟事物的形态容貌,用适宜的卦象来表现某一类事物最深沉内在的特征,这就是"象"的由来。圣人体会到天地之间事物运动变化不止,有感于心,领悟事物运动变化之间,各种意象和力量会和而又通行的关键状态,把这些分析出来的动态共同点在适当时候运用出来,成为常典礼法,通过给六十四卦三百八十四爻附上卦爻辞,来裁断事物变化的吉凶,这就是"爻"作为效法天下之动的由来。汲取精粹的卦"象"是为了说明天下最精微幽深的道理,使得卦辞不因深奥难解而令人厌烦;形象直截的"爻"变是为了说明天下最微妙复杂的运动变化,避免爻辞令人感觉混乱而无所适从。圣人模拟"象"来言说精深难解的道理,用拟议好的"爻"辞判断吉凶之后再采取行动,通过模拟"象"、拟议"爻"辞来成就并因应世间万事万物的变化。

【明意】

　　象为后天之意通达先天之气(力)的形象化表达,适宜的卦象是后天返先天的枢机与关键所在。象不是随意的,而是对事物形态及内在微妙难见部分的模拟,这样象才具备对应事物的特殊能力。即使在无限纷杂的物象之中,卦象抓住了物象的某种特点,而能够统括某一类象的共同特征。爻表示心意通物的推荡变化,也表示心对物化的意会,即后天之意对先天之气(力)的领会,作为"效法"都是后天的意会状态,可以一意贯之。

　　拟议作为制《易》的方法,是用象来模拟人心的后天之意可以返回先天的状态,而其根本,在于"有感于心"(后天意会"感"与先天,所以真正的感是无心之感,即无意之意会,超越有形有象的意会状态,即咸卦表示的感应状态),即心灵对物之变化的感悟和领会,从而将这种感动以某种方式仿真演绎出来,并且要切合"物宜",也就是把握到事物本体最吻合的状态。如果到了用文字表达的阶段,其实已经是末梢,是不得已而为之的终端,真正的拟议,还是要力求回到心与物感通的瞬间去(从后天返先天,再化为先天结构)。

　　心具有先行领会物之变化的能力,否则,心如果总是在物的变化之后,就不可能跟得上物的变化。可以说,无论是数学模型还是文字系统,都是为了模拟演绎心灵对物之感通的先行结构。后人看卦爻，往往看到后来的事件、后来的注释，而不去领会卦爻系统所要表达的先行结构，这可以说是千百年来读《易》的大失误所在。《周易》的方法，无论顺逆，都是先天结构的运行方法，不是后天的刻板求索所能达致的（这即是意本论之明意努力，即使得意念澄明的过程）。康德的先天图式为外在的感性杂多提供秩序，同理，卦象与爻象也是为纷扰的世界提供有内在逻辑的普遍秩序。圣人通过分析理解卦爻象的变化状态，其人天之意可以通达并因应天地自然之意的所有各种变化。

"鸣鹤在阴，其子和之；我有好爵，吾与尔靡之。"子曰："君子居其室，出其言善，则千里之外应之，况其迩者乎？居其室，出其言不善，则千里之外违之，况其迩者乎？言出乎身，加乎民；行发乎迩，见乎远。言行，君子之枢机。枢机之发，荣辱之主也。言行，君子之所以动天地也，可不慎乎！"

【明译】

《中孚·九二》爻辞说："大鹤在山阴下鸣唱，它的小鹤在远方也鸣唱应和；我这里有甘甜的美酒，我希望与你分享，同饮共乐。"孔子说："君子居住在自己的屋室内，说出的话充满真诚善意，即使千里之外也会有人得到感应而来应合，更何况那些在近处的人呢！居住在自己屋室里，说出的话没有诚善之意，即使千里之外也会有人违逆背叛，更何况那些在近处的人呢！言论通过自身的嘴说出来，民众即使在很远的地方都能够听到并受到影响；行为通过自身发生在近处，但民众即使在很远的地方都能够看到它的表现。言论与行为，是君子起心动念、实意行事的枢纽机关。枢纽机关开启发动的瞬间，是决定得到荣耀还是受到羞辱的主导因素。言论与行为，是君子起心动念以至感天动地的根本所在，怎么可以不谨慎小心呢！"

【明意】

从这里开始，举七条爻辞为例，具体言及感通状态，极言如何通过有心之感回复到无心之感的途径和通路。感应有如人感天（神），人意通天（意），此即人天之意，即意本论的意之根本，感如人感通自然无言之境，感而超越语言。卦爻本身就具备感通之状，是超越语言的感通状态的显化。

心灵的感通通过言论与行为来传递，但根子上还是通过心意（后天）通达先天之气（力）的神灵状态（具体表现即感应），其本身的先行同构性之间的共振脉络来感应的。也就是说,心(意)之为物,不是死物,也不仅仅是能够活动的机体,而是心物同体感通之体,此即心(意)之体,心体彼此感通,能够共振,形成脉络系统(contexts),此脉络系统具有感应力,如光电一般传导(心意之感通即如何通过后天返通于先天之体,感应超越物理世界的效果),迅疾不可测度,可以穿越时空的阻隔。此为心灵可能知道过去人的感受的原因,知道古代记录之中人的情感与思想的原因,因为古往今来的所有心灵,构成一个感通的脉络系统,成为一心(意)影响他心(意)的机制基础。

"同人:先号咷而后笑。"子曰:"君子之道,或出或处,或默或语。二人同心,其利断金。同心之言,其臭如兰。"

【明译】

《同人·九五》爻辞说:"把群众聚合起来,先号咷大哭,后破涕为笑(好像大部队胜利会师)。"孔子说:"君子所奉行的处世之道,是时机适合与人和同的时候,就出来兼济天下,时机不适合与人和同的时候,就引退而独善其身。时机不适合与人和同的时候就应该沉默寡言,时机适合与人和同的时候就可以畅发议论。但是只要两人心意相通,同心同德,他们的合力就如利刃一般锋利,可以切断金属;心意相通、彼此和同的话语,其气味如兰花一般芳香。"

【明意】

上感而下通,此心通(同)物论之所据,通即感而感即通,而感通即同。心同物论即意同物论,即意物(意道意义上的意会物)为本体之论。

心通于无即后天完全通达先天,犹如回到先天未画前。意识因此有无限的力量,此《易》道之力,即意会《易》道而能够同于天地自然之元气(力)之巨力。同人卦明确认定,人可以通达他心,因为可以沟通他心(即后天意会先天他心的本然存在),用感通的方式可以达于先天本然。

同人卦所强调的是两心(意)可能发生强烈共振,从而使意能力量倍增,意量扩大,意境延伸,达到感天动地的可能。同人的根子在于意之和通,即后天通达先天之意,也就是心意的脉络和频率接近,彼此感同身受,在共进共退之间,寻找到心意同频的状态,直至众志成城,无坚不摧。

"初六:藉(jiè)用白茅,无咎。"子曰:"苟错诸地而可矣,藉之用茅,何咎之有?慎之至也。夫茅之为物薄,而用可重也。慎斯术也以往,其无所失矣。"

【明译】

《大过·初六》爻辞说:"祭祀前先把柔软的白茅草衬垫在祭器的下边,这样谨小慎微当然没有什么害处。"孔子说:"如果直接把祭品摆放在地上也是可以的,在下边还要再垫上一层洁白柔软的茅草,这怎么还会有过错呢?这是敬慎到极点的做法。虽然茅草只是微薄之物,但在重要的场合用它来实化敬慎的心意,就可以产生非常重大的意义。如果能够用这种谨小慎微的方法去实意行世,那就不会再有过失了。"

【明意】

如果把人生当作心意在世间旅行的历程,那就要对心灵发动的状态有反身意会,否则对于身与意的当下状态很难有切己反身的直观感悟。牟宗三提出"智的直觉",与这种心意感通万物之力相通。人如果审慎却无法感通,那想要达到慎的境界也很困难,好像在祭祀的时候无法感通神灵的人再怎么审慎都没有感通力。所以,当体会到心物之间的感通之力时,就要慎之又慎。意念感通之间,即从后天之意返回先天之气(力)的状态。运用《易》道,可以成事,也可败事,故不可不慎;尤其是术数的运用皆从后天意返回先天意,不慎用生成人事,就可能毁败事业。若毁事败身,则所用悖道,故不可不慎;换言之,不当以人意加于自然之意,不当用人(私)意代替人天之意。

"劳谦君子,有终吉。"子曰:"劳而不伐,有功而不德,厚之至也。语以其功下人者也。德言盛,礼言恭,谦也者,致恭以存其位者也。"

【明译】

《谦·九三》爻辞说:"劳苦功高而谦卑和善的君子,会有一个美好的结果,吉祥。"孔子说:"辛苦操劳却不自我夸耀,有功劳却不自以为有恩德于人,这是忠厚到极点的表现。这是指君子建功立业了,但还能保持谦虚谨慎的态度居人之下。君子说话处世的时候,合于道德的言语能够助他兴旺盛大,合于礼仪的言语能够让他恭谨处世;谦虚是君子长久维持恭敬的态度,进而保住自己的地位的原因。"

【明意】

能慎而努力,就有功劳,即易于成事。人可建功立业于先天之气(力)之间,取得成功即于先天之气(力)之中有位。而后天之意,要在先天之气(力)面前保持谦恭谨慎的态度。后天之人意,如生人之视死,需要一直保持谦卑恭谨的态度,才能存身于世而维持成事的状态。

"亢龙有悔。"子曰:"贵而无位,高而无民,贤人在下位而无辅,是以动而有悔也。"

【明译】

《乾·上九》爻辞说:"龙飞到穷极高亢之处,必有悔恨。"孔子解释说:"正如尊荣富贵的人却没有实位,高高在上却得不到臣民的拥护,贤能的人在他下位,可是他却得不到辅助,因此心意一动就会有忧虑悔恨。"

【明意】

人之实意和行事稍不谦卑,自居先天气(力)之高位,则后天之意立即离开先天气(力)之境。心意脱离其情境,有心无力的状态产生,心意发动,忧虑和悔恨接踵而至,因为心意不明白其客观所处的情况,即后天之意(不谦虚),就不能够通达先天之气(力)。如果高贵无位,在上无民,贤人不助,而离开先天之气(力)之境,则后天之意就堕落成人的私心和私意,也就变得无力。

如果不能够明白其身所处的境遇,一贯以主观性为主导,就可能迅速发现事与愿违。人为主观私心私意牵引,则必有忧悔,这是因为悖离通达先天之气(力)的《易》道之教,也就很快背离努力的初衷。可见,"位"包括位的性质与状态,要有"位"就要时刻用意调节跟周围情境与力量的关系。

"不出户庭,无咎。"子曰:"乱之所生也,则言语以为阶。君不密则失臣,臣不密则失身,几事不密则害成。是以君子慎密而不出也。"

【明译】

《节·初九》爻辞说:"保持节制谨慎,不走到门户和庭院外面,就没有咎害。"孔子说:"灾祸和动乱的产生,往往是因为言语不慎而不能保密。君王说话不能保守机密就会失去臣子的信任,臣子说话不能保守机密就可能会招来杀身之祸。开始实意做事之后,如果不能在细微之处保守机密,就会妨害到事情的成功。因此君子总是谨慎保密而不从嘴里说出错话。"

【明意】

通达人天之意的君子，都极度小心地运用后天可以意会先天之气（力）的感通与直觉，不轻易表达成言语，更不随意公之于众。就修身处世而言，要小心地运用后天之意去意会先天之气（力），尽量严密不出。可见，意念发动，但不随便化为言语，因为不密就不能通达先天之气，会导致人意无法接续天气（力）。

从后天之意的阴阳出发，可以改换先天之气（力）的阴阳，所以要极度小心地隐藏心意，不实化成为言语加以表达，是因为发动必然与他心他意相关，而为了等待能够应付自己对手的时机，在时机到来之前，不轻言妄语、轻举妄动。

能够运用后天之意通达先天之气（力）成事的人，都极度小心地运用这种实意的力量，即实化人天之意的力量，因为实化人天之意可以改变先天之气（力）的阴阳。计划的隐秘和行动的谨慎，是成事的关键所在。知道执行计划的人，需要极度小心地控制实化意念立身行事的分寸。

子曰："作《易》者，其知盗乎？《易》曰'负且乘，致寇至'。负也者，小人之事也。乘也者，君子之器也。小人而乘君子之器，盗思夺之矣。上慢下暴，盗思伐之矣。慢藏诲盗，冶容诲淫。《易》曰'负且乘，致寇至'，盗之招也。"

【明译】

孔子说："创作《周易》的人，大概了解盗寇的心理吧！《解·六三》爻辞说：'身子坐在大车上，背上却还背着贵重的财物，这样就会招盗寇来抢劫。'背负重物是地位低的小人做的事情，而乘车出行是地位高的君子的特权。如果身为小人却坐在君子的车子上面，那样盗寇都会起心谋划来抢劫了。小人在君子位置上的时候，容易对上傲慢，对下粗暴，那样寇盗就会起心谋划要来收拾他。以怠慢的态度不赶紧把珍贵的财物收藏起来，这是招引盗贼来盗窃；把自己打扮得妖冶艳丽，那是诱发他人的淫荡之心，并教唆人家来调戏淫乱。《周易》里讲'身负重物而乘坐豪车，就会招致强盗来抢劫'，这是说寇盗对自己的伤害，其实都是自己不适合的起心动念才会招来的。"

【明意】

《周易》说连强盗都能领悟天机。当强盗领悟到后天之意能够返回先天之气（力），即已盗得《易》道之天机。如果君子得道，就自然光明正大。心灵感通天地的力量无限广大，不会把这种心意状态用于盗贼小术，自然用于弘扬天地之道的伟大事业。但君子不可以不知道强盗的心境，因为强盗可能也能够领悟天机，只是一直在窥视和等待时机，最主要的是看准对象，等待君子的心意出偏，一旦意念偏失成为小人的关口，就是强盗之意实化的瞬间。一旦强盗看出对象所拥有的财富明显不符合自己的身份，其小人的心态和身姿暴露无疑的时候，就连强盗都认为自己出来抢劫其实不过是替天行道。

可见，当人的心意变得主观，自以为是，处于不知轻重的状态，不知道自己当下心念的影响所及，就是君子心意偏失，流于小人境界的状态，而这样的心意状态，其实是连强盗都看不下去的状态。也就是说，人对自己心念发动表现出来的境遇一旦缺乏自我反身意识，就会导致周围情境当中意图对付自己的力量增长和爆发。打扮得妖冶的初衷，可能是为了感动他人，但打动他人的情境当中，他人之心意会有好有坏，不可避免有些人可能打起坏心思，而一旦自己没有办法控制意念情境之中生发的事情发展的节奏，那就可能自讨苦吃。可见，心意的感通的力量，如果自己没有时刻切己的反身体会，就很可能迅速地走向反面状态。

（九）

天一，地二，天三，地四，天五，地六，天七，地八，天九，地十。天数五，地数五，五位相得而各有合。天数二十有五，地数三十，凡天地之数五十有五，此所以成变化而行鬼神也。

【明译】

天数一，地数二，天数三，地数四，天数五，地数六，天数七，地数八，天数九，地数十。天数一共有五个奇数，地数一共有五个偶数，五位相合而各有合（和）数。天数的合数是二十五，地数的合数是三十。天地之数的合数加起来一共是五十五，用这些天地之数配合协调就可以用来推算成就世间的各种变化，接近几乎通达鬼神之道的境界。

【明意】

河图洛书是用数理推算世间变化的精妙模式，也是运用后天意会先天最精美微妙玄通的表达方式，可谓心意通达天地之道的最佳精巧模型。通过天地自然之数的组合方式和运动，可以表现天地自然之心（意）。自然之数来源于自然之心（意）的自然分解，或者心意对自然之意的原初性领悟。自然本来没有数，因为人需要面对世界，分析时间和空间，就意会出数理，从事物的推动变化中意会出数理的变化,进而形成推演和预测的机制。

预测的机理是因为自然之意本来就通于天地自然之数(即天地之分别);意的实化过程,可由后天分别的意回复到整全的先天之意(洛书态);意也可以意会先天之气(力)的整全态,而成为后天之意态(河图态),即河图通于后天八卦之用意之态。

图书的象数逻辑是原始隐喻逻辑(metaphoric logic)系统,是宇宙原型的逻辑系统。人在后天之意当中,可以通过自然之数的演化,来模拟先天自然之意如神一般的运化。

大衍之数五十,其用四十有九。分而为二以象两,挂一以象三,揲(shé)之以四以象四时,归奇于扐(lè)以象闰;五岁再闰,故再扐而后挂。《乾》之策二百一十有六,《坤》之策百四十有四,凡三百六十,当期之日。二篇之策,万有一千五百二十,当万物之数也。是故四营而成易,十有八变而成卦。

【明译】

用揲蓍求卦的过程是:推演天地运化之数的蓍草总共需五十根,其中实际运用的共有四十九根(其中一根象征天地未分之前的太极,取出之后一直虚置不用)。用两只手将剩余的四十九根蓍草任意一分为二,左边的一部份象征"天",右边的一部分象征"地",这就是"分二"。从右边部分,也就是从"地"上取一根蓍草,放在左手小拇指与无名指之间,此为"挂一"。这根蓍草象征人,至此形成天、地、人"三才"的格局。以四根为一组,先用右手去分左边的蓍草,然后用左手分右边的蓍草,此即"揲四"①。将左边剩余的蓍草(等于或少于四根)夹在左手的中指与无名指之间(此时你的左手小指和无名指之间还有一根象征"人"的蓍草)以象征闰月,每五年有两次闰月,所以再将右边剩余的蓍草(等于或少于四根)夹在左手食指与中指中间,即是"归奇"②。至此完成蓍草演变的四道程序,称为"四营",经过四营的第一步,古称"第一变"。要

---

① 两边所剩余的蓍草是有一定规律的。这个规律就是如果左边剩余一根,那么右边必定剩余三根;如果左边剩二根,右边必定也剩余二根;左边剩三根,右边则剩一根。左边剩四根,右边也必定会剩四根。

② 这样夹在你左手手指缝中的蓍草数目不是五就是九,那么剩余在桌子上的蓍草数目就是四十四或者四十。

再经过重复两次同样的操作，完成三变才可以得出一爻之数。①"策"指计算时所用的蓍草作成的筹策。乾卦六个阳爻，阳数用九，每爻须揲之以四，故阳爻的揲算之数为三十六（9×4），六爻的揲算总数共二百一十六（36×6）策；坤卦六个阴爻，阴数用六，每爻揲之以四，故阴爻的揲算之数为二十四（6×4），六爻的揲算总数共一百四十四（24×6）策。乾坤两卦的揲算总数共三百六十策（216+144），大约相当于一年的日数三百六十日。上下两经六十四卦每卦六爻，共三百八十四爻（64×6），阴爻与阳爻各占一半，各有一百九十二爻（384÷2），阳爻的一百九十二爻合六千九百一十二策（192×36），阴爻的一百九十二爻合四千六百零八策（192×24），二数相加得一万一千五百二十策（6912+4608），相当于万物之数。所以说，经过"分二、挂一、揲四、归奇"这四次经营才能完成一爻的一变，每个爻需要经过三变才能完成，因每个卦有六爻，所以演算出一个卦需要十八变。

【明意】

运用先后天八卦的推演和实化表达，就是占卜的具体过程，都是意会先天后天贯通的状态之分别，但表现于卦爻仍是整全，就是后天通于先天的气息，如何通过卦爻来揭示出来。

占卜是后天之意达乎先天之气（力）的过程，即把这个感通的机制实化的过程，即是实意的过程。

人向天地之灵明占卜，为的是让自己后天的心意与先天之气（力）交通，或

---

① "一变"之后，把左手指缝间的蓍草放在桌子的一边，将桌子上剩余的四十四或四十根蓍草按"第一变"的同样方法和顺序进行演算，即先将四十四或四十根蓍草合在一起，然后用两只手随意从中间扒开，任意一分为二，并从右手中取出一根蓍草置于左右无名指和小指之间，再用右手四四一组分数左手中的蓍草，然后用左手分数右手中的蓍草……"二变"的结果，左余一右必余两，左余两右必余一，左余三右必余四，左余四右必余三，故两手余数之和非四即八，桌子上剩余的蓍草总数就是四十，或三十六，或三十二。

按照第一、二变的方式，再演变一下。最后在桌子上剩余的蓍草数目就可能是三十六、三十二、二十八、二十四，这四个数目中的一个。分别除以四，就会得到九、八、七、六四个商数。七和九代表阳爻，八和六代表阴爻。

经过三爻变之后，如果得到数字八，八代表阴爻，那么你就得到了你所要占的那一卦的第一爻。这时你就在纸上画上这个符号"--"。如果你得到的数字是七，你就在纸上画阳爻符号"—"。但是九是老阳，六是老阴。物极必反，所以如果你的数字里面有九或者六的话，爻还必须进行变化，老阳变阴，老阴变阳。从而形成一个变卦。

至此为止，第一爻产生。以此类推再产生其他五爻。总共需要推演十八次，才能得到一个卦。

者让天地之气(力)向自己显示其本然之意。再对这种天地之意,即用阴意与阳意表达的先天之气(力)状态加以解读。

引导天地展示其心意的过程,在古人那里非常复杂庄严,到后世明显简略。但天地之意,仍然能够自然显现,有时甚至仅仅是心念闪动的瞬间即可知晓。这就是后世简化的占卜方式,如梅花易数。

八卦而小成,引而伸之,触类而长之,天下之能事毕矣。显道神德行,是故可与酬酢(chóu zuò),可与佑神矣。子曰:"知变化之道者,其知神之所为乎。"

【明译】

三爻的八卦相比六爻卦来说只是小成,但向着六十四卦引申而扩展,遇到同类就推演扩大,天下可能发生的一切变化都完全囊括在其中了。《周易》是天地之道的显化,彰显大道之德行的神妙莫测,所以《周易》可以用来应对各种事变,可以达到如有神助的境界。孔子说:"意会《周易》变化之道的人,大概可以领会神明的所作所为吧?"

【明意】

占卜是实意的过程,通过占卜,意念实化成为卦爻之象,先成八卦,再推演成为六十四卦。通过了解八卦和六十四卦卦爻之间的变化,就能够通达先天之气(力)的所有变化,也就可以通达他心。在《周易》系统中,不存在无法理解的他心;《周易》没有神创论,也不同意神力外在说;不同意世界在心外的说法。《周易》哲学彰显的是意一元论,即唯意论。

唯意论是神力内在论;是神通内在论,即人力可以通达神明境界之论。人通过卦爻变化解读天地的心意,助成天地之变化神化灵妙的作用。人之神机妙算,达到如有神助的境界,就可以从后天之意解读和意会先天之气(力)的变化。

(十)

《易》有圣人之道四焉:以言者尚其辞,以动者尚其变,以制器者尚其象,以卜筮者尚其占。

【明译】

《易经》蕴含的圣人之道从这四个方面体现出来:用它来指导言论的人推

崇遵尚它的文采辞藻;用它来指导行动的人看重琢磨卦爻推荡的变化系统;用它来制造器物的人研究体会它的卦爻体现出的实象;用它来卜筮预测的人注重实践它的占筮验证机制。

【明意】

后天之意通达先天之气(力)的圣人之道可以用四种方式——言语、变化、形象、占卜来表现。之前说的占卜此处通达言说,即占卜的具体化——变化(卦爻代表的事变和先天之气[力]的变化)和形象(卦爻代表的先天之气[力],即被意会的各种意象)。可以意会出来从器物开始建立文明、社会与礼仪,每一种都是意通于物(道),是(意物)状态的实化。

《周易》是一个心意梳理的系统,已经从多方面梳理出一套道路,学者只要知道有这方面的道路,沿着前人梳理的心意系统展开,就可以知道心通于物的奥秘。

是以君子将有为也,将有行也,问焉而以言,其受命也如响。无有远近幽深,遂知来物。非天下之至精,其孰能与于此?

【明译】

因此,君子将要有所作为、有所行动的时候,就去卜问征询《易》,再依照《易》中卦爻辞的指导来说话行事。《易》则会像回音一般地应答君子的疑惑。无论是遥远切近,还是隐幽深邃的事情,询问《易》就可以预测出未来事物的情状。如果不是天下最精巧奥妙的预测机制,又有谁能够做得到这些呢?

【明意】

从后天之意推寻先天之意,似乎极难,但通于《易》道者得之,可以改变先天的阴阳,心意一动,阴阳即变,此《易》道本为心易之谓。心意跟天地的感通,似乎无限深远,但《周易》都能够给揭示出来。有所作为而不知道未来事情的结果,可以通过占卜来解读心灵拨动宇宙阴阳的能力,是否能够达致自己最初的目标。

通过《周易》系统,心通于物,于是能够知道未来。占卜的时候,未来的气息能够通过卦爻表现出来。心(意)通于物(道),实意即修身(心),即改变阴阳而可以知道未来的变化。

参(sān)伍以变,错综其数。通其变,遂成天下之文;极其数,遂定天下之象。非天下之至变,其孰能与于此?

【明译】

天三主化,地五主变,天三地五用以变化,交错综合它的数,融会贯通其中的变化,于是形成天下错杂的文采。推究它的数至于极致,于是确定天下的物象对应的卦象。如果《周易》不是通达天下最神妙的根本变化,那么又有谁能做到这个地步呢?

【明意】

通达天地阴阳之变,成就天地间的变化,都是《易》的系统,从数到卦到象到变到占到事,不断推出去。

通过数理,象数与数理分疏展开的逻辑,可以直达天地变幻莫测的核心。

《易》无思也,无为也,寂然不动,感而遂通天下之故。非天下之至神,其孰能与于此?

【明译】

《易》的状态是纯任自然、不思不虑、不作不为的,看起来虚寂不动,但每当受到感应就能够迅速回应天下各种各样的事情。如果《易》不是通达天下最为神奇的大道,又有谁能做到这些?

【明意】

通达先天之气(力),成就天地生生之机。成就在人事上的表现,即建功立业,所有的努力都在后天意返先天气(力)的神机之间体现和展开。这种神机本质上是无思无为的,最极致的状态似乎不是人力所能操控和把握的,只能是感通,而且是无心之感(咸),所以有至神至妙之感。《周易》时刻揭示最根本的感通状态,从后天之意感通先天气(力)之感的结构。

心(意)与物关联的基本状态好像没有思虑作为一般,心(意)与物同归于寂灭状态,但一旦受到感通,心物连发,可以及于无限悠远的天下任何地方。《周易》所要揭示的就是这种心(意)感通世界的神奇能力,而且是将其作为一种先天先行结构(即先后天八卦)加以表达出来的。像康德的三大批判,基本都是后天的演绎,他对于先天认识能力与结构,虽然有所涉及,但还是不够系统化。而《周易》的结构,从一开始就是为了表达最隐秘的先天结构而建构出来的,是一种不得已的表达,而且同时表达得精妙无比。可是,由于这种表达结构强大的先行性,导致难以与以后天推演结构为特征的西方思维方式相兼容。这种先天思维方式是反对描述与计算的,其强调的是感应和领会。这是一种神妙的结构,需要神妙的悟性和感应力方能揭开其面纱。

夫《易》,圣人之所以极深而研几也。唯深也,故能通天下之志;唯几也,故能成天下之务;唯神也,故不疾而速,不行而至。子曰"《易》有圣人之道四焉"者,此之谓也。

【明译】

这部表达人天之意的《周易》,是圣人用来穷极深邃奥妙的事理和研究几微征兆的著作。正因为穷极深邃奥妙的事理,所以能贯通天下的心思和意志;正因为研究最几微的征兆,所以能成就天下的事务。正因为它是神奇的人天之意的显化,所以不急忙却迅速,不行动就能达到目的。孔子说:"《周易》蕴藏着四个方面的圣人之道",说的就是这几层意思。

【明意】

这种神妙感通的状态,心意如闪电般通达先天之气(力)的变化,也就是后天的意与先天的气(力)完全同构,瞬间感通合一,心(意)同于物,无有间隔,不可思议。《周易》把这种不可思议的境界,用图书、卦爻与卦爻辞系统表达出来,《周易明意》即要说明这种不可思议的神妙境界。

《周易》辞、变、象、占四个方面都是《易》道的展开。《易》道发动的神奇功能在于达致极其微小的地方,而心灵的感通力达到微妙状态的时候,就可能感通天下人的心灵发动的状态,也就是其发动的方向,而这种微小的感通,能够影响心灵的整体运动,成就人间的事务。这种智慧只有极高明的心灵可能感悟得到,具有极其神秘莫测的感通力量,不动却有如排山倒海一般的力量,不行却可以立即跨过万水千山。心动比行动快速得多,而且心行是宇宙间最快的行动方式,能够达到世界存在甚至似乎不存在的任何角落。人类文明建构的人文意识宇宙,其实就是心灵的丰富性和广大性无可争议的证明。

(十一)

子曰:"夫《易》何为者也?夫《易》开物成务,冒天下之道,如斯而已者也。"

【明译】

孔子说:"这部《周易》是用来做什么的呢?《周易》就是用来开创万物,成就天下的事务,包容覆盖天下的大道,就是如此而已的哲理罢了。"

【明意】

　　这种神妙莫测的后天意返先天气(力)之《易》道可以用于开发事物,因为与先天气(力)通,所以能改变阴阳,改变事情,可以领略感通天地之大道,通达天下,如此而已,其力实在广大莫测。

　　《周易》的实意哲学,不是实化对象化的意念,而是意念本身就可以实化出来,可以用接于天机的人天之意自然而然地实化出来。实意足以改天换地(改换阴阳即改变先天之气[力]),即实意可以改变天地的阴阳状态,此为意动阴阳论。意念于似动非动之间,其实已经在拨动天下心志的阴阳,因天下心志贯通一体,是一种原初一体性,一直一气贯通下来,而意念发动,就改变这个整体之气的阴阳,能够传导到很远的地方。

　　《周易》人天之意可以用来开发事物,犹如掌握世界本相的钥匙,而让世界之道自然显化,所以一定程度上,是人通过掌握《易》道而有主动创造的能力,认为人能够通达大道而创造世界,成就事务,或者说,《周易》是人造世界论,而不是神造世界论。人用《周易》来创造世界,在每一个时代里启蒙民智,鼓舞人民,用的是通达人天之意的理性,所以,人天之意本质上就是人类造物理性的一种变化状态。

　　是故圣人以通天下之志,以定天下之业,以断天下之疑。是故蓍(shī)之德圆而神,卦之德方以知,六爻之义易以贡。

【明译】

　　所以,圣人用《周易》来贯通天下人的心意和志向,确定天下人的事业,决断天下人的疑惑。所以蓍草的性质圆通而神奇,演算起来非常神妙;卦象方正而有智慧,足以测知未来;六爻变动不居,将卦爻辞当中蕴含的吉凶直观地告知人们。

【明意】

　　圣人用人天之意,即实化后天心(意)通达(返回)先天气(力)的人天之意,可以通达天下人心,可以奠定天下大业,可以裁断天下之疑问,因为后天意完全与先天气(力)同构,所以占卜的功能,是这种后天意通达先天气(力)的感通(实意)状态,实在太不可思议了。

　　占卜本身是实意哲学的一种表达方式。圣人掌握了心灵脉络共振(即后天之意共振于先天之气[力]的不可思议的感通[实意]状态)的密码,所以能够心(意)动而天下皆动,意念实化则天地阴阳皆变,心行而天下皆行。这是一种不可思议的境界,到如此圆融,如此神奇、方正、智慧的境界,如地,如水,六爻在卦中推荡变化,完全足以接通先天之气(力)的变化,可以全部都是后天意念的卦爻变化来象征和表达。

圣人之心意能够感应千万人,如《周易》占筮一般神秘莫测。人天之意通达天道,天道难知,不测如有神。尽管天道是灵动无方的东西,但天意还是需要开显出来,为人所意会。天道开显的过程,其实就是灵动无方的人天之意凝滞物化的过程。形象地看就是天道本身圆转不穷,但经过意会变为方而静止下来的过程。在意会的静止过程中,天道灵动的暂存性被揭示和意会出来,天道本身才能被人的意念所感通和意会,而所谓心对物的认识才开始了。

圣人以此洗心,退藏于密,吉凶与民同患。神以知来,知以藏往,其孰能与于此哉?古之聪明睿知,神武而不杀者夫!

【明译】

圣人用《周易》蕴含的人天之意来洗刷心灵,退藏于心意通天的隐密之中,顺着吉凶祸福与民众一同忧患进退。神奇到能够预知未来,睿智到能够包藏以往所有的经验,谁能做到这样呢?恐怕只有古代耳聪目明、具有大智、神奇勇武而又仁慈不用杀伐的圣王才能做到吧!

【明意】

因为《周易》的感通之力太大太神奇了,圣人感叹震撼于其理论,退藏回来,持守通天的正意,不轻易实化自己的意(念),犹如自退于隐秘之所,不显化于世。

洗心说明心灵的智慧来自涤除纷扰。安心静处,于隐秘之中把握、领会人民的忧患,与他们共同进退,因为要仁慈地成就人民的生活,如天地一般保佑人民。这是圣人实化心意的高超境界,在同呼吸共命运的生存一体中,圣人把人天之意实化为对人民无限的仁爱之心,一体无限地关爱民众的生命和气息。

是以明于天之道,而察于民之故,是兴神物以前民用。圣人以此斋戒,以神明其德夫!

【明译】

所以,能够明晓天道自然之意,而用于察知民众的情实,这才兴起创制神奇的蓍占,来指引人们,在行动前取用以趋吉避凶。圣人用《周易》来修意斋戒,静心洁诚,让自己心意实化、道德彰明,神妙莫测如有神助啊!

【明意】

圣人创制《周易》的目的在于揭示心灵感通世界的密码:心与物本来同在,心动即是物动。圣人越是谨慎小心地实意(实化后天心意通达先天之气[力]的感通之力),则可以更小心地通天察人,改天换地,救助民生,成就人事。

斋戒是为了让心灵纯净,更加接近通达先天之气(力)的世界本来面目。这种实意的感通之力,实化出来就是阴阳开关往来的变化,圣人见(意会之见)就有象的变化,圣人形(意念形化)就成为器物。

因为圣人纯心净意、安宁自守,而有神秘莫测之大道大德,所以圣人之德的来源是来自对道的体认,通过斋戒的方式,内在凝为德性,外现化为德行。

是故,阖(hé)户谓之坤,辟户谓之乾。一阖一辟谓之变,往来不穷谓之通。见乃谓之象,形乃谓之器。制而用之谓之法,利用出入,民咸用之谓之神。

【明译】

所以,(《周易》用乾坤来表征阴阳交感变通的大道)关起门户就是坤,打开门户就是乾。一开一合就是变,开关不止、往来不穷地推移就是通。显现出来就是象,(道意)赋形成体就是器。制(道而)定(意)使之成就器物供人使用就称为效法。出出入入、反复推广利用这样的方法,民众都觉得好用,于是就把这样的过程看得如神力彰显。

【明意】

圣人的人天之意自然通天,只要略加约束制器之意,即成规矩、方圆、法度。圣人意念实化即成器物,进而生成礼仪、制度、文明、人类生活实践的全体。人民都享受、利用这种礼仪制度,生活安居乐业,即成神秘莫测的大业。

意念一开一关之间,世界的过程就发生和展开。虽然人只能通过二元对立的范畴来看待世界,但意会的关键在于,可以通过反思意识理解到,世界本身并无所谓二元对立,二元对立的范畴体系不是理想的理解世界的方式,人完全可以通过直觉性的意会来直达事物本身,从而超越对立的范畴实现对道的觉知。

是故《易》有太极,是生两仪。两仪生四象。四象生八卦。八卦定吉凶,吉凶生大业。

【明译】

　　所以,《易》从宇宙创生开始就有阴阳未分的太极(混沌广大之元气),从太极化生出(天地或阴阳)两仪。两仪化生出(太阳太阴少阳少阴或金木水火或春夏秋冬等)四象,四象化生出(象征天泽火雷风水山地的乾兑离震巽坎艮坤)八卦。八卦(的推演就可以)确定事情的吉凶,能够判断和运用事情的吉凶,就可以创生盛大的功业。

【明意】

　　可见,圣人实意即成就大业,实意即成业,此所谓太极生大业,意即太极,实意即实化太极,而太极即后天之意通达先天之气(力)的感通状态。故太极(之动)即等于太极之实化,即生大业。虽然要经过两仪四象八卦六十四卦等变化过程,但每一个心意实化的过程,都伴随吉凶,都是大业开创的状态。

　　意念实化之吉凶,即实化后天之意通达先天之气(力)之大业的吉凶状态。《周易》的宇宙论是世界化生转变的学说。一切取决于意力,而生心业,继生语业、行动等诸业力。意动则业转,念动则业成,心动则事变,阴阳转化,万事万物随之而化。

　　是故法象莫大乎天地,变通莫大乎四时,县(xuán)象著明莫大乎日月,崇高莫大乎富贵。备物致用,立成器以为天下利,莫大乎圣人。探赜索隐,钩深致远,以定天下之吉凶,成天下之亹(wěi)亹者,莫大乎蓍(shī)龟。

【明译】

　　所以效法自然的对象没有比天和地更大的,变化通达的情形没有比四季更替更大的,高悬法象光明显著没有比太阳和月亮更大的,让人尊崇仰望没有比富有高贵更大的。齐备事物供天下人来使用,制造现成的器具为天下人提供便利,这样的功劳没有比圣人更大的。探究精微、索求幽隐、钩取深奥、招致遥远、考察推定天下事情变化的吉凶、催促助成天下人勤勉不懈地建功立业,这样的功效没有比蓍草和龟卜更大的。

【明意】

　　实意之后的法与象几乎可以通于天地,实意之后的变化与通达可以大如四时之化,实意之法象光明,有如日月,实意之通天通神的崇高,可以通过人间的富贵来表达(富贵有通天至极的崇高感)。圣人实意即成器物,供人民使用,

一　系辞传　｜ 745

造福民生,济世利民。圣人实意于占卜就是用后天意通达先天气(力),能够通达极度精微幽隐深奥的不可思议状态。

占卜既可以钩取未来的事情之象,以先期预备,也可以催促人民更努力地工作。可见,占卜在这个意义上不是决定论的,至少不是宿命论的,否则努力工作的意义就不大。需要努力工作来使占卜的结果实化出来,说明即使未来的事物带有决定论的色彩,人谋或者人意念的实化过程,才是使得这个带有决定论意义的未来实际显现的根本。当然,对于未来的一个想要避免的坏结果,努力工作是否可以避开,这是决定论的一个难题。因为努力工作的目的,其实是为了回避坏的结果,假如坏的结果如期发生,那么人力努力改变的意义似乎就非常有限,但因此人们对于一个坏的结果,就应该听之任之,坐以待毙吗?不,应该通过实意来把控,犹如《了凡四训》认为,人可以自己造命,因为命来自意念的实化,无论是否可以控制,人都要努力实化自己的命运,使之向着吉祥的方向发展。

是故,天生神物,圣人则之。天地变化,圣人效之。天垂象,见吉凶,圣人象之。河出图,洛出书,圣人则之。《易》有四象,所以示也。系辞焉,所以告也。定之以吉凶,所以断也。

【明译】

所以,大自然生出神奇的蓍草和灵龟,圣人取法其原理发明卜筮的方法。天地本来就有四季的变化,春生夏长秋收冬藏,圣人用爻象来仿效自然的运动变化。天垂现日月星辰等天象,揭示吉凶征兆,圣人模拟它创造各种卦象。黄河出现龙马背负河图,洛水出现神龟背负洛书,圣人取法它创立八卦六十四卦。①《易》通于天,有这四个方面的象(天生神物、天地变化、天象吉凶、河图洛书),圣人以此创制占卜、爻变、卦象、八卦六十四卦,来昭示世人《易》之创始与自然之意相通。在各卦各爻下附上卦爻辞,用来告示人们变化的趋向。用文辞把卦爻的吉凶确定下来,可以帮助人们决断疑惑得失。

【明意】

圣人之实意,完全是模仿天地之间的神物、变化、天象、图书来的。《易》道的核心根本就是天机彰显,圣人顺天机而实意,实意即通先天之气(力)。言辞

---

① 此处当从蓍草龟卜,到爻象,到卦象,到八卦六十四卦,完全是顺生逻辑,可惜前人多不明此。此处也说明,爻与效可通。

也是说明,意念之实化即可通达先天之气(力)。

天地、四季、日月以及世间奇妙的事物是《周易》创制的直观原理和具体依据。虽然《周易》系统的建构来自对事物的观察,但这个系统不是对这些事物的特征或属性的描述和把握,而是对其先行结构的揭示与重构。这个先行结构遵循象征逻辑,或者说是类推逻辑,或者说是关联思维(correlative thinking)。不过,把这种关联思维理解为一个事物跟另一个事物相类似,于是可以推知,这是不够的,也不是《周易》的本意,因为《周易》的目的在于揭示先行结构,也就是考察事物先行的关联性,而不是后来被认知的关联性。

换言之,事物之间的共通和相关,不是后天被认知出来或者发现的,而是先天就已经内在具有的。这种先行关系和先行结构的构造,才是认知的根本。天地、四季、日月都是后天的认识对象,但其与人心之间存在先行感通的可能性和现实性,要知道对象之间的类似性不是一种发现,而是原来就如此这般的,也就是先天性。可见,在事物彼此关联之前,事物就有一种神秘的结构彼此缘构着,这就是《周易》人天之意显化的结构。

(十二)

《易》曰:"自天佑之,吉无不利。"子曰:"佑者,助也。天之所助者顺也,人之所助者信也。履信思乎顺,又以尚贤也。是以自天佑之,吉无不利也。"

【明译】

《周易》(《大有·上九》爻辞)说:"得到上天的保佑,吉祥而无所不利。"孔子说:"佑是帮助的意思。天所帮助的是顺应人天之意而无违逆意向的人,人所帮助的是诚信通天的人。实践中能够履行诚信,还时刻不忘顺从人天之意,毫不违逆,又能顺从天意崇尚贤能,因此会得到上天的保佑,吉祥而无所不利。"

【明意】

《周易》强调的是天佑而不是帝佑,而这种天佑并不是天的意志在主动保护被动的人,而是人能够明白心物感通机理,相信人心是达致未来的根本通路,从而觉知和控制人心的活动,这样人心的活动就会真正构成人生的延续,而有极强控制力的人心,将展开极强控制力的人生。人生所展开的是心灵的方向,而不仅是肉体被外在的形势被动拖着走,从而能够从后天之意中时刻感通先天之气(力),实意至于意皆通天的境界。

子曰:"书不尽言,言不尽意。"然则圣人之意,其不可见乎?子曰:"圣人立象以尽意,设卦以尽情伪,系辞焉以尽其言。变而通之以尽利,鼓之舞之以尽神。"

【明译】

孔子说:"文字不能把想说的话都表达完全,说出来的话也无法把心中的意思完全表达出来。"那么圣人的人天之意难道就无法完全显现出来了吗?孔子说:"圣人设立象征的方法,来尽可能全面呈现地表达难以表达出来的人天之意。设立了六十四卦,来尽可能全面地显现万物难以描绘的真伪性情。在卦的下边系上卦爻辞,来尽可能全面表达自己要说的言语。通过三百八十四爻的变化流通,来尽可能全面表现它的利益,鼓励和推动天下人去运用人天之意,来尽可能全面显现《周易》的神奇功用。"

【明意】

此意之根本,圣人之意即人天之意,此意即有意思之意义,又有实意之意,即后天意通于先天气(力)之意。圣人通过设卦观象来实化其意缘,先缘于象,后缘于卦,体现意向性的状态,又把意向性的状态用文字写下来,知道这些通于先天之意的意向性可以改变阴阳,变通阴阳,造福民众。鼓舞即是鼓励推动人民的意念之发动,即可返回先天之气(力),有如神助,神妙莫测。

不可能尽言达意,可是我们又不能不说。王弼据此发挥"得意忘象""得鱼忘筌",但是这种最为根本的意,是通过"象"来表达的。或者说,那种形象的全息性远远大于文字和言辞的内涵。言语是不可能精确表达人的意思的,所有迷信语言力量的方式都迫于无奈,不承认文字背后有人心之间彼此感通的心理结构是一个迷途,因为缺乏这种人心相通、心物相通的先行结构,人与人、人与物之间就不可能有真正的沟通。这个先行结构是一个黑箱,或者是黑洞,它可以被表达,可以被领会,却不可能被描述清楚。所以,只有象是对整全性的理解和表达,而用象表达的方式即象征手法,其实是最有全息性,也是唯一一种能够从后天信息推演返回先天的思维方式。

乾坤,其《易》之蕴也?乾坤成列,而《易》立乎其中矣。乾坤毁,则无以见《易》。《易》不可见,则乾坤或几乎息矣。

【明译】

乾与坤所象征的阴与阳,应该就是《周易》人天之意的精蕴所在吧?乾阳坤阴排列成序,《周易》的道就在其中成立起来。乾坤如果毁灭,那《周易》之道就无法显现了。《周易》之道无法显现出来,那么乾阳坤阴推演化育万物的奇功也就近乎熄灭了。

【明意】

大《易》以乾坤立基。乾坤之变化而衍生出诸卦,毕竟乾坤容易让人理解为后天种种变化的柱石,而不是先天心物融通的一体两面。其实,《易》道化为乾意坤念,亦化心(意)与物,心(意)与物之感通不明,则无法实化,因为不能通于先天之气(力),乾坤之演绎也就不再可能。

人在道中,但意会道必须是两面的,或阴阳,或乾坤,即只有通过对立的范畴来认识世界。乾阳坤阴是意念实化的最基本样态,即实化乾意与坤意,如果不能从意的两方面进入与实化,那就不能理解实意之从后天意悟入先天气(力)的根本。

是故形而上者谓之道,形而下者谓之器。化而裁之谓之变,推而行之谓之通,举而错之天下之民谓之事业。

【明译】

所以,超越万物具体形体之上、不可测度、创生并生养万物,为万物所共有的"心物一体"就是道,落实在万物具体形体以下,可以测度的"物心(意)一体"就是器物。用形上之道来裁断形下之器(心[意]之裁断物),这就叫变化,将形上之道推行于形下之器之中(心[意]之推行物),这就叫通达,把形上之道用在天下人民身上,这就叫事业。

【明意】

意道即两面,或道于意中即两面。心(意)通物的本体实化出来,有体有用。形意也有两面,一面形意为道,一面形意为器。意(道)化裁出万千事物,皆于意念实化的瞬间缘生缘起,通于意而运化无碍。此缘生缘起之意,通于万物而为万民所用,来成建功之力。

此《周易明意》是为建立《易》道的意本论形而上学,即道体之学,至于道体之用,在先天道体建立和领悟之后自然贯通。此语往往为科学主义的思路所诟病,觉得主体性的建立如"先立乎其大者"如何可能,好像容易落于昭昭灵灵的虚幻境界,那是对心物融通的本旨,也就是心之立体,可以通于万化之变的先天之学无所了悟,不承认"万化根源总在心",那么就容易舍本逐末。当然,如果纯粹追逐先天道体,就容易忽视道体之流行,其实时时刻刻与万化之变合为一体,依物赋形,无不通达。总之,天下事业皆依心动而作,而道通心物为一。

是故,夫象,圣人有以见天下之赜,而拟诸其形容,象其物宜,是故谓之象。圣人有以见天下之动,而观其会通,以行其典礼,系辞焉以断其吉凶,是故谓之爻。极天下之赜者存乎卦,鼓天下之动者存乎辞,化而裁之存乎变,推而行之存乎通,神而明之存乎其人。默而成之,不言而信,存乎德行。

【明译】

所以,所谓的象,是圣人见到天下的纷杂事物之中精妙深奥的道理,有感于心而用卦象来模拟事物的形态,所拟模的卦爻之象要精准契合所仿造的事物形象,因此才可以叫作(象极事物之)"象"。圣人见到天下万物的运动变化不居,有感于心而观察总结其交互会通、普遍通用的规律,把这样的规律在典法礼仪当中实现出来,在卦下面系附上卦爻辞来裁断事物变化的吉与凶,因此才可以称为(效法变化的)"爻"。极尽天下纷杂事物的深奥道理是通过卦形的象征来表现的;鼓舞天下人与事物去运动起来是通过卦爻的辞义来表现的;能够促进万物的生长变化,并且实现相互制约、有所限制和裁定,这是通过卦爻的变动来表现的;把人天之意推行到万事万物之中,并让人们实行大道,这是通过卦爻系统性的通达状态来表现的;能够意会《周易》的神奇精妙,并且将其明白彰显起来,完全取决于用《易》的人。默默地实化人天之意,不用诉诸言语就能够取信于人,那是因为已经积存了美善的德性和德行。

【明意】

卦象的结构性,体现在后天八卦与先天八卦的完美结构,及八卦到六十四卦的体系,这有典范礼仪的意味。卦代表对天下乱象的梳理系统,而辞模拟的是天下的动态。人有能力意会(在意念中领会和明白)卦爻象的变化,并有能力领悟其体现出的先天之气(力)的运行状态。

从后天到先天其实是天《易》自然分阴阳,分先后天的过程。实意是从后天返先天的过程,犹如从形下返形上的过程,从器返道的过程。《易》道之显化即实意,是让后天之意通于先天之气(力)的过程。而后天的意会,是先意会天下之纷乱事物的内在深奥之理,将其提取出来而形成某种"象"征的特质。看到天地变化而意会、抽象出典礼仪式,典礼如卦的体系用于模拟,因卦的体系有典礼的规则性,在卦下面附上卦爻辞,来说明爻推移是卦象推动变化产生的吉凶。

可见,圣人之意通过"象"来象征表达实在是走上了绝路,因为别无他途。六十四卦象征和体现不同的时空境遇模式,三百八十四爻代表主体的性情和行动倾向,行为主体如能体察顺应时空境遇的时势规定性,做出正确的心意选择和行为调整,从而达到心通境通的顺畅无碍状态,这就是"通"达。圣人通过《周易》显现人天之意的变通之道,让人天之意为人所领悟,推行之,帮助人们的生活,成就他们的利益,帮助天下人成就事业。

人天之意尽在言外,尽在象外,人必须领悟明白,才可能培育出良好的德性,展现出美善的德行。那样,不需要言说,意念发动之处,天地阴阳分开,就能取信于人,就能建功立业。天地之间的事业,皆在人意接天意的过程之中,逐步实化而成就。

系辞传(下)

(一)

八卦成列,象在其中矣。因而重之,爻在其中矣。刚柔相推,变在其中矣,系辞焉而命之,动在其中矣。

【明译】

八卦形成并顺自然之意分列其相应之位后,卦象所代表的万物之象征就在其中了。八卦两两重叠组合形成六十四卦之后,三百八十四个爻位就在其中了。刚爻与柔爻在卦中相互推移,宇宙间的千变万化就在其中了。在卦爻之下附上文辞以命断吉凶,这样人间世事应该如何变动,即趋吉避凶的道理就在其中了。

【明意】

《系辞下》具体讨论如何通过实意,即如何观卦爻之象,通过实卦爻之意来通达先天之气(力)。成卦有象,重卦有爻,推移有变,命辞有动。都是为了(用卦象)模拟先天之气(力)之变动,先天的气(力)之变力,用后天的卦爻象变动来模拟。

每个卦都是一个象征的系列。成列的象在六爻卦里面推移,就有了乘承比应和卦变等关系,有了吉凶悔吝等情况出现。刚柔是动态的,是超越自我向着他人显现的状态,而不仅是阴阳性质本身。动了就有吉凶,不动又不可能,所以意会人天之意,要在动中如如不动地掌控根本的大道,顺时运动才能把握真正的吉凶。

吉凶悔吝者,生乎动者也。刚柔者,立本者也。变通者,趣(qū)

时者也。吉凶者,贞胜者也。天地之道,贞观者也。日月之道,贞明者也。天下之动,贞夫一者也。

【明译】

　　人世间的吉凶悔吝现象因人的起心动念和言语行动而产生。刚(爻)与柔(爻)是建立《易》卦体系的根本,也是人间心意发动、行事进退的根基。变通是因应时势做出适宜的心意和行动选择。时机有吉有凶,但人的言行要能够长久持守正道,才能够险中求胜,立于不败之地。人事如此,宇宙之间的运化也是如此:天地之道因为长久持守正道,所以成就万物,蔚然大观。日月之道因为长久持守正道,所以普照大地,大放光明。大自然在变动当中成就万事万物,是因为长久持守正道,心意精诚专一,"自然之意"发动皆通于天地万物之运化。

【明意】

　　爻动即代表意念之动,实意之动态。爻之刚柔即先天之气(力)的本体状态,变通即有时机化的状态,实意要坚持正意,方能持续吉而胜。刚爻与柔爻不仅仅建构了卦爻体系,而且刚柔之性,也是人心意变动之本。长久持守正意,即长久意会天地之道、日月之道、动静之道,长久实化正意。

　　动则有吉凶,把控意识于意不动之前(未发之中)。实化意念之推,等于先天之气(力)之推,犹如日月意识之推、人间之推,非你死我活、生成毁灭、存在与不存在的问题,而是推来推去,阴阳之力(气)一直存在,如何存在的问题,而如何存在即如何意会的问题。

　　变动都是宇宙本来之相,通过数理和卦画表达出来。阴阳本来隐而不显,不意会向人显现,但通过卦画的方式,人可能了解肉眼看不见的阴阳之力的变动。天地之动,人事之变,皆贞乎一意。一意为天地宇宙运行之核心,一意显化为物我,显化为万殊;意非关于对象之意,而是融通物我之意。意会即实意,如何在后天的意动之际融通先天之意。

　　夫乾,确然示人易矣;夫坤,陨(tuí)然示人简矣。爻也者,效此者也。象也者,像此者也。爻象动乎内,吉凶见乎外,功业见乎变,圣人之情见乎辞。

【明译】

　　乾天向上而高,平易自然地向人显现;坤地向下而低,简单安静地向人显示。爻(在卦中推荡往来)就是仿效向上而高、向下而低这样简单容易的自然之意。象是模拟天地之间的万物影像的。爻象在卦里变动推移,吉凶就类比显现于卦外,功业的成败通过卦的变动彰显出来,圣人的情意体现于卦爻辞当中。

【明意】

阴爻阳爻是仿效乾气(力)和坤气(力)而成的,爻象之动效法世间万物的变化,通达先天之气(力)之变。通过树立阴阳爻这样最简单的象征符号,之后通过阴阳之力相交演绎,显现出纷繁复杂的情状,甚至可以延伸说明最极端的状况。

卦爻内部的变动,可以指向事物外在的变化,是因为内部的心意与外部的变动之情境相合。这不是描述,而是相通。爻是表达阴阳两种力量是万物变化的内在力量,力量的变化说不清楚,只有一些影像显现出来,所以要用象模拟出来。

圣人的人天之意通过卦爻辞彰显出来,卦爻辞的趋向代表了圣人人天之意在不同时位的倾向。

天地之大德曰生,圣人之大宝曰位,何以守位曰仁,何以聚人曰财,理财正辞,禁民为非曰义。

【明译】

天地最伟大的功德是化生,圣人最大的珍宝物是时位,用什么来持守时位?要用仁德;用什么来聚人心意?要用财富;管理好财富、修正言辞、禁止百姓为非作歹,这就是正义。

【明意】

儒家以人意会的生生为宇宙之本体,后天之心意之生生通于先天之气(力)之生生。儒家在人间建立天国,跟西方宗教有异曲同工之妙。生之本体意味有宗教性,即意生(意识到生机为本),即知世间非空,非无,本体生生而实有。

德为意之生生,宝为生生之落实,守位为仁力(即仿自然之意的力量),财生为自然之意的实化,善意之聚合排斥恶意之生发。这样使民众得生,使万物得长。《易》教在人伦之间,在心意实化的瞬间,念念接续天机,贯通天道。只是我们的道与心不分,西方宗教的上帝在心外。可见,化生既是儒家价值观的核心,也是宇宙观的核心。《易》之教要人立身行事要及时,要有位,人生短暂,时不我待。人生而在生机之中。圣人在时位合一的状态之中,在生机的瞬间实意。

天生地生人,是相对世界与人的不断死亡的瞬间而言。圣人得生生之人天之意,其心意时刻感天动地,但实化出来,需要一定的外在客观条件,以及梳理成就这些条件的基本原则。《易》教认为,无位则不生。生之意必有其位,接续天地之气(力)之位。儒家的位有天命意味,位是变动的,跟自身努力和意念实化的状态有关系,孔子的位和时都是自己在天地间立出来的。

　　人类历史上,思想家、哲学家的位置都是意念实化成体系而成的。夫子温良恭俭让,其意念实化而成就其儒家大位。儒家之仁虽不出文礼,却不可单于文礼上求之。儒仁爱、佛慈爱、耶博爱,爱的层次虽多,但唯有儒家仁爱是宇宙生生之天机的情感化表现。仁情即以生(机)和意念之生为本体,生生的缘即财,保缘(财)即保生机。儒家的仁爱世人,即以生之情面对世人。

　　有此生生之德,方有此生财之人。财为养命之源,是生机的一种实化形式,当生机实化出来,既可生财也可生民。给人财就如让人生,符合生生不息的天道,圣人最重要的能力即是富民,即赋予民众生机、求生的技巧与能力。天地的生机实化出来,生财生民。庶民得生生之机而富,富了之后需要管理财富,就要教化他们,使之不要为非作歹。一正一禁,正辞是清理意念,使之接续生生之机,清楚明白。禁非是防止意念偏邪,纯为私意私利而伤人。名正言顺,才能令出必行。

(二)

　　古者包牺氏之王天下也,仰则观象于天,俯则观法于地,观鸟兽之文与地之宜,近取诸身,远取诸物,于是始作八卦,以通神明之德,以类万物之情。

【明译】

　　远古时代伏羲氏统治天下的时候,抬头仰观天上日月星辰之形象,俯身观察地上山川河流之理法,观察鸟兽(身上和地上足迹)之纹理,以及与大地上不同地气相适应而生长的各种植物,就近取法于人自己的身体结构,从远处取象于各类物形,于是创制出八卦。用其阴阳不测的功能来会通神妙莫明的德业,让万物的情状有所归类。

【明意】

　　八卦乃后天之心意的实化表达,透过八卦心意更加实化。八卦乃心易,心卦,即意念之卦(意卦),可以通于天地自然之气(力)。八卦从天地之气(力)来,可以通过后天之心意回去,此即通过后天之意力求通达先天之气(力)之神明,通达有言语通、逻辑通,也有类别通,都是为了说明通达天地之谓。

天地自然之意通过人所显示的阴阳表达,本身无所谓阴阳。圣人梳理天地自然之意,通过卦画的方式表示出来,既通类万物之情状,也让万物之情形有所归类,从而物类不再纷繁杂乱,因卦的象征延伸而有条理。

天行有象,天象有气,运化有常。大地之宜是因为大地本有地气,是圣人的人天之意可以加以意会,理解其中的情致和分寸。万物之中皆有气脉运行,古代圣人的人天之意通达天气地气人身之气的气脉运行,建立八卦并推演八卦,本来就是为了演示天地人的气脉运化状态。

作结绳而为网罟(gǔ),以佃(tián)以渔,盖取诸离。

【明译】

(伏羲氏)发明编结绳索的方法,创造出畋网和渔网(罟),网用来畋猎,罟用来捕鱼,大概取象于离卦。

【明意】

离卦为向论总论,意必有向,即意之实化,从先天如后天,自有其向。伏羲氏作为人文始祖,其意向对于后来中华文明的生成发展有重大原初性意义。六爻的离卦有网象,卦中二三四爻互巽为绳,三四五爻为反巽,故有一正一反用绳打结编网之象。这说明,《系辞传》的作者认为,伏羲氏在发明八卦的同时已经能够重卦为六十四卦,并取互卦的正反象。可见,意之向从人文始祖伏羲氏开始,就是六十四卦中推荡演绎的人天之意,可以说,人天之意历史性地始自伏羲氏。

离为附丽,鱼本附丽于水,兽本附丽于山。伏羲氏时代的人们观察鸟兽的生活,取象于鸟兽的巢穴,编织罗网,诱惑鸟兽前来附着,从而抓捕鸟兽为己所用。可见,而伏羲氏把离象视为可以让鱼和兽依附的网,鱼兽入网之后必附于网,而网就切断了鱼和水、兽和林的联系,这说明,网对于鱼和兽来说,是一个新的意念生发的境遇,这个境遇是相对于鱼兽未必有利,但相对于人来说有利的情境。在原始蛮荒的时代,人兽一起住在荒郊野外,人发明的网,能够汲取鱼和兽的生机为己所用,是吸收自然生机和意能的巨大飞跃。

从此,天地自然之意开始向人天之意转向,也就是说,天地自然之意本来无所偏私,但伏羲氏的人天之意改变了自然之意无所偏私的状态,开始吸收天地自然之意的能量来充实人天之意,这是天地自然之意原初性的重大转向,也是人天之意之意向的重要开始。在这个意义上,伏羲氏的人天之意,是中华文明化天文为人文之意向开始的太极原点。

在离卦为中华文明重新立向的伟大意义上,伏羲氏已经贯通了先天的自然之意和后天的人天之意,而《周易》意本论的根本意旨,其实就是伏羲氏悟天文而开创人文的本来应有之意。也正是在这个意义上说,后天八卦虽然始自文王,但不可不说,伏羲氏时代就开启了八卦两两相重的可能体系,也就是后来六十四卦三百八十四爻的系统,本来就蕴含着后天八卦的全部信息,只是伏羲氏没有完全解码而已。

包牺氏没,神农氏作,斫(zhuó)木为耜(sì),揉木为耒(lěi),耒耨(nòu)之利,以教天下,盖取诸益。

【明译】

伏羲氏去世后,神农氏继而兴起,他砍削树木制作犁头,揉弯木料做成犁柄,这种耕地农具有锄草耕耘的便利,用来教化天下的民众如何耕田犁地,这大概取象于益卦。

【明意】

观益卦可以意识到风雷激荡,好像看到古人进入土地开始耕作,用意于土。益卦为巽(识)宫三世卦,主要是关于意识的增益问题,有利益和公益之别。君子首先要修身得益,增益内在的德性,才能增进对天下人民之公益。

神农氏无疑是有高度内在德性的圣王,他通过把木材加工成为耜与耒这样的农具,增进了天下百姓人民的利益。如果伏羲氏是转天地的生气向人类文明的生机,而生文明之象,神农氏就是增益了土地的效益。

神农氏的这些知识如何从益卦之中得到?益卦由震卦与巽卦组成,震卦与巽卦五行都属木,巽入震动,故有上巽木震动入下土中之象。三四五互艮为手,二三四互坤为地,下震为动为足,是手握犁(木器),动脚踩入地中,正应农民用犁耕翻土地之象。上巽木震动入下土中耕地,艮与坤皆属土,开始的互艮为硬土,再下坤为虚土,正应越耕越松之象。

益卦从否卦变来,否卦三阴凌阳之象,益卦之阴阳力度虽未变,但阳爻在初位,象征局面开始好转,逐渐增益。伏羲氏为中华文明立向,神农氏则奠定了中华文明立足于土的意识,伏羲氏吸收鸟兽之气,用离火烧木熟肉得其气。火生土,神农氏以用土之意识教益天下,开启农耕时代,这种用土意识也成为中华文明的基调。

益卦是生命进步,生气萌发的状态,先吉后凶。损卦象征生命枯萎中又蕴含着新的机遇,自然是先凶后吉。相互为根,相互转换。帛书《易传》有孔子论"损益之道",益代表春夏,损代表秋冬,对应于《杂卦传》"损益,盛衰之始也"的说法。清华简中也证实益的震巽两卦与春天相关,损的兑艮两卦与秋冬相关。益卦象征春天的生产成长,而损卦象征秋冬里生气消退、节制欲望等。

  帛书中孔子论"损益之道",强调君王治理天下的核心在观察与顺应损益之道,其实是以理性的损益意识来否定与卜筮相关的机械盲从意识,教导领导者要以仁德顺应天时,适时损益,而不要诉诸卜筮求问神灵。正是从孔子《易传》开始,《周易》的卜筮意识被理性化,把书中含有的巫史小道意识,改造为仁义大道意识,也就是饱含人天之意的伦理意识,实现了卜筮意识到哲学思考的理性意识的升华。这样的增益,不是中华文明意识的小增益,而是革命性的大增益。

  日中为市,致天下之民,聚天下之货,交易而退,各得其所,盖取诸噬嗑。

【明译】

  又在中午的时刻举办集市,招引天下的民众,聚集天下的货物,相互交换然后散去,各自得到所需的东西,这大概受到噬嗑卦的启发。

【明意】

  噬嗑卦属于巽(识)宫卦。观象悟"意—识"之理,可感悟如何通于先天气(力)。噬嗑与市合谐音,上离(明)为南,犹如日中时分,下震为足为动,犹如到集市去交易,离为目为见,是日中相聚而见。二三四互艮为手,下震为反艮之手,是两只手在交换货物(九四爻),所以理解为太阳底下很多手,人们正在用手交换货物的集市之象。另二三四互艮为山,三四五互坎为海为获利,财货出自山海。震为勇,敷陈之意,所以有财货敷陈于日下为市之象。古人用意观卦象,通过后天之意见其中许多象,而还原生活场景,体会原初生活景象展示的生命原力。

  先是结绳为网,打猎捕鱼获得生鲜,然后耕地种田获得粮食,有了生鲜和农产品,自然就要拿到集市上去交易,说明跟商业文明有关的交换意识、获利意识是很早自然产生的。

  神农氏没,黄帝、尧、舜氏作,通其变,使民不倦,神而化之,使民宜之。易穷则变,变则通,通则久。是以自天佑之,吉无不利。黄帝、尧、舜垂衣裳而天下治,盖取诸乾坤。

【明译】

　　神农氏去世后,黄帝、唐尧、虞舜兴起,他们会通前人的做法,结合时代的各种变化进行调整改良,使百姓进取而不倦怠。神妙地利用前人的成果,与百姓日用非常相宜。《周易》所蕴藏的人天之意就是这样:如果穷困了就要变革,变革了才能通达,通达了才能长久。因此,人天之意的进化好像有上天保佑一样,吉祥而无所不利。黄帝、唐尧、虞舜,制作衣裳,任凭衣裳下垂,虽然无为但天下得到治理,这大概取法于乾坤两卦符合天地自然运化的道理。

【明意】

　　乾意生生,坤意如境,正好是依境而生,实意即依从人们领悟的天地之道之意而生,让道意参与时间的变化。《易》道实化常常变化,通过实意以通达先天之气(力),意实之后通于先天方能持久。实人天之意方能让天下百姓皆自然而然自实其意,依人们生活之境而生。可见,《易》是从百姓日用的生活经验中开始的,意也是从原生的经验中提炼而归于先天。

　　刳(kū)木为舟,剡(yǎn)木为楫,舟楫之利,以济不通,致远以利天下,盖取诸涣。

【明译】

　　他们挖空树干做成船只,砍削木头制作成船桨,船只和桨楫的便利,就是可以帮助人们渡过本来阻隔难通的大江大河,可以直接到达很远的地方,大大方便天下的民众,这大概取法于涣卦。

【明意】

　　涣卦主"意—向"之意,意向延伸,即如何借助外物来延展身体的边界(身体活动的范围)。发明了舟船的工具,可以帮助人们渡过大河,这对古人来说是一个精神性和身体性的大飞跃。涣卦象征可克服巨大的困难,代表意向的大延伸。

　　涣卦是木(巽)在水(坎)上,借风(巽)而行,所以有行船之象。

　　服牛乘马,引重致远,以利天下,盖取诸随。

【明译】

　　他们驯服牛来拉车,驯服马来乘坐,拖拉着重物,到达远方,便利天下的民众,这大概取法于随卦。

【明意】

随卦有雷(震)入泽(兑)中,由春入秋,春华秋实之象。又有从东(震)到西(兑),从春到秋,万物成熟,民众收获之象。春耕秋收,大利天下,用东方的鱼盐(一至四为坎)交换西方的皮革(兑),有若丝绸之路之象,好比东西方文化交流随宜之时代。

随卦是意缘,牛马是身边的缘,人需要学会驾驭身边的缘,来延展意识的边界,利己利生,带有随顺随意之随缘意。随卦的泽水(兑)滋润草木(震),生机盎然,意缘勃发。时间和空间不断在变,但《易》道不易。世界随着《易》道的推移实现东西互联互通,家国的意缘不断扩大,把意缘的边界延伸到天下。儒家认为,四海之内皆兄弟。意缘因交而通,因随而积;积德累功,积善成德。没有妄念,便可随缘,意缘随运,引重致远,利济天下,此建设人类命运共同体、古之大同世界的正道。

重门击柝(tuò),以待暴客,盖取诸豫。

【明译】

他们设置多重的门户,在夜里敲着梆子打更巡夜,用以防备暴徒和强盗,这大概取法于豫卦。

【明意】

豫卦为意缘第二,属于震(缘)宫,意缘的广延和空间性。设置重重障碍,震动夜气,震动盗贼之心,防备恶缘于境中生起。

海陆通之后强盗生起。坤为夜,为阖户,关门;二三四爻互艮为门,是正门反门关起来;震为打,为木为鸣,为反艮;三四五互坎为贼,所以是关门之后,敲着木梆子打更巡夜,防止暴徒强盗之象,这是控制心意的缘分,引申为去除心中妄念(暴客)之意缘。

断木为杵(chǔ),掘地为臼,杵臼之利,万民以济,盖取诸小过卦。

【明译】

他们截断木头作成杵,挖掘平地作成臼,用杵臼舂米做饭的便利,使民众得到用济,这大概取法于小过。

【明意】

　　小过上卦震为动,下卦艮为止,不动,是木(震)制之杵在动,而土(艮)制之臼在下不动之象。六爻全象竖起来看,小过卦中间两个刚爻是刚硬的木杵,边上四个柔爻犹如臼中被捣的谷米。

　　小过卦属于兑(能)宫,是用农具来提升生命之能,发明利用农具的过程是增进人民的意能(生命之能),这既是主动调节自己的意能,也是利用工具调节自己和他人的意能。积累意能可以适当小过一些,犹如舂米做饭总是可以适当多做一点点。

　　弦木为弧,剡(yǎn)木为矢,弧矢之利,以威天下,盖取诸睽。

【明译】

　　他们弯曲树枝用弦紧绷就做成弯弓,刮削树枝做成利箭,弓箭的利害在于可以威慑天下,这大概取法于睽卦。

【明意】

　　睽卦是泽(兑)水下润而离火上炎,水与火交争,如弓(三四五互坎)箭(二三四互离)之在弦上;换言之,离火克兑金,离为戈兵,兑为毁折,所以有杀伐之象,故可以威慑天下。睽违、乖离之时有动乱之象,动乱的时候应该多制造弓箭,用弓箭(武器)的威势慑服乖离之人。

　　睽卦属于艮(量)宫。威慑天下是意量的大展,射击是延伸意量的边界到被猎杀的猎物、被征服的敌人那里,延伸身体存在的边界(量)和心量的边界。水火交争的冲突之时,也正是扩展意量边界的关键时刻。做好了储备,还要加强军备,冲突可能激发意境之中的生机,进而扩大意量。

　　上古穴居而野处,后世圣人易之以宫室,上栋下宇,以待风雨,盖取诸大壮。

【明译】

　　远古的时候人们住在洞穴中,或散住在野地里,后代圣人改变了他们的居住方式,营建了房屋宫殿,上有房梁,下有屋宇,这样的居所可以遮风挡雨,这大概取法于大壮卦。

【明意】

　　大壮卦有屋顶之象,下边四个刚爻有檩条之象,上边两个柔爻为檩条上面的椽子之象。震为木，为长子，为主，下四壮健之阳相比，而有"栋"、屋脊之象。震之一阳在二阴之下，阳长阴短，有廊檐之象，故为"宇"，而上二阴亦有屋顶之茱草之象。可见"下宇"应包括屋脊及廊檐下之房屋主体。栋直承而上，所以是"上栋"；宇两垂而下，所以是"下宇"。古代如半坡氏时期房屋主体为圆形，大壮下乾为圆，象屋内之空间，如鼎卦中互之乾卦即象鼎之腹而中空之象。

大壮卦属坤（境）宫，关乎正意（正念）的强壮和盛大。人的意境从野地到宫室，意境的安全感增强，就是意境的盛大壮盛的状态，犹如天的圆形屋顶（乾）上有雷雨（震），就是抵抗风雨，让意境壮大于穴居野处，即人因屋宇而有能力扩大和保持意境，已经与必须跟天地自然状态斗争的意境不同了，这是人的意境壮大旺盛的表现。因为人在自己建的足以抵抗风雨的屋子里面，就能够保持自己的主体意境，脱离自然风雨侵袭的状态。

古之葬者，厚衣（yì）之以薪，葬之中野，不封不树，丧期无数。后世圣人易之以棺椁（guǒ），盖取诸大过。

【明译】
　　远古的时候埋葬逝者，只用柴草厚厚地裹住遗体，埋葬于荒野之间，既不起坟堆，也不种树或树立标志，守丧也没有规定的期限，后代的圣人改变了这种丧葬方式，创制棺椁进行殓葬，这大概取法于大过卦。

【明意】
　　古时埋逝者于坑中，铺上柴禾，不立墓碑，葬后就找不到了，后世的圣人改用（内）棺（外）椁来埋葬逝者，取法于大过卦，这是葬事的文化。
　　大过有大坎之象，有泽水覆舟之象，皆凶象。下巽为木，上兑为反木，中间两个互乾为人，人在正反木中，是棺椁之象。
　　大过属于震（缘）宫游魂卦，有意缘在生死之边缘之象，引申到死后的意缘，代表人的意念之死期应该动心忍性的阶段如何洁净精微、绝处逢生、大彻大悟、力挽狂澜。意缘到了生死之间，需要激发生死之间的大魄力来断然面对，彻底重新整合意缘、动心忍性，即使不能力挽狂澜，也要留给后人合适的意缘。

上古结绳而治，后世圣人易之以书契，百官以治，万民以察，盖取诸夬。

【明译】

　　远古的时候,用结绳的方法记事治理,后代的圣人改变了这种治理方式,创造出可以契刻的文字,使得百官得以治理,万民之情得以察验,这大概取法于夬卦。

【明意】

　　夬卦上兑为口,为言,下乾为金,为玉,是金口玉言,一锤定音之意,后人用文字契刻下来,使之无法更改,夬卦下面的五爻有用笔画记事之象。另有泽水决口、冲天而下之象,故有决断之意。

　　夬卦为坤(境)宫卦,依境生意而有文明,文明即意念的创造,意念创造积累成为文化、文明的意境。意念发动,皆托于意境,而意念发动之后,就不可更改,犹如实化为文字。从此之后,君子道长,小人道忧,天道重回,阳力流行,这是人天之意从伏羲氏立向开始,进入一个完美的文明周期,也就是有文化的文明周期。人文大治的理想,其实通于《春秋》太平世的期许,也是人类文明治理的最高理想。

　　今天的人类文明,其实没有离开《周易》这些代表卦所阐发的人天之意的运作周期,不过是在一个更高的平台上运转而已,而古老文明周期所深藏的智慧,至今都不过时。我们要深悟人天之意的力量,在文明的实践中去继往开来。

(三)

　　是故《易》者,象也。象也者,像也。彖者,材也。爻也者,效天下之动者也。是故吉凶生而悔吝著也。

【明译】

　　所以,《周易》最重要的就是象。象就是对万事万物的模拟取象。彖辞是说明卦象如何取材,进而裁断卦义的。爻是效法天下事物的运动变化的。所以从卦和爻里可以显现出吉凶悔吝这样的断辞。

【明意】

　　意念之象是像事物原来最本真的状态,像于原物本然之状。彖是裁断。以意念之爻动依效先天之气(力)动,后天意中领会先天之气(力)的运动带给人的吉凶悔吝的得失成败。

（四）

阳卦多阴，阴卦多阳，其故何也？阳卦奇，阴卦偶。其德行何也？阳一君而二民，君子之道也。阴二君而一民，小人之道也。

【明译】

阳卦里边阴爻多，阴卦里边阳爻多，这是什么缘故？这是因为阳卦是奇数，阴卦是偶数。阳卦和阴卦的品德行为又分别是怎样的呢？阳卦是一个阳爻象征唯一的君主，两个阴爻象征很多的臣民，这是君子之道的显现。阴卦是两个阳爻象征多个君主，一个阴爻象征很少的臣民，这是小人之道的显现。

【明意】

这是对阳卦（三子卦）多阴、阴卦（三女卦）多阳的原因加以解释。

意念之阴意与阳意的搭配，以少的意为主，为统御之征。故《周易》之教，要人运人天之意，统天下之心。

（五）

《易》曰："憧憧往来，朋从尔思。"子曰："天下何思何虑？天下同归而殊途，一致而百虑。天下何思何虑？日往则月来，月往则日来，日月相推而明生焉。寒往则暑来，暑往则寒来，寒暑相推而岁成焉。往者屈也，来者信（shēn）也，屈信相感而利生焉。尺蠖之屈，以求信也；龙蛇之蛰，以存身也。精义入神，以致用也；利用安身，以崇德也。过此以往，未之或知也；穷神知化，德之盛也。"

【明译】

《周易》《咸·九四》爻辞里讲"心思意向不能专一，心神不宁，飘忽无定，来来往往，（一旦思虑专一）朋友终究会顺从你的心思意虑"。孔子解释说："天下万物运行的道理有什么需要思索的呢？有什么可以忧虑的呢？天下万事万物沿着不同的道路出发，但走到共同的归宿，有着一致的目标，却出自千百种心思念虑。天下万物在思索什么？在忧虑什么呢？太阳西落则月亮东升，月亮西落则太阳东升，太阳月亮交相推移产生光明。寒冬逝去暑夏就来，暑夏逝去寒冬就来，寒冬和暑夏交相推移就形成年岁。过往消逝的事情可以说是处于委屈收缩的状态，将来发生的事情可以说是处于伸开舒展的状态，（收缩是为了伸展），委屈与伸展交相感应就产生了利益。尺蠖毛虫把身子蜷屈起来，养精蓄锐，是为了求得适时向前伸展。巨龙与长蛇冬眠蛰伏，是为了保存自身。专心致志地推究精微义理到出神入化、神妙莫测的地步,就可以学以致用。知道屈伸相感之利,又能利用它来帮助自己随遇而安,就可以提高道德,增进德业了。超过这种境界再向前推求,即使是圣人恐怕都无法知晓了。能够穷极宇宙的神妙,通晓天下的变化,这就是道德盛大的最高境界了。(这哪有什么思索忧虑呢?)"

【明意】

　　天下的大道是共通的道,所谓理一分殊,而天下皆意境,以通为根本。后天的意念发动可以通于先天之气(力)的变化。古往今来,通天下一气,通天下一道,通天下一意境而已。天下阴阳推移,寒暑成岁,屈伸为利。天下一意是因为天下都是控制后天之意通达先天之气的分寸。屈而往,因为屈是为了往前发展;伸而来,因为伸展才能过来。知道阴阳之变,感知利与不利,帮助自己找到处于平安之中的合理分寸。知道意之发于物境而能够调整意向的尺度,这就是道德修养的分寸。知道道德修养的分寸,就已经感到修身养性的根本意义,而不知道能否继续往前推进了。道德的成长和盛大就是来自每时每刻对心意与物境之间分寸的把握。八宫即八种意念通于境的分寸,又能细分。

　　《易》曰:"困于石,据于蒺藜,入于其宫,不见其妻,凶。"子曰:"非所困而困焉,名必辱。非所据而据焉,身必危。既辱且危,死期将至,妻其可得见耶!"

【明译】

　　《周易》《困·六三》爻辞说:"被围困于乱石堆之中,又靠坐在荆棘蒺藜之上。退入自家宫室,却已见不到妻子,非常凶险。"孔子讲过:"在不该受困的地方被困住了,就必然会玷辱自己的名声。在不该占据的地方而滞留了,那就必然会危及自己的身体和生命,既遭受名声的侮辱,又陷入危险之境地,那就是死期即将来临,怎么可能见到自己的妻子呢?"

【明意】

　　困卦六三爻是三百八十四爻当中生机最弱、意能最低的爻,时势之苦困已是离死地不远了。困卦属兑"意—能"宫,这是受伤最深、处境最难的卦,代表处于最低谷的状态,各方面受困,死期将至,连累家人。心意孤独困顿到极致,首先要求生,到了生死关头,唯有拼死一搏。

　　心意通于先天气(力)有权力感。权力在于约束他人,约束下属,控制他人的心意和身体的自由。而被约束者如果自己身心没有自由,被限制在不该占的地方，那么就会影响身体安全，而家人也被困住，就是非常危险的境地了。

　　《周易》的心意权力场说明，心意与权力的结合处处充满危险，而处于权力境域中的心意每时每刻没有绝对的自由意志，但人心之发，又无时无刻不在权力场域之中。如果自由意志是没有权力场域的意志，那么《周易》基本上没有自由意志一说，即没有那种不受任何约束、绝对自由的意志。因为人的意志，从其产生开始，就是宇宙自然力的产物，当然人未必不能完全抛弃其意识境遇发动其心念，只是这样的心念可能存在沟通障碍，因为无所依傍，而心意就在可沟通的心场之外。

　　《易》曰："公用射隼于高墉之上，获之，无不利。"子曰："隼者，禽也。弓矢者，器也。射之者，人也。君子藏器于身，待时而动，何不利之有。动而不括，是以出而有获，语成器而动者也。"

【明译】

　　《周易》《解·上六》爻辞说："王公用箭射下栖落在高墙之上凶恶的鹰鹞，一举把它擒获，这样做是无所不利的。"孔子说："隼是一种禽鸟，弓箭是武器，发动弓箭射击禽鸟的是人。君子怀藏利器，等待时机来到就及时行动，怎么会有什么不利？行动如意，果断不受阻碍，因此出手就会有收获，这是强调要预备好平素养成的利器才可以采取行动。"

【明意】

　　解卦震"意缘"，果断地除灭小人首领之缘，改变气场和力场，化解先天之气（力）场之道为己所用，获得意缘的扩展，延伸到不许小人添乱的场域。心意发动需要等待时机，而心意发动的基础，是对心意的修为，表现为内在的技能。内在的技能其实每时每刻与其对象相关，但心意是否发动，是当下主体可以控制的。如果外在的对象和目标需要自己付出足够的努力才能征服和把握，那么发动心意的时机就显得特别重要。

　　"隼"象征行动的目标，射隼需要工具、时机等条件，缺一不可。人心之险，险于山川，可见，射隼根本之要在射掉心头之隼，自己心头之患必须要自己射自己解。困于外在的时遇、形势之乱局，还是不如困于心之艰辛。解于心是因为人对外在的人事有不同的认知，一般来说还是心上困心上解，也需要审时度势、善用工具，懂得藏器于身、守势待发，有能力有手段，还能相时而动。真的不动如山很难，时机未到就忍得住，其实不容易。能忍得住就是潜龙。藏、隐、忍，都是为了解，但都有很大的学问，而且都不是知识性的学问，而是知行合一的大学问。

真学问都是百死千难中来。藏、隐、忍都是心性修养的功夫。公相当于有德之君子，心有天下之容量，忍常人之难忍，行壮行之伟举。"公"自"险"中"解"来，就是挑战与机遇共存，"解"过的"险"越大，"公"的功夫修养就越高。要把心性修养到"公"的层级，有很长的路要走。《易传》作为儒家之传，于人天之事理，讲解至为通透。此处也说明，其实儒家也讲经世致用、除暴安良，而不仅仅要人仁民爱物。

子曰："小人不耻不仁，不畏不义，不见利不劝，不威不惩。小惩而大诫，此小人之福也。《易》曰：'屦（jù）校灭趾，无咎。'此之谓也。"

【明译】

孔子说："小人不蒙受耻辱就不会表现仁爱，不感到害怕就不会显示道义，不见到利益就不会努力去做，没有威吓就不知戒惧，所以给小人以小的惩罚，让他明白重大的告诫，这其实是小人有福气的表现。《周易》《噬嗑·初九》爻辞说：'脚上套着脚枷，遮没了脚趾，没有太大的罪过。'说的就是这样的意思。"

【明意】

履卦属艮宫"意—量"之论，小人的意量要主动加以限制，不许不知礼法，随意伸展，影响他人。儒家道德审判将君子小人分割较为清楚，把小人作为道德评断，但是单纯的道德善恶其实没有触及善恶转化的微妙意量分际。可以说，小人只是心意狭小、目光短浅者，基本不以仁爱和道义为其行为的法则，所以没有得到警戒，不感到害怕就不会明白仁爱和道义。就心意的改变来说，君子会主动改变，而小人被动改变，这是比较明显的区别，所以特别说明，要限制小人的意量，使其不善的心量得不到扩展，不致加害他人、祸害群体。

君子和小人之别，其实在一念之间。这段话基于儒家性善论，相信即使最坏的小人也有善根，知道戒惧警惕，从而改过向善。善恶无隔，几无间隙，意念发动，精微细密，细察其几，反身意识必须洞若观火方可。

"善不积不足以成名，恶不积不足以灭身。小人以小善为无益而弗为也，以小恶为无伤而弗去也，故恶积而不可掩，罪大而不可解。《易》曰：'何校灭耳，凶。'"

【明译】

(孔子接着说:)"善行善意如果不努力积累,就不足以成就善名。恶行恶意如果不积累,就不足以灭掉身家性命。小人认为施与微小的善行善意没有益处,就不愿意去做,以为施与微小的恶行恶意无伤大体,而不愿意断去,所以恶行恶意积累起来,到无法掩盖的地步,罪行发展越来越重到无法开脱的程度。《周易》《噬嗑·上九》爻辞说:'肩上扛着颈枷,遮没了耳朵,有凶祸。'"

【明意】

噬嗑卦属巽宫"意—识"维度,意识到恶的一面不断积累,由心意之恶不断累积恶业,产生恶行,变成恶事,伤害他人,最终伤及自身。如果缺乏反身意识,则全境最后逆转,反作用于自身。心意的积累会逐步改变心意与世界的关系,到了一定的程度会有根本的影响。

善行与恶行本质上都是心意的积累。积善积恶首先是心思意念的累积,也就是善恶能量的积累,量变导致质变。名由身之心意发动积累而来,行善即顺行天地之仁心仁情,即发扬《易》道。

孟子用"孺子将入于井"来从经验上说明每个人根子上都有善根,自然而有怵惕恻隐之心。《易》与老子的道是超越善恶对立,即不从后天经验来宣判心意的善恶,一切皆在道中。不过,心意的发动,从意实化为念的过程之中,即有善恶可以反省,即对己对人的损益得失,并非不可察觉。《大学》提出:"小人闲居为不善无所不至,见君子而后掩然。"认为小人并非没有自省能力,只是不愿意断灭恶意,不愿意停止积累恶行,而采用故意遮蔽的方式。因此阳明致良知,认为良知即是天理,本然朗知朗现,只要反省洗心去欲,由内到外扩而充之,即是修养功夫的核心。比起朱子强调事上磨练、格物致知,要深入通透。不过,朱子提振"道心惟微,人心惟危,惟精惟一,允执厥中"之教,也有类似的深意,即道心之修证持守,是与人心永恒的战争,而意念之战,非从根本的中道意识开始不可。

子曰:"危者,安其位者也;亡者,保其存者也;乱者,有其治者也。是故君子安而不忘危,存而不忘亡,治而不忘乱,是以身安而国家可保也。《易》曰:'其亡其亡,系于苞桑。'"

【明译】

孔子说:"当下充满危机的,都是在其地位上过分安逸享乐的人;当下即将灭亡的,都是曾经自以为能够长久保存不会灭亡的人;当下已经作乱的,就是曾经自以为天下大治的人。所以君子必须要(居安思危)在安定的时候不可忘却危机正在生成的意识,在存续的时候不可忘却灭亡随时到来的意识,太平大治的时候不可忘却败乱正在生发的意识。只有这样才能自身安宁进而保全国家。《周易》《否·九五》爻辞说:'可能会灭亡啊,可能会灭亡啊,这样才能好像被拴在丛生的大桑树上一样安然无恙。'"

【明意】

否卦属于乾宫"意—生"维度,生机的存续与否,体现在意生发时。如果处于顺逆境之中,都要时刻居安思危,必须意识到感受到危险的生发如影随形,才能够保持自己的位置。

否卦九五爻虽然上下皆阳,看起来小环境有安全感,但其实命存一线,其生机非在居安思危的意识当中不能存续,危险已经迫在眉睫,不过靠九四横刀立马,挡住阴意之生,如大堤之防,暂时顶住了危难,九四有力地保护了九五和上九的生机,让九五好像系在大桑树上一样,暂时得到安宁喘息之机。所以九五要明白自己的处境,安宁和太平不过是因为得到暂时安歇之所,需要对保持生机存续有强烈危机意识。

意识的生机非常微妙,在安宁的局势当中,不可以减少对危机的意识生机,才能维系安宁的局面;在存续的状态中,不可以缺失丝毫灭亡的意识生机;同样,在看似太平的时代,不可以忘却败乱之机时刻生成的意识。换言之,意识有两面性,既要意识到安宁太平安治的一面,又要意识到危机灭亡败乱的一面。两面同时在生成发育,近似于章太炎所谓"俱分进化"的说法,故而应意识到一体两面同时具存,丝毫不可以放松警惕。

子曰:"德薄而位尊,知小而谋大,力少而任重,鲜不及矣。《易》曰:'鼎折足,覆公铼,其形渥,凶。'言不胜其任也。"

【明译】

孔子说:"才德浅薄而占据尊贵地位,才智狭小却想谋划大事,力量弱小却担当重任,很少有不连累自己的。《周易》《鼎·九四》爻辞说:'鼎足折断了,王公的美食倒出来了,搞得鼎身齷齪,凶险。'讲的就是力不能胜任会带来的灾殃啊!"

【明意】

鼎卦为离宫"意向"论,意向的展开与实力有关,与个人的时位力量有关。意向性的内外一致性,虽受时势的影响,但有一种天然的内外一致性。鼎为国之重器,折足有动乱之败象,不但自己受到牵连,甚至还会连累他人。

子曰:"知几其神乎!君子上交不谄,下交不渎,其知几乎?几者,动之微,吉之先见者也。君子见几而作,不俟终日。《易》曰:'介于石,不终日,贞吉。'介如石焉,宁用终日?断可识矣。君子知微知彰,知柔知刚,万夫之望。"

【明译】

孔子说:"能够预先知道事情变化的几微,已经算是达到神秘莫测的境界了吧?君子与居于上位的人交往不谄媚,与在下位的人交往不轻慢亵渎,这样可以算是知道事情变化的几微了吧?几是事物变动的微小征兆,是吉凶显现出来之前的先发苗头。君子看到几微的苗头显现出来,就马上行动,绝不会等到一天结束。《周易》《豫·六二》爻辞说:'独立耿介坚定犹如巨石,不成天沉溺于安乐当中,守正吉祥。'耿介独立好像巨石一般,那怎么可能会整天等待而不行动?当时就一定断然明白,而有他独到的见识。(因为知道持守意念中正的分寸)所以君子能察微知著、见柔知刚,就会抓住时机去立即行动,成为万民仰仗的杰出楷模。"

【明意】

豫卦属震(缘)宫,这一节正好强调把握意念之缘分的分寸非常重要,无论是跟在上位的还是跟在下位的交往,都要保持中正之道,如果稍有逸乐过度,就要一念回到中正的状态,绝不会耽迷于逸乐之中,这是一个耿介独立的君子必须具备的见识。君子成为人的楷模(exemplary persons),正是通过修正自己的心意到察微知著、见柔知刚的精细程度,一旦有任何的几微变化之苗头,就立即行动,可见,楷模之谓楷模,正如王阳明所谓"格心",正念头的功夫极其到位而且迅速。

意缘的几微之察,缘微而大,缘生细小,故而意缘极小的时候应极注意,意念极其小心,小缘通达大缘,意念之微,起灭自控,抓住意念起灭的生机去行动。改变意缘的行动力不是看行动的结果,而是当下改变意念,控制意念的力量。不仅仅迅速改变已发之念,而且迅速反省到未发之意的问题。那就需要反省直达心物融通之瞬间,意会到天下事业皆起于心物交接的瞬间,并且在此瞬间升起之时,去努力把握事物的发展趋势,这是有超凡悟性和非凡独立见解之人的见识和行动力所在。可见,心物感通的瞬间,既是悟性的根源,也是行动力的开始。

这种修正意念的功夫,从知几到行动,从未发到已发,都不离开阴阳合一的状态,也不离开太极本体之境。正是在太极之缘境中,意念能够知几,一念升起,一念放下,念念无住。一念生于境,一念出乎境,一念执着,一念放下,不离中道。这样的中道,既要凭几仰观宇宙运化之机,也要志于远方。《周易》的中道最妙的地方,不是居于中正就可以了,而是时时刻刻见微知几。回到中道是一个动态平衡的过程。几犹如弓弩之机,牵一发而动全身,关系到事件的整体变化。占卜是见几,研究几微的显微过程。几是事物之萌芽状态,包涵后面的一切可能性,见几是《易》学的主要思维方式之一。

子曰:"颜氏之子,其殆庶几乎? 有不善未尝不知,知之未尝复行也。《易》曰:'不远复,无祗悔,元吉。'"

【明译】

孔夫子讲:"颜家的儿子颜渊,大概算得上是道德修养近乎完美的贤能之士吧! 每当一个意念有不善,便能自觉自知,马上发现,发心悔过;一旦知道了之后,就再也不会让错误的念头发动第二次。《周易》《复卦·初九》爻辞说:'没有偏离正道太远,犯错之后,马上改正回复,不至于日后悔恨,非常吉祥。'"

【明意】

接着上一节,此界讨论知心物融通之机,是道之始发的端点,便能够顺道而行,而不会离道太远,即使有点偏离自然之道,也能够很快回来。念头发动还没有实化多少就知道要回复念头初发的状态,这样才能够免于日后有大的悔恨,这样能够控制念头分寸是非常吉祥的。

复卦属坤(境)宫。讨论的是意念之微调,足以改变意念之境。意发之善恶,即出境之善恶之变化。意念对境的善恶非常敏感,不善即可感知到。调整意念的善恶,以改变(恢复)意境本来应该的善恶。

复卦从坤变来,初爻即阳爻先动,好像黎明前的光明。孔子赞扬颜渊"不贰过",是知过能改,善莫大焉,如初九迷途尚不太远,能够自观自复,这是善于改过的最好表现。

《周易》之教的核心是领悟带有先天贯通后天意味的人天之意,得之如内心改换了全体通透的良知和良心,有所偏差立即回来,有所忏悔立即回复,生命的过程,是心灵随时恢复其本体的过程,只有人之贯通天地的本心——人天之意得到随时恢复,人能够做到时刻反思,内观自己,就是内在的圣人境界。

"'天地氤氲(yīnyūn),万物化醇。男女构精,万物化生。《易》曰:'三人行则损一人,一人行则得其友。'言致一也。"

【明译】

(孔子说:)"天地阴阳二气相互感应、亲密交合,万物得以浓醇化育;男女阴阳精血交构,万物得以化育生成。《周易》《损·六三》爻辞讲:'三个人一起前行会损失一个人,一个人单独前行则会得到朋友。'说的是阴阳彼此相求合二而一的致一关系。"

【明意】

损卦属艮(量)宫,阴阳归于核心分寸有其量。他心(意)之交要先有共境,要有应和者,有和者即易成事,如无和者,易被伤害。

损卦从泰卦变来,最下方的阳爻上升到最上方,阳爻到最上方得到上卦两个阴爻为友。阴爻下来得到下卦两个阳爻为友,近似于一个人独行得到两个异性朋友,而三个同性一起前行就会相互猜疑,导致其中一个离开。此爻如果不是从卦变上来理解,意思就不太清楚。说明天地之间异性相感而趋同一致的趋势不可改变。

意量与友人共同造就,意量的增减取决于其与友人的意性是否相吸或相斥。得友能够增益意量,如果怀疑同伴,则易于减损意量。要在减损的大格局中搜寻心意相近者的支持,以唤起心意之生机,要抓住最有利于自己生机的对象,这是因为阴阳相吸而致一,如男女相吸,阴意与阳意结合方能有意丹生成,阴意或阳意过度就都要减损。

子曰:"君子安其身而后动,易其心而后语,定其交而后求。君子修此三者,故全也。危以动,则民不与也;惧以语,则民不应也;无交而求,则民不与也;莫之与,则伤之者至矣。《易》曰:'莫益之,或击之,立心勿恒,凶。'"

【明译】

孔子说:"君子先要使人感到自身安全,然后才去采取行动;先使人心里平静喜悦,然后才与他说话;先与人家确立了交情,然后才去求助于人。君子能在这三方面修养都达到了,所以于己于人才能周全万无一失。反之,如果要人家冒险去行动,民众不会跟着干;如果人家内心恐惧却要劝说对方,民众也不会响应;如果跟人家还没有确立交情就去求人家支持帮助,民众也不会给予帮助。如果民众中没人愿意施与援手,那伤害他的人就要到来了。《周易》《益·上九》爻辞说:'没有人来增益他,反而有人来攻击他,不能坚定地持守人天之意,会有凶险。'"

【明意】

　　益卦属巽(识)宫。意识要平顺、稳定,他人(意)才随顺跟从。心念中正恒定才能平安,如果行险而侥幸,就很难平安。最重要的,不仅仅是自己要心意平顺,而是要他人的心意也平顺,否则意识无法生发,形成不了意识生发的合理情境。

　　意识的内外境界,当然是增益自身之后,才能打动他人。所以这一段话的解释,历来有安定自己之后求助他人和安定他人之后才能向人求助两个解读维度。通常说来,安定自身是求助于人的前提,所以安定他人,确定意识生发的情境,才是孔子到这一部分最后要强调的。《周易》是经世致用之学,要贯通天下的心志,不仅仅要内心意志修炼到位,而且最为重要的是,对外在的情境有精准确定的把握,才去生发意识,实化意识为言说和行动,不明白这一点,将会得不到人们的帮助,而得不到帮助就必然会被伤害,所以没有这样的意识状态,就会非常危险。

　　可见,固然增益生命本身是《周易》本然的教诲,但生命所处的情境是多样和复杂的,也就是我们的意识,都在极度复杂的情境当中生发起来,所以意识一动,就要确定周围其他意识的状态。内在的精气神要修到安宁和谐,但意识发动的瞬间是否能够理解他人他心,其实是意识发动是否有意能、能否最后化为有效意量的关键所在。言语会惊天动地,自己的意识平易,固然是首要要求,但意识未发之前,是否有能力感通他心,可以说是决定意识发动的有效性的核心所在。

　　修身即修意,但内外一如,不可分割。既要恒定于内心,积累精气神,也要通达他心,建构合适的意识生发的场域。意识从来没有纯粹向内的,或者纯粹肉身的,或者纯粹生命的,所有的意识,如果发动,就是通达天下的,没有通达他心的能力,则难以体会到而已。意识没有纯粹内在,也没有纯粹作用于外在的,不可以分开,这是心通物论的重要维度。

(六)

　　子曰:"乾坤,其《易》之门耶?"乾,阳物也;坤,阴物也。阴阳合德,而刚柔有体。以体天地之撰,以通神明之德。其称名也,杂而不越。于稽其类,其衰世之意邪?

【明译】

孔子说:"乾坤两卦应该是打开《周易》殿堂的门径吧?"乾代表阳类的事物,坤代表阴类的事物,阴阳不同的德性相互配合,刚和柔就成为形体了,用乾坤就可以体现天地阴阳自然现象的生成化育,拥有近乎可以贯通神明的德性与德行。《周易》卦爻辞所指称的事物名称,尽管纷繁杂陈,却没有超越贯通天人的人天之意。仔细考察卦爻辞所表达的各类事态和情况,大概反映出作者正处于衰危之世的忧患思想吧?

【明意】

依(坤)境而生(乾意),是实意的根本门径。意会《易》道之门,乾阳之意,坤阴之意。通天如达神明,生机有神意,达生即达神,通达万物之名(类),即使在衰世之中,也能依境而生,即心意可以通达天地本来的状态。乾坤之开关贯通天地人事犹如神明之力。

夫《易》,彰往而察来,而微显阐幽,开而当名,辨物正言,断辞则备矣。其称名也小,其取类也大。其旨远,其辞文,其言曲而中,其事肆而隐。因贰以济民行,以明失得之报。

【明译】

《周易》可以彰显以往事物的变化,察知未来将要发生的事情,显露细微的征兆,阐明幽隐深奥的人天之意。《周易》展开六十四卦各卦各爻的义理,使得名称与所象征的事物相当;从而能够精准地辨析事物的类别,所系的卦爻辞意,下言明义,周正确当,判断之辞无所不包,全面详备。(《周易》卦爻系统)所述用的物象名称虽然细小,但其所取喻的事项类别又非常广大。其所蕴含的意旨深沉广远,其所使用的语言具有形象生动的文采。其用语虽然委婉曲折,但中肯能够切中要害,其所论说的事情直率平易,但又隐藏含着深意。因应阴阳对应统一,吉凶消长之理来接济和佑助民众的行动,向人们显明因心思意念和行动导致的失去与获得的报应。

【明意】

此后天意通达先天之气(力)的《易》道系统。意念生发之间,通往达来,知晓过去,预测未来。在细微到不为人所注意的地方,《易》道就可以彰显。意念之失得通达气(力)之得失。人本来应该在意念发动之处即明白是非,可是

一 系辞传 | 773

大部分人却要等待显化为得失的报应之后,才会知道意念发动处的力量。也就是需要利害来向自己证明意念发动处即有吉凶。

(七)

《易》之兴也,其于中古乎?作《易》者,其有忧患乎?

是故履,德之基也。谦,德之柄也。复,德之本也。恒,德之固也。损,德之修也。益,德之裕也。困,德之辩也。井,德之地也。巽,德之制也。

履,和而至。谦,尊而光。复,小而辨于物。恒,杂而不厌。损,先难而后易。益,长裕而不设。困,穷而通。井,居其所而迁。巽,称而隐。

履以和行,谦以制礼,复以自知,恒以一德,损以远害,益以兴利,困以寡怨,井以辨义,巽以行权。

【明译】

《周易》的兴起,大概是在中古时代吧?创作《周易》的人,大概是心有忧患吧?

所以,履(指个人的行为谨守礼仪)是道德的基础;谦(谦恭)是道德所当执持不失的把柄;复(复于正道)是道德的根本;恒(守恒持久)是道德的稳固保障;损(减损自己身上的缺陷)是道德的修养;益(迁善施益他人)是道德的扩充和丰裕;困(遭遇穷困之境)是分判君子与小人道德操守的试金石;井(养人而不穷竭)是培育道德的基地;巽(申命制宜)是道德规范的申明和制定。

履卦教人和顺协调而达到完美的境界;谦卦教人谦恭自处就会受到尊敬,光大其德行而有光辉;复卦教人在一阳微小那样的情况下也要区别于阴类,从而分辨事物发展的是非善恶;恒卦教人恒守德行,即使处于纷繁杂乱的情境当中,也不厌烦或休止道德修养的功夫;损卦教人减损欲望,先经历艰难之后获得平易;益卦教人长久充裕德行,与他人一起增长道德,而从不用意造作;困卦教人在困境中磨砺自己,遵循正道而后致通;井卦教人安居其位,同时又迁善惠及他人;巽卦教人顺势发号施令,与时相称而隐入人心。

履卦(强调遵循礼仪规范)所以用来和顺协调人们之间的行动;谦卦(强调谦逊处世)所以要求人们用礼仪来制约自己以期符合礼仪规范的要求;复卦(强调复归正道)所以主要用来自我反省;恒卦(强调守恒不变)所以主要用以

使道德专一不移；损卦（强调自我减损欲望）所以用来远避祸害；益卦（强调增益德性、施惠及人）所以用来广兴福利；困卦（强调穷困中不可失守正道）所以用来减少怨恨；井卦（强调长养万物）所以用来明辨道义；巽卦（强调因势利导）所以用来应变行权。

【明意】

　　三陈九卦说明人修炼德性和实践德行的要点，也就是如何修养人天之意并在不同的处境当中保养不失。《周易》之教要人保有深刻的忧患意识，无论是处于何种卦象显示的处境之中，都要持守人天之意不失中道。

　　叔本华提到苦难是人生的压舱石，人需要很好地体会人生中的痛苦，虽然痛苦可以说接近于忧患，但他不明确说修德，讨论修德的方式与《周易》之教不同。当然，中西方人生哲学本来有所不同，就走路的哲理来说，哲学家可能说要多跌倒才能走好，也可能说要时刻培养德性为主。道德修养的提升跟摔跤受困吃苦多了并没有直接相关性，因为多跌倒不能保证走得稳，而道德的成长最重要的是内心持守人天之意，保持刚健的状态才能有稳固的意识生长发作，实化成为人间世事。诸如此类，《周易》的人生智慧比起大多西方哲学家关于人生的说法，要更加深刻到位。

（八）

　　《易》之为书也不可远，为道也屡迁，变动不居，周流六虚，上下无常，刚柔相易，不可为典要，唯变所适。

【明译】

　　《周易》这部书，不可以将其看得远而与自己无关，它所显现的道理是经常迁移的，变动运行而永远不会静止不动，在各卦六个爻位上周期性地流动，或上或下没有一定的常规，阳刚与阴柔相互变易，不可当成典藏纲要和僵化原则，只有随机应变才是人天之意应该适应的方向。

【明意】

　　《易》是映照意念的镜子，帮助调整意识的分寸。《易》道与天地之道精准对应，卦爻体系随顺天地大道的变化而变化，正应意识之变，可以合于万千物换，沧海桑田本来都在一意之间。大千世界无穷变幻，不离意念之映照。这是《周易》作者悟道的重要法门，就是打通意念的层层境遇，使之与天地之变化无常精准对应，世间万物多少变化，那么心意就可以有多少变化，只是意念的察知功力，需要修炼而得，悟性高者迅速悟得人天之意，本来与世变相合；悟性差者，总觉得意与世间有距离，心意跟世界永远相隔，至如西方心物二元论的基本预设，殊为可惜。

其出入以度，外内使知惧。又明于忧患与故。无有师保，如临父母。初率其辞而揆其方，既有典常。苟非其人，道不虚行。

【明译】
《周易》指导人们，人天之意的发动和收藏都有一定的分寸和节度，意念发动关联与外部的事物，或者与内部的心意之境，都要知道永葆戒慎惕惧。又能让人明晓忧愁和患难及其心意之缘故。(意会了《周易》的人天之意)尽管出行没有师父指点，但《周易》的指教就好像时刻面临父母亲在指导保护自己的心思意念发动的分寸一样。(研读《周易》)刚开始要按照卦爻辞的意义去推求读懂它的方法，而当熟悉了其所指示的方法和方向之后，就能够在无常的变化中把握可以依循的恒常典规和法则了。如果不是明白人天之意的人来弘扬和推行《周易》，《周易》之道不会凭空显明于世。

【明意】
意识之分寸感的调整如父母之帮助和指导自己。所谓"其人"是善于调整意念发动之分寸的人，也就是明白了人天之意的人。在发动意念的分寸合于事物的分寸和尺度这方面，人需要永远保持戒慎警惧之心，时常饱含忧患之意，而深察各种事故。《周易》作者的含义是，戒慎警惧的心意自然带有反身之意，好像父母作为镜子在映衬自己的心意发动，因此卦爻辞的来源，都有其度数，在任何境遇中都令人感到戒惧，唯人之意本来贯通内外，可以推演意念通达于万事万物，但分寸的把握至为重要。

(九)
《易》之为书也，原始要终，以为质也。六爻相杂，唯其时物也。

【明译】
《周易》这部书，推原人天之意发动的本始状态，归纳探究人天之意心物融通的终末状态，并以此作为这部书的实质。各卦的六个爻在不同的意识状态当中和时空能量场域中交互杂错，每个爻都是特定时间状态下意识与事物融通一体之态的显现。

【明意】

　　爻都是时间态中心通物的状态之体现,是事物在时中转变的自然呈现。时中有能,时间流变当中,能量一直在流动,所以要从爻的流动意会其能量状态之流转。时空是能量体系,先人很早即用天干地支加以刻度,说明时间和空间能量的相互作用和相互转化,并且意会出每一个生命的时空能力系统,以便知晓《易》道的人,明白人天之意在时空一体性中展开,能够推意以达气(力)之生,建构生命的意识感通系统。一意知身,也一易知生,意念发动之处,即可感天动地,转换乾坤阴阳,一意发生,即参与世间阴阳之动,改变世间阴阳的进程。

　　其初难知,其上易知,本末也。初辞拟之,卒成之终。若夫杂物撰德,辩是与非,则非其中爻不备。噫!亦要存亡吉凶,则居可知矣。知者观其彖辞,则思过半矣。

【明译】

　　初爻代表人天之意的初始阶段,说明事物的发展趋势很难知晓,到了上爻则比较容易了解事物发展的大体过程,这是因为初爻和上爻分别对应于事情的开始与终末。在人天之意没有显明的开始阶段,需要用言辞来模拟预判事物未来的发展,到了最后阶段,则人天之意的可能性都凝结成为事实,这就终结了继续变化的可能性。至于人天之意如何与事物交流而错杂,体现通达天地之间阴阳转化的神明德行,帮助人们明辨是非,其实离开中间四个爻是无法完备地显明的。真是这样啊!要理解人天之意在事情运作之间的存亡吉凶,那就足不出户,坐在家里观察爻在哪个位置上就可以知道结果了。有智慧的人观察琢磨一下彖辞,就大体上可以明白一卦中的人天之意大半了。

【明意】

　　意之初终,对应事之始终。中间四爻说明爻象多变,爻的位置意义巨大。爻从下往上发展的状态,对应人天之意的逐渐实化过程,一爻一爻画出,代表意念对应的事物不断实化出来,像一张又一张新牌,看起来独立,其实每张牌都要连着前面的牌来意会,也关联着整个牌局,好像每一爻的生机都连着其他爻,可一旦上爻出来,就相当于牌局已定,基本上没法翻盘了。所以实意的过程最重要,爻生成变化的过程最有生机感。知道了这样的道理,基本上可以做到善易者不卜,因为知道初心发动之处,即是人天之意启动之态,本立而道生,事情的发展脉络就出来了。

人天之意的实化过程,是与空交相辉映的过程。意念流转,经历世间之间,易为空间之相所陷溺,难以超越功名利禄、饮食男女等实存之相,但《周易》给予人超越实体空间来用人天之意无限演绎的可能,等于可以在卦爻之间,模拟经历无数世间的经历和生活,体验开始的不确定性和终成确定性的无奈,在决定论与非决定论之间,往复推荡,不断模拟演绎,以期寻找人在世间的最佳版本。一卦中间的多爻,其实是非决定论的最好展示,阴阳相间,有若纹路相交,意与物交相映辉,气与运流转变化,泰否回环,无限风光。世间一切存亡、吉凶,不再需要实地经历就已经看出大半了,还要如何趋利避害？选择难道不是明摆着的事情吗？所以持守人天之意的正道,放下利害权变之心而直行,自然法天效地,顺应天地自然之吉凶,有若无我之大我状态。观象思命,人生过半,此思诚来自意正,人天之意本与道通,智慧不过是人天之意的自然化生显化状态而已。

　　二与四同功而异位,其善不同。二多誉,四多惧,近也。柔之为道,不利远者。其要无咎,其用柔中也。三与五同功而异位,三多凶,五多功,贵贱之等也。其柔危,其刚胜也。

【明译】
　　二爻与四爻功用相同,但具体位置有差别,二者的利害得失就不一样。二爻(处下卦中位)容易获得赞誉,四爻则多需警惕,这是因为四爻靠近君位。二爻与四爻处于阴柔之位,当行阴柔之道,一般不利于开拓远大的事业。其要点在于谨慎追求当中尽量避免咎害与祸患,其功用在于努力使用柔术而持守中道。三爻与五爻也是功用相同,但具体位置有差别,三爻多招凶祸,五爻多获功劳,这是因为他们所居上下卦体的贵贱等级不同,一般来说,柔爻处于三或五的阳刚之位上容易有危厉,但刚爻处于三或五的刚位上,就比较容易胜任吧。

【明意】
　　意会爻位对应事物,需要跟意会象辞大要关联理解。如果象辞为源,则爻辞为流,如果象辞为主干,爻辞则为枝叶。每枝每叶都有自己的时空,面对不同的阳光雨露、能量场域,所以人天之意既要能够统御万物,又要能够开枝散叶,体会每个枝叶的能量系统。也可以说,象辞如产生事物的质料,而爻的变化则是事物变化的形式之显明,是潜在的能量系统实化为具体现实的运动的过程。象爻本然一体,爻显象意,但还是会有具体的变化,因为象以明时、爻以示变,象辞说明的是时空的整体状态,而爻辞要揭示的是每个枝叶应对不同阳光雨露的进退得失,所以象爻之间,既是由体见用,又自有张力,不可同一而语。

阴阳之性,处于不同的阴阳时空之中,自然有不同的阴阳表现。心意外求,则誉惧无常,如果安心于道,贯通人天之意,就不必忧惧,可放下毁誉。此天命即当下之意之中,安而行之,吉凶由天。《周易》作者本有崇阳抑阴、崇刚抑柔的意思,但既然意会天运本阳主阴从,那就自然主要汲取阳刚的力量为修炼意识状态之源。

(十)

《易》之为书也,广大悉备。有天道焉,有人道焉,有地道焉。兼三才而两之,故六。六者非它也,三才之道也。

【明译】

《周易》这部书,广大无际,内容详备,无所不包。有天道,有人道,有地道。兼包天地人三才而两相重叠,所以每卦才有六爻。六爻所代表的不是别的,就是三才之道。

【明意】

《周易》通天地而达人,此三才之中,后天人意可以通达天地原生之气(力)。天道之气机自分阴阳,所以要重卦。天道为人所理解的瞬间自然需要分阴分阳,不然无法理解。在被意会的瞬间,气机自然分阴分阳,形迹自然分刚分柔,性极自然分仁分义。天地性命之理因意而显。

阴阳爻象征道之非动不可,天地自然有其秩序,自然又有其变化。人本阴阳之气,方得以有生命;人肖阴阳刚柔之质,方得以有身形;人自备仁义之理,方得以有人性,人之命形性三者,呼应天地人,正是三才之道的显化。天地之气阴阳不测,天道自然昭明;人天之意感而遂通,如若有神使之明白显化。人天之意自然顺从阴阳气机,也实然通达性命之理,在命的展开过程之中实化出来。

道有变动,故曰爻。爻有等,故曰物。物相杂,故曰文。文不当,故吉凶生焉。

【明译】

《周易》之道变动不居,在卦象中模仿这种变化就称作爻。爻有上下位次等级,所以才称作对应事物之象;事物的象相互错杂,所以才称作文理。事物的物象与卦爻的文理错杂搭配有当有不当,所以吉凶就在这(当与不当)之间产生了。

【明意】

人如果不动,就不能参赞天地之化育,三才之道也就是死道,所以非动不可,而且要人动,换言之,人之动是天地之动的根本,而人之动的根本动力,就是生命之力,就是人天之意。没有人天之意的创发和活动,天地就死寂一片。爻之动象征心意实化的变动。道之变通过爻变来体现,而物杂生乱,这是爻与爻之间的互动而有利害变化,爻有当与不当,变动有合适与不合适,吉凶得失就体现出来了。爻需要变动,也就是在六爻卦当中,有老阴老阳这样的变爻才能体现出来。

六爻是一个时空场域,场域之中有物的相互作用力,物象之间的关系表现为爻之间的关系,这为人所领会,其实是后天意会,但其中确实有其先天之力在牵引勾连,这就是物与物之杂而成文理,当与不当即构成吉凶的来源。这需要透过后天的爻动所代表的物象作用力来理解后天吉凶之相,其实有其先天的作用力之间的本相。纳甲筮法通过纳甲确定爻所代表的物之间的关系,判断物与物之间的关系,并经人意会出来,而知意本物化,意通物化。

(十一)

《易》之兴也,其当殷之末世、周之盛德耶?当文王与纣之事耶?是故其辞危。危者使平,易者使倾。其道甚大,百物不废。惧以终始,其要无咎,此之谓《易》之道也。

【明译】

《周易》的兴起,大概是正当殷商末年、周文王的德业逐渐兴隆的时代吧?那是正当周文王与商纣王那时的事情吧?所以,它的卦爻辞多带有危厉警诫之感。这样写的目的是因为让人民知道危殆,可以使人惕厉自助,转危为安,否则,平易轻慢的言辞会让人民放松警惕,最后导致家国倾覆灭亡。这样的道理无限深宏广大,融贯于万事万物之中,绝不放弃任何一种事物。只有自始至终保持戒慎恐惧的忧患意识,才可以消灾免祸,不受伤害。这就是《周易》蕴藏的大道啊。

【明意】

意包万物。意在居安思危的境遇中,要不断调适意念,意之应事,时刻以戒惧为本。意之生发,时刻不离其时空环境,文王就是一个最好的例子,其对于自己意识生发的分寸和尺度,把握至为精准恰当,知道隐忍待时,不惜等待一生,这是很有历史眼光和长远抱负的。所以文王的意识境遇,已经超越了个体有限的生命,延续到武王和后来周代八百年的基业。如果文王的意识对于其时空之境没有良好的判断和把握,苦心经营几代的事业可能瞬间毁于一旦。所以个人的意识境遇,完全可能有长远甚至永恒的历史眼光。而《周易》至为深刻的内容,不是当世建功立业的指南,而是千秋万代不败的成事指南,正如周代王朝兴替虽然断了,但周代的文化却绵延几千年流传至今。这说明《周易》之大道可以穿越有限的人生,绵延到无限的宇宙和历史时空境遇当中去。

(十二)

夫乾,天下之至健也,德行恒易以知险。夫坤,天下之至顺也,德行恒简以知阻。

【明译】

乾阳之力是天下最刚健事物蕴含的创生之力,它的德性恒久,德行平易,但能及时知晓艰险危难。坤阴之力是天下最柔顺的事物蕴含的成境之力,它的德性恒久,德行简单,但能及时知晓繁杂困阻。

【明意】

乾阳之意健壮发动,相当于宇宙无始以来的创生之力发作,虽平易无垠,但稍有不平、不容易即有困难,即刻感知,所以可以掌管风险,直面危难。坤阴之意跟随乾阳之意可以成事,无限柔顺,毫不逆拒,稍有不简易的地方或阻力都能迅速察知,知道险阻所在,可以说坤阴之意只是顺着乾阳化阻成境,柔顺至极的坤阴之意紧随顺乾阳之意而成就事物。

能说诸心,能研诸侯之虑,定天下之吉凶,成天下之亹(wěi)亹者。是故变化云为,吉事有祥。象事知器,占事知来。

【明译】

乾坤二卦的道理能够使天下万物都心情愉悦,而且能够精研主管天下、养育万物之诸侯们的心思意虑。能够确定天下事物发展的吉凶,成就天下万物勉力不息、奋发创造。所以,人天之意在世间有各种各样的变易和转化发生,只要心意吉祥,发生的事情会有好的预兆。观察卦爻所比拟的事物象征,就可以知道如何去制作器物;运用《周易》来占筮事情,就可以推测未来的结果。

【明意】

乾坤平易简单,天下之心都归顺这样平易简单的大道。《周易》通天下之心(意),达领导人之图谋,故定天下吉凶,成就心通万物的事业。人知道乾坤之理,意会卦象,即可预知事情发展的变化趋势。

自从朱子说"侯之"为衍文后,后人多从此说,但朱子之意,比起孔疏"万物之心,无不喜说,故曰'能说诸心'也。'能研诸侯之虑'者,研,精也。诸侯既有为于万物,育养万物,使令得所"之境界下降太多,故当取孔疏之意境为是。

天地设位,圣人成能。人谋鬼谋,百姓与能。

【明译】

天地自然设立上下尊卑的位置,圣人顺从天道,设立卦爻体系来成就人天之意在不同时位的功能。这样,圣人的智谋先通于大众之心,在人谋仍然存疑的情况下,可以通过占卜和解读卦爻系统等途径,参与到天地阴阳变化莫测的鬼神智谋之中去,如此打通人谋与鬼谋之后,连同普通百姓也都认可并跟着圣人的谋划,参与这种接通天地、延伸意识境遇的功能运用之中。

【明意】

天地之意,本自然之意,非人之意,意本无言,圣人之意穿透天地,分开阴阳,顺其自然之意而有人天之意。圣人的意在天地之间,通达天地阴阳而设立卦爻系统,区分六个爻位,用以设置天地之间的位置,扩展天下人心,延伸人们的意识境遇,提升人们的意能,让人民的意境推延到神秘莫测的阴阳变化境地里去。百姓认可并主动参与人在天地之间的谋划,意会生生之意能,并能主动创造延续意能的境遇,享受通过卦爻体系延伸意识的能量边界的无限乐趣,此北宋邵子之乐,亦天下学易者、悟通人天之意者之乐也。

八卦以象告,爻彖以情言。刚柔杂居,而吉凶可见矣。变动以利言,吉凶以情迁。是故爱恶相攻而吉凶生,远近相取而悔吝生。情伪相感而利害生。凡《易》之情,近而不相得则凶,或害之,悔且吝。

【明译】

八卦用卦象来向人们显示告知《易》道,爻辞、彖辞以模拟事物的具体情理来阐发《易》道。刚爻与柔爻交错杂居,吉凶就可以显现出来。爻的变动用是否对人有利的方式来启发人们,卦爻变动的吉凶则依据事物发展的实际情理而变迁。所以,阳刚阴柔或因爱相求,或因恶相攻,吉与凶就在这种推拉过程之中产生了;阴阳爻之间或远或近,彼此相应或亲近邻比,互相攻取,悔和吝就在这样的关系中产生了;阴阳爻之间或真情相感,或虚感无应,利与害就在这样感应的关系当中产生了。大凡《周易》所显现的情理,如果比邻的两个爻,虽然近在一起,但彼此互不相容,那就会有凶险,或者彼此伤害,这样就会造成忧虑、悔恨甚至有吝难和灾祸,空留遗恨。

【明意】

卦爻系统是为了模拟先天之气(力)的变化,爻动即意念交流,爻的关系说明心意之间的远近,爻与爻的互动说明意识之间的感应,这种后天的意动通于先天之气(力)之动。爻与爻之间好比人的心意之间,如果没有感应交流关系,利害和吉凶自然无从谈起。在这个意义上,情的交流和感应,是《易》阴阳互动的和谐。因为亲近关系或者彼此有感应关系,在心意或者彼此欣赏或者彼此厌恶之后,就会有得失利害的关系,这是情意进一步实化之后引发的。尤其是亲近而不互相欣赏的情况下,有可能造成彼此互相伤害的结局,通常两败俱伤,一旦情感之间的爱恶付诸行动,就会有彼此的伤害发生,可见对于卦情之中的爻情,应该有非常精准的意会,可以帮助人们体会意念付诸行动的分寸。

将叛者其辞惭,中心疑者其辞枝。吉人之辞寡,躁人之辞多。诬善之人其辞游,失其守者其辞屈。

【明译】

(人情不相得的情形有很多,比如遇到)将要背叛的人,(因为背信弃义)他的言辞就会羞惭不安;心中疑惑的人,(因为犹豫不决)他的言辞就会支离多歧,模棱两可。吉祥善良的人,(德性贤明)他的言辞必然少而精辟;浮躁的人,(心烦意乱)他的言辞必然多而散乱。诬枉好人的人,(内心虚伪)他的言辞必然游移无定;失去操守的人,(理屈气馁)他的言辞必定卑屈空洞。

【明意】

言语是意念的外化,心意化为言语有不同的表现,所以我们从言语的分寸,可以感知一个人实化自己意念的分寸。《周易》的神妙之处在于,卦爻辞可以依据不同的情境发生变化,比如碰到不同的人,卦爻辞就可以从不同的角度加以理解,也应该这样理解,才能说明,《周易》本身是心物一体的书,心物的变化是同步的。在一定程度上可以说，《周易》的运用通于揣摩之术，也是实化意念的延伸状态。

人与人之间，不相得的情形很多，卦爻辞会自然显现出来。人生之遇，不如意十之八九，遇都是特定的时空之中的遇，也是心物一体的遇，卦爻辞能够随遇而安，随遇而变，随顺人情之遇而不断变化，实在不可思议。可见，《周易》的作者，对于不同心意状态的人，都有非常精准的把握，所以《周易》全书言辞系统，可以为各种各样心意状态的人提供参考，要点在于改变心意，接续人天之意。

二　说卦传

《说卦》本是专为说明卦象而写的《易经》古传,研读《易经》必自《说卦》始。《周易》本身是象学,研读卦爻辞的时候,如果不通过卦象进入,卦爻辞的核心就无法理解。

（一）
昔者圣人之作《易》也,幽赞于神明而生蓍,参(sān)天两地而倚数,观变于阴阳而立卦,发挥于刚柔而生爻,和顺于道德而理于义,穷理尽性以至于命。

【明译】
从前圣人创制《易经》的时候,穷极幽深,暗中参赞于神明之意的境域,从而创造了用蓍草来占筮的方法,效法天地自然之数,把天奇(一、三、五三个天数)地偶(二、四两个地数)相互交错的道理揣摩出来,确定了《易经》的数理。观察天地阴阳的变化而设立了卦形,发挥阳刚阴柔的道理而创制了爻变,把人的道德与天地阴阳之道相协和,将天人之际理顺合宜,穷极奥理,尽究万事万物的本然之性,以至于通晓并揭示它们的命运。

【明意】
《周易》从一开始就通神于神明,神秘的大道通过《周易》系统来彰显其人天之意,所以这个系统的起源代表天意或者神意,确实有神秘性,但古人就是想用一个系统把它的神秘机制揭示出来。这个体系的建立,如果不通神明之意,就不可能发明出来。

和顺是人天之意承接天机,展示人在天地之间,能够悟到人天之意,需要坦荡的胸怀,方能承接天地之大德,让人天之意接续幽深神妙的天地灵气,意念之境从而从人心之发延展至天下万物,如有神明于暗中相助一般。于心物融通之境中,可以推究事物的性情道理,并且将事物的发展变化掌握透彻,将其生死之间的命运之道揭示出来。揭示命运的学问皆先天之学,而先天之学,乃心物融通之法。

（二）

昔者圣人之作《易》也，将以顺性命之理，是以立天之道曰阴与阳，立地之道曰柔与刚，立人之道曰仁与义。兼三才而两之，故《易》六画而成卦。分阴分阳，迭用柔刚，故《易》六位而成章。

【明译】

从前圣人创制《易经》的时候，是要用它来调理和顺万事万物的自然本性和它们的自然命运之间的道理。因此确立了天道有"阴"与"阳"两方面，地道有"柔"与"刚"两方面，人道有"仁"与"义"两方面。六爻兼备天地人三才的道理而两两相合，所以《易经》以六个爻画组成一卦。六画分开阴位阳位，交替使用刚爻、柔爻，因此《易经》每卦必须具备六个爻位才交错成章。

【明意】

《周易》作者认为，虽然三画卦已经具备天地人三才，但看不出它们之间的变化，因为天有二气，地有二质（形质），人有二性，并且都有阴阳，所以必须重叠三爻卦，成为六画卦，这样才能够把天地人三才的交流与变化显现一个六画卦之中。本章说明，何以每个卦画需要六个爻位，因为天分阴阳，五爻为阳，六爻为阴；地分阴阳，一爻为阳，为刚，二爻为阴，为柔；人分阴阳，三爻为阳，为义，四爻为阴，为仁。

古代圣人悟到人天之意，让自己的意识时时刻刻接续天机，首先意会万物之本性，并意会本性流行而成各自的命运，从而形成理顺性与命的意向和努力。圣人意图发明一个系统，能够揭示天地的秩序、人间的秩序，而最为重要的是，要能够揭示和澄明心意的秩序。他们找到通过卦爻符号的系统来理顺天地与人之间的互动，并且发现而理顺天地人三才之间的关系和互动之后，可以运用卦爻符号的变化来逆推事物的发展变化，解释天下万事万物的命运生成机制，事情变化的过去和将来，以及人心应该如何随顺事物之变而运化阴阳、成就事业。

（三）

天地定位，山泽通气，雷风相薄，水火不相射，八卦相错。数往者顺，知来者逆，是故《易》逆数也。

【明译】

　　乾天和坤地一上一下确定了各自的位置,艮山和兑泽一高一低,彼此气息相互连通,震雷和巽风相互激荡,坎水和离火格格不入,八种基本的自然现象所象征的八卦交错排列,正是世界既对应又统一的不同关系的显现,表现天地万物最为原始的本体性秩序。要知道以往的事情顺数向前推,要知道未来的事情逆数向后推。《易经》主要是预测未来,所以是逆数。

【明意】

　　本章说明设立八卦,用以象征八种自然现象,八卦都是三爻卦,即乾☰为天,坤☷为地,艮☶为山,兑☱为泽,震☳为雷,巽☴为风,坎☵为水,离☲为火。《周易》作者认为,这是自然界最显而易见、最有代表性的八种物象,可以指代八类事物,每一类事物都代表一种意识延伸的机制。扬雄在《太玄》里说:"南北定位,东西通气,万物错乎其中,准八卦也。"北宋邵雍认为,这是伏羲时代的先天八卦方位(见图)。

先天八卦方位图

　　大自然中乾天和坤地的位置永远不变,所以是确定的位置。高山与湖泽总是相连,地气在高山和湖泽之间穿行,气穴相通,使得气脉不断,好像人身有窍孔作为气息进出的通道,又有经络连通人身的气脉为一体,所以气息相通。风与雷相互感应激荡,产生层层波动。心与物感通,心灵的波动可以激发物质的波动,波动和推荡就是激荡运动。水与火格格不入,在性质上水可以灭火,火可以让水消失,但跟量还有关系,很少的水灭不了大火,很小的火也不可以灭掉很大的水,但彼此制约的特性不变。

　　"数往者顺,知来者逆"历来讲法多种多样,但不可离开先后天八卦的内在合理性来理解,否则就多有不通。应该说,先天八卦为八卦顺的位序,后天八卦为八卦逆的位序。顺数八卦的位序是:乾一、兑二、离三、震四、巽五、坎六、艮七、坤八。逆数八卦的位序是洛书配后天八卦位序:坎一、坤二、震三、巽四、中五、乾六、兑七、艮八、离九。按照先天八卦位序可以顺数以往的情况,按照后天八卦位序可以逆知未来的情况。过去发生的事情,不需要用先天八卦去数,如果要知道未来的情况,就要运用后天八卦的逆序去推测。

《周易》通过先天八卦来意会世界本体性的先天结构,但如果要运用《周易》之道来知晓未来事物变化的趋势,就要用逆数的后天八卦。面对意物感通之机,要知道其变化的趋势,不是顺着此机往前推,而是逆着其机之起,去把握意物相会之机发动之前的感通过程,从数理上是通过逆推来得到。

(四)

雷以动之,风以散之,雨以润之,日以煊(xuān)之,艮以止之,兑以说之,乾以君之,坤以藏之。

【明译】

震为雷,雷有振起的作用,震的特性是振奋鼓动。巽为风,风有吹散的作用,巽的特性是吹散播散。坎为水,在天为雨,雨有滋润的作用,坎的特性是滋润万物。离为火,在天为日,日有晒干的作用,离的特性是温暖干燥。艮为山,大山有阻止的作用,艮的特性是阻止使静。兑为泽,大泽有使人娱悦的作用,兑的特性是欣悦万物。乾为天,在地为君王,君王有主宰的作用,乾的特性为君临主宰。坤为地,地有负载万物的作用,坤的特性是包容藏养。

【明意】

本章说明八卦的功能和基本作用,或者是八卦对应的八种心意及其所对应的意向性特征。

(五)

帝出乎震,齐乎巽,相见乎离,致役乎坤,说言乎兑,战乎乾,劳乎坎,成言乎艮。

【明译】

创生万物的天帝从东方震位出来,故震有复出的意义(时值春季,草木初生)。到了巽万物就变得鲜洁整齐,故巽有鲜洁整齐的意义(时值春末夏初,万物欣欣向荣)。到了离,就光辉具足地显现出来,故离有相见的意义(时值盛夏,万物茂盛)。到了坤,天帝把自己的使命交给大地去完成,故坤有致役的意义(时值夏末秋初,万物苗壮生长)。到了兑,变得喜悦言笑,故兑有喜悦言笑的意义(时值正秋,果实累累)。到了乾,六阳具足与阴气交战,故乾有交战的意义(时值秋末冬初,万物由盛转衰)。到了坎,已变得劳苦,故坎有劳苦而犒赏的意义(时值正冬,万物收敛蓄藏)。到了艮,天帝巡行一周的任务完成,故艮有成功的意义(时值冬末春初,万物终而复始)。

万物出乎震,震东方也。齐乎巽,巽东南也;齐也者,言万物之絜齐也。离也者,明也;万物皆相见,南方之卦也;圣人南面而听天下,向明而治,盖取诸此也。坤也者,地也;万物皆致养焉,故曰致役乎坤。兑,正秋也;万物之所说也,故曰说言乎兑。战乎乾,乾,西北之卦也,言阴阳相薄也。坎者,水也;正北方之卦也,劳卦也,万物之所归也,故曰劳乎坎。艮,东北之卦也;万物之所成终而成始也,故曰成言乎艮。

【明译】

万物从震位生长出来,震卦位在东方。到巽方变得鲜洁整齐,巽卦位在东南;齐是说明万物都生机盎然,发育得鲜洁整齐的意思。离是光明。万物都旺盛地显现出来,离卦位在南方;圣人坐北向南听理天下的政务,面向光明来治理,大概就是取自离象征光明。坤是大地,万物都依赖大地得到养育,所以说大自然把生成万物的劳役交给坤。兑是正秋时节,万物因为成熟而喜悦,所以说在兑位喜悦。在乾的方位争战起来,是因为乾卦的卦位在西北方,是阴气与阳气在这里相互接触,激荡交战。坎是水,卦位在正北方,是个因劳苦而有成效和收获的卦,万物在这里要归藏起来,所以说在坎位有劳效。艮的卦位在东北方,万物在这里完成而又重新开始,所以说在艮位成功。

【明意】

本章从天帝的运动轨迹说明八卦在一年四季的意义。天帝指太乙,即北斗星的斗柄,天上斗柄旋转的过程正好对应于地上四季更替。"致役乎坤"是把非常艰苦的劳作交给阴力来完成,阴力有吃苦耐劳的品质,能够实化阳力。

八卦之中,震东、巽东南、离南、乾西北、坎北、艮东北,都讲方位。而在兑下说"正秋",则讲时令,这是一种互文的修辞方法,说明其他可以互推出来。

既然兑是在西为正秋,那么震为春、离为夏、坎为冬。根据这段话,可以排出后天八卦方位图(见下图)。

后天八卦方位图

以《说卦》为据,后天八卦图按照八卦的方位和时令排列。它的时令、方位与意义,是与斗柄旋转的天文现象联系在一起的。相传后天八卦的方位是周文王变动先天八卦位序而成的,所以又称"文王后天八卦"。

在意本论体系构架当中,乾是刚健之意生,坤是柔顺之意境,震是震动之意缘,巽是进入之意识,坎是危陷之意行,离是附丽之意向,艮是止息之意量,兑是喜悦之意能。意本论体系建立于对应各卦卦象及其特性的了解基础之上,所以解读《说卦》《序卦》《杂卦》是理解《周易》意本论的基石,以下部分以译为主,略加解释,不再做"明意"发挥。本章意图说明,《周易明意》建构"卦之总说",完全是在传统卦的特性的基础上来设计和建构的,并不改变传统八卦的特性,以及先后天八卦图卦象之间天然的关系。

至于意本论的系统性建构,请在了解各卦性质的基础和先后天八卦、分宫卦象上,阅读六十四卦三百八十四爻的"明意"部分进行解读。

(六)

神也者,妙万物而为言者也。动万物者莫疾乎雷,挠(náo)万物者莫疾乎风,躁万物者莫熯(hàn)乎火,说万物者莫说乎泽,润万物者莫润乎水,终万物、始万物者莫盛乎艮。故水火不相逮,雷风不相悖,山泽通气,然后能变化,既成万物也。

【明译】

所谓神妙,是对创生万物、使得一切存在变化与生生不息的奥妙来说的。

能震动万物的,没有什么能比得上雷更激烈;能曲挠万物的,没有什么能比得上风更迅速;能干燥万物的,没有什么能比得上火更炎热;能使万物喜悦的,没有什么能比得上大泽更和悦;能滋润万物的,没有什么能比得上水更温润;能使万物完成又重新开始的,没有什么能比得上山更盛大。所以水火格格不入,但水可以救火,火可以化水,雷与风不相背逆,相互激荡推动,彼此促进,高山与湖泽气息相通,然后自然而然能够变化流通,造化进而形成万物的奇妙景观。

【明意】

八卦取象是因为代表一类最有特性的事物,此章说明每卦都可以被赋予无穷之力,都是最为典型和有特色的性质的综合体,万物皆有生机,生机勃发,神妙莫测,显化为八种最为明显的特性,流转运化,彼此制衡,不可思议。

(七)

乾,健也;坤,顺也;震,动也;巽,入也;坎,陷也;离,丽也;艮,止也;兑,说也。

【明译】

乾为天,运转不息,变化多端,又为纯阳,所以是刚健。坤为地,顺承万物,安安静静,又为纯阴,所以是柔顺。震为雷,动如雷霆,又象一阳从底下出动,奋发有为,所以是振动。巽为风,无孔不入,又象一阴入于二阳之下,所以是进入。坎为水,水容易陷入,又象中间一阳陷入上下两阴,所以是下陷。离为火,火必须附丽在物体之上才能燃烧,又象中间一阴柔之爻附丽在上下二刚之内,又象火光靓丽,所以是附丽。艮为山,不动如山,所以是静止。兑为泽,碧波荡漾,养育万物,又象外柔内刚,所以是和悦。

【明意】

八卦各有其卦德,或各自显现最为基本的特性,代表某些行动性的倾向,或者说某一类意向性的特征。

(八)

乾为马,坤为牛,震为龙,巽为鸡,坎为豕,离为雉,艮为狗,兑为羊。

【明译】

乾为马,因为乾卦是纯阳卦,为奇数,马蹄是圆形,象一,为奇数;又乾为阳,马属阳,行走时前蹄先起,下卧时后蹄先卧;又阳极生阴,马常站立,生病则卧;又乾为天,运动不息,马性刚健致远。坤为牛,因为坤卦是纯阴卦,为偶数,牛蹄子分拆,象二,为偶数;又坤为阴,牛属阴,行走时后蹄先起,下卧时前蹄先卧;又阴极生阳,牛常卧,生病则站立;又坤为地,顺承万物,牛性柔顺而承载货物。震为龙,因为龙潜藏于大海之中,震卦一阳藏于两阴之下;又震为雷为动,龙飞上天,必电闪雷鸣。巽为鸡,因为巽为风,刮风可知时令,鸡鸣可知时间;又风烈则雷鸣,鸡准备鸣叫时,必然拍打翅膀;又巽为风,刮风必看天气,鸡低头喝水,然后必然仰头看天;又巽为入,鸡吃食则入,鸡不会飞,伏地前行,鸡羽毛怕淋雨,遇阴天则钻入鸡窝,鸡休息时,一脚独立,一脚深入前胸。坎为猪,因为水处万物之所恶,猪喜欢生活在肮脏潮湿的地方;又坎上下二阴,中间一阳,猪身肥壮,前后则头俯耳垂尾巴短;又坎卦中刚外柔,猪外迟缓而内性暴躁。离为野鸡,因为离火艳丽,又离为文明,野鸡羽毛秀丽;又离卦外刚而内柔,野鸡见人就会缩头,是内心柔弱。艮为狗,因为艮山静止,狗能看守止人;又艮外刚内柔,狗对外人凶猛,对自己人摇尾谄媚。兑为羊,因为兑卦外阴内阳,外柔内刚,羊外表柔悦,叫声亲切,喜欢群居,内心刚狠,喜欢顶撞;又兑上阴象羊角,兑卦象羊字。

【明意】

本章解释八卦如何远取诸物,何以乾是马,坤是牛,震是龙,巽是鸡,坎是猪,离是野鸡,艮是狗,兑是羊。其实都是古人在长期的生活实践当中,对身边的动物做了细致的观察,对他们的特性做了归纳总结,才区分出八种类象,对应上面八卦的基本属性,也是人们意会动物各有八种意向性特征。

(九)

乾为首,坤为腹,震为足,巽为股,坎为耳,离为目,艮为手,兑为口。

【明译】

乾为头,因为乾为天,高高在上。坤为肚,因为坤为地,藏养万物。震为足,因为震为动,足行走运动;又震卦一阳在下动,象脚在底下走动。巽为腿,巽能行权,随机应变,腿随脚而动;又巽二阳在上,下阴分开,象人站立,两腿分开。坎为耳,因为坎为陷,耳孔向内陷入。离为目,为光明,又为附丽,眼睛必须借助光亮才能看见。艮为手,因为艮为静止,手能止物;又艮卦一阳动于上,象人手在身上动。兑为口,因为兑卦一阴在上开口,象嘴在头上张口。

【明意】

人意向及于自身,用的是观测外物的意向性,归纳人身器官的特点,说明何以乾是头,坤是腹,震是脚,巽是腿,坎是耳朵,离是眼睛,艮是手,兑是嘴。八卦代表不同的身体部位,因为不同部位各有其特性。八卦没有提到心,因为心为神也,心神是以巧妙的指挥身体五官来表现的。人身本来就是一个小宇宙,所以乾首坤腹,象天地定位;坎耳离目,耳目互不相见,象水火不相射;面相学鼻梁为山根,所以艮也为鼻子,艮鼻兑口,象山泽通气;巽为号令,手势可发号施令,所以巽也为手,震足巽手,人行走时必摆手,象雷风相薄。这都是从人身器官的运动和气化运行的特点来对应卦与卦的关联关系。

(十)

乾,天也,故称乎父;坤,地也,故称乎母。震一索而得男,故谓之长男。巽一索而得女,故谓之长女。坎再索而得男,故谓之中男。离再索而得女,故谓之中女。艮三索而得男,故谓之少男。兑三索而得女,故谓之少女。

【明译】

乾卦像蓝天那样令人敬畏,因此称作父亲;坤卦像大地般和蔼可亲,因此称作母亲。有天地必生万物,有男女必生儿女,刚柔相交而成变化。《易经》逆数,从下往上,以下为先。乾父坤母结合,震卦是坤母从乾父中索求的第一个阳爻而生出的男孩,故叫长子。巽卦是乾父从坤母中索求的第一个阴爻而生出的女孩,故叫长女。坎卦是坤母从乾父中索求的第二个阳爻而生出的男孩,故叫中男。离卦是乾父从坤母中索求第二个阴爻而生出的女孩,故叫中女。艮卦是坤母从乾父中索求的第三个阳爻而生出的男孩,故叫少男。兑卦是乾父从坤母中索求的第三个阴爻而生出的女孩,故叫少女。

【明意】

乾父坤母是乾道成男、坤道成女在阴阳结合时候的说法,用父母生六子比附乾坤生出六子卦,正好配合八卦而有人伦属性。六子卦显然是从三爻象上加以区分的,但解读卦象进入运用的时候,各卦都可以意会为实相,并跟万物类象比附对应,这是抽象出来的六子卦可以回到现实当中,并与具体事物对应而能够神秘莫测,这是因为象物不分,如心物不分;象通于物,如心意通于事物。

(十一)

乾为天,为圜,为君,为父,为玉,为金,为寒,为冰,为大赤,为良马,为老马,为瘠马,为驳马,为木果。

【明译】

乾卦刚健,故为天。天圆地方;又天道循环往复,故为环绕。天尊贵在上,故为君、为父。天体纯粹刚健,故为玉、为金。乾卦处在西北方,天寒地冻,故为寒、为冰。乾卦纯阳,为太阳,太阳刚刚升起和落山之时,为大红色,故为大赤。乾卦刚健,故为良马。乾卦纯阳,阳极生阴,壮变老,肥变瘦,纯色变杂色,故为老马、瘦马、杂色的马。天上有日月星辰,就像树上有果梨桃杏;又果子为圆形而在树上,象天圆在上,故为树木的果实。

坤为地,为母,为布,为釜(fǔ),为吝啬,为均,为子母牛,为大舆,为文,为众,为柄,其于地也为黑。

【明译】

坤卦包藏,生养万物,生儿育女,故为地、为母。坤卦柔顺广远,可以包藏,故为布。大地成熟万物,象锅煮熟食物;又坤卦纯阴虚,象锅中空;又大地中虚而藏物,象锅中虚而盛物,故为锅。大地始终持有万物而从不舍弃,故为吝啬。大地生养万物,均衡而不挑剔,故为均匀。大地生生不息,时刻都在生养万物,故为怀孕的母牛。大地装载万物,天旋地转,故为大车。地上的万物五彩缤纷,各有文采,故为文。坤卦纯阴,阴爻成群结队,故为众。大地在下面把万物承载在上面,故为把手。坤卦纯阴,阴暗至极;又天南地北,北方为黑色,对于地来说,土壤为黑土地。

震为雷,为龙,为玄黄,为旉(fū),为大途,为长子,为决躁,为苍筤(láng)竹,为萑(huán)苇。其于马也,为善鸣,为馵(zhù)足,为作足,为的颡(sǎng)。其于稼也,为反生。其究为健,为蕃鲜。

【明译】

震卦为动,打雷震动;又一阳在二阴之下动,如阴雨天才打雷,故为雷。为龙。乾坤始交而生震,天为玄,地为黄,天地相交的颜色就是玄黄色,故为玄黄。雷响而春天之气散布大地;又春回大地,万物呼吸散发的大气;又阳气初生,前面两阴象阳气散布开来,故为散布。底下一阳奋进,前面两阴象开出的两条大路,故为大路。为长子。雷霆猛烈;又一阳初动,向上决进,故为暴躁。春雷作响,万物初生,初生的竹子为青色;又震居东方,东方为青色;又底下一阳为根,上面两阴象一节一节的竹子;又竹子下根实,象一阳,上面的竹竿空虚,象两阴,故为青嫩的竹子。一阳为乾,上面两阴象挂着的穗子;又一阳生在两阴旁,象芦苇生长在阴湿的河水旁,故为芦苇。震卦足动,也属于马,对于马的这一类,雷声隆隆,又阳为火,阴为水,水遇火会发声,善于鸣叫,又一阳在下跳动发声,上面两阴开口,故为马善于鸣叫;一阳在底下动,阳光明亮为白色,白色在下;又春雷作响,春回大地,万物初生,又电闪雷鸣,又震卦在左,打雷时,先看到闪电,后听到雷声,故为马的后左蹄子是白色,行走时容易看见;震卦为雷,雷电是从地底下打到天上,又一阳在下而起,向上决进,故象马的前蹄腾跃而起;万物震动,又震卦为鼻足,马蹄子为白色的马,额头也必为白色,故象马的额头为白色。对于庄稼来说,是一种反生长的庄稼,意思是不是根在下,果实在上,反而是果实在土里,根在土地上面;果实不是从地上生长出来,反而是一种在土地里就生长的庄稼,例如花生、土豆、红薯、豆类食品,取象于震卦,因为震卦一阳在两阴之下反生;又象一阳果实在两阴地下生长。震卦一阳虽然刚刚萌动,但其终究是最刚健的;又象征万物初生,终究会长大茂盛,故又为绚丽茂盛而灿烂鲜明。

巽为木,为风,为长女,为绳直,为工,为白,为长,为高,为进退,为不果,为臭。其于人也,为寡发,为广颡(sǎng),为多白眼,为近利市三倍,其究为躁卦。

【明译】

巽卦为入,木善于入土,无土不穿,风善于入孔,无孔不入,故为木、为风;又一阴在下,象根部在下,二阳在上,象树干枝繁叶茂,故为木。为长女。巽卦为风,风吹万物整齐划一,绳子可以衡量木头的曲直,故为笔直、为工艺。风吹大地,一尘不染,干净洁白,故为白。风能吹得很长远,故为长。风可以把物体吹得很高;又参天大木,故为高。风东西南北到处乱吹,故为进退、不果断。风吹可以散味,故为臭。对于人来说,风吹落叶,如人的头发稀疏,故为少发;头发少则前额宽广,故为广阔的额头;阳为白,阴为黑,故离卦上下为白,中间为黑,像眼睛,巽卦二阳在上,一阴在下,为翻起了白眼,故为多白眼。巽卦善入,能够靠近;又能进退,可以权衡利弊;又风吹万物,没有偏袒,像公平交易的市场,故为靠近利益的市场能获利三倍多。巽卦一阴虽然刚刚潜入,但其终究是最躁动的卦;风虽然为气流,但力道很强大。

坎为水,为沟渎,为隐伏,为矫輮(róu),为弓轮。其于人也,为加忧,为心病,为耳痛,为血卦,为赤。其于马也,为美脊,为亟心,为下首,为薄蹄,为曳。其于舆也,为多眚,为通,为月,为盗。其于木也,为坚多心。

【明译】

坎卦一阳在中,像水透明;又一阳陷入二阴之中,如陷入水中;又一阳在中,二阴在外,为内明外暗,故为水。坎卦一阳在二阴之间穿行,象河流渠道,故为沟渠。一阳藏在二阴之中;又水多隐藏在地下,故为隐伏。水流蜿蜒曲折,故为矫正、弓箭车轮;又弓箭、车轮弯曲,都是把木头矫正弯曲过来的;又水流湍急如射箭,水流弯曲如车轮;又坎为月亮,月亮有时象弓箭的弯曲,有时象车轮满圆。对于人来说,坎卦是坎坷险难,故为更加忧愁,为心病;耳朵中空,坎卦一阳在中堵塞,故为耳痛,又中医有耳通气海一说,坎卦一阳中实;水在地上流,象血在人体流,故为血卦;血为红色,故为赤。对于马来说,坎卦一阳在中央如脊背,二阴在外如身体匀称,故为美丽脊背的马;坎卦一阳在内刚硬,内心焦急,故为心性急躁难以驾驭的马;水流头先趋下,故为垂头的马;水流轻快,故为蹄子轻浮多动的马;坎为险难,马遇到危险头向后扯,故为向后曳扯的马。对于车来说,坎卦一阳在中象车身,上下两阴象四个车轮,但坎卦为险陷,故为多灾难不安全的车;水流无阻挡,又滴水可穿石,故为通;水借光而透明,因此一阳在内而发光,就像月亮借助太阳而发光;又水流变幻无形,月亮圆缺变化;又月亮可引动潮汐,故为月;坎为隐伏,为月,在月夜下隐伏,又一阳藏于两阴之中,故为盗。对于木来说,坎卦刚在中,中心坚实,故为坚硬实心。

离为火,为日,为电,为中女,为甲胄,为戈兵。其于人也,为大腹。为乾卦,为鳖,为蟹,为蠃(luǒ),为蚌,为龟。其于木也,为科上槁。

【明译】

离卦为附丽,火附着木头才燃烧;又内阴外阳,如火内暗外明;又离卦在南方,多炎热,故为火。火光照亮,如太阳光明;又中间一阴暗,如太阳黑子;又太阳附丽在天上,故为日。火光发亮;又二阳在外,一阴在内,亮光在阴暗处发光;又离卦中虚,象电流无影无形;又闪电附丽在云雨中,故为电。为中女。离卦一阴在内为内柔,二阳在外为外刚,内柔外刚故为盔甲、战士。对于人来说,内虚外实,可以包容万物;又火可烧万物,包括一切;又月亮有圆缺,而太阳常圆满,犹如孕妇,故为大肚子。日生于天;又离火干燥,故为干燥卦象,又是乾卦(乾为昼,离为日,离日与白昼通)。内柔外刚,有贝壳之象,故为王八、螃蟹、海螺、蚌、龟,又都为大肚子。对于木来说,外干硬内空虚;又火性炎上,树木内空,上部必干枯落叶,故为干枯的树木。

艮为山,为径路,为小石,为门阙,为果蓏(luǒ),为阍(hūn)寺,为指,为狗,为鼠,为黔喙(huì)之属。其于木也,为坚多节。

【明译】

一阳高高在上,二阴象地,如高耸的山顶;又艮为止,山在地上静止,故为山。山上有盘山小路;又一阳挡在前,大路不通,只能绕小道,震为大途,艮卦反过来是径路,故为小路。艮为山,一阳在上象小石头,大而为山,小而为石,故小石。一阳横跨在两阴之上,两阴象两根柱子,也象两扇门,有门的样子;又艮为止,门能止人入内,故为城门。一阳在上如果实,二阴在下如根部或者蔓延的藤,故为瓜果。艮为禁止,故为看门的人。艮为手,手指可以取物,可以止物;又人的身体,在下动的,为足为震,在上动的,为手为艮;又艮为坚多节,手指多节,故为指。前刚后柔,老鼠、狗牙齿坚硬;又狗可以禁止人,鼠被人禁止,故为鼠、狗。鸟喙、野兽牙齿非常坚硬,飞禽走兽的嘴一般都为黑色;又飞禽走兽多居深山老林之中;又动物都靠嘴来守卫,故为禽兽之类。对于木来说,艮卦阳刚在上,是坚木,二阴在下,枝枝节节,故为坚硬而且有好多节的树枝。

兑为泽,为少女,为巫,为口舌,为毁折,为附决。其于地也,为刚卤。为妾,为羊。

【明译】

兑为坎水初爻变阳,水底堵塞不通,聚集为湖泊;又一阴蓄止在上,象湖泽,故兑为泽。为少女。湖泽幽深,意境神奇,故为巫术或巫师。阳动于内,象舌头在嘴里动;又说话需舌头,故为口舌。兑卦上缺;又兑卦正秋,瓜熟蒂落,树干叶落,故为毁坏折断、脱落。对于地来说,一阴在上,二阳在下,底下厚实坚硬,又泽水多盐,又兑卦在西,五行属金,颜色为白,故为土地坚硬的盐碱地。兑卦外柔内实,内有涵养,外谦虚,又兑卦为少女,犹如古代女子对自己的谦称,如妾身、贱妾,故为妾。为羊。

【明意】

　　本章具体分说各卦象征的事物,是解读《周易》的密码本,各卦所分列的象,在解释卦爻辞的时候基本上都会用到,只是频率不同,有些常常用到,不断重复,有些很少用到,只出现一两次。各卦所象征的事物好比是单词,而象征的规则好比是语法,他们构成了《周易》卦爻辞语言的核心内容,万变不离其宗。脱离了《说卦》的卦象,就丧失了卦爻辞的单词和语法,也就无法解读卦爻辞这门非常特殊的语言。

三　序卦传

有天地,然后万物生焉。盈天地之间者唯万物,故受之以屯。屯者,盈也。屯者,物之始生也。物生必蒙,故受之以蒙。蒙者,蒙也,物之稚(zhì)也。物稚不可不养也,故受之以需。需者,饮食之道也。饮食必有讼,故受之以讼。

【明译】

(从《周易》人天之意观六十四卦卦序,心意发动处即意会)大自然中有天有地,天(乾)在上地(坤)在下,乾阳坤阴感应交流,万物才能够创生化育生生不息(所以《周易》以乾坤两卦开始)。充满天地之间的也只是万物。所以接着是屯卦,屯是囤积盈满之意,也显示万物开始生出的艰难之象。万物刚生长出来,必然幼稚蒙昧,所以接着是蒙卦,蒙是万物处于幼稚状态,需要启蒙之象。万物在幼稚时期必须得到养育,所以接着是需卦,需是万物都有饮食需求,求生长养之道的意思。饮食男女,欲望纷呈,必然会产生争抢,所以接着是讼卦。

讼必有众起,故受之以师。师者,众也。众必有所比,故受之以比。比者,比也。比必有所畜,故受之以小畜。物畜然后有礼,故受之以履。[履者,礼也。]履而泰然后安,故受之以泰。泰者,通也。物不可以终通,故受之以否。

【明译】

争讼到一定程度,必定会聚众闹事,所以接着是师卦,师是兴师动众之象。天下混乱,群雄逐鹿,众人必然投奔依附,各自亲比,所以接着是比卦,比是亲比的意思。相互比合在一起,必然会形成一种蓄聚状态,所以接着是小畜卦。物质得到蓄积,民众生活丰富起来,就要用礼义来节制,所以接着是履卦,[履是礼节的意思。]人们遵循礼仪去行动,就会通达,然后可以平安舒泰,所以接着是泰卦,泰是通泰的意思。事物不可能永远通泰,必然会有起伏波动,遭遇阻碍,所以接着是否卦。

物不可以终否,故受之以同人。与人同者,物必归焉,故受之以大有。有大者不可以盈,故受之以谦。有大而能谦必豫,故受之以豫。豫必有随,故受之以随。以喜随人者必有事,故受之以蛊。蛊者,事也。有事而后可大,故受之以临。临者,大也。物大然后可观,故受之以观。可观而后有所合,故受之以噬嗑。嗑者,合也。物不可苟合而已,故受之以贲。贲者,饰也。致饰然后亨则尽矣,故受之以剥。剥者,剥也。

【明译】

事物不可能永远否塞不通,无法沟通,必定会遇到志同道合之人,所以接着是同人卦。与人同心同德,大公无私,人和物就会来归附聚集,所以接着是大有卦。大有收获的人不可以骄盈,要谦虚处下,所以接着是谦卦。大有所得又能保持谦虚一定会安居乐业,所以接着是豫卦。心情怡悦一定会有人追随,所以接着是随卦。喜悦地随从他人必然有事相求,迟早会出事,所以接着是蛊卦。蛊是生事,为事蛊惑之象。有了蛊惑之共同事业,励精图治之后才可以成就大业,所以接着是临卦。临是指能够有人光临,显得重大之象。事物发展壮大就蔚为可观了,所以接着是观卦。个人事业或德政教化发展可观,人心民意就前来会合,所以接着是噬嗑卦。嗑就是相合的意思。事物不可以苟且凑合,必须要修饰美化,所以接着是贲卦。贲是文饰的意思。把装修文饰发挥到极致,就意味着繁荣昌盛到了尽头,华而不实,繁华落尽,不再亨通,所以接着是剥卦。剥是剥蚀掉落的意思。

物不可以终尽,剥穷上反下,故受之以复。复则不妄矣,故受之以无妄。有无妄然后可畜,故受之以大畜。物畜然后可养,故受之以颐。颐者,养也。不养则不可动,故受之以大过。物不可以终过,故受之以坎。坎者,陷也。陷必有所丽,故受之以离。离者,丽也。

【明译】

事物不能一直剥蚀到全部尽净,从上剥蚀(阳气)到了极点,(阳气)又会返到下边复生出来,所以接着是复卦。事物复回正道就不会再有虚情妄意,所以接着是无妄卦。心意能够持守中正而不虚妄,然后才可以大有积蓄,所以接着是大畜卦。蓄聚丰饶之后才可以畜养,所以接着是颐卦,颐卦是培养的意思。没有经历一番颐养培育,修身养性,就不能有所行动,更不可能大过庸常,大有作为,所以接着是大过卦。事物不可能总是大越平常,过度便会难以承受而沦陷,所以接着是坎卦。坎是掉落坎陷之中的意思。陷入坎里,落入险境必定会附着在一个地方上,所以接着是离卦。离是附丽的意思。

有天地然后有万物,有万物然后有男女,有男女然后有夫妇,有夫妇然后有父子,有父子然后有君臣,有君臣然后有上下,有上下然后礼义有所错。

【明译】

有了天地然后才会化生万物,有了万物然后才有男性女性,有了男性女性然后才能配成夫妇,有了夫妇繁衍后代然后才会产生父母子女,有了父母子女才出现家族尊长卑少的自然状态,(人类繁衍愈多,需加治理)然后才会有组成国家的君臣,以及君尊臣卑的观念,有了君尊臣卑的观念然后才会产生上下等级的官职名分,有了上下等级的官职名分然后礼仪制度就可以措置实行于其间。

夫妇之道不可以不久也,故受之以恒。恒者,久也。物不可以久居其所,故受之以遯。遯者,退也。物不可以终遯,故受之以大壮。物不可以终壮,故受之以晋。晋者,进也。进必有所伤,故受之以明夷。夷者,伤也。

【明译】

夫妻的正道不可以不长久,所以在象征感应的咸卦之后接着是象征恒久的恒卦。恒就是天长地久的意思。事物不能永久占住一个位置而不发展变化,所以接着是遯卦。遯是衰退的意思。事物不能老是隐遁消退,终将壮大起来,所以接着是大壮卦。事物也不能老是盛壮,必然要争进,所以接着是晋卦。晋是升进的意思。一味进取必然会受到打击伤害,所以接着是明夷卦。夷是受伤的意思。

伤于外者必反于家,故受之以家人。家道穷必乖,故受之以睽。睽者,乖也。乖必有难,故受之以蹇。蹇者,难也。物不可以终难,故受之以解。解者,缓也。缓必有所失,故受之以损。

【明译】

在外受到伤害一定会返回家里,所以接着是家人卦。家道中落,穷困潦倒,一定会妻离子散,所以接着是睽卦。睽是乖背离散的意思。相互乖离必然会遇到艰难险阻,时乖运蹇,所以接着是蹇卦。蹇是困阻艰难之象。事物不可能一直陷于艰困之境,阻难终将缓解,所以接着是解卦。解是缓解的意思。缓解困难必将付出代价,懈怠一定会有损失,所以接着是损卦。

损而不已必益,故受之以益。益而不已必决,故受之以夬。夬者,决也。决必有所遇,故受之以姤。姤者,遇也。物相遇而后聚,故受之以萃。萃者,聚也。聚而上者谓之升,故受之以升。升而不已必困,故受之以困。

【明译】

不停地损减下去,一定会出现损极而反的增益,所以接着是益卦。增益不止一定会溃决,所以接着是夬卦,夬是决退的意思。决断冲开之后一定会另有遇合,所以接着是姤卦,姤是相遇之象。事物都是相遇之后必将会聚,所以接着是萃卦,萃是聚合的意思。不断聚合,成堆向上,就叫作升高,所以接着是升卦。上升不止,一定会有困穷的时候,所以接着是困卦。

困乎上者必反下,故受之以井。井道不可不革,故受之以革。革物者莫若鼎,故受之以鼎。主器者莫若长子,故受之以震。震者,动也。物不可以终动,止之,故受之以艮。艮者,止也。物不可以终止,故受之以渐。渐者,进也。进必有所归,故受之以归妹。得其所归者必大,故受之以丰。丰者,大也。穷大者必失其居,故受之以旅。

【明译】

在上受困,一定会返回到下边来,前进受困,必然后退居下,所以接着是井卦。井有维护之道,下面的水不可不经常流动更新,所以接着是革卦。能变革事物的没有什么能比得上鼎,因鼎可使生的变熟,硬的变软,所以接着是鼎卦。主持掌管国家重器(鼎)的人,没有比嫡长子更适当的了,所以接着是表示长子的震卦。震是开展运动的意思。事物不可以老是震动,要让它停下来,所以接着是艮卦。艮是停止的意思。事物不可以总是静止不前,所以接着是渐卦。渐是渐进的意思。循序渐进必定会有个归宿,所以接着是归妹卦。得到所归、如愿以偿的一定会丰大起来,所以接着是丰卦。丰是盛大的意思。穷极奢大,最后必然会失去寄身之地,流离失所,所以接着是旅卦。

旅而无所容,故受之以巽。巽者,入也。入而后说之,故受之以兑。兑者,说也。说而后散之,故受之以涣。涣者,离也。物不可以终离,故受之以节。节而信之,故受之以中孚。有其信者必行之,故受之以小过。有过物者必济,故受之以既济。物不可穷也,故受之以未济。终焉。

【明译】

羁旅漂泊,无所容身,必须循天顺人,随遇而安,所以接着是巽卦。巽是柔顺进入,有家可归之象。无论是身体还是精神,能够柔顺回家,就会笑逐颜开,所以接着是兑卦。兑是言谈喜悦的意思。说通喜悦之后疑惑消散,互悦日久必不惜福,闲散涣漫,所以接着是涣卦。涣是离散的意思。事物不可能长久离散下去,再离的时候知道要有节制,所以接着是节卦。有节奏规制才能互信相守,有符节而后可取信于人,所以接着是中孚卦。经历人生起伏,知悉信义的分寸,把信义播于四海,有符节凭信的人一定能通行,所以接着是小过卦。信义小过他人,超越常规做事,一定能够完成任务,济渡成功,所以接着是既济卦。事物发展不可能终结穷尽,生命生生不息,周而复始,所以接着是未济卦。如此循环往复,六十四卦终结。

【明意】

《序卦》说明六十四卦何以如此排列的根据,以及彼此相连承续的内在机理。前人归结各卦之间,或者相因,或者相反,所谓"非覆即变"。总的来说,卦与卦之间,为了构筑一个天衣无缝的关联关系,需要严密而且有逻辑的设计,并且诉诸天地自然宇宙本然之道的运化规律,而不是人为的简单安排。通常认为,上经言天道,下经明人事,都有严密不可改易的天道根据,自有其精准不可移易的内在逻辑。

四　杂卦传

乾刚坤柔,比乐师忧;临观之义,或与或求。屯见而不失其居。蒙杂而著。震,起也。艮,止也。

损益,盛衰之始也。大畜,时也。无妄,灾也。萃聚而升不来也。谦轻而豫怠也。噬嗑,食也。贲,无色也。

兑见而巽伏也。随,无故也。蛊则饬也。剥,烂也。复,反也。晋,昼也。明夷,诛也。井通而困相遇也。

咸,速也。恒,久也。涣,离也。节,止也。解,缓也。蹇,难也。睽,外也。家人,内也。否泰,反其类也。

大壮则止,遁则退也。大有,众也。同人,亲也。革,去故也。鼎,取新也。小过,过也。中孚,信也。丰,多故也。亲寡旅也。

离上而坎下也。小畜,寡也。履,不处也。需,不进也。讼,不亲也。

大过,颠也。姤,遇也,柔遇刚也。渐,女归待男行也。颐,养正也。既济,定也。归妹,女之终也。未济,男之穷也。夬,决也,刚决柔也。君子道长,小人道忧也。

【明译】

乾卦刚健,意念之生;坤卦柔顺,意念之境;比卦象征喜乐之意境,师卦象征忧苦的意向之行。临卦观卦的含义,有的给与,有的求取。屯卦是生机出现,艰难中占据一席之地。蒙卦是杂乱蒙茸而显著。震卦是震动奋起,万物开始生发之缘。艮卦是阻碍停止,万物之所终成之量。(正应后天八卦起于意缘,终于意量。)

损卦益卦是旺盛与衰退相互转换的开始。大畜卦是得时,大有积蓄的状态。无妄卦是无妄之灾,飞来横祸。萃卦是聚合,升卦象征升迁了就不再下来。谦卦是自居轻微,轻己重人;豫卦是怡悦,容易懈怠。噬嗑卦意味着需要啮咬才能吃进食物。贲卦意味着经历饮食男女,返璞归真,无色无欲才是最美的文饰。

兑是喜色飞扬,显现于外。巽卦是情感收敛,隐顺内伏。随卦是没有成见,从宜适变,随顺若无其事;表面无事,暗藏有事之祸乱。蛊卦是需要随时整饬无事状态下隐藏的祸乱。剥卦是朽烂。复卦是返回,剥落腐烂正是生机复返之时。晋卦是白昼之时,人天之意光明灿烂。明夷卦是光明被杀伤之后的暗算诛杀。井卦象征井水养人,和气通畅;而困卦象征困境受阻,但终能突破相遇。

咸卦是迅速感应。恒卦是(要把这种感应)长久保持。涣卦是离散,节卦是节止,万物看似涣散无序,其实都有章法节制。解卦是舒缓化解。蹇卦是行进之难,举步维艰,刚刚缓解,困难接踵而至。睽卦是情意乖异,分离于外。家人卦是回到家内,和睦亲乐。否卦与泰卦是否塞与通达,类别相反、相互转换的事类。

大壮卦是盛壮之时当知止,遯卦则是穷困之时要退避。大有卦是拥有众多,一视同仁,意通天下。同人卦是与人亲合,则能大有。革卦是除旧,鼎卦是立新,变革去旧方能立新,鼎立新风方能去旧。小过卦是小有越过。中孚卦是取信于人,做事中心诚信,可以小越节度。丰卦是因丰大而多事,亲朋故旧多来投靠,其实薄情寡义,皆为利来。亲友少是旅卦,失其所居,流浪天涯。

离卦是火炎向上,坎卦是水流润下。物质文明兴盛的同时,精神意识不断沦陷;发明创造越花样翻新,意识越受依赖和禁锢。小畜是积蓄尚少,有礼有节。履卦是循礼而行,不敢进取,不露真情。需卦是等待而不前进。讼卦是争讼起,难再亲。

大过卦是大过平常,刚柔颠倒,非常时期,颠覆常理。在这样刚柔颠倒的时期,人欲兴起,所以如姤卦之相遇,是柔爻与刚爻相遇,如一女遇五男,此时最应该循序渐进。渐卦是女子出嫁,等待男子礼聘而前行,如此才符合正道,如颐卦所说颐养要守正道,方可再成家立业。既济卦是事情完成,趋于安定。归妹卦是女子终于找到合适归宿,不过此时男子的事业还没有完成,所以未济卦是男子走到尽头,重新创业,穷途当思变,必须下决断。夬卦是决去,是以刚正之意决去柔邪之情。君子之阳光正道必须要生长发育,小人之阴柔邪道必须要忧愁退去。

【明意】

《杂卦传》两卦一组,说明卦德的总体特征,是一篇简明而极富韵律的短文。最后部分,即大过卦之后的排列似不合前面的规律,此处仍依通行本,因其内在逻辑应该强于表面的规律。

参考文献

陈鼓应、赵建伟注译:《周易今注今译》,北京:商务印书馆,2005年。
陈居渊:《汉魏易注综合研究》,济南:齐鲁书社,2017年。
陈梦雷:《周易浅述》,北京:九州出版社,2004年。
程颐:《伊川易传》,上海:上海古籍出版社,1989年。
程颐:《周易程氏传》,北京:中华书局,2011年。
戴琏璋:《易传之形成及其思想》,台北:文津出版社,1989年。
丁易东:《周易象义》,《四库全书》本。
董楷:《周易传义附录》,上海:上海古籍出版社,1990年。
董守谕:《卦变考略》,《四库全书》本。
杜保瑞:《话说周易》,济南:齐鲁书社,2017年。
冯椅:《厚斋易学》,载《中国古代易学丛书》(十),北京:中国书店,1992年。
傅恒:《周易述义》,《四库全书》本。
傅佩荣:《解读易经》,上海:上海三联书店,2007年。
高亨:《周易大传今注》,济南:齐鲁书社,1979年。
高亨:《周易古经今注》,上海:上海书店,1991年。
高怀民:《两汉易学史》,桂林:广西师范大学出版社,2007年。
高怀民:《宋元明易学史》,桂林:广西师范大学出版社,2007年。
谷继明:《王船山〈周易外传〉笺疏》,上海:上海人民出版社,2016年。
郭雍:《郭氏传家易说》,载《中国古代易学丛书》(七),北京:中国书店,1992年。
黄寿祺、张善文:《周易译注》,上海:上海古籍出版社,2012年。
黄玉顺:《易经古歌考释(修订本)》,上海:上海古籍出版社,2014年。
黄忠天:《周易程传注评》,花山文艺出版社,2016年。
黄宗羲:《易学象数论》,《黄宗羲全集》第9册,杭州:浙江古籍出版社,2005年。
惠栋,郑万耕点校:《周易述》,北京:中华书局,2007年。

姜广辉讲演,吴国龙、普庆玲整理:《易经讲演录》,北京:中华书局,2013年。
焦循:《周易补疏》,载阮元编《清经解》卷一千一百四十八,上海:上海书店,1988年。
金景芳、吕绍刚:《周易讲座》,桂林:广西师范大学出版社,2005年。
金景芳、吕绍刚:《周易全解》,上海:上海古籍出版社,2005年。
寇方墀:《全本周易:精读本》,北京:中华书局,2018年。
来知德:《周易集注》,上海:上海古籍出版社,1990年。
〔德〕朗宓榭著,徐艳主编:《朗宓榭汉学文集》,上海:复旦大学出版社,2013年。
李道平撰,潘雨廷点校:《周易集解纂疏》,北京:中华书局,1994年。
李鼎祚:《周易集解》,上海:上海古籍出版社,1989年。
李光地:《御纂周易折中》,上海:上海古籍出版社,1990年。
李光地撰,刘大钧整理:《周易折中》,成都:巴蜀书社,2006年。
李学勤:《周易经传溯源》,北京:中国社会科学出版社,2007年。
廖名春:《周易经传十五讲》,北京:北京大学出版社,2004年。
林忠军:《〈易纬〉导读》,济南:齐鲁书社,2002年。
林忠军:《易学源流和现代阐释》,上海:上海古籍出版社,2012年。
刘大钧:《今、帛、竹书〈周易〉综考》,上海:上海古籍出版社,2005年。
刘大钧、林忠军:《周易经传白话解》,上海:上海古籍出版社,2006年。
刘大钧:《周易概论》,成都:巴蜀书社,2004年。
刘君祖:《详解易经系辞传》,上海:三联书店,2015年。
刘玉建:《〈周易正义〉导读》,济南:齐鲁书社,2005年。
马恒君:《周易辨证》,石家庄:河北人民出版社,1995年。
马恒君:《周易正宗》,北京:华夏出版社,2014年。
毛奇龄:《推易始末》,《四库全书》本。
闵建蜀:《〈易经〉解析:方法与哲理》,香港:香港中文大学出版社,2008年。
南怀瑾、徐芹庭注译:《周易今注今译》,天津:天津古籍出版社,1987年。
潘思榘:《周易浅释》,《四库全书》本。
尚秉和:《焦氏易诂》,北京:中华书局,1991年。
尚秉和:《周易尚氏学》,北京:中华书局,1980年。
苏轼撰,龙吟点评:《东坡易传》,长春:吉林文史出版社,2002年。
孙熙国、董艺:《大道之源——易经》,北京:中国民主法制出版社,2010年。
孙振声:《白话易经》,郑州:中州古籍出版社,1994年。

孙振声：《周易入门》，文化艺术出版社，1988年。

唐明邦主编：《周易评注》，北京：中华书局，1995年。

王弼注，(唐)孔颖达：《周易正义》，北京：北京大学出版社，1999年。

王弼撰，楼宇烈校释：《周易注校释》，北京：中华书局，2012年。

王博：《易传通论》，北京：中国书店，2003年。

王夫之：《船山全书》，长沙：岳麓书社，1996年。

王申子：《大易辑说》，载《中国古代易学丛书》（十九），北京：中国书店，1992年。

王宗传：《童溪易传》，上海：上海古籍出版社，1990年。

吴澄：《易纂言》，上海：上海古籍出版社，1990年。

向世陵：《理学与易学》，吉林：长春出版社，2011年。

项安世：《周易玩辞》，上海：上海古籍出版社，1990年。

萧汉明：《〈周易本义〉导读》，济南：齐鲁书社，2003年。

邢文：《帛书周易研究》，北京：人民出版社，1997年。

徐芹庭：《细说易经六十四卦》，北京：中国书店，2009年。

徐芹庭：《易经源流：中国易经学史》，北京：中国书店，2008年。

徐志锐：《周易大传新注》，济南：齐鲁书社，1986年。

许慎撰，徐铉校定：《说文解字》，北京：中华书局，2013年。

杨简：《杨氏易传》，上海：上海古籍出版社，1990年。

杨庆中编著：《周易解读》，北京：中国人民大学出版社，2010年。

杨万里：《诚斋易传》，上海：上海古籍出版社，1990年。

余敦康：《汉宋易学解读》，北京：华夏出版社，2006年。

余敦康：《周易现代解读》，北京：华夏出版社，2006年。

俞琰：《周易集说》，上海：上海古籍出版社，1990年。

张立文：《帛书周易注译》，郑州：中州古籍出版社，2008年。

张其成：《张其成全解周易》，北京：华夏出版社，2017年。

张汝金：《解经与弘道——〈易传〉之形上学研究》，济南：齐鲁书社，2007年。

张涛注评：《周易》，南京：凤凰出版社，2011年。

张文智：《〈周易集解〉导读》，济南：齐鲁书社，2005年。

赵以夫：《易通》，载《中国古代易学丛书》（十二），北京：中国书店，1992年。

郑刚中：《周易窥余》，上海：上海古籍出版社，1990年。

智旭：《周易禅解》，扬州：广陵书社，2006年。

朱伯崑：《易学哲学史》，北京：华夏出版社，1995年。

朱高正:《易传通解》,台北:台湾商务印书馆,2014年。
朱高正:《易经白话例解》,上海:华东师范大学出版社,2007年。
朱熹撰,黎靖德编,王星贤点校:《朱子语类》,北京:中华书局,1994年。
朱熹撰,苏勇校注:《周易本义》,北京:北京大学出版社,1992年。
朱震:《汉上易传》,上海:上海古籍出版社,1989年。
朱震:《朱震集》,长沙:岳麓书社,2007年。

后 记

　　二十多年前，我因爱好哲学而钻研中国哲学，又因爱好中国哲学得悟易道。从入哲学门始，就发心要明白解读《周易》，并依托卦爻辞建构一个哲学思想系统。1995 年得授河图洛书、先天后天之学，此书自此构思；1997 年冥合于《周易辨证》(《周易正宗》前身)，得马恒君先生传授"辨象证义"之精髓，开始运思草创此书；燕园求学期间，从朱伯崑、陈来、李中华、张学智、王博、刘大钧、朱高正、余敦康诸先生研习《周易》经传，受益良多；1998 年在《周易研究》发表《王阳明易学略论》，1999 年完成硕士论文《朱子早年易学本体思想之形成与发展》，硕士毕业后此书断续写作。2000 年赴美留学，在夏威夷大学读博期间，受安乐哲先生翻译研究中国哲学经典系列丛书精神鼓舞，草创"心通物论"，今《周易明意》意本论前身。

　　2006 年回京工作之后续作《周易》哲学体系。2007—2008 年在北京大学哲学系做博士后期间，讲授"中国哲学形上学"课程，对书稿有所增补。2008 年杨庆中教授赴夏威夷大学访学，以中国人民大学国学院"周易研究"课程托我，我带领国学院学生逐卦将《周易》古注和今释研读一过，开始写作此书的"明解"部分。此后借给研究生开"周易研究"和给本科生讲"周易入门"课的机会不断增补修订"明解"和"明意"部分，使依托《周易》的意本论哲学思想不断系统化。

　　近年来促成此《周易明意》意本论的师友很多。中国人民大学哲学院张立文、宋志明、向世陵、罗安宪、彭永捷、曹峰、谢林德、林美茂、李记芬、罗祥相诸同仁为我提供了读易、教易、研易的环境和条件。自 2015 年 10 月 12 日开始，我组织了"周易明解——易学与哲学"微信读书交流群，一年多的时间里，每天定时就一卦一爻参研讨论，与很多师友的交流让我受惠良多。林文钦、李尚信、谢金良、杜保瑞、张克宾、余治平、张文智、刘震、张国明、于闽梅、章伟文、赵建功、寇方墀、何善蒙、孙福万、曾凡朝、赵薇、郑朝晖、翟奎凤、蒋丽梅、宋锡同、孙钦香、谷继明、陈欣雨、刘增光、杨泽等连续多年日夜辩学，切磋文意，特别感谢积极活跃的师友们如黄胜得、傅爱臣、唐梦华、尹红卿、尚旭、执象乾坤、冉景中、洪毅、王眉涵、元融、萧金奇、程姝等,还有很多积极的研究生同学和志愿者朋友们。2017年1月8日中国人民大学组织了"明解周易的当代意义"线下聚会,当代共读《周易》的学术共同体欣然形成,群里讨论记录《易经明解》一书(三卷本)已由孔学堂书局出版。解读完六十四卦三百八十四爻之后,此群继续研读《易传》一年半;2018年夏至之后,重启一周一卦的学习和研讨。期间要特别感谢虞彬多次提供线下聚会的场地,国际易学联合会会长孙晶教授、副会长王国政、朱高正、张其成、孙熙国、练力华、李顺祥等指导我做好国际易学联合会秘书处和学术部的工作,长期支持和鼓励"周易明解"学术共同体,努力推动当代易学研究和国际化。多年来与华夏易道研究院诸同仁如马宝善、郑万耕、廖名春、杨庆中、辛亚民、王眉涵、刘娜、江向东、胡海桃等师友的研讨亦多有受益。

《周易明意》是笔者过去二十多年中的《周易》哲学沉思录,力图汇通易学与中西哲学。与马恒君先生的易学结缘完全是天作的书缘,1996年到北大读硕士,课余遍览古今易学注释,感觉所解多未通透,偶然发现1995年出版的《周易辨证》,解读鞭辟入里,于历代未通之关键要点多所发明,之后受马恒君易学之传,豁然开朗。今欲通《周易明意》"明解"部分,当先熟马恒君《周易正宗》"辨象证义"正宗易学。此书意本论哲学体系接着心学传统而作,故今欲通《周易明意》"明意"部分,当先通阳明心学,打通心学与易学之"心学易"等阳明后学,以及熊十力先生之易学与哲学及港台新儒家学脉。

该书写作过程历经多年,期间笔者在世界多地访问和讲学,书成于从澳洲到夏威夷,从北美到欧亚多国访学讲演旅次,字里行间融汇着世界各地壮丽美妙的自然风光和人文风情,凝聚着无数从绚丽日出到叹为观止日落之间的灵感。在山水中流连忘返、发怀古之幽思的同时,认真品味,醉心沉思,悉心琢磨,反复改稿,整个心路历程充满美妙记忆。感谢几年来王利明、李筑、徐圻等为我在孔学堂挂职和研修提供帮助,感谢王蓉蓉(Robin Wang)教授2016年邀请我成为美国罗耀拉大学(Malatasta)访问学者,得益于这些良好的研修条件,我能够全身心地修订书稿。一年四季花草争奇斗艳的花溪河畔十里河滩、碧空如洗下一望无际的黄金海岸、从LMU前校长Robert B. Lawton公寓俯瞰出去的太平洋和洛城全景、涟漪微细荡漾无垠的施普雷河河水,以及世界各地旅行中思考和改稿时的良辰美景,都美不胜收,令人心醉神迷,成为永生难忘的研修和改稿经验。本书写作期间,尤其感谢王艳杰、郝立新、韩东辉、姜国华、周之江、肖立斌等师友们不同程度的支持和关照,使我得以在美丽的罗耀拉大学校园、燕园和孔学堂将书稿精心修改成书。

  本书的著述过程是个长期教学相长的过程，多年来与中国人民大学哲学院、国学院本科生和研究生们的互动对书稿的成形多有帮助，特此致谢。在写作《周易明意》的这些年中，赵晓翠博士、研究生韩盟、孙世柳、寇哲明（Benjamin Coles）、王鑫、秦凯丽、李占科、贡哲、关欣、陈迪芳、尹海洋、邓法炜道长等对书稿的编辑、修改和校对都有贡献。正如《中庸》"天命之谓性"，每个人秉先天元气来到世间而有其性，每一部书稿在出版之前，也有其先天之气运和性命，韩盟博士能够领略书稿的先天元气，在书稿文字被改动较多的基础上，帮助我回味创作的原初状态，领悟其中意本论源发的精妙之处，尽量传递意本接天的缘生情境意味。这部书在其尚未出版之前，就似如有天佑一般，得以向世人传递其原初情态，何幸如之。尤其以文王卦变图解易可谓"自孔子没，而亡至今日矣"，本书三千年后让文王卦变图复现于世，两千年来以卦变解易之学说体系至此完备，羲文之意从此可谓"不在四圣，而在我矣"。

  本成果受到中国人民大学2019年度"中央高校建设世界一流大学（学科）和特色发展引导专项资金"支持，也属于"孔学堂入驻学者"研究成果。感谢北京大学出版社杨书澜、王立刚、吴敏、王晨玉等为此书出版付出的辛劳。同时也要特别感谢多年来妻子蔡晖和家人们的理解，是他们的无怨支持让我可以抵抗人世间的风风雨雨，安心思考和写作。

  解读《周易》六十四卦三百八十四爻，是中国传统哲学智慧皇冠上的明珠，古往今来无数聪明绝顶的才智之士为之前赴后继，不断努力，大多数难解之谜已基本破译。生今之世，幸有诸多同道切磋问学，使得我辈或许可能在前人的肩膀上有所创见和突破，其中略有自得之处，得之时虽如有天启，兴奋非常，但仍有待于高明君子跨越时空参研讨教。众多中外师友构成此书写作的经验情境，也是我用生命创作的见证。昔阳明龙场读易悟道后证诸五经，今自鹭岛悟易之后，纵横东西，出入中西哲学，证诸经典，接续羲文之意而立意本论，期其可与有缘哲人相互鸣和，再启日日新生的意缘、意生和意境。

镜天斋主人
2015 年 5 月译于黄金海岸
2016 年 7 月解于天使之城
2017 年 4 月成于施普雷畔
2018 年 8 月改于卑诗大学

庚子再记

己亥年冬,拙作问世之后,承蒙广大读者厚爱,入选 2019 年北京大学出版社"博雅好书"微信公众号年度好书榜(读者投票排名位列十大之榜首),如今小书周岁即得再印,对严肃的学术专著来说殊为不易。一年以来,缘于众多易友同道的关爱与支持,卦变易学和意本论不断丰富、发展,在此简记师友问答鸣和之声,以圆成先圣文武辅翼易道之意。

庚子春,举世大疫之时,我与韩盟合作的论文《王弼〈周易注〉卦变说发微》发表,此文旨在呈现《周易注》中的卦变内容,还原王弼易学的本来面目。历来学者多言王弼尽黜象数而专言义理,实则不然。王弼固然严厉批评汉易牵强烦琐,但每当他意识到只有运用卦变才能对经传做出清晰准确的解释时,便毫不犹豫地将汉易卦变融入注文当中。虽然历史上少数学者已经指出王弼注贲、损、涣等卦时常取卦变用之,但《周易注》中丰富的卦变用例仍未引起关注。这自然与王弼易学的义理派定位及《周易正义》的疏解有关。此文以破除对孔颖达《周易正义》的拘执、反思王弼易学与汉代易学的亲缘性为突破口,推进王弼易学的研究,并期待易学家们能够意识到卦变易学的本源性与合理性。

庚子秋,赵晨继完成《李道平卦变说研究》论文之后,以《张载易学卦变说发微》一文参加纪念张载诞辰 1000 周年学术研讨会。庚子冬,我带韩盟、孙世柳、甘文图(Ganczarski Artur Jerzy)、秦凯丽、邹昱州、钱玉玺、曾庆涛等拜访马恒君先生,此时距我 1997 年春初访马老师已 23 年,继承卦变易学的一代学人已然成长起来。

庚子春,我有幸受聘为山东省泰山学者、孔子研究院特聘专家。10 月 15 日至 18 日在孔子研究院举办"泰山学者易学工作坊(读书班)"。刘大钧先生专门题写"崇德广业"四个大字以为鼓励。李尚信、于闽梅、曾凡朝、刘彬、张韶宇、李细成等专家围绕本书的卦变说和意本论展开研讨,认为本书拓展了《周易》"言象意"思想中"意"的维度,推动传统《周易》哲学现代转化和创新发展,如试图建立"量论"以弥补熊十力哲学未完成部分,以及建立意本论并与西方哲学深入对话等。读书班得杨朝明、米怀勇等支持,参加者杨美俊、瞿华英、赵立民、张丽丽、杨易辰、韩盟、甘文图、孙世柳、秦凯丽、赵晨、郑鹤杨、尹海洋、陈迪芳、刘端俊、邹昱州、钱玉玺、武刚刚、张雪枫、袁传志、朱芳颖、陈怡平等对修订本书多有助益。

11月28日至29日,我与韩盟、邹昱州一起向"《周易》古经本义及其解读方法总结与探索前沿论坛"参会学者李尚信、林忠军、谢金良、黄黎星、刘彬、尚文华、张文智、张克宾、李秋丽等演卦变之"意"。与会专家围绕本书"卦变是理解卦爻辞的总纲"等观点,讨论历来对无妄卦卦变的争议、卦变的方式是否只有一种、《易传》中的一些文辞是否有必要被理解为对卦变的描述、卦变是否会导致对一卦自身内涵的损害、卦变是否为文王所创、如何理解文王卦变图等问题,进行了激烈论辩,深感卦变易学的复杂性和深刻性。

卦变易学有助于突破对卦爻辞的传统理解,拨开巫史传统的迷雾,走出古史辨派的疑古阴影。秋季受陈建洪邀请参加"家与中外思想"研讨会,与孙向晨、王堃等讨论家人卦对于"家哲学"的原初哲学意味。受谢金良教授邀请参加"易学与美学"高端论坛,一些与会专家感悟到卦变体系的精妙。受张涛教授邀请参加纪念尚秉和诞辰150周年学术研讨会。尚秉和轻古来经传取象的内在合理性,重灵活取象,但卦变易学对其取象说和卦变说皆有突破。是岁末,安乐哲"儒学大家"团队举办"儒学思想与孔子易学"工作坊,国际儒联会员联络委员会在牛喜平副会长支持下举办"儒学与易学"座谈会,活动参加者田辰山、李尚信、赵薇、曾凡朝、路则权、彭成义、孙福万、方朝晖、刘震、寇方墀、于闽梅、唐梦华、杨美俊、孔德立、杨易辰、高其伦、李焕梅、陶安军、任寒山(Carson Ramsdell)等从汉代经学和宋明理学对易学的借鉴当中领略到易学折中百家的气魄和力度,如今儒学复兴和中西哲学对话,也需要恢复易学海纳百川的宏伟气象。

中国哲学在新时代发展,易学应当成为一阳来复的源动力。"天下同归而殊途,一致而百虑",这是一个中西哲学交流的历史时代,也是历史上前所未有的《周易》解读时代。本书建构意本论哲学,从卦变的哲理转化出来,常有师友读"明意"而乐在其中,认为"明意"部分比"明解"部分易读易悟,这是我一开始没有预料到的,因为"明意"以"明解"的卦变为基石,从卦变体会象变,进而转出其哲学意蕴,回应西方形而上学问题。按理说"明意"不易理解,不料反成为师友感通最多的内容。或许正如读者反馈的那样,"明意"部分融贯古今,容易联系人生经验,解读切中人情,间或有神来之笔,仿佛郭象所谓精微神妙的"冥合"罢。

拙著幸得刘大钧先生题字，增色不少。去岁出版之际，得任友群先生加持，方能以"周易明意"之书名行世。北大出版社王立刚、吴敏力助此书修订再印，特此一并深致谢忱。

镜天斋主人
庚子冬至于京

乙巳三记

本书 2021 年再印时,以黑体字标注卦变部分,突出卦变解易的特色。如今再版,在"明解"之前添加"明变"部分,以进一步强调卦变解易的合理性。蓦然回首,自己学习继承卦变说,并试图完善"卦变易学"体系,一晃已近 30 年。

2024 年,夏威夷读书时的老友王庆泓在北大哲学系师弟新开张的风入松书店的书架上看到《周易明意》,欣然与我联系,让我回想起 28 年前的 1996 年秋,我正是在当年的风入松书店里买到马恒君老师的《周易辨证》(后改名为《周易正宗》)。经过几个月的阅读,我深感此书多有超越历代解易著作之处,于是在年底给出版社写信联系作者。1997 年初,收到马老师的回信后,我于春节前夕赴石家庄拜见马老师,从此开启"卦变易学"的传承之旅。

自古以来,易学研究主要分义理和象数两派,今天亦然。当今学界义理易学多重视出土文献,从文字、训诂、考古、文献、历史等角度下功夫,而象数派多纠缠于历代易学对象和数的研究。对当代人可能超越汉代虞翻和宋代朱熹的卦变体系,两派多持怀疑态度。"卦变易学"体系虽已成型,但不易为人理解。虽然马恒君老师本着"百世以俟圣人而不惑"的乐观态度,但在多年学习和教学生涯中,我发现传播"卦变易学"的难度仍然远超预期。正在我担心卦变解易难以传承的 2017 年,韩盟考上博士研究生,并协助我完成本书中的"文王卦变方圆图"。2022 年,韩盟《卦变易学研究》论文完成,在易学史上首次正式提出"卦变易学"概念。他早年偶读虞翻而入易学之门,到完成博士学位论文,冥冥中实化了"卦变易学"后继有人之天意。

马恒君《周易正宗》以卦变解易,对传统易学(象数派和义理派)有所超越,一定程度上对 20 世纪易学研究的乱象拨乱反正,为孔子易学正名,强调《说卦》既是基础又是原则,对尚秉和等取象解易的分寸有所突破。《说卦》是解读卦爻辞的密码本,依靠《说卦》,基本可以通解卦爻辞每个字的取象,可见,马氏易学是以取象为主、训诂为辅,与 20 世纪以来以训诂为主的新派易学不同。马恒君卦变说是对虞翻开创之卦变说的系统化超越,虞翻之前有孟喜、焦赣、京房涉及卦变,但直到虞翻也未能形成完整的卦变系统。王弼学过卦变,虽然嫌其烦琐,但在注中隐约可辨其以卦变解易的痕迹。孔颖达、程颐顺着王弼"扫象"的路子,基本不用卦变,导致后来的义理派大多不讲卦变。朱熹虽有卦变图,却不用卦变来解释卦爻辞,因此其卦变图空有其表,导致明代来知德、清代胡煦等明确反对,认为卦变作为解易方法存在问题,卦变解易由是成为几百年来易学家们的畏途。

马恒君回到虞翻开创的十二消息卦变说,对虞翻卦变加以条理化、系统化和体系化,贯彻观卦变之象以系辞的解易原则,基本贯通六十四卦三百八十四爻的解释。从马恒君到《周易明意》的卦变说,都试图超越王弼对卦变说的毁尸灭迹,使其合理性水落石出,翻转一千多年来卦变解易的历史公案。

卦变解易从两汉开始就讲不清楚,后代争议越来越大,历代易学家们好像都讲不明白。当世易学家多认为卦变解易不太可能形成一个体系,殊不知1995年的《周易辨证》已然实现了卦变解易的系统化。当代卦变学研究当中,蔡飞舟的博士学位论文《卦变考》(2017)只研究到清初毛奇龄(1623—1716),李育富的《周易卦变史纲》(2020)只研究到清代张惠言(1761—1802)之月体消息卦变说。他们的研究成果都没有提及今人马恒君在其《周易正宗》当中系统使用十二消息卦变注释卦爻辞,并且突破了历代卦变解易存在的问题。

卦变解易虽然历代争议很大,但并非难以形成系统并用以解通《周易》。韩盟在《卦变易学研究》当中,基于对两千多年卦变解易发展史的系统梳理,认为迄今为止只有马恒君老师建立了完备的卦变体系,并以卦变全面贯通对六十四卦三百八十四爻的解释,这是系统化、条理化的十二消息卦变体系,此前历史上卦变解易从未达到如此系统、完备的程度。

马恒君老师之前,易学家们都缺乏一套卦变解易的完整体系,基本都纠结于卦变是否存在、如何用卦变来解经等问题,很多争议延续至今,特别是在卦变取动态之象方面,历来都缺少系统研究。《卦变易学研究》说明,卦变易学在《易经》卦爻辞注释和解读方面实现了范式转换,说明系统性地以卦变解易,能够更加准确地解释卦爻辞的古义,突出通行本经文有其合理性、逻辑性、思想性,走出巫史传统的迷雾。

《卦变易学研究》根据对十二消息卦变的内涵分析,在林忠军、蔡飞舟、李育富等人成果的基础上,完善前人对卦变易学理论发展体系的研究。《卦变易学研究》进一步考释历代卦变释易注家们的理论,认为:卦变说始自京房、荀爽、虞翻;宋代朱震在唐宋义理学风影响下再度重视虞翻卦变,经朱熹《卦变图》,到元代丁易东、吴澄大量运用卦变来注经;明代董守渝综合各家卦变,初步提出卦变原理;清人毛奇龄、多隆阿全方位考证卦变说,试图提出一套卦变解易系统;当代马恒君《周易正宗》更是建立了一套以十二消息卦变为基础的卦变释易体系。

十二消息卦是卦变易学的基础。纵观历代卦变注家,使用的卦变方式各有不同,例如汉代虞翻虽提出十二消息卦变,可惜他并未将此用来注解卦爻辞,而且在他的卦变体例中,自己所提出的卦变又多与十二消息卦变不合。宋元时期俞琰、明代来知德、清代江永等人反对卦变,不宗十二消息卦变之说,另创一套错综卦变,宋代程颐、苏轼坚持乾坤卦变,元代吴澄多用六子卦变,清代毛奇龄提出"聚分"卦变说,直到马恒君《周易正宗》经过考订历代卦变说,才确定运用十二消息卦变来系统诠释六十四卦卦辞和三百八十四爻爻辞,从此说明十二消息卦变具有全面系统性。

韩盟的博士学位论文《卦变易学研究》正式提出了"卦变易学"概念,说明狭义的、系统的十二消息"卦变易学"体系从马恒君老师开始。"卦变易学"作为易学分支,专指十二消息卦变六十四卦的"卦变易学",在笔者的《周易明意》中得到传承和发展。韩盟《卦变易学研究》从汉代开始写起,马恒君老师之前以卦变解易的易学家虽然不属于狭义的"卦变易学"流派,但都以各自的卦变体例解易,不管他们的卦变体例是否系统,但好歹也算是使用了以卦变解易的方法,他们都是探索将"卦变易学"系统化但没有成功的先驱,可惜他们没有还原出十二消息卦变系统,大多偏离十二消息卦变各搞一套。有些人认为,即便以十二消息卦变解易,也不可能成就体系,但韩盟通过深入研究卦变易学史发现,马恒君老师在历史上第一次实现了以十二消息卦变的系统化解易,可谓开创了"卦变易学"流派。

历史上形形色色的学者,参与到对《易》书的解释工作当中,形成了一门诠释《易》书的学问,这门学问叫作"易学"。在这门学问发展的过程中,由于大家遵行的解易方法或者解易体例不同,形成了各种"易学流派"。学者们使用不同的依据,可以作出不同的划分,比如可以把象数解易和义理解易看作两大易学流派,也可以把卦气解易、纳甲解易、飞伏解易、爻辰解易、升降解易等看作各种易学流派。"卦变易学"作为一个易学支脉,很容易被误会成由象数易学大宗派发展出来的支流。狭义的"卦变易学"强调以十二消息卦变系统解易,广义的"卦变易学"则包括历史上试图以卦变解易的所有努力。理解"卦变易学"是通过十二消息卦变系统,将象数易学与义理易学融会贯通,从而达到对《易》书解释的新高度,进而形成的一个新易学流派,便可发现它并不能只被视作象数易学的支流。

本书不仅提出"卦变易学",还提出"卦变意学"。本书既是解《易》释《易》的"卦变易学",对作为经学的易学做了创造性转化,也是在解《易》释《易》基础上,发展"易学哲学",对易学做了创新性发展。如果说马恒君"卦变易学"开创了一个易学、经学新方向,那么,本书在继承"卦变易学"的同时,也试图开创可以命名为"卦变意学"的易学哲学新方向。这不同于致力于解释《易》书卦爻辞的易(经)学流派。"卦变意学"哲学是在以十二消息卦变体系解释卦爻辞基础上,还原其背后的哲学义理系统,并在中西哲学对话场域中进行现代哲学转化而产生的,是对传统《周易》哲学的继承和发展。"卦变易学"经学流派和象数、义理流派一样,都只是致力于解释《易》书卦爻辞,是一种注经传统,而非哲学传统。

广义来说,在韩盟的博士学位论文之前,已经存在基于卦变的易学研究,只是尚未以"卦变易学"命名。韩盟在梳理历史上以卦变解易人物的易学研究以后,提出"卦变易学",区分和强调正宗的"卦变易学"是十二消息卦变易学,其他的卦变体例解易,都不是在做狭义的"卦变易学研究",而是在做广义的研究,相对"卦变易学"来说,都不够系统化、条理化、逻辑化。

本书继承并完善了马恒君十二消息卦变六十四卦的卦变体系。新版加了"明变"部分,突出卦变解易的合理性和系统性。"明解"是象数和义理结合。"明意"是基于卦变进行哲学的创造性转化。基于本书的"明变"部分,"卦变易学"的内涵专指由于爻位推移而产生的卦之改变。虽然卦变主体是刚柔爻推移,但不是非刚柔爻推移不可才是卦变,不能因为有变例,就断言卦变解易不可能成体系。

感谢韩盟、心镜等学友,以精益求精的态度,对之前版本存在的问题进行精细入微的审读和检查,帮助本书以更好的状态呈现给世人。感谢鲁龙胜对"卦变易学"系统而深入的思考,感谢袁传志、徐萃、钱玉玺、邹紫玲、唐军、庞子文、刘华庆、郝梦起、高小慧、陈建军、杨宇超等的校对。感谢王立刚和吴敏的催促,帮助小书顺利再版。

镜天斋主人
乙巳夏至于京